EL LARGO CAMINO HACIA LA LIBERTAD

EL LARGO CAMINO HACIA LA LIBERTAD

La autobiografía de

NELSON MANDELA

Traducción de Antonio Resines
y Herminia Bevia

AGUILAR

Título original: *Long Walk to Freedom. The Autobiography of Nelson Mandela*
D. R. © 1994, Nelson Rolihlahla Mandela

De esta edición:
D. R. © Santillana Ediciones Generales, S.A. de C.V., 2013.
Av. Río Mixcoac 274, Col. Acacias
México, D.F., 03240
Tel. (55 52) 54 20 75 30

Primera edición en Aguilar-México: agosto de 2013.
ISBN: 978-607-11-2773-0

Diseño de cubierta: Departamento de Diseño de Santillana
Fotografía de cubierta: Hans Gedda/Sygma/Corbis
Traducción: Antonio Resines y Herminia Bevia

PRISA EDICIONES

Dedico este libro a mis seis hijos, a Madiba y Makaziwe (mi primera hija), hoy ya muertos, y a Makgatho, Makaziwe, Zenani y Zindzi, cuyo apoyo y cariño atesoro; a mis veintiún nietos y a mis tres bisnietos, que tanta felicidad me procuran; y a todos mis camaradas, amigos y seguidores sudafricanos a cuyo servicio estoy, y cuyo valor, determinación y patriotismo sigue siendo mi fuente de inspiración.

ÍNDICE

AGRADECIMIENTOS

Como verán los lectores, este libro tiene una larga historia. Empecé a escribirlo en la clandestinidad en 1974, durante mi encarcelamiento en la isla de Robben. Sin el inagotable esfuerzo de mis viejos camaradas Walter Sisulu y Ahmed Kathrada por refrescarme la memoria, dudo que hubiera llegado a término. La copia que llevaba conmigo fue descubierta por las autoridades y confiscada. No obstante, mis compañeros de cárcel Mac Maharaj e Isu Chiba sumaron a su increíble habilidad caligráfica la requerida para que el manuscrito original llegara a salvo a su destino. Reanudé el trabajo al ser liberado de la cárcel en 1990.

Desde mi puesta en libertad, mi agenda ha estado repleta de deberes y responsabilidades, que me han dejado poco tiempo para la escritura. Afortunadamente, para poner fin a mi trabajo he dispuesto de la ayuda de colegas, amigos y profesionales, a los que desearía expresar mi gratitud.

Estoy profundamente agradecido a Richard Stengel, que colaboró en la creación de este libro, aportando una ayuda inestimable en la edición y revisión de las primeras partes y en la redacción de las posteriores. Recuerdo con afecto nuestros paseos matinales en el Transkei, las muchas horas de entrevistas en Shell House en Johannesburgo, y en mi casa de Houghton. Mary Pfaff, que ayudó a Richard en su trabajo, merece una mención especial. También me he beneficiado del consejo y apoyo de Fatima Meer, Peter Magubane, Nadine Gordimer y Ezekiel Mphahlele.

Deseo dar las gracias especialmente a mi camarada Ahmed Kathrada por las largas horas dedicadas a revisar, corregir y dar precisión a esta historia. Mi agradecimiento a todo el personal de mi oficina en el CNA por enfrentarse con paciencia a las dificultades que les ha ocasionado la elaboración de este libro; en particular, a Barbara Masekela por su eficaz coordinación. Del mismo modo, deseo dar las gracias a Iqbal Meer, que ha dedicado muchas horas a supervisar los aspectos comerciales y de producción del libro. Doy las gracias también a mi editor, William Phillips, de Little and Brown, que ha dirigido este proyecto desde el comienzo de 1990 y ha corregido el texto; así como a sus colegas Jordan Pavlin, Steve Schneider, Mike Mattil y Donna Peterson. También me gustaría agradecer a Gail Gerhart su objetiva crítica del manuscrito.

Parte Primera

UNA INFANCIA
EN EL CAMPO

1

ADEMÁS DE LA VIDA, una constitución fuerte y una vieja vinculación con la casa real de Thembu, lo único que mi padre me dio al nacer fue un nombre, Rolihlahla. En xhosa, Rolihlahla quiere decir literalmente "arrancar una rama de un árbol", pero su significado coloquial se aproxima más a "revoltoso". Yo no creo que los nombres predeterminen el destino, ni que mi padre adivinara de algún modo cuál iba a ser mi futuro, pero en años posteriores, tanto mis amigos como mis parientes llegaron a atribuir a ese nombre las muchas tempestades que he causado, y a las que he sobrevivido. Mi nombre inglés, o cristiano, más familiar, no me fue dado hasta mi primer día de colegio, pero me anticipo a los acontecimientos.

Nací el 18 de julio de 1918 en Mvezo, una diminuta aldea en la ribera del río Mbashe, en el distrito de Umtata, capital del Transkei. El año de mi nacimiento fue el del fin de la Gran Guerra, el de una epidemia de gripe que mató a millones de personas en todo el mundo y el de la presencia de una delegación del Congreso Nacional Africano en la Conferencia de Paz de Versalles para exponer las quejas del pueblo negro sudafricano. Mvezo, no obstante, era un lugar apartado, un pequeño asentamiento alejado de los grandes acontecimientos del mundo, donde la vida continuaba en gran medida como hacía cien años.

El Transkei se encuentra unos mil doscientos kilómetros al este de ciudad de El Cabo y a novecientos al sur de Johannesburgo. Está situado entre el río Kei y la frontera con Natal, con las abruptas montañas Drakensberg al Norte y las azules aguas del Índico al Este. Es una hermosa tierra de suaves colinas, fértiles valles y un millar de ríos y arroyos, que hacen que el paisaje sea verde incluso en invierno. El Transkei era una de las mayores divisiones territoriales de Sudáfrica. Con una superficie del tamaño de Suiza, tenía una población de unos tres millones de xhosas y una pequeña minoría de basothos y blancos. Es el hogar del pueblo thembu, que forma parte de la nación xhosa a la que pertenezco.

Mi padre, Gadla Henry Mphakanyiswa, era un jefe, tanto por derecho de sangre como por tradición. Fue confirmado como jefe de Mvezo por el rey de la tribu thembu pero, bajo el dominio británico, su elección debía ser ratificada por el gobierno, que en Mvezo estaba representado por un comisario residente local. Como jefe designado por el gobierno, tenía derecho a un estipendio y a una parte de los ingresos que los ingleses obtenían de la comunidad por vacunar el ganado y a cambio de los pastos comunales. Aunque el papel de jefe era venerable y digno de estima, se había visto degradado —hacía ya setenta y cinco años— por el control de un gobierno blanco escasamente comprensivo para con los africanos.

La tribu thembu se remonta veinte generaciones hasta el rey Zwide. Según la tradición, el pueblo thembu vivía al pie de las montañas Drakensberg y emigró hacia la costa en el siglo XVI, donde se incorporó a la nación xhosa. Los xhosas forman parte del pueblo nguni, que vive, caza y pesca en la rica y templada región sudeste de Sudáfrica, entre la gran meseta exterior al Norte y el océano Índico al Sur desde al menos el siglo XI. Los nguni se dividen en el grupo del Norte —los pueblos zulú y swazi— y el grupo meridional, compuesto por los amaBaca, amaBomyana, amaGcaleka, amaMfengu, amaMpodomis, amaMpondo, abeSotho y abeThembu. Todos ellos constituyen la nación xhosa.

Los xhosas son un pueblo orgulloso, patrilineal, con un lenguaje expresivo y eufónico y una gran fe en la importancia de las leyes, la educación y la cortesía. La sociedad xhosa era un orden social equilibrado y armonioso, en el que cada individuo conocía su lugar. Cada xhosa pertenece a un clan que se remonta a través de sus ascendientes hasta un antecesor específico. Yo soy miembro del clan Madiba, que lleva el nombre de un jefe thembu que gobernó en el Transkei en el siglo XVIII. A menudo se dirigen a mí llamándome Madiba, el nombre de mi clan, como muestra de respeto.

Ngubengcuka, uno de nuestros más grandes monarcas, que unificó la tribu thembu, murió en 1832. Como era costumbre, tenía esposas que procedían de las principales casas reales: la Gran Casa, de la que se selecciona al heredero; la Casa de la Derecha; y la Ixhiba, una casa de importancia menor, a la que algunos llaman Casa de la Izquierda. La tarea de los hijos de la Ixhiba, o Casa de la Izquierda, consistía en resolver las disputas reales. Mthikrakra, el hijo mayor de la Gran Casa, sucedió a Ngubengcuka, y entre sus hijos estuvieron Ngangelizwe y Matanzima. Sabata, que gobernó a los thembus desde 1954 era nieto de Ngangelizwe y mayor que Kalzer Daliwonga, más conocido como K. D. Matanzima, anterior jefe del Transkei —mi sobrino, por ley y costumbre—, que era, a su vez, descendiente de Matanzima. El hijo mayor de la casa Ixhiba era Simakade, cuyo hermano menor era Mandela, mi abuelo.

Aunque a lo largo de décadas han circulado muchas historias de que yo pertenecía a la línea de sucesión al trono de los thembus, la sencilla genealogía que acabo de bosquejar deja bien claro que todos esos rumores son un mito. Yo era miembro de la casa real, pero no me encontraba entre los privilegiados que eran instruidos para gobernar. Por el contrario, en tanto que descendiente de la casa Ixhiba fui educado, como lo fue mi padre antes que yo, para ser consejero de los gobernantes de la tribu.

Mi padre era un hombre alto, de piel oscura y porte erguido y majestuoso que me gusta pensar que he heredado. Tenía un mechón de pelo blanco justo encima de la frente y, de niño, yo solía coger cenizas blancas y dármelas en el pelo para imitarle. Mi padre tenía un carácter severo y no le costaba recurrir al palo a la hora de imponer disciplina a sus hijos. Podía llegar a ser asombrosamente tozudo, otro rasgo que, desafortunadamente, parece haber transmitido a su hijo.

En ocasiones, se ha hablado de mi padre como primer ministro de Thembulandia durante los reinados de Dalindyebo, el padre de Sabata, que gobernó a comienzos de los años 1900, y de su hijo Jongintaba, que le sucedió. Esto es un error porque no existía tal título, aunque el papel que desempeñaba no era muy distinto al que el nombre implica. Como respetado y apreciado consejero de ambos reyes, les acompañó en sus viajes y, normalmente, se encontraba a su lado en las reuniones importantes con funcionarios del gobierno. Era un custodio reconocido de la historia de los xhosas, y si era muy valorado como consejero, era en parte por ello. Mi interés en la historia tuvo raíces muy tempranas y fue alentado por mi padre. Aunque no sabía leer ni escribir tenía fama de ser un excelente orador que cautivaba a su público instruyéndole y divirtiéndole a la vez.

Años después, averigüé que mi padre no era sólo un consejero sino un hacedor de reyes. Tras la prematura muerte de Jongilizwe en los años veinte, su hijo Sabata, el hijo de la Gran Esposa, era demasiado joven para subir al trono. Se produjo una disputa respecto a cuál de los tres hijos mayores de Dalindyebo, nacidos de otras esposas —Jongintaba, Dabulamanzi y Melithafa—, debía ser el elegido para sucederle. Habiendo sido consultado, mi padre recomendó a Jongintaba, basándose en que era quien había recibido mejor educación. Sostenía que Jongintaba sería no sólo un magnífico custodio de la corona, sino un excelente mentor para el joven príncipe. Mi padre y unos pocos jefes influyentes tenían ese gran respeto por la educación que tan a menudo muestran quienes carecen de ella. La recomendación era controvertida, ya que la madre de Jongintaba procedía de una casa menor, pero la elección de mi padre fue finalmente aceptada, tanto por los thembus como por el gobierno británico. Con el tiempo, Jongintaba devolvería el favor de un modo que mi padre no podía entonces imaginar.

En total, mi padre tenía cuatro esposas, de las cuales la tercera, mi madre, Nosekeni Fanny, hija de Nkedama, del clan amaMpemvu de los xhosas, pertenecía a la Casa de la Derecha. Cada una de estas esposas —la Gran Esposa, la esposa de la Derecha (mi madre), la esposa de la Casa de la Izquierda y la esposa de la Iqadi, o Casa de Apoyo— tenía su propio *kraal*. Un *kraal* es algo parecido a una granja, y normalmente comprendía un corral con una cerca sencilla para los animales, campos para cultivar y una o más chozas de techo de paja. Los *kraal* de las esposas de mi padre distaban entre sí muchos kilómetros, y él los iba recorriendo de uno en uno. En estos viajes, mi padre engendró trece hijos en total, cuatro varones y nueve hembras. Yo soy el hijo mayor de la Casa de la Derecha, y el más joven de los cuatro hijos de mi padre. Tuve tres hermanas, Baliwe, que era la mayor de las niñas, Notancu, y Makhutswana. Aunque el mayor de los hijos de mi padre era Mlahlwa, el heredero de mi padre como jefe era Daligqili, el hijo de la Gran Casa, que murió a comienzos de la década de 1930. Todos sus hijos, con la excepción de mí mismo, han muerto ya. Y todos ellos eran mayores que yo, no sólo en edad sino también en estatus.

Cuando era poco más que un niño recién nacido, mi padre se vio envuelto en una disputa que le privó de la jefatura de Mvenzo y reveló una veta de su carácter que creo transmitió a su hijo. Siempre he pensado que es la crianza, más que la naturaleza, la que constituye el principal molde de la personalidad, pero mi padre poseía una orgullosa rebeldía, un tenaz sentido de la justicia, que reconozco en mí mismo. Como jefe —o cacique, como le llamaban a menudo los blancos— mi padre se veía obligado a dar cuenta de su administración no sólo al rey de los thembus, sino al comisario residente local. Un día, uno de los súbditos de mi padre presentó una queja contra él respecto a un buey que se había perdido. El comisario ordenó a mi padre que se presentase ante él. Cuando mi padre recibió la citación, envió la siguiente respuesta: *"Andizi, ndisakula"*. (No iré, aún estoy aprestándome para la batalla). Uno no desafiaba a los comisarios impunemente en aquellos días. Tal comportamiento era considerado el colmo de la insolencia, como ocurrió en este caso.

La respuesta de mi padre expresaba su convicción de que el magistrado carecía de poder legítimo sobre él. Cuando se trataba de asuntos tribales, se guiaba no por las leyes del rey de Inglaterra, sino por las costumbres thembus. Su desafío no fue producto del orgullo herido, sino una cuestión de principios. Estaba reafirmando su prerrogativa tradicional como jefe y desafiando la autoridad del magistrado.

Cuando éste recibió la respuesta de mi padre, le inculpó inmediatamente de insubordinación. No hubo pesquisas ni investigaciones. Eso estaba reservado para los funcionarios blancos. El magistrado se limitó a deponer a mi padre, poniendo así fin a la jefatura de la familia Mandela.

Por aquel entonces yo no era consciente de aquellos acontecimientos, pero no salí indemne de ellos. Mi padre, que era un noble adinerado según los baremos de la época, perdió tanto su fortuna como su título. Le fueron arrebatadas la mayor parte de su rebaño y de sus tierras, y perdió los ingresos que de ellas obtenía. Debido a nuestra difícil situación económica, mi madre se mudó a Qunu, una aldea algo más grande que había al norte de Mvezo, donde gozaría del apoyo de amigos y parientes. En Qunu no vivíamos tan bien, pero fue en aquella aldea cerca de Umtata donde pasé los años más felices de mi infancia y a la que se remontan mis primeros recuerdos.

2

LA ALDEA DE QUNU se encontraba en un valle angosto y cubierto de hierba, cruzado por arroyos claros, sobre el que se cernían verdes colinas. Estaba habitada por tan sólo unos cientos de personas que vivían en cabañas, estructuras en forma de panal con paredes de barro y una pértiga de madera en el centro que sostenía un techo cónico de paja. El suelo estaba hecho con termiteros pulverizados, la cúpula dura de tierra que hay sobre las colonias de hormigas, y se mantenía liso frotándolo regularmente con bosta fresca de vaca. El humo del fuego escapaba a través del tejado y la única abertura era una puerta baja, para entrar por la cual era necesario agacharse. Las cabañas solían estar agrupadas en un área residencial que se encontraba a cierta distancia de los campos de maíz. No había carreteras, sólo senderos a través de la hierba desgastados por los pies descalzos de niños y mujeres. Los niños y mujeres de la aldea lucían túnicas teñidas en ocre; sólo los contados cristianos de la aldea llevaban ropas al estilo occidental. Las vacas, las ovejas, las cabras y los caballos pacían juntos en pastos comunales. La tierra que rodeaba Qunu carecía practicamente de árboles, a excepción de un pequeño grupo de álamos que había en una colina contigua a la aldea. La tierra en sí era propiedad del Estado. Con contadas excepciones, por aquel entonces los africanos no tenían derecho a ser propietarios de la tierra en Sudáfrica, eran arrendatarios que tenían que pagar una renta anual al gobierno. Había dos pequeñas escuelas primarias, un colmado y un tanque de inmersión para librar al ganado de garrapatas y enfermedades.

El maíz (de la variedad que en Sudáfrica llamábamos zara), el sorgo, las alubias y las calabazas constituían la mayor parte de nuestra dieta, no porque prefiriéramos estos alimentos a todos los demás, sino porque el pueblo no podía permitirse nada mejor. Las familias más ricas de nuestra aldea complementaban su dieta con té, café y azúcar, pero para la mayor parte de los habitantes de Qunu, aquellos eran lujos exóticos totalmente fuera de su alcance. El agua que se empleaba para los cultivos, para cocinar y para lavar debía ser recogida con cubos de los arroyos. Éste era un trabajo de mujeres y, de hecho, Qunu era una aldea de mujeres y niños: la mayor parte de los hombres pasaban casi todo el año trabajando en granjas lejanas o en las minas que había a lo largo del Reef, la gran cadena de roca y esquisto llena de oro que forma la frontera sur de Johannesburgo. Regresaban un par de veces al año, fundamentalmente para arar sus tierras. Los trabajos de azada, el de arrancar las malas hierbas y el de recolectar quedaban en manos de las mujeres y los niños. Poca gente en la aldea, si es que había alguien, sabía leer o escribir, y el concepto de educación seguía siendo extraño para muchos.

Mi madre presidía tres cabañas de Qunu que, por lo que recuerdo, estaban siempre atestadas de niños recién nacidos e hijos de mis parientes. De hecho, prácticamente no recuerdo haber estado a solas en ninguna ocasión cuando era pequeño. En la cultura africana, los hijos y las hijas de los tíos o las tías de uno son considerados hermanos y hermanas, no primos. No hacemos las mismas distinciones entre los parientes que hacen los blancos. No tenemos medios hermanos ni medias hermanas. La hermana de mi madre es mi madre; el hijo de mi tío es mi hermano; el hijo de mi hermano es mi hijo o mi hija.

De las tres cabañas de mi madre, una se utilizaba para cocinar, otra para dormir y la tercera como almacén. La choza donde dormíamos carecía de muebles en el sentido occidental. Nos acostábamos sobre esteras y nos sentábamos en el suelo. Yo no descubrí las alfombras hasta que fui a Mqhekezweni. Mi madre cocinaba en un caldero de tres patas sobre un fuego abierto en el centro de la choza o fuera de ella. Todo lo que comíamos lo habíamos cultivado y elaborado nosotros mismos. Mi madre plantaba y recolectaba su propio maíz. Las mazorcas de la variedad sudafricana, llamadas zaras, se recogían cuando estaban duras y secas. Se almacenaban en sacos o en pozos excavados en la tierra. Para preparar las zaras, las mujeres empleaban diferentes métodos: podían moler el grano entre dos piedras para hacer pan, o cocer primero las mazorcas para hacer *umphothulo* (harina de maíz que se come mezclada con leche agria) o *umngqusho* (un potaje, también de maíz, que se toma solo o mezclado con alubias). Al contrario que el maíz, que en ocasiones escaseaba, la leche de nuestras cabras y vacas era siempre abundante.

Desde muy pequeño, pasaba la mayor parte de mi tiempo libre en el *veld* jugando y luchando con otros chicos de la aldea. El niño que se quedaba en casa sujeto a las faldas de su madre era considerado un mariquita. Por la noche, compartía mi comida y mi manta con esos mismos muchachos. No tenía más de cinco años cuando me convertí en pastor, haciéndome cargo de las ovejas y los terneros que pastaban en los prados. Descubrí el vínculo casi místico que sienten los xhosas con el ganado vacuno, no sólo como fuente de alimento y riqueza, sino como bendición divina y fuente de alegría. Fue en los prados donde aprendí a derribar aves en vuelo con una honda, a recoger miel silvestre, frutas y raíces comestibles, a beber leche cálida y dulce directamente de la ubre de una vaca, a nadar en los límpidos y fríos arroyos y a pescar con un cordel y afilados trozos de alambre. Aprendí a combatir con pértiga —un conocimiento esencial para cualquier niño africano de pueblo— y me convertí en un especialista en sus diversas técnicas: paradas de golpes, fintas en una dirección golpeando en otra, esquivar al oponente con un rápido juego de piernas. A aquellos días atribuyo mi amor al *veld,* a los espacios abiertos, a la sencilla belleza de la naturaleza, a la límpida línea del horizonte.

Cuando eramos niños, la mayor parte del tiempo nos dejaban que nos las arregláramos solos. Nos entreteníamos con juguetes que fabricábamos nosotros mismos. Moldeábamos animales y pájaros con arcilla, hacíamos trineos para bueyes con ramas de árbol. Nuestro campo de juegos era la naturaleza. Las colinas que se alzan sobre Qunu estaban salpicadas de grandes rocas pulidas que convertimos en nuestra propia montaña rusa. Nos sentábamos en piedras planas y nos deslizábamos por la cara de las rocas. Lo hacíamos hasta que teníamos el trasero tan dolorido que casi no podíamos sentarnos. Aprendí a cabalgar montando sobre terneros destetados. Después de haber sido derribado varias veces, uno aprende.

Un día recibí una lección a manos de un asno rebelde. Habíamos ido subiendo en él por turnos. Cuando me tocó la vez, salté sobre su grupa y el asno dio un brinco, metiéndose en un espino cercano. Bajó la cabeza intentando derribarme, cosa que consiguió, pero no antes de que las espinas me arañaran la cara, poniéndome en vergüenza ante mis amigos. Al igual que los orientales, los africanos tienen un sentido de la dignidad, de lo que los chinos llaman "salvar la cara", muy desarrollado. Había perdido dignidad ante mis amigos. Aunque había sido derribado por un burro, aprendí que humillar a otra persona es hacerle sufrir un destino innecesariamente cruel. Incluso siendo un niño, intentaba derrotar a mis oponentes sin deshonrarles.

Normalmente, los chicos jugaban entre ellos, pero en ocasiones permitíamos que se nos unieran nuestras hermanas. Los chicos y las chicas tenían juegos como el *ndize* (escondite) o el *icekwa* (tula), pero a lo que más me gustaba jugar con ellas era a lo que llamábamos *khetha,* o "elige al que más te guste". No era realmente un juego organizado, sino algo improvisado que consistía en abordar a un grupo de chicas de nuestra edad y pedirles que cada una seleccionara al chico que más le gustara. Eran astutas —mucho más listas que nosotros, muchachos torpones— y a menudo conferenciaban entre ellas y elegían a un chico, normalmente el más feo, del que después se burlaban todo el camino de vuelta a casa.

El juego más popular entre los chicos era el *thinti,* que, como la mayor parte de los juegos de chicos, era una aproximación juvenil a la guerra. Se clavaban verticalmente en el suelo dos palos, que se empleaban como blanco, a unos treinta metros de distancia. El objetivo era que cada equipo lanzara palos al blanco del oponente hasta derribarlo. Cada equipo defendía su propio blanco e intentaba impedir que el otro bando recuperara los palos arrojados. Cuando fuimos haciéndonos mayores, organizábamos partidos contra muchachos de las aldeas vecinas, y quienes se distinguían en estas batallas fraternales eran muy admirados, como son justamente celebrados los generales que obtienen grandes victorias en la guerra.

Tras estos juegos, regresaba al *kraal* de mi madre, donde ella preparaba la cena. Mientras que mi padre contaba historias de batallas famosas y heroicos guerreros xhosas, mi madre nos arrobaba con leyendas y fábulas xhosas transmitidas a lo largo de innumerables generaciones. Aquellas historias, que estimulaban mi imaginación infantil, solían incluir algún tipo de moraleja. Recuerdo una historia que me contó mi madre acerca de un viajero que había sido abordado por una mujer muy vieja con terribles cataratas en los ojos. La mujer pedía ayuda al viajero y el hombre apartaba la vista. Entonces aparecía otro hombre, y la anciana se volvía hacia él pidiéndole que le limpiara los ojos. Aunque la tarea le resultaba desagradable, el hombre accedía a su petición. Milagrosamente, al caer las escamas de sus ojos, la anciana se transformaba en una bella joven. El hombre se casaba con ella y obtenía riquezas y prosperidad. Es un cuento sencillo, pero su mensaje no ha perdido actualidad: la virtud y la generosidad son recompensadas de un modo inescrutable.

Al igual que todos los niños xhosas, adquirí conocimientos fundamentalmente por medio de la observación. Se esperaba de nosotros que aprendiésemos a través de la imitación y la emulación, no de las preguntas. La primera vez que visité los hogares de los blancos me quedé boquiabierto por el número y tipo de preguntas que los niños hacían a sus padres, así como por la invariable disponibilidad de éstos para darles respuesta. En mi casa, las preguntas se consideraban una molestia; los adultos impartían la información como mejor les parecía.

Mi vida, como la de la mayor parte de los xhosas de la época, estaba modelada por las costumbres, los rituales y los tabúes de la tribu. Eran el alfa y la omega de nuestra existencia, y eran incuestionables. Los hombres seguían el camino escogido para ellos por sus padres; las mujeres llevaban la misma vida que habían llevado sus madres antes que ellas. Sin que nadie me lo dijera, no tardé en asimilar las complejas reglas que gobernaban las relaciones entre hombres y mujeres. Descubrí que un hombre no puede entrar en una casa donde una mujer haya dado a luz recientemente, y que una mujer recién casada no entraba en el *kraal* que sería su nuevo hogar sin elaboradas ceremonias. También descubrí que ignorar a los propios antepasados traía mala suerte y el fracaso en la vida. Si uno deshonraba a sus antepasados de alguna forma, la única manera de expiar la culpa era consultar a un sanador tradicional o a un anciano de la tribu, que se ponían en contacto con los antepasados transmitiéndoles sinceras excusas. Todas estas creencias me parecían perfectamente naturales.

No vi muchos blancos durante mi infancia en Qunu. Por supuesto, el comisario residente local era blanco, al igual que el tendero más próximo. De cuando en cuando atravesaban nuestra zona viajeros o policías blancos. Me parecían grandiosos como dioses, y era consciente de que había que tratarles con una mezcla de miedo y respeto, pero prácticamente no desempeñaban papel alguno en mi vida. No solía pensar mucho, o nada en absoluto, en el hombre blanco en general, o en las relaciones entre mi propio pueblo y aquellos personajes peculiares y remotos. La única rivalidad entre los diferentes clanes o tribus de nuestro pequeño mundo de Qunu era la existente entre los xhosas y los amaMfengu, un pequeño número de los cuales vivía en la aldea. Los amaMfengu llegaron al este de El Cabo tras huir de los ejércitos de Shaka Zulu en un periodo conocido como el iMfecane, la gran oleada de batallas y emigraciones acontecida entre 1820 y 1840, que tuvo su inicio en el alzamiento de Shaka y el estado zulú, y que pretendió conquistar, para después unificar todas las tribus bajo un mando militar. Los amaMfengu, que originalmente no hablaban el idioma xhosa, eran refugiados del iMfecane y se habían visto forzados a desempeñar trabajos que ningún otro africano estaba dispuesto a realizar. Trabajaban en las granjas y negocios de los blancos, algo muy mal visto por las tribus xhosas. Pero los amaMfengu eran un pueblo laborioso y, gracias a su contacto con los europeos, eran a menudo más cultos y "occidentales" que otros africanos.

Cuando yo era niño, los amaMfengu eran el sector más avanzado de la comunidad, y eran quienes nos abastecían de clérigos, policías, maestros, funcionarios e intérpretes. También estuvieron entre los primeros en convertirse al cristianismo, construir mejores casas y emplear métodos agrícolas científicos. Además, eran más ricos que sus compatriotas xhosas. Confirmaban el axioma de los misioneros de que ser cristiano equivale a ser civilizado, y que ser civilizado equivale a ser cristiano. Había aún cierta hostilidad hacia los amaMfengu, pero, retrospectivamente, se la atribuyo más a los celos que a la animosidad tribal. Esta forma local de tribalismo que observé siendo niño era relativamente inocua. En aquella fase no presencié, ni llegué siquiera a sospechar, las violentas rivalidades tribales que más adelante serían promovidas por los gobernantes blancos de Sudáfrica.

Mi padre no suscribía el prejuicio local contra los amaMfengu y se hizo amigo de dos hermanos, George y Ben Mbekela. Ambos eran una rareza en Qunu: eran cultos y cristianos. George, el mayor de los dos, era profesor retirado, y Ben era sargento de policía. A pesar de la labor proselitista de los hermanos Mbekela, mi padre se mantuvo alejado del cristianismo y conservó su fe personal en el gran espíritu de los xhosas, Qamata, el dios de sus padres. Era, extraoficialmente, el sacerdote que presidía el sacrificio ritual de cabras y terneros y oficiaba en los ritos tradicionales relacionados con la siembra, la cosecha, los nacimientos, el matrimonio, las ceremonias de iniciación y los funerales. No necesitaba ser ordenado, ya que la religión tradicional de los xhosas se caracteriza por su unicidad cósmica, por lo que prácticamente no existe distinción alguna entre lo sagrado y lo profano, entre lo natural y lo sobrenatural.

Si bien la fe de los hermanos Mbekela no afectó a mi padre, sí inspiró a mi madre, que se convirtió al cristianismo. Fanny era literalmente su nombre cristiano, ya que se lo habían puesto en la iglesia. Debido a la influencia de los Mbekela, yo mismo fui bautizado en la Iglesia metodista o wesleyana, como entonces se la conocía, y enviado al colegio. Los hermanos me veían a menudo jugando o cuidando las ovejas y se acercaban para hablar conmigo. Un día, George Mbekela visitó a mi madre y le dijo: "Su hijo es un muchacho inteligente. Debería ir a la escuela". Mi madre guardó silencio. Nadie en mi familia había ido jamás al colegio, y para mi madre la sugerencia de Mbekela fue una sorpresa. No obstante, se la comunicó a mi padre, que a pesar de su propia falta de cultura —o tal vez debido precisamente a ella—, decidió de inmediato que su hijo menor debía ir al colegio.

La escuela tenía una única aula y un tejado al estilo occidental, y se encontraba al otro lado de la colina. Yo tenía siete años, y el día antes de incorporarme a las clases, mi padre me llevó aparte y me dijo que debía vestirme correctamente para ir al colegio. Hasta aquel momento, al igual que todos los demás chicos de Qunu, sólo llevaba una especie de túnica echada por encima de un hombro y sujeta a la cintura. Mi padre cogió unos pantalones suyos y los cortó a la altura de la rodilla. Me dijo que me los pusiera, y así lo hice. Su longitud era más o menos la adecuada, aunque me estaban demasiado anchos. Mi padre sacó entonces un trozo de cordel del bolsillo y me los ciñó en torno a la cintura. Debía ser un espectáculo cómico, pero nunca me he sentido tan orgulloso de ningún traje como de aquellos pantalones de mi padre.

El primer día de colegio, la señorita Mdingane, la profesora, nos puso a cada uno un nombre en inglés, y nos dijo que a partir de ese momento responderíamos a él en la escuela. Era una costumbre habitual entre los africanos en aquellos tiempos, y sin duda se debía a la influencia británica. Recibí una educación británica en la que las ideas, la cultura y las instituciones británicas eran consideradas superiores por sistema. No existía nada que pudiera llamarse cultura africana.

Los africanos de mi generación —e incluso los de nuestros días— tienen por lo general tanto un nombre inglés como uno africano. Los blancos eran incapaces de pronunciar los nombres africanos —o se negaban a hacerlo—, y consideraban poco civilizado tener uno. Aquel día, la señorita Mdingane me dijo que mi nuevo nombre sería Nelson. No tengo ni la más remota idea de por qué eligió para mí ese nombre en particular. Tal vez tuviese algo que ver con el gran almirante británico lord Nelson, aunque esto no es más que una especulación.

3

UNA NOCHE, cuando tenía nueve años, se produjo una gran conmoción en la familia. Había llegado mi padre, que visitaba a sus esposas por turnos y normalmente pasaba en nuestra casa una semana al mes. Pero no había venido en la fecha acostumbrada, ya que no se le esperaba hasta unos pocos días más tarde. Le encontré en la choza de mi madre, tumbado de espaldas en el suelo, en medio de un interminable ataque de tos. Incluso para mis ojos de niño, estaba claro que no le quedaba mucho tiempo en este mundo. Padecía algún tipo de enfermedad pulmonar, pero nunca fue diagnosticada, ya que mi padre jamás visitó a un médico. Permaneció en la choza durante varios días, sin moverse ni hablar, y una noche empeoró. Mi madre y la esposa más joven de mi padre, Nodayimani, que había venido a estar con nosotros, le cuidaban. Muy entrada la noche él mandó a buscar a Nodayimani. "Tráeme mi tabaco", le dijo. Mi madre y Nodayimani hablaron entre ellas y decidieron que no era prudente que fumara en aquel estado, pero él persistió en su exigencia y, finalmente, Nodayimani le llenó la pipa, la encendió y se la entregó. Mi padre fumó y se tranquilizó. Continuó fumando durante cerca de una hora y después, con la pipa aún encendida, murió.

No recuerdo tanto el dolor que sentí como la sensación de estar a la deriva. Aunque mi madre era el centro de mi existencia, yo me definía a mí mismo a través de mi padre. Su muerte cambió mi vida de un modo que nunca llegué a sospechar por aquel entonces. Tras un breve periodo de luto, mi madre me comunicó que me iba a enviar fuera de Qunu. No le pregunté por qué, ni adónde iba a ir.

Empaqueté mis escasas pertenencias y una mañana temprano emprendimos viaje hacia el Oeste, en dirección a mi nueva residencia. No añoraba tanto a mi padre como al mundo que dejaba a mis espaldas. Qunu era el mundo que conocía, y lo amaba con ese amor incondicional con el que el niño ama su primer hogar. Antes de desaparecer tras las colinas me volví para mirar la aldea, pensando que sería por última vez. Vi las sencillas chozas y la gente ocupada en sus tareas, el arroyo donde había chapoteado y jugado con los otros chicos, los campos de maíz y los verdes prados donde los rebaños y manadas pastaban perezosamente.

Imaginé a mis amigos cazando pequeños pájaros, bebiendo la dulce le-che directamente de la ubre de la vaca y haciendo cabriolas y chapo-teando en el estanque que había en un extremo del arroyo. Por encima de cualquier otra cosa, mis ojos descansaron en las tres sencillas chozas donde había disfrutado del amor y la protección de mi madre. Asociaba aquellas tres chozas con mi felicidad, con la vida misma, y lamentaba no haberlas besado una por una antes de partir. No podía imaginar que el futuro hacia el que me encaminaba pudiera compararse en modo alguno con el pasado que dejaba atrás.

Caminamos en silencio hasta que el sol empezó a hundirse lentamen-te en el horizonte. Sin embargo, el silencio entre madre e hijo no es una sensación solitaria. Mi madre y yo nunca hablábamos mucho, pero no ne-cesitábamos hacerlo. Jamás dudé de su amor, ni puse en duda su apoyo. Era un viaje agotador a lo largo de caminos pedregosos o llenos de arena, colina arriba y pendiente abajo, dejando atrás numerosas aldeas, pero no nos detuvimos ni una sola vez. A última hora de la tarde llegamos a una aldea situada en el fondo de un valle poco profundo y rodeado de árboles. En el centro había una casa grande y hermosa, y superaba hasta tal punto todo lo que había visto hasta entonces que no pude por menos que que-darme maravillado ante ella. Los edificios eran dos *iingxande* (casas rec-tangulares) y siete majestuosas *rondavels* (chozas de rango superior), enca-ladas en blanco, deslumbrantes incluso bajo la luz del sol poniente. Había un gran huerto en la parte delantera y un campo de maíz bordeado por melocotoneros de forma redondeada. En la parte posterior se exten-día otro huerto aún más espacioso, con manzanos, hortalizas, un parterre de flores y un macizo con mimbres. En las inmediaciones se levantaba una iglesia de estuco blanco. A la sombra de dos gomeros que adornaban la puerta delantera de la casa principal estaba sentado un grupo de unos veinte ancianos de la tribu. Alrededor de la propiedad, pastando plácida-mente en las ricas tierras, había una manada de al menos cincuenta vacas y tal vez quinientas ovejas. Todo estaba maravillosamente cuidado y re-presentaba una visión tal de riqueza y orden, que desbordaba mi imagi-nación. Aquel era el Gran Lugar, Mqhekezweni, la capital provisional de Thembulandia, la residencia real del jefe Jongintaba Dalindyebo, regen-te en funciones del pueblo thembu.

Mientras contemplaba asombrado toda aquella magnificencia, un enorme automóvil atravesó rugiendo la entrada occidental, y los hom-bres sentados a la sombra se irguieron. Se encasquetaron los sombreros y se pusieron en pie de un salto gritando: *"Bayete a-a-a, Jongintaba!"* (¡Saludos, Jongintaba!), el saludo tradicional de los xhosas hacia su jefe. Del coche (me enteré más tarde que aquel majestuoso vehículo era un Ford V8) descendió un hombre bajo y robusto con un elegante traje. Vi que de él emanaba la confianza y seguridad de quien está habituado al ejercicio de la autoridad. Su nombre resultaba singularmente apropiado, ya que Jongintaba significa literalmente "El que mira a la montaña", y era un hombre cuya presencia hacía que todos los ojos se volvieran hacia él. Su piel era oscura y su rostro inteligente, y estrechó desenfadadamente la mano a cada uno de los hombres que había bajo el árbol, que, como pude averiguar después, constituían el más alto tribunal de justicia de los thembus. Era el regente, que había de convertirse en mi guardián y benefactor a todo lo largo de la siguiente década.

En aquel momento, mientras observaba a Jongintaba y su corte, me sentía como un arbolillo arrancado de raíz y lanzado al centro de un arroyo, incapaz de resistirme a su poderosa corriente. Experimenté una mezcla de sobrecogimiento y desconcierto. Hasta entonces sólo había pensado en mis propios placeres. Nunca había sentido más ambición que comer bien y llegar a ser un campeón de la lucha con pértiga. No aspiraba a tener dinero, ni clase, ni fama, ni poder. Repentinamente, se había abierto ante mí un nuevo mundo. Los niños procedentes de hogares pobres se ven a menudo acosados por una turbamulta de nuevas tentaciones al encontrarse de pronto ante grandes riquezas. Yo no fui una excepción. Sentí cómo se tambaleaban muchas de mis creencias y lealtades. Los delicados cimientos construidos por mis padres empezaron a desvanecerse. En aquel instante vi que la vida podía ofrecerme algo más que la posibilidad de ser campeón de lucha con pértiga.

*   *   *

Supe posteriormente que, tras la muerte de mi padre, Jongintaba se había ofrecido a ser mi protector. Se había comprometido a tratarme como a sus otros hijos y a que disfrutara de las mismas ventajas y oportunidades que ellos. Mi madre no tuvo opción. No podía rechazar semejante oferta del regente. Le satisfizo pensar que, aunque me echaría de menos, mi crianza sería más ventajosa para mí en manos del regente que en las suyas. El jefe no había olvidado que gracias a la intervención de mi padre se había convertido en jefe supremo en funciones.

Mi madre permaneció en Mqhekezweni un par de días antes de regresar a Qunu. Nos despedimos sin grandes alharacas. No me sermoneó, ni me ofreció sabios consejos, ni me besó. Sospecho que no quería que me sintiera abandonado tras su partida y por ello mantuvo una actitud distante. Sabía que mi padre quería que yo disfrutara de una educación y estuviera preparado para hacer frente al mundo, y eso era imposible en Qunu. Su tierna mirada me dio todo el afecto y apoyo que necesitaba. Al partir, se volvió hacia mí y me dijo: *"Uqinisufokotho, Kwedini!"* (¡Sé fuerte, hijo mío!) A menudo los niños son las criaturas menos sentimentales que existen, especialmente si están absortos ante alguna novedad. Incluso en el momento en que mi querida madre y primera amiga se despedía, tenía la cabeza puesta en los deleites de mi nuevo hogar. ¿Cómo no iba a sentirme exaltado? Vestía ya las elegantes ropas que mi nuevo tutor me había comprado.

No tardé en incorporarme a la vida cotidiana de Mqhekezweni. Los niños se adaptan rápidamente o no se adaptan en absoluto, y yo me había adaptado al Gran Lugar como si me hubiera criado allí. Para mí era un reino mágico en el que todo era maravilloso. Las tareas que me resultaban tediosas en Qunu se convertían en aventuras en Mqhekezweni. Cuando no estaba en la escuela, araba, conducía carretas o hacía de pastor. Cabalgaba y abatía pájaros con honda, buscaba chicos con los que combatir y a veces bailaba toda la noche al ritmo de los hermosos cantos y palmas de las vírgenes thembu. Aunque echaba de menos Qunu y a mi madre, estaba totalmente inmerso en mi nuevo mundo.

Asistía a una escuela con una única aula que había junto al palacio, donde estudiaba inglés, xhosa, historia y geografía. Leíamos el *Chambers English Reader* y escribíamos las lecciones en pizarrines negros. Nuestros profesores, el señor Fadana y, más adelante, el señor Giqwa, me dedicaron especial atención. Me fue bien en el colegio, no porque fuera listo, sino por que era testarudo. Mi autodisciplina contó con el apoyo de mi tía Phathiwe, que vivía en el Gran Lugar y revisaba mis deberes todas las noches.

Mqhekezweni era una misión de la Iglesia metodista, y estaba mucho más occidentalizada y al día que Qunu. Sus habitantes lucían ropas modernas. Los hombres llevaban trajes y las mujeres habían adoptado el severo estilo de las misioneras protestantes: faldas gruesas y largas y blusas de cuello alto, con un chal sobre los hombros y un pañuelo elegantemente enroscado alrededor de la cabeza.

Si el mundo de Mqhekezweni giraba en torno al regente, mi mundo personal, más pequeño, lo hacía en torno a sus dos hijos. Justice, el mayor, era el único varón y el heredero del Gran Lugar. Nomafu era la hija del jefe. Vivía con ellos y recibía exactamente el mismo trato. Comíamos la misma comida, vestíamos las mismas ropas, desempeñábamos las mismas tareas. Más adelante se unió a nosotros Nxeko, el hermano mayor de Sabata, el heredero del trono. Los cuatro formábamos un cuarteto real. El regente y su esposa, No-England, me criaron como si fuese su propio hijo. Se preocupaban por mí, me orientaban y me castigaban, siempre con gran cariño y sentido de la justicia. Jongintaba era severo, pero jamás dudé de su afecto. Me llamaban por el apelativo cariñoso de Tatomkhulu, que significa "abuelo", porque según ellos, cuando me ponía serio parecía un anciano.

Justice era cuatro años mayor que yo, y se convirtió en mi primer héroe después de mi padre. Estaba pendiente de él en todo. Él asistía ya al internado de Clarkebury, que se encontraba a unos noventa kilómetros de Mqhekezweni. Alto, apuesto y musculoso, era un magnífico deportista que descollaba tanto en las pistas de carreras como en los campos de deportes, en el cricket, el rugby y el fútbol. Alegre y extrovertido, era un actor nato que extasiaba a la gente con sus canciones y la pasmaba con sus bailes de salón. Tenía toda una tropa de admiradoras femeninas, pero también un batallón de críticos que le consideraban un señorito y un *playboy*. Justice y yo nos hicimos grandes amigos, aunque en muchos aspectos éramos totalmente opuestos: él era extrovertido, yo introvertido; él alegre, yo serio. A él le salían las cosas con facilidad; yo tenía que esforzarme. Para mí Justice era todo lo que debía ser un hombre joven, y todo lo que yo deseaba ser. Aunque siempre fuimos tratados de forma similar, nuestros destinos eran diferentes: Justice heredaría una de las jefaturas más poderosas de la tribu thembu, mientras que yo obtendría lo que el regente, en su generosidad, quisiera asignarme.

Me pasaba el día entrando y saliendo de la casa del regente para hacer encargos y pequeños trabajos. Entre los muchos que realizaba, el que más me agradaba era planchar sus trajes, tarea que me llenaba de orgullo. Tenía media docena de trajes occidentales y dediqué muchas horas a trazar cuidadosamente la raya de sus pantalones. Su palacio, por así decirlo, consistía en dos grandes casas de estilo occidental con techos de lata. En aquellos tiempos muy pocos africanos tenían casas de estilo occidental, que eran consideradas un signo de gran riqueza. Había seis *rondavels* dispuestos en semicírculo en torno a la casa principal. Tenían suelos de madera, algo que jamás había visto. El regente y su esposa dormían en el *rondavel* de la derecha, la hermana de la reina en el del centro, y el de la izquierda hacía las veces de despensa. Bajo el suelo de la choza de la hermana de la reina había un panal, y en ocasiones levantábamos uno o dos tablones del suelo para devorar la miel. Poco después de mi traslado a Mqhekezweni, el regente y su esposa se mudaron a la *uxande* (casa central), que se convirtió automáticamente en la Gran Casa. Había en sus inmediaciones tres pequeños *rondavels:* uno para la madre del regente, otro para acoger a las visitas y un tercero que compartíamos Justice y yo.

Los dos principios que gobernaban mi vida en Mqhekezweni eran la jefatura de la tribu y la iglesia. Ambas doctrinas coexistían en incómoda armonía, aunque desde mi punto de vista no eran antagónicas. Para mí, el cristianismo no era tanto un sistema de creencias como el poderoso credo de un único hombre: el reverendo Matyolo. Su poderosa presencia encarnaba todo lo que el cristianismo tiene de atractivo. Era tan popular y amado como el regente, y el hecho de que estuviera por encima de éste en materia espiritual me impresionó mucho. Pero la Iglesia mostraba tanto interés en este mundo como en el del más allá: yo era consciente de que, al parecer, prácticamente todos los logros de los africanos se debían al trabajo misionero de la Iglesia. Las escuelas de las misiones formaban a los funcionarios, los intérpretes y los policías, oficios que, por aquel entonces, representaban el no va más de las aspiraciones de los africanos.

El reverendo Matyolo era un hombre grueso y cincuentón, con voz profunda y potente que igual se prestaba a los sermones que al canto. Cuando predicaba en la sencilla iglesia que había en el extremo occidental de Mqhekezweni, el templo estaba siempre atestado de gente. La sala reverberaba con los *hosannas* de los fieles, y las mujeres se arrodillaban a sus pies para implorarle la salvación. La primera historia que escuché sobre él tras llegar al Gran Lugar contaba que el reverendo había hecho huir a un peligroso fantasma armado tan sólo con una biblia y una linterna. Jamás percibí la menor falta de verosimilitud, ni contradicción alguna en aquella historia. El metodismo que predicaba el reverendo Matyolo pertenecía a la variedad del Dios tonante, el salitre y el azufre hirviente, todo ello aderezado con pequeñas dosis de animismo africano. El Señor era sabio y omnipotente, pero era también un dios vengativo que no dejaba sin castigo pecado alguno.

En Qunu, la única vez que había asistido a la iglesia había sido el día de mi bautismo. La religión era un ritual que yo aceptaba por respeto a mi madre, pero al que no atribuía el menor significado. Aun así, en Mqhekezweni la religión formaba parte de la vida, por lo que asistía a la iglesia todos los domingos con el regente y su esposa. El jefe se tomaba la religión muy en serio. De hecho, la única ocasión en que me dio una paliza fue un día que me había saltado el servicio dominical para ir a pelear con los muchachos de otra aldea, una transgresión que jamás volví a cometer.

Recibí otras reprimendas por saltarme las normas del reverendo. Una tarde, entré a hurtadillas en el huerto del reverendo Matyolo y robé un poco de maíz, que asé y comí allí mismo. Una joven me vio e inmediamente dio parte al sacerdote. La noticia no tardó en extenderse, llegando hasta los oídos del regente. Aquella noche esperó hasta la hora de las oraciones —un ritual cotidiano en aquella casa— para echarme en cara mi falta, reprochándome que le hubiera quitado el pan a un pobre sirviente de Dios. También me culpó de haber deshonrado a la familia y me advirtió que el demonio me haría pagar por mi pecado. Sentí una desagradable mezcla de miedo y vergüenza: miedo ante alguna especie de venganza cósmica y vergüenza por haber abusado de la confianza de mi familia adoptiva.

Debido al respeto del que disfrutaba el regente —tanto por parte de los blancos como de los negros— y al poder aparentemente ilimitado que esgrimía, yo veía la función de la jefatura como el centro mismo en torno al que giraba la vida. La importancia y la influencia del cargo impregnaba hasta el último rincón de nuestras vidas en Mqhekezweni, y era el principal medio a través del cual uno podía obtener autoridad y posición.

Las ideas que posteriormente desarrollé acerca del liderazgo se vieron profundamente influidas por el ejemplo del regente y su corte. En las reuniones tribales, que se celebraban con regularidad en el Gran Lugar, observaba y aprendía. Aquellos encuentros no se programaban, sino que se convocaban cuando eran necesarios. En ellos se discutían temas de trascendencia, tales como la sequía, la necesidad de reducir el tamaño de los rebaños de vacas, la línea política impuesta por el magistrado o las nuevas leyes dictadas por el gobierno británico. Todos los thembus eran libres de asistir, y muchos de ellos lo hacían, viajando a caballo o a pie.

En estas ocasiones, Jongintaba se rodeaba de sus *amaphakathi,* un grupo de consejeros de alto rango que actuaban como parlamento y poder judicial del regente. Eran hombres sabios que atesoraban en sus cabezas el conocimiento de la historia y las costumbres tribales, y cuyas opiniones tenían gran peso.

El regente enviaba cartas a los jefes y mandatarios tribales anunciándoles la celebración de una reunión, y pronto el Gran Lugar bullía de visitantes importantes y viajeros procedentes de toda Thembulandia. Los huéspedes se reunían en el patio delantero de la casa del regente, y éste abría la sesión agradeciendo a todos su asistencia y explicando el porqué de la convocatoria. A partir de ese momento no volvía a decir palabra hasta que la reunión tocaba a su fin.

Todo el que deseaba intervenir podía hacerlo. Era la democracia en su forma más pura. Existía una estructura jerárquica entre quienes tomaban la palabra, pero se escuchaba a todo el mundo, jefes y súbditos, guerreros y hechiceros, comerciantes y granjeros, terratenientes y trabajadores. La gente hablaba sin interrupción y las reuniones duraban muchas horas. La base de aquel autogobierno era que todos los hombres eran libres de exponer sus opiniones e iguales en su valía como ciudadanos. (Mucho me temo que las mujeres eran consideradas ciudadanos de segunda clase).

Durante el día se ofrecía un gran banquete. A menudo, acababa con dolor de estómago de tanto comer mientras escuchaba a un orador tras otro. Me llamaba la atención comprobar que algunos de ellos divagaban y parecían incapaces de llegar a ningún lado. Había otros que iban directamente al grano, y había quien era capaz de hacer una exposición sucinta y coherente de sus razonamientos. Observé que algunos oradores apelaban a los sentimientos y recurrían a un lenguaje dramático, intentando cautivar al público con estas técnicas, mientras que otros eran sobrios y objetivos, y rehuían las emociones.

Al principio, me asombró la vehemencia —y la sinceridad— con la que censuraban al regente. No sólo no estaba más allá de toda crítica, sino que de hecho, era con frecuencia el principal blanco de ella. Por muy grave que fuera la acusación, el regente se limitaba a escuchar sin defenderse, sin mostrar emoción alguna. Las reuniones continuaban hasta que se alcanzaba algún tipo de consenso. Acababan en unanimidad o no acababan. Sin embargo, esa unanimidad podía basarse en el acuerdo de estar en desacuerdo, o en la decisión de esperar a un momento más propicio para proponer una solución. La democracia significaba que todo hombre tenía derecho a ser oído, y que las decisiones se tomaban conjuntamente, como pueblo. El gobierno de la mayoría era una idea extranjera. Una minoría no podía verse aplastada por la mayoría.

Sólo al final de la asamblea, mientras se ponía el sol, hablaba el regente. El propósito de su intervención era resumir lo allí dicho y propiciar algún tipo de consenso entre las diversas opiniones. No se imponía conclusión alguna a quienes disentían. Si no era posible llegar a un acuerdo, se celebraba otra reunión. Al final del consejo, un cantor de alabanzas, o un poeta, interpretaba un panegírico de los antiguos reyes seguido de una composición, en la que se mezclaban los halagos y las sátiras, dedicada a los jefes del momento. El público, encabezado por el regente, rugía de risa.

Como líder, siempre me he atenido a los principios que vi poner en práctica al regente en el Gran Lugar. He intentado escuchar lo que todo el mundo tenía que decir antes de aventurar mi propia opinión. A menudo, ésta representa sencillamente una postura de consenso respecto a lo ya dicho en la reunión. Y no dejo de recordar el axioma del regente: un líder es como un pastor que permanece detrás del rebaño y permite que los más ágiles vayan por delante, tras lo cual, los demás les siguen sin darse cuenta de que en todo momento están siendo dirigidos desde detrás.

En Mqhekezweni despertó mi interés por la historia africana. Hasta entonces, sólo había tenido noticias de los héroes xhosas, pero allí escuché historias de otros héroes africanos como Sekhukhune, rey de los bapedi; del rey basotho, Moshoeshoe; de Dingane, rey del pueblo zulú; y de otros como Bambatha, Hintsa y Makana, Montshiwa y Kgama. Oí hablar de estos hombres a los jefes y líderes que venían al Gran Lugar para resolver disputas y celebrar juicios. Aunque no eran abogados, aquellos hombres presentaban sus casos y después emitían veredicto. Algunos días terminaban temprano y se quedaban sentados contando historias. Yo brujuleaba en silencio y les escuchaba. Hablaban de un modo desconocido para mí. Su articulación era formal y distante, su actitud tranquila y relajada, y los *clics* tradicionales de nuestro idioma largos y dramáticos.

Al principio me echaban y decían que era demasiado joven para escuchar aquello. Mas adelante, me llamaban para que fuera a buscar fuego o agua, o para que dijera a las mujeres que querían té. En aquellos primeros meses estaba demasiado ocupado haciendo encargos para seguir su conversación, pero finalmente me permitieron quedarme y descubrí a los grandes patriotas africanos que lucharon contra la dominación occidental. Mi imaginación se vio exaltada por la gloria de aquellos guerreros africanos.

El más viejo entre los que regalaban con sus antiguas historias los oídos de los ancianos reunidos era Zwelibhangile Joyi, un hijo de la Gran Casa del rey Ngubengcuka. El jefe Joyi era tan viejo que su piel arrugada colgaba de sus huesos como un abrigo suelto. Sus relatos se desplegaban lentamente y, a menudo, se veían punteados por una fuerte tos sibilante, que le obligaba a interrumpirse durante minutos. El jefe Joyi era la máxima autoridad sobre la historia thembu, en gran medida porque había vivido buena parte de ella.

Pero por decrépito que pudiera parecer a veces el jefe Joyi, se quitaba de encima décadas cuando hablaba de los jóvenes *impis,* los guerreros del ejército del rey Ngangelizwe que combatieron contra los británicos.

Haciendo una pantomima, el jefe Joyi blandía su lanza y reptaba por el *veld* mientras narraba victorias y derrotas. Hablaba del heroísmo, la generosidad y la humildad de Ngangelizwe.

No todas las historias del jefe Joyi trataban de los thembus. La primera vez que habló de guerreros de otros pueblos diferentes al xhosa me pregunté por qué lo haría. Yo era como un niño que adora a una figura local del fútbol y no se siente interesado en una estrella nacional con la que no tiene la menor conexión. Sólo más adelante fui arrastrado por la inmensa amplitud de la historia africana y por los hechos de todos sus héroes, al margen de cuál fuera su tribu.

El jefe Joyi increpaba al hombre blanco, que en su opinión había dividido deliberadamente a la tribu xhosa, separando a hermanos de hermanos. El hombre blanco había dicho a los thembus que su verdadero jefe era la gran reina blanca que vivía al otro lado del océano y que ellos eran sus súbditos. Pero la reina blanca no había traído nada más que miseria y perfidia a los pueblos negros, y si de verdad era un jefe, era un jefe malvado. Las historias de guerra y la acusación del jefe Joyi contra los británicos me hicieron sentir iracundo y estafado, como si me hubieran despojado de mi herencia.

El jefe Joyi aseguraba que el pueblo africano vivía en relativa paz hasta la llegada de los *abelungu,* los hombres blancos, que vinieron de más allá del mar con armas que escupían fuego. Hace tiempo, contaba, los thembus, los mpondos, los xhosas y los zulúes eran todos hijos de un mismo padre y vivían como hermanos. El hombre blanco había destruido el *abantu,* la hermandad entre las diversas tribus. El hombre blanco estaba hambriento de tierra y era codicioso, y el hombre negro compartió con él la tierra como compartía el aire y el agua. La tierra no era algo que debiera poseer el hombre, pero el blanco se apoderaba de la tierra como quien se apodera del caballo de otro.

Yo aún no sabía que la auténtica historia de nuestro país no era la que se contaba en los libros de texto británico al uso, que afirmaban que Sudáfrica inició su andadura en 1652 con la llegada de Jan van Riebeeck al cabo de Buena Esperanza. Gracias al jefe Joyi empecé a descubrir que la historia de los pueblos que hablaban bantú había comenzado muy lejos, al Norte, en una tierra de lagos, verdes llanuras y valles, y que lentamente, a lo largo de milenios, nos habíamos abierto camino hasta el extremo mismo de este gran continente. No obstante, descubrí más adelante que la versión de la historia africana del jefe Joyi, en especial a partir de 1652, no era siempre muy exacta.

En Mqhekezweni me sentía, hasta cierto punto, como un chico de pueblo cuando llega a la ciudad. Mqhekezweni era un lugar mucho más sofisticado que Qunu, cuyos habitantes eran considerados atrasados por la gente del Gran Lugar. El regente se mostraba reacio a que visitara Qunu, pensando que en mi antigua aldea experimentaría una regresión y encontraría malas compañías. Cuando fui de visita, me di cuenta de que mi madre había recibido instrucciones del regente, ya que me interrogaba acerca de la gente con la que jugaba. En muchas ocasiones, el regente lo organizaba todo para que mi madre y mis hermanas visitaran el Gran Lugar.

Cuando llegué a Mqhekezweni, algunos de mis compañeros me consideraban un palurdo carente de los recursos necesarios para sobrevivir en la rarificada atmósfera del Gran Lugar. Como todos los jóvenes, hice lo posible por parecer elegante y sofisticado. Un día, en la iglesia, me fijé en una preciosa joven que era una de las hijas del reverendo Matyolo. Su nombre era Winnie. Le pedí que saliéramos juntos y aceptó. Yo le gustaba, pero su hermana mayor, nomaMpondo, me consideraba un patán. Le dijo a su hermana que yo era un salvaje y que era indigno de la hija del reverendo Matyolo. Para demostrarle a su hermana menor hasta qué punto era incivilizado, me invitó a comer a la rectoría. Una vez sentados a la mesa de la familia, la traviesa hermana mayor me puso delante un plato en el que sólo había un ala de pollo. En lugar de blanda y tierna, el ala estaba más bien dura, así que la carne no se desprendía fácilmente del hueso.

Observé cómo los demás empleaban los cubiertos con toda facilidad y cogí lentamente los míos. Tras estudiar a los comensales unos instantes, intenté limpiar mi alita. Al principio me limité a moverla por el plato con la vana esperanza de que la carne se desprendiera del hueso. Luego intenté sujetar aquella cosa y cortarla, pero se me escurría y, para mi frustración, mi cuchillo golpeaba una y otra vez contra el plato. Tras varios intentos, me di cuenta de que la hermana mayor sonreía y miraba a la pequeña como diciendo: "Te lo dije". Luché y luché hasta quedar empapado de sudor, pero no quería admitir mi derrota y coger aquella cosa infernal con las manos. Aquel día no comí mucho pollo en el almuerzo.

Más tarde, la hermana mayor le dijo a la pequeña: "Desperdiciarás tu vida si te enamoras de un chico tan zafio". Me alegra poder decir que la más joven no le prestó atención: me amó, por zafio que fuera. Con el tiempo, por supuesto, nuestras vidas se separaron. Ella asistió a una escuela diferente y se hizo profesora. Mantuvimos correspondencia durante unos años y después le perdí la pista. Pero para entonces, mis modales en la mesa habían mejorado ya considerablemente.

4

CUANDO TENÍA DIECISÉIS AÑOS, el regente decidió que había llegado la hora de que me convirtiera en un hombre. En la tradición xhosa, esto sólo se logra de un modo: mediante la circuncisión. Según las costumbres de mi pueblo, un varón no circunciso no puede heredar la riqueza de su padre, ni casarse, ni oficiar en los rituales de la tribu. Hablar de un hombre xhosa no circunciso es una contradicción en los términos, ya que no es considerado un hombre en absoluto, sino un niño. Para el pueblo xhosa, la circuncisión representa la incorporación formal de los varones a la sociedad. No se trata únicamente del procedimiento quirúrgico, sino que va precedido de un largo y elaborado ritual, para alcanzar la hombría. Como xhosa, cuento mis días de hombre desde la fecha de mi circuncisión.

La ceremonia tradicional de la circuncisión se organizó fundamentalmente pensando en Justice. El resto de nosotros, un total de veintiséis, estábamos allí para acompañarle. Con el comienzo del año nuevo viajamos hasta dos chozas de paja que se levantaban en un valle conocido como Tyhalarha, situado en las riberas del Mbashe. Es el lugar donde tradicionalmente son circuncidados los reyes del pueblo thembu. Las chozas serían nuestra residencia, un lugar de aislamiento donde debíamos vivir apartados de la sociedad. Aquel periodo de tiempo era sagrado. Me sentía contento y satisfecho por tomar parte en las costumbres de mi pueblo y listo para la transición de la adolescencia a la madurez.

Habíamos llegado a Tyhalarha, junto al río Mbashe, pocos días antes de la ceremonia de la circuncisión. Pasé aquellas últimas jornadas de infancia con los demás iniciados y disfruté mucho del ambiente de camaradería. Nuestro alojamiento estaba cerca de la casa de Banabakhe Blayi, el muchacho más rico y popular del grupo. Era un tipo encantador, un campeón de lucha con pértiga y un donjuán empedernido, cuyas muchas novias nos abastecieron de toda clase de exquisiteces. Aunque no sabía leer ni escribir, era uno de los más inteligentes entre todos nosotros. Regalaba nuestros oídos con historias de sus viajes a Johannesburgo, lugar que ninguno habíamos visitado. Nos emocionó tanto con sus relatos de las minas, que estuvo a punto de persuadirme de que ser minero era más atractivo que ser monarca. Los mineros tenían su propia mística: ser minero significaba ser fuerte y audaz, el ideal de la hombría. Mucho más tarde, comprendí que eran las historias exageradas de jóvenes como Banabakhe las responsables de que tantos jóvenes huyeran para trabajar en las minas de Johannesburgo, donde a menudo perdían la salud y la vida. En aquellos tiempos, trabajar en las minas era un rito de paso casi tan importante como la circuncisión, un mito que beneficiaba a los propietarios de las minas más de lo que ayudaba a mi pueblo.

Una costumbre asociada al rito de la circuncisión es que uno debe realizar un acto audaz antes de la ceremonia. Antaño, eso podría haber implicado robar ganado o incluso participar en una batalla, pero en nuestros días se trataba más de hacer una travesura que de hacer algo heroico. Dos noches antes de ir a Tyhalarha decidimos robar un cerdo. En Mqhekezweni vivía un hombre que tenía un cerdo viejo e intratable. Con el fin de no hacer ruido y alarmarle, nos las ingeniamos para que el cerdo colaborara con nosotros. Cogimos puñados de sedimentos de cerveza casera africana, que tienen un olor fuerte e irresistible para los cerdos, y los pusimos de forma que el aire llevara su aroma hasta el animal. Éste se excitó tanto que salió del *kraal* y, siguiendo la pista que habíamos trazado, se abrió camino hacia nosotros jadeando y bufando mientras iba comiéndose el cebo. Cuando llegó a nuestra altura, capturamos al pobre animal y lo matamos. A continuación hicimos un fuego y comimos cerdo asado bajo las estrellas. Jamás me ha vuelto a saber igual un trozo de cerdo.

La noche antes de la circuncisión se celebró una ceremonia con cantos y bailes cerca de nuestras chozas. Vinieron mujeres de las aldeas próximas y bailamos al son de sus voces y palmas. Al ir acelerándose la música y aumentando su volumen, nuestros bailes se iban haciendo cada vez más frenéticos, y por un momento, olvidamos lo que nos esperaba.

Al alba, cuando las estrellas estaban aún en el cielo, empezaron los preparativos. Fuimos escoltados hasta el río para bañarnos en sus frías aguas, un ritual que representaba nuestra purificación antes de la ceremonia que iba a celebrarse a mediodía. Se nos ordenó ponernos en fila, a cierta distancia del agua, en un claro donde se había reunido una multitud de padres y parientes, incluidos el regente y un puñado de jefes y consejeros. Sólo llevábamos puestas nuestras túnicas. La ceremonia comenzó con el batir de los tambores. Se nos ordenó que nos sentáramos en una estera sobre el suelo, con las piernas abiertas y extendidas delante de nosotros. Me sentía tenso y nervioso. No estaba seguro de cómo iba a reaccionar cuando llegara el momento crítico. Moverse o gritar eran signos de debilidad que estigmatizaban nuestra virilidad. Estaba decidido a no deshonrarme a mí mismo, a mi grupo o a mi tutor. La circuncisión es una prueba de valor y estoicismo. No se emplea anestésico alguno. Hay que sufrir en silencio.

A la derecha, por el rabillo del ojo, vi salir de una choza y arrodillarse delante del primer muchacho a un hombre delgado y entrado en años. Se percibía la excitación en la multitud y me estremecí ligeramente sabiendo que el ritual estaba a punto de comenzar. El anciano era un famoso *ingcibi,* un experto en circuncisiones procedente de Gcalekaland, que utilizaría su azagaya para transformarnos en hombres con un solo golpe.

De repente, oí gritar al primer chico: *"Ndiyindoda!"* (¡Soy un hombre!), como nos habían enseñado a hacer en el momento de la circuncisión. Segundos más tarde, oí la voz estrangulada de Justice pronunciar la misma frase. Quedaban dos jóvenes más antes de que el *ingcibi* llegara a mí. Se me debió quedar la mente en blanco por un tiempo porque, antes de que pudiera darme cuenta, el anciano estaba arrodillado delante mío. Le miré directamente a los ojos. Estaba pálido y aunque el día era frío su rostro brillaba de sudor. Sus manos se movían tan rápidamente que parecían controladas por alguna fuerza ajena a este mundo. Sin decir palabra cogió mi prepucio, tiró de él hacia delante, y a continuación, con un rápido movimiento, bajó la azagaya. Sentí que corría fuego por mis venas; el dolor era tan intenso que clavé la barbilla en el pecho. Pareció pasar mucho tiempo antes de que recordara el grito; entonces me recuperé y grité: *"Ndiyindoda!".*

Bajé la vista y vi un corte perfecto, limpio y redondo como un anillo, pero me sentía avergonzado porque creía que los otros chicos habían sido mucho más fuertes y valientes que yo. Habían gritado antes. Me preocupaba haberme quedado paralizado, aunque brevemente, por el dolor, e hice todo lo posible por ocultar mi sufrimiento. Un niño puede llorar; un hombre oculta su dolor.

Había dado el paso esencial en la vida de todo varón xhosa. Ahora podía casarme, crear mi propio hogar y arar mi propio campo. A partir de ese momento sería admitido en los consejos de la comunidad, mis palabras serían tomadas en consideración. En la ceremonia me fue dado mi nombre de circunciso, Dalibunga, que significa "fundador del *bungha",* el organismo de gobierno tradicional del Transkei. Para los tradicionalistas xhosas, ese nombre es más aceptable que cualquiera de mis dos nombres anteriores, Rolihlahla o Nelson. Me sentí orgulloso al escuchar mi nuevo nombre: Dalibunga.

Inmediatamente después de asestado el golpe, el ayudante que seguía al maestro recogió el prepucio del suelo y lo ató a una esquina de la estera. Acto seguido nos curaron las heridas con una planta cicatrizante, cuyas hojas, espinosas en la parte exterior pero suaves en la interior, absorben la sangre y otras secreciones.

Al concluir la ceremonia regresamos a nuestras chozas, donde había un fuego de leña húmeda que desprendía grandes nubes de humo, ya que se cree que así se favorece la cicatrización. Se nos ordenó permanecer acostados de espaldas en las humeantes cabañas, con una pierna estirada y la otra doblada. Ahora éramos *abakhwetha,* iniciados en el mundo de los hombres. Nos atendía un *amakhankatha* o guardián, que nos explicó las reglas que debíamos seguir para entrar correctamente en el mundo de los adultos. La primera tarea de los *amakhankatha* era pintar nuestros cuerpos desnudos y afeitados de la cabeza a los pies con greda blanca, lo que nos convertía en fantasmas. La caliza blanca simbolizaba nuestra pureza. Aún recuerdo lo rígida que parecía la arcilla seca sobre mi piel.

Aquella primera noche, un asistente o *ikhankatha* entró de madrugada en la choza, despertándonos suavemente uno a uno. A continuación nos dijo que saliéramos al exterior y corriéramos a través de la oscuridad para enterrar nuestros prepucios. La justificación tradicional de esta práctica era la necesidad de ocultarlos antes de que los magos pudieran usarlos con fines perversos, pero simbólicamente estábamos enterrando también nuestra juventud. No quería abandonar la cálida choza y vagar por el bosque en la oscuridad, pero caminé hasta los árboles y, transcurridos unos minutos, desaté mi prepucio y lo enterré. Sentí que me había desprendido del último resto de mi infancia.

Vivimos en aquellas dos chozas —trece en cada una de ellas— mientras sanaban nuestras heridas. Cuando estábamos fuera nos cubríamos con mantas, ya que no estaba permitido que las mujeres nos vieran. Fue un periodo de quietud, una especie de preparación espiritual para las pruebas que nos aguardaban como adultos. El día de nuestra reaparición bajamos al río a primera hora de la mañana para quitarnos la greda blanca en las aguas del Mbashe. Una vez limpios y secos fuimos cubiertos con ocre rojo. La tradición dicta que, a continuación, uno debe dormir con una mujer —que posteriormente puede convertirse en esposa—, que se encarga de eliminar el pigmento con su cuerpo. En mi caso, sin embargo, tuve que quitarme el ocre con una mezcla de grasa y sebo.

Al finalizar nuestro aislamiento, se prendió fuego a los alojamientos y a todo lo que contenían, destruyendo nuestro último vínculo con la infancia. Se celebró una gran fiesta para darnos la bienvenida a la sociedad como hombres. Nuestros amigos y los jefes locales se reunieron para hacer discursos, cantar canciones e intercambiar regalos. Recibí cuatro novillas y cuatro ovejas, y me sentí más rico de lo que jamás me había sentido. Yo, que jamás había tenido nada, de repente disfrutaba de propiedades. Era una sensación de vértigo, aunque mis presentes resultaban insignificantes en comparación con lo que había recibido Justice, un rebaño completo. No me sentía celoso de los regalos de Justice. Él era el hijo del regente; yo tan sólo estaba destinado a ser consejero de un rey. Aquel día me sentí fuerte y orgulloso. Recuerdo que caminé de un modo diferente, más erguido, más alto, más firme. Estaba lleno de esperanza y pensaba que tal vez algún día tuviera dinero, propiedades y posición.

El principal orador del día fue el jefe Meligqili, hijo de Dalindyebo. Tras escucharle, el brillante colorido de mis sueños se enturbió de repente. Empezó su intervención de forma convencional, comentando lo magnífico que era preservar una tradición que se remontaba hasta más allá de lo que nadie podía recordar. Entonces se volvió hacia nosotros y su tono cambió súbitamente: "He ahí a nuestros hijos", dijo. "Jóvenes, sanos y hermosos, la flor y nata de la tribu xhosa, el orgullo de nuestra nación. Acabamos de circuncidarles siguiendo un ritual que les promete la hombría, pero estoy aquí para decirles que no es más que una promesa vacía e ilusoria. Es una promesa que jamás podrá ser cumplida, porque nosotros los xhosas, y todos los sudafricanos negros, somos un pueblo conquistado. Somos esclavos en nuestro propio país. Somos arrendatarios de nuestra propia tierra. Carecemos de fuerza, de poder, de control sobre nuestro propio destino en la tierra que nos vio nacer. Se irán a ciudades donde vivirán en chamizos y beberán alcohol barato, y todo porque carecemos de tierras que ofrecerles donde puedan prosperar y multiplicarse. Toserán hasta escupir los pulmones en las entrañas de las minas del hombre blanco, destruyendo su salud, sin ver jamás el sol, para que el blanco pueda vivir una vida de prosperidad sin precedentes. Entre estos jóvenes hay jefes que jamás gobernarán, porque carecemos de poder para gobernarnos a nosotros mismos; soldados que jamás combatirán, porque carecemos de armas con las que luchar; maestros que jamás enseñarán porque no tenemos lugar para que estudien. La capacidad, la inteligencia, el potencial de estos jóvenes se desperdiciarán en su lucha por malvivir realizando las tareas más simples y rutinarias en beneficio del hombre blanco. Estos dones son hoy en día lo mismo que nada, ya que no podemos darles el mayor de los dones, la libertad y la independencia. Sé muy bien que Qamata lo ve todo y nunca duerme, pero sospecho que últimamente está adormilado. Si así fuera, cuando antes me llegue la muerte mejor, ya que así podré presentarme ante él, despertarle y decirle que los niños de Ngubengcuka, la flor y nata de la nación xhosa, están muriendo".

El público se había ido acallando más y más ante las palabras del jefe Meligqili, y creo que se sentía cada vez más irritado. Nadie deseaba escuchar las palabras que pronunció aquel día. Sé que yo, por mi parte, no quería oírlas. Me sentí más enfadado que enardecido por los comentarios del jefe, y rechacé sus palabras como observaciones fuera de lugar de un hombre ignorante, incapaz de apreciar el valor de la educación y los beneficios que el hombre blanco había traído a nuestro país. En aquel tiempo consideraba al hombre blanco no un opresor sino un benefactor, y pensé que el jefe se mostraba enormemente desagradecido. Aquel aguafiestas estaba echando a perder el gran día, destruyendo mi sensación de orgullo con sus disparatados comentarios.

Pero, aunque no alcanzase a comprender exactamente por qué, sus palabras acabaron por hacerme mella. Había plantado en mí una semilla, y aunque permaneció en estado latente durante mucho tiempo, finalmente empezó a crecer. Con el tiempo descubrí al fin que aquel día el ignorante había sido yo, no el jefe.

Tras la ceremonia volví andando al río y me quedé mirando sus meandros, que se extendían hacia donde, a muchos kilómetros de distancia, vertía sus aguas en el océano Índico. Nunca había cruzado aquel río, y sabía poco o nada del mundo que había más allá. Un mundo que aquel día empezó a llamarme. Era casi el ocaso y me dirigí a toda prisa hacia donde había estado nuestro lugar de reclusión. Aunque estaba prohibido mirar atrás mientras ardían las chozas no pude resistirme. Cuando llegué, todo lo que quedaba eran dos pirámides de ceniza junto a una gran mimosa. En aquellos montículos de ceniza yacía un mundo perdido y delicioso. El mundo de mi infancia, de los días felices e irresponsables de Qunu y Mqhekezweni. Ahora era un hombre, y nunca volvería a jugar al *thinti,* ni a robar maíz, ni a beber leche de la ubre de una vaca. Estaba de luto por mi propia juventud. Retrospectivamente, hoy sé que aquel día no era un hombre, y no llegaría a serlo hasta muchos años después.

5

AL CONTRARIO DE LO QUE SUCEDERÍA con la mayoría de mis compañeros de circuncisión, mi destino no era trabajar en las minas de oro del Reef. El regente me había dicho en muchas ocasiones que pasar la vida extrayendo oro para el hombre blanco, sin haber aprendido siquiera a escribir mi nombre, no era para mí. Mi destino era convertirme en consejero de Sabata, y para serlo debía recibir una educación. Regresé a Mqhekezweni tras la ceremonia, pero no por mucho tiempo, ya que estaba a punto de cruzar el río Mbashe por vez primera de camino al internado de Clarkebury, en el distrito de Engcobo.

De nuevo abandonaba mi hogar, pero esta vez estaba impaciente por ver qué me deparaba el futuro. El propio regente me llevó a Clarkebury en su majestuoso Ford V8. Antes de nuestra partida, organizó una fiesta en mi honor para celebrar que había superado con éxito el quinto curso, lo que me había valido la admisión en Clarkebury. Se mató una oveja y hubo bailes y cantos. Era la primera celebración que jamás se había hecho en mi honor, y disfruté enormemente. El regente me regaló mi primer par de botas, un signo de madurez, y aquella noche les saqué brillo, aunque ya estaban relucientes.

Fundado en 1825, el Instituto Clarkebury se encontraba en el lugar anteriormente ocupado por una de las misiones wesleyanas más antiguas del Transkei. Por aquel entonces, Clarkebury era la institución de enseñanza para africanos más avanzada de Thembulandia. El propio regente había sido alumno en Clarkebury, y Justice había seguido sus pasos. Era a la vez una escuela secundaria y un centro de formación de profesores, pero en ella también se impartían cursillos sobre materias más prácticas, como la carpintería, la sastrería y la calderería.

Durante el viaje, el regente me ofreció consejo sobre cómo debía comportarme y sobre mi futuro. Me pidió encarecidamente que mi conducta fuera siempre un motivo de orgullo para Sabata y para él, y le aseguré que así sería. Después me habló del reverendo C. Harris, el director de la escuela. El reverendo Harris, me explicó, era único: era un thembu blanco, un hombre blanco que amaba y comprendía desde el fondo de su corazón al pueblo thembu. El regente me dijo que cuando Sabata fuera mayor pondría al futuro rey al cuidado del reverendo Harris, que le formaría como cristiano y como gobernante tradicional. Me dijo que debía aprender del reverendo Harris, porque mi destino era actuar como guía del líder al que éste había de moldear.

En Mqhekezweni había conocido a muchos comerciantes y funcionarios del gobierno, incluyendo a magistrados y oficiales de policía. Eran hombres de elevada posición a los que el regente recibía con cortesía, pero sin obsequiosidad. Les trataba de igual a igual, como hacían ellos. En ocasiones, incluso le vi recriminarles cosas, aunque aquello era extremadamente infrecuente. Yo tenía muy poca experiencia en el trato directo con los blancos. El regente jamás me dijo cómo debía comportarme y yo me limitaba a observarle y a seguir su ejemplo. No obstante, al hablar del reverendo Harris, el regente me obsequió, por vez primera, con un discurso sobre cuál había de ser mi conducta. Me dijo que debía mostrarle al reverendo el mismo respeto y obediencia que a él.

Clarkebury era mucho más grandiosa incluso que Mqhekezweni. La escuela consistía en unas dos docenas de atractivos edificios de estilo colonial, en los que había alojamientos individuales además de dormitorios, una biblioteca y varias aulas. Era el primer lugar occidental, no africano, en el que vivía, y sentí que penetraba en un nuevo mundo cuyas reglas aún no tenía claras.

Fuimos conducidos al estudio del reverendo Harris, donde el regente me presentó y yo estreché su mano. Era la primera vez que estrechaba la mano de un hombre blanco. El reverendo Harris era un hombre cálido y amable, y trataba al regente con gran deferencia. El regente le explicó que me estaba preparando para ser consejero real y que esperaba que pusiera especial interés en mí. El reverendo asintió con la cabeza, diciendo que a los estudiantes de Clarkebury se les exigía que realizaran trabajos manuales tras las horas de clase, y que se encargaría de que yo trabajara en su jardín.

Al final de la entrevista, el regente se despidió y me dio un billete de una libra para mis gastos, la mayor cantidad de dinero que jamás había visto junta. Me despedí de él y le prometí que no le defraudaría.

Clarkebury era una escuela thembu, fundada sobre tierras donadas por el gran rey Ngubengcuka. Como descendiente de Ngubengcuka, supuse que se me trataría con la misma deferencia en Clarkebury que en Mqhekezweni. Pero estaba terriblemente equivocado, ya que me consideraron como a todo el mundo. Nadie sabía y a nadie le importaba que fuera descendiente del ilustre Ngubengcuka. El jefe del internado me recibió sin clarines y mis compañeros estudiantes no se inclinaban ni hacían reverencias a mi paso. En Clarkebury eran muchos los muchachos con linajes distinguidos: yo ya no era un ser único. Aquélla fue una importante lección para mí, ya que sospecho que por aquellos días era un tanto estirado. No tardé en darme cuenta de que tendría que abrirme camino por mi propia capacidad, no por la de mis antepasados. La mayoría de mis compañeros de clase corrían más que yo en el campo de juego y eran capaces de razonar mejor que yo en las aulas. Tenía mucho trabajo por delante para ponerme a su altura.

Las clases comenzaron a la mañana siguiente, y junto con mis compañeros de estudios subí las escaleras hasta el primer piso, donde se encontraban las aulas. La habitación tenía un suelo de madera perfectamente pulido. Aquel primer día de clase me había puesto mis botas nuevas. Nunca me había calzado unas, y andaba como un caballo recién herrado. Hacía un ruido terrible al subir las escaleras y estuve a punto de escurrirme varias veces. Al entrar ruidosamente en el aula, con mis botas resonando violentamente sobre aquel suelo resplandeciente, vi que dos jóvenes estudiantes observaban muy divertidas mi torpe exhibición. La más bonita de las dos se inclinó hacia su amiga y dijo con un tono de voz lo suficientemente alto como para que todos pudieran oírla: "Ese campesino no está acostumbrado a ir calzado". Su compañera se echó a reír. Se me nubló la vista de ira y vergüenza.

Ella se llamaba Mathona y era una listilla. Aquel día juré no hablarla jamás, pero al irse desvaneciendo mi humillación (y al irme acostumbrando a llevar botas) llegué a conocerla. Se convirtió en mi mejor amiga en Clarkebury. Fue mi primera amiga de verdad, una mujer con la que me relacionaba de igual a igual, en la que podía confiar y con la que podía compartir secretos. En muchos aspectos, ella fue el modelo de todas mis relaciones posteriores con las mujeres. Era capaz de sincerarme y confesarle debilidades y miedos que jamás podría haber compartido con un hombre.

No tardé en adaptarme a la vida en Clarkebury. Participaba en deportes y juegos siempre que podía, aunque mi rendimiento era tan sólo mediocre. Jugaba por amor al deporte, no en pos de la gloria, ya que jamás alcancé ninguna. Jugábamos al tenis sobre hierba con raquetas caseras de madera y al fútbol con los pies descalzos sobre un campo polvoriento.

Era la primera ocasión en que mis maestros eran profesores que habían tenido acceso a una buena educación. Varios de ellos tenían título universitario, lo que entonces era más que infrecuente. Un día, mientras estudiaba con Mathona, le confesé que temía no aprobar los exámenes finales de Inglés e Historia. Me respondió que no me preocupara, ya que nuestra profesora, Gertrude Ntlabathi, era la primera mujer africana que había obtenido una licenciatura. "Es demasiado inteligente para permitirnos suspender", dijo Mathona. Yo aún no había aprendido a fingir conocimientos que no poseía, y dado que sólo tenía una vaga idea de qué era una licenciatura, se lo pregunté a Mathona. "Una licenciatura es un libro muy largo y muy difícil", me respondió. Yo no dudé de su palabra.

Otro profesor africano que tenía una licenciatura en arte era Ben Mahlasela. Le admirábamos no sólo por sus logros académicos, sino también porque no se mostraba intimidado ante el reverendo Harris.

Incluso los blancos de la facultad se mostraban serviles con el sacerdote, pero el señor Mahlasela entraba tan tranquilo en su despacho, ¡a veces incluso sin quitarse el sombrero! Se relacionaba con el reverendo de igual a igual, exteriorizando su desacuerdo cuando todos los demás se limitaban a asentir. Aunque respetaba al reverendo Harris, me parecía admirable que el señor Mahlasela no se sintiera cohibido ante él. En aquellos tiempos, todos esperaban que un negro con una licenciatura agachara la cabeza ante cualquier hombre blanco que tuviera un título de graduado. Por muy arriba que llegara el hombre negro, siempre sería considerado inferior al más miserable de los hombres blancos.

El reverendo Harris regentaba Clarkebury con mano de hierro y un estricto sentido de la justicia. Clarkebury funcionaba más como una academia militar que como un centro de formación de profesores. La más mínima infracción se hacía acreedora a un castigo inmediato. En las reuniones, el reverendo Harris mostraba siempre una expresión adusta, y no era propenso a tolerar ningún tipo de frivolidad. Cuando entraba en una habitación, los miembros del personal, incluyendo los directores blancos de las escuelas secundaria y de formación, así como el director negro de la escuela industrial, se ponían en pie.

Entre los estudiantes era más temido que amado, pero en su jardín yo veía a un reverendo Harris diferente. Trabajar en aquel jardín tuvo dos ventajas: despertó en mí un amor por la jardinería y el cultivo de hortalizas que había de acompañarme el resto de mi vida, y me ayudó a conocer al reverendo y a su familia. Fue la primera familia blanca que llegué a conocer íntimamente. Comprobé que el reverendo Harris mostraba en público un rostro muy diferente al que mostraba en privado.

Tras la máscara de severidad del reverendo se escondía una persona amable y de mentalidad abierta que creía fervientemente en la importancia de la educación de los jóvenes africanos. A menudo le encontraba perdido en su jardín. Nunca le molestaba, y rara vez hablaba con él, pero el reverendo Harris se convirtió para mí en un importante ejemplo de hombre entregado generosamente a una buena causa.

Su esposa era tan parlanchina como él taciturno. Era una mujer adorable, que a menudo salía al jardín a charlar conmigo. No consigo, por más que lo intente, recordar de qué hablábamos, pero aún puedo saborear los deliciosos bollitos calientes que me sacaba por las tardes.

*   *   *

Tras mi lento y poco alentador despegue, conseguí hacerme con el control de las cosas y mi programa educativo se aceleró. Obtuve el certificado en dos años, en lugar de los tres de costumbre. Adquirí la reputación de tener una excelente memoria, pero de hecho sólo era un trabajador diligente. Cuando salí de Clarkebury perdí la pista a Mathona. Ella asistía a clase durante el día, pero no vivía en el centro, y sus padres carecían de medios para que pudiera seguir estudiando. Era una persona extraordinariamente inteligente y dotada cuyas capacidades quedaron coartadas por los limitados recursos de su familia. La suya era una historia paradigmática de lo que ocurría en Sudáfrica. No era la falta de capacidad lo que limitaba a mi pueblo, sino la falta de oportunidades.

La estancia en Clarkebury amplió mis horizontes, pero aun así no diría que era un joven libre de prejuicios y de mentalidad abierta cuando salí de allí. Había conocido estudiantes venidos de todo el Transkei, así como a unos cuantos procedentes de Johannesburgo y Basutolandia, nombre por el que se conocía entonces a Lesotho. Algunos eran personas sofisticadas y cosmopolitas en aspectos que me hacían sentir provinciano. Aunque intentaba emularles, jamás creí posible que un chico de pueblo pudiera rivalizar con ellos. Con todo, no les envidiaba. Incluso tras salir de Clarkebury, seguía siendo, en el fondo, un thembu, y me sentía orgulloso de sentirme y actuar como tal. Mis raíces eran mi destino, y creía que había de convertirme en consejero del rey thembu, como deseaba mi guardián. Mi horizonte no iba más allá de Thembulandia y, en mi opinión, ser un thembu era lo más envidiable del mundo.

6

EN 1937, cuando tenía diecinueve años, me reuní con Justice en Healdtown, en la escuela wesleyana de Fort Beaufort, a unos doscientos setenta kilómetros al sudoeste de Umtata. En el siglo XIX, Fort Beaufort fue uno de los enclaves británicos en las llamadas Guerras Fronterizas, en las que el asedio implacable de los colonos blancos fue privando sistemáticamente de sus tierras a las diversas tribus xhosas. A lo largo de un siglo de combates, muchos guerreros xhosas se hicieron famosos por su valentía: hombres como Makhanda, Sandile y Maqoma. Los dos últimos fueron encarcelados por las autoridades británicas en la prisión de la isla de Robben, donde murieron. Cuando llegué a Healdtown quedaban pocos rastros de las batallas del siglo anterior, excepto el principal: Fort Beaufort era una ciudad blanca en un lugar donde antes sólo vivían y cultivaban la tierra los xhosas.

Situada al final de una sinuosa carretera sobre un exuberante valle, Healdtown era mucho más impresionante y hermosa que Clarkebury. Era, en aquellos tiempos, la mayor escuela africana al sur del ecuador, con más de un millar de estudiantes, tanto hombres como mujeres. Sus atractivos edificios coloniales cubiertos de hiedra y sus patios sombreados por los árboles daban la sensación de que aquel lugar era un oasis académico privilegiado. Y eso es exactamente lo que era. Al igual que Clarkebury, Healdtown era un centro educativo perteneciente a la misión de la Iglesia metodista, e impartía una enseñanza cristiana y liberal basada en el modelo inglés.

El director de Healdtown era el doctor Arthur Wellington, un inglés regordete y estirado que presumía de estar emparentado con el duque de Wellington. Al comienzo de las asambleas, el doctor Wellington salía al estrado y decía con su voz de bajo profundo: "Soy descendiente del gran duque de Wellington, aristócrata, estadista y general, que aplastó al francés Napoleón en Waterloo salvando así la civilización para los europeos y para vosotros, los nativos". Al oír esto, todos aplaudíamos con entusiasmo, sintiéndonos profundamente agradecidos de que un descendiente del gran duque de Wellington tuviera la condescendencia de educar a unos pobres nativos como nosotros. El inglés culto era nuestro modelo; aspirábamos a ser "ingleses negros", como a veces nos llamaban despectivamente. Nos enseñaban —y nosotros lo creíamos— que las mejores ideas eran inglesas, que el mejor gobierno era el gobierno inglés y que no había hombres mejores que los hombres ingleses.

La vida en Healdtown era rigurosa en extremo. La primera campana sonaba a las seis de la mañana. A las seis cuarenta estábamos en el comedor para desayunar pan seco y agua azucarada caliente bajo la mirada sombría de un retrato de Jorge VI, rey de Inglaterra. Quienes podían permitirse mantequilla para tomar con el pan, la compraban y la guardaban en la cocina. Yo comía pan a palo seco. A las ocho nos reuníamos en el patio exterior del dormitorio para "pasar revista", en posición de firmes mientras llegaban las chicas de sus respectivos dormitorios. Permanecíamos en clase hasta las doce cuarenta y cinco y después venía la comida, compuesta de un potaje hecho a base de maíz, leche agria y alubias, y rara vez carne. A continuación estudiábamos hasta las cinco de la tarde, luego teníamos una hora libre para hacer ejercicio y cenar, y finalmente íbamos a la sala de estudios de siete a nueve. Las luces se apagaban a las nueve y media.

Healdtown atraía estudiantes de todo el país, así como de los protectorados de Basutolandia, Swazilandia y Bechuanalandia. Aunque era fundamentalmente una institución xhosa, había en ella estudiantes de diferentes tribus. Tras las clases y los fines de semana, los miembros de cada tribu se juntaban. Los procedentes de cada una de las tribus xhosas tendían a gravitar los unos hacia los otros: los amaMpondo hacia los amaMpondo, y así sucesivamente. Yo me adherí al mismo patrón de conducta, pero fue en Healdtown donde hice mi primer amigo sotho, Zachariah Molete. Recuerdo que consideraba muy audaz por mi parte tener un amigo que no fuera xhosa.

Nuestro profesor de zoología, Frank Lebentlele, era también sotho y muy popular entre los estudiantes. Atractivo y accesible, Frank no era mucho mayor que nosotros y se mezclaba libremente con los estudiantes. Incluso jugó en el primer equipo de fútbol de la escuela, en el que era una verdadera estrella. Pero lo que más nos asombró fue su matrimonio con una chica xhosa de Umtata. Los matrimonios intertribales eran por aquel entonces poco frecuentes. Hasta ese momento no había conocido a nadie que se casara con alguien que no perteneciera a su propia tribu. Se nos había enseñado que tales uniones eran tabú. Pero Frank y su esposa empezaron a minar mi conservadurismo y a aflojar la presa que había hecho en mí el tribalismo, que aún me atenazaba. Empecé a percibir mi identidad como africano, no ya como thembu, ni siquiera como xhosa.

Nuestro dormitorio tenía cuarenta camas, veinte a cada lado de un pasillo central. El encargado era el encantador S. S. Mokitimi, que más adelante se convertiría en el primer presidente africano de la Iglesia metodista de Sudáfrica. El reverendo Mokitimi, que también era sotho, era muy admirado entre los estudiantes como persona moderna y brillante que comprendía nuestras quejas.

El reverendo Mokitimi también nos impresionaba por otro motivo: le plantaba cara al señor Wellington. Un atardecer estalló una disputa entre dos prefectos en la avenida principal del centro. Los prefectos eran responsables de resolver las disputas, no de provocarlas. El reverendo Mokitimi fue convocado para restaurar la paz. El doctor Wellington, que regresaba de la ciudad, apareció de repente en medio de aquella conmoción, y su llegada nos sobresaltó considerablemente. Era como si Dios hubiera descendido de los cielos para mediar en un problema perfectamente trivial.

El doctor Wellington se puso muy tieso y exigió saber qué estaba ocurriendo. El reverendo Mokitimi, que no le llegaba a Wellington ni a los hombros, dijo muy respetuosamente: "Doctor Wellington, todo está bajo control y mañana le presentaré un informe". Inasequible, Wellington replicó con cierta irritación: "No, quiero saber qué pasa ahora mismo". El reverendo Mokitimi no cedió un ápice. "Doctor Wellington, yo soy el encargado de resolver esto y ya le he dicho que le presentaré un informe mañana, y así lo haré". Nos quedamos anonadados. Nunca habíamos visto a nadie, y menos aún a un hombre negro, hacer frente al doctor Wellington, y nos quedamos esperando la explosión. Pero el doctor Wellington se limitó a decir "Está bien", y se marchó. Comprendí entonces que no era un dios y que el reverendo Mokitimi era algo más que un lacayo, y que un negro no tenía por qué ceder automáticamente ante un blanco, por elevada que fuera su posición.

El reverendo Mokitimi intentó introducir reformas en la escuela. Todos apoyamos sus esfuerzos por mejorar la dieta y el trato dispensado a los alumnos, incluyendo la sugerencia de que los estudiantes fueran los responsables de imponerse a sí mismos la disciplina. Pero había un cambio que nos preocupaba mucho, especialmente a los que procedíamos del campo. Éste fue la innovación de que alumnos y alumnas celebraran juntos en el salón la comida del domingo. Yo estaba totalmente en contra por el sencillo motivo de que aún no sabía manejar bien el cuchillo y el tenedor, y no quería ponerme en vergüenza delante de todas aquellas chicas de penetrante mirada. Pero el reverendo Mokitimi siguió adelante con su plan, organizó las comidas y todos los domingos yo salía del salón hambriento y deprimido.

Por el contrario, disfrutaba mucho en los campos de juego. El nivel deportivo de Healdtown era muy superior al de Clarkebury. Durante el primer año no llegué a destacar lo suficiente como para formar parte de ninguno de los equipos, pero el segundo año, mi amigo Locke Ndzamela, el campeón de salto de vallas de Healdtown, me animó a probar un nuevo deporte: las carreras de fondo. Yo era alto y espigado, lo cual, según Locke, era la constitución ideal para la especialidad. Con algunas indicaciones suyas empecé a entrenarme. Me gustaba la disciplina y la soledad de las carreras de fondo, que me permitían escapar de la agitación de la vida en la escuela. Al mismo tiempo empecé a practicar también otro deporte para el que parecía estar menos dotado: el boxeo. Me entrenaba con desgana, y sólo años más tarde, tras haber ganado unos kilos, empecé a boxear en serio.

Durante mi segundo año en Healdtown, fui nombrado prefecto por el reverendo Mokitimi y el doctor Wellington. Los prefectos tienen distintas responsabilidades, y los más nuevos reciben las tareas más ingratas. Al principio me tocó supervisar a un grupo de estudiantes que trabajaban como limpiacristales por la tarde, en el periodo dedicado a los trabajos manuales, y llevarles cada día a un edificio distinto.

Pronto alcancé el siguiente nivel de responsabilidad, que era el servicio de noche. Nunca me ha costado el menor esfuerzo pasarme la noche en vela, pero una de aquellas noches me vi metido en un atolladero moral que sigue grabado en mi memoria. No teníamos retretes en los dormitorios, pero había una letrina a unos treinta metros detrás de la residencia. Las noches de lluvia, cuando un estudiante se despertaba de pronto en mitad de la noche, no quería ni pensar en patearse todo el camino de barro hasta la letrina. En lugar de ello, se quedaba en la galería y orinaba sobre los arbustos. Esta práctica estaba estrictamente prohibida, y uno de los trabajos de los prefectos era anotar los nombres de los estudiantes que no respetaban la prohibición.

Una noche que estaba de servicio y llovía a mares atrapé a un buen número de estudiantes —unos quince más o menos— que estaban desahogándose desde la galería. Casi de amanecida vi salir a alguien que, tras mirar a izquierda y derecha, se puso a orinar desde el porche. Me acerqué a él y le comuniqué que le había cogido *in fraganti*. Se volvió y vi que era uno de los prefectos. Aquello me planteaba un dilema. Tanto la ley como la filosofía plantean la pregunta: *"Quis custodiet ipsos custodes?"* (¿Quién vigila a los vigilantes?). Si el prefecto no respeta las normas, ¿cómo van a respetarlas los estudiantes? A todos los efectos, el prefecto estaba por encima de la ley, porque él *era* la ley, y se suponía que un prefecto no debía dar parte de otro prefecto. Pero no me pareció justo no hacerlo en su caso y sí en el de los otros quince, así que rompí en mil pedazos mi lista y no di parte de nadie.

En el último año de mi estancia en Healdtown se produjo un acontecimiento que fue para mí como un cometa atravesando el cielo de la noche. A finales del año se nos comunicó que el gran poeta xhosa Krune Mqhayi iba a visitar la escuela. Mqhayi era de hecho un *imbongi*, un cantor de alabanzas, una especie de historiador dentro de la tradición oral, que realza los acontecimientos de su tiempo y de la historia con un tipo de poesía que posee un sentido especial para su pueblo.

El día de su visita fue declarado festivo por las autoridades académicas. Aquella mañana la escuela en pleno, incluyendo a los miembros del personal, tanto blancos como negros, se reunió en el comedor, que era donde se celebraban las asambleas. Había un escenario al fondo y, sobre él, una puerta que daba a la casa del doctor Wellington. La puerta en sí no era nada del otro mundo, pero para nosotros era la puerta del doctor Wellington, ya que nadie, excepto él, la atravesaba nunca.

De repente, la puerta se abrió y por ella salió, no el doctor Wellington, sino un hombre negro vestido con un *kaross* de piel de leopardo y un sombrero a juego, con una lanza en cada mano. Un momento después le siguió el doctor Wellington, pero la imagen de un negro con ropas tribales saliendo por aquella puerta había sido electrizante. Es difícil explicar el impacto que tuvo sobre nosotros. Pareció volver el universo del revés. Cuando Mqhayi se sentó junto al doctor Wellington en el escenario sólo a duras penas podíamos contener la excitación.

Pero cuando Mqhayi se levantó para hablar, confieso que me sentí decepcionado. Me había creado una imagen de él, y mi juvenil imaginación esperaba que un héroe xhosa como Mqhayi fuera alto, feroz y de aspecto inteligente. Su aspecto no era especialmente distinguido y, salvo por su ropa, parecía una persona totalmente corriente. Cuando hablaba en xhosa lo hacía lenta y dubitativamente. Hacía pausas frecuentes en busca de la palabra adecuada y, una vez encontrada, seguía a trompicones su perorata.

En un momento dado, alzó la azagaya para dar énfasis a sus palabras y golpeó por accidente el cable del telón, que se encontraba sobre su cabeza. El poeta miró hacia la hoja de su lanza y después hacia el cable y, absorto en sus pensamientos, se puso a recorrer el escenario arriba y abajo. Al cabo de un minuto dejó de caminar, se volvió hacia nosotros y, lleno de una nueva energía, exclamó que aquel incidente —el choque de la azagaya contra el cable— simbolizaba el choque entre la cultura africana y la europea. Alzó la voz y dijo: "La azagaya representa toda la gloria y la verdad de la historia africana; es un símbolo del africano como guerrero y como artista. Este cable metálico", continuó, señalándolo, "es un ejemplo de la industria occidental, competente pero fría, inteligente pero sin alma".

"Hablo", continuó, "no del contacto entre un trozo de hueso y otro de metal, ni siquiera del solapamiento de dos culturas; de lo que hablo es del choque brutal entre lo que es nativo y bueno, y lo que es foráneo y malo. No podemos permitir que estos extranjeros a quienes no les preocupa nuestra cultura se apoderen de nuestra nación. Predigo que algún día las fuerzas de la sociedad africana lograrán una histórica victoria sobre el intruso. Hace demasiado tiempo que hemos sucumbido ante los falsos dioses del hombre blanco. Pero algún día emergeremos de entre las sombras y desecharemos esas ideas venidas de fuera".

No podía creer lo que oía. Su audacia al hablar de temas tan delicados en presencia del doctor Wellington y otros blancos nos pareció a todos absolutamente pasmosa. Pero al mismo tiempo nos despertó y nos enardeció, y empezó a alterar mi modo de ver a la gente como el doctor Wellington, a quien había considerado mi benefactor sin pensármelo dos veces.

Mqhayi comenzó entonces a recitar un conocido poema suyo, en el que asigna las distintas estrellas del cielo a las diversas naciones del mundo. Yo nunca lo había oído antes. Moviéndose de un lado a otro sobre el escenario y señalando con su azagaya en dirección al cielo les decía a los pueblos de Europa —los franceses, los alemanes, los ingleses—: "Os doy la Vía Láctea, la mas grande de las constelaciones, ya que sois un pueblo extraño, lleno de codicia y envidia, que disputáis en la abundancia". Asignó ciertas estrellas a los países asiáticos, así como a América del Norte y del Sur. Después pasó a África, dividiendo el continente en diferentes naciones, asignando constelaciones específicas a diferentes tribus. De repente dejó de bailar sobre el escenario agitando la lanza y modulando la voz. Se quedó inmóvil y bajó la voz.

"¡Oh Casa de Xhosa, es tu turno!", dijo, postrándose lentamente sobre una rodilla. "A ti te doy la estrella más importante y trascendente, el Lucero del Alba, por ser un pueblo poderoso y lleno de orgullo. Es la estrella que sirve para contar los años, los años de hombría". Tras decir la última palabra inclinó la cabeza sobre el pecho. Nos pusimos en pie, aplaudiéndole y ovacionándole. No quería dejar de aplaudir nunca. En aquel momento sentía un orgullo inmenso, no como africano, sino como xhosa; me sentía parte del pueblo elegido.

Me sentí estimulado, pero también confuso, por la actuación de Mqhayi. Había pasado de una visión más nacionalista y general de la unidad africana a una visión más provinciana dirigida al pueblo xhosa, al que pertenecía. Mientras se aproximaba la fecha de mi salida de Healdtown en mi mente bullían multitud de ideas nuevas, a veces contradictorias. Comenzaba a ver que los africanos de todas las tribus tenían mucho en común, y aun así, ahí estaba Mqhayi alabando a los xhosas por encima de todos. Empezaba a comprender que un africano podía plantarle cara a un hombre blanco, y aun así seguir luchando anhelosamente por obtener beneficios de los blancos, lo que a menudo requería un mayor o menor grado de sometimiento. En cierto modo, el cambio de perspectiva de Mqhayi era una imagen especular del mío propio, ya que yo me debatía entre mi propio orgullo y el sentimiento de hermandad hacia otros africanos. Cuando abandoné Healdtown a finales de año me consideraba xhosa primero y africano después.

7

HASTA 1960, Fort Hare, en el municipio de Alice, a unos treinta kilómetros al este de Healdtown, era el único centro académico residencial para negros de toda Sudáfrica. Fort Hare era también algo más que eso: era un faro para los estudiantes africanos de toda el África central, meridional y oriental. Para los jóvenes negros como yo, era Oxford y Cambridge, Harvard y Yale, todo en uno.

El regente estaba empeñado en que asistiera a Fort Hare, y me sentí orgulloso de que me aceptaran. Antes de ir a la universidad, el regente me compró mi primer traje. Con su chaqueta cruzada de color gris, el traje me hacía sentir adulto y sofisticado; tenía veintiún años y ni se me pasaba por la imaginación que en Fort Hare pudiera haber alguien más elegante que yo.

Tenía la impresión de que me estaban preparando para que tuviera éxito en el mundo. Me agradaba pensar que el regente contaría con un titulado universitario en su clan. Justice se había quedado en Healdtown para obtener su título de enseñanza secundaria. Le gustaba más jugar que estudiar, y era un alumno mediocre.

Fort Hare había sido fundado por misioneros escoceses en 1916, en el emplazamiento del que había sido el mayor fuerte fronterizo del siglo XIX en todo el este de la provincia de El Cabo. Construido sobre una plataforma rocosa y con el sinuoso arco del río Tyume a sus pies, Fort Hare ocupaba el lugar perfecto para que los británicos combatieran al noble guerrero xhosa Sandile, el último rey rharhabe, al que derrotaron en una de las batallas fronterizas en los años 1800.

Fort Hare sólo tenía ciento cincuenta estudiantes, y yo había conocido ya a casi una docena de ellos en Clarkebury y Healdtown. En Fort Hare conocí a K. D. Matanzima. Aunque K. D. era mi sobrino según la jerarquía tribal, yo era más joven y tenía mucha menos autoridad que él. Alto, esbelto y extremadamente seguro de sí mismo, K. D. era un estudiante de tercer año, y me tomó bajo su protección. Yo le admiraba como había admirado a Justice.

Los dos éramos metodistas, y fui asignado a su colegio mayor, conocido como Wesley House, un agradable edificio de dos pisos en los límites del *campus*. Bajo su tutela, asistí a los servicios religiosos en el cercano Loveday, empecé a jugar al fútbol (juego en el que él era un prodigio) y, en general, seguí sus consejos. El regente no era partidario de enviar dinero a sus hijos a la escuela, y mis bolsillos hubieran estado vacíos si K. D. no hubiera compartido su asignación conmigo. Al igual que el regente, preveía para mí un futuro como consejero de Sabata, y me animó a estudiar leyes.

Fort Hare, como Clarkebury y Healdtown, era un centro misional. Se nos exhortaba a que obedeciéramos a Dios, a que respetáramos a las autoridades políticas y a que agradeciéramos las oportunidades educativas que nos ofrecían la Iglesia y el gobierno. A menudo, se ha criticado a estas escuelas el carácter colonialista de su filosofía y funcionamiento. Con todo, a pesar de esas actitudes, en mi opinión los beneficios obtenidos compensaban sobradamente sus desventajas. El ambiente de estudio de las escuelas misionales, si bien era a menudo rígido, era mucho más abierto que el que permitían los principios racistas subyacentes en las escuelas gubernamentales.

Fort Hare fue a la vez hogar e incubadora de algunos de los mejores cerebros jamás surgidos en el continente. El profesor Z. K. Matthews era el paradigma del intelectual africano. Hijo de un minero, Z. K. había sentido la influencia de la autobiografía de Booker Washington, *Up from Slavery,* que predicaba el éxito a través del trabajo y la moderación. Enseñaba antropología social y leyes, y hablaba sin empacho en contra de la política social del gobierno.

Fort Hare y el profesor D. D. T. Jabavu son virtualmente la misma cosa. Fue el primer miembro del personal cuando se abrió la universidad en 1916. Al profesor Jabavu le habían concedido una licenciatura en Lengua Inglesa en la Universidad de Londres, lo que parecía un logro prácticamente inalcanzable. El profesor Jabavu enseñaba xhosa, además de latín, historia y antropología. Era una enciclopedia en lo referente a la genealogía xhosa, y me contó cosas sobre mi padre que yo jamás había sabido. Era también un convincente portavoz en pro de los derechos de los africanos, y acabó convirtiéndose en fundador y presidente de la Conferencia Panafricana de 1936, que se opuso a la legislación aprobada por el Parlamento para recortar el censo de votantes en El Cabo (la ley conocida como *Common Voters's Roll).*

Recuerdo un viaje que hice en tren desde Fort Hare hasta Umtata en el compartimento para africanos, el único lugar en el que podían viajar los negros. El revisor, blanco, llegó para comprobar nuestros billetes. Cuando vio que había subido al tren en Alice me preguntó: "¿Eres de la escuela de Jabavu?". Asentí con la cabeza y el revisor taladró alegremente mi billete y masculló algo de que Jabavu era un tipo estupendo.

Durante el primer año estudié inglés, antropología, política, administración nativa y derecho romano. La asignatura de Administración Nativa trataba de las leyes relativas a los africanos, y era recomendable para todo aquel que deseara trabajar en el Departamento de Asuntos Nativos. Aunque K. D. me había aconsejado que estudiara derecho, yo tenía la aspiración de convertirme en intérprete o funcionario del Departamento de Asuntos Nativos. Por aquel entonces, una carrera de funcionario era algo más que atractivo para un africano, el máximo al que podía aspirar un hombre negro. En las zonas rurales, al intérprete del despacho del comisario residente se le daba una importancia sólo superada por la del propio comisario. El segundo año, Fort Hare incorporó un curso para intérpretes a cargo de un distinguido intérprete retirado que había trabajado en los tribunales, Tyamzashe. Fui uno de los primeros en apuntarse.

Fort Hare resultaba a veces un lugar un tanto elitista, y no faltaban las novatadas comunes a muchas instituciones de enseñanza superior. Los de las clases superiores trataban a los más jóvenes altiva y desdeñosamente. La primera vez que pisé el *campus* vi a Gamaliel Vabaza al otro lado del patio central. Era varios años mayor que yo y habíamos estado juntos en Clarkebury. Le saludé calurosamente, pero su respuesta fue extraordinariamente fría y distante, e hizo un comentario en tono despectivo sobre el hecho de que tendría que dormir en el dormitorio de los alumnos nuevos. Vabaza pasó entonces a informarme de que pertenecía al comité encargado de mi dormitorio, aunque por antigüedad ya no dormía en él. Su conducta me pareció extraña y poco democrática, pero era lo aceptado.

Una noche, poco tiempo después, unos cuantos discutimos en grupo el hecho de que ni los recién incorporados ni los residentes tuvieran representación en el comité. Decidimos ignorar la tradición y elegir un comité compuesto por miembros de esos dos grupos. Convocamos asambleas y creamos nuestros propios grupos de presión entre todos los residentes. En pocas semanas elegimos nuestro comité, derrotando a los alumnos de las clases superiores. Yo fui uno de los organizadores de la campaña y salí elegido para el nuevo comité.

Pero los de las clases superiores no estaban dispuestos a darse por vencidos tan fácilmente. Celebraron una reunión en la que uno de ellos, Rex

Tatane, un elocuente orador que hablaba inglés, dijo: "Esta conducta por parte de los novatos es inaceptable. Cómo es posible que unos veteranos como nosotros seamos derrotados por un palurdo recién llegado del campo como Mandela, ¡un tipo que ni siquiera sabe hablar inglés como dios manda!". A continuación pasó a imitar mi modo de hablar, atribuyéndome lo que en su ignoracia pensaba que era un acento gcaleka, ante lo cual su claque prorrumpió en grandes carcajadas. El despectivo discurso de Tatane sólo sirvió para aumentar nuestra resolución. Nosotros, los novatos, constituíamos el comité oficial y asignábamos a los veteranos los trabajos más desagradables, lo que era una humillación para ellos.

El director, el reverendo A. J. Cook, se enteró de la disputa y nos hizo llamar a su despacho. Pensábamos que la razón estaba de nuestra parte y no estábamos dispuestos a ceder. Tatane apeló al director para que nos destituyera, y en medio de su discurso se vino abajo sollozando. El director nos pidió que modificáramos nuestra actitud, pero nos negamos a plegarnos a su solicitud. Como casi todos los matones, Tatane tenía un exterior rígido pero frágil. Comunicamos al director que si nos desautorizaba dimitiríamos del comité, privando a éste de su integridad y autoridad. Al final, el director optó por no intervenir. Habíamos permanecido firmes y habíamos ganado. Fue una de mis primeras batallas contra la autoridad y experimenté la sensación de fuerza que emana de tener el derecho y la justicia de tu parte. No tendría tanta suerte en el futuro en mi lucha contra las autoridades académicas.

Mi educación en Fort Hare se desarrollaba tanto dentro como fuera de las aulas. Era un deportista más activo de lo que lo había sido en Healdtown. Esto obedecía a dos motivos: ahora era más alto y más fuerte, pero lo que era aún más importante, Fort Hare era mucho más pequeño que Healdtown, y había menos competencia. Podía participar tanto en el equipo de fútbol como en las carreras campo a través. Con las carreras aprendí valiosas lecciones. En las competiciones campo a través, el entrenamiento es más importante que cualquier talento innato, y eso me permitía compensar mi falta de aptitudes naturales por medio de la disciplina y la diligencia. Aplicaba este principio a todo lo que hacía. Siendo estudiante, conocí a muchos jóvenes que tenían un gran talento natural, pero carecían de la disciplina y la paciencia necesarias para sacarle partido.

Me apunté también al grupo de teatro y tomé parte en una representación sobre Abraham Lincoln adaptada por mi compañero de clase Lincoln Mkentane. Mkentane procedía de una distinguida familia del

Transkei, y era otro compañero que, en mi opinión, estaba por encima de mí. Esto era literalmente cierto, ya que era el único estudiante de Fort Hare que me sobrepasaba en estatura. Mkentane hizo el papel de su tocayo, mientras que yo interpreté el de John Wilkes Booth, el asesino de Lincoln. La versión que Mkentane hacía de los discursos de Lincoln era majestuosa y formal, y su interpretación de una de las mejores muestras de oratoria de la historia, el discurso de Gettysburg, le hizo merecedor de una larga ovación. Mi papel era menor, aunque fuera el portador del mensaje moral de la obra: a saber, que los que corren grandes riesgos a veces se enfrentan a graves consecuencias.

Me convertí en miembro de la Asociación de Estudiantes Cristianos y daba clases sobre la Biblia los domingos en las aldeas vecinas. Uno de mis compañeros en estas expediciones era un taciturno estudiante de ciencias al que había conocido en el campo de fútbol. Procedía de Pondolandia, en el Transkei, y se llamaba Oliver Tambo. Ya desde el principio me di cuenta de que la inteligencia de Oliver era incisiva como un diamante; era un polemista entusiasta y se negaba a aceptar los lugares comunes que muchos de nosotros suscribíamos de modo automático. Oliver vivía en Beda Hall, el alojamiento anglicano, y aunque no tuve mucho contacto con él en Fort Hare, era fácil predecir que estaba destinado a hacer grandes cosas.

Los domingos solíamos ir en grupo a Alice, a comer en uno de los restaurantes de la ciudad. El restaurante estaba regentado por blancos, y en aquellos días era impensable que un negro entrara por la puerta principal, y más aún que comiera en el comedor. En lugar de ello, hacíamos un fondo entre todos, íbamos a la cocina y pedíamos lo que nos apetecía comer.

En Fort Hare no sólo aprendí física, sino también otra ciencia exacta: los bailes de salón. Al son de un maltratado fonógrafo, pasábamos horas en el comedor practicando el fox-trot y el vals, turnándonos a la hora de llevar y dejarse llevar. Nuestro ídolo era Victor Sylvester, el campeón mundial de bailes de salón, y nuestro maestro era un compañero de estudios, Smallie Siwundla, que parecía una versión rejuvenecida del maestro.

En una aldea vecina había una sala de baile africana llamada Ntselamanzi, que atendía a la crema de la sociedad negra y estaba prohibida a los no graduados. No obstante, una noche, ansiosos por poner en práctica con el sexo débil los pasos que habíamos aprendido, nos pusimos nuestros trajes, salimos a hurtadillas del dormitorio y nos encaminamos hacia el local de baile. Era un lugar suntuoso, y nos sentíamos muy osados. Vi a una adorable joven al otro lado de la pista y la invité a bailar muy cortésmente. Un instante después estaba entre mis brazos. Nos movíamos bien juntos y yo me imaginaba la buena imagen que debía estar dando. Al cabo de unos minutos le pregunté su nombre. "Soy la señora Bokwe", respondió suavemente. Estuve a punto de dejarla caer allí mismo y salir huyendo de la pista de baile. Miré al otro lado del salón y allí estaba el doctor Roseberry Bokwe, uno de los líderes y sabios más respetados de la época, charlando con su cuñado y mi profesor, Z. K. Matthews. Pedí excusas a la señora Bokwe y la escolté avergonzado hasta el extremo de la pista de baile bajo la mirada curiosa del doctor Bowke y el profesor Matthews. Quería que me tragara la tierra. Había violado todas las normas de la universidad. No obstante, Matthews, que era el profesor encargado de mantener la disciplina en Fort Hare, jamás me dijo nada. Estaba dispuesto a tolerar lo que él llamaba entusiasmo juvenil siempre y cuando se viera compensado por el trabajo. No creo que jamás haya estudiado más diligentemente que en las semanas posteriores a nuestra noche en el Ntselamanzi.

Fort Hare se caracterizaba por un nivel de sofisticación, tanto intelectual como social, que era nuevo y extraño para mí. Con arreglo a los patrones europeos, el carácter mundano de Fort Hare puede no parecer gran cosa, pero para un chico de pueblo como yo, fue una revelación. Fue la primera vez que usé pijama. Al principio me pareció incómodo, pero no tardé en acostumbrarme. Nunca antes había usado cepillo y pasta de dientes; en casa empleábamos ceniza para blanquearnos los dientes y palillos para limpiárnoslos. Los inodoros de cisterna y las duchas de agua caliente eran también una novedad para mí. Empleé un jabón de tocador por primera vez, no el detergente azul con el que me había lavado en casa durante años.

Quizá como resultado de ese cúmulo de cosas tan poco familiares para mí añoraba algunos de los placeres sencillos que había conocido siendo niño. No era el único que se sentía así, y me uní a un grupo de jóvenes que se dedicaban a hacer expediciones nocturnas en secreto a las plantaciones agrícolas de la universidad, donde hacíamos una hoguera y asábamos mazorcas. A continuación nos quedábamos allí sentados comiendo maíz y nos contábamos historias increíbles los unos a los otros. No hacíamos aquello porque tuviéramos hambre, sino por la necesidad de recuperar algo muy propio del hogar para todos nosotros. Fanfarroneábamos acerca de nuestras conquistas, nuestra capacidad atlética y sobre el dinero que íbamos a ganar cuando nos graduáramos. Aunque me consideraba un joven sofisticado, seguía siendo un chico de pueblo que echaba de menos los placeres sencillos.

Aunque Fort Hare era un santuario alejado del mundo, seguíamos con gran interés el desarrollo de la II Guerra Mundial. Al igual que mis compañeros de clase, yo era un acérrimo defensor de Gran Bretaña, y me excitó muchísimo enterarme de que el orador de la ceremonia de graduación de la universidad al final de mi primer año sería el gran defensor de Inglaterra en Sudáfrica, el ex primer ministro Jan Smuts. Era un gran honor para Fort Hare acoger a un hombre aclamado como estadista de talla mundial. Smuts, por aquel entonces viceprimer ministro, estaba en campaña por todo el país abogando a favor de que Sudáfrica declarase la guerra a Alemania, mientras que el primer ministro, J. B. Hertzog, defendía la neutralidad. Sentía una gran curiosidad por ver de cerca a un líder internacional como Smuts.

Mientras que Hertzog había encabezado tres años antes el movimiento para eliminar del censo en El Cabo a los últimos votantes africanos, Smuts me parecía un personaje simpático. Me importaba más que hubiera contribuido a la fundación de la Liga de las Naciones que el hecho de que hubiera reprimido las libertades en mi país.

Smuts habló de la importancia de apoyar a Gran Bretaña frente a los alemanes y expuso la idea de que Inglaterra representaba los valores occidentales que nosotros, los sudafricanos, defendíamos. ¡Recuerdo que pensé que su pronunciación del inglés era casi tan mala como la mía! Junto con el resto de mis condiscípulos, le aplaudí con entusiasmo, ovacionándole cuando pidió que nos sumáramos a la batalla por la libertad de Europa, olvidando que carecíamos de libertades en nuestro propio país.

En Fort Hare, Smuts predicaba ante convencidos. Todas las noches, el director de Wesley House resumía la situación militar en Europa y, ya entrada la noche, nos apiñábamos en torno a una vieja radio y escuchábamos en las emisiones de la BBC los emocionantes discursos de Winston Churchill. Pero aunque respaldábamos la posición de Smuts, su visita provocó numerosas discusiones. En una sesión, uno de mis coetáneos, Nyathi Khongisa, al que se consideraba un personaje muy inteligente, acusó a Smuts de ser un racista. Dijo que nosotros podíamos considerarnos "ingleses negros", pero que los ingleses nos habían oprimido a la vez que intentaban "civilizarnos". Por grande que fuese el antagonismo entre los bóers y los británicos, dijo, los dos grupos blancos se unirían para hacer frente a la amenaza de los negros. Las palabras de Khongisa nos dejaron anonadados y nos parecieron peligrosamente radicales. Un compañero de estudios me susurró que Nyathi era miembro del Congreso Nacional Africano, una organización de la que había oído hablar vagamente, pero sobre la que sabía muy poco. Tras la declaración de guerra contra Alemania por parte de Sudáfrica, Hertzog dimitió y Smuts se convirtió en primer ministro.

Durante mi segundo año en Fort Hare, invité a mi amigo Paul Mahabane a pasar las vacaciones de invierno conmigo en el Transkei. Paul procedía de Bloemfontein y era muy conocido en el *campus,* ya que su padre, el reverendo Zaccheus Mahabane, había sido por dos veces presidente del Congreso Nacional Africano. Sus conexiones con aquella organización, de la que yo aún no sabía apenas nada, le habían otorgado una reputación de rebelde.

Un día, durante las vacaciones, Paul y yo fuimos a Umtata, la capital de Transkei, que en aquellos tiempos era poco más que unas pocas calles asfaltadas y unos cuantos edificios oficiales. Estábamos en pie ante el edificio de correos cuando el comisario residente local, un hombre blanco de unos sesenta años, abordó a Paul y le pidió que entrase a comprarle unos sellos. Era muy común que los blancos pidieran a cualquier negro que les hiciera recados. El comisario intentó darle algo de dinero, pero Paul se negó a aceptarlo. El comisario se mostró ofendido. "¿Sabes quién soy yo?", dijo, con el rostro encendido por la indignación. "No necesito saber quién es", le respondió Mahabane. "Sé qué es". El comisario le preguntó qué quería decir con eso. "¡Quiero decir que es usted un holgazán!" le dijo Paul acaloradamente. El comisario explotó y exclamó "¡Esto lo pagarás caro!", y se alejó enfurecido.

La conducta de Paul me hacía sentir sumamente incómodo. Si bien respetaba su coraje, también me resultaba inquietante. El comisario residente sabía muy bien quién era yo, y que si me hubiera pedido a mí que le hiciera el encargo en vez de a Paul lo habría hecho sin más y me habría olvidado del asunto. Pero admiraba a Paul por lo que acababa de hacer, aunque yo aún no estuviera listo para seguir su ejemplo. Empezaba a comprender que un hombre negro no tenía por qué tolerar las docenas de pequeñas indignidades a las que se ve sometido día tras día.

A comienzos del año, tras las vacaciones, regresé a la universidad sintiéndome fresco y renovado. Me concentré en mis estudios para preparar los exámenes de octubre. En el plazo de un año podía lograr una licenciatura, igual que la brillante Gertrude Ntlabathi. Un título universitario —o eso creía yo— era el pasaporte, no sólo al liderazgo en la comunidad, sino al éxito financiero. El doctor Alexander Kerr y los profesores Jabavu y Matthews nos habían repetido hasta la saciedad que como graduados de Fort Hare pertenecíamos a la élite de los africanos. Yo estaba convencido de que el mundo caería a mis pies.

Como graduado, podría finalmente devolverle a mi madre la riqueza y el prestigio perdidos a la muerte de mi padre. Le construiría una casa en condiciones en Qunu, con jardín y muebles y adornos modernos. Haría que ella y mis hermanas pudieran disfrutar de todo lo que durante tanto tiempo les había sido negado. Aquel era mi sueño, y parecía estar a mi alcance hacerlo realidad.

A lo largo de aquel año fui nominado para presentarme al Consejo de Representación de los Estudiantes, la organización estudiantil de más alto nivel de Fort Hare. No sabía entonces que los acontecimientos que rodean a una elección estudiantil me crearían dificultades que acabarían por cambiar el curso de mi vida. Las elecciones al Consejo se celebraban en el último trimestre del año, justo en medio de los preparativos para los exámenes. Según la constitución de Fort Hare, el estamento estudiantil en su totalidad elegía a los seis miembros de dicho Consejo. Poco antes de la elección se celebró una asamblea de todos los estudiantes para discutir nuestros problemas y hacer públicas nuestras quejas. Los estudiantes acordaron por unanimidad que la dieta en Fort Hare era insatisfactoria y que era necesario ampliar los poderes del Consejo de Representación para que la organización fuera algo más que un sello estampado de cara a la administración. Yo respaldaba ambas mociones, y cuando la mayoría de los estudiantes acordó boicotear las elecciones a menos que las autoridades aceptaran nuestras condiciones, voté a favor.

Poco después de esta reunión se votó tal como estaba programado. La inmensa mayoría de los estudiantes boicoteó la elección, pero veinticinco, alrededor de la sexta parte del alumnado, acudieron a ella y eligieron seis representantes, uno de los cuales era yo. Ese mismo día, los seis elegidos *in absentia* nos reunimos para discutir la situación. Decidimos por unanimidad presentar nuestra dimisión sobre la base de que apoyábamos el boicot y no disfrutábamos del apoyo de la mayoría de los estudiantes. Seguidamente redactamos una carta y se la entregamos al doctor Kerr.

Pero el doctor Kerr era un hombre listo. Aceptó nuestras dimisiones y a continuación anunció que las nuevas elecciones se celebrarían al día siguiente en el comedor a la hora de la cena. Esto haría que estuvieran presentes todos los estudiantes y así no existiría la excusa de que el Consejo no gozaba del apoyo de la mayoría. Aquella noche se celebraron las elecciones, siguiendo las órdenes del director, pero sólo votaron los mismos veinticinco estudiantes, con idéntico resultado. Al parecer, habíamos vuelto al punto de partida.

Esta vez, no obstante, cuando nos reunimos los seis para estudiar nuestra situación, la votación fue bien distinta. Mis cinco colegas se aferraron a la artimaña de que habíamos sido elegidos en una reunión en la que estaban presentes todos los estudiantes y que, por consiguiente, no podíamos aducir que no representábamos al grueso de los estudiantes. Los cinco eran de la opinión de que debíamos aceptar el cargo. Yo contraataqué señalando que de hecho nada había cambiado. Si bien era cierto que habían estado presentes todos los estudiantes, la inmensa mayoría de ellos no había votado, y sería moralmente incorrecto decir que disfrutábamos de su confianza. Dado que nuestro objetivo inicial era boicotear las elecciones, acción que tenía el respaldo de los estudiantes, nuestro deber era mantenernos fieles a esa resolución y no dejarnos engañar por los trucos del director. Incapaz de persuadir a mis colegas, dimití por segunda vez. Fui el único de los seis en hacerlo.

Al día siguiente fui convocado al despacho del director. El doctor Kerr, graduado por la Universidad de Edimburgo, era virtualmente el fundador de Fort Hare, y un hombre muy respetado. Repasó con cuidado los acontecimientos de los últimos días y a continuación me pidió que reconsiderara mi decisión. Le dije que no podía hacerlo. Me contestó que lo consultara con la almohada y le comunicara mi decisión definitiva al día siguiente. Me advirtió, no obstante, que no podía permitir que sus estudiantes actuaran irresponsablemente, añadiendo que si insistía en dimitir se vería obligado a expulsarme de Fort Hare.

Sus palabras me conmocionaron y pasé la noche inquieto. Jamás había tenido que tomar una decisión con tales consecuencias en toda mi vida. Aquella noche consulté a mi amigo y mentor K. D., que era de la opinión de que mi decisión de dimitir era correcta como cuestión de principios y que no debía capitular. Creo que en aquel momento temía más a K. D. que al doctor Kerr. Le di las gracias y volví a mi habitación. Aunque estaba convencido de que lo que hacía era moralmente correcto, no estaba convencido que fuese el camino adecuado. ¿No estaría sacrificando mi carrera académica por un principio moral abstracto de escasa relevancia? Me costaba aceptar la idea de sacrificar lo que consideraba mi deber para con los estudiantes en aras mis propios y egoístas intereses. Había adoptado una posición y no quería aparecer como un falsario ante los ojos de mis compañeros. Por otra parte, tampoco quería echar a perder mi carrera en Fort Hare.

Cuando a la mañana siguiente llegué al despacho del doctor Kerr estaba sumido en la más profunda de las confusiones. Sólo cuando me preguntó a qué conclusión había llegado tomé una decisión. Le dije que me mantenía firme en mi posición y que, en conciencia, no podía formar parte del Consejo. El doctor Kerr pareció sorprendido por mi respuesta. Se quedó pensativo unos momentos antes de hablar. "Está bien", dijo. "Es su decisión, por supuesto, pero también yo he pensado en el asunto y le propongo lo siguiente: puede regresar a Fort Hare el año que viene, siempre y cuando se sume al Consejo de Representación de los Estudiantes. Tiene todo el verano para pensárselo, señor Mandela".

En cierto modo, me quedé tan sorprendido de mi respuesta como Kerr. Sabía que era una insensatez por mi parte abandonar Fort Hare, pero en el momento en que tuve que llegar a un compromiso me sentí incapaz de hacerlo. Había algo en mi interior que no me lo permitía. Si bien apreciaba la postura del doctor Kerr y su disposición a darme otra oportunidad, me irritaba el poder absoluto que tenía sobre mi destino. Yo debería haber tenido todo el derecho del mundo a dimitir del Consejo si tal era mi deseo. Aquella injusticia me irritaba, y en aquel momento vi al doctor Kerr no tanto como un benefactor sino más bien como un dictador nada benigno. Cuando abandoné Fort Hare a final de curso, me sentía instalado en una especie de desagradable limbo.

8

NORMALMENTE, cuando regresaba a Mqhekezweni lo hacía con un sentimiento de calma y de deber cumplido. No fue así esta vez. Tras pasar los exámenes y volver a casa, le conté al regente lo ocurrido. Se puso furioso y fue incapaz de comprender las razones que habían motivado mis actos. Para él, aquello carecía de sentido. Sin escuchar siquiera mis explicaciones, me comunicó sin ambages que debía obedecer las instrucciones del director y regresar a Fort Hare en otoño. Su tono no admitía réplica. No hubiera tenido sentido, y habría sido poco respetuoso, discutir con mi benefactor. Decidí dejarlo estar por el momento.

Justice había vuelto también a Mqhekezweni y nos alegramos mucho de vernos. Por mucho tiempo que pasáramos separados, los lazos fraternales que nos unían se renovaban al instante. Justice había dejado el colegio el año anterior y vivía en Ciudad de El Cabo. Al cabo de unos días retomé mi viejo ritmo de vida doméstica. Me ocupaba de los asuntos del regente, incluyendo su rebaño y sus relaciones con otros jefes. No le di vueltas a la situación de Fort Hare, pero la vida suele imponer decisiones a aquellos que vacilan. Lo que me forzó a tomar una decisión fue un asunto totalmente ajeno a mis estudios.

Pocas semanas después de mi regreso a casa, el regente nos convocó a una reunión a Justice y a mí. "Hijos míos", dijo en un tono sombrío, "me temo que mi estancia en este mundo toca a su fin, y antes de emprender viaje hacia la tierra de mis antepasados, es mi deber veros apropiadamente casados. Por consiguiente, he concertado matrimonios para los dos".

El anuncio nos cogió a ambos por sorpresa, y Justice y yo nos miramos con una mezcla de estupor e impotencia. Las dos chicas procedían de muy buenas familias, según el regente. Justice se casaría con la hija de Khalipa, un destacado noble thembu, y Rolihlahla, como siempre me llamaba a mí, había de casarse con la hija del sacerdote thembu local. Añadió que los matrimonios debían celebrarse de inmediato. La *lobola,* o dote, suele pagarla el padre del novio en vacas, y en el caso de Justice estaría a cargo de la comunidad, mientras que en el mío correría a cargo del propio regente.

Justice y yo no dijimos gran cosa. No nos correspondía cuestionar las decisiones del regente, y por lo que a él concernía, el asunto estaba resuelto. El regente no dio pábulo a discusión alguna: la novia ya había sido elegida y se había pagado la *lobola.* No había más que hablar.

Justice y yo salimos de la entrevista con la cabeza gacha, estupefactos y deprimidos. El regente actuaba de acuerdo con las leyes y las costumbres thembus, y no podían cuestionarse sus motivos: quería vernos sentar la cabeza antes de morir. Siempre habíamos sabido que el regente tenía derecho a concertar nuestros matrimonios, pero ya no se trataba de una posibilidad abstracta. Las novias no eran ninguna fantasía, sino mujeres de carne y hueso a las que de hecho conocíamos.

Con el debido respeto a la familia de la joven con la que me habían comprometido, sería deshonesto por mi parte decir que el regente había elegido la novia ideal para mí. Su familia era importante y ella era atractiva, aunque un tanto orgullosa, pero aquella joven, mucho me temo, estaba enamorada de Justice desde hacía tiempo. El regente no tenía modo de saberlo, ya que los padres raramente conocen el lado romántico de la vida de sus hijos. Mi futura pareja tenía sin duda tan poco interés en cargar conmigo como yo en verme vinculado a ella.

Por aquel entonces, mi mentalidad era más avanzada social que políticamente. Si bien no se me habría ocurrido siquiera oponerme al sistema político del hombre blanco, estaba totalmente dispuesto a rebelarme contra el sistema social de mi propio pueblo. Irónicamente, el propio regente fue el culpable indirecto de mi actitud, ya que la educación que había obtenido gracias a él fue lo que me hizo rechazar las costumbres tradicionales. Había asistido a la escuela y la universidad junto con mujeres durante años, y había tenido una serie de líos amorosos. Yo era un romántico y no estaba dispuesto a que nadie, ni siquiera el regente, decidiera quién había de ser mi esposa.

Concerté una cita con la reina, la esposa del regente, y le planteé mi caso. No podía decirle que no deseaba que el regente concertara mi boda bajo ninguna circunstancia, ya que naturalmente ella no se habría mostrado receptiva. En lugar de ello, ideé un plan alternativo y le dije que preferiría casarme con una pariente suya, una mujer que me parecía más atractiva como pareja, pero que no tenía ni idea de qué pensaba ella de mí. Dije que me casaría con ella en cuanto terminara mis estudios. Se trataba, hasta cierto punto, de una nube de humo, pero era una alternativa mejor que el plan del regente. La reina se puso de mi parte, pero fue imposible disuadir a éste. Había tomado una decisión y no estaba dispuesto a alterarla.

Sentí que no me había dejado opción. No podía seguir adelante con el matrimonio, que consideraba injusto y equivocado. Por otra parte, creía que no podía permanecer bajo la protección del regente si rechazaba sus planes para mí. Justice estuvo de acuerdo, y los dos decidimos que la única opción que nos quedaba era escaparnos, y que el único lugar al que podíamos huir era Johannesburgo.

Retrospectivamente, soy consciente de que no agotamos todas las posibilidades de las que disponíamos. Podría haber intentado discutir la cuestión con el regente a través de intermediarios, y tal vez habría conseguido llegar a un acuerdo en el marco de nuestra tribu y familia. Podría haber apelado al primo del regente, el jefe Zilindlovu, uno de los hombres más ilustrados e influyentes de la corte de Mqhekezweni. Pero era joven e impaciente, y no veía virtud alguna en la espera. La única salida era huir.

Mantuvimos nuestro plan en secreto mientras estudiábamos sus detalles. En primer lugar, necesitábamos una oportunidad. El regente opinaba que cuando Justice y yo nos juntábamos salía a la luz lo peor que llevábamos dentro o, al menos, que la inclinación a las aventuras y la juerga de Justice influía en mi disposición, más conservadora. Como resultado de ello, se tomaba grandes molestias para mantenernos separados el mayor tiempo posible. Cuando el regente salía de viaje normalmente nos pedía a uno de los dos que le acompañáramos para que no nos quedáramos juntos en su ausencia. Generalmente se llevaba consigo a Justice, ya que le gustaba que yo permaneciera en Mqhekezweni haciéndome cargo de sus asuntos. Pero averiguamos que el regente se disponía a partir durante una semana para asistir a una sesión de la *bungha,* la asamblea legislativa del Transkei, sin llevarnos a ninguno de los dos. Decidimos que era el momento ideal para escapar. Partiríamos hacia Johannesburgo poco después de que el regente saliera hacia la *bungha.* Pero justo cuando nos preparábamos para salir, el regente regresó inesperadamente. Vimos su coche entrar y corrimos al jardín escondiéndonos entre los tallos de las zaras. El regente entró en la casa y sus primeras palabras fueron: "¿Dónde están esos chicos?" Alguien respondió: "Andan por ahí". Pero el regente sospechó algo, y no se dio por satisfecho con aquellla explicación. Había regresado, dijo, porque se había olvidado las sales de frutas. Echó un vistazo y pareció quedarse satisfecho. Comprendí que debía de tratarse de una premonición, ya que podía haber comprado las sales en la ciudad. Cuando su coche desapareció más allá de las colinas, emprendimos camino.

No teníamos prácticamente nada de dinero, pero aquella mañana fuimos a ver a un comerciante local y acordamos venderle dos de los mejores bueyes del regente. El comerciante asumió que le vendíamos los animales por orden del jefe, y nosotros no hicimos nada por sacarle de su error. Nos pagó un buen precio y con aquel dinero contratamos un coche para que nos llevase a la estación de tren más próxima, desde donde pensábamos iniciar el viaje hacia Johannesburgo.

Todo parecía ir bien, pero sin que lo supiéramos el regente había ido a la estación y había ordenado al jefe que si dos jóvenes de nuestra descripción aparecían para comprar billetes a Johannesburgo debía echarles, ya que no teníamos permiso para abandonar el Transkei. Llegamos a la estación y descubrimos que el jefe se negaba a vendernos los billetes. Le preguntamos por qué y nos dijo: "Ha estado aquí vuestro padre y ha dicho que intentáis huir". Nos quedamos anonadados, corrimos de vuelta al coche y le pedimos al conductor que nos llevara hasta la siguiente estación. Estaba casi a 80 kilómetros de distancia y tardamos más de una hora en llegar.

Finalmente, conseguimos abordar un tren, pero sólo llegaba hasta Queenstown. En la década de 1940, viajar era un proceso complicado para un africano. Todos los negros de más de dieciséis años tenían que llevar obligatoriamente "pases para nativos" emitidos por el Departamento de Asuntos Nativos y debían mostrárselos a cualquier policía, funcionario o empresario blanco que lo solicitara. No hacerlo podía significar un arresto, un juicio, la cárcel o una multa. El pase especificaba donde vivía su portador, quien era su jefe, y si había abonado el *poll-tax* anual, un impuesto personal que sólo debían pagar los africanos. Más adelante, el pase adoptó la forma de una libreta, "el libro de referencias", como era popularmente conocido, que contenía información detallada sobre su portador y debía ser firmado por el patrón todos los meses.

Justice y yo teníamos los pases en orden, pero para abandonar un distrito y entrar en el correspondiente a otro comisario residente con el fin de trabajar o vivir, un africano necesitaba documentos de viaje, un permiso y una carta de su patrón o, como en nuestro caso, su tutor. No teníamos nada de eso. Incluso en el mejor de los casos, cuando uno disponía de todos esos documentos, era posible sufrir el acoso de la policía por la falta de una firma, o por una fecha incorrecta. Carecer de ellos era extremadamente arriesgado. Nuestro plan consistía en desembarcar en Queenstown, llegar hasta la casa de un pariente y después hacer lo necesario para obtener los documentos. Era también una estrategia muy mal planeada, pero tuvimos suerte, ya que en la casa de Queenstown coincidimos accidentalmente con el jefe Mpondombini, un hermano del regente que nos tenía afecto a Justice y a mí.

El jefe Mpondombini nos recibió calurosamente y le explicamos que necesitábamos documentos de viaje del comisario residente local. Mentimos acerca de por qué los necesitábamos, afirmando que estábamos cumpliendo un encargo del regente. El jefe Mpondombini era intérprete retirado del Departamento de Asuntos Nativos y conocía bien al comisario residente que gobernaba la zona. No tenía motivos para dudar de nuestra historia y no sólo nos acompañó a ver al comisario, sino que respondió de nosotros y explicó el aprieto en el que nos hallábamos. Tras escuchar al jefe, el comisario residente redactó con rapidez los documentos de viaje necesarios y los selló. Justice y yo nos miramos y nos dirigimos una sonrisa de complicidad, pero en el momento en el que el comisario nos tendía los documentos recordó algo y dijo que, por mera cortesía debía informar al comisario jefe de Umtata, a cuya jurisdicción pertenecíamos. Esto nos inquietó, pero permanecimos sentados en su despacho. El comisario dio vueltas a la manivela del teléfono y se puso en comunicación con su colega de Umtata. Cosas del destino, el regente estaba en ese preciso momento haciendo una visita al comisario de Umtata y se encontraba en su despacho.

Mientras el comisario explicaba nuestra situación al delegado en Umtata, éste dijo algo así como "¡qué casualidad, su padre está aquí!" y le pasó el teléfono. Cuando el comisario informó al regente de lo que buscábamos, éste explotó: "¡Arreste a esos muchachos!", gritó con tal fuerza que pudimos oír su voz a través del receptor. "¡Arrésteles y tráigales de vuelta de inmediato!". El comisario jefe colgó el teléfono. Nos miró iracundo. "Sois unos ladrones y unos embusteros", nos dijo. "Habéis abusado de mis buenas intenciones y además me habéis engañado. Voy a hacer que os arresten".

Inmediatamente salté en nuestra defensa. Gracias a mis estudios en Fort Hare tenía un vago conocimiento de las leyes e hice buen uso de él. Admití que le habíamos mentido, pero no habíamos cometido ofensa alguna ni habíamos violado ninguna ley, y no podíamos ser arrestados simplemente por recomendación de un jefe, aunque éste fuera nuestro padre. El comisario dio marcha atrás y no nos arrestó, pero nos ordenó salir de su despacho y nos dijo que no volviéramos a aparecer nunca por allí.

También el jefe Mpondombini se sintió ofendido y nos dejó abandonados a nuestra suerte. Justice recordó que tenía un amigo en Queenstown llamado Sidney Nxu, que trabajaba en el despacho de un abogado blanco. Fuimos a verle, le explicamos nuestra situación y nos dijo que la madre del abogado para el que trabajaba iba a ir en coche hasta Johannesburgo y que le preguntaría si estaba dispuesta a llevarnos. Nos dijo que la mujer nos llevaría a cambio de quince libras, para nosotros una suma inmensa, muy superior al coste de un billete de tren. Aquel gasto nos dejó virtualmente en la miseria, pero no teníamos otra opción. Decidimos arriesgarnos a que nos sellaran los pases y a obtener los documentos de viaje adecuados una vez en Johannesburgo.

Salimos temprano la mañana siguiente. En aquellos días era costumbre que los negros viajaran en el asiento trasero de un coche si conducía un blanco. Ambos íbamos en el asiento trasero, Justice directamente detrás de la mujer. Justice era una persona exuberante y amistosa e inmediatamente empezó a charlar conmigo. Esto hacía sentirse muy incómoda a la anciana. Evidentemente nunca había conocido a un negro que no se sintiera cohibido por la presencia de blancos. Tras recorrer unas pocas millas le dijo a Justice que se cambiara de asiento conmigo para poder vigilarle y durante el resto del viaje no le quitó el ojo de encima. Al cabo de un tiempo, el encanto de Justice surtió efecto y ocasionalmente se reía ante alguno de sus comentarios.

*   *   *

A eso de las diez de la noche vimos ante nosotros, parpadeando en la distancia, un laberinto de luces que parecía extenderse en todas direcciones. Para mí la electricidad siempre había sido una novedad y un lujo, y delante tenía un enorme paisaje eléctrico, una ciudad de luz. Estaba terriblemente excitado por ver el lugar del que llevaba oyendo hablar desde que era un niño. Siempre me habían pintado Johannesburgo como una ciudad de ensueño, un sitio en el que uno podía pasar de ser un pobre campesino a convertirse en un hombre rico y sofisticado, una ciudad de peligros y oportunidades. Recordé las historias que nos había contado Banabakhe cuando nos preparábamos para la circuncisión sobre edificios tan altos que no se veía donde terminaban, multitudes que hablaban lenguas jamás oídas, estilizados automóviles, mujeres hermosas y audaces gánsteres. Era eGoli, la ciudad de oro, que no tardaría en convertirse en mi hogar.

A la entrada de la ciudad el tráfico empezó a hacerse más denso. Jamás había visto tantos coches circulando a la vez. Incluso en Umtata, nunca había visto más que un puñado de automóviles, y aquí había miles. Rodeamos la ciudad en lugar de pasar por el centro, pero pude ver la silueta de los altos y cuadrados edificios, masas negras sobre la oscuridad del cielo de la noche. Vi enormes vallas publicitarias junto a la carretera que anunciaban cigarrillos, dulces y cerveza. Todo parecía fascinante.

No tardamos en llegar a un área de majestuosas mansiones, de las cuales incluso la más pequeña era más grande que el palacio del regente, con enormes prados en la parte delantera y altas verjas de hierro. En aquella zona era donde vivía la hija de la anciana, y entramos en el camino de acceso de una de aquellas preciosas casas. A Justice y a mí nos enviaron al ala del servicio, donde habíamos de pasar la noche. Le dimos las gracias a la anciana y después nos arrastramos hasta el lugar asignado para dormir en el suelo. Pero la perspectiva de conocer Johannesburgo me resultaba tan excitante que me pareció dormir en una maravillosa cama de plumas. Las posibilidades se me antojaban infinitas. Había llegado el final de lo que nos había parecido un largo viaje, pero era de hecho el comienzo de un viaje mucho más largo y penoso, que me pondría a prueba en formas que jamás podría haber imaginado en aquel momento.

Parte Segunda

———————

JOHANNESBURGO

9

AMANECÍA cuando llegamos a las oficinas de Crown Mines, sitas en la meseta de una gran colina que se cernía sobre la ciudad aún a oscuras. Johannesburgo era una ciudad construida en torno a los yacimientos de oro descubiertos en el Witwatersrand en 1886, y Crown Mines era la mayor mina de oro de la ciudad del oro. Esperaba ver un edificio grandioso, como el del gobierno en Umtata, pero las oficinas de Crown Mines eran barracones de metal oxidado en la ladera de la mina.

Una mina de oro no tiene nada de mágico. Desnuda y perforada, todo tierra y sin árboles, vallada por los cuatro costados, una mina de oro recuerda un campo de batalla devastado por la guerra. El ruido era estridente y constante: el chirrido de los ascensores, el golpeteo de las perforadoras, el rugido distante de la dinamita, el ladrido de las órdenes. Allá donde mirara, veía hombres negros con monos polvorientos, de aspecto cansado y abatido. Vivían sobre el terreno en desnudos barracones que contenían cientos de lechos de cemento separados entre sí sólo unos cuantos centímetros.

La extracción de oro en Witwatersrand resultaba costosa porque el mineral era de baja calidad y se encontraba a gran profundidad. Sólo la existencia de mano de obra barata en forma de miles de africanos, que trabajaban en largos turnos a cambio de una escasa paga y sin disfrutar de ningún derecho, hacía que la extracción resultara rentable para la empresas mineras. Todas ellas eran propiedad de blancos, que con el sudor del pueblo africano obtenían riquezas que desbordaban los sueños de Creso. Jamás había visto una empresa así, máquinas tan grandes, una organización tan metódica y un trabajo tan agotador. Fue mi primera visión del capitalismo sudafricano en marcha, y sabía que me esperaba un nuevo tipo de educación.

Fuimos directamente a hablar con él *induna,* el capataz. Su nombre era Piliso, un tipo viejo y duro que conocía los aspectos más inmisericordes de la vida. Piliso tenía noticias de Justice, ya que el regente había enviado una carta meses atrás disponiendo que recibiera un trabajo de oficina, el puesto más ambicionado y respetado en el complejo minero. Yo, por el contrario, le resultaba totalmente desconocido. Justice le explicó que era su hermano.

"Sólo esperaba a Justice", respondió Piliso. "La carta de tu padre no menciona para nada a un hermano". Me examinó un tanto escépticamente, pero Justice insistió diciéndole que no había sido más que un malentendido y que el regente ya había enviado una carta sobre mí. El endurecido exterior de Piliso ocultaba un corazón compasivo, y me aceptó como policía de la mina, diciéndome que si todo iba bien me ofrecería un puesto de oficina en el plazo de tres meses.

La palabra del regente tenía peso en Crown Mines. Lo mismo ocurría con la de todos los jefes de Sudáfrica. Los encargados de las minas estaban ansiosos por reclutar mano de obra en el campo, y los jefes tenían autoridad sobre los hombres que necesitaban. Querían que los jefes animaran a sus súbditos para que fueran al Reef. A los jefes se les trataba con gran deferencia; las empresas mineras les preparaban alojamientos especiales siempre que venían de visita. Una carta del regente era suficiente para garantizar un buen puesto de trabajo, y Justice y yo fuimos tratados con guante blanco debido a nuestros contactos. Dispondríamos de raciones gratis, un lugar para dormir y un pequeño salario. Aquella noche no la pasamos en las barracas. Los primeros días, como muestra de cortesía hacia el regente, Piliso nos invitó a Justice y a mí a vivir en su alojamiento.

Muchos de los mineros, en especial los de Thembulandia, trataban a Justice como a un jefe y le recibieron con presentes en dinero, la costumbre cuando un jefe visitaba una mina. La mayor parte de estos hombres vivía en el mismo cobertizo; normalmente, los mineros eran agrupados por tribus. Las compañías mineras preferían esta segregación, ya que impedía que los distintos grupos étnicos se unieran en torno a alguna reivindicación común, y además reforzaba el poder de los jefes. Esta separación tenía a menudo como resultado peleas entre diferentes grupos y clanes, que las empresas no hacían nada por impedir.

Justice compartió parte de su botín conmigo y me dio unas cuantas libras extra. Durante aquellos primeros días, con los bolsillos tintineando con nuevas riquezas, me sentí como un millonario. Empezaba a creer que era un joven con suerte, que la fortuna estaba de mi parte y que si no hubiera perdido el tiempo estudiando en el colegio podría haber sido ya un hombre rico. Una vez más, fui incapaz de darme cuenta de que el destino estaba muy ocupado tendiéndome trampas.

Empecé a trabajar inmediatamente como vigilante de noche. Me dieron un uniforme, un par de botas nuevas, un casco, una linterna, un silbato y una clava, un largo palo con una pesada bola de madera en un extremo. La tarea era bien sencilla: esperaba a la entrada del complejo junto al cartel que decía "ATENCIÓN: CRUCE DE NATIVOS", y comprobaba las credenciales de todos aquellos que entraban o salían. Las primeras noches recorrí el complejo sin incidente alguno. Sí llamé la atención a un minero bastante borracho una noche, pero me mostró humildemente el pase y se retiró a su alojamiento.

Ciegos de éxito, Justice y yo fanfarroneamos sobre nuestra inteligencia ante un amigo común que conocíamos de casa y que trabajaba también en las minas. Le explicamos que habíamos huido y además habíamos engañado al regente. Aunque le hicimos jurar que guardaría el secreto, fue directamente al *induna* y le puso al corriente de nuestra confesión. Al día siguiente, Piliso nos hizo llamar y la primera pregunta que le hizo a Justice fue: "¿Dónde está el permiso del regente para tu hermano?". Justice respondió que ya le había dicho que nuestro padre lo había enviado por correo. Piliso no pareció aplacarse con su respuesta y comprendimos que algo iba mal. A continuación buscó en su mesa y sacó un telegrama: "He recibido un mensaje del regente", dijo muy serio, y nos lo tendió. Contenía tan sólo una frase: "Envíe de vuelta a los chicos inmediatamente".

Piliso desahogó entonces su ira sobre nosotros, acusándonos de haberle mentido. Nos dijo que habíamos abusado de su hospitalidad y del buen nombre del regente. Nos contó que estaba haciendo una colecta entre los mineros para meternos en un tren de vuelta al Transkei. Justice protestó diciendo que tan sólo queríamos trabajar en la mina y que éramos perfectamente capaces de tomar nuestras propias decisiones, pero Piliso hizo oídos sordos. Nos sentíamos avergonzados y humillados, pero abandonamos su despacho decididos a no regresar al Transkei.

No tardamos en urdir otro plan. Fuimos a ver al doctor A. B. Xuma, un viejo amigo del regente que era presidente general del Congreso Nacional Africano. El doctor Xuma era del Transkei y un médico extraordinariamente respetado.

El doctor Xuma se mostró contento de vernos y nos interrogó cortésmente acerca de cuestiones familiares en Mqhekezweni. Le contamos una serie de verdades a medias acerca de lo que hacíamos en Johannesburgo y le dijimos que teníamos grandes deseos de obtener trabajo en las minas. El doctor Xuma respondió que sería un placer ayudarnos e inmediatamente telefoneó a un tal señor Wellbeloved a la Cámara de Minería, una poderosa organización que representaba a las empresas mineras y ejercía el monopolio sobre la contratación de mano de obra para las minas. El doctor Xuma le dijo al señor Wellbeloved que éramos unos chicos estupendos y que debía buscarnos trabajo. Le dimos las gracias al doctor Xuma y partimos para ver al señor Wellbeloved. Éste era un hombre blanco con el despacho más grande que jamás había visto. Su mesa parecía tan ancha como un campo de fútbol. Cuando nos recibió estaba acompañado por un jefe de mina llamado Festile y le contamos las mismas patrañas que le habíamos contado al doctor Xuma. El señor Wellbeloved pareció impresionado ante mi explicación, no enteramente cierta, de que había ido a Johannesburgo para continuar mis estudios en la Universidad de Witwatersrand. "Bien, muchachos", dijo. "Os pondré en contacto con el gerente de Crown Mines, un tal señor Piliso, y le diré que os dé trabajo como oficinistas". Comentó que había trabajado con Piliso durante treinta años y que en todo ese tiempo Piliso jamás le había mentido. Justice y yo nos retorcimos incómodos al oír aquello pero no dijimos nada. A pesar de la incertidumbre, pensábamos ingenuamente que habíamos ganado por la mano al señor Piliso ahora que su jefe, el señor Wellbeloved, estaba de nuestra parte.

Regresamos a las oficinas de Crown Mines, donde el gerente blanco del complejo se mostró considerado con nosotros gracias a la carta que llevábamos del señor Wellbeloved. En ese momento, el señor Piliso pasó junto a la oficina, nos vio y entró hecho una furia: "¡Habéis vuelto!", dijo irritado. "¿Qué estáis haciendo aquí?".

Justice reaccionó con calma. "Nos manda el señor Wellbeloved", contestó con un tono que bordeaba la insolencia. El señor Piliso se quedó pensativo durante un momento. "¿Le contaste que te has escapado de tu padre?", contraatacó. Justice no dijo nada.

"¡Jamás tendréis empleo en ninguna mina que yo dirija!", gritó. "¡Ahora, fuera de mi vista!". Justice agitó la carta de Wellbeloved. "¡Me importa un bledo esa carta!", dijo Piliso. Miré al encargado blanco esperando que desautorizara a Piliso, pero se había quedado inmóvil como una estatua y parecía sentirse tan intimidado como nosotros. No teníamos respuesta para Piliso y salimos avergonzados de la oficina, sintiéndonos aún más humillados que la primera vez.

Nuestra suerte había cambiado. No teníamos trabajo ni perspectivas, ni lugar donde alojarnos. Justice conocía a gente en Johannesburgo y fue a la ciudad a investigar dónde podíamos vivir. Mientras tanto, yo quedé en recoger nuestra maleta, que seguía en casa de Piliso, y en reunirme después con Justice en George Goch, un pequeño suburbio al sur de Johannesburgo.

Conseguí que un compañero llamado Bikitsha, a quien conocía de nuestro hogar, me ayudara a llevar la maleta a la entrada principal. Un vigilante nos detuvo y dijo que debía registrar la maleta. Bikitsha protestó asegurando que no había nada de contrabando en mi equipaje. El vigilante le replicó que era un registro rutinario y examinó el contenido por encima, sin mover siquiera la ropa. Cuando el vigilante estaba cerrando la maleta, Bikitsha, que era un tipo gallito, le dijo: "¿Por qué buscas problemas? Ya te había dicho que no había nada". Sus palabras irritaron al vigilante, que decidió registrar minuciosamente la maleta. Empecé a sentirme cada vez más nervioso al verle abrir hasta el último compartimento y palpar hasta el último bolsillo. Finalmente, metió la mano hasta el fondo y encontró precisamente lo que esperaba que no encontrara: un revólver cargado envuelto en algunas de mis ropas.

Se volvió hacia mi amigo y dijo: "Estás arrestado". A continuación tocó el silbato, lo que atrajo hasta el lugar a un grupo de guardias. Mi amigo me miró con una mezcla de consternación y confusión mientras le llevaban a la comisaría de policía. Le seguí a distancia, estudiando mis opciones. El arma, un viejo revólver, había sido de mi padre y me la había dejado al morir. Jamás la había usado, pero como precaución la había traído conmigo a la ciudad.

No podía permitir que mi amigo cargara con las culpas. Poco después de su entrada en la comisaría seguí sus pasos y pedí ver al oficial de guardia. Me condujeron hasta él y hablé tan directa y claramente como me fue posible: "Señor, la pistola que han encontrado en la maleta es mía. La heredé de mi padre en el Transkei y la he traído porque tenía miedo a los criminales". Le expliqué que era estudiante de Fort Hare y que sólo iba a pasar un tiempo en Johannesburgo. El oficial se ablandó con mis palabras y dijo que liberaría a mi amigo de inmediato. Afirmó que tendría que denunciarme por posesión de un arma, aunque no me arrestaría. Tenía que presentarme en el tribunal el lunes por la mañana a primera hora para hacer frente a la acusación. Me sentí agradecido y le dije que desde luego iría al tribunal el lunes. Así lo hice y sólo me impusieron una pequeña multa.

Entre tanto, lo había dispuesto todo para quedarme a vivir con uno de mis primos, Garlick Mbekeni, en George Goch. Garlick era vendedor ambulante de ropa y tenía una casa pequeña que parecía una caja de zapatos. Era un hombre cordial y solícito, y al poco de estar allí le dije que mi verdadera aspiración era ser abogado. Alabó mi ambición y me dijo que pensaría en lo que le había dicho.

Pocos días más tarde, Garlick me dijo que pensaba llevarme a ver a "uno de nuestros mejores hombres en Johannesburgo". Fuimos en tren hasta la oficina de un agente inmobiliario de Market Street, una avenida activa y populosa, con tranvías atestados de pasajeros y vendedores ambulantes. Todo daba la sensación de que la riqueza estaba a la vuelta de la esquina.

En aquellos días, Johannesburgo era una mezcla de pueblo fronterizo y ciudad moderna. Los carniceros cortaban la carne en la calle a pocos pasos de los edificios de oficinas. Había tiendas de campaña junto a bulliciosos comercios, y las mujeres colgaban la colada en la puerta de al lado de los rascacielos. La industria estaba en pleno auge debido al esfuerzo bélico. En 1939, Sudáfrica, país miembro de la Commomwealth británica, había declarado la guerra a la Alemania nazi. El país aportaba hombres y mercancías a la causa. La demanda de mano de obra era muy alta y Johannesburgo se convirtió en un imán para los africanos del campo que buscaban trabajo. Entre 1941, año en que llegué a la ciudad, y 1946, el número de habitantes africanos se duplicó. Cada mañana el suburbio parecía mayor que el día anterior. Los hombres encontraban trabajo en las fábricas y alojamiento en los "barrios para no europeos" de Newclare, Martindale, George Goch, Alexandra, Sophiatown y el Western Native Township, un conglomerado similar a una prisión compuesto por unos cuantos miles de casas pequeñas como cajas de cerillas que se alzaban sobre una tierra sin árboles.

Garlick y yo nos sentamos en la sala de espera del agente inmobiliario mientras una bonita recepcionista africana anunciaba nuestra presencia a su jefe en el despacho que había dentro. Una vez transmitido el mensaje, sus ágiles dedos bailaron sobre el teclado de una máquina mientras escribía una carta. Jamás en mi vida había visto un mecanógrafo africano, y menos aún una mecanógrafa. En los pocos despachos oficiales y empresariales que había visitado en Umtata y Fort Hare, los oficinistas habían sido siempre blancos y varones. Me quedé especialmente impresionado con aquella joven porque mecanógrafos blancos y varones empleaban tan sólo dos dedos para escribir parsimoniosamente sus cartas.

Poco después, nos condujo hasta el despacho, donde fui presentado a un hombre que parecía rondar la treintena. Tenía un rostro inteligente y amable, piel clara, y vestía un traje de chaqueta cruzado. A pesar de su juventud, me pareció un hombre de mundo. Era del Transkei, pero hablaba con soltura un inglés fluido y urbano. A juzgar por su atestada sala de espera y el montón de papeles que había sobre su mesa, era un hombre ocupado y de éxito. Pero no nos metió prisa y pareció realmente interesado en nuestra visita. Su nombre era Walter Sisulu.

Sisulu tenía una agencia inmobiliaria especializada en gestionar la compra de propiedades para los africanos. En los años cuarenta quedaban aún bastantes áreas en las que los africanos podían adquirir propiedades libremente, pequeñas parcelas situadas en lugares como Alexandra y Sophiatown. En algunas de estas zonas los africanos eran propietarios de sus casas desde hacia ya varias generaciones. El resto de los barrios destinados a la población africana se levantaban en terrenos de propiedad municipal. Las casas eran como cajas de cerillas por las que los residentes pagaban un alquiler al Ayuntamiento de Johannesburgo.

Sisulu empezaba a hacerse un nombre como hombre de negocios y como líder local. Era ya una personaje importante dentro de la comunidad. Prestó mucha atención a mis explicaciones sobre las dificultades que había padecido en Fort Hare, sobre mi deseo de ser abogado y sobre cómo pretendía matricularme en la Universidad de Sudáfrica para obtener el título por correspondencia. Pasé por alto las circunstancias de mi llegada a Johannesburgo. Cuando hube terminado, se recostó en su sillón y meditó sobre lo que yo le había contado. Después me miró de arriba abajo una vez más y dijo que conocía a un abogado blanco llamado Lazar Sidelsky, con el que trabajaba, al que consideraba una persona decente y progresista. Sidelsky, comentó, estaba interesado en el tema de la educación de los africanos. Me dijo que hablaría con él de la posibilidad de que me contratara como pasante.

En aquellos tiempos creía que el dominio del inglés y el éxito en los negocios eran resultado directo de grandes logros académicos, y asumí que Sisulu era graduado universitario. Me sorprendió enormemente averiguar por mi primo cuando abandonamos el despacho que Walter Sisulu jamás había pasado del cuarto curso. Otra lección aprendida en Fort Hare que tenía que desaprender en Johannesburgo. Me habían enseñado que tener un título era ser un líder, y que para ser un líder era necesario un título. En Johannesburgo descubrí que muchos de los grandes líderes no habían pisado la universidad. Aunque había hecho todos los cursos de inglés necesarios para obtener el título de graduado, mi inglés no era ni tan fluido ni tan elocuente como el de muchos de los hombres que conocí en Johannesburgo, que ni siquiera habían terminado la escuela.

*   *   *

Tras una breve estancia con mi primo me dispuse a mudarme a casa del reverendo J. Mabutho, de la Iglesia anglicana, que vivía en la Octava Avenida del suburbio de Alexandra. El reverendo Mabutho era un compañero thembu, amigo de mi familia y hombre generoso y temeroso de Dios. Su esposa, a la que llamábamos Gogo, era una mujer cálida y afectuosa, además de una magnífica cocinera que servía generosas raciones. Como thembu que conocía a mi familia, el reverendo Mabutho se sentía responsable de mí: "Nuestros antepasados nos han enseñado a compartir", me dijo en una ocasión.

Pero yo no había aprendido de la experiencia en la Crown Mines, ya que no le conté al reverendo Mabutho cuáles habían sido las circunstancias de mi partida del Transkei. Mi omisión tuvo infaustas consecuencias. Pocos días después de haberme mudado a su casa, mientras tomaba el té con los Mabutho, llegó una visita. Por desgracia, la visita en cuestión era el señor Festile, el *induna* de la Cámara de Minería, que había estado presente cuando Justice y yo nos entrevistamos con el señor Wellbeloved. El señor Festile y yo nos saludamos de un modo que sugería que nos conocíamos, y aunque no se habló de nuestro anterior encuentro, el reverendo Mabutho me llevó aparte al día siguiente y dejó bien claro que no podía seguir bajo su techo.

Me maldije por no haber contado toda la verdad. Me había acostumbrado hasta tal punto al engaño que mentía incluso sin necesidad. Estoy seguro de que al reverendo Mabutho no le habría importado conocer mi historia, pero enterarse de las circunstancias a través de Festile le hizo sentirse engañado. Durante mi breve estancia en Johannesburgo había dejado tras de mí una pista de falsedades, y una y otra vez éstas se habían vuelto en contra mía. Por aquel entonces pensaba que no tenía otra alternativa. Estaba asustado, carecía de experiencia y sabía que no había empezado con buen pie mi nueva vida. En todo caso, el reverendo Mabutho se compadeció de mí y me buscó alojamiento en casa de sus vecinos, la familia Xhoma.

El señor Xhoma pertenecía a una élite compuesta por un puñado de propietarios africanos de Alexandra. Su casa —el número 46 de la Séptima Avenida— era pequeña, en especial a la vista de que tenía seis hijos, pero era agradable y tenía un porche y un pequeño jardín. Para llegar a fin de mes, el señor Xhoma, como tantos otros habitantes de Alexandra, alquilaba habitaciones. Había construido una habitación con techo de hojalata en la parte trasera de su propiedad. Era poco más que un chamizo con el suelo de tierra, sin calefacción, ni electricidad, ni agua corriente. Pero era un lugar que podía considerar propio y me sentí contento de tenerlo.

Mientras tanto, gracias a la recomendación de Walter, Lazar Sidelsky había aceptado contratarme como pasante mientras completaba mi graduación. La firma de Witkin, Sidelsky y Eidelman era una de las mayores firmas de abogados de la ciudad, y trabajaba tanto para los negros como para los blancos. Además de estudiar leyes y superar ciertos exámenes, para poder ejercer como abogado en Sudáfrica había que pasar varios años de aprendizaje con un letrado en ejercicio. Para que mis prácticas de aprendizaje contaran tenía que empezar por obtener la graduación. Con este fin, por las noches estudiaba en la UNISA —Universidad de Sudáfrica—, una institución educativa muy respetada que ofrecía títulos y diplomas por correspondencia.

Además de hacerse cargo de casos convencionales, Witkin, Sidelsky y Eidelman supervisaban transacciones inmobiliarias de clientes africanos. Walter traía a la firma compradores que necesitaban una hipoteca. El despacho se hacía cargo de sus solicitudes de crédito y cobraba una comisión que compartía con el agente inmobiliario. En realidad, el despacho de abogados se quedaba con la parte del león, cediendo sólo una miseria al agente inmobiliario africano. A los negros se les ofrecían sólo las migajas de la mesa y no tenían más opción que aceptarlas.

Aun así, aquel despacho era con mucho más liberal que la mayoría. Los socios eran judíos y, en mi experiencia, éstos suelen tener una mentalidad más abierta que la mayor parte de los blancos en cuestiones relacionadas con la raza y la política, tal vez porque ellos mismos han sido históricamente víctimas de los prejuicios. El hecho de que Lazar Sidelsky, uno de los socios de la firma, aceptara a un joven africano como pasante —algo casi increíble en aquellos días— es buena muestra del liberalismo del que hablo.

El señor Sidelsky, a quien llegué a respetar mucho y que me trató con enorme amabilidad, era un graduado por la Universidad de Witwatersrand y rondaba los treinta y cinco años cuando me incorporé al despacho. Estaba comprometido con la educación africana, y donaba dinero y tiempo a los colegios para negros. Era un hombre esbelto y de depurados modales, con un delgado bigote. Puso gran interés en mi bienestar y mi futuro, defendiendo el valor y la importancia de la educación para mí en particular y para los africanos en general. Sólo la educación de las masas, solía decir, podía liberar a mi pueblo. Sostenía que un hombre educado no podía ser oprimido porque era capaz de pensar por sí mismo. Me repetía una y otra vez que convertirme en un abogado de éxito, y por consiguiente en un modelo a seguir por mi pueblo, era la tarea más valiosa que podía realizar.

Conocí a la mayor parte del personal de la oficina el primer día que acudí a ella, incluyendo al otro empleado africano, Gaur Radebe, con quien compartía un despacho. Diez años mayor que yo, Gaur era oficinista, intérprete y mensajero. Era un hombre bajo, robusto y musculoso, que hablaba con soltura el inglés, el sotha y el zulú, expresándose en todas estas lenguas con precisión, seguridad y sentido del humor. Tenía sólidas opiniones, argumentos aún más sólidos para respaldarlas y era un personaje muy conocido en el Johannesburgo negro.

Aquella primera mañana, una joven y agradable secretaria blanca, la señorita Lieberman, me llevó a un lado y me dijo: "Nelson, en este despacho no hacemos distinciones con la gente de color". Me explicó que a media mañana llegaba el hombre del té con una bandeja y una serie de tazas. "En honor a tu llegada hemos comprado dos tazas nuevas para ti y para Gaur", continuó. "Las secretarias llevan las tazas de té a los jefes, pero tú y Gaur tendréis que ir a buscar vuestro propio té como hacemos nosotras. Te llamaré cuando llegue y podréis tomarlo en vuestras nuevas tazas". Añadió que debía trasmitirle el mensaje a Gaur. Me sentí agradecido por sus atenciones, pero sabía que las "dos tazas nuevas", que tanto interés había puesto en mencionar eran una prueba evidente de la distinción por motivos de color, que según ella no existía. Las secretarias se sentían capaces de compartir su té con dos africanos pero no las tazas en las que lo bebían.

Cuando le dije a Gaur lo que había dicho la señorita Lieberman vi cómo su expresión cambiaba, de la misma manera que puede apreciarse cuando a un niño se le ocurre una travesura. Me dijo: "Nelson, a la hora del té no te preocupes por nada. Limítate a hacer lo que haga yo". A las once, la señorita Lieberman nos comunicó que el té había llegado. Frente a las secretarias y algunos otros miembros del despacho, Gaur se aproximó a la bandeja del té e ignoró ostentosamente las dos tazas nuevas, eligiendo una de las viejas. Vertió en ella generosas dosis de azúcar, leche y finalmente té. Agitó lentamente el té con la cucharilla y después se quedó allí de pie, bebiéndoselo con expresión muy satisfecha. Las secretarias se quedaron mirando a Gaur y él me hizo un gesto con la cabeza como diciendo: "Es tu turno, Nelson".

Por un momento me sentí atrapado. No quería ofender a las secretarias, ni enemistarme con mi nuevo colega, así que opté por lo que me pareció la solución más prudente: decidí no tomar té. Dije que no tenía ganas. Por aquel entonces tenía tan sólo veintitrés años y empezaba a dar mis primeros pasos en el mundo de los adultos como residente en Johannesburgo y como empleado de una firma blanca, por lo que el camino intermedio me pareció el mejor y el más sensato. Desde aquel momento, a la hora del té iba a la pequeña cocina que había en la oficina y lo tomaba a solas.

Las secretarias no eran siempre tan consideradas. Algún tiempo más
tarde, cuando ya tenía más experiencia en el trabajo, estaba dictando cierta información a una secretaria cuando un cliente blanco al que ella conocía entró en el despacho. Se sintió avergonzada, y para demostrar que no
estaba al servicio de un africano sacó una moneda de seis peniques del bol-
so y me dijo con voz tensa: "Nelson, por favor, vete a buscarme champú a
la droguería". Salí de la habitación y le traje su champú.

Al principio, mi trabajo en el despacho era bastante rudimentario.
Yo era una combinación de oficinista y mensajero. Buscaba, organizaba
y archivaba documentos y entregaba o recogía papeles por todo Johannesburgo. Más adelante, redacté contratos para algunos de los clientes
africanos del despacho. Con todo, por insignificante que fuera la tarea,
el señor Sidelsky me explicaba cuál era su objeto y por qué estaba ha-
ciéndola. Era un maestro paciente y generoso que pretendía impartir no
sólo los detalles de la ley sino la filosofía que la inspiraba. Su interpretación de las leyes era amplia, jamás estrecha, ya que creía que eran una
herramienta que podía emplearse para cambiar la sociedad.

Mientras impartía su visión acerca de la ley, el señor Sidelsky me advertía en relación con la política. La política, decía, saca a relucir lo peor
de los hombres. Es fuente de conflicto y corrupción y hay que evitarla a
toda costa. Pintaba un cuadro escalofriante de lo que podía ocurrirme si
me metía en política y me aconsejaba que rehuyese la compañía de
aquellos hombres que consideraba buscapleitos y agitadores, en especial
la de Gaur Radebe y Walter Sisulu. Sidelsky respetaba su capacidad,
pero abominaba de sus tendencias políticas.

Efectivamente, Gaur era un buscapleitos, en el mejor sentido del término, y era una persona influyente en la comunidad negra, de un modo
que el señor Sidelsky no podía conocer, y ni siquiera sospechaba. Era
miembro del Consejo Asesor del Western Native Township, un órgano
elegido compuesto por cuatro miembros, que se ocupaba de entrevistarse con las autoridades en todo lo relacionado con los problemas de los
suburbios de negros. Aunque tenía escaso poder, el Consejo disfrutaba
de gran prestigio entre el pueblo. Gaur también era, como pronto descubrí, un destacado miembro del CNA y del Partido Comunista.

Gaur era un hombre dueño de sí mismo. No trataba con excesiva
cortesía a nuestros patronos, y a menudo les censuraba por cómo trataban a los africanos. "Vuestra gente nos robó la tierra", decía, "y nos es-
clavizó. Ahora nos estáis chupando la sangre a cambio de devolvernos
las peores tierras". Un día que yo regresaba de hacer un encargo y entraba en el despacho de Sidelsky, Gaur se volvió hacia él y le dijo: "Mire,

ahí está usted sentado como un señor, mientras mi jefe recorre la ciudad haciéndole recados. La situación debería ser al revés, y algún día lo será. Les echaremos a todos al mar". A continuación, Gaur salió de la habitación y el señor Sidelsky agitó la cabeza con gesto apesadumbrado.

Gaur era una de esas personas sin titulación que parecían infinitamente más preparadas que las que salían de Fort Hare con sus resplandecientes diplomas. No sólo tenía más conocimientos, sino que era más audaz y tenía más confianza en sí mismo. Aunque tenía intención de licenciarme y entrar en la Escuela de Leyes, de Gaur aprendí que un título no es por sí mismo una garantía de liderazgo, y que no significa nada en absoluto si uno no se incorpora a la comunidad para ponerse a prueba.

Yo no era el único pasante que había en Witkin, Sidelsky y Eidelman. Un compañero más o menos de mi edad, llamado Nat Bregman, había entrado a trabajar poco antes que yo. Nat era brillante, agradable y considerado. Parecía totalmente ciego a los colores y se convirtió en mi primer amigo blanco. Era un excelente imitador y hacía estupendas versiones de las voces de Jan Smuts, Franklin Roosevelt y Winston Churchill. A menudo buscaba su consejo sobre cuestiones legales y de procedimiento, y siempre estaba dispuesto a ayudarme.

Un día, a la hora de comer, estábamos sentados en la oficina y Nat sacó un paquete de *sandwiches*. Eligió uno y dijo: "Nelson, coge la otra punta". No estaba seguro de por qué me pedía tal cosa, pero dado que tenía hambre, decidí seguirle la corriente. "Ahora tira", continuó. Así lo hice, y el *sandwich* se partió en dos partes irregulares. "Ahora come", me animó. Mientras yo masticaba, él comentó: "Nelson, lo que acabamos de hacer simboliza la filosofía del Partido Comunista: compartirlo todo". Me explicó que era miembro del partido y los rudimentos de lo que la organización defendía. Sabía que Gaur era también miembro del partido, pero nunca había hecho proselitismo en su favor. Presté mucha atención a Nat aquel día, y en otras muchas ocasiones, mientras predicaba las virtudes del comunismo e intentaba convencerme de que me uniera al partido. Yo le dejaba hablar, le hacía preguntas, pero no me uní. No sentía inclinación alguna hacia ninguna organización política, y los consejos del señor Sidelsky resonaban aún en mis oídos. Además, era una persona religiosa, y la antipatía del partido hacia la religión me echaba para atrás. No obstante, le agradecí aquella mitad de su *sandwich*.

La compañía de Nat me agradaba y a menudo íbamos juntos a sitios, incluyendo una serie de conferencias y reuniones del Partido Comunista. Yo asistía fundamentalmente por curiosidad intelectual. Empezaba a

ser consciente de la historia de opresión de mi propio país, y consideraba la lucha en Sudáfrica como algo puramente racial. Pero el partido interpretaba los problemas de Sudáfrica a través del prisma de la lucha de
clases. Para ellos, se trataba de que los que lo tenían todo oprimían a los
que no tenían nada. Me resultaba un punto de vista interesante, pero no
me parecía especialmente relevante en la Sudáfrica de aquellos días. Tal
vez fuera aplicable en Alemania, Inglaterra o Rusia, pero no parecía
apropiado para el país que yo conocía. Con todo, presté oídos y aprendí.

Nat me invitó a una serie de fiestas a las que acudía una variopinta mezcla de blancos, africanos, indios y otra gente de color. Las reuniones eran or-
ganizadas por el partido y la mayoría de los asistentes eran miembros del
mismo. Recuerdo que la primera vez que asistí estaba preocupado, fundamentalmente porque pensaba que no iba correctamente vestido. En Fort
Hare nos habían enseñado a llevar corbata y chaqueta a cualquier tipo de
acto social. Aunque mi guardarropa era muy limitado, conseguí una corbata para ir a la fiesta. Una vez allí, me encontré en medio de un grupo viva-
racho y gregario de personas que no parecían prestar la más mínima atención al color. Era una de las primeras reuniones mixtas a las que jamás
había asistido y fui mucho más un observador que un participante. Sentía
una gran timidez, temía dar algún paso en falso y no me sentía capaz de
participar en las conversaciones de altos vuelos que se desarrollaban en torno a mí. Mis pensamientos parecían poco evolucionados en comparación
con el sofisticado diálogo que fluía a mi alrededor.

Aquella noche me presentaron a Michael Harmel, que, según me dijeron, tenía un *master* en Lengua Inglesa por la Universidad de Rhodes. Me
quedé impresionado con su título, pero cuando le conocí me dije a mí mismo: "¡Este tipo tiene un *master* y ni siquiera lleva corbata!". Era incapaz de
conciliar aquella discrepancia. Más adelante, Michael y yo nos hicimos
amigos y llegué a admirarle enormemente. En buena medida, porque rechazaba gran parte de las convenciones un tanto estúpidas que yo siempre
había aceptado. No sólo era un escritor brillante, estaba tan comprometido
con el comunismo que vivía exactamente igual que un africano.

10

LA VIDA EN ALEXANDRA resultaba estimulante y precaria. Su
atmósfera estaba cargada de vida, su espíritu era aventurero, su gente es-

taba llena de recursos. Aunque la zona podía jactarse de poseer algunos edificios hermosos, sería justo describirla como un arrabal, un testimonio vivo del abandono de las autoridades. Las calles estaban sucias y sin asfaltar, llenas siempre de niños hambrientos que corrían de aquí para allá medio desnudos. El aire era denso a causa del humo de los fuegos de carbón en braseros de lata y estufas. Un único grifo abastecía a varias casas. A un lado de la carretera había charcos de agua estancada y maloliente llenos de gusanos. Alexandra era conocida como "la ciudad oscura" por su absoluta carencia de electricidad. Caminar hasta casa por la noche era peligroso, ya que no había luces, y rompían el silencio chillidos, risas y disparos ocasionales. Era muy diferente de la oscuridad del Transkei, que parecía envolverle a uno en un abrazo de bienvenida.

La zona estaba increíblemente superpoblada; cada metro cuadrado estaba ocupado bien por una choza de madera o una chabola con el techo de lata. Como tan a menudo ocurre en los lugares donde la pobreza alcanza tales límites, pronto hicieron acto de presencia los peores elementos. La vida valía poco y las pistolas y los cuchillos eran los reyes de la noche. Abundaban los maleantes con navajas automáticas —conocidos como *tsotsis*—, que eran personajes prominentes. En aquellos días emulaban a las estrellas del cine americano y llevaban sombreros de fieltro de ala ancha, chaquetas cruzadas y corbatas enormes de brillantes colores. Las redadas de la policía eran algo habitual. Arrestaban rutinariamente a una gran cantidad de gente por infracciones del pase, tenencia de licor y por no haber pagado el impuesto personal. En casi cualquier esquina había *shebeens,* unos garitos ilegales que no eran más que chamizos donde se servía cerveza casera.

A pesar de los aspectos infernales de la vida en Alexandra, el lugar era también una especie de paraíso. Al ser una de las pocas áreas del país donde los africanos podían adquirir propiedades libremente y hacerse cargo de sus propios asuntos, un lugar donde la gente no tenía que aceptar la tiranía de las autoridades municipales blancas, Alexandra era una tierra prometida urbana, una prueba de que nuestra gente había roto sus vínculos con el campo convirtiéndose en habitantes permanentes de la ciudad. El gobierno, en su intento de mantener a los negros en el campo o en las minas, sostenía que los africanos eran por naturaleza un pueblo rural, mal adaptado a la vida en la ciudad. Alexandra, a pesar de sus problemas y defectos, desmentía tal aseveración. Su población, procedente de todos los grupos lingüísticos africanos, estaba perfectamente adaptada a la vida urbana y era políticamente consciente. La vida urbana tendía a limar las distinciones étnicas y tribales, y en lugar de ser xhosas, o sothos, o zulúes, o shangaanes, éramos alexandrianos. Esto creaba un espíritu de solidaridad que preocupaba enormemente a las autoridades blancas. El gobierno siempre había empleado la táctica de dividir para gobernar en lo referente a los africanos, y ésta dependía de la fuerza de las divisiones étnicas entre ellos. Pero en lugares como Alexandra las diferencias estaban desapareciendo.

Alexandra ocupa un lugar de honor en mi corazón. Fue el primer sitio en el que viví lejos de mi casa. Aunque más adelante viviría en Orlando, una pequeña sección de Soweto, durante un periodo mucho más largo que el que pasé en Alexandra, siempre he considerado Alexandra como un hogar donde no tenía casa, y a Orlando como un lugar en el que tenía casa, pero no un hogar.

Aquel primer año aprendí más acerca de la pobreza que en toda mi infancia en Qunu. Nunca tenía dinero y sobrevivía con los más escasos recursos que imaginarse pueda. El despacho de abogados me pagaba un salario de dos libras por semana, tras perdonarme generosamente la prima que los pasantes normalmente pagaban a la firma. De aquellas dos libras pagaba trece chelines y cuatro peniques al mes por mi habitación en casa de los Xhoma. El medio más barato de transporte para ir y volver de Alexandra era el "autobús para nativos" —sólo para negros— que, con un precio de una libra y diez peniques al mes, representaba una considerable merma en mis ingresos. También tenía que pagar las facturas de la Universidad de Sudáfrica para obtener el título de abogado por correspondencia. Gastaba alrededor de una libra más en alimentos. Parte de mi salario iba a parar a un elemento aún más vital, las velas, ya que sin ellas no podía estudiar. Una lámpara de queroseno estaba fuera de mi alcance y las velas me permitían leer hasta altas horas de la noche.

Inevitablemente, me era imposible llegar a fin de mes. Muchos días tuve que recorrer a pie los nueve kilómetros que había hasta la ciudad por la mañana y los nueve kilómetros de vuelta por la noche para ahorrarme el billete de autobús. A menudo pasaba días sin probar más que un bocado y sin poder cambiarme de ropa. El señor Sidelsky, que era de mi estatura, me regaló una vez uno de sus viejos trajes y, gracias a una considerable tarea de costura y remiendos, usé aquel traje a diario durante casi cinco años. Al final había más remiendos que traje.

Una tarde regresaba a Alexandra en autobús y me senté junto a un hombre que tendría mi edad. Era uno de esos jóvenes que intentaban imitar a los gánsteres bien vestidos de las películas americanas. Me di cuenta de que mi traje tocaba el borde de su chaqueta. También él lo notó y se apartó cuidadosamente para que no le manchara. Fue un gesto minúsculo, retrospectivamente cómico, pero en aquel momento doloroso.

Poco bueno se puede decir acerca de la pobreza, excepto que a menudo incuba auténticas amistades. Es fácil que la gente se comporte como amiga cuando uno es rico, pero muy pocos harán lo mismo cuando uno es pobre. Si la riqueza es un imán, la pobreza es una especie de repelente. No obstante, la pobreza a menudo hace surgir en nosotros una auténtica generosidad. Una mañana decidí caminar hasta la ciudad para ahorrar dinero y vi a una joven que había estado conmigo en Fort Hare. Se llamaba Phyllis Maseko y caminaba hacia mí por la misma acera. Me sentí avergonzado por mis ropas raídas y crucé la calle con la esperanza de que no me reconociera. Pero la oí gritar mi nombre: "¡Nelson, Nelson!". Me detuve y volví a cruzar la calle fingiendo que no la había visto hasta ese momento. Se mostró contenta de verme, pero era evidente que había percibido mi desastrado aspecto. "Nelson," me dijo, "ésta es mi dirección, 234 Orlando East. Ven a verme". Decidí no humillarme, pero un día tuve necesidad de una comida en condiciones y me dejé caer por su casa. Me dio de comer sin hacer la más mínima alusión a mi pobreza, y a partir de ese momento empecé a visitarla.

Mi casero, el señor Xhoma, no era rico, pero era una especie de filántropo. Cada domingo, durante todo el tiempo que pasé en su casa, él y su esposa me obsequiaban con una comida, y aquellos platos humeantes de cerdo y verduras eran a menudo el único alimento caliente que tomaba en toda la semana. Fuera lo que fuese lo que estuviera haciendo, jamás faltaba a casa de los Xhoma los domingos. Durante el resto de la semana me sustentaba a base de pan, y en ocasiones, las secretarias del despacho me traían algo de comida.

Yo era muy provinciano en aquellos días, y la mezcla de pobreza y zafiedad fue causa de algunos incidentes divertidos. Un día, poco después de mudarme a casa de los Xhoma, me dirigía a casa desde Johannesburgo y estaba hambriento. Tenía algo de dinero ahorrado y decidí derrocharlo en un poco de carne fresca, algo que hacía mucho tiempo que no probaba. No había ningún carnicero a la vista así que entré en una *delicatessen,* un tipo de tienda que jamás había visto hasta mi llegada a Johannesburgo. A través del cristal del mostrador vi un trozo grande y apetitoso de carne y le pedí al dependiente que me cortara una ración. Él la envolvió, me la puse debajo del brazo y me encaminé hacia casa soñando con la cena que me esperaba.

Cuando regresé a mi habitación en Alexandra llamé a una de las hijas menores de la casa principal. Tenía sólo siete años, pero era una niña

muy lista. Le dije: "¿Te importa llevarle este trozo de carne a una de tus
hermanas mayores y pedirle que me la cocine?". Noté que intentaba
ocultar una sonrisa, porque era demasiado respetuosa con sus mayores
como para echarse a reír. Un tanto irritado, le pregunté qué era lo que le
hacía gracia. Muy suavemente respondió: "Esa carne está ya cocinada". X
Le pregunté de qué estaba hablando y me contestó que había comprado
un trozo de jamón ahumado y que se comía tal cual. Esto era una novedad para mí. Antes que confesar mi absoluta ignorancia, preferí decirle
que sabía que era jamón ahumado pero que quería comerlo caliente.
Ella sabía perfectamente que no era cierto, pero me siguió la corriente.
La carne estaba realmente sabrosa.

En Alexandra retomé mi amistad con la vivaracha y jovial Ellen Nka-
binde. La había conocido en Healdtown, pero nuestra relación sólo floreció cuando me encontré con ella en Alexandra. El poco tiempo libre del
que dispuse durante aquellos meses lo pasé con Ellen. El cortejo resultaba difícil, porque siempre estábamos rodeados de gente y había pocos sitios donde ir. El único lugar donde podíamos estar solos era el exterior,
bajo el sol o las estrellas. Así pues, Ellen y yo vagábamos juntos por el
veld y las colinas que rodeaban el *township*. La mayoría de las veces nos limitábamos a caminar. En ocasiones, cuando los dos teníamos tiempo,
íbamos a comer al campo. Ellen era una swazi, y aunque las diferencias
étnicas iban desvaneciéndose en el suburbio, un íntimo amigo mío condenaba nuestra relación sobre una base puramente tribal. Yo rechazaba
categóricamente su actitud, aunque la diferencia de nuestros orígenes
planteaba ciertos problemas. A la señora Mabutho, la esposa del reverendo, no le gustaba Ellen, en gran medida porque era swazi. Un día, estando yo en casa de la familia, la señora Mabutho se levantó a abrir la puerta.
Era Ellen, que estaba buscándome. La señora Mabutho le dijo que no estaba. Un rato después la señora Mabutho me dijo: "Nelson, ha venido
una chica preguntando por ti". Y añadió: "¿Es una shangaan?". Los shangaanes son una tribu orgullosa y noble, pero, por aquel entonces, el término se empleaba de forma despectiva. Me sentí ofendido ante aquello y
contesté: "No, no es una shangaan, es una swazi". La señora Mabutho
mantenía con firmeza que sólo debía salir con chicas xhosas.

Semejantes consejos no me disuadieron. Amaba y respetaba a Ellen,
y hasta cierto punto desoír los consejos de quienes desaprobaban nuestra
relación me hacía sentir noble. La relación era una novedad para mí, y
salir con una mujer que no era una xhosa me parecía una prueba de
audacia. Yo era joven y andaba un poco perdido en la ciudad y Ellen
desempeñó no sólo el papel de pareja romántica sino el de madre, pres-

tándome su apoyo y su confianza, y dándome fuerzas y esperanza. Al cabo de unos meses Ellen se mudó y, por desgracia, perdimos el contacto.

La familia Xhoma tenía cinco hijas, todas ellas adorables, pero la más adorable de todas se llamada Didi. Didi tenía más o menos mi edad y pasaba la mayor parte de la semana trabajando como asistenta en un barrio blanco de Johannesburgo. Al principio de mudarme, la veía raras veces y sólo durante cortos periodos de tiempo, pero posteriormente, cuando llegué a conocerla, también me enamoré de ella. Didi prácticamente no me prestaba atención. En lo que sí se había fijado era en que yo sólo poseía un traje lleno de remiendos y una única camisa, y que mi aspecto no difería mucho del de un vagabundo cualquiera.

Todos los fines de semana, Didi volvía a Alexandra. La traía a casa un hombre joven que yo suponía debía ser su novio. Era un individuo ostentoso y con posibles que tenía un coche, algo que era muy poco frecuente. Vestía trajes caros americanos de chaqueta cruzada y sombreros de ala ancha, y prestaba mucha atención a su aspecto. Debía ser algún tipo de delincuente, pero no podría asegurarlo. Se quedaba en el patio, con los pulgares metidos en el chaleco adoptando una pose de manifiesta superioridad. Me saludaba educadamente, pero era obvio que no me consideraba un competidor peligroso.

Estaba ansioso de decirle a Didi que la amaba, pero temía no ser bien recibido. Yo no era exactamente un donjuán. Me mostraba torpe y dubitativo en presencia de las chicas, y no conocía ni comprendía los juegos del cortejo romántico que los demás parecían abordar sin esfuerzo alguno. Durante los fines de semana, la madre de Didi le pedía en ocasiones que me sacara un plato de comida. Didi llegaba hasta mi puerta con el plato, pero no resultaba difícil percibir que lo único que quería era cumplir con el encargo lo más rápidamente posible. A pesar de todo, hacía todo lo que estaba en mi mano por retenerla. Le pedía su opinión sobre cosas, le hacía todo tipo de preguntas. "¿A qué curso llegaste en el colegio?", le preguntaba. "A quinto", respondía. "¿Por qué lo dejaste?". Ella respondía, aburrida. Yo insistía: "Debes volver al colegio, tienes casi la misma edad que yo y no tiene nada de malo volver a estudiar a tu edad. Si no lo haces, lo lamentarás cuando seas mayor. Debes pensar seriamente en el futuro. Ahora todo parece sonreírte porque eres joven y hermosa y tienes muchos admiradores, pero necesitarás una profesión para ser independiente".

Me doy cuenta de que no son éstas las palabras más románticas jamás dirigidas por un muchacho a una joven de la que está enamorado, pero no sabía de qué otra cosa hablarle. Ella me escuchaba, pero no era difícil darse cuenta de que no le interesaba, que de hecho se sentía ligeramente superior a mí.

Quería declararme, pero no estaba dispuesto a hacerlo a menos que tuviera la seguridad de que ella respondería afirmativamente. Aunque la amaba, no quería darle la satisfacción de rechazarme. Seguí persiguiéndola, pero de un modo tímido y vacilante. En el amor, al contrario que en la política, la cautela no suele ser una virtud. Ni tenía la confianza necesaria para creer que podía tener éxito ni la seguridad en mí mismo como para soportar el fracaso.

Permanecí en aquella casa alrededor de un año y, finalmente, no exterioricé para nada mis sentimientos. Didi no había perdido interés en su novio ni había mostrado ninguno por mí. Me despedí agradeciéndole su amistad y la hospitalidad de la familia. No volví a ver a Didi hasta pasados algunos años. Un día, mucho después, cuando ejercía como abogado en Johannesburgo, una mujer joven y su madre entraron en mi despacho. La mujer había tenido un hijo y su novio no quería casarse con ella. Quería denunciarle ante los tribunales. Aquella joven era Didi, pero ahora tenía un aspecto demacrado y llevaba un vestido descolorido. Me afligió verla, y pensé que todo podía haber sido diferente. Al final no denunció a su novio y jamás volví a tener noticias de ella

A pesar de mi deficiente formación en el terreno romántico me fui adaptando gradualmente a la vida en los suburbios. Empecé a desarrollar un sentimiento de fortaleza interior y de fe en mi capacidad para valerme por mí mismo lejos del mundo en el que había crecido. Lentamente, descubrí que no tenía por qué depender de mis relaciones con la realeza ni del apoyo de la familia para seguir avanzando, y forjé relaciones con personas que ni conocían ni les importaba mi vinculación con la casa real thembu. Tenía mi propia casa, por humilde que fuera, y empezaba a desarrollar la confianza y seguridad que necesitaba para seguir adelante yo solo.

A finales de 1941 me llegó la noticia de que el regente estaba de visita en Johannesburgo y quería verme. Me sentí nervioso, pero sabía que era mi obligación verle, y de hecho deseaba hacerlo. Se alojaba en el complejo de la WNLA, el cuartel general de la Witwatersrand Native Labor Association, la agencia responsable de la contratación de mineros para el Reef.

El regente estaba muy cambiado, o tal vez fuera yo quien había cambiado. No mencionó ni una sola vez el hecho de que hubiera huido, no habló de Fort Hare o del matrimonio que había dispuesto y que jamás se celebraría. Se mostró cortés y solícito, y me interrogó paternalmente acerca de mis estudios y mis planes para el futuro. Reconoció que mi vida acababa de comenzar y que seguiría un camino diferente al que él había previsto y planeado. No intentó disuadirme de mi elección, y le agradecí aquel reconocimiento implícito de que ya no estaba a su cargo.

Mi encuentro con el regente tuvo un doble efecto. Había sido rehabilitado y al mismo tiempo había recobrado mi aprecio por él y por la casa real thembu. Durante un tiempo había sentido indiferencia hacia mis antiguos contactos. Se trataba de una actitud que había adoptado, en parte, para justificar mi huida, aliviando así en alguna medida el dolor que me había producido el separarme de un mundo que amaba y valoraba. Fue muy reconfortante encontrarme de nuevo entre los cálidos brazos del regente.

Si bien él pareció quedar satisfecho conmigo, estaba muy irritado con Justice, quien, según él, debía regresar a Mqhekezweni. Justice estaba enredado con una joven y yo sabía que no tenía la menor intención de volver a casa. Tras la partida del regente, Bangindawo, uno de los jefes de su corte, inició un proceso contra Justice. Yo acepté ayudar a Justice cuando fuera convocado ante el comisionado del Departamento de Asuntos Nativos. Durante la audiencia señalé que Justice era un adulto y no estaba obligado a regresar a Mqhekezweni simplemente porque su padre lo ordenara. Cuando Bangindawo tomó la palabra, no intentó dar respuesta a mis razonamientos, sino que jugó con mis propias lealtades. Se dirigió a mí llamandome Madiba, mi nombre de clan, algo bien calculado para recordarme mi herencia thembu. "Madiba, el regente se ha ocupado de ti, te ha educado y te ha tratado como a su propio hijo. Ahora deseas mantener a su verdadero hijo alejado de él. Eso es contrario a los deseos del hombre que ha sido tu fiel guardián, y contrario al camino trazado para Justice".

Las palabras de Bangindawo me produjeron un gran efecto. Justice tenía en verdad un destino muy diferente al mío. Era hijo de un jefe, y futuro jefe por derecho propio. Tras la audiencia, le dije a Justice que había cambiado de opinión y que creía que debía regresar. Justice se quedó estupefacto por mi reacción y se negó a escucharme. Decidió quedarse, y debió contarle a su novia cuáles habían sido mis consejos, ya que jamás volvió a hablarme.

A comienzos de 1942 me mudé de la habitación en casa de los Xhoma al complejo de la WNLA. Así ahorraba dinero y estaba más cerca del centro de Johannesburgo. Disfruté de la ayuda del señor Festile, el *induna* de la Cámara de Minería, que una vez más desempeñaba un papel importante en mi vida. Por propia iniciativa, había decidido ofrecerme alojamiento gratis en el complejo minero.

El complejo de la WNLA era una comunidad multiétnica y políglota representativa de la Sudáfrica urbana moderna. Había sothos, tswanas, vendas, zulúes, pedis, shangaanes, namibios, mozambiqueños, swazis y xhosas. Pocos hablaban inglés, y la *lingua franca* era una amalgama de lenguas conocida con el nombre de *fanagalo*. Allí fui testigo de explosiones de animosidad étnica, pero también de muestras de cortesía y compañerismo entre hombres de diversas procedencias. Con todo, me encontraba allí como pez fuera del agua. En lugar de pasar los días bajo tierra estudiaba o trabajaba en un despacho de abogados donde la única actividad física consistía en hacer recados o guardar papeles en un archivador.

Gracias a que la WNLA era una estación de paso para los jefes que venían de visita tuve el privilegio de conocer a líderes tribales de toda Sudáfrica. Recuerdo que en una ocasión conocí a la reina regente de Basutolandia, hoy Lesotho, Mantsebo Moshweshwe. Iba acompañada de dos caudillos, que conocían al padre de Sabata, Jongilizwe. Les hice preguntas acerca de Jongilizwe y durante una hora me sentí de vuelta en Thembulandia mientras me contaban pintorescas anécdotas de sus años jóvenes.

La reina me dedicó especial atención, y en un determinado momento me habló directamente, pero lo hizo en sesotho, idioma del que sólo conocía unas pocas palabras. El sesotho es la lengua del pueblo sotho, así como la de los tswanas, gran número de los cuales vive en el Transvaal y el Estado Libre de Orange. Me miró con incredulidad y después se dirigió a mí en inglés: "¿Qué clase de abogado y líder será usted si no sabe hablar el lenguaje de su propio pueblo?". La pregunta me azoró y me hizo poner los pies en la tierra. Fui consciente de mi papanatismo y descubrí hasta qué punto estaba poco preparado para servir a mi pueblo. Había sucumbido a las divisiones étnicas potenciadas por el gobierno blanco y no sabía cómo hablar a mi propia gente. Sin el lenguaje no es posible comunicarse con la gente ni comprenderla; no es posible entender sus esperanzas y aspiraciones, conocer su historia, apreciar su poesía o saborear sus canciones. Una vez más, comprendí que no éramos pueblos diferentes con distintas lenguas, éramos un único pueblo con lenguas diferentes.

Menos de seis meses después de la visita del regente, Justice y yo recibimos noticias de su muerte en el invierno de 1942. En su última visita le había visto cansado, por lo que su muerte no fue una gran sorpresa. Nos enteramos de ella por los periódicos, ya que el telegrama enviado a

Justice se había perdido por el camino. Nos apresuramos a volver al Transkei adonde llegamos al día siguiente del funeral del regente.

Me sentí decepcionado por no haber podido asistir al entierro. En el fondo me sentía reconfortado por haberme reconciliado con él antes de su muerte. Pero aquello no me libró de sentirme culpable. Siempre supe, incluso cuando estuve distanciado del regente, que todos mis amigos podían fallarme, que todos mis planes podían venirse abajo, que todas mis esperanzas podían fracasar, pero que el regente jamás me abandonaría. Y a pesar de todo, le había desdeñado. Me preguntaba si mi deserción habría servido para acortar su vida.

La muerte del regente eliminó del escenario a un hombre tolerante e ilustrado, que alcanzó la meta que caracteriza el reinado de todos los grandes líderes: mantener unido a su pueblo. Los liberales y los conservadores, los tradicionalistas y los reformadores, los funcionarios y los mineros, todos le fueron leales. No porque siempre estuvieran de acuerdo con él, sino porque escuchaba y respetaba todas las opiniones.

Pasé casi una semana en Mqhekezweni tras el funeral. Fue un periodo de introspección y redescubrimiento. No hay nada como regresar a un lugar que permanece inalterado para descubrir de qué modo ha cambiado uno. El Gran Lugar seguía como antes, igual que durante el tiempo que había vivido en él. Pero era consciente de que mi perspectiva y mi visión del mundo habían evolucionado. Ya no me atraía una carrera como funcionario, ni ser intérprete en el Departamento de Asuntos Nativos. Ya no consideraba que mi futuro estuviese vinculado a Thembulandia y al Transkei. Incluso me comentaron que mi xhosa ya no era puro y que mostraba la influencia del zulú, una de las lenguas dominantes en el Reef. Mi vida en Johannesburgo, mi contacto con hombres como Gaur Radebe, mis experiencias en el despacho de abogados, habían alterado radicalmente mis convicciones. Mirando atrás veía a aquel joven ingenuo y provinciano que había salido de Mqhekezweni sabiendo tan poco del mundo. Entonces creía que veía las cosas tal como eran. Por supuesto, también aquello era una ilusión.

Seguía percibiendo un conflicto interior entre mi corazón y mi cerebro. El corazón me decía que era un thembu, que había sido criado y enviado al colegio para que pudiera desempeñar un papel especial en la perpetuación del trono. ¿Acaso no tenía yo obligaciones para con los muertos? Para con mi padre, que me había puesto a cargo del regente; para con el propio regente, que me había cuidado como un padre. Pero el cerebro me decía que todo hombre tenía derecho a planear su futuro según sus propios deseos y a decidir el papel que quería desempeñar en la vida. ¿Acaso no tenía derecho a elegir por mí mismo?

Las circunstancias de Justice eran diferentes a las mías. Tras la muerte del regente se encontró asediado por nuevas e importantes responsabilidades. Iba a sucederle como jefe y había tomado la decisión de permanecer en Mqhekezweni y aceptar su herencia. Yo tenía que regresar a Johannesburgo y ni siquiera pude quedarme a su coronación. En mi lengua existe un dicho: *"Ndiwelimilambo enamagama"*. (He cruzado ríos importantes). Significa que uno ha viajado enormes distancias, que tiene gran experiencia y que ha obtenido algo de sabiduría gracias a ella. Pensé en esto mientras regresaba solo a Johannesburgo. Desde 1934 había cruzado muchos ríos importantes en mi propia tierra: el Mbashe y el Gran Kei, de camino a Healdtown; el Orange y el Vaal, de camino a Johannesburgo. Pero aún me quedaban muchos ríos por cruzar.

Cuando acababa el año 1942 pasé el examen final de graduación. Había alcanzado el rango que tan encumbrado me había parecido antaño. Me sentía orgulloso de haberlo logrado, pero también sabía que el título en sí no era ni un talismán ni un pasaporte hacia el éxito fácil.

En el despacho, muy para la exasperación del señor Sidelsky, había intimado bastante con Gaur. La educación, razonaba Gaur, era esencial para nuestro progreso, pero señalaba que ningún pueblo o nación había conseguido liberarse nunca sólo con la educación. "La educación está muy bien", decía, "pero si dependemos sólo de ella tendremos que esperar mil años para ser libres. Somos pobres, tenemos pocos maestros y aún menos escuelas. Ni siquiera tenemos poder para educarnos a nosotros mismos".

Gaur era partidario de encontrar soluciones en lugar de pasar el tiempo teorizando. Aseguraba que para los africanos el motor del cambio era el CNA. Su política era el mejor camino para luchar por el poder en Sudáfrica. Hacía hincapié en la larga historia de defensa del cambio por parte del CNA, señalando que era la organización nacional africana más antigua del país, fundada en 1912. Su constitución denunciaba el racismo, sus presidentes habían pertenecido a diferentes grupos tribales y predicaba como objetivo que los africanos fueran ciudadanos de pleno derecho en Sudáfrica. A pesar de su falta de educación formal, Gaur era superior a mí en prácticamente todas las esferas del conocimiento. Durante los descansos para comer, a menudo me dirigía discursos improvisados; me prestaba libros para leer, me recomendaba a personas con las que hablar, reuniones a las que asistir. Había hecho dos cursos de Historia Moderna en Fort Hare y, aunque conocía muchos datos, Gaur también era capaz de explicar las causas de determinados acontecimientos, las razones por las que los hombres y las naciones habían actuado como lo habían hecho. Sentía que estaba reaprendiendo la historia.

Lo que más honda impresión me produjo fue el compromiso total de Gaur con la lucha por la libertad. Vivía y respiraba la búsqueda de la liberación. En ocasiones asistía a varias reuniones en el mismo día, en las que figuraba en lugar destacado como orador. Parecía pensar únicamente en la revolución.

Acompañé a Gaur a sesiones, tanto del Consejo Asesor de los barrios negros como del CNA. Asistía como observador, no como participante, ya que no recuerdo haber hablado en ningún momento. Quería comprender las cuestiones a debate, evaluar los diferentes razonamientos, ver el calibre de las personas involucradas. Las reuniones del Consejo eran rutinarias y burocráticas, pero las del CNA eran vivaces, llenas de debates y discusiones acerca de temas como el Parlamento, la ley que imponía los salvoconductos, el precio de los alquileres, los costes del transporte público, cualquier asunto bajo el sol que afectara a los africanos.

En agosto de 1943 participé con Gaur y otras diez mil personas en una marcha de apoyo al boicot de autobuses en Alexandra. Fue una protesta en contra de la subida del precio del billete de cuatro a cinco peniques. Gaur era uno de los líderes de la movilización y tuve oportunidad de verle en acción. Aquella campaña tuvo un gran efecto sobre mí. En alguna medida, había abandonado mi papel de observador y, por primera vez, me había convertido en un participante. Descubrí que marchar con el propio pueblo resultaba alentador y estimulante, pero también me impresionó la eficacia del boicot: al cabo de nueve días, durante los cuales los autobuses circularon vacíos, la compañía volvió a poner el billete a cuatro peniques.

Gaur no era el único al que prestaba atención en el despacho. Hans Muller, un agente inmobiliario blanco que hacía negocios con el señor Sidelsky, también conversaba conmigo. Era el prototípico hombre de negocios que veía el mundo a través del prisma de la oferta y la demanda. Un día, el señor Muller señaló hacia la ventana y me dijo: "Mira ahí afuera, Nelson. ¿Ves a todos esos hombres y mujeres que recorren la calle arriba y abajo? ¿Qué es lo que persiguen? ¿Para qué trabajan tan febrilmente? Yo te lo diré: todos ellos, sin excepción, buscan fortuna y riqueza. Porque la fortuna y la riqueza equivalen a la felicidad. Es por eso por lo que debes luchar, por dinero y nada más que por dinero. Una vez que tienes suficiente dinero no necesitas nada más de esta vida".

William Smith era un mestizo, involucrado en el negocio inmobiliario africano, que pasaba a menudo por el despacho. Smith era un veterano del ICU (Sindicato de Trabajadores del Comercio y la Industria), el
primer sindicato negro de Sudáfrica, fundado por Clements Kadalie,
pero su actitud había cambiado espectacularmente desde sus comienzos.
"Nelson," decía, "he estado metido en política mucho tiempo, y lamento hasta el último minuto. Desperdicié los mejores años de mi vida en
esfuerzos fútiles al servicio de hombres vanidosos y egoístas que ponían
sus intereses por encima de los de la gente a la que fingían servir. La política, a juzgar por mi experiencia, no es más que una estafa que permite
robar el dinero a los pobres".

El señor Sidelsky no se unía a estas discusiones. Al parecer, discutir
sobre política le parecía una pérdida de tiempo casi tan grande como
participar en ella. Una y otra vez me aconsejó que dejara de lado la política. Me advirtió sobre Gaur y Walter Sisulu. Afirmaba que aquellos
hombres envenenarían mi mente. "Quieres ser abogado, ¿no es así, Nelson?", preguntaba. Yo respondía que sí. "Y querrás ser un abogado de
éxito, ¿verdad?" Una vez más contestaba que sí. "Bien, pues si te metes
en política, tu profesión sufrirá y tendrás problemas con las autoridades,
que a menudo son tus aliadas en este trabajo. Perderás a todos tus clientes, te quedarás sin dinero, destruirás tu familia y acabarás en la cárcel.
Eso es lo que ocurrirá si te metes en política".

Yo escuchaba a aquellos hombres y sopesaba cuidadosamente sus
puntos de vista. Todos los razonamientos tenían su interés. Yo empezaba ya a inclinarme hacia algún tipo de implicación política, pero no sabía cuál, ni cómo. Permanecía al margen, sin saber muy bien qué hacer.

Por lo que se refiere a mi profesión, fue Gaur el único que hizo algo
más que darme consejos. Un día, a comienzos de 1943, cuando llevaba
menos de dos años en el despacho, Gaur me llevó aparte y me dijo:
"Muchacho, mientras yo esté aquí jamás dejarás de ser un pasante,
tengas o no título". Me quedé sorprendido y le dije a Gaur que aquello no podía ser cierto, ya que él ni siquiera se estaba preparando para
ser abogado. "Eso no tiene ninguna importancia, Nelson", continuó.
"Dirán, 'tenemos a Gaur, que puede hablar como un leguleyo a los negros, ¿para qué queremos a nadie más? Gaur ya trae clientes al despacho'. Pero no te lo dirán a la cara, se limitarán a darte largas. Es importante para el futuro de nuestra lucha que llegues a ser abogado. Por
eso voy a dejar el despacho y a poner en marcha mi propia agencia inmobiliaria. Cuando me haya ido, no tendrán más remedio que utili-
zarte a ti".

Le rogué que no se fuera, pero su decisión era inamovible. En pocos días presentó su dimisión al señor Sidelsky y éste, finalmente, me admitió en la firma como había prometido. No sabría decir si la ausencia de Gaur tuvo algo que ver con ello, pero su dimisión fue un ejemplo más de su generosidad.

A comienzos de 1943, tras aprobar el examen de la UNISA, regresé a Fort Hare para mi graduación. Antes de salir hacia la universidad, decidí hacerme con un traje en condiciones. Para ello hube de pedir prestado dinero a Walter Sisulu. Tuve un traje nuevo, que me había comprado el regente, cuando fui a Fort Hare, y tendría un traje nuevo para mi vuelta. Pedí prestado el resto de los ropajes académicos a Randall Peteni, un amigo y compañero de estudios.

Mi sobrino, K. D. Matanzima, que se había graduado varios años antes, llevó en coche a la ceremonia a mi madre y a No-England, la viuda del regente. Me gratificó ver allí a mi madre, pero el hecho de que asistiera No-England me hizo sentir que el propio regente había dado su bendición al acontecimiento.

Tras la ceremonia de graduación pasé unos días con Daliwonga (el nombre de clan de K. D., que era el que empleaba con él) en su casa de Qamata. Daliwonga había elegido ya el camino del liderazgo tradicional. Estaba en la línea de sucesión para convertirse en jefe de la zona más occidental del Transkei. Mientras permanecí con él, me urgió para que volviera a Umtata tras obtener el título de abogado. "¿Por qué te quedas en Johannesburgo?" decía. "Aquí eres más necesario".

No le faltaba razón; había desde luego más profesionales africanos en el Transvaal que en el Transkei. Le dije a Daliwonga que su sugerencia era prematura, pero en el fondo de mi corazón sabía que estaba empezando a decantarme por un tipo de compromiso diferente. A través de mi amistad con Gaur y Walter comenzaba a comprender que mi deber era para con mi pueblo en su conjunto, no para con una sección o rama en especial. Sentía que todas las corrientes de mi vida me alejaban del Transkei, dirigiéndome hacia lo que parecía el centro, un lugar en el que las lealtades regionales y étnicas daban paso a un objetivo común.

La graduación en Fort Hare representó un momento de introspección y reflexión. La discrepancia entre mis antiguas presunciones y mi experiencia de primera mano ejercía una gran influencia sobre mí. Había descartado la idea de que los graduados se convertían automáticamente en líderes y de que mi conexión con la casa real thembu me garantizaba el respeto de los demás. El éxito en mi carrera y un salario adecuado no eran ya mis objetivos últimos. Me encontraba cada vez más inmerso en el mundo de la política porque no estaba satisfecho con mis viejas creencias.

En Johannesburgo me movía en círculos en los que el sentido común y la experiencia práctica eran más importantes que los títulos académicos. Incluso cuando estaba recogiendo el título comprendí que prácticamente nada de lo que había aprendido en la universidad parecía relevante en mi nuevo entorno. En la facultad, los profesores habían rehuido temas como la opresión racial, la falta de oportunidades para los africanos y la maraña de leyes y reglamentos cuyo único fin era subyugar al hombre negro. Pero en mi vida en Johannesburgo me enfrentaba a todo aquello un día sí y otro también. Nadie me había sugerido nunca un modo de erradicar los males derivados de los prejuicios raciales, y tuve que aprender de mis propios errores.

Cuando regresé a Johannesburgo a comienzos de 1943, me matriculé en la Universidad de Witwatersrand para obtener una licenciatura en Derecho, la formación académica necesaria para convertirse en abogado. La Universidad de Witwatersrand, a la que todos llaman "Wits", se encuentra en Braamfontein, al norte de Johannesburgo, y muchos la consideran la principal universidad inglesa de Sudáfrica.

Aunque trabajar en el despacho de abogados me había puesto por primera vez en contacto regular con los blancos, la universidad me permitió conocer a un grupo de blancos de mi propia edad. En Fort Hare teníamos contactos ocasionales con estudiantes blancos de la Universidad Rhodes en Grahamstown, pero en Wits asistía a clase con estudiantes blancos. Esto era algo tan novedoso para mí como para ellos, ya que era el único estudiante africano de la facultad de Derecho.

Las universidades inglesas de Sudáfrica eran grandes incubadoras de valores liberales. Es un elogio para estas instituciones que admitieran a estudiantes negros; para las universidades afrikaans, semejante cosa era impensable.

A pesar de los valores liberales de aquella universidad, jamás me sentí totalmente cómodo en ella. Ser siempre el único africano, a excepción de los que desempeñaban los trabajos más humildes; ser considerado, en el mejor de los casos, una curiosidad y en el peor un intruso, no es una experiencia reconfortante. Mi actitud era cautelosa. Conocí la generosidad y también la animosidad de otros estudiantes. Aunque acabé por descubrir un núcleo de blancos simpatizantes con la causa negra, que se convirtieron en mis amigos y, posteriormente, en mis colegas, la mayor parte de los blancos de Wits no eran ni liberales ni daltónicos. Recuerdo que un día llegué unos minutos tarde a una clase y me senté junto a Sarel Tighy, un compañero de clase que había de convertirse en miembro del Parlamento por el United Party. Aunque la clase había empezado ya y quedaban sólo unos pocos asientos vacíos, recogió ostentosamente sus cosas y se fue a otro lugar. Este tipo de conducta era la norma más que la excepción. Nadie pronunciaba la palabra *kaffir*. Su hostilidad era mucho más subrepticia, pero la sentía igual.

Nuestro profesor, el señor Hahlo, era un personaje estricto y cerebral que no toleraba una excesiva independencia por parte de sus estudiantes. Tenía un curioso punto de vista sobre la profesión en lo referente a las mujeres y los africanos: ninguno de los dos grupos, según él, estaba capacitado para la abogacía. En su opinión, la ley era una ciencia social, y las mujeres y los africanos no eran lo suficientemente disciplinados para llegar a dominar sus vericuetos. En una ocasión me dijo que no debía estar en Wits, sino estudiando para obtener el título a través de la UNISA. Aunque discrepaba con su punto de vista, no hice gran cosa para desautorizarlo. Mi rendimiento como estudiante de derecho era penoso.

En Wits conocí a alguna gente que habría de compartir conmigo los altibajos de la lucha por la liberación y sin los cuales poco habría logrado. Muchos estudiantes blancos hicieron auténticos esfuerzos por hacerme sentir bienvenido. Durante el primer trimestre en Witts conocí a Joe Slovo y a su futura esposa, Ruth First. Ya entonces, como después, Joe tenía una de las mentes más aceradas e incisivas que jamás haya conocido. Era un ferviente comunista, famoso por las animadas fiestas que organizaba. Ruth tenía una personalidad extrovertida y era una escritora de talento. Ambos eran hijos de inmigrantes judíos. Hice amistad para toda la vida con George Bizos y Bram Fischer. George, hijo de emigrantes griegos, era un hombre que combinaba una naturaleza compasiva con una penetrante inteligencia. Bram Fischer, orador en su tiempo libre, era hijo de una distinguida familia afrikáner: su abuelo había sido primer ministro de la Orange River Colony, y su padre era presidente del tribunal del Estado Libre de Orange. Aunque podría haber sido primer ministro de Sudáfrica, se convirtió en uno de los más valerosos y fervientes defensores de la lucha por la libertad que jamás haya conocido. Igualmente, me hice amigo de Tony O'Dowd, Harold Wolpe, Jules Brawde y su esposa Selma, todos ellos políticos radicales y miembros del Partido Comunista.

También intimé con una serie de estudiantes indios. Aunque en Fort Hare había un puñado de estudiantes indios, vivían en alojamientos sepa-

rados, y rara vez tuve contacto con ellos. En Wits hice amistad con Ismail
Meer, J. N. Singh, Ahmed Bhoola y Ramlal Bhoolia. El centro de esta comunidad era el apartamento de cuatro habitaciones de Ismail, en el piso
trece de Kholvad House, un edificio residencial del centro de la ciudad.
Allí estudiábamos, discutíamos e incluso bailábamos hasta altas horas de
la noche. Acabó convirtiéndose en una especie de cuartel general para los
jóvenes luchadores por la libertad. En ocasiones, dormía allí cuando se me
hacía demasiado tarde para coger el último tren a Orlando.

Brillante y serio, Ismail Meer había nacido en Natal. Mientras estaba
en la facultad de Derecho en Wits se convirtió en un miembro clave del
Congreso Indio del Transvaal. J. N. Singh era un individuo muy popular
y atractivo, que se encontraba cómodo con gente de todas las razas, y además militaba en el Partido Comunista. Un día, Ismail, J. N. y yo teníamos prisa por llegar a su piso y subimos juntos a un tranvía. A pesar de
que a los indios les estaba permitido hacerlo, no ocurría lo mismo con los
africanos. No llevábamos mucho tiempo en el vehículo cuando el conductor se dirigió a Ismail y J. N. diciéndoles en afrikaans que su "amigo *kaffir*" no podía viajar en el tranvía. Ismail y J. N. explotaron y le respondieron que ni siquiera sabía lo que significaba la palabra *kaffir*, y que era
ofensivo que me llamara así. El conductor detuvo inmediatamente el
tranvía y llamó a un policía que nos arrestó, nos llevó a comisaría y nos denunció. Se nos ordenó aparecer ante el tribunal al día siguiente. Aquella
noche, Ismail y J. N. se pusieron en contacto con Bram Fischer para que
nos defendiera. Al día siguiente, el magistrado pareció sobrecogido por
las conexiones familiares de Bram. Fuimos liberados inmediatamente y vi
de primera mano que la justicia no era ciega en absoluto.

Wits abrió un nuevo mundo ante mis ojos, un mundo de ideas y
creencias, de debates, un mundo en el que la gente se apasionaba con la
política. Me encontraba entre intelectuales blancos e indios de mi propia generación, hombres jóvenes que constituirían la vanguardia de los
movimientos políticos más importantes en los siguientes años. Descubrí por vez primera a gente de mi misma edad que estaba firmemente
comprometida en la lucha por la liberación, y dispuesta, a pesar de su
posición relativamente privilegiada, a sacrificarse por la causa de los
oprimidos.

Parte Tercera

EL NACIMIENTO DE UN LUCHADOR POR LA LIBERTAD

11

NO PUEDO PRECISAR en qué momento se produjo mi politiza-
ción, cuándo supe que dedicaría mi vida a la lucha por la liberación. Ser
negro en Sudáfrica supone estar politizado desde el momento de nacer,
lo sepa uno o no. Los niños africanos nacen en hospitales para negros, les
llevan a casa en autobuses sólo para negros, viven un barrios exclusivamente de negros y, si asisten a ella, acuden a una escuela donde únicamente hay niños negros.

Cuando un niño negro crece, sólo puede aspirar a trabajos reservados
a los negros, alquilar una casa en un suburbio para negros, viajar en trenes para negros y ser detenido en cualquier momento del día o de la noche para que enseñe su documentación. Si no puede mostrar su pase será
arrestado y encarcelado. Su vida viene determinada por las leyes y restricciones racistas que anulan su desarrollo, ahogan su potencial y des-
trozan su vida. Ésta era la realidad, y uno podía enfrentarse a ella de mil
formas distintas.

No experimenté ninguna iluminación, ninguna aparición, en ningún momento se me manifestó la verdad, pero la continua acumulación
de pequeñas ofensas, las mil indignidades y momentos olvidados, despertaron mi ira y rebeldía, y el deseo de combatir el sistema que oprimía a mi pueblo. No hubo un día concreto en el que dijera: a partir de
ahora dedicaré mis energías a la liberación de mi pueblo; simplemente
me encontré haciéndolo, y no podía actuar de otra forma.

He mencionado a mucha de la gente que tuvo influencia sobre mí,
pero, progresivamente, había caído bajo la sabia tutela de Walter Sisulu. Walter era fuerte, razonable, pragmático y tenía una gran dedicación
a la causa. Jamás perdía la cabeza en momentos de crisis; a menudo
guardaba silencio mientras los demás gritaban. Creía que el CNA era el
vehículo necesario para el cambio en Sudáfrica, y el depositario de las
esperanzas y aspiraciones de los negros. En ocasiones es posible juzgar a
las organizaciones por las personas que pertenecen a ellas, y yo sabía que
estaría orgulloso de pertenecer a cualquier organización de la que for-
mara parte Walter. Por aquel entonces, había pocas alternativas. El
CNA era el único grupo dispuesto a dar la bienvenida a cualquiera, el

único que se veía a sí mismo como un gran paraguas bajo el que podían cobijarse todos los africanos.

El cambio se percibía ya en el aire durante la década de 1940. La Carta del Atlántico, firmada en 1941 por Roosevelt y Churchill, que reafirmaba la fe en la dignidad de todo ser humano, propagó un conjunto de principios democráticos por todo el mundo. Algunos occidentales consideraban que el documento no era más que una serie de promesas vacías, pero nosotros, los que estábamos en África, no lo creíamos así. Inspirado por aquella declaración y la lucha de los aliados contra la tiranía y la opresión, el CNA dio forma a su propia Carta, la African Claims, que reclamaba la ciudadanía plena para todos los africanos, el derecho a comprar tierras y la derogación de toda legislación discriminatoria. Esperábamos que el gobierno y los sudafricanos de a pie comprendieran que los principios por los que combatían en Europa eran los mismos que los que nosotros defendíamos en nuestro país.

La casa de Walter en Orlando era una meca para los activistas y los miembros del CNA. Era un lugar acogedor y hospitalario al que yo asistía a menudo para degustar una discusión o la cocina de MaSisulu. Una noche, en 1943, conocí a Anton Lembede, doctor en Arte y licenciado en Derecho, y a A. P. Mda. En el momento en que escuché hablar a Lembede supe que estaba ante una personalidad magnética que pensaba de un modo original y a menudo sorprendente. Era uno de los pocos abogados negros de toda Sudáfrica y socio legal del venerable doctor Pixley ka Seme, uno de los fundadores del CNA.

Lembede mantenía que África era el continente del hombre negro, y que era tarea de los africanos reafirmarse y reivindicar lo que era suyo por derecho. Detestaba la idea del complejo de inferioridad de los africanos y arremetía contra lo que llamaba la adoración e idolatría hacia Occidente y sus ideas. El complejo de inferioridad, afirmaba, era el mayor obstáculo para la liberación. Señalaba que allá donde los africanos habían tenido oportunidad de hacerlo se habían mostrado capaces de desarrollarse en la misma medida que el hombre blanco, citando a héroes africanos como Marcus Garvey, W. E. B. du Bois y Haile Selassie. "El color de mi piel es hermoso", decía, "como el suelo negro de la Madre África". Creía que los negros tenían que mejorar la imagen que tenían de sí mismos para ser capaces de emprender acciones de masas con éxito. Predicaba la autosuficiencia y la autodeterminación, y llamaba a su filosofía africanismo. Todos dábamos por sentado que algún día sería el líder del CNA.

Lembede afirmaba que un nuevo espíritu estaba apoderándose de la gente, que las diferencias étnicas estaban desvaneciéndose, que los hombres y mujeres jóvenes se consideraban africanos por encima de todo, no xhosas, ndebeles o tswanas. Lembede, cuyo padre era un campesino analfabeto zulú procedente de Natal, se había formado como profesor en el Adam's College, una institución de la American Board of Missions. Había dado clases durante años en el Estado Libre de Orange, había aprendido afrikaans y había llegado a considerar el nacionalismo afrikáner como prototipo del nacionalismo africano.

Como escribió tiempo después en el periódico *Inkundla ya Bantu*, una publicación africana de Natal:

La historia de los tiempos modernos es la historia del nacionalismo. El nacionalismo ha sido puesto a prueba en luchas populares y en el fuego de la batalla, y ha resultado ser el único antídoto contra los gobiernos extranjeros y el imperialismo contemporáneo. Es por ello por lo que las grandes potencias imperialistas intentan febrilmente y con todas sus fuerzas combatir y erradicar cualquier tendencia nacionalista entre sus súbditos del extranjero. Con tal fin, se dilapidan ingentes sumas de dinero en propaganda contra el nacionalismo, que es tachado de estrecho de miras, bárbaro, inculto, diabólico, etc. Algunos súbditos del imperialismo se dejan engañar por esta propaganda convirtiéndose así en herramientas o instrumentos de éste, servicio por el que son muy alabados por la potencia imperialista y enaltecidos con epítetos como cultos, liberales, progresistas, de mentalidad abierta, etc.

Los puntos de vista de Lembede resonaban en mí. También yo había sucumbido ante el paternalismo del colonialismo británico y me había sentido atraído por la idea de que los blancos me consideraran "culto", "progresista" y "civilizado". Estaba en camino de ser absorbido por la élite negra que Gran Bretaña pretendía crear en África. Era lo que todos, desde el regente hasta el señor Sidelsky, habían querido que fuera. Pero era sólo un espejismo. Al igual que Lembede, empecé a considerar que el antídoto era el nacionalismo africano militante.

El amigo y socio de Lembede era Peter Mda, más conocido como A. P. Si bien Lembede era propenso a la imprecisión y tendía a la verborrea, Mda mostraba un gran control y exactitud en sus manifestaciones. Lembede podía llegar a perderse en la vaguedad y el misticismo; Mda era concreto y científico. El espíritu práctico de Mda era el contrapunto perfecto para el idealismo de Lembede.

Había otros hombres jóvenes que seguían las mismas líneas de pensamiento, y solíamos reunirnos para discutirlas. Además de Lembede y Mda, estaban Walter Sisulu, Oliver Tambo, el doctor Lionel Majombozi, Victor Mbobo —mi antiguo profesor de Healdtown— y William Nkomo, un estudiante de medicina que era miembro del Partido Comunista. Nos reuníamos también con Jordan Ngubane, un periodista de Natal que trabajaba en el *Inkundla* y en el *Bantu World,* el periódico africano de mayor venta; David Bopape, secretario del CNA en Transvaal y miembro del Partido Comunista, y algunos otros. Muchos pensaban, tal vez injustamente, que el CNA en su conjunto se había convertido en el reducto de una élite cansada, privilegiada y no combativa, que se preocupaba más de defender sus propios derechos que los de las masas. El consenso era que había que tomar alguna medida, y el doctor Majombozi propuso la creación de una organización juvenil (la Youth League) como mecanismo para poner en el disparadero a los líderes del CNA.

En 1943, una delegación que incluía a Lembede, Mda, Sisulu, Tambo, Nkomo y a mí mismo fue a visitar al doctor Xuma —por aquel entonces presidente del CNA— a su domicilio, un tanto ostentoso, de Sophiatown. Tenía un quirófano en casa, además de una pequeña granja. El doctor Xuma había prestado grandes servicios al CNA. Lo había sacado del letargo en que se había sumido con el doctor ka Seme, con el que la organización había perdido tamaño e importancia. Cuando asumió la presidencia, el CNA tenía diecisiete chelines y seis peniques en su tesorería, y él había hecho subir la suma a cuatro mil libras. Era admirado por los jefes tradicionales, mantenía relaciones con los ministros del gabinete y exudaba seguridad y confianza en sí mismo. Pero también tenía un aire de superioridad poco recomendable para el líder de una organización de masas. Aunque sentía devoción por el CNA, el ejercicio de la medicina era prioritario para él. Xuma presidió la era de las delegaciones, las comisiones, los telegramas y las cartas. Todo se hacía al modo inglés. La idea era que, a pesar de nuestras diferencias, todos éramos unos caballeros. Disfrutaba con los contactos que tenía en el *establishment* blanco, y no quería ponerlos en peligro con acciones políticas.

Durante la reunión le dijimos que pretendíamos organizar la Youth League y poner en marcha una campaña de movilizaciones para obtener el apoyo de las masas. Habíamos llevado con nosotros una copia del borrador de la constitución y el manifiesto. Le dijimos al doctor Xuma que el CNA estaba en peligro de quedar marginado a menos que saliera de su letargo y adoptara nuevos métodos. El doctor Xuma se sintió amenazado y se opuso violentamente a la creación de la Liga de la Juventud. Pensaba que debía ser un grupo menos organizado y que debía actuar fundamentalmente como comité de reclutamiento para el CNA. En tono paternalista, el doctor Xuma pasó a explicarnos que los africanos como grupo estaban demasiado desorganizados y eran demasiado indisciplinados para participar en una campaña de masas y que tal campaña sería insensata y peligrosa.

Poco despés de la reunión con el doctor Xuma se creó un comité provisional de la Liga de la Juventud bajo la dirección de William Nkomo. Los miembros del comité asistieron a la conferencia anual del CNA en Bloemfontein celebrada en diciembre de 1943. Allí propusieron la formación de una liga juvenil para contribuir a la captación de nuevos miembros para la organización. La propuesta fue aceptada.

La creación de hecho de la Liga de la Juventud tuvo lugar el domingo de Ramos de 1944 en el Centro Social para bantúes de la calle Eloff. Estaban presentes unos cien hombres, algunos de ellos llegados desde lugares tan lejanos como Pretoria. Era un equipo selecto, un grupo de élite, en el que muchos éramos graduados de Fort Hare. Estábamos muy lejos de ser un movimiento de masas. Lembede nos dio una conferencia sobre la historia de las naciones, haciendo un recorrido desde la antigua Grecia, pasando por la Europa medieval hasta la era de la colonización. Hizo hincapié en los logros históricos de África y los africanos, y señaló lo estúpido que era que los blancos se consideraran un pueblo elegido y una raza intrínsecamente superior.

Jordan Ngubane, A. P. Mda y William Nkomo hablaron también, realzando el emergente espíritu del nacionalismo africano. Lembede fue elegido presidente, Oliver Tambo secretario y Walter Sisulu se convirtió en tesorero. A. P. Mda, Jordan Ngubane, Lionel Majombozi, Congress Mbata, David Bopape y yo fuimos elegidos miembros del comité ejecutivo. Posteriormente se nos unieron personajes tan destacados como Godfrey Pitje, un estudiante (que luego fue maestro y finalmente abogado); Arthur Letele, Wilson Conco, Diliza Mji y Nthatho Motlana, todos ellos médicos; Dan Tloome, un sindicalista; y Joe Matthews, Duma Nokwe y Robert Sobukwe, todos ellos estudiantes. Pronto se establecieron ramificaciones en todas las provincias.

La política básica de la Liga no difería en nada de la primera constitución de 1912 del CNA. Sin embargo, nos reafirmábamos y hacíamos hincapié en aquellas propuestas originales, muchas de las cuales habían quedado arrumbadas por el camino. El nacionalismo africano era nuestro grito de batalla, y nuestro credo la creación de una nación a partir de muchas tribus, el derrocamiento de la supremacía blanca y el establecimiento de una forma de gobierno genuinamente democrática. Nuestro manifiesto exponía lo siguiente: "Creemos que la liberación nacional de los africanos ha de ser obra de los propios africanos... La Liga de la Juventud del Congreso deberá ser el grupo asesor y el motor del espíritu del nacionalismo africano".

El manifiesto rechazaba radicalmente la propuesta de una administración fiduciaria, la idea de que el gobierno blanco pudiera llevar en el corazón los intereses de los africanos. Citábamos la castrante legislación antiafricana de los últimos cuarenta años, empezando por la ley de la Tierra de 1913, que privó a los africanos del ochenta y siete por ciento del territorio de su país natal; la ley de Áreas Urbanas de 1923, que creó guetos superpoblados de africanos, eufemísticamente llamados "asentamientos nativos" o *townships,* con el fin de suministrar mano de obra barata a la industria de los blancos; la ley de Restricción por el Color de 1926, que prohibía a los africanos la práctica de profesiones cualificadas; la ley de Administración de los Nativos de 1927, que convertía a la Corona británica, y no a los principales jefes tribales, en la autoridad suprema de todas las regiones africanas; y, finalmente, en 1936, la ley de Representación de los Nativos, que eliminó a los africanos del censo de votantes en El Cabo, destruyendo cualquier ilusión de que los blancos fuesen a permitir que los africanos tuvieran control sobre su destino.

Desconfiábamos mucho del comunismo. El documento afirmaba: "Podemos tomar cosas prestadas... de ideologías extranjeras, pero rechazamos la importación al por mayor de ideologías ajenas a África". Esto era un rechazo implícito del Partido Comunista, al que Lembede y otros muchos, yo mismo incluido, considerábamos una ideología "foránea" inadecuada para la situación africana. Lembede opinaba que el Partido Comunista estaba dominado por blancos, lo que minaba la confianza e iniciativa de los africanos.

Aquel día se formaron una serie de comités, pero el principal objetivo de la Liga de la Juventud era dotar de una dirección al CNA en su búsqueda de la libertad política. Aunque estaba básicamente de acuerdo con sus postulados, me producía cierta aprensión mi incorporación a la Liga y aún tenía dudas sobre el alcance de mi compromiso político. Por aquel entonces trabajaba la jornada completa y estudiaba cuando podía, por lo que tenía poco tiempo que dedicar a otras actividades. También me sentía inseguro, porque me consideraba políticamente inmaduro en comparación con Walter, Lembede y Mda. Ellos sabían lo que querían, y yo, por el momento, seguía siendo un principiante. Me faltaba confianza como orador y me intimidaba la elocuencia de muchos miembros de la Liga.

El africanismo de Lembede no era unánimemente respaldado, ya que sus ideas se caracterizaban por una exclusividad racial que preocupaba a algunos de los otros miembros. Había quien opinaba que un nacionalismo capaz de incluir a los blancos solidarios con la causa era una alternativa más deseable. Otros, entre los que me contaba, contraatacaban diciendo que si a los negros se les ofrecía una forma de lucha multirracial, seguirían deslumbrados por la cultura blanca, presos del sentimiento de inferioridad. En aquellos tiempos me oponía firmemente a la incorporación de blancos o comunistas a la Liga.

La casa de Walter era mi hogar lejos del hogar. Y lo fue de hecho durante varios meses a comienzos de los años cuarenta, cuando no disponía de otro lugar donde vivir. La casa estaba siempre llena, y parecía desarrollarse en ella una discusión política perpetua. Albertina, la esposa de Walter, era una presencia sabia y maravillosa, y un firme apoyo para el trabajo político de Walter. (En su boda, Anton Lembede le dijo: "Albertina, te has casado con un hombre que ya lo está: Walter se casó con la política mucho antes de conocerte").

Fue en el salón de los Sisulu donde conocí a Evelyn Mase, mi primera esposa. Era una mujer callada y bonita venida del campo, que no parecía sentirse especialmente intimidada por el trajín que había en casa de los Sisulu. Estaba estudiando para enfermera con Albertina y con la mujer de Peter Mda, Rose, en el Hospital General para no europeos de Johannesburgo.

Evelyn era de Engcobo, en el Transkei, a cierta distancia al oeste de Umtata. Su padre, un trabajador de las minas, había muerto cuando aún era una niña, y su madre cuando tenía doce años. Tras finalizar el colegio, Evelyn fue enviada a Johannesburgo para que continuara con la enseñanza superior. Vivía con su hermano, Sam Mase, que por aquel entonces vivía a su vez en casa de los Sisulu. MaSisulu, la madre de Walter, era hermana de la madre del padre de Evelyn. Los Sisulu trataban a Evelyn como si fuera su hija favorita y le tenían un gran cariño.

Al poco de conocernos, propuse a Evelyn que saliéramos juntos. Casi con la misma rapidez nos enamoramos. Al cabo de pocos meses le pedí que se casara conmigo y ella aceptó. Nos casamos por lo civil en una ceremonia celebrada en el juzgado municipal para nativos de Johannesburgo. No podíamos costearnos una boda o un festín tradicionales y el acto sólo requería nuestra firma y un testigo. Nuestro problema más acuciante era encontrar un lugar donde vivir. Primero fuimos a vivir con el hermano de ella en Orlando East, y posteriormente con la hermana de Evelyn a las minas de City Deep, donde el marido de su hermana, Msungli Mgudlwa, trabajaba como oficinista.

12

EN 1946 ocurrieron una serie de acontecimientos cruciales, que tuvieron gran influencia en mi desarrollo político y reorientaron la lucha. La huelga minera de 1946, en la que participaron 70.000 mineros africanos en todo el Reef, me afectó enormemente. Por iniciativa de J. B. Marks, Dan Tloome, Gaur Radebe y una serie de trabajadores activistas del CNA, se había creado, en los primeros años de la década de 1940, la AMWU (African Mine Workers Union), el sindicato de los mineros africanos. Había unos 400.000 mineros africanos en el Reef, que en su mayor parte no ganaban más de dos chelines al día. Los líderes del sindicato habían venido presionando a la Cámara de Minería con la solicitud de un salario mínimo de diez chelines al día, alojamientos familiares y dos semanas de vacaciones pagadas. La Cámara había ignorado las exigencias del sindicato.

Los mineros se pusieron en huelga y la solidaridad se mantuvo durante una semana en lo que constituyó una de las acciones más secundadas de la historia de Sudáfrica. Las represalias del estado fueron inmisericordes. Los líderes fueron detenidos, los complejos mineros rodeados por la policía y las oficinas de la AMWU saqueadas. La policía disolvió brutalmente una marcha: murieron doce mineros. El Consejo de Representación de los Nativos suspendió sus actividades como manifestación de protesta. Yo tenía una serie de conocidos que trabajaban en las minas, y durante la semana que duró la huelga les visité, discutí con ellos lo que estaba en juego y les manifesté mi apoyo.

J. B. Marks, un miembro muy antiguo del CNA y del Partido Comunista, era entonces presidente de la AMWU. Nacido en el Transvaal, de ascendencia mixta, Marks era un personaje carismático con un peculiar sentido del humor. Era un hombre alto de piel clara. Durante la huelga le acompañé ocasionalmente en su recorrido de mina en mina.

Hablaba con los trabajadores y planeaba con ellos la estrategia a seguir. A lo largo del día y de la noche exhibía una gran capacidad para el liderazgo, se mostraba frío y razonador, y su sentido del humor paliaba incluso las crisis más peliagudas. Me sentí impresionado por el grado de organización del sindicato y por su capacidad para controlar a sus miembros, incluso frente a una represión tan salvaje.

Al final prevaleció el estado: la huelga fue reprimida y el sindicato aplastado. Aquella movilización marcó el comienzo de mi estrecha relación con Marks. Le visitaba a menudo en su casa, y discutíamos largo y tendido los motivos de mi oposición al comunismo. Marks era un fiel miembro del Partido, pero jamás personalizó mis objeciones y pensaba que era natural que un hombre joven adoptara el nacionalismo, añadiendo que cuando fuera haciéndome mayor y tuviera más experiencia, mis puntos de vista serían más abiertos. Tuve esas mismas discusiones con Moses Kotane y Yusuf Dadoo, que creían, como Marks, que el comunismo debía ser adaptado a la situación en África. Otros miembros comunistas del CNA nos condenaban a mí y a los otros miembros de la Liga, pero Marks, Kotane y Dadoo nunca lo hicieron.

Tras la huelga, cincuenta y dos hombres, incluyendo a Kotane, Marks y otros muchos comunistas, fueron detenidos y procesados, primero por incitación a la huelga y, más tarde, por sedición. Fue un juicio político, un esfuerzo por parte del estado para demostrar que no estaba dispuesto a mostrarse blando ante la "amenaza roja".

Aquel mismo año, otro acontecimiento me obligó a reevaluar mi visión del trabajo político. En 1946, el gobierno de Smuts aprobó la ley de Posesión y Ejercicio de Actividades de los Asiáticos, que limitaba los movimientos de los indios, circunscribía su residencia y actividad comercial a algunas áreas y restringía gravemente su derecho a la adquisición de propiedades. A cambio, se les otorgaba representación en el Parlamento por medio de sustitutos blancos. El doctor Dadoo, presidente del Congreso Indio del Transvaal, atacó con virulencia las restricciones y rechazó la oferta de representación parlamentaria como "una oferta espúrea de supuesta representación". Esta ley, conocida como la ley del Gueto, constituyó un grave insulto para la comunidad india y fue el preludio de la ley de Áreas para los Grupos, que llegaría a limitar la libertad de todos los sudafricanos de color.

La comunidad india se sintió escandalizada y lanzó una campaña concertada de dos años de resistencia pasiva para oponerse a las medidas. Encabezada por los doctores Dadoo y G. M. Naicker, presidente del Congreso Indio de Natal, la comunidad india realizó una campaña de movilización masiva que nos impresionó por su organización y alcance. Las amas de casa, los sacerdotes, los médicos, los abogados, los comerciantes, los estudiantes y los trabajadores ocuparon sus puestos en primera línea de la protesta. Durante dos años, aquella gente dejó su vida en suspenso para entrar en batalla. Se realizaron multitudinarias asambleas y las tierras reservadas a los blancos fueron ocupadas y rodeadas con piquetes. No menos de dos mil voluntarios fueron a la cárcel, y los doctores Dadoo y Naicker fueron sentenciados a seis meses de trabajos forzados.

Las campaña estaba circunscrita a la comunidad india y no se animaba a colaborar a otros grupos. Aun así, el doctor Xuma y otros líderes africanos hablaron en varias concentraciones y, junto con la Liga Juvenil, ofrecieron todo su apoyo moral a la lucha del pueblo indio. El gobierno cercenó la rebelión por medio de duras leyes y el recurso a la intimidación. No obstante, la Liga de la Juventud y el CNA habían sido testigos de cómo el pueblo indio había realizado una extraordinaria campaña de protesta contra la opresión racial que los africanos y el CNA no habían logrado emprender siquiera. Ismael Meer y J. N. Singh abandonaron sus estudios, se despidieron de sus familias y fueron a la cárcel. Ahmed Kathrada, que era aún un estudiante de enseñanza superior, hizo otro tanto. Yo iba a menudo a comer a casa de Amina Pahad y, de repente, aquella encantadora mujer dejó a un lado su delantal y fue a la cárcel por defender sus convicciones. Si alguna vez había puesto en duda la voluntad de la comunidad india de protestar contra la opresión, ya no podía seguir haciéndolo.

La campaña de los indios se convirtió en un modelo del tipo de protesta que pedíamos los miembros de la Liga Juvenil. Infundió un espíritu desafiante y radical a la gente, puso fin al miedo a ir a la cárcel y multiplicó la popularidad e influencia del CIN y el CIT. Nos recordaron que la lucha por la libertad no era simplemente cuestión de hacer discursos, convocar reuniones, aprobar resoluciones y enviar delegaciones, sino que requería una organización meticulosa, una acción militante de las masas y, por encima de todo, estar dispuesto a sufrir y sacrificarse. La movilización de los indios traía a la memoria la campaña de resistencia pasiva de 1913, en la que Mahatma Gandhi encabezó una tumultuosa procesión de indios que cruzó ilegalmente de Natal al Transvaal. Aquello era historia; esta campaña estaba teniendo lugar ante mis propios ojos.

A comienzos de 1946, Evelyn y yo nos mudamos a una casa de dos habitaciones en Orlando East, y de ahí a una casa ligeramente más grande en el 8115 de Orlando West. Era un área polvorienta y espartana, cubierta de viviendas como cajas de zapatos de propiedad municipal, que acabaría convirtiéndose en parte del Gran Soweto, acrónimo de South-Western Townships, los asentamientos africanos del Sudoeste. Nuestra casa estaba en una zona llamada humorísticamente Westcliff por sus habitantes, nombre del lujoso barrio para blancos que había al Norte.

El alquiler de nuestro nuevo hogar era de diecisiete chelines y seis peniques al mes. La casa en sí era idéntica a cientos de otras construidas en solares del tamaño de un sello de correos con calles de tierra. Todas tenían el mismo techo de lata, el mismo suelo de cemento, una angosta cocina y un retrete con un cubo en la parte trasera. Aunque había farolas en el exterior, empleábamos lámparas de queroseno dentro de las casas, ya que éstas no tenían aún electricidad. El dormitorio era tan pequeño que una cama de matrimonio ocupaba prácticamente todo el espacio. Aquellas casas eran construidas por las autoridades municipales para los trabajadores que necesitaban vivir cerca de la ciudad. Para aliviar la monotonía, algunos plantaban pequeños huertos o pintaban sus puertas con colores brillantes. Era todo lo contrario de una casa lujosa, pero era el primer hogar propio que tenía, y estaba muy orgulloso de él. Un hombre no es un hombre hasta que no tiene casa propia. No sabía entonces que sería la única residencia propia que tendría en muchos, muchos años.

El estado nos había asignado la casa a Evelyn y a mí porque no éramos ya dos, sino tres. Aquel año nació nuestro primer hijo, Madiba Thembekile. Le pusimos mi nombre de clan, Madiba, pero era conocido por el apelativo de Thembi. Era un pequeño fuerte y alegre que, según muchos, se parecía más a su madre que a su padre. Tenía ya un heredero, aunque había bien poco que pudiera heredar. No obstante, había perpetuado el nombre de Mandela y el clan Madiba, una de las responsabilidades básicas del varón xhosa.

Por fin tenía una base estable, y pasé de ser huésped en las casas de otros a tener huéspedes en la mía. Mi hermana Leabie se unió a nosotros y la llevé al otro lado de las vías del ferrocarril para matricularla en la Escuela Secundaria de Orlando. En mi cultura, todos los que integran una familia tienen derecho a pedir la hospitalidad de cualquier miembro de la misma. La combinación de mi enorme familia y mi nueva casa tenía como resultado un gran número de huéspedes.

Yo disfrutaba mucho de la vida doméstica, aunque tenía poco tiempo para ella. Me encantaba jugar con Thembi, bañarle, darle de comer y meterle en la cama a dormir con algún cuento. De hecho, me encanta jugar y charlar con los niños; es una de las cosas que mejor me hacen sentir. Me gustaba relajarme en casa, leer tranquilamente, aspirar los dulces y sabrosos aromas que emanaban de las cazuelas que hervían en la cocina. Pero rara vez estaba en casa para disfrutar de tales placeres.

A finales de aquel año vino a vivir con nosotros el reverendo Michael Scott. Scott era un clérigo anglicano y un gran luchador por los derechos de los africanos. Le había abordado un hombre llamado Komo, que representaba a los habitantes de un asentamiento ilegal a las afueras de Johannesburgo que el gobierno quería realojar. Komo quería que Scott protestara contra la medida. Scott le dijo: "Si queréis que os ayude, tendré que ser uno de vosotros", y se mudó al campamento, iniciando una congregación en él. La ciudad de chabolas de Scott para los sin hogar fue construida cerca de un promontorio rocoso y los habitantes la bautizaron con el nombre de Tobruk, en honor a la batalla librada en la campaña del norte de África durante la guerra. Era un lugar al que a veces llevaba a Thembi los domingos por la mañana, ya que le gustaba jugar al escondite entre las rocas. Una vez que Scott hubo establecido su congregación, descubrió que Komo estaba malversando el dinero de la gente que contribuía a la lucha contra el realojo. Cuando Scott hizo frente a Komo, éste le echó del campamento chabolista y le amenazó de muerte.

Scott se refugió en nuestra casa de Orlando y trajo consigo a un sacerdote africano llamado Dlamini, que tenía esposa e hijos. Nuestra casa era diminuta, y Scott dormía en el cuarto de estar, Dlamini y su esposa en otra habitación y todos los niños en la cocina. El reverendo Scott era un hombre modesto y discreto, pero Dlamini era difícil de soportar. A la hora de comer se quejaba de la comida. "Miren", decía, "esta carne está muy seca y dura, no está bien cocinada. No estoy habituado a comer así". Scott se mostraba escandalizado por sus palabras y le reconvenía, pero Dlamini no le prestaba la menor atención. La noche siguiente podía decir: "Bueno, esto está un poco mejor que lo de ayer, pero dista mucho de estar bien preparado. Mandela, su esposa no sabe cocinar".

Dlamini fue la causa indirecta de que se resolviera la situación, ya que yo estaba tan impaciente por librarme de él que fui al asentamiento ilegal y expliqué a sus habitantes que Scott era un verdadero amigo, al contrario que Komo, y que debían elegir entre los dos. Entonces celebraron unas elecciones que ganó Scott, con lo que éste volvió al campamento, llevándose consigo al padre Dlamini.

A comienzos de 1947 completé el periodo exigido de tres años de pasante, y mi estancia en el despacho de Witkin, Sidelsky y Eidelman llegó a su fin. Decidí dedicarme por completo a los estudios para obtener mi licenciatura con el fin de poder ejercer la abogacía. La pérdida de las ocho libras, diez chelines y un penique que ganaba allí al mes resultó devastadora. Solicité un préstamo de doscientas cincuenta libras esterlinas al Fondo de Bienestar Bantú por medio del Instituto Sudafricano de Relaciones Raciales de Johannesburgo para ayudarme a financiar mis estudios, incluyendo las tasas académicas, los libros de texto y una pequeña mensualidad. Sólo me concedieron un préstamo de ciento cincuenta libras.

Tres meses más tarde volví a escribirles, indicándoles que mi esposa estaba a punto de causar baja por maternidad y que perderíamos su salario de diecisiete libras a la semana, que era absolutamente necesario para nuestra supervivencia. Recibí el dinero adicional, cosa que agradecí, pero las circunstancias que lo hicieron posible fueron infaustas. El nacimiento de nuestra hija Makaziwe no fue difícil, pero era una niña delicada y enfermiza. Desde el principio temimos lo peor. Evelyn y yo pasamos muchas noches haciendo turnos para cuidar de ella. No sabíamos el nombre de lo que estaba consumiendo a la pequeña y los médicos no eran capaces de descifrar la naturaleza del problema. Evelyn vigilaba a la niña combinando la fuerza inagotable de una madre con la eficiencia profesional de una enfermera. Cuando tenía nueve meses de edad, Makaziwe pasó a mejor vida. Evelyn quedó muy afectada, y lo único que me ayudó a sobrellevar mi dolor fueron mis intentos por aliviar el suyo.

En la política, por mucho que uno planifique las cosas, a menudo se ve arrastrado por los acontecimientos. En julio de 1947, durante una discusión informal con Lembede sobre asuntos de la Liga, éste se quejó de un repentino dolor en el estómago y de escalofríos. Cuando el dolor empeoró, le condujimos hasta el Hospital Coronation, y aquella misma noche moría a los treinta y tres años de edad. Muchos quedaron profundamente afectados por su muerte. Walter Sisulu parecía casi postrado por el dolor. Su muerte fue un desastre para el movimiento, ya que Lembede era un manantial de ideas y atraía a otros hacia la organización.

El puesto de Lembede fue ocupado por Peter Mda, cuyo enfoque analítico, su capacidad de expresarse clara y sencillamente y su experiencia táctica le convertían en un político excelente y en un destacado líder de la Liga de la Juventud. Mda era un hombre enjuto; no tenía ni un gramo de grasa, del mismo modo que no empleaba ni una palabra de más. En lo que se refiere a su amplitud de miras y su tolerancia hacia los diferentes puntos de vista, su pensamiento era más maduro que el de su antecesor en el cargo. Fue necesario el liderazgo de Mda para llevar adelante la causa de Lembede.

Mda creía que la Liga debía funcionar como un grupo de presión interno, un ala nacionalista militante en el seno del CNA, capaz de impulsar a la organización hacia una nueva era. Por aquel entonces el CNA no tenía ni un solo liberado, estaba mal organizado en general, y funcionaba de un modo un tanto chapucero. (Posteriormente, Walter se convirtió en el primer y único miembro liberado del personal del CNA, con un salario de miseria).

Mda no tardó en establecer una rama de la Liga en Fort Hare bajo la guía de Z. K. Matthews y Godfrey Pitje, un profesor de antropología. Reclutaron alumnos destacados, incorporando al movimiento sangre e ideas nuevas. Entre los más sobresalientes estaba el brillante hijo de Matthews, Joe, y Robert Sobukwe, un orador deslumbrante y un pensador incisivo.

Mda era más moderado en su nacionalismo que Lembede, y su pensamiento carecía del tinte racial que caracterizaba al de Lembede. Detestaba la opresión y dominación de los blancos, no a los blancos por sí mismos. También era menos extremista que Lembede —y que yo— en su oposición al Partido Comunista. Yo me encontraba entre los miembros de la Liga de la Juventud que desconfiaban de la izquierda blanca. Aunque había hecho amistades con muchos comunistas blancos, desconfiaba de la influencia blanca en el CNA y me oponía a las campañas conjuntas con el partido. Me preocupaba que los comunistas intentaran apoderarse de nuestro movimiento bajo la excusa de una acción conjunta. Creía que lo que podía liberarnos era el nacionalismo africano puro, no el marxismo o un movimiento multirracial. Junto con unos cuantos colegas de la Liga llegué incluso a boicotear reuniones del partido subiendo violentamente al estrado, arrancando carteles y apoderándome del micrófono. En la conferencia nacional del CNA en diciembre, la Liga introdujo una moción exigiendo la expulsión de todos los miembros del Partido Comunista, pero sufrimos una espectacular derrota. A pesar de la influencia que sobre mí tuvo la campaña de resistencia pasiva de la comunidad india en 1946, sentía hacia los indios lo mismo que sentía hacia los comunistas: que tenderían a dominar el CNA, en parte debido a su superior educación y experiencia.

En 1947 fui elegido miembro del Comité Ejecutivo del CNA del Transvaal, y serví bajo las órdenes de C. S. Ramohanoe, presidente de la rama regional. Éste fue mi primer cargo en el CNA, y representó un hito en mi compromiso para con la organización. Hasta aquel momento los sacrificios que había hecho no habían ido mucho más allá de ausentarme de casa los fines de semana y regresar tarde el resto de los días. No me había visto directamente involucrado en ninguna campaña de importancia, y aún no comprendía los riesgos y las incalculables dificultades de la vida de un luchador por la libertad. Me había limitado a dejarme llevar sin pagar precio alguno por mi compromiso. Desde el momento en que fui elegido miembro del Comité Ejecutivo de la región del Transvaal empecé a identificarme con el Congreso en su conjunto, con sus esperanzas y desalientos, sus éxitos y sus fracasos; quedé vinculado a él en cuerpo y alma.

Ramohanoe fue otra persona de la que aprendí mucho. Era un nacionalista irreductible y un hábil organizador capaz de equilibrar puntos de vista divergentes y lograr acuerdos aceptables para todos. Aunque Ramohanoe no tenía simpatías por los comunistas, trabajaba bien con ellos. Creía que el CNA era una organización nacional que debía dar la bienvenida en su seno a todo aquel que apoyara nuestra causa.

En 1947, en la estela de la campaña india de resistencia pasiva, los doctores Xuma, Dadoo y Naicker, presidentes del CNA, el Congreso Indio del Transvaal y el Congreso Indio de Natal, respectivamente, firmaron el llamado Pacto de los Doctores, por el que acordaban unir fuerzas contra un enemigo común. Fue un paso significativo hacia la unificación de los movimientos indio y africano. En lugar de crear un organismo político centralizado para dirigir los diversos movimientos, acordaron cooperar en cuestiones que afectaran al interés común. Posteriormente se les unió la APO, Organización del Pueblo Africano, una organización de mestizos.

Pero semejante acuerdo era, en el mejor de los casos una tentativa de unión, ya que cada grupo se enfrentaba a problemas específicos. El sistema de pases, por ejemplo, no afectaba prácticamente ni a los indios ni a los mestizos. La ley del Gueto, el detonante de las protestas de los indios, casi no atañía a los africanos. Los grupos de mestizos de la época estaban más interesados en su clasificación racial y su acceso a determinados puestos de trabajo que en cualquier otra cosa. Estas cuestiones no preocupaban en la misma medida a los africanos y a los indios.

El Pacto de los Doctores sentó las bases de la futura cooperación entre los africanos, los indios y los mestizos, ya que respetaba la independencia de cada grupo, pero reconocía que actuando coordinadamente podían mejorarse los resultados de la lucha. El pacto impulsó una serie de campañas antirracistas contra el gobierno en todo el país, que pretendían unir a los africanos y a los indios en la lucha por la libertad. La movilización inicial fue la Primera Asamblea de los Pueblos del Transvaal y del Estado Libre de Orange en favor del derecho al sufragio universal, una campaña que pretendía extender el derecho de representación a todos los sudafricanos negros. El doctor Xuma anunció la participación del CNA en una conferencia de prensa que yo presidiría. En aquel momento creíamos que la campaña estaría a cargo del CNA, pero cuando nos enteramos de que no iba a ser así, el Comité Ejecutivo del Transvaal decidió que el CNA debía retirarse. Por aquel entonces, yo pensaba que el CNA sólo debía involucrarse en campañas que él mismo dirigiera. Me preocupaba más quién se apuntaría el tanto que el posible éxito de la empresa.

No obstante, a pesar de nuestra retirada, Ramohanoe, el presidente del CNA de la región del Transvaal, emitió un comunicado de prensa llamando a los africanos de la provincia a tomar parte en la campaña en favor del sufragio universal, contraviniendo la decisión del Comité Ejecutivo del Transvaal. Era un acto de desobediencia que la ejecutiva no podía tolerar. En la reunión convocada para debatir el problema me pidieron que pusiera en marcha una moción de censura contra Ramohanoe por desobediencia. Me enfrenté a un grave conflicto entre mi lealtad personal y mi deber, entre mis obligaciones para con la organización y mi amistad hacia él. Sabía bien que si procedía contra mi amigo estaría condenando la actitud de un hombre cuya integridad y devoción a la causa nunca había cuestionado, un hombre cuyo sacrificio en la lucha por la liberación había sido mayor que el mío propio. Sabía que la movilización que solicitaba era, de hecho, una causa noble: en su opinión, los africanos debían ayudar a sus hermanos indios.

Sin embargo, la desobediencia de Ramohanoe era realmente grave. Aunque una organización como el CNA está formada por individuos, el todo es mayor que cada una de sus partes, y la lealtad a la organización debe anteponerse a la lealtad a un individuo. Estuve de acuerdo en liderar el ataque y presenté una moción de condena que fue secundada por Oliver Tambo. Esto provocó una conmoción en la sala y desencadenó graves enfrentamientos verbales entre quienes apoyaban a su presidente regional y los que estaban de parte del ejecutivo. La asamblea terminó en medio del caos.

13

LOS AFRICANOS no podían votar, pero eso no significaba que no nos importase quién ganara las elecciones. Las elecciones generales blancas de 1948 las perdió el partido gobernante, el United Party —liderado por el general Smuts, que estaba entonces en la cumbre de su reconocimiento internacional—, frente al National Party. Mientras que Smuts había hecho participar a Sudáfrica en la II Guerra Mundial del lado de los aliados, el National Party se negó a apoyar a Gran Bretaña e hizo pública sus simpatías por la Alemania nazi. La campaña del National Party se centró en el tema del *swart gevaar* (el peligro negro). Lucharon por la victoria electoral con dos lemas: *Die kaffer op sy plek* (El negro en su lugar) y *Die koelies uit die land* (Fuera los *coolies* del país). *Cooli* era el término despectivo con el que los afrikáners designaban a los indios.

El National Party, encabezado por el doctor Daniel Malan, un antiguo ministro de la Iglesia holandesa reformada y editor de un periódico, era un partido alentado por el odio. Este odio abarcaba a los ingleses, que les habían tratado como a inferiores durante décadas, y a los africanos, que en su opinión constituían una amenaza para su prosperidad y la pureza de la cultura afrikáner. Los africanos no sentíamos el menor aprecio por el general Smuts, pero apreciábamos aún menos al National Party.

La declaración formal de los principios políticos que alentaban el partido de Malan era conocida como *apartheid*. Era una palabra nueva, pero resumía una idea ya vieja. Significa literalmente "segregación", y representaba la codificación en un sistema opresivo de todas las leyes y normas que habían mantenido a los africanos en una posición de inferioridad respecto a los blancos durante siglos. Lo que hasta entonces había sido una realidad más o menos *de facto* iba a convertirse de manera inexorable en una realidad *de jure*. La segregación había sido a menudo implantada sin orden ni concierto a lo largo de los anteriores trescientos años. Ahora, iba a consolidarse en un sistema monolítico que era diabólico en sus detalles, implacable en sus propósitos y despiadado en su poder. El *apartheid* partía de una premisa: que los blancos eran superiores a los africanos, los indios y los mestizos. El objetivo del nuevo sistema era implantar de modo definitivo y para siempre la supremacía blanca. Tal y como lo expresaba el National Party: *"Die wit man moet altyd baas wees"* (El hombre blanco debe ser siempre el amo). Su programa incorporaba el término *baasskap* —que literalmente significa amo—, una palabra envenenada que encarnaba el significado de la supremacía blanca en toda su crueldad. La Iglesia holandesa reformada aprobaba esta política y aportó el apuntalamiento religioso del *apartheid* sugiriendo que los afrikáners eran el pueblo escogido de Dios, mientras que los negros eran una especie subordinada a ellos. En la visión del mundo que defendía el afrikáner, *apartheid* y religión marchaban codo con codo.

La victoria del National Party fue el principio del fin de la dominación de los afrikáners por los ingleses. El inglés se convertiría en una segunda lengua, y el afrikaans pasaba a ser el idioma oficial. Había un lema del National Party que resumía su misión: *"Eie volk, eie taal, eie land"*. (Nuestra gente, nuestra lengua, nuestra tierra.) La victoria del nacionalismo afrikáner fue, en su distorsionada cosmología, como el viaje de los israelitas a la Tierra Prometida. Era el compromiso de Dios hecho realidad y la justificación de su creencia de que Sudáfrica debería ser para siempre un país del hombre blanco.

Aquella victoria fue como un mazazo. Habíamos creído que el United Party del general Smuts, que había derrotado a los nazis, sin duda haría lo mismo con el National Party. El día de la votación asistía a una reunión en Johannesburgo con Oliver Tambo y algunos otros. Apenas discutimos el tema de un posible gobierno nacionalista afrikáner, porque no esperábamos que llegase a producirse. La reunión se prolongó durante toda la noche. Cuando salimos al amanecer nos encontramos con un vendedor de periódicos que ofrecía el *Rand Daily Mail:* había ganado el National Party. Me sentí aturdido y desalentado, pero Oliver adoptó una postura más inteligente. "Me alegro", afirmó. "Me alegro". Yo no alcanzaba a comprender de qué se alegraba. Él me lo aclaró: "Ahora sabemos exactamente quiénes son nuestros enemigos y dónde estamos".

Hasta el general Smuts se dio cuenta de los peligros que encerraba aquella despiadada ideología y describió el *apartheid* como "un concepto demencial, nacido del prejuicio y el miedo". A partir del momento en que el National Party ganó las elecciones, supimos que en lo sucesivo nuestra tierra se convertiría en escenario de tensiones y conflictos. Por primera vez en la historia de Sudáfrica iba a gobernar un partido exclusivamente afrikáner. En su discurso tras la victoria, Malan proclamó: "Sudáfrica nos pertenece de nuevo".

Ese mismo año, la Liga de la Juventud expuso su política en un documento redactado por Mda y hecho público por el Comité Ejecutivo. Era un llamamiento urgente a todos los jóvenes patriotas para enfrentarse a la dominación blanca. Rechazábamos la idea comunista de que los africanos eran oprimidos como clase económica antes que como raza. Añadimos que era preciso crear un poderoso movimiento de liberación nacional, bajo la enseña del nacionalismo africano y "dirigido por los propios africanos".

Exigíamos la redistribución de la tierra sobre una base justa, la abolición de las barreras impuestas por el color, que impedían a los africanos desempeñar trabajos cualificados, y defendíamos la necesidad de implantar la educación obligatoria en libertad. El documento había logrado también un equilibrio entre el tira y afloja de las dos teorías enfrentadas dentro del nacionalismo africano. La más extrema era la inspirada por Marcus Garvey, y se resumía en el lema "África para los africanos". Por otra parte, estaba el africanismo de la Liga, que admitía que Sudáfrica era un país multirracial.

Yo simpatizaba con la corriente extremista y revolucionaria del nacionalismo africano. Estaba furioso con el hombre blanco, no con el racismo. Aunque no estaba preparado para echar al mar al hombre blanco, me habría hecho tremendamente feliz que hubiese subido a sus naves y abandonado el continente por su propia voluntad.

La Liga de la Juventud se mostraba ligeramente más tolerante con los indios y los mestizos, y sostenía que los indios, como los africanos, estaban oprimidos, pero también admitía que los indios tenían un país, India, una patria a la que podían recurrir. Los mestizos también estaban oprimidos, pero, a diferencia de los indios, no tenían más patria que África. Yo estaba dispuesto a aceptar a ambos grupos si ellos aceptaban nuestra política, pero sus intereses no eran idénticos a los nuestros y me mostraba escéptico ante la posibilidad de que se decidiesen a abrazar nuestra causa.

Malan comenzó inmediatamente a implantar su programa, que tanto daño iba a hacer. Semanas después de su llegada al poder, el gobierno del National Party perdonó a Robey Leibbrandt, el traidor que en tiempo de guerra había organizado la insurrección en apoyo de la Alemania nazi. El gobierno anunció también su intención de reprimir el movimiento sindical, así como la de eliminar las ya escasas libertades de los indios, mestizos y africanos. Finalmente, la ley de Representación Segregada despojó a los votantes mestizos de su representación en el Parlamento. En 1949 se introdujo una ley que prohibía los matrimonios mixtos y, en breve plazo, se dictó la ley contra la Inmoralidad, que consideraba ilegales las relaciones sexuales entre blancos y personas de otras razas. La ley de Censo y Población clasificó a todos los sudafricanos por razas, con lo que el color se convertía en el criterio decisivo. Malan también impulsó la ley de Áreas para los Grupos —que él describía como "la auténtica esencia del *apartheid*—, que estipulaba la existencia de zonas separadas en las ciudades para cada grupo étnico. Primero, los blancos se habían apropiado de la tierra por la fuerza; a partir de ese momento afianzarían sus posesiones mediante las leyes.

Como respuesta a esta nueva amenaza del Estado, el CNA se embarcó en un proyecto diferente e histórico. En 1949, el CNA protagonizó un genuino esfuerzo para convertirse en una auténtica organización de masas. La Liga de la Juventud presentó el proyecto de un programa de acción cuya piedra angular era una campaña de movilizaciones masivas.

En la conferencia anual del CNA en Bloemfontein, la organización adoptó el Programa de la Liga, en el que se propugnaba el boicot, la huelga, la permanencia de la gente en sus casas y la resistencia pasiva, así como las manifestaciones de protesta y otras formas de acción de masas. Este planteamiento constituyó un cambio radical. Hasta entonces, el CNA había restringido sus actividades a los límites de la legalidad. Desde la Liga de la Juventud habíamos sido testigos del fracaso de los recursos legales y constitucionales a la hora de enfrentarse al problema de la opresión racial. A partir de aquel momento, la organización al completo iba a incrementar su activismo.

Estos cambios no se produjeron sin cierta disensión interna. Unas pocas semanas antes de la conferencia, Walter Sisulu, Oliver Tambo, A. P. Mda y yo mismo nos encontramos en privado con el doctor Xuma en su casa de Sophiatown. Le explicamos que creíamos que había llegado el momento de pasar a la acción dentro de la línea de protesta no violenta propugnada por Gandhi en India y seguida por la campaña de resistencia pasiva de 1946. Creíamos que el CNA se había vuelto demasiado dócil frente a la opresión. Opinábamos que los dirigentes del CNA tenían que plantearse transgredir las leyes e ir a la cárcel si era necesario para defender sus creencias, como había hecho Gandhi.

El doctor Xuma se opuso obstinadamente, esgrimiendo que semejante estrategia era prematura y que podría ofrecer al gobierno una excusa para aplastar al CNA. Dijo que esa forma de protesta podía llegar a ser eficaz en Sudáfrica, pero que en aquel momento podía ser fatal dar semejante paso. Dejó claro que él era un médico con una clientela amplia y un ejercicio próspero, y que no pensaba echarlo todo a perder yendo a prisión.

Planteamos al doctor Xuma un ultimátum: le apoyaríamos para la reelección a la presidencia del CNA si él respaldaba nuestra propuesta acerca del Programa de Acción. Si no lo hacía, no le votaríamos. El doctor Xuma se acaloró, y nos acusó de chantaje y de dictarle las condiciones en las que estaríamos dispuestos a votar por él. Nos dijo que éramos jóvenes y arrogantes y que no le tratábamos con respeto. Intentamos convencerle nuevamente sin éxito. No estaba dispuesto a apoyar nuestra propuesta.

A las once de la noche nos echó sin ceremonias de su casa y nos cerró la puerta en las narices. En Sophiatown no había farolas y era una noche sin luna. Todos los transportes públicos habían dejado de funcionar hacía tiempo y Orlando estaba a muchos kilómetros de distancia. Oliver comentó que al menos Xuma podía habernos ofrecido un medio de transporte. Walter era amigo de una familia que vivía cerca y conseguimos convencerles de que nos dejasen pasar allí la noche.

En la conferencia que se celebró el mes de diciembre sabíamos que la Liga disponía de los votos necesarios para deponer al doctor Xuma. Como candidato alternativo a la presidencia presentábamos al doctor J. S. Moroka, aunque no era nuestro candidato preferido. El hombre que queríamos como líder era el profesor Z. K. Matthews, pero Z. K. nos consideraba demasiado radicales y opinaba que nuestro plan de acción era imposible de llevar a la práctica. Nos llamó agitadores e ingenuos, y añadió que la edad nos domaría.

El doctor Moroka fue una elección traída por los pelos. Era miembro de la AAC, la Convención de Todos los Africanos, por aquel entonces dominada por elementos trotskistas. Cuando aceptó presentarse como alternativa al doctor Xuma, la Liga de la Juventud le enroló como miembro del CNA. Durante nuestros primeros contactos se refería una y otra vez al CNA llamándolo "Consejo" Nacional Africano. No sabía gran cosa acerca de la organización ni era un activista experimentado, pero era un hombre respetable y próximo a nuestro programa. Era médico, como el doctor Xuma, y uno de los hombres negros más ricos de toda Sudáfrica. Había estudiado en Edimburgo y en Viena. Su bisabuelo, que había sido jefe en el Estado Libre de Orange, había acogido a los *voortrekkers* afrikáners del siglo XIX con los brazos abiertos. Les había obsequiado con tierras y después había sido traicionado. El doctor Xuma perdió la votación, y el doctor Moroka se convirtió en presidente del CNA. Walter Sisulu fue nombrado secretario general y Oliver Tambo pasó a formar parte del Comité Ejecutivo Nacional.

El Programa de Acción aprobado en la conferencia anual llamaba a la lucha en pro de los derechos políticos mediante el boicot, la huelga, la desobediencia civil y la no cooperación. Además, proponía un día de paro general en toda la nación como protesta por las medidas racistas y reaccionarias del gobierno. Fue el adiós a los días de oposición civilizada. Muchos de los antiguos valedores del CNA desaparecerían en esta nueva era de militancia más comprometida. Los miembros de la Liga de la Juventud se habían graduado ya en la organización de los adultos. Habíamos conducido al CNA hacia un camino más radical y revolucionario.

Tuve que celebrar el triunfo de la Liga a distancia, ya que no me fue posible asistir a la conferencia. Trabajaba entonces para un nuevo despacho de abogados y no me dieron permiso para tomarme dos días y asistir a la conferencia en Bloemfontein. La firma era de tendencia liberal, pero mis jefes querían que me concentrase en mi trabajo y me olvidase de la política. Habría perdido mi trabajo si hubiese acudido, y no podía permitirme semejante lujo.

*   *   *

El espíritu de la acción de masas adquirió impulso, pero yo seguía mostrándome escéptico acerca de los resultados de cualquier acción emprendida junto con los comunistas y los indios. La Convención para la Defensa de la Libertad de Expresión, celebrada en Johannesburgo en marzo de 1950 y organizada por las ramas del CNA y el Congreso Indio del Transvaal, la APO, y el comité de distrito del Partido Comunista, reunió a diez mil personas en Market Square. Sin consultar al Comité Ejecutivo, el doctor Moroka aceptó presidir la convención. Ésta fue un éxito, pero yo no me mostré muy entusiasmado, ya que su principal impulsor había sido el partido.

A instancias del Partido Comunista y el Congreso Indio, en la convención se aprobó una resolución por la que se convocaba una huelga general de veinticuatro horas el 1 de mayo, la jornada llamada Día de la Libertad, en demanda de la abolición de las leyes sobre los salvoconductos y de toda la legislación discriminatoria. Aunque yo apoyaba estos objetivos, pensaba que los comunistas intentaban robar protagonismo al Día Nacional de Protesta propuesto por el CNA. Me opuse a la huelga de mayo aduciendo que el CNA no había sido el origen de la convocatoria, y porque opinaba que debíamos concentrarnos en nuestra propia campaña.

Ahmed Kathrada, que entonces apenas tenía veintiún años, estaba impaciente por entrar en acción, como todos los jóvenes. Era un miembro clave de las juventudes del Congreso Indio del Transvaal y se enteró de que yo me había opuesto a la llamada huelga del *May Day*. Un día, mientras caminaba por Commissioner Street me encontré con Kathrada. Se me encaró con vehemencia, insistiendo en que la Liga de la Juventud y yo no queríamos trabajar con los indios y los mestizos. En tono de desafío, me dijo: "Tú eres un líder africano y yo un joven indio, pero aun así estoy convencido de que las masas negras apoyarán la huelga. Te desafío a un mitin en el *township* que escojas, y te garantizo que la gente estará conmigo". Era una amenaza huera, pero a pesar de todo me irritó. Incluso me quejé ante una asamblea conjunta que celebraron el Comité Ejecutivo del CNA, el Congreso Indio de Sudáfrica y el Partido Comunista. Ismail Meer me serenó diciendo: "Nelson, Ahmed es joven e impetuoso. No te comportes igual que él". Como consecuencia de este comentario, me sentí un poco avergonzado por mi proceder y me disculpé. Aunque no estaba de acuerdo con Kathrada, admiraba su pasión. Aquello constituyó un incidente del que llegamos a reírnos más tarde cuando lo recordábamos.

La huelga del Día de la Libertad se llevó a cabo sin el apoyo oficial del CNA. Anticipándose a ella, el gobierno prohibió todas las reuniones y los mítines el primero de mayo. Más de dos tercios de los trabajadores africanos se quedaron en casa y no asistieron a su trabajo durante la jornada de huelga. Esa noche, Walter y yo nos sumamos en Orlando West a una serie de extremistas que, a pesar de la prohibición gubernamental, se habían reunido en el Día de la Libertad. Había una luna esplendorosa, y mientras contemplábamos la ordenada marcha de los manifestantes vimos a un grupo de policías acampados al otro lado de un arroyo a unos quinientos metros de distancia. Ellos también debieron vernos, porque de repente empezaron a disparar en nuestra dirección. Nos echamos al suelo, y allí permanecimos, mientras la policía a caballo cargaba sobre la multitud, golpeando a la gente con sus bastones. Nos refugiamos en una residencia de enfermeras que había cerca, y desde allí escuchamos cómo se estrellaban las balas contra los muros del edificio. En aquel ataque indiscriminado murieron dieciocho africanos y otros muchos resultaron heridos sin que mediase provocación alguna.

A pesar de las protestas y críticas, la respuesta del partido en el gobierno fue incrementar aún más la represión. Unas semanas más tarde, el gobierno presentó la famosa ley de Supresión del Comunismo. El CNA convocó una reunión de emergencia en Johannesburgo. El decreto declaraba fuera de la ley al Partido Comunista de Sudáfrica y consideraba un delito, susceptible de hasta diez años de prisión, pertenecer al mismo o simpatizar con él. La redacción de aquella ley era tan ambigua que condenaba prácticamente cualquier forma de protesta contra el estado. Constituía un delito propugnar cualquier doctrina que promoviese "el cambio político, industrial, social o económico dentro de la Unión mediante la agitación o la alteración del orden". En esencia, la nueva normativa permitía al gobierno ilegalizar cualquier organización, así como detener a cualquier persona opuesta a su política.

Hubo una reunión del CNA, el CISA y la APO para discutir las nuevas medidas. El doctor Dadoo, entre otros, afirmó que había que estar loco para permitir que antiguas diferencias interfiriesen en la formación de un frente unido contra el gobierno. Cuando hablé, me hice eco de sus sentimientos: estaba claro que la represión ejercida contra cualquier grupo que luchase por la libertad nos afectaba a todos los grupos comprometidos en la lucha por la liberación. En aquella sesión, Oliver pronunció unas palabras proféticas: "Hoy es el Partido Comunista. Mañana serán los sindicatos, o el Congreso Indio, o la Organización del Pueblo Africano, o el Congreso Nacional Africano".

Apoyado por el CISA y la APO, el CNA decidió convocar para el 26 de junio de 1950 un Día Nacional de Protesta contra el asesinato a manos del gobierno de dieciocho africanos en la concentración del primero de mayo, y contra la ley de Supresión del Comunismo. La propuesta fue ratificada y cerramos filas con el CISA, la APO y el PCSA como preparativo para el día de la protesta. Yo opinaba que nos enfrentábamos a una amenaza más que suficiente para convertir en una necesidad la colaboración con nuestros colegas indios y comunistas.

A principios de aquel año había sido cooptado para ocupar el puesto del doctor Xuma en el Comité Ejecutivo Nacional del CNA. Él había renunciado tras su fracaso en la reelección para presidente general. Yo no olvidaba que había sido el doctor Xuma quien había tratado de ayudarme a obtener mi primer trabajo cuando llegué a Johannesburgo diez años antes y no tenía aún la menor intención de entrar en la política. Ahora, como miembro del Comité Ejecutivo Nacional, jugaba en el equipo titular con la gente más avezada del CNA. Había pasado de ser un moscardón que rondaba en torno a la organización a ocupar uno de los puestos de poder contra los que me había estado rebelando. Me producía un sentimiento embriagador, no carente de emociones encontradas. En alguna medida, es más sencillo ser un disidente, ya que uno no tiene responsabilidades. Como miembro de la ejecutiva debía sopesar argumentos, tomar decisiones y estar dispuesto a ser criticado por los rebeldes, cosa que yo mismo había sido.

En Sudáfrica, donde un africano era reo de ofensa criminal si secundaba una huelga, y donde los derechos de libertad de expresión y movimiento habían sido despiadadamente recortados, la movilización de masas era algo peligroso. Al ir a la huelga, un africano no arriesgaba sólo su puesto de trabajo, sino todo lo que formaba parte de su vida, incluido el derecho a permanecer en su lugar de residencia. Con arreglo a mi experiencia, una huelga política es siempre más arriesgada que una económica. Una huelga basada en reivindicaciones políticas y no en reivindicaciones laborales claras, como un aumento salarial o una reducción del horario de trabajo, es una forma de protesta más peligrosa y exige una organización altamente eficaz. El Día Nacional de Protesta fue una huelga política, no económica.

Para preparar la jornada del 26 de junio, Walter viajó por todo el país para entrevistarse con los responsables locales. En su ausencia, me hice cargo de la ajetreada sede del CNA, convertida en ese momento en centro de organización de una compleja movilización a nivel nacional. Cada día aparecían varios dirigentes para comprobar que las cosas iban de acuerdo con el plan previsto: Moses Kotane, el doctor Dadoo, Diliza Mji, J. B. Marks, presidente del CNA en el Transvaal; Yusuf Cachalia y su hermano Maulvi, Gaur Radebe, secretario del Consejo de Acción; Michael Harmel, Peter Raboroko, Nthatho Motlana. Yo coordinaba las actividades en diferentes partes del país y hablaba por teléfono con los líderes regionales. Disponíamos de muy poco tiempo y el plan se había trazado precipitadamente.

El Día de Protesta, el primer intento del CNA de llevar adelante una huelga política a escala nacional, constituyó un éxito moderado. En las ciudades, la mayoría de los trabajadores se quedaron en sus casas y los negocios regentados por negros no abrieron. Gert Sibande, que más tarde sería presidente del CNA en el Transvaal, encabezó en Bethal una manifestación de cinco mil personas que mereció titulares en los principales periódicos de todo el país. La jornada de movilización elevó nuestra moral, nos hizo conscientes de nuestra fuerza y fue un aviso para el gobierno de Malan: no íbamos a permanecer impasibles ante el *apartheid*. El 26 de junio se convirtió en un día emblemático en la lucha por la liberación, y dentro del movimiento es considerado el Día de la Libertad.

Fue la primera vez que participé de modo significativo en una campaña a nivel nacional, y experimenté la satisfacción que producen el éxito en una batalla bien planificada y el sentimiento de camaradería que surge en la lucha contra un enemigo perverso y poderoso.

Empezaba a descubrir que la causa absorbía todas mis energías. Un hombre involucrado en la lucha es una persona sin vida familiar. Mi segundo hijo, Makgatho Lewanika, nació en pleno día de protesta. Me encontraba en el hospital con Evelyn cuando llegó al mundo, pero aquel fue tan sólo un breve respiro en mis actividades. Recibió su primer nombre en honor a Sefako Mapogo Makgatho, segundo presidente del CNA desde 1919 hasta 1924; y el segundo por Lewanika, un jefe de

Zambia. Makgatho, hijo de un jefe pedi, había reclutado voluntarios para desafiar la prohibición que impedía a los africanos caminar por las aceras de Pretoria. Para mí su nombre era sinónimo de valentía indomable e insumisión.

En esa época, mi mujer me comentó un día que mi hijo Thembi, que por aquel entonces tenía cinco años, le había preguntado dónde vivía papá. Volvía tarde a casa por las noches, mucho después de que él se fuera a la cama, y salía temprano por las mañanas, antes de que se despertara. No me agradaba verme privado de la compañía de mis hijos. Ya en aquellos días, mucho antes de que tuviese el menor atisbo de que pasaría décadas alejado de ellos, les echaba mucho en falta.

Por aquel entonces, tenía muy claro en contra de qué luchaba. No estaba igual de seguro de a favor de qué estaba. Mi antigua oposición al comunismo empezaba a resquebrajarse. Moses Kotane, el secretario general del partido y miembro de la ejecutiva del CNA, venía con frecuencia a mi casa a última hora de la noche y discutíamos hasta el amanecer. Autodidacta y de ideas claras, Kotane era hijo de unos campesinos del Transvaal. "Nelson", me decía, "¿qué tienes contra nosotros? Todos luchamos contra el mismo enemigo. No pretendemos controlar el CNA. Trabajamos dentro del contexto del nacionalismo africano". En última instancia, yo carecía de respuestas válidas con las que rebatir sus razonamientos.

Debido a mi amistad con Kotane, Ismail Meer y Ruth First, y a que fui testigo de su sacrificio, cada vez me resultaba más difícil justificar mis prejuicios contra el partido. En el seno del CNA había gente entregada y militante como J. B. Marks, Edwin Mofutsanyana, Dan Tloome y David Bopape, entre otros, a los que no se les podía reprochar nada como luchadores por la libertad. El doctor Dadoo, uno de los líderes de la resistencia de 1946, era un marxista muy conocido, cuyo papel como luchador por los derechos humanos le había convertido en un héroe para todos los grupos. No me era posible cuestionar —y ya no lo hacía— la buena fe de aquellos hombres y mujeres.

Si bien no negaba su dedicación, sí discutía la base filosófica y práctica del marxismo. Pero mi conocimiento del mismo era escaso y en las conversaciones políticas con mis amigos comunistas me veía limitado por mi ignorancia sobre la filosofía marxista. Decidí ponerle remedio.

Adquirí las obras completas de Marx y Engels, Lenin, Stalin, Mao Tsetung y otros e indagué acerca de la filosofía del materialismo dialéctico e histórico. La verdad es que disponía de poco tiempo para estudiar adecuadamente aquellas obras. Aunque me sentí muy estimulado por el *Manifiesto Comunista*, *El Capital* me dejó exhausto. No obstante, me sentía fuertemente atraído por la idea de una sociedad sin clases que, a mi parecer, era un concepto similar al de la cultura tradicional africana, en la que la vida es comunal y compartida. Suscribía el dictado básico de Marx, que tiene la simplicidad y generosidad de una regla de oro: "De cada cual según sus capacidades; a cada cual según sus necesidades".

El materialismo dialéctico parecía representar a la vez una luz que iluminaba la oscura noche de la opresión racial y una herramienta que podía emplearse para ponerle fin. Me ayudaba a ver la situación desde una perspectiva distinta a la de las relaciones entre blancos y negros. Si nuestra lucha había de tener éxito debía de trascender el blanco y el negro. Me resultaba atractiva la base científica del materialismo dialéctico, ya que siempre me he sentido inclinado a confiar en aquello que puedo verificar. Igualmente, encontraba acertado el análisis materialista de la economía. La idea de que el valor de las mercancías se basaba en la cantidad de trabajo empleado en producirlas parecía particularmente apropiada en el caso de Sudáfrica. La clase dominante pagaba a la mano de obra africana un salario de mera subsistencia y después añadía una plusvalía, de la que se apropiaba, al coste de las mercancías.

La incitación del marxismo a la acción revolucionaria era música para los oídos de un luchador por la libertad. Del mismo modo, la idea de que la historia progresa a través de la lucha y de que el cambio se produce en forma de saltos revolucionarios me parecía muy atractiva. En mi lectura de las obras marxistas encontré gran cantidad de información directamente relacionada con el tipo de problemas a los que se enfrenta un político en la práctica. Los marxistas prestaban gran atención a los movimientos de liberación nacional. La Unión Soviética, en particular, apoyaba la lucha por la liberación de muchos pueblos colonizados. Ésta fue otra de las razones por las que enmendé mi punto de vista sobre el comunismo y acepté la postura del CNA de dar la bienvenida a los marxistas en su seno.

Un amigo me preguntó en una ocasión cómo conseguía reconciliar mi credo nacionalista africano con el materialismo dialéctico. Para mí no existía contradicción alguna. Por encima de todo, era un nacionalista africano que luchaba por nuestra emancipación del gobierno de una minoría y por el derecho a controlar nuestro propio destino. Pero al mismo tiempo, Sudáfrica y el continente africano formaban parte del resto del mundo. Nuestros problemas, aun siendo específicos y peculiares, no eran totalmente únicos, y consideraba valiosa una filosofía que enmarcaba aquellos problemas en un contexto internacional e histórico. Estaba dispuesto a emplear cualesquiera medios fueran necesarios para acelerar la desaparición de los prejuicios humanos y el fin del nacionalismo chovinista y violento. No necesitaba convertirme en comunista para trabajar con los comunistas. Descubrí que los nacionalistas y los comunistas africanos tenían, en términos generales, muchas más cosas en común que diferencias. Los más cínicos siempre han sugerido que los comunistas nos utilizaban. Pero ¿quién puede afirmar que no éramos nosotros los que les utilizábamos a ellos?

14

AUN EN EL SUPUESTO de que hubiéramos tenido alguna esperanza depositada en el National Party antes de su llegada al gobierno, no habríamos tardado en abandonarla. Su amenaza de poner en su sitio al *kaffir* no había sido una amenaza ociosa. Aparte de la ley que propugnaba la erradicación del comunismo, en 1950 se aprobaron dos más. La ley de Censo y Población y la ley de Áreas para los Grupos constituyeron las piedras fundacionales del *apartheid*. Como ya he mencionado, la primera autorizaba al gobierno a clasificar oficialmente a todos los sudafricanos según su raza. Aunque en la práctica ya era así, la raza se convirtió *de jure* en el *sine qua non* de la sociedad sudafricana. Las pruebas arbitrarias y carentes de cualquier significado que se utilizaban para separar a los negros de los mestizos, o a éstos de los blancos, a menudo tenían como resultado casos trágicos en los que distintos miembros de una misma familia aparecían registrados en apartados diferentes según el color más o menos claro de la piel de alguno de ellos. El lugar en el que uno era autorizado a vivir y a trabajar podía depender de distinciones tan absurdas como el pelo rizado o el tamaño de los labios.

La ley de Áreas para los Grupos fue la base del *apartheid* en lo que se refiere al lugar de residencia. Según la normativa, cada grupo racial podía poseer tierras, ocupar locales y comerciar solamente en su propio territorio segregado. A partir de ese momento, los indios sólo podrían vivir en áreas para indios, los africanos en las destinadas a los negros y los mestizos en las zonas destinadas a los mestizos. Si los blancos querían las tierras o casas de los otros grupos, no tenían más que declarar la zona área blanca y apropiársela. Esta ley abrió la era de los realojamientos forzosos, en la que las comunidades y pueblos africanos instalados en las recién designadas "áreas urbanas blancas" se veían violentamente desalojados porque los propietarios blancos no querían que los africanos vivieran cerca de ellos, o simplemente porque estaban interesados en sus tierras.

En el primer lugar de la lista de realojos se encontraba Sophiatown, una bulliciosa comunidad de más de cincuenta mil personas que era uno de los asentamientos negros más antiguos de Johannesburgo. A pesar de su pobreza, Sophiatown desbordaba vitalidad y era la incubadora de buena parte de lo mejor y más valioso de la vida y la cultura africanas. Incluso antes de los primeros esfuerzos del gobierno por suprimirla, Sophiatown era una comunidad que tenía entre los africanos un valor simbólico desproporcionado dada su pequeña población.

Al año siguiente, el gobierno aprobó dos leyes más que atacaban directamente los derechos de los mestizos y los africanos. La ya citada ley de Representación Segregada pretendía transferir a los mestizos a un censo de votantes separado en El Cabo, diluyendo así los derechos de los que habían disfrutado durante más de un siglo. La segunda ley, la de Autoridades Bantúes, abolió el Consejo de Representación Nativa, el único foro de representación nacional indirecta para los africanos, reemplazándolo por un sistema jerárquico de jefes tribales nombrados por el gobierno. El objetivo era devolver el poder a los líderes étnicos tradicionales, fundamentalmente conservadores, con el fin de perpetuar las diferencias étnicas que empezaban a desvanecerse. Ambas leyes compendiaban la ética del gobierno del National Party, que fingía preservar lo que intentaba destruir. Las leyes que privaban al pueblo de sus derechos eran inevitablemente presentadas como leyes que restauraban esos mismos derechos.

La comunidad mestiza se alzó contra la ley de Representación Segregada, organizando una gigantesca manifestación en Ciudad de El Cabo en marzo de 1951. En abril se convocó una huelga que mantuvo los comercios cerrados y a los niños en casa. Fue en este contexto de activismo por parte de los indios, mestizos y africanos en el que Walter Sisulu planteó por vez primera ante un pequeño grupo de los nuestros la idea de emprender una campaña nacional de desobediencia civil. Había trazado un plan según el cual una serie de voluntarios seleccionados entre todos los grupos raciales provocarían deliberadamente su encarcelamiento desafiando ciertas leyes.

La idea me resultó inmediatamente atractiva, como a todos los demás, pero difería con Walter en lo relativo a quién debía participar. Hacía poco que me había convertido en el presidente nacional de la Liga de la Juventud, y en mi nuevo papel insté a que la campaña fuera exclusivamente africana. El africano medio, sostuve, se mostraba aún cauteloso ante las acciones conjuntas con indios y mestizos. Aunque había avanzado en lo referente a mi oposición al comunismo, todavía temía la influencia de los indios. Además, muchos de nuestros miembros de base africanos consideraban a los indios explotadores de la mano de obra negra en su función de comerciantes y mercaderes.

Walter se opuso vehementemente, diciendo que los indios, los mestizos y los africanos estaban inextricablemente vinculados. La cuestión se planteó en una reunión del Comité Ejecutivo Nacional y mi posición fue rechazada incluso por quienes eran considerados nacionalistas africanos irredentos. No obstante, persistí y volví a plantear el tema en la Conferencia Nacional de diciembre de 1951, en la que los delegados la rechazaron con el mismo énfasis que el Comité Ejecutivo. Ahora que mi punto de vista había sido rechazado al más alto nivel en el CNA, acepté la posición acordada sin reservas. Si bien mi discurso defendiendo la estrategia africanista fue acogido con tibieza, el que ofrecí como presidente de la Liga una vez que ésta hubo manifestado su apoyo a la nueva política de cooperación recibió una estruendosa ovación. A solicitud de un consejo conjunto de planificación compuesto por el doctor Moroka, Walter, J. B. Marks, Yusuf Dadoo y Yusuf Cachalia, la Conferencia del CNA respaldó una resolución que solicitaba del gobierno la derogación para el 29 de febrero de 1952 de la ley de Supresión del Comunismo, la de las Áreas para los Grupos, la de Representación Segregada de los votantes, la de Autoridades Bantúes, así como las que regulaban la concesión de pases y salvoconductos y las leyes de limitación ganadera. Esta última normativa pretendía reducir el pastoreo excesivo de ganado vacuno, pero el resultado previsible sería el de limitar aún más el acceso a la tierra por parte de los africanos. El Consejo decidió que el CNA realizaría una convocatoria para el 6 de abril de 1952 como preludio del lanzamiento de la Campaña de Desafío de las Leyes Injustas. Ese mismo día, los sudafricanos blancos estarían celebrando el tricentenario de la llegada de Jan van Riebeeck a El Cabo en 1652. El 6 de abril es el día en que la Sudáfrica blanca conmemora oficialmente la creación de su país; el mismo que los africanos vilipendian como el comienzo de trescientos años de esclavitud.

El CNA redactó una carta dirigida al primer ministro, comunicándole estas resoluciones y la fecha límite para la derogación de las leyes. Dado que la carta debía ir firmada por el doctor Moroka y éste no había participado en su redacción, se me pidió que fuera a llevársela a su casa en Thaba

'Nchu, una localidad cercana a Bloemfontein en el Estado Libre de Orange, un área muy conservadora del país. Estuve a punto de no llegar.

Había sacado el carné de conducir pocas semanas antes. En aquellos días, era muy raro que un africano tuviera carné, ya que muy pocos negros tenían coche. El día del examen pedí prestado un coche, y como tenía un día un tanto engreído decidí llevarlo yo mismo hasta el lugar de la prueba. Llegaba tarde y conducía más deprisa de lo que debía. Cuando maniobraba para salir de una calle lateral a la vía principal olvidé mirar en ambas direcciones. Choqué con un coche que venía en dirección opuesta. Los daños fueron mínimos, pero ya estaba claro que llegaría tarde. El otro conductor era una persona razonable y simplemente acordamos pagar nuestras propias reparaciones.

Cuando llegué al lugar del examen vi cómo se examinaba una mujer blanca que iba delante mío en plena prueba. Conducía correcta y cuidadosamente. Al acabar la prueba práctica el examinador le dijo: "Gracias. Por favor, aparque ahí", indicándole un hueco cercano. Había hecho el examen lo suficientemente bien como para aprobar, pero al aproximarse al lugar señalado, tomó mal la curva y la rueda trasera chocó con el bordillo. El examinador se le acercó apresuradamente y dijo: "Lo siento, señora, ha suspendido usted. Por favor, concierte otra cita". Sentí cómo se disipaba mi confianza. Si aquel tipo engañaba a aquella mujer para que suspendiera, ¿qué esperanzas tenía yo? Pero hice bien el examen y cuando el examinador me dijo que aparcara al acabar el examen conduje con tal cuidado que pensé que me iba a suspender por ir demasiado despacio.

Una vez que pude conducir legalmente me convertí en un auténtico servicio de taxi. Me sentía obligado a transportar a los camaradas y los amigos. Fue así como me correspondió la tarea de llevar la carta al doctor Moroka. No se trataba de una tarea especialmente desagradable, ya que siempre me ha gustado conducir mirando el paisaje. Solía tener mis mejores ideas conduciendo por el campo, con el viento entrando por la ventanilla.

Mientras me dirigía a Thaba 'Nchu, pasé por Kroonstad, una conservadora ciudad del Estado Libre de Orange que se encuentra a unos ciento ochenta kilómetros al sur de Johannesburgo. Estaba remontando una colina cuando vi a dos jóvenes blancos circulando en bicicleta. Aún no era muy experto como conductor y me acerqué demasiado a ellos. Uno giró repentinamente sin hacer señal alguna, chocamos y él cayó de su bicicleta. Gemía cuando salí del coche para ayudarle y me tendió los brazos para que le levantara, pero en el momento en que estaba a punto de hacerlo, un camionero blanco me gritó que no le pusiera la mano encima. Los gritos del conductor asustaron al niño, que dejó caer los brazos como si no quisiera que me acercara. No estaba herido y el camionero le llevó a una comisaría que había allí cerca.

La policía local llegó poco después. El sargento blanco me miró y dijo: *"Kaffer, jy sal kak vandag!"* (¡Hoy la has cagado, cafre!). Estaba conmocionado por el accidente y me consternó la violencia de sus palabras, pero le dije con toda firmeza que cagaría cuando quisiera, no cuando me lo dijera un policía. Al oír esto, el sargento sacó su libreta para anotar mis datos. A los policías que hablaban afrikaans les sorprendía que un negro supiera hablar inglés, y más aún que les contestara.

Después de haberme identificado se volvió hacia el coche y procedió a registrarlo. Debajo de la alfombrilla encontró un ejemplar del semanario izquierdista *The Guardian,* que había escondido inmediatamente después del accidente. (Había guardado la carta para el doctor Moroka bajo mi camisa). Lo miró y después lo levantó en el aire como si fuera un pirata con su botín: *"Wragtig ons het 'n Kommunis gevang!",* gritó. (¡Válgame, hemos cogido a un comunista!). Blandiendo el periódico, se alejó a la carrera.

El sargento regresó al cabo de unas cuatro horas acompañado por otro policía. Éste, aun siendo también afrikáner, quería cumplir con su deber correctamente. Me dijo que tendría que hacer una serie de mediciones en el lugar del accidente para redactar el atestado. Le dije al sargento que no era adecuado hacerlo durante la noche cuando el accidente había ocurrido en pleno día. Añadí que mi intención era pasar la noche en Thaba 'Nchu y que no podía permitirme permanecer en Kroonstad. El sargento me miró con impaciencia.

—¿Cuál es tu nombre? —preguntó.

—Mandela —le contesté.

—No, tu nombre de pila —insistió. Se lo dije.

—Nelson —repitió el sargento, como si estuviera dirigiéndose a un niño. —Quiero ayudarte a seguir viaje, pero si empiezas a crearme problemas no tendré más alternativa que creártelos yo a ti y encerrarte esta noche.

Sus palabras me hicieron bajar a tierra. Consentí que hiciera las mediciones y continué viaje a altas horas de la noche. A la mañana siguiente recorría el distrito de Excelsior cuando mi coche se paró. Me había quedado sin gasolina. Caminé hasta una granja cercana y le expliqué a una anciana blanca, en inglés, que quería comprarle un poco de gasolina. Mientras cerraba la puerta me dijo: "No tengo gasolina para ti".

Anduve unos tres kilómetros hasta la siguiente granja. A la vista del fracaso de mi primer intento probé otra táctica. Pedí ver al granjero y cuando apareció adopté una actitud humilde. "Mi *baas* se ha quedado sin gasolina", dije *(baas,* un término que denota servilismo, significa en afrikaans patrón o amo). El granjero, que se mostró amistoso y colaborador, era un familiar del primer ministro Strydom. Probablemente me habría dado la gasolina aunque le hubiera dicho la verdad, en cuyo caso no habría tenido que emplear aquella detestable palabra, *baas.*

El encuentro con el doctor Moroka fue mucho menos agitado que mi viaje hasta allí. Aprobó el documento y regresé a Johannesburgo sin incidentes. La carta al primer ministro hacía hincapié en que el CNA había agotado todos los medios constitucionales a su alcance para hacer valer nuestros legítimos derechos. Exigíamos la derogación de las seis "leyes injustas" antes del 29 de febrero de 1952 o, en caso contrario, emprenderíamos acciones al margen de los cauces constitucionales. La respuesta de Malan, firmada por su secretario privado, aseguraba que los blancos tenían el derecho inalienable a adoptar medidas para preservar su identidad como comunidad separada y finalizaba con la amenaza de que si emprendíamos acciones, el gobierno no dudaría en hacer uso de todos los medios a su alcance para sofocar cualquier disturbio.

Consideramos que el lacónico rechazo de nuestras exigencias por parte de Malan era una declaración de guerra. Ya no teníamos más alternativa que recurrir a la desobediencia civil y nos embarcamos en los preparativos de una movilización de masas. El reclutamiento y preparación de los voluntarios era una de las tareas esenciales de la campaña y, en gran parte, determinaría su éxito o su fracaso. El 6 de abril tuvieron lugar manifestaciones en Johannesburgo, Pretoria, Port Elizabeth, Durban y Ciudad de El Cabo. Mientras el doctor Moroka se dirigía en Johannesburgo a una multitud reunida en Freedom Square, yo hablaba ante un grupo de potenciales voluntarios en la sede de la Garment Workers Union, el sindicato de la confección. Expliqué ante un grupo de varios cientos de africanos, indios y mestizos, que ser voluntario era una tarea difícil e incluso peligrosa, ya que el gobierno intentaría intimidar, encarcelar y tal vez agredir a los voluntarios. Hicieran lo que hicieran las autoridades, los voluntarios no debían responder, ya que, en caso contrario, comprometerían el valor de la campaña. Debían enfrentarse a la violencia con la no violencia. Era preciso mantener la disciplina a toda costa.

El 31 de mayo, las ejecutivas del CNA y el CISA se reunieron en Port Elizabeth y anunciaron que la Campaña de Desafío comenzaría el

26 de junio, aniversario del primer Día Nacional de Protesta. Crearon también un Comité de Acción Nacional para dirigir la campaña y un Comité Nacional de Voluntarios para reclutar y preparar a los participantes. Yo fui nombrado voluntario jefe de la campaña nacional y presidente, tanto del comité de acción como del de voluntarios. Mis responsabilidades consistían en organizar la campaña, coordinar las distintas ramas nacionales, reclutar voluntarios y recaudar fondos.

Discutimos también si la campaña debía seguir o no los principios de la no violencia propugnados por Gandhi, adhiriéndose a lo que el Mahatma llamaba *satyagraha,* la no violencia que busca el triunfo a través de la conversión. Algunos defendían la no violencia por motivos puramente éticos, afirmando que era moralmente superior a cualquier otra táctica. Esta idea fue vehementemente defendida por Manilal Gandhi, hijo del Mahatma y editor del periódico *Indian Opinion,* además de miembro destacado del CISA. Con su actitud amable, Gandhi parecía la encarnación misma de la no violencia. Insistió en que la campaña se desarrollara siguiendo una línea idéntica a la realizada por su padre en India.

Otros defendían que debíamos enfocar la cuestión no desde el punto de vista de los principios, sino de la táctica, y que debíamos emplear los métodos que las condiciones exigieran. Si un determinado recurso o táctica nos permitía derrotar al enemigo, debía ser utilizado. En este caso, el estado era infinitamente más poderoso que nosotros, y todo atisbo de violencia por nuestra parte sería devastadoramente aplastado. Esto convertía la no violencia en una necesidad práctica mas que en una opción. Ése era mi punto de vista. Yo consideraba la no violencia del modelo gandhiano no como un principio inviolable, sino como una táctica a ser empleada con arreglo a las exigencias de una situación concreta. Los principios de la no violencia no eran tan importantes como para emplear aquella estrategia incluso cuando significara una derrota segura, como el propio Gandhi creía. Defendí la protesta no violenta en la medida en la que fuera eficaz. Éste fue el punto de vista que prevaleció a pesar de las vehementes objeciones de Manilal Gandhi.

El Consejo de Planificación Conjunta acordó un programa abierto de no cooperación y no violencia. Se propusieron dos fases de desafío. En la primera, un pequeño número de voluntarios bien entrenados violaría determinadas leyes en un puñado de áreas urbanas. Entrarían en zonas prohibidas sin permiso, emplearían instalaciones sólo para blancos, como retretes, compartimentos de tren, salas de espera y entradas a las oficinas de correos, y permanecerían deliberadamente en la ciudad tras el toque de queda. Cada grupo de voluntarios tendría un jefe que informaría a la policía previamente del acto de desobediencia que se fuera a realizar para que las detenciones pudieran producirse con un mínimo de violencia. La segunda fase debía ser un desafío masivo, acompañado de huelgas y movilizaciones en los centros de trabajo de todo el país.

Antes del comienzo de la Campaña de Desafío, el 22 de junio, el llamado Día de los Voluntarios, se celebró un mitin en Durban. El jefe Luthuli, presidente del CNA de Natal, y el doctor Naicker, presidente del Congreso Indio de Natal, intervinieron como oradores y se comprometieron en favor de la campaña. Yo había llegado el día antes y fui el principal orador. Asistieron unas diez mil personas y manifesté ante la multitud que la campaña sería la protesta más sonada jamás emprendida por las masas oprimidas de Sudáfrica. Nunca antes había hablado ante una multitud como aquélla y fue una experiencia estimulante. No es posible dirigirse a semejante cantidad de gente del mismo modo en que uno habla ante varias decenas de personas. Con todo, siempre he intentado poner el mismo interés en explicar las cosas a las grandes audiencias que a las pequeñas. Dije que estarían haciendo historia y atraerían la atención del mundo hacia la política racista del gobierno de Sudáfrica. También subrayé que la unidad entre la gente de color en Sudáfrica —africanos, mestizos e indios— se había convertido al fin en una realidad.

A lo largo y ancho del país, quienes se sumaron a la Campaña de Desafío del 26 de junio lo hicieron con valentía, entusiasmo y sentido de la responsabilidad histórica. La campaña comenzó de madrugada en Port Elizabeth, donde treinta y tres voluntarios, con Raymond Mhlaba a la cabeza, entraron en una estación de ferrocarril a través de una puerta sólo para blancos y fueron arrestados. Entraron cantando canciones de libertad y coreando el lema *"Mayibuye Afrika!"* (¡Que vuelva África!), y fueron ovacionados por sus amigos y familiares.

La mañana del 26 me encontraba en la sede del CNA supervisando las manifestaciones del día. El grupo de voluntarios del Transvaal tenía programado entrar en acción al mediodía en un *township* cerca de Boksburg, al este de Johannesburgo. Encabezados por el reverendo N. B. Tantsi, debían provocar su detención entrando en el barrio sin permiso. El reverendo Tantsi era una persona de avanzada edad, un ministro de la Iglesia episcopaliana metodista de África, además de presidente en funciones del CNA del Transvaal.

Estaba terminando la mañana y esperaba la llegada desde Pretoria del reverendo Tantsi cuando éste me telefoneó a la oficina. Con voz pesarosa me comunicó que su médico le había aconsejado que no participara en un desafío que le llevaría a la cárcel. Le aseguré que le suministraríamos ropa de abrigo y que sólo pasaría una noche en prisión, pero no sirvió de nada. Fue una gran decepción, ya que era un personaje distinguido y había sido seleccionado para mostrar a las autoridades que no éramos simplemente un grupo de jóvenes agitadores. Para ocupar su lugar buscamos rápidamente a alguien igualmente venerable: Nana Sita, el presidente del Congreso Indio del Transvaal, que había pasado un mes en la cárcel por su resistencia pasiva durante la campaña de protesta de 1946. A pesar de su edad y su artritis aguda, Sita era un luchador y aceptó ponerse a la cabeza de nuestros voluntarios.

Por la tarde, mientras nos preparábamos para ir a Boksburg, me di cuenta de que el secretario de la rama del Transvaal del CNA no aparecía por ninguna parte. Debía acompañar a Nana Sita a Boksburg. Aquello era otro contratiempo. Me volví hacia Walter y le dije: "Debes ir tú". Aquella era nuestra primera acción en el Transvaal y era necesario que los voluntarios estuvieran encabezados por personalidades importantes, ya que si no parecería que los líderes escurrían el bulto mientras las masas soportaban el castigo. Aunque Walter era uno de los organizadores y tenía programado participar en el desafío más adelante, aceptó sin dudarlo. Mi principal preocupación era que llevaba puesto un traje, una ropa poco apropiada para ir a la cárcel, pero conseguimos encontrarle ropa vieja.

A continuación salimos hacia Boksburg donde Yusuf Cachalia y yo planeábamos entregar una carta al magistrado de Boksburg en la que le comunicábamos que cincuenta de nuestros hombres entrarían sin permiso en el *township* africano correspondiente a su zona aquel mismo día. Cuando llegamos al despacho del magistrado encontramos todo un contingente de periodistas y fotógrafos. Tras tenderle el sobre entró en acción la prensa. Mientras se protegía los ojos de los flashes de las cámaras, nos invitó a Yusuf y a mí a entrar en su despacho para discutir la cuestión en privado. Era un hombre razonable. Nos dijo que su puerta siempre estaría abierta para nosotros, pero que un exceso de publicidad sólo serviría para empeorar las cosas.

Desde el despacho fuimos directamente al suburbio donde se estaba celebrando el acto de desafío. Desde casi un kilómetro de distancia se escuchaban los cantos de nuestros voluntarios y de la gran multitud de simpatizantes que había ido a animarles. Al llegar al lugar nos encontramos con que la gran verja metálica de acceso estaba cerrada. Los voluntarios esperaban pacientemente en el exterior, exigiendo que se les abriera paso. Había cincuenta y dos voluntarios en total, tanto africanos como indios, y una muchedumbre de varios cientos de espectadores entusiastas y periodistas. Walter encabezaba a los voluntarios. Su presencia era prueba de que íbamos en serio, pero el espíritu que guiaba a los manifestantes era Nana Sita, que, a pesar de su artritis, se movía con gran energía entre los voluntarios, palmeándoles en la espalda y reforzando su confianza.

Durante una hora, la situación se mantuvo inmutable. La policía se mostraba extrañamente comedida, y su comportamiento nos tenía desconcertados. ¿Era aquello una estrategia para agotar a los voluntarios? ¿Estarían esperando a que se fueran los periodistas para masacrarnos amparándose en la oscuridad? ¿O se enfrentaban acaso con el dilema de que al arrestarnos —que es lo que hubieran hecho normalmente— estarían haciendo exactamente lo que queríamos? Mientras nos hacíamos estas preguntas, la situación cambió repentinamente. La policía ordenó abrir la puerta. Inmediatamente, los voluntarios la atravesaron, violando así la ley. Un teniente sopló su silbato y segundos más tarde la policía rodeó a los voluntarios y empezó a detenerles. La campaña estaba en marcha. Los manifestantes fueron conducidos a la comisaría local, donde les ficharon.

Aquella misma noche, los líderes del comité de acción, entre los que estábamos Oliver Tambo, Yusuf Cachalia y yo, asistimos a una reunión en la ciudad para discutir los acontecimientos del día y hacer planes para la semana que teníamos por delante. Estábamos cerca del área en la que el segundo grupo de voluntarios —encabezado por Flag Boshielo, presidente de la rama central del CNA— perseguía su detención. Poco después de las once les vimos marchar por la calle como un solo hombre. A esa hora entraba en vigor el toque de queda, y los africanos necesitaban un permiso para estar en la calle. Salimos de la reunión a medianoche. Me sentía agotado y no pensaba tanto en desafíos como en una cena caliente y una noche de sueño. En aquel momento, un policía se nos acercó a Yusuf y a mí. Era evidente que nos dirigíamos a nuestra casa, que no estábamos protestando. "No, Mandela", gritó el policía. "No vas a escapar". Señaló con su porra hacia el furgón aparcado en las inmediaciones y dijo: "Adentro". Estuve a punto de explicarle que estaba a cargo de la campaña y no tenía programado ser detenido hasta mucho más tarde, pero por supuesto habría sido ridículo. Vi cómo detenía a Yusuf, que se echó a reír ante la ironía de la situación. Fue hermoso verle sonreír mientras la policía se le llevaba.

Momentos más tarde, Yusuf y yo nos encontrábamos entre más de cincuenta de nuestros voluntarios encabezados por Flag Boshielo. Nos conducían en camiones a la comisaría de ladrillo rojo conocida como

Marshall Square. Como líderes del comité de acción nos preocupaba que los demás se sintieran intrigados por nuestra ausencia, pero a mí me preocupaba más saber quién se haría cargo de la campaña. Con todo, el ánimo de los detenidos era jubiloso. Incluso camino de la cárcel, los camiones oscilaban al son de las poderosas voces de los luchadores que cantaban *Nkosi Sikelel' iAfrika* (Dios bendiga a África), el himno nacional africano, sobrecogedoramente hermoso.

Aquella primera noche, en el patio de la cárcel, uno de nosotros fue empujado tan violentamente por un guardián blanco que se cayó por unas escaleras y se rompió el tobillo. Protesté ante el guardián por su comportamiento y respondió pateándome una espinilla. Exigí que el herido recibiera atención médica y organizamos una manifestación, pequeña pero ruidosa. Se nos informó lacónicamente que el herido podía pedir un médico al día siguiente si lo deseaba. Durante toda la noche fuimos testigos de su dolor.

Hasta aquel momento había pasado ya algunas veces por la cárcel, pero aquella fue mi primera detención en grupo. Marshall Square era un lugar sórdido, oscuro y sucio, pero estábamos todos juntos y tan enardecidos que prácticamente no era consciente de dónde me hallaba. La camaradería de nuestros compañeros hizo que los dos días pasaran muy rápidamente.

Aquel primer día de la campaña, más de doscientos cincuenta voluntarios violaron varias leyes injustas en todo el país y fueron encarcelados. Fue un principio prometedor. Nuestras tropas actuaban con orden, disciplina y confianza.

A lo largo de los siguientes cinco meses participaron en la campaña ocho mil quinientas personas. Médicos, obreros de las fábricas, abogados, maestros, estudiantes y sacerdotes desafiaron la ley y fueron a la cárcel. Cantaban: "¡Eh, Malan! Abre las puertas de la cárcel, queremos entrar". La campaña se extendió a través de Witswatersrand hasta Durban, Port Elizabeth, East London y Ciudad de El Cabo, así como a lugares más pequeños al este y oeste de la provincia de El Cabo. La resistencia empezaba a impregnar incluso las áreas rurales. En su mayor parte, las transgresiones eran menores, y su penalización iba de unas noches a unas semanas en la cárcel, con la opción de pagar una multa que rara vez superaba las diez libras. La campaña recibió muchísima publicidad y la afiliación al CNA se disparó de veinte mil a cien mil personas. El incremento más espectacular se produjo al este de El Cabo, región que aportó la mitad de los nuevos miembros.

Durante los seis meses de la campaña viajé mucho por todo el país. Normalmente lo hacía en coche, saliendo por la noche o a primera hora de la mañana. Recorrí El Cabo, Natal y el Transvaal explicando la campaña a pequeños grupos de gente, y en ocasiones yendo de casa en casa en los *townships*. Mi tarea solía consistir en resolver disputas en áreas que estaban a punto de sumarse a la campaña o habían emprendido ya acciones. En aquellos días en los que la comunicación de masas era primitiva o inexistente entre los africanos, la política tendía a ser provinciana. Teníamos que ganarnos a las personas una por una.

En una ocasión conduje hasta el este de El Cabo para resolver una disputa en la que se había visto involucrado Alcott Gwentshe, responsable de la campaña en East London. Gwentshe había sido un próspero comerciante y desempeñado un papel importante en la organización de la campaña de permanencia en casa del 26 de junio, dos años antes. Había estado en la cárcel durante un breve periodo a comienzos de la Campaña de Desafío. Era un hombre fuerte y capaz, pero también era un individualista que ignoraba los consejos de la ejecutiva y tomaba decisiones por su cuenta. Se había enfrentado a su propia ejecutiva, compuesta sobre todo por intelectuales.

Gwentshe sabía cómo explotar ciertos temas para desacreditar a sus oponentes. Se dirigía a los miembros locales de la organización que no eran intelectuales, sino trabajadores, y les decía —en xhosa, nunca en inglés, que era el idioma de los intelectuales—: "Camaradas, creo que sabéis lo que he sufrido en la lucha. Tenía un buen trabajo, pero al comienzo de la Campaña de Desafío fui a la cárcel y lo perdí. Ahora que he salido de prisión vienen estos intelectuales y me dicen, 'Gwentshe somos más cultos que tú, más competentes, déjanos dirigir la campaña'".

Cuando investigué la situación comprobé que Gwentshe, efectivamente, había ignorado los consejos de la ejecutiva, pero la gente le respaldaba y había creado un grupo disciplinado y bien organizado de voluntarios que había actuado ordenadamente incluso mientras él estaba en la cárcel. Aunque en mi opinión se equivocaba al ignorar a la ejecutiva, estaba haciendo un buen trabajo, y se hallaba tan firmemente atrincherado que no sería fácil desalojarle. Cuando vi a los miembros de la ejecutiva les expliqué que era poco práctico hacer nada en aquel momento, pero que si querían poner remedio a la situación tendrían que derrotar a Gwentshe en las siguientes elecciones. Fue una de las primeras ocasiones en que me percaté de que era insensato ir en contra de las masas. No sirve de nada adoptar medidas a las que las masas se oponen, ya que será imposible llevarlas a la práctica.

El gobierno consideraba la campaña como una amenaza para la seguridad y para su política de *apartheid*. Consideraban la desobediencia civil no una forma de protesta, sino un delito, y les preocupaba la creciente solidaridad entre africanos e indios. El objetivo del *apartheid* era dividir a los grupos raciales, y estábamos demostrando que los diferentes grupos podían trabajar juntos. La perspectiva de un frente unido de africanos e indios, moderados y radicales, les preocupaba enormemente. El partido en el gobierno insistía en que la campaña estaba siendo instigada y dirigida por agitadores comunistas. El ministro de Justicia anunció que en breve plazo se aprobarían leyes para hacer frente a nuestro desafío, una amenaza que llevó a la práctica durante el periodo parlamentario de 1953 con la presentación de la ley de Seguridad, que capacitaba al gobierno para declarar la ley marcial y detener a cualquier persona sin juicio. También fue aprobada la ley de Enmienda del Código Penal, que permitía los castigos físicos.

Al mismo tiempo, las autoridades intentaron poner fin a la campaña por medios más sutiles. Los propagandistas del gobierno repetían una y otra vez que los dirigentes de la campaña vivían cómodamente mientras las masas languidecían en prisión. Aquello distaba mucho de ser cierto, pero obtuvo cierto crédito. El gobierno infiltró espías y agentes en la organización. El CNA daba la bienvenida a prácticamente cualquiera que quisiera unirse a él. Aunque nuestros voluntarios eran cuidadosamente seleccionados, la policía consiguió infiltrarse no sólo en nuestras ramas locales, sino en algunos grupos de voluntarios. Cuando fui arrestado y enviado a Marshall Square vi a dos individuos peculiares entre los detenidos. A uno de ellos no le conocía de nada. Llevaba una ropa un tanto insólita dadas las circunstancias: traje, corbata, abrigo y una bufanda de seda. ¿Qué clase de persona va a la cárcel vestida así? Su nombre era Ramaila, y al tercer día, cuando estábamos a punto de ser puestos en libertad, desapareció.

El segundo individuo, cuyo nombre era Makhanda, destacaba por su marcialidad. Estábamos en el patio y nos sentíamos muy animados. Los voluntarios marchaban frente a Yusuf y a mí y nos saludaban. Makhanda, que era alto y esbelto, marchaba como un soldado y saludaba distinguida y marcialmente. Algunos de los voluntarios bromearon con él diciéndole que, a la vista de lo bien que saludaba, debía de ser policía. Makhanda había trabajado como conserje en el cuartel general del CNA. Era muy trabajador y popular entre todos los miembros de la organización porque siempre estaba dispuesto a salir a buscar pescado con patatas fritas si alguien tenía hambre. Pero en un juicio posterior descubrimos que tanto Makhanda como Ramaila eran espías de la policía. Ramaila testificó que se había infiltrado entre los voluntarios; el fiel Makhanda era, de hecho, el sargento Motloung.

Los africanos que trabajaban como espías contra sus propios hermanos lo hacían normalmente por dinero. Había muchos negros en Sudáfrica que creían que cualquier intento por parte del hombre negro de desafiar al hombre blanco era una insensatez condenada al fracaso. El blanco era demasiado listo y demasiado fuerte. Aquellos infiltrados nos consideraban una amenaza, no para la estructura de poder de los blancos, sino para los intereses de los negros, ya que pensaban que los blancos harían pagar a todos los negros por la mala conducta de unos cuantos agitadores.

A pesar de todo, había muchos policías negros que nos ayudaban en secreto. Eran personas decentes que se enfrentaban a un dilema moral. Permanecían leales a sus jefes blancos, ya que necesitaban conservar su trabajo para dar de comer a sus familias, pero eran simpatizantes de nuestra causa. Habíamos llegado a un acuerdo con un puñado de miembros africanos de la policía de seguridad: nos informarían cuando fuera a producirse una redada. Aquellos hombres eran patriotas que arriesgaban su vida para contribuir a nuestra lucha.

El gobierno no era el único obstáculo. Otros que podrían habernos ayudado nos dificultaban las cosas. En plena Campaña de Desafío, el United Party envió a dos de sus diputados para pedirnos que pusiéramos fin a la acción. Aseguraban que si abandonábamos la movilización a instancias de J. G. N. Strauss, el líder de su partido, contribuiríamos a la derrota del National Party en las siguientes elecciones. Rechazamos la propuesta y, a partir de ese momento, Strauss empezó a atacarnos con el mismo empecinamiento y desprecio que los miembros del National Party.

También fuimos cuestionados por un grupo escindido del CNA, el National Minded Bloc. Estaba encabezado por Selope Thema, un antiguo miembro de la ejecutiva nacional. El grupo se escindió del CNA cuando J. B. Marks fue elegido presidente en el Transvaal. Thema, que era editor del *Bantu World,* criticó ferozmente la campaña en su periódico, afirmando que los comunistas se habían hecho con el poder en el CNA, y que los indios estaban explotando a los africanos. Aseguraba que los comunistas eran más peligrosos ahora que estaban en la clandestinidad, y que los intereses económicos de los indios entraban en conflicto con los de los africanos. Aunque estaba en minoría en el CNA, sus puntos de vista encontraron eco entre ciertos miembros radicales de la Liga de la Juventud.

En mayo, a mitad de la campaña, J. B. Marks recibió una orden de proscripción amparada en la ley de Supresión del Comunismo de 1950, por favorecer los objetivos del comunismo. La proscripción era una orden legal emitida por el gobierno que normalmente implicaba la dimisión forzosa de quien la recibía de las organizaciones a las que pudiera pertenecer, y la prohibición de asistir a cualquier tipo de reuniones. Era una especie de encarcelamiento en régimen ambulatorio. El gobierno no necesitaba pruebas ni cargos para proscribir a una persona. El ministro de Justicia simplemente daba la orden. Era una estrategia diseñada para alejar de la lucha al afectado, permitiéndole vivir una vida estrechamente vigilada lejos de la política y la sociedad. Violar o ignorar una orden de proscripción era pedir a gritos el encarcelamiento.

En la conferencia del Transvaal celebrada en octubre de aquel año se propuso mi nombre para reemplazar a J. B. Marks, que me había recomendado para ocupar su puesto. Yo era el presidente nacional de la Liga de la Juventud, y el favorito para ocupar el cargo, pero mi candidatura se enfrentaba a la oposición de un grupo perteneciente al CNA de Transvaal que se hacía llamar *"Bafabegiya"* (los que mueren bailando). El grupo estaba formado, fundamentalmente, por antiguos comunistas que se habían convertido en nacionalistas africanos extremistas. Pretendían cortar todos los vínculos con los activistas indios y orientar al CNA hacia una estrategia más orientada a la confrontación. Estaban encabezados por MacDonald Maseko, un ex comunista que había sido presidente de la rama del CNA en Orlando durante la Campaña de Desafío, y por Seperepere Marupeng, el principal voluntario en esa misma campaña en Witwatersrand. Tanto Maseko como Marupeng tenían intenciones de presentarse a la presidencia del Transvaal.

Marupeng era un demagogo. Solía vestir un traje de estilo militar color caqui, con hombreras y botones dorados, y llevaba un bastón de mando como el que hizo famoso el mariscal de campo Montgomery. Acostumbraba a levantarse en las asambleas con el bastón debajo del brazo diciendo: "Estoy harto de esperar la llegada de la libertad. ¡Quiero la libertad ahora! Me reuniré con Malan y le diré lo que quiero". Después, golpeando el estrado con su bastón, gritaba: "¡Quiero la libertad ahora!".

Gracias a esa clase de discursos, Marupeng se hizo muy popular durante la Campaña de Desafío, pero la popularidad es tan sólo un factor más en unas elecciones. Pensaba que gracias a su recién adquirida importancia obtendría la presidencia. Antes de la convocatoria, cuando se supo que yo sería candidato, le abordé y le dije que me gustaría que se presentara a las elecciones a la ejecutiva para que pudiera servir conmigo cuando yo fuera presidente. Interpretó mis palabras como un insulto, consideró que estaba haciéndole de menos y se negó a hacerme caso, optando por presentarse también a la presidencia. Había calculado mal sus posibilidades, ya que gané la elección por una abrumadora mayoría.

El 30 de julio de 1952, en el momento más candente de la Campaña de Desafío, me encontraba en el despacho de H. M. Basner, donde trabajaba por aquellas fechas, cuando llegó la policía con una orden de detención. La acusación era que había violado la ley de Supresión del Comunismo. El estado puso en marcha una campaña simultánea de detenciones entre los líderes de la campaña en Johannesburgo, Port Elizabeth y Kimberley. Previamente, aquel mismo mes, la policía había hecho redadas en las casas y oficinas de los dirigentes del CNA y el CISA en todo el país, confiscando papeles y documentos. Aquel tipo de redada era algo nuevo para nosotros y estableció una pauta de registros ilegales generalizados que se convirtió en una de las notas características de la conducta del gobierno.

Nuestras detenciones culminaron en un juicio, celebrado en septiembre en Johannesburgo, en el que comparecieron veintiún acusados, incluyendo a los presidentes y secretarios generales del CNA, el CISA, la YL (Liga de la Juventud del CNA) y el CIT. Entre las personas sometidas a juicio en Johannesburgo se encontraban el doctor Moroka, Walter Sisulu y J. B. Marks. Fueron arrestados también varios líderes indios, incluyendo al doctor Dadoo, Yusuf Cachalia y Ahmed Kathrada.

Nuestra comparecencia ante la justicia tuvo una fuerte respuesta política. Hubo grandes manifestaciones, que recorrieron las calles de Johannesburgo y se concentraron ante la sede del Tribunal. En ellas había estudiantes blancos de la Universidad de Witwatersrand, viejos activistas del CNA de Alexandra, escolares indios de enseñanza primaria y secundaria, gente de todas las edades y colores. El edificio del Tribunal jamás se había visto inundado por semejante cantidad de gente. La propia sala donde se celebraba la vista estaba atestada y el proceso se celebró salpicado de gritos de *"Mayibuye Afrika!"*

El juicio debía de haberse convertido en una ocasión para mostrar nuestra resolución y solidaridad, pero se vio enturbiado por la falta de lealtad del doctor Moroka. Presidente del CNA y personalidad emblemática de la campaña, nos conmocionó a todos al recurrir a su propio abogado. Nuestro plan era que todos fuéramos procesados juntos. Mis compañeros acusados me designaron para discutir el asunto con el doctor Moroka para que intentara convencerle de que no actuara por su cuenta. El día antes del juicio fui a verle a Village Deep, en Johannesburgo.

Al comenzar nuestra entrevista le sugerí varias alternativas, pero no mostró el más mínimo interés en ellas y se dedicó a exponerme una serie de quejas. El doctor Moroka se sentía excluido de la planificación de la campaña, aunque él mismo se había mostrado desinteresado a menudo por los asuntos del CNA. Según él, lo que más le molestaba era que, al ser defendido junto con el resto de nosotros, quedaría asociado con los comunistas. El doctor Moroka compartía la animosidad del gobierno hacia el comunismo. Discutí con él y le dije que la tradición del CNA era trabajar con todo aquel que estuviera en contra de la opresión racial, pero permaneció inasequible a mis razonamientos.

El peor momento fue cuando el doctor Moroka presentó una humillante súplica ante el juez Rumpff y subió al estrado de los testigos para denunciar los principios básicos que defendía el CNA. Cuando le preguntaron si pensaba que en Sudáfrica debía existir igualdad entre blancos y negros, el doctor Moroka respondió que jamás podría haber nada semejante. Estuvimos a punto de derrumbarnos en nuestros asientos. Cuando su abogado le preguntó si había comunistas entre los acusados empezó, de hecho, a señalar con el dedo a varias personas, incluyendo al doctor Dadoo y a Walter. El juez tuvo que comunicarle que no era necesario que lo hiciera.

Su actuación fue un grave revés para la organización, y todos comprendimos inmediatamente que los días del doctor Moroka como presidente del CNA habían llegado a su fin. Había cometido el pecado capital de poner sus intereses por encima de los de la organización y el pueblo. No estaba dispuesto a poner en peligro su carrera como médico, ni su fortuna, en aras de sus convicciones políticas. Como consecuencia, había destruido la imagen de sí mismo creada a lo largo de tres años de valioso trabajo en favor del CNA y de la Campaña de Desafío. Para mí aquello fue una tragedia, ya que la capitulación de Moroka ante el tribunal empañó hasta cierto punto el brillo de la campaña. El hombre que había recorrido el país predicando su importancia se desdecía ahora.

El 2 de diciembre fuimos declarados culpables de lo que el juez Rumpff definió como "comunismo estatutario", frente a lo que según él "se conoce normalmente por comunismo". Según las leyes para la erradicación del comunismo, virtualmente cualquiera que se opusiera al gobierno de cualquier modo podía ser definido —y por consiguiente condenado— como comunista "estatutario", aunque jamás hubiera sido miembro del partido. El juez, que era de mentalidad justa y razonable, manifestó que aunque habíamos planeado actos que iban del "incumplimiento flagrante de las leyes hasta algo equivalente a la alta traición", reconocía que habíamos aconsejado a nuestros miembros "que adoptaran una forma de acción pacífica y que evitaran la violencia bajo cualquier aspecto o forma". Fuimos sentenciados a nueve meses de cárcel y trabajos forzados, pero la condena quedó en suspenso durante dos años.

Cometimos muchos errores, pero la Campaña de Desafío abrió un nuevo capítulo en la lucha. Las seis leyes que habíamos cuestionado no fueron derogadas, pero no nos habíamos hecho ilusiones al respecto. Las habíamos elegido porque eran la manifestación más inmediata y visible de la opresión, y el mejor mecanismo para incorporar a la lucha al mayor número posible de personas.

Antes de la campaña, en el CNA se hablaba mucho y se actuaba poco. Carecíamos de miembros liberados, no teníamos bastante personal y nuestros afiliados hacían poco más que apoyar nominalmente a la causa. Como resultado de la campaña alcanzamos los cien mil afiliados. El CNA emergió como una verdadera organización de masas, con un impresionante cuerpo de experimentados activistas que se habían enfrentado a la policía, los tribunales y la prisión. El estigma que normalmente representaba el haber sido encarcelado se había desvanecido. Esto fue un logro significativo, ya que el miedo a la cárcel es un obstáculo tremendo para la lucha por la liberación. A partir de la Campaña de Desafío, ir a la cárcel se convirtió en un signo de honor entre los africanos.

Estábamos muy orgullosos de que durante los seis meses que había durado la campaña no se hubiera producido ni un solo acto de violencia por nuestra parte. La disciplina de nuestros resistentes había sido ejemplar. En las fases finales de la movilización estallaron motines en Port Elizabeth y East London, en los que murieron más de cuarenta personas. Aunque estos acontecimientos no tuvieron nada que ver con la campaña, el gobierno intentó relacionarlos con nosotros. En esto las autoridades tuvieron éxito, ya que los motines enturbiaron la visión de muchos blancos que podrían haber simpatizado con nuestra causa.

En el seno del CNA hubo algunos que pensaron, con una asombrosa falta de realismo, que la campaña podía incluso producir la caída del gobierno. Les recordamos que el objetivo de la movilización era centrar la atención en nuestros motivos de queja, no eliminarlos. Ellos respondían que teníamos al gobierno acorralado y se mostraban partidarios de continuar la campaña indefinidamente. Tomé la palabra y dije que el gobierno era demasiado fuerte y desalmado como para derribarlo de semejante manera. Podíamos ponerle en ridículo, pero era imposible derribarlo mediante una campaña de desafío.

Tal y como se desarrollaron los acontecimientos, prolongamos la movilización durante demasiado tiempo. Debimos de haber prestado atención al doctor Xuma cuando el comité de planificación se reunió con él en las postrimerías de la campaña. Apuntó que ésta no tardaría en perder impulso, y que lo sensato sería desconvocarla antes de que se apagara por completo. Añadió que ponerle fin mientras estaba en plena ofensiva sería una jugada inteligente que obtendría gran publicidad. El doctor Xuma tenía razón: la campaña no tardó en perder fuerza, pero llevados por el entusiasmo, e incluso por la arrogancia, ignoramos sus consejos. El corazón me decía que había que seguir adelante, pero el cerebro me respondía que había que poner fin a las movilizaciones. Defendí esta última opción, pero tuve que plegarme a los deseos de la mayoría. A finales de año, la campaña se vino abajo.

La movilización no fue más allá de la fase inicial, en la que participaron pequeños grupos de voluntarios, casi todos ellos habitantes de las ciudades. En ningún momento se llegó a un desafío masivo, en especial en las áreas rurales. El este de El Cabo fue la única región donde conseguimos pasar a la segunda fase. En el campo surgió también un poderoso movimiento de resistencia. En general, y ésta es una debilidad histórica del CNA, no fuimos capaces de ir más allá de las zonas urbanas. La campaña se vio lastrada por el hecho de que carecíamos de miembros liberados. Yo intentaba organizar la campaña y trabajar como abogado a la vez, y ése no es modo de hacer frente a una campaña de masas. Seguíamos siendo unos aficionados.

No obstante, me sentía muy satisfecho por los logros alcanzados: había participado en la lucha por una causa justa, había tenido el valor de luchar por ella y ganar. La campaña despejó en mí todo resto de duda o sentimiento de inferioridad que aún pudiera albergar. El hombre blanco había sentido la fuerza de mis golpes. Podía caminar erguido como un hombre y mirar a todos a los ojos con la dignidad que produce el no haber sucumbido a la opresión y al miedo. Había alcanzado la mayoría de edad como luchador por la libertad.

Parte Cuarta

———————

LA LUCHA
ES MI VIDA

15

EL CAMBIO DE GUARDIA tuvo lugar en la Conferencia anual del CNA celebrada a finales de 1952. El Congreso designó un presidente más enérgico para una nueva era de mayor activismo: el jefe Albert Luthuli. De acuerdo con la constitución del CNA, como presidente provisional del Transvaal me convertí en uno de los cuatro vicepresidentes. Lo que es más, el Comité Ejecutivo Nacional me nombró primer vicepresidente, cargo que se sumó al que ya ejercía como presidente del Transvaal. Luthuli era uno de los jefes en activo que militaban en el CNA que se habían opuesto con firmeza a la política del gobierno.

Hijo de un misionero de la Iglesia adventista del Séptimo Día, Luthuli nació en lo que entonces era Rhodesia del Sur. Se había educado en Natal y se había formado como maestro en el Adam's College, cerca de Durban. Era un hombre bastante alto, fornido y de piel oscura, que tenía una amplia sonrisa. Combinaba un aire de humildad con una profunda confianza en sí mismo. Era una persona de gran paciencia y fortaleza, que hablaba lenta y claramente, como si concediera a cada palabra la misma importancia.

Le había conocido a finales de la década de 1940, cuando era miembro del Consejo de Representación Nativa. En septiembre de 1952, tan sólo unos meses antes de nuestra Conferencia anual, Luthuli había sido convocado a Pretoria. Allí había recibido un ultimátum: si no renunciaba a su pertenencia al CNA y dejaba de apoyar la Campaña de Desafío sería destituido de su puesto como jefe tribal electo financiado por el gobierno. Luthuli era un maestro, un cristiano devoto y un orgulloso jefe zulú, pero su compromiso con la lucha contra el *apartheid* era aún más firme. Luthuli se negó a abandonar el CNA, y el gobierno le destituyó. Como respuesta a esta medida, hizo pública una declaración de principios que tituló "El camino a la libertad pasa por la cruz", en la que reafirmaba su apoyo a la resistencia pasiva no violenta. Justificaba su elección con palabras que aún hoy resuenan melancólicamente: "¿Quién puede negar que he pasado treinta años de mi vida llamando en vano, armado de paciencia, moderación y humildad, a una puerta cerrada a cal y canto?".

Yo apoyé el nombramiento del jefe Luthuli, pero no pude asistir a la Conferencia Nacional. Pocos días antes de que comenzara, a cincuenta y dos líderes de todo el país se les prohibió asistir a cualquier mitin o concentración durante seis meses. Yo me encontraba entre ellos y, durante ese periodo, mi libertad de movimientos quedó restringida a Johannesburgo.

Esta prohibición se hacía extensiva a todo tipo de reuniones, no solamente las políticas. Por ejemplo, no pude asistir a la fiesta de cumpleaños de mi hijo, y se me prohibió hablar con más de una persona a la vez. Formaba parte de un esfuerzo sistemático del gobierno por perseguir, silenciar e inmovilizar a los líderes de los grupos que luchaban contra el *apartheid*. Fue la primera de una serie de limitaciones que, progresivamente, me fueron impuestas —con breves momentos de respiro— hasta que algunos años después fui privado definitivamente de la libertad.

La proscripción representa tanto un confinamiento físico como espiritual. Induce una especie de claustrofobia psicológica, que hace que uno añore no sólo la libertad de movimientos sino también la de espíritu. Era un juego peligroso, ya que uno no se encontraba cargado de grilletes ni entre rejas. En este caso, las rejas eran leyes y reglamentaciones que eran fáciles de violar, y a menudo se violaban. Era posible escapar sin ser visto durante breves periodos de tiempo y disfrutar temporalmente de una libertad ilusoria. El efecto más insidioso de aquellas prohibiciones era que llegaba un momento en que uno podía acabar pensando que el opresor no estaba en el mundo exterior, sino dentro de uno mismo.

Aunque no pude asistir a la Conferencia anual de 1952, fui inmediatamente informado de lo que había ocurrido en ella. Una de las decisiones más significativas fue adoptada en secreto, y no se hizo pública por el momento.

Junto con otros muchos, estaba convencido de que el gobierno pretendía ilegalizar al CNA y al CISA, igual que había hecho con el Partido Comunista. Parecía inevitable que el estado intentara eliminarnos como organización legal tan pronto como pudiera. Con esto en mente planteé ante el Comité Ejecutivo Nacional la propuesta de elaborar un plan alternativo que nos permitiese hacer frente a tal eventualidad. Advertí que no hacerlo sería abdicar de nuestra responsabilidad como líderes ante el pueblo. El comité me pidió que trazara un plan estratégico que permitiera a la organización actuar en la clandestinidad. Éste acabó recibiendo el nombre de Plan Mandela, o simplemente Plan M.

Se trataba de crear una maquinaria organizativa capaz de permitir al CNA tomar decisiones al más alto nivel, que pudieran ser transmitidas con rapidez a la organización en su conjunto, sin necesidad de convocar una asamblea. En otras palabras, crear una maquinaria que permitiera a una organización ilegal seguir funcionando y a los responsables proscritos continuar ejerciendo sus funciones. El Plan M estaba pensado para que la organización pudiera reclutar nuevos miembros, responder a los problemas locales o nacionales y mantener un contacto regular entre sus afiliados y la dirección mientras ésta estuviera en la clandestinidad.

Participé en una serie de reuniones secretas entre los líderes del CNA y del CISA, tanto proscritos como no proscritos, para discutir los parámetros de aquel plan. Trabajé en él durante varios meses y finalmente di con un sistema lo bastante abierto como para adaptarse a las condiciones locales sin obstaculizar las iniciativas individuales, pero que prestaba suficiente atención al detalle como para mantener el orden. La unidad más pequeña era la célula, que en los suburbios urbanos estaba compuesta por aproximadamente diez casas de una misma calle. Habría un responsable de célula que estaría a cargo de cada una de estas unidades. Si en una calle había más de diez casas se nombraría a un responsable de calle, que estaría a cargo de los responsables de célula. Un grupo de calles formaba una unidad de zona, dirigida por un responsable en jefe que, a su vez, respondería ante el secretariado de la rama local del CNA. El secretariado era un subcomité de la ejecutiva local, que había de estar en comunicación con el secretario provincial. Mi idea era que cada responsable de célula y calle conociera a todas las personas y familias de su área, de tal modo que pudiera gozar de la confianza de la gente y supiera, a su vez, en quién podía confiar. El responsable de célula era el encargado de organizar las reuniones y las clases de política, así como de recaudar las cuotas. Era el elemento clave de nuestra estrategia. Aunque el plan estaba diseñado fundamentalmente para su aplicación en áreas urbanas, era posible adaptarlo a las zonas rurales.

El plan fue aceptado y se decidió ponerlo en práctica inmediatamente. Se advirtió a las diferentes secciones de la organización que comenzaran a prepararse para una reestructuración encubierta. La idea fue aceptada en la mayor parte de ellas, aunque en algunos de los centros más alejados hubo quien pensó que el plan no era más que un intento de la organización de Johannesburgo de centralizar el control sobre otras regiones.

Como parte del Plan M, el CNA puso en marcha un cursillo de formación política elemental para sus miembros en todo el país. El objetivo de las conferencias no era sólo educar, sino también mantener la cohesión en el seno de la organización. Se celebraban en secreto y corrían a cargo de diferentes líderes de la organización. Los miembros que asistían a ellas podían a su vez transmitir las enseñanzas adquiridas a otros afiliados en sus hogares y comunidades. Al comienzo, las conferencias no estaban sistematizadas, pero al cabo de unos meses se estableció un programa único.

Había tres cursillos: "El mundo en que vivimos", "Cómo somos gobernados" y "La necesidad del cambio". En el primero discutíamos los diferentes tipos de sistemas políticos y económicos del mundo, incluido el de Sudáfrica. Era una panorámica general del desarrollo tanto del capitalismo como del socialismo. Discutíamos, por ejemplo, de qué modo los negros en Sudáfrica eran oprimidos como raza y como clase. Los conferenciantes eran, en su mayoría, miembros proscritos del CNA, y yo mismo daba frecuentemente cursillos por las noches. Esta forma de organización tenía la virtud de permitir a las personas proscritas mantenerse activas, al tiempo que ponía a los afiliados en contacto con aquellos líderes.

Durante este periodo, los responsables proscritos se reunían a menudo en secreto y organizaban entrevistas y reuniones con los líderes en activo. Los viejos y nuevos dirigentes engranaron muy bien. El proceso de toma de decisiones era colectivo, como había sido siempre. En ocasiones, parecía que nada había cambiado, salvo por el hecho de que teníamos que vernos a escondidas.

El Plan M fue concebido con la mejor de las intenciones, pero fue implantado con un éxito sólo moderado y su adopción nunca llegó a generalizarse. Los mejores resultados se produjeron, una vez más, en la región este de El Cabo y en Port Elizabeth. Mucho después de haberse desvanecido en otros lugares, el espíritu de la anterior Campaña de Desafío perduraba en el este de El Cabo. Los miembros del CNA de aquella zona se aferraron al Plan M como una forma de seguir desafiando al gobierno.

El plan tenía que hacer frente a multitud de problemas. El principal era que no siempre se les explicaba correctamente a los afiliados. No existían organizadores liberados que pudieran contribuir a su implantación o gestión, y con frecuencia surgían disensiones en el seno de las ramas de la organización que impedían llegar a un acuerdo sobre su implantación. Algunos dirigentes provinciales se oponían a él porque creían que minaba su poder. Para otros, el ataque por parte del gobierno no parecía inminente y, por consiguiente, no tomaron las medidas necesarias para minimizar sus efectos. Cuando el puño de hierro del gobierno asestó su golpe, no estaban preparados.

16

MI VIDA durante la Campaña de Desafío se desarrolló en dos frentes distintos: mi contribución a la lucha y mi profesión de abogado, con la que me ganaba la vida. Jamás fui miembro liberado del CNA. La organización contaba sólo con uno, Thomas Titus Nkobi. Mi grado de dedicación dependía de mi horario como abogado. En 1951, tras cubrir mi etapa como pasante en Witkin, Sidelsky y Eidelman, entré en el bufete de Terblanche & Briggish. Cuando completé el periodo exigido como pasante no era aún abogado de pleno derecho. Sin embargo, podía presentar alegatos ante los tribunales, enviar citaciones, entrevistar testigos, etc. Es decir, hacía todo lo que debe hacer un abogado antes de que un caso sea visto ante el tribunal.

Tras salir de Sidelsky había investigado una serie de firmas de blancos, ya que, por supuesto, no existían bufetes de abogados africanos. Estaba especialmente interesado en el importe de las minutas que cobraban estas firmas y me sentí escandalizado al descubrir que muchas de las más selectas cobraban unos honorarios mayores a los africanos que a los clientes blancos, que eran infinitamente más ricos.

Después de trabajar para Terblanche & Briggish durante casi un año entré en el bufete de Helman y Michel. Era un bufete liberal y uno de los pocos que cobraban a los africanos minutas razonables. Además, la firma se enorgullecía de su devoción a la causa de la educación de los africanos, a la que hacía generosas donaciones. El señor Helman, el socio de más edad, estaba comprometido con la causa africana mucho antes de que se hiciera popular o se pusiera de moda. El otro socio, Rodney Michel, veterano de la II Guerra Mundial, era también extremadamente liberal. Había sido piloto, y años más tarde contribuyó a sacar en avión de Sudáfrica a miembros del CNA durante los periodos más ignominiosos de la represión. Su único vicio era ser un fumador empedernido: en la oficina consumía un cigarrillo tras otro.

Permanecí en Helman y Michel unos cuantos meses, mientras estudiaba para el examen que me permitiría convertirme en un abogado de pleno derecho. Tras suspender varias veces, había abandonado mis esfuerzos por obtener el título de licenciado en Derecho por la Universidad de Witwatersrand. Opté por someterme al examen de aptitud con el fin de poder ejercer y ganar el dinero suficiente para mantener a mi familia. Por aquel entonces vivía con nosotros mi hermana, y mi madre estaba de visita en casa. El salario de Evelyn como enfermera en prácticas, más mi miserable nómina, no era dinero suficiente para mantenernos a todos calientes y alimentados.

Cuando superé el examen entré a trabajar como abogado en ejercicio en el bufete de H. M. Basner. Basner había sido representante de los africanos en el Senado, uno de los primeros miembros del Partido Comunista, y era un apasionado defensor de los derechos de los africanos. Como abogado, se dedicaba a defender a los líderes y sindicalistas africanos. Durante los meses que trabajé para él asistí a menudo a los tribunales en representación de los muchos clientes negros de la firma. El señor Basner era un jefe excelente que, siempre y cuando realizara mi trabajo, me animaba a seguir adelante con mi lucha política. Tras la experiencia obtenida en su bufete, me sentí preparado para establecerme por mi cuenta.

En agosto de 1952 abrí mi propio bufete. El éxito inicial se debió, en gran medida, a Zubeida Patel, mi secretaria. La había conocido cuando entró a trabajar en el bufete de Basner como sustituta de una secretaria que hablaba afrikaans, la señorita Koch, que se había negado a aceptar que yo le dictara. Zubeida, que era la esposa de mi amigo Cassim Patel, un miembro del Congreso Indio, carecía del más mínimo sentido de la separación por colores. Tenía un gran círculo de amigos y conocía a mucha gente en el mundo de la abogacía. Cuando me establecí por mi cuenta aceptó trabajar para mí y trajo a mi bufete gran cantidad de clientes.

Oliver Tambo trabajaba por aquel entonces para una firma llamada Kovalsky y Tuch. Le visitaba a menudo durante la hora de la comida y convertí en una cuestión de principios sentarme en los sillones de la sala de espera sólo para blancos. Oliver y yo éramos muy buenos amigos y durante la hora de la comida discutíamos fundamentalmente sobre cuestiones del CNA. Me había impresionado en Fort Hare, donde había percibido su inteligencia y su agudeza para el debate. Con su estilo frío y lógico, era capaz de demoler los argumentos de sus oponentes. Éste es precisamente el tipo de inteligencia que resulta útil ante un tribunal. Antes de entrar en Fort Hare había sido un estudiante brillante en la escuela de St. Peter's, en Johannesburgo. Su sosegada objetividad era un antídoto para mis reacciones más emocionales ante las cuestiones que se nos planteaban. Oliver era profundamente religioso y durante mucho tiempo había pensado dedicarse al sacerdocio. Era también mi vecino: procedía de Bizana, en Pondolandia, una parte del Transkei, y su rostro mostraba las cicatrices características de su tribu. Nos pareció natural trabajar juntos y le pedí que se uniera a mí. Unos meses después, cuando Oliver consiguió abandonar su trabajo, abrimos nuestro propio bufete en el centro de Johannesburgo.

Nos instalamos en Chancellor House, un pequeño edificio justo enfrente del grupo escultórico en mármol, que representa la Justicia, que hay delante del Tribunal. La placa de bronce que adornaba la puerta de nuestra oficina rezaba: "Mandela y Tambo". El edificio, propiedad de unos indios, era uno de los pocos lugares de la ciudad en donde los africanos podían alquilar locales para oficinas.

Desde el principio, Mandela y Tambo se vieron inundados de clientes. No éramos los únicos abogados africanos de Sudáfrica, pero sí eramos el único bufete de abogados africanos. Para los africanos suponíamos, a la vez, la primera opción y el último recurso. Antes de llegar cada mañana a nuestro despacho teníamos que abrirnos paso a través de una multitud que abarrotaba el vestíbulo, los pasillos, las escaleras y nuestra pequeña sala de espera.

Los africanos necesitaban desesperadamente ayuda legal. Era un delito atravesar una puerta "sólo para blancos", montar en un autobús "sólo para blancos", beber de una fuente "sólo para blancos" o caminar por una calle "sólo para blancos". También era un delito no tener una cartilla de pase, así como que en la libreta en cuestión figurara una firma equivocada; era delito estar desempleado y también trabajar en el lugar equivocado; era delito vivir en ciertos lugares y era delito no tener donde vivir.

Todas las semanas hablábamos con ancianos venidos del campo que nos contaban que sus familias habían trabajado durante generaciones un trozo de tierra casi yerma del que iban a ser desahuciados. Todas las semanas hablábamos con ancianas que fabricaban cerveza africana como forma de complementar sus miserables ingresos y por ello se enfrentaban a penas de cárcel y a multas que no podían pagar. Todas las semanas hablábamos con personas que habían vivido en la misma casa durante décadas para encontrarse ahora con que el área donde estaba enclavada había sido declarada zona blanca y se les obligaba a abandonarla sin indemnización alguna. Todos los días escuchábamos y éramos testigos de los miles de humillaciones a las que se veían sometidos durante toda su vida los africanos de a pie.

Oliver tenía una prodigiosa capacidad de trabajo. Pasaba mucho tiempo con cada cliente, no tanto por motivos profesionales como porque era un hombre con una paciencia y compasión sin límites. Se involucraba en los casos y las vidas de sus clientes. Le emocionaba tanto la situación de las masas en su conjunto como la de todas y cada una de las personas con las que entraba en contacto. No tardé en comprender lo que significaba Mandela y Tambo para el africano común. Era un lugar al que podían acudir en busca de una actitud comprensiva y de un aliado competente. Era un lugar en el que no eran rechazados ni engañados, donde de hecho podían sentirse seguros al ser representados por gente de su propio color. Éste era el motivo por el que originalmente había decidido hacerme abogado, y mi trabajo me hacía reafirmarme a menudo en la idea de que había tomado la decisión correcta.

Con frecuencia nos hacíamos cargo de media docena de casos en una mañana, y pasábamos todo el día yendo y viniendo a los tribunales. En algunos se nos trataba con cortesía, en otros con desprecio. Aunque ejercíamos nuestra profesión y presentábamos casos, siempre supimos que por buenos que fuéramos como abogados jamás llegaríamos a ser fiscales, magistrados o jueces. La competencia de los profesionales con los que tratábamos no era superior a la nuestra, pero su autoridad era respaldada y preservada por el color de su piel.

Enfrentarnos a los propios tribunales era el pan nuestro de cada día. Era habitual que los testigos blancos se negaran a responder a las preguntas de un abogado negro. En lugar de condenarles por desacato, el magistrado se limitaba a hacer las preguntas que se negaban a contestarnos. Yo citaba con frecuencia a policías y les invitaba a subir al estrado de los testigos para interrogarles. Aunque incurrieran en contradicciones y falsedades, jamás me consideraban otra cosa que un "abogado *kaffir*".

Recuerdo que en una ocasión, al comenzar un juicio, se me pidió que me identificara. Esto era lo acostumbrado y respondí: "Soy Nelson Mandela y represento al acusado". El juez me replicó: "No le conozco, ¿dónde está la certificación que le acredita?". Esa certificación es el historiado diploma que uno enmarca y cuelga de la pared. No es algo que un abogado lleve nunca consigo. Era como pedirle a alguien que presentara su título universitario. Solicité del magistrado que iniciara la vista, asegurándole que más adelante le mostraría mi diploma. Pero él se negó a hacerlo, llegando al extremo de decirle a un ujier que me echara de la sala.

Aquello representaba una clara violación de las normas procesales. La cuestión llegó finalmente hasta el Tribunal Supremo, y mi amigo George Bizos, abogado defensor, se encargó de representarme. Durante la vista, el juez que presidía la sala criticó la conducta del anterior magistrado y ordenó que se hiciera cargo del caso uno diferente.

Ser abogado tampoco era una garantía de respeto fuera de los tribunales. Un día, cerca de donde teníamos nuestro despacho, vi a una anciana blanca cuyo automóvil estaba bloqueado entre otros dos. Me acerqué y empujé el coche ayudándola a dejarlo libre. La mujer, que hablaba inglés, se volvió hacia mí y me dijo: "Gracias, John". Éste era el apelativo que empleaban los blancos para dirigirse a cualquier africano cuyo nombre no conocían. Seguidamente, me tendió una moneda de seis peniques que rechacé educadamente. Ella insistió y volví a rechazarla. Entonces, exclamó: "¿Rechazas seis peniques? ¿Qué esperas, un chelín? ¡Pues no pienso dártelo!". A continuación, me tiró la moneda y partió en su automóvil.

Antes de un año, Oliver y yo descubrimos que según la ley de Áreas Urbanas no se nos permitía ocupar oficinas en la ciudad sin una autorización ministerial. Cursamos una solicitud que fue rechazada y, a cambio, recibimos un permiso provisional bajo la ley de Áreas para los Grupos que expiró poco tiempo después. Los responsables se negaron a renovarlo insistiendo en que trasladáramos nuestras oficinas a una zona de negros, que quedaba a muchos kilómetros de distancia y era virtualmente inalcanzable para nuestros clientes. Interpretamos esto como un intento por parte de las autoridades de quitarnos de en medio, y seguimos ocupando nuestra oficina ilegalmente, con la amenaza del desahucio pendiendo sobre nuestras cabezas como la espada de Damocles.

Trabajar como abogado en Sudáfrica significaba actuar en el seno de un sistema de justicia envilecido y atenerse a un código legal que no se basaba en la igualdad sino en todo lo contrario. Uno de los ejemplos más perniciosos era la ley de Registro de la Población, que definía esa desigualdad. En una ocasión me hice cargo del caso de un mestizo que había sido clasificado inadvertidamente como africano. Había combatido por Sudáfrica en el norte de África y en Italia durante la II Guerra Mundial, pero tras su regreso, un burócrata blanco le había reclasificado como africano. Éste no era un caso en absoluto atípico en Sudáfrica y representaba para mí un auténtico rompecabezas moral. Yo no aprobaba ni reconocía los principios que amparaban aquella ley de Registro de la Población, pero mi cliente necesitaba un representante y había sido censado como algo que no era. Existían multitud de ventajas prácticas en ser clasificado como mestizo en vez de como africano, tales como el hecho de que los mestizos no tenían obligación de llevar pases.

En su nombre, apelé a la Junta de Clasificación, que se encargaba de los casos relacionados con la citada ley de Registro. La Junta estaba formada por un magistrado y otros dos funcionarios, todos ellos blancos.

Yo disponía de abrumadoras pruebas documentales para respaldar el caso de mi cliente, y el fiscal indicó formalmente que no se opondría a nuestra apelación. Pero el juez pareció ignorar tanto la evidencia presentada como la posición adoptada por el fiscal. Se quedó mirando fijamente a mi cliente y le pidió groseramente que se diera la vuelta hasta quedar de espaldas al estrado. Tras examinar los hombros caídos de mi cliente hizo un gesto de asentimiento a los otros magistrados y aceptó la apelación. Desde el punto de vista de las autoridades blancas de aquel entonces, los hombros caídos eran uno de los estereotipos físicos de los mestizos. Así fue como el devenir de la vida de aquel hombre dependió exclusivamente de la opinión de un juez sobre la estructura de sus hombros. Intervinimos en muchos casos relacionados con la brutalidad policial, aunque nuestros éxitos fueron muy escasos. Las agresiones policiales eran siempre difíciles de probar, ya que tenían la astucia de retener a los prisioneros el tiempo suficiente para que sus heridas y hematomas sanaran y, a menudo, se trataba de la palabra de nuestro cliente contra la de un policía. Naturalmente, los magistrados se ponían siempre de parte de los agentes. El veredicto del forense en casos de muerte bajo custodia policial decía a menudo: "Muerte debida a múltiples causas", o alguna otra explicación vagorosa que libraba de culpa a los responsables.

Siempre que tenía algún caso fuera de Johannesburgo solicitaba el levantamiento temporal de mi proscripción, cosa que se me concedía con frecuencia. Por ejemplo, viajé al este del Transvaal para defender a un cliente en la ciudad de Carolina. Mi llegada causó sensación, ya que mucha gente jamás había visto antes a un abogado africano. Fui calurosamente recibido por el juez y el fiscal, y el juicio tardó en empezar ya que me hicieron multitud de preguntas acerca de mi carrera y de cómo me había convertido en abogado. La sala estaba también llena de público curioso.

En una ciudad próxima, me encargué de la defensa de un hechicero local acusado de brujería. El caso atrajo una gran multitud, aunque no para verme, sino para averiguar si las leyes del hombre blanco se podían aplicar a un *sangoma*. Se trataba de un curandero que tenía una enorme influencia en la zona, y mucha gente le reverenciaba y le temía a la vez. En un momento dado, mi cliente estornudó violentamente y se produjo una estampida en el tribunal. La mayor parte de los observadores creyeron que estaba lanzando un hechizo. Fue declarado inocente, pero sospecho que la gente de la localidad atribuyó esto no a mi habilidad profesional, sino al poder de las hierbas del hechicero.

Como abogado, podía llegar a ser bastante llamativo en los tribunales. No actuaba como un negro en un tribunal de blancos, sino como si

todo el mundo —blanco o negro— fuera un invitado en mi propio tribunal. En el desarrollo de las vistas, a menudo hacía gestos aparatosos y
utilizaba un lenguaje de altos vuelos. Me mostraba puntilloso respecto a
todas las normas procesales, aunque en ocasiones empleaba prácticas
poco ortodoxas con los testigos. Disfrutaba con los interrogatorios y, a
menudo, sacaba provecho de la tensión racial. La zona destinada al público solía estar atestada, ya que la gente de los suburbios asistía a los
juicios como forma de entretenimiento.

Recuerdo que en una ocasión defendí a una mujer africana empleada
como trabajadora doméstica en la ciudad. Estaba acusada de robar ropa
a su señora. La ropa supuestamente sustraída estaba expuesta en la sala
sobre una mesa. Tras el testimonio de la "señora" comencé el contrainterrogatorio. Me aproximé a la mesa y examiné la ropa. Después, con la
punta de un lápiz, levanté una prenda de ropa interior femenina. Me
volví lentamente hacia el estrado blandiendo unas bragas y me limité a
preguntar: "Señora, ¿es esto suyo?". "No", replicó ella apresuradamente, demasiado azorada para admitir que lo fueran. Gracias a esta respuesta y a otras contradicciones en las que incurrió, el juez dio por so-
breseída la causa.

17

A UNOS SEIS KILÓMETROS AL OESTE de Johannesburgo, en la
ladera de un afloramiento rocoso que se alza junto a la ciudad, se encontraba el *township* africano de Sophiatown. El padre Trevor Huddleston,
uno de los mejores amigos del suburbio, comparó en una ocasión Sophiatown con una ciudad de las colinas de Italia. Desde lejos, el lugar resultaba en efecto muy atractivo, con sus casas de tejados rojos muy juntas, las
volutas de humo que se elevaban hacia el cielo rosado y los gomeros que
rodeaban el emplazamiento. De cerca, era posible ver la pobreza y miseria
en la que vivía buena parte de los habitantes de Sophiatown. Las calles
eran estrechas, sin pavimentar, y cada solar estaba ocupado por docenas de
chabolas arracimadas.

Sophiatown formaba parte de los llamados *townships* occidentales, junto con Martindale y Newclare. Originalmente, la zona iba a haber sido
asignada a los blancos. De hecho, un constructor llegó a levantar en ella
una serie de casas para compradores blancos. No obstante, debido a la pre-

sencia en las inmediaciones de un vertedero municipal, los blancos prefirieron vivir en otros lugares. A regañadientes, el constructor vendió sus casas a los africanos. Sophiatown era uno de los pocos lugares del Transvaal donde los africanos podían comprar solares antes de la aprobación, en 1923, de la ley de Áreas Urbanas. Muchas de aquellas viejas casas de ladrillo y piedra, con sus porches de techo de hojalata, seguían aún en pie en Sophiatown, dando al suburbio un aire de elegancia muy al estilo del Viejo Mundo. Al ir creciendo la industria en Johannesburgo, Sophiatown se convirtió en el hogar de una fuerza de trabajo africana en rápida expansión. Era un lugar cómodo y próximo a la ciudad. Los trabajadores vivían en chabolas erigidas en los patios traseros y delanteros de otras residencias más antiguas. En una única chabola podían llegar a vivir varias familias. Un grifo servía para abastecer hasta a cuarenta personas. A pesar de su pobreza, Sophiatown tenía un carácter especial. Para los africanos era como la Rive Gauche parisina o el Greenwich Village neoyorquino, el hogar de escritores, artistas, médicos y abogados. Era a la vez una barriada bohemia y convencional, vitalista y tranquila. Era el hogar de gente como el doctor Xuma, que tenía allí su consulta, pero también de *tsotsis* (gánsters) diversos, al estilo de los berlineses y los norteamericanos, que adoptaban los nombres de estrellas del cine americano como John Wayne y Humphrey Bogart. Podía presumir de tener la única piscina para niños africanos de todo Johannesburgo.

En Johannesburgo, el plan de eliminación de los *townships* occidentales supuso la evacuación forzosa de Sophiatown, Martindale y Newclare, que tenían una población total de entre sesenta y cien mil personas. En 1953, el gobierno del National Party había adquirido una extensión de tierra, llamada Meadowlands, situada a unos veinte kilómetros de la ciudad. Los habitantes serían realojados allí con arreglo a su clasificación en siete "grupos étnicos" diferentes. La excusa ofrecida por las autoridades era su pretensión de erradicar el chabolismo. Esto no era más que una cortina de humo para ocultar la auténtica política del gobierno, que consideraba que todas las áreas urbanas pertenecían a los blancos y que los africanos eran sólo residentes provisionales.

El gobierno se hallaba sometido a presiones de sus simpatizantes en las zonas aledañas a Westdene y Newlands, que eran zonas blancas comparativamente pobres. Aquellos blancos de clase trabajadora envidiaban algunas de las magníficas casas que eran propiedad de los negros en Sophiatown. El gobierno deseaba controlar los movimientos de todos los africanos, y tal control resultaba infinitamente más difícil en los suburbios urbanos de propiedad libre, donde los negros podían ser propietarios y la gente iba y venía a su antojo. Aunque el sistema de pases seguía todavía en vigor, no era necesario un permiso especial para entrar en un *township* de propiedad libre, como ocurría en el caso de los de propiedad municipal. Los africanos llevaban viviendo y siendo propietarios en Sophiatown más de cincuenta años. Ahora, el gobierno planeaba, sin el menor escrúpulo, realojar a todos los residentes africanos del lugar en otro asentamiento para negros. Hasta tal punto resultaba cínico el plan de las autoridades, que el realojo iba a tener lugar antes de que se construyeran casas para acomodar a los evacuados. El desahucio de los habitantes de Sophiatown había de ser la primera prueba de fuerza importante para el CNA y sus asociados tras la Campaña de Desafío.

Aunque el proyecto de realojamiento del gobierno para Sophiatown se había iniciado en 1950, los esfuerzos del CNA por combatirla no comenzaron en serio hasta 1953. Mediado el año, las ramas locales del CNA y el CIT, y la asociación local de contribuyentes, empezaron a organizar la resistencia popular. Las ejecutivas provinciales del CNA y el CIT convocaron un mitin público en el cine Odin de Sophiatown en junio de 1953 para discutir las formas de oponerse al realojo. Fue una reunión animada y exultante a la que asistieron más de mil doscientas personas, ninguna de las cuales pareció sentirse intimidada por la presencia de docenas de policías armados hasta los dientes.

Pocos días antes de la cita, tanto la orden de proscripción de Walter como la mía habían expirado. Esto significaba que ya no había nada que nos impidiera asistir a reuniones o hablar en ellas. Inmediatamente se dispuso todo para que participara en la concentración.

Poco antes del comienzo del mitin, un oficial de policía nos vio a Walter y a mí hablar con el padre Huddleston, uno de los líderes de la oposición al realojo, en el exterior del local. El policía nos informó que como proscritos no teníamos derecho a estar allí, y acto seguido ordenó a sus hombres que nos arrestaran. El padre Huddleston gritó a los policías que se dirigían hacia nosotros: "No, tendréis que arrestarme a mí, muchachos". El oficial ordenó al padre Huddleston que se hiciera a un lado, pero él se negó. Mientras los policías apartaban al sacerdote le dije al oficial: "Debería asegurarse antes de actuar. Tenga cuidado porque si nuestra proscripción ha expirado ésta podría ser una detención ilegal. ¿Cree usted que estaríamos aquí esta noche si no fuera así?".

Las deficiencias de los registros policiales eran públicas y notorias. A menudo ni siquiera sabían cuándo había expirado una orden de proscripción. El oficial era tan consciente de aquel problema como lo era yo.

Meditó mis palabras y a continuación les dijo a sus hombres que se retiraran. Se hicieron a un lado cuando penetramos en el edificio.

En el interior, la actitud de los policías era provocadora y despectiva. Armados con pistolas y rifles se pavoneaban por el vestíbulo empujando a la gente y haciendo comentarios insultantes. Yo estaba sentado en el escenario con otro grupo de líderes y cuando el mitin estaba a punto de empezar vi al mayor Prinsloo avanzar jactanciosamente por el acceso al escenario acompañado de un grupo de hombres armados. Atraje su mirada e hice un gesto como diciendo: "¿Va conmigo?". Él negó con la cabeza. A continuación se dirigió al podio donde Yusuf Cachalia había empezado ya a hablar y ordenó a los agentes que le acompañaban que le detuvieran. Le cogieron por los brazos y empezaron a arrastrarle hacia el exterior. Afuera, la policía había detenido ya a Robert Resha y a Ahmed Kathrada.

Los asistentes al acto empezaron a gritar y a abuchearles y comprendí que la cosa podía ponerse muy fea si aquella multitud no conseguía controlarse. Salté hacia el micrófono y empecé a cantar una canción de protesta muy conocida. En cuanto pronuncié las primeras palabras el público allí presente me secundó con entusiasmo. Temía que la policía abriera fuego si la gente que había asistido al acto adoptaba una actitud agresiva.

Todos los domingos por la tarde, el CNA celebraba reuniones en Freedom Square, en el centro de Sophiatown, para movilizar a la gente contra el realojo. Eran concentraciones enardecedoras salpicadas por gritos repetidos de *"Asihambi!"* (¡No nos echarán!) y *"Sophiatown likhaya lam asihambi!"* (Sophiatown es nuestro hogar. No nos echarán). En aquellas concentraciones intervenían miembros destacados del CNA, propietarios, inquilinos, concejales de la ciudad y, a menudo, el padre Huddleston, que hizo caso omiso de las advertencias de la policía, que le exigía que se mantuviera al margen y se dedicara a los asuntos de la Iglesia.

Un domingo por la noche, poco después del incidente del cine Odin, tenía previsto hablar en Freedom Square. En aquella ocasión, la multitud estaba enardecida, y sus emociones sin duda repercutieron sobre las mías. Había gran cantidad de jóvenes entre los presentes, y se mostraban iracundos y ansiosos por entrar en acción. Como de costumbre, había un gran número de policías rodeando la zona. Iban equipados con armas y lápices, estos últimos para tomar nota de quién hablaba y de lo que decía. Intentamos sacar partido a la situación, expresándonos tan abiertamente como era posible para demostrar a la policía que, de hecho, no teníamos nada que ocultar, ni siquiera hasta qué punto nos desagradaba su presencia.

Empecé hablando sobre el carácter crecientemente represivo del estado tras la Campaña de Desafío. Dije que al gobierno le asustaba el poder del pueblo africano. Según iba hablando empecé a sentirme cada vez más indignado. En aquellos días me comportaba hasta cierto punto como un agitador cuando me dirigía a las multitudes. Me gustaba enardecer a mis oyentes, y eso fue lo que hice aquella noche.

Fui demasiado lejos en mi condena de las autoridades por su crueldad y su desprecio hacia la justicia. Dije que había llegado el momento de ir más allá de la resistencia pasiva, que la no violencia era una estrategia inútil y que jamás podría derribar a un régimen de la minoría blanca empeñado en conservar el poder a cualquier precio. Al fin y a la postre, añadí, la violencia era la única arma que podría destruir el *apartheid*, y debíamos estar dispuestos a utilizarla en un futuro próximo.

La multitud estaba excitada; los jóvenes sobre todo daban palmas y me vitoreaban. Estaban dispuestos a poner en práctica allí mismo lo que había dicho. Llegados a este punto empecé a entonar un canto de libertad cuya letra dice: "Ahí está el enemigo, tomemos nuestras armas y ataquémosle". La gente empezó a dar alaridos y a hacer gestos agresivos en dirección a los policías. Éstos parecían nerviosos y unos cuantos me señalaron como diciendo: "Mandela, te acordarás de esto". No me importó. En el acaloramiento del momento no pensé en las consecuencias de mis palabras, pero las que pronuncié aquella noche no habían surgido de la nada. Llevaba algún tiempo pensando en el futuro. El gobierno estaba adoptando medidas cada vez más feroces para impedir que volviera a ocurrir algo semejante a la Campaña de Desafío. Yo había empezado a analizar las posibilidades de acción en términos diferentes. La ambición del CNA era librar una lucha de masas, incorporar a los trabajadores y campesinos de Sudáfrica a una campaña tan amplia y poderosa que hiciera posible superar el *statu quo* de la opresión blanca. Por su parte, el gobierno estaba haciendo imposible toda expresión legal de disensión o protesta. Yo había comprendido que acabarían impidiendo sin ambages toda oposición legítima por parte de la mayoría africana. El estado policial estaba en ciernes.

Empezaba a sospechar que pronto serían inviables tanto las protestas legales como las ilegales. En India, Gandhi se enfrentó a una potencia extranjera que, en última instancia, era mucho más realista y tenía una mayor visión de futuro que el gobierno de los afrikáners en Sudáfrica. La resistencia pasiva no violenta es eficaz en la medida en que los oponentes se adhieren a las mismas reglas que uno. Pero si la respuesta a una protesta pacífica es la violencia, su eficacia desaparece. Para mí, la no violencia no era un principio moral inviolable, sino una estrategia. No existe bondad moral alguna en recurrir a un arma ineficaz. No obstante, mis ideas sobre el tema aún no estaban formadas y me había precipitado al hablar.

Ése fue, desde luego, el criterio del Comité Ejecutivo Nacional. Cuando tuvieron noticia de mi discurso recibí una severa reprimenda por defender medidas tan radicalmente alejadas de la política oficial de la organización. Aunque algunos miembros del comité simpatizaban con mis planteamientos, nadie podía respaldar la forma intempestiva en que los había expuesto. La ejecutiva me reprendió, señalando que las medidas que tan impulsivamente había propuesto eran no sólo prematuras sino también peligrosas. Palabras así podían hacer que el enemigo aplastara a la organización mientras era aún fuerte y nosotros seguíamos siendo débiles. Acepté la censura, y a partir de ese momento defendí fielmente en público la política de la no violencia. Pero en el fondo de mi corazón sabía que no era la respuesta.

En aquellos días, tuve dificultades a menudo con la ejecutiva. A comienzos de 1953, el jefe Luthuli, Z. K. Matthews y un puñado de dirigentes del CNA fueron invitados a una reunión con un grupo de blancos que se encontraban en pleno proceso constituyente del Liberal Party. Posteriormente se celebró una reunión de la ejecutiva del CNA en la que unos cuantos solicitamos información sobre el encuentro mantenido con los liberales blancos. Los que habían asistido a él se negaron a dárnosla, diciendo que habían sido invitados a título personal, no como miembros del CNA. Seguimos presionándoles y, finalmente, el profesor Matthews, que era abogado, dijo que había sido una conversación confidencial. En pleno ataque de indignación exclamé: "¿Qué clase de líderes sois si podéis discutir con un grupo de liberales blancos y luego no compartir la información con vuestros colegas del CNA? ¡Ése es vuestro problema: os mostráis asustados y sobrecogidos ante el hombre blanco y valoráis su compañía más que la del africano!". Esta explosión encendió la ira tanto del profesor Matthews como del jefe Luthuli. En primer lugar respondió el profesor Matthews: "Mandela, ¿qué sabes tú de los blancos? Yo te he enseñado todo lo que sabes sobre ellos y sigues siendo un ignorante. Acabas de salir del cascarón". Luthuli ardía con una fría cólera y me dijo: "Está bien, si me acusas de tener miedo al hombre blanco no me queda más recurso que dimitir. Si es eso lo que estás diciendo, eso es lo que voy a hacer". No tenía forma de saber si se trataba o no de un farol, pero su amenaza me asustó. Había hablado sin pensar, sin sentido de la responsabilidad, y ahora lo lamentaba enormemente.

Retiré mis palabras de inmediato y pedí excusas. No era más que un hombre joven que intentaba compensar su ignorancia con su entusiasmo como militante.

En la época de mi discurso en Sophiatown, Walter me comunicó que había sido invitado a asistir como huésped de honor al Festival Mundial de la Juventud y los Estudiantes por la Paz y la Amistad en Bucarest. El momento en que se produjo la invitación no dio prácticamente oportunidad a Walter de consultar el asunto con el Comité Ejecutivo Nacional. Yo estaba entusiasmado con la idea de que fuera y le animé a hacerlo, tanto si conseguía ponerlo en conocimiento de la ejecutiva como si no. Walter decidió asistir y le ayudé a conseguir un documento que hacía las veces de pasaporte, un papel que demostraba su identidad y ciudadanía (el gobierno jamás le habría concedido un pasaporte). El grupo, encabezado por Walter Sisuli y Duma Nokwe, viajó con las únicas líneas aéreas dispuestas a aceptar tal documento: las líneas aéreas israelíes El Al.

A pesar de la reprimenda de la ejecutiva, estaba convencido de que la política del gobierno no tardaría en convertir la no violencia en una medida aún más limitada e ineficaz. Walter conocía mi opinión y antes de partir le hice una sugerencia: que intentara organizar una visita a la República Popular China para discutir la posibilidad de que nos abastecieran con armas para la lucha armada. A Walter le gustó la idea y me prometió intentarlo.

Fue algo que hice totalmente por mi cuenta y los métodos empleados habían sido enormemente heterodoxos. En alguna medida, eran actos de un revolucionario de cabeza caliente que no había pensado bien las cosas y actuaba con absoluta falta de disciplina. Eran palos de ciego desesperados de un hombre frustrado por la immoralidad del *apartheid* y por la crueldad del estado que lo propiciaba.

La visita de Walter desató una tormenta en el seno de la ejecutiva. Yo me hice cargo de transmitir personalmente sus excusas. No mencioné mi solicitud secreta. Luthuli puso objeciones a la violación del código de conducta del CNA, y el profesor Matthews expresó su consternación por la visita de Walter a un país socialista. La ejecutiva se mostraba escéptica acerca de las motivaciones de Walter y puso en duda mi explicación de las circunstancias. Unos cuantos querían censurarnos formalmente a Walter y a mí, pero al final no lo hicieron.

Walter consiguió llegar hasta China, cuyos dirigentes le recibieron calurosamente. Le transmitieron su apoyo a nuestra causa, pero se mostraron desconfiados y cautelosos cuando planteó la idea de la lucha armada. Le advirtieron que se trataba de una empresa extremadamente difícil y cuestionaron que nuestro movimiento de liberación estuviera suficientemente maduro como para justificar semejante medida. Walter regresó con palabras de apoyo, pero sin armas.

18

EN JOHANNESBURGO me había convertido en un urbanita. Llevaba trajes elegantes, conducía un Oldsmobile colosal y me movía como pez en el agua a través de las callejuelas de la ciudad. Viajaba a diario hasta una oficina en el centro, pero de hecho seguía siendo en el fondo un chico de pueblo. Nada me reconfortaba tanto como la contemplación del cielo azul, del *veld* que se extendía ante mí y de la verde hierba. En septiembre, una vez caducada mi orden de proscripción, decidí aprovechar mi recién recobrada libertad y tomarme un descanso fuera de la ciudad. Acepté un caso en la pequeña aldea de Villiers, en el Estado Libre de Orange.

El viaje en coche desde Johannesburgo a Orange solía llevar varias horas, y emprendí el camino desde Orlando a las tres de la madrugada, mi hora favorita para salir de viaje. Siempre he sido muy madrugador y a las tres de la mañana las carreteras están vacías y tranquilas; uno se encuentra a solas con sus pensamientos. Además, me gusta ver la llegada del amanecer, el paso de la noche al día, que resulta siempre majestuoso. Por otra parte, era una hora muy conveniente para salir de viaje, porque normalmente la policía brillaba por su ausencia.

La provincia del Estado Libre de Orange siempre ha ejercido sobre mí un efecto mágico, aunque algunos de los personajes más racistas de la población blanca lo consideren su hogar. Con su paisaje llano y polvoriento, que llega hasta donde la vista alcanza, la gran bóveda azul del cielo sobre la cabeza, las inacabables extensiones de campos de maíz amarillos, sus matorrales y arbustos, el paisaje del Estado Libre de Orange alegra mi corazón por muy deprimido que me encuentre. Cuando estoy allí siento como si nada pudiera encerrarme, que mis pensamientos pueden vagar hasta el mismísimo horizonte.

El lugar conservaba la impronta del general Charles R. de Wet, el brillante comandante bóer que derrotó a los británicos en docenas de batallas durante los meses finales de la guerra anglo-bóer. Fue un hombre que no

conocía el miedo, un hombre astuto y orgulloso. Habría sido uno de mis
héroes si hubiera combatido por los derechos de todos los africanos y no
sólo por los de los afrikáners. Era el paradigma de la valentía y un buen
ejemplo del ingenio de los indefensos. Él fue el motor que enfrentó a un
ejército poco sofisticado pero patriótico contra una máquina de guerra
probada y eficaz. Mientras conducía, me imaginaba los lugares donde se
había escondido el ejército del general de Wet y me preguntaba si algún
día serían utilizados por rebeldes africanos.

El viaje a Villiers me animó considerablemente, y cuando entré en el
pequeña sala del tribunal la mañana del 3 de septiembre estaba embar-
gado por un falso sentimiento de seguridad. Allí me esperaba un grupo
de policías. Sin decir palabra, me entregaron una orden amparada en la
ley de Supresión del Comunismo por la que se me exigía que dimitiera
del CNA. Igualmente, se restringían mis movimientos al distrito de Johannesburgo, prohibiéndome la asistencia a cualquier reunión o concentración durante dos años. No me sorprendió en absoluto la adopción
de tales medidas, pero no había esperado recibir una orden de proscripción en la remota aldea de Villiers.

Tenía treinta y cinco años, y aquellas nuevas —y más severas—
prohibiciones pusieron fin a un periodo de casi una década de participación directa en el CNA. Aquellos años habían sido testigos de mi con-
cienciación y mi desarrollo político, así como de mi incorporación gradual a la lucha, que se había convertido en el eje de mi vida. A partir de
aquel momento, todas mis acciones o planes en beneficio del CNA y a
favor de la lucha de liberación habrían de desarrollarse en la clandestinidad o la ilegalidad. Una vez recibida la orden, no tuve más opción que
regresar inmediatamente a Johannesburgo.

La proscripción me desplazó del centro a la periferia de la lucha, de un
papel fundamental a uno secundario. Aunque se me consultaba a menudo
y podía ejercer influencia sobre la orientación que habían de tomar los
acontecimientos, tenía que ejercerla a distancia, y sólo podía hacerlo cuando era expresamente consultado. Ya no me sentía como un órgano vital de
aquel organismo —el corazón, los pulmones o la espina dorsal— sino
como una extremidad amputada. Hasta los luchadores por la libertad, al
menos entonces, tenían que obedecer las leyes. En aquel momento, ser encarcelado por violar la proscripción habría sido inútil, tanto para mí como
para el CNA. No había llegado aún el momento en el que pasaríamos a
ser abiertamente revolucionarios, a combatir el sistema al precio que
fuese. Creíamos que era mejor organizarse clandestinamente que ir a la
cárcel. Cuando fui obligado a dimitir del CNA, la organización tuvo

que reemplazarme. En contra de mis deseos, no podía ya ejercer la autoridad que había llegado a poseer. Mientras conducía de vuelta a Johannesburgo, el paisaje del Estado Libre de Orange no tuvo sobre mí el mismo efecto euforizante que había tenido antes.

19

UN MES DESPUÉS de que recibiera la orden de proscripción había de celebrarse la Conferencia del Transvaal del CNA. Ya tenía preparado el borrador de mi discurso como presidente, que fue leído en la sesión por Andrew Kunene, un miembro de la ejecutiva. En aquel texto —resumido posteriormente bajo el lema "No hay camino fácil hacia la libertad", una frase tomada de Jawaharlal Nehru— afirmaba que era necesario preparar a las masas para otras formas de lucha política. Las nuevas leyes y tácticas del gobierno habían hecho que las viejas formas de protesta masiva —mítines públicos, declaraciones a la prensa, huelgas— resultaran extremadamente peligrosas y autodestructivas. Los periódicos se negaban a publicar nuestros comunicados y las imprentas a imprimir nuestros panfletos por miedo a ser perseguidos al amparo de la ley de Supresión del Comunismo. "Estos acontecimientos", escribí, "requieren la adopción de nuevas formas de lucha política. Los viejos métodos son hoy suicidas".

"El pueblo oprimido y los opresores están enfrentados. El día del ajuste de cuentas entre las fuerzas de la libertad y las de la reacción no está lejano. No tengo la menor duda de que cuando llegue ese momento prevalecerán la verdad y la justicia... Los sentimientos de la población oprimida nunca habían alcanzado tal grado de amargura. La grave situación del pueblo le obliga a enfrentarse hasta la muerte a la repugnante política de los delincuentes que gobiernan nuestro país... Derribar a los opresores es algo que la humanidad aprueba, y es la más elevada aspiración de todo hombre libre".

En abril de 1954, la Asociación de Abogados del Transvaal solicitó al Tribunal Supremo que mi nombre fuera borrado de la lista de profesionales acreditados, sobre la base de que las actividades políticas por las que había sido condenado tras la Campaña de Desafío equivalían a una conducta no profesional e indigna. Esto ocurrió en un momento en el que Mandela y Tambo era un floreciente bufete que asistía a los tribunales docenas de veces por semana.

Los documentos me fueron entregados en mi oficina. En cuanto se presentó e hizo pública la demanda en mi contra empecé a recibir ofertas de apoyo y ayuda. Me llegaron incluso ofrecimientos de unos cuantos abogados afrikáners muy conocidos. Muchos de ellos eran simpatizantes del National Party, pero opinaban que la solicitud era sesgada e injusta.

Su respuesta me hizo pensar que incluso en la Sudáfrica racista la solidaridad profesional puede en ocasiones trascender el color de la piel, y que seguían existiendo abogados y jueces que se negaban a convertirse en garantes mudos de un régimen inmoral.

Mi caso fue defendido por el competente abogado y funcionario Walter Pollack, presidente del Consejo de la Abogacía de Johannesburgo. Cuando acudí a solicitar sus servicios me recomendaron que recurriera también a alguien que no estuviera relacionado con nuestra lucha, ya que su presencia influiría positivamente en la asociación profesional del Transvaal. A tal fin contratamos los servicios, como encargado de la fase de instrucción, de William Aaronsohn, que dirigía uno de los bufetes más antiguos de Johannesburgo. Los dos aceptaron representarme gratuitamente. Adujimos que la querella era un afrenta a la justicia, y que yo tenía el derecho inalienable —el mismo que asistía a todos los ciudadanos en un estado respetuoso para con las leyes— de luchar por mis ideas políticas. Pero el argumento de mayor peso fue la referencia por parte de Pollack al caso de un hombre llamado Strijdom, que fue detenido durante la II Guerra Mundial junto con B. J. Vorster (que posteriormente llegó a ser primer ministro). Ambos habían sido internados por su postura pronazi. Tras un intento de fuga, Strijdom había sido considerado culpable del robo de un coche. Al ser liberado posteriormente, solicitó su readmisión como abogado defensor. A pesar de sus delitos y de las objeciones del Consejo de la Abogacía, el tribunal decidió admitirla sobre la base de que su ofensa era política y que no se puede prohibir a un hombre la práctica de la abogacía por sus creencias políticas. Pollack añadió: "Por supuesto, existen diferencias entre Strijdom y Mandela. Mandela no es miembro del National Party y no es blanco". El magistrado Ramsbottom, que estuvo a cargo del caso, era uno de esos jueces que se negaban a ser simples portavoces del partido en el gobierno y que defendían la independencia del poder judicial. Su veredicto fue totalmente favorable a nuestra solicitud. Opinó que tenía derecho a hacer campaña en favor de mis creencias políticas aunque fueran contrarias al gobierno, y archivó la demanda de la Asociación de Transvaal. Además, sentando un raro precedente, los demandantes tuvieron que pagar las costas.

20

LA CAMPAÑA DE SOPHIATOWN en contra del realojamiento fue una batalla larga. Mantuvimos nuestras posiciones y lo mismo hizo el estado. A todo lo largo de 1954 y hasta bien entrado 1955 se celebraron mítines y concentraciones dos veces por semana, los miércoles y los domingos por la noche. Orador tras orador denunciaban los planes del gobierno. El CNA y la asociación local de contribuyentes, bajo la dirección del doctor Xuma, protestaron ante las autoridades por medio de cartas y peticiones. La campaña contra el realojamiento recurrió al lema "Sobre nuestros cadáveres", el mismo que a menudo se gritaba desde los estrados y que era coreado por el público. Una noche incluso impulsó al doctor Xuma, que por lo demás era un hombre cauteloso, a pronunciar el enardecedor grito empleado el siglo pasado para convocar a la batalla a los guerreros africanos: *"Zemk' inkomo magwalandini!"* (¡El enemigo nos ha robado nuestro ganado, cobardes!).

El gobierno había fijado la fecha del realojo para el 9 de febrero de 1955. Al acercarse el día, Oliver y yo asistíamos a diario al suburbio donde nos reuníamos con líderes locales. Hacíamos planes y actuábamos profesionalmente en favor de quienes iban a ser expulsados o sometidos a juicio. Intentábamos probar ante los tribunales que la documentación aportada por el gobierno era a menudo incorrecta, y que muchas de las órdenes de desahucio eran, por consiguiente, ilegales. Pero esto no era más que una medida provisional. El gobierno no iba a permitir que unas pocas irregularidades interfirieran con sus planes.

Poco antes del programado realojamiento se organizó una asamblea multitudinaria especial en Freedom Square. Se reunieron diez mil personas para escuchar las palabras del jefe Luthuli, pero nada más llegar éste a Johannesburgo le fue entregada una orden de proscripción que le obligó a regresar a Natal.

La noche antes del realojamiento, Joe Modise, uno de los líderes locales del CNA más comprometido con la lucha, se dirigió a una tensa audiencia de más de quinientos jóvenes activistas. Éstos esperaban que el CNA les diera la orden de combatir contra la policía y el ejército. Estaban dispuestos a erigir barricadas de la noche a la mañana y a enfrentarse a la policía con armas y cualquier cosa que tuvieran a mano al día siguiente. Daban por supuesto que nuestro lema significaba literalmente lo que decía: que el desalojo de Sophiatown se produciría sobre nuestros cadáveres.

Tras largas discusiones con los líderes del CNA, entre los que me encontraba, Joe pidió a los jóvenes que se tranquilizaran. Reaccionaron con ira y se sintieron traicionados, pero en nuestra opinión el uso de la violencia habría sido un desastre. Hicimos hincapié en que una insurrección requería una planificación rigurosa, ya que en otro caso se convertiría en un suicidio. No estábamos aún listos para enfrentarnos al enemigo en sus propios términos.

Cuatro mil policías y soldados acordonaron el *township* en las brumosas horas del amanecer del 9 de febrero, mientras cuadrillas de trabajadores arrasaban las casas vacías y camiones del gobierno empezaban a trasladar familias desde Sophiatown a Meadowlands. La noche anterior, el CNA había evacuado a varias familias a alojamientos previamente acordados con otras familias simpatizantes del CNA en el interior de Sophiatown, pero nuestros esfuerzos fueron insuficientes y demasiado tardíos. Sólo fueron un parche. El ejército y la policía se mostraron inexorablemente eficientes. Al cabo de pocas semanas nuestra resistencia se derrumbó. La mayoría de nuestros líderes locales había sido proscrita o detenida, y al final Sophiatown sucumbió, no bajo los disparos, sino con el sonido de los camiones y las mazas de demolición.

Es fácil encontrar soluciones para una crisis política si uno está leyendo el periódico del día siguiente, pero cuando se está en el centro de una acalorada lucha queda poco tiempo para la reflexión. Cometimos diversos errores en la campaña contra el realojamiento de los asentamientos occidentales y aprendimos una serie de lecciones. "Sobre nuestros cadáveres", era un eslogan con gancho, pero resultó ser tanto un acicate como un obstáculo. Un lema es un eslabón vital entre la organización y las masas que ésta pretende organizar. Debe sintetizar una queja concreta en una frase sucinta y contundente, y debe movilizar a las masas para que luchen por sus reivindicaciones. Nuestro lema prendió en la imaginación de la gente, pero la llevó a creer que estábamos dispuestos a combatir hasta la muerte para oponernos al desalojo. De hecho, el CNA no estaba dispuesto a nada parecido. Jamás ofrecimos a la gente una alternativa al realojamiento en Meadowlands. Cuando los habitantes de Sophiatown comprendieron que no seríamos capaces de detener a las autoridades ni de ofrecerles refugio en algún otro lugar, su resistencia se desvaneció y el flujo de personas hacia Meadowlands fue en aumento. Muchos se mudaron voluntariamente, ya que descubrieron que dispondrían de más espacio y de alojamientos más higiénicos. No habíamos tenido en cuenta la diferencia entre la situación de los caseros y la de los inquilinos. Si bien los primeros tenían motivos para quedarse, gran parte de los segundos tenían buenos motivos para marcharse. El CNA fue criticado por muchos de sus miembros africanistas, que acusaron a la dirección de proteger los intereses de los propietarios a expensas de los intereses de los inquilinos.

Personalmente, la lección que aprendí de aquella campaña fue que, en última instancia, no teníamos más alternativa que la resistencia armada y violenta. Una y otra vez habíamos empleado todos los recursos no violentos de los que disponíamos en nuestro arsenal —discursos, delegaciones, amenazas, marchas, huelgas, encarcelamientos voluntarios— sin resultado alguno, ya que todas nuestras iniciativas eran aplastadas con mano de hierro. Un luchador por la libertad aprende, por el camino más duro, que es el opresor el que define la naturaleza de la lucha. Con frecuencia, al oprimido no le queda más recurso que emplear métodos que reflejan los empleados por su contrincante. A partir de un determinado momento, sólo es posible combatir el fuego con el fuego.

La educación es el gran motor del desarrollo personal. Sólo a través de ella la hija de un campesino puede convertirse en médico, el hijo de un minero puede llegar a ser director de la mina, o el de un granjero puede llegar a ser presidente de una gran nación. Lo que separa a una persona de otra es el partido que consigue sacar de lo que tiene a su disposición, no de lo que obtiene sin esfuerzo.

Desde el cambio de siglo, los africanos debían agradecer su limitado acceso a la educación fundamentalmente a las iglesias y misiones extranjeras que creaban y patrocinaban escuelas. Bajo el gobierno del United Party, el plan de estudios fijado para las escuelas secundarias africanas y blancas era exactamente el mismo. Los centros misionales ofrecían a los africanos una enseñanza al estilo occidental en lengua inglesa, como la que yo mismo había recibido. Nos enfrentábamos a la limitación impuesta por la escasez de medios, pero no a un recorte en lo que podíamos leer, pensar o soñar.

No obstante, incluso antes de que llegara al poder el National Party, las disparidades en la financiación son un reflejo de la historia de la educación racista. El gobierno invertía alrededor de seis veces más en cada estudiante blanco que en cada estudiante africano. La enseñanza no era obligatoria para los africanos y sólo era gratuita en los niveles primarios. Menos de la mitad de los niños africanos en edad escolar asistía al colegio, y tan sólo un reducido número de africanos se graduaba en un centro superior.

Incluso este limitado nivel de educación resultaba excesivo en opinión de los simpatizantes del National Party. El afrikáner siempre ha mostrado una considerable falta de entusiasmo por la formación de los africanos. Para él gastar dinero en ella no era más que un desperdicio, ya que, según él, el africano es inherentemente ignorante y perezoso, y no había educación capaz de remediar semejante tara. El afrikáner siempre se había mostrado hostil a la idea de que los africanos aprendieran inglés, ya que para él se trataba de una lengua extranjera y para nosotros era la lengua de la emancipación.

En 1953 el Parlamento dominado por el National Party aprobó la ley de Educación Bantú, que pretendía marcar la impronta del *apartheid* en la educación de los africanos. La ley transfería el control de la educación de los negros del Departamento de Educación al detestado Departamento de Asuntos Nativos. Según aquella ley, las escuelas primarias y secundarias africanas gestionadas por la Iglesia y las misiones tenían dos opciones: ceder sus escuelas al gobierno o recibir subsidios gradualmente menores. O el gobierno se hacía cargo de la educación de los africanos o ésta no existiría. A los maestros africanos no se les permitía criticar al gobierno ni a ninguna autoridad escolar. Era una *basskap* intelectual, un modo de institucionalizar la inferioridad.

El doctor Hendrik Verwoerd, ministro de Educación Bantú, explicaba que la escuela "debe preparar y enseñar a la gente con arreglo a sus oportunidades en la vida". Lo que quería decir era que los africanos no tenían, ni tendrían nunca, oportunidad alguna y, por consiguiente, ¿de qué servía educarles? "No hay lugar para el bantú en la comunidad europea por encima del nivel de determinadas formas de trabajo", manifestaba. En pocas palabras, a los africanos había que prepararles para ser trabajadores humildes, debían estar en una posición de perpetua subordinación al hombre blanco. Para el CNA, aquella ley era una medida extraordinariamente siniestra, cuyo objetivo era retardar el progreso de la cultura africana en su conjunto y, caso de ser implantada, hacer retroceder la lucha por la libertad del pueblo africano. Estaba en juego la visión del mundo de todas las generaciones futuras de africanos. Como escribió entonces el profesor Matthews: "La educación orientada a la ignorancia y la inferioridad en las escuelas de Verwoerd es peor que ninguna educación".

La ley y la descarnada exposición que de ella hizo Verwoerd despertó una indignación generalizada tanto entre los blancos como entre los negros. Con la excepción de la Iglesia reformada holandesa, que respaldaba el *apartheid,* y de la misión luterana, todas las Iglesias cristianas mostraron su oposición a aquella nueva medida. No obstante, el conjunto de la oposición se quedaba en la condena verbal de aquella política, no llegaba a oponerse a ella en la práctica. Los anglicanos, los más audaces y consistentes críticos de las nuevas medidas, estaban divididos. El obispo de Johannesburgo, Ambrose Reeves, adoptó la medida extrema de cerrar sus centros, que en total acogían a diez mil niños. Pero el arzobispo de la Iglesia en Sudáfrica, preocupado por mantener a los niños fuera de las calles, entregó el resto de los colegios al gobierno. A pesar de sus protestas, todas las demás Iglesias hicieron lo mismo, a excepción de la católica romana, la de los Adventistas del Séptimo Día y la Congregación Judía Reformada, que siguieron adelante aún sin ayuda estatal. Incluso mi propia Iglesia, la metodista wesleyana, puso sus doscientos mil estudiantes africanos en manos del gobierno. Si todas las demás Iglesias hubieran seguido el ejemplo de aquellas que resistieron, el gobierno se habría enfrentado a una situación que podría haber forzado una solución de compromiso. En lugar de ello, el estado nos pisoteó sin misericordia.

La transferencia del control de las escuelas al Departamento de Asuntos Nativos debía tener lugar el 1 de abril de 1955. El CNA discutía planes para un boicot escolar que habría de comenzar ese mismo día. Nuestras deliberaciones secretas en la ejecutiva giraban en torno a si debíamos convocar al pueblo para una protesta durante un periodo limitado de tiempo o si debíamos proclamar un boicot permanente para destruir la ley de Educación Bantú antes de que pudiera arraigar. Las discusiones fueron feroces y ambas posturas tenían poderosos defensores. El razonamiento en favor de un boicot indefinido se basaba en que la ley era un veneno que no se podía beber ni siquiera estando al borde de morir de sed. Aceptarla en cualquier forma produciría daños irreparables. Se aducía que el país estaba en una situación explosiva, y que el pueblo esperaba ansioso algo más espectacular que una simple protesta.

Aunque mi reputación era la de ser un agitador, siempre pensé que la organización jamás debía prometer más que lo que fuese capaz de conseguir, ya que, en caso contrario, el pueblo perdería su confianza en ella. Adopté la posición de que nuestras acciones debían basarse no en consideraciones idealistas sino en cuestiones prácticas. Un boicot indefinido requeriría una maquinaria gigantesca y enormes recursos que no poseíamos. Nuestras campañas previas no mostraban indicación alguna de que estuviéramos a la altura de semejante proyecto. Era sencillamente imposible que creáramos nuestros propios colegios con la suficiente rapidez como para dar acomodo a cientos de miles de alumnos, y si no ofrecíamos una alternativa a nuestro pueblo, en la práctica no le estábamos ofreciendo nada. Junto con otros, me pronuncié en favor de un boicot de una semana de duración.

El Comité Ejecutivo Nacional adoptó la resolución de que comenzara un boicot de una semana el 1 de abril. Ésta fue la recomendación hecha en la Conferencia anual celebrada en Durban en diciembre de 1954, pero los delegados rechazaron la propuesta y votaron a favor de un boicot indefinido. La Conferencia constituía la autoridad suprema, superior incluso a la autoridad de la ejecutiva, y nos encontramos a cargo de un boicot que sería casi imposible de llevar a la práctica. El doctor Verwoerd anunció que el gobierno clausuraría definitivamente todos los colegios que fueran boicoteados, y que los niños que no asistieran al colegio no serían readmitidos.

Para que el boicot funcionara, los padres y la comunidad tendrían que participar y ocupar el lugar de los colegios. Hablé con los padres y con miembros del CNA para decirles que cada hogar, cada choza, cada comunidad, debía convertirse en un centro de estudio para nuestros niños.

El boicot comenzó el 1 de abril y tuvo resultados desiguales. Con demasiada frecuencia fue esporádico, desorganizado e ineficaz. En el este del Rand afectó a unos siete mil escolares. Se realizaban marchas antes del amanecer para pedir a los padres que dejaran a sus hijos en casa. Las mujeres formaron piquetes ante los colegios y sacaban de ellos a los niños que habían asistido a clase.

En Germiston, un *township* al sudeste de la ciudad, Joshua Makue, presidente de nuestra rama local, creó un colegio, que funcionó durante tres años, para ochocientos niños que habían participado en el boicot. En Port Elizabeth, Barrett Tyesi dejó su puesto de trabajo, por el que recibía un salario del gobierno, y organizó un centro para niños que respaldaban el boicot. En 1956 presentó a setenta de ellos a los exámenes de sexto curso; aprobaron todos menos tres. En muchos lugares se crearon escuelas improvisadas (denominados "clubes culturales" con el fin de no atraer la atención de las autoridades), que se dedicaban a la formación de los estudiantes que participaban en el boicot. Seguidamente, el gobierno aprobó una ley que convertía en una ofensa susceptible de penalización —que iba desde una multa hasta el ingreso en la cárcel— impartir enseñanza sin autorización. La policía acosaba a estos clubes, pero muchos siguieron existiendo en la clandestinidad. Al final, los centros comunitarios acabaron muriendo y los padres, enfrentados a la elección entre una educación inferior y una falta total de educación, escogieron lo primero. Mis propios hijos asistían a una escuela privada de los Adventistas del Séptimo Día, que no dependía de los subsidios del gobierno.

Debe enjuiciarse aquella campaña a dos niveles: en un primer nivel, si se alcanzó el objetivo inmediato; en el segundo, si logró politizar e incorporar a la lucha a más gente. En el primer nivel, la campaña fue un fracaso palmario. Ni cerramos las escuelas africanas en todo el país ni conseguimos librarnos de la ley de Educación Bantú. Sin embargo, el gobierno se sintió tan alarmado por nuestra protesta que modificó la ley. Hubo un momento en el que el propio Verwoerd se vio obligado a declarar que la educación debía ser la misma para todos.

El borrador de plan de estudios presentado por el gobierno en noviembre de 1954 supuso una marcha atrás en el proyecto original, que consistía en definir un sistema escolar con arreglo a criterios tribales. Al final, no tuvimos más alternativa que optar por el mal menor y aceptar una educación de segunda clase. Las consecuencias de la ley de Educación Bantú acabaron persiguiendo al gobierno en formas imprevistas. Fue aquella reglamentación la que produjo en los años setenta la generación de jóvenes negros más airados y rebeldes que el país jamás haya visto. Cuando aquellos hijos de la ley de Educación Bantú llegaron al final de la adolescencia se rebelaron con sorprendente vehemencia.

Pocos meses después de que el jefe Luthuli fuese elegido presidente del CNA, el profesor Z. K. Matthews regresó a Sudáfrica, tras pasar un año en Estados Unidos como profesor visitante, armado con una idea que cambiaría el concepto de la lucha por la liberación. En un discurso pronunciado ante la Conferencia anual del CNA en El Cabo, el profesor dijo: "Me pregunto si no ha llegado el momento de que el Congreso Nacional Africano examine la posibilidad de convocar una convención a nivel del todo país, un Congreso de los Pueblos que represente a todos los ciudadanos de esta nación, al margen de su raza o color, para redactar una Carta Constitucional a favor de la libertad para la Sudáfrica democrática del futuro".

La Conferencia Nacional del CNA aceptó la propuesta unos meses más tarde. Se creó un Consejo para el Congreso de los Pueblos, con el jefe Luthuli como presidente y Walter Sisulu y Yusuf Cachalia como secretarios generales. El Congreso de los Pueblos debía sentar una serie de principios para la fundación de una nueva Sudáfrica. Las sugerencias para la elaboración de la nueva Constitucion debían de proceder del pueblo, y los líderes del CNA en todo el país estaban autorizados para pedir sugerencias por escrito a los habitantes de sus respectivas regiones. La Constitución sería un documento surgido del pueblo.

El Congreso de los Pueblos representaba una de las dos principales corrientes de pensamiento existentes en el seno de la organización. Parecía inevitable que el gobierno ilegalizara el CNA, y muchos defendían que la organización debía estar preparada para actuar clandestinamente. A la vez, no queríamos abandonar las actividades públicas que atraían la atención y el apoyo de las masas hacia el CNA. El Congreso sería una exhibición pública de fuerza.

Nuestro sueño era que el Congreso de los Pueblos se convirtiera en un hito en la historia de la lucha por la liberación. Queríamos una convención que uniera a todos los oprimidos y todas las fuerzas progresistas de Sudáfrica para hacer un llamamiento al cambio. Nuestra esperanza era que la convención fuese algún día recordada con la misma reverencia con la que se recordaba la convención fundacional del CNA, celebrada en 1912.

Intentamos atraer un apoyo lo más amplio posible, e invitamos a unas doscientas organizaciones —blancas, negras, indias y mestizas— a que enviaran representantes a una conferencia previa de planificación que debía celebrarse en Tongaat, cerca de Durban, en marzo de 1954. El Consejo de Acción Nacional que surgió de aquel encuentro estaba compuesto por ocho miembros de cada una de las cuatro organizaciones implicadas.

El presidente era el jefe Luthuli, y Walter Sisulu (posteriormente reemplazado por Oliver cuando la proscripción de Walter le obligó a dimitir), Yusuf Cachalia, del CISA; Stanley Lollan, de la SACPO (Organización del Pueblo Mestizo de Sudáfrica), y Lionel Bernstein, del COD (Congreso de los Demócratas), integraban el secretariado.

Creada en Ciudad de El Cabo en septiembre de 1953 por líderes y sindicalistas para representar los intereses de los mestizos, la SACPO era una hija tardía de la lucha orientada a preservar el voto mestizo en la región de El Cabo. En la conferencia fundacional de la SACPO hablaron Oliver Tambo y Yusuf Cachalia. Inspirado por la Campaña de Desafío, el COD fue creado a finales de 1952 como partido antigubernamental de blancos radicales de izquierda. El COD, aunque pequeño y restringido fundamentalmente a Johannesburgo y Ciudad de El Cabo, disfrutaba de una influencia desproporcionada en relación con su número de afiliados. Algunos de sus miembros, como Michael Harmel, Bram Fischer y

Rusty Bernstein, eran elocuentes defensores de nuestra causa. El COD se identificaba íntimamente con el CNA y el CISA, y defendía el voto universal y la igualdad total entre blancos y negros. Veíamos al COD como un medio que nos permitiría plantear directamente nuestros puntos de vista frente al público blanco. El COD desempeñaba una función simbólica importante para los africanos. Los negros que se habían incorporado a la lucha porque eran antiblancos descubrieron que efectivamente existían blancos de buena voluntad que trataban a los africanos como iguales.

El Comité de Acción Nacional instó a todas las organizaciones participantes y a sus seguidores a que remitieran sugerencias para la redacción de una Constitución por la Libertad. Se enviaron circulares a los barrios y las aldeas de todo el país. Decían cosas como: "¿QUÉ HARÍA SI USTED PUDIERA REDACTAR LAS LEYES... ?", o "¿QUÉ HARÍA PARA CONVERTIR SUDÁFRICA EN UN LUGAR FELIZ PARA TODOS LOS QUE EN ELLA VIVEN?". Algunos de los panfletos y pasquines eran fiel reflejo del idealismo poético que inspiraba el plan:

CONVOCAMOS A TODOS LOS PUEBLOS DE SUDÁFRICA, BLANCOS Y NEGROS... ¡HABLEMOS JUNTOS DE LA LI- BERTAD...! QUE SE ESCUCHEN TODAS LAS VOCES, QUE QUEDEN REGISTRADAS LAS PROPUESTAS QUE NOS HARÁN A TODOS LIBRES. REUNAMOS TODAS NUES- TRAS REIVINDICACIONES EN UNA GRAN CONSTITU- CIÓN POR LA LIBERTAD.

El llamamiento prendió en la imaginación popular. Nos llegaron sugerencias desde clubes deportivos y culturales, grupos pertenecientes a la Iglesia, asociaciones de contribuyentes, organizaciones de mujeres, colegios y organizaciones sindicales. Llegaban escritos en servilletas, en papeles arrancados de cuadernos escolares, en trozos de impresos oficiales, en el dorso de nuestros propios panfletos. Era una invitación a la humildad ver hasta qué punto las sugerencias de la gente de a pie estaban a menudo muy por delante de las de los dirigentes. La exigencia más común era la de "una persona, un voto". Todo el mundo reconocía que el país pertenecía a aquellos que lo habían convertido en su hogar.

Las diferentes ramas del CNA hicieron grandes aportaciones al proceso de redacción de la Constitución, y de hecho los dos mejores borradores llegaron de Durban y Pietermaritzburg. Se envió un resumen de estos documentos a las distintas regiones y comités solicitando sus comentarios y preguntas. El borrador definitivo fue redactado por un pequeño comité del Consejo Nacional de Acción y revisado por la ejecutiva del CNA.

La Constitución iba a ser presentada en el Congreso de los Pueblos y cada una de sus partes sería sometida a la aprobación de los delegados. En junio, pocos días antes de la celebración del congreso, un pequeño grupo de nosotros revisó el borrador. Introdujimos pocos cambios, ya que el tiempo era escaso y el documento era ya más que aceptable.

El Congreso de los Pueblos se celebró en Kliptown, un pueblo multirracial situado en una pequeña extensión del *veld,* pocos kilómetros al sudeste de Johannesburgo, durante dos días claros y soleados, el 25 y 26 de junio de 1955. Más de tres mil delegados desafiaron la intimidación policial para reunirse y aprobar el documento definitivo. Llegaron en coches, en autobuses, en camiones y a pie. Aunque la inmensa mayoría de los delegados eran negros, había más de trescientos indios, doscientos mestizos y cien blancos.

Yo fui en coche hasta Kliptown con Walter. Ambos estábamos bajo una orden de proscripción, por lo que buscamos un sitio alejado desde donde pudiéramos observar sin mezclarnos con la gente ni ser vistos. La multitud impresionaba tanto por su tamaño como por su disciplina. Unos "voluntarios de la libertad", con brazaletes negros, verdes y amarillos, recibían a los delegados y les conducían hasta sus asientos. Había mujeres jóvenes y viejas, con faldas, blusas y *doekies* (unos pañuelos de cuello) del congreso; también los hombres, jóvenes y viejos, lucían brazaletes y sombreros del congreso. Por todas partes había consignas que decían: "LIBERTAD YA. LARGA VIDA A LA LUCHA". La plataforma era como un pintoresco arco iris: delegados blancos del COD, indios del CISA, representantes mestizos del SACPO, todos sentados frente a una réplica de una rueda de cuatro radios que simbolizaba las cuatro organizaciones de la Alianza para el Congreso. Policías blancos y africanos, así como miembros de las fuerzas especiales, patrullaban por la zona, haciendo fotografías, tomando notas e intentando, sin éxito, intimidar a los delegados.

Hubo docenas de canciones y discursos. Se sirvieron comidas. La atmósfera era a la vez seria y festiva. Por la tarde, el primer día, se leyó íntegra la Constitución en inglés, sesotho y xhosa. Al finalizar la lectura de cada apartado, la multitud manifestaba su aprobación con gritos de *"Afrika!"* y *"Mayibuye!"* El primer día del congreso fue todo un éxito.

La segunda jornada resultó muy similar a la primera. Se fueron aprobando por aclamación todos los apartados de la Constitución. A las tres y media, cuando estaba a punto de votarse la aprobación final, una brigada de agentes de las fuerzas especiales de la policía invadió el estrado armada con subfusiles Sten. Con voz áspera y acento afrikaans, uno de los policías cogió el micrófono y anunció que había sospechas de traición y que nadie debía abandonar la reunión sin autorización de la policía. A continuación, los policías empezaron a expulsar a la gente y a confiscar documentos y fotografías, incluso carteles con inscripciones como "Sopa con carne" y "Sopa sin carne". Otro grupo de policías armados con rifles formó un cordón en torno a la multitud. La gente respondió magníficamente, cantando a voz en cuello *Nkosi Sikelel' iAfrika*. Después se permitió que los delegados abandonaran el lugar uno por uno. Ellos y ellas fueron interrogados por la policía, que anotó sus nombres. Yo me encontraba en la periferia de la multitud cuando comenzó la redada policial y, si bien instintivamente deseaba quedarme y ayudar, la discreción me pareció la actitud más sensata, ya que de haberlo hecho habría sido detenido inmediatamente y habría acabado en la cárcel. Se había convocado una reunión de urgencia en Johannesburgo, y allí me dirigí. Mientras volvía a la ciudad me inundaba la convicción de que aquella redada representaba una nueva nueva vuelta de tuerca por parte del gobierno.

Aunque el Congreso de los Pueblos había sido disuelto, su Constitución se convirtió en un faro de la lucha por la liberación. Igual que otros documentos políticos trascendentales como la Declaración de Independencia americana, la Declaración de los Derechos del Hombre francesa y el Manifiesto Comunista, la Constitución por la Libertad es una combinación de objetivos prácticos y lenguaje poético. Exigía la abolición de la discriminación racial y la igualdad de derechos para todos. Daba la bienvenida a aquellos que defendieran la libertad y desearan participar en la creación de una Sudáfrica democrática y no racista. Reflejaba las esperanzas y sueños del pueblo y fue el embrión de la siguiente etapa de lucha por la liberación y del futuro de la nación. La introducción dice así:

Nosotros, el pueblo de Sudáfrica, declaramos, para que nuestro país y el mundo lo sepan:
Que Sudáfrica pertenece a todos aquellos que en ella viven, blancos y negros, y que ningún gobierno puede, en justicia, demandar autoridad a menos que ésta esté basada en la voluntad popular.

Que a nuestro pueblo se le ha robado su derecho a la tierra, a la libertad y la paz mediante una forma de gobierno basada en la injusticia y la desigualdad.

Que nuestro país jamás será próspero ni libre hasta que todos sus habitantes vivan en hermandad, disfrutando de iguales derechos y oportunidades.

Que únicamente un estado democrático, basado en la voluntad del pueblo, puede garantizar a todos los ciudadanos sus derechos, sin distinción de color, raza, sexo o creencias.

Por consiguiente, nosotros, el pueblo de Sudáfrica, blancos y negros, unidos como iguales, como conciudadanos y hermanos, adoptamos esta CONSTITUCIÓN POR LA LIBERTAD y nos comprometemos a luchar juntos, sin ahorrar esfuerzo ni sacrificio alguno, hasta que los cambios democráticos aquí expuestos se hagan realidad.

La Constitución plantea seguidamente los requerimientos para una Sudáfrica libre y democrática:

¡EL GOBIERNO SERÁ DEL PUEBLO!

Todo hombre y mujer tendrá derecho al voto y a presentarse como candidato a cualquiera de los organismos legislativos.

Todas las personas tendrán derecho a participar en la administración del país.

Los derechos de los ciudadanos serán los mismos sin diferencias de raza, color o sexo.

Todos los organismos de gobierno de la minoría, comités consultivos, consejos y autoridades serán reemplazados por órganos democráticos de autogobierno.

¡TODOS LOS GRUPOS DE LA NACIÓN DISFRUTARÁN DE LOS MISMOS DERECHOS!

Existirá igualdad de estatus frente a los organismos del estado, en los tribunales y los colegios para todos los grupos y razas de la nación.

Todos los grupos de la nación gozarán del amparo de la ley frente a los ataques contra su raza y su orgullo nacional.

Todos los pueblos tendrán el mismo derecho a usar su propia lengua y a desarrollar su cultura y costumbres.

La defensa y la práctica de la discriminación por motivos de origen, raza o color, y el desprecio hacia los diferentes pueblos y etnias será un crimen perseguible por la ley.

Se anularán todas las leyes y prácticas impuestas por el *apartheid*.

¡EL PUEBLO PARTICIPARÁ DE LA RIQUEZA DE LA NACIÓN!

La riqueza nacional de nuestro país, herencia de todos los sudafricanos, será devuelta al pueblo.

Los recursos mineros que hay bajo tierra, los bancos y los monopolios pasarán a ser propiedad del pueblo en su conjunto.

El resto de la industria, al igual que el comercio, serán regulados para que contribuyan al bienestar el pueblo.

Todo el mundo tendrá los mismos derechos a la hora de comerciar donde desee, fabricar o emprender cualquier clase de negocio, oficio o profesión.

¡LA TIERRA SERÁ REPARTIDA ENTRE AQUELLOS QUE LA TRABAJAN!

Se pondrá fin a las restricciones a la propiedad de la tierra basadas en la raza, y la tierra será repartida entre todos aquellos que la trabajen para acabar con las hambrunas y la necesidad...

Algunos miembros del CNA, en particular el contingente de partidarios del africanismo, declarados anticomunistas y antiblancos, se opusieron a esta declaración, acusándola de ser un proyecto de Sudáfrica radicalmente diferente al que el CNA siempre había propugnado. Afirmaban que el documento favorecía la instauración de un sistema socialista, y creían que el COD y los comunistas blancos habían ejercido una influencia desproporcionada en su ideología. En junio de 1956, en la revista mensual *Liberation* señalé que la Constitución respaldaba la iniciativa privada y que permitiría que el capitalismo floreciera entre los africanos por vez primera. Igualmente, garantizaba que cuando llegara la libertad los africanos tendrían oportunidad de poseer negocios a su nombre, ser propietarios de sus hogares y tierras y, en pocas palabras, potenciaría que prosperaran como capitalistas y empresarios. La Constitución no habla de erradicación de las clases o la propiedad privada, ni de la propiedad pública de los medios de producción. Tampoco propugna ninguno de los principios del socialismo científico. La cláusula que discute la posible nacionalización de las minas, bancos y monopolios apoyaba una medida necesaria para impedir que la economía estuviera exclusivamente en manos de empresarios blancos.

La Constitución era, de hecho, una propuesta revolucionaria, precisamente porque los cambios que defendía no podían implantarse sin alterar radicalmente la estructura económica y política de Sudáfrica. No pretendía ser capitalista ni socialista, sino una síntesis de todas las exigencias del pueblo cuyo objetivo era poner fin a la opresión. En Sudáfrica, para instaurar la justicia, era necesario destruir el *apartheid,* la encarnación misma de la injusticia.

21

A COMIENZOS DE SEPTIEMBRE DE 1955 mi periodo de proscripción llegó a su fin. La última vez que había disfrutado de unas vacaciones había sido en 1948, cuando era aún un peso ligero en el CNA con pocas responsabilidades más allá de las de asistir a las reuniones de la ejecutiva del Transvaal y hablar ocasionalmente en reuniones públicas. Ahora, a los treinta y ocho años, había entrado en la categoría de los pesos medios: más kilos y más responsabilidad. Llevaba confinado dos años en Johannesburgo, encadenado a mi trabajo legal y político, y había descuidado los asuntos de la familia Mandela en el Transkei. Estaba ansioso por visitar de nuevo el campo, encontrarme en el *veld* abierto y recorrer los valles de mi infancia. Estaba impaciente por ver a mi familia y hablar con Sabata y Daliwonga de ciertos problemas relacionados con el Transkei. También el CNA estaba muy interesado en que me entrevistara con ellos para discutir algunas cuestiones políticas. Serían unas vacaciones de trabajo, el único tipo de vacaciones que sabía tomarme.

La noche antes de mi partida se reunieron en mi casa para despedirme un grupo de amigos. Duma Nokwe, el joven y amable abogado que era por aquel entonces secretario nacional de la Liga de la Juventud, se encontraba entre ellos. Duma había acompañado a Walter en su viaje a la Conferencia de la Juventud en Bucarest, y amenizó aquella noche con canciones rusas y chinas que había aprendido allí. A medianoche, mientras mis invitados se disponían a marcharse, mi hija Makaziwe, que tenía dos años de edad, se despertó y me preguntó si podía venir conmigo.

Yo no estaba pasando suficiente tiempo con mi familia y la solicitud de Makaziwe despertó en mí cierto sentimiento de culpa. Repentinamente, el entusiasmo que sentía por el viaje se desvaneció. La llevé de vuelta a la cama, le di las buenas noches con un beso y, cuando se quedó dormida, emprendí los preparativos finales para el viaje.

Iba a embarcarme en una misión en busca de información. Combinaría la tarea con el placer de ver el campo y visitar a viejos amigos y camaradas. Me había sentido aislado de los acontecimientos en otras partes del país y estaba impaciente por ver con mis propios ojos lo que estaba ocurriendo en las zonas alejadas de los centros urbanos. Aunque leía regularmente periódicos procedentes de todas las regiones, la prensa sólo es un reflejo oscuro de la realidad. La información que suministra es importante para un luchador por la libertad, no porque revele la verdad, sino porque deja al descubierto los prejuicios y los puntos de vista tanto de quienes elaboran el periódico como de quienes lo leen. Durante mi viaje quería hablar cara a cara con nuestro pueblo.

Partí poco después de medianoche, y en menos de una hora me encontraba en la autopista que lleva a Durban. Las carreteras estaban vacías; sólo me acompañaban las estrellas y las suaves brisas del Transvaal. Aunque no había dormido, me sentía alegre y fresco. Al romper el día, crucé de Volksrust a Natal, el país de Cetywayo, el último rey independiente del pueblo zulú cuyas tropas habían derrotado a una columna británica en Isandhlwana en 1879. Desgraciadamente, no pudo hacer frente a la potencia de fuego de los británicos y tuvo que acabar rindiendo su reino. Poco después de cruzar el río que forma la frontera de Natal vi las colinas de Majuba, las pendientes escarpadas donde un pequeño comando bóer emboscó y derrotó a una guarnición de casacas rojas británicos menos de dos años después de la derrota de Cetywayo. En Majuba, el afrikáner había defendido con firmeza su independencia frente al imperialismo británico, asestando un golpe en favor del nacionalismo. Ahora los descendientes de aquellos luchadores por la libertad perseguían a mi pueblo, que luchaba exactamente por lo mismo que habían peleado y muerto antaño los afrikáners. Conduje a través de aquellas históricas colinas, pensado no tanto en las ironías de la historia, que hacen que el oprimido se convierta en el opresor, como en hasta qué punto los crueles afrikáners merecían ser derrotados a manos de mi pueblo en su propia batalla de las colinas de Majuba.

Esta ensoñación se vio interrumpida por la alegre música de Radio Bantú. Si bien despreciaba la política conservadora de aquella emisora, administrada por el gobierno y al servicio de la South African

Broadcasting Corporation, me encantaba su programación musical. (En Sudáfrica, los artistas africanos hacían música, pero las compañías discográficas blancas hacían dinero). Estaba escuchando un programa muy popular llamado *"Rediffusion Service"*, en el que programaban a la mayoría de los cantantes africanos más populares: Miriam Makeba, Dolly Rathebe, Dorothy Masuku, Thoko Shukuma y el envolvente sonido de los Manhattan Brothers. Disfruto con toda clase de música, pero la de mi propia gente me llega directamente al corazón. La extraña belleza de la música africana radica en que es capaz de levantar el ánimo aunque cuente una historia triste. Se puede ser pobre, vivir en una inmunda choza y haber perdido el trabajo, pero la música le da a uno esperanzas. La música africana trata, a menudo, de las aspiraciones del pueblo, y es capaz de avivar la resolución política de aquellos que, sin ella, podrían mostrarse indiferentes. Sólo hay que ver los contagiosos cantos entonados en las concentraciones de africanos. La política puede verse fortalecida por la música, pero la música tiene un poder que desafía al de la política.

Hice una serie de altos en Natal, reuniéndome en secreto con líderes del CNA. Al acercarme a Durban aproveché la oportunidad para parar en Pietermaritzburg, donde pasé la noche con el doctor Chota Motale, Moses Mabhida y otros, revisando la situación política. Seguidamente continué viaje hasta Groutville, donde pasé el día con el jefe Luthuli. Aunque llevaba más de un año confinado por una orden de proscripción, el jefe estaba bien informado acerca de las actividades del CNA. Se mostraba preocupado por lo que consideraba una creciente centralización de las actividades del CNA en Johannesburgo. También estaba inquieto por el declive del poder regional. Le aseguré que queríamos que las regiones continuaran siendo fuertes.

Mi siguiente parada en el camino fue una reunión en Durban con el doctor Naicker y el comité ejecutivo del Congreso Indio de Natal. Allí planteé una delicada cuestión: nuestro Comité Ejecutivo Nacional era de la opinión de que el Congreso Indio estaba mostrando signos de pasividad en los últimos tiempos. Lo hice a regañadientes, ya que el doctor Naicker era un hombre mayor que yo, además de ser un luchador que había sufrido mucho. No obstante, discutimos mecanismos para superar las restricciones del gobierno.

Desde Durban, me dirigí hacia el Sur a lo largo de la costa, más allá de Port Shepstone y Port Saint Johns, pequeños y encantadores pueblos de arquitectura colonial que salpican las resplandecientes playas frente al océano Índico. Aunque me sentía hipnotizado por la belleza de la zona, volvía continuamente a tierra al ver que los edificos y calles llevaban el nombre de imperialistas blancos que habían reprimido a la gente cuyos nombres debían haber figurado en el lugar donde estaban los suyos. Llegado a este punto, me dirigí tierra adentro. Conduje hasta Umzumkulu para reunirme con el doctor Conco, tesorero general del CNA, y para enfrentarme a ulteriores discusiones y consultas.

Mi excitación creció al emprender el camino hacia Umtata. Cuando llegué a York Road, la calle principal de Umtata, sentí que me inundaba un sentimiento de familiaridad. Regresaban todos los dulces recuerdos que a uno le vienen a la cabeza cuando vuelve a casa tras un largo exilio. Aunque no había banderines ni terneros engordados para dar la bienvenida al hijo pródigo en su retorno, estaba realmente impaciente por ver a mi madre, mi humilde hogar y a los amigos de mi juventud. A pesar de ello, mi viaje al Transkei tenía un segundo motivo. Mi llegada coincidía con una sesión del comité especial creado en el Transkei para supervisar la transición, ya en marcha, de un sistema de gobierno basado en el *bungha* previsto por la nueva ley de Autoridades Bantúes.

El papel del *bungha,* formado por ciento ocho miembros, de los cuales una cuarta parte eran blancos y el resto negros, era asesorar al gobierno sobre la legislación que afectaba a los africanos de la zona, así como regular asuntos locales como los impuestos y las carreteras. Si bien el *bungha* era el organismo político más influyente del Transkei, sus resoluciones sólo tenían un valor consultivo, y sus decisiones estaban sometidas a revisión por parte de los magistrados blancos. El *bungha* no tenía más poder que el que los blancos le concedían. No obstante, la ley de Autoridades Bantúes pretendía reemplazarlo por un sistema aún más represivo: un orden feudal basado en distinciones hereditarias y tribales dictaminadas por el estado. El gobierno sugería que las medidas adoptadas por la nueva ley liberarían al pueblo del control de los magistrados blancos. Esto no era más que una cortina de humo que pretendía ocultar la destrucción de la democracia por parte del estado e incrementar las rivalidades tribales. El CNA consideraba que aceptar la ley de Autoridades Bantúes suponía una capitulación ante el gobierno. La noche de mi llegada me entrevisté brevemente con una serie de consejeros del Transkei y con mi sobrino K. D. Matanzima, a quien yo llamaba Daliwonga. Este último estaba desempeñando un papel clave para persuadir al *bungha* de que aceptara la ley de Autoridades Bantúes, ya que el nuevo orden reforzaría e incluso incrementaría su poder como jefe de la nación thembu. Daliwonga y yo nos encontrábamos en bandos opuestos respecto a esta delicada cuestión. Nos habíamos distanciado, ya que él había optado por asumir el papel de líder tradicional y cooperaba con el sistema.

Era tarde, y antes que emprender una larga discusión decidimos reunirnos al día siguiente. Pasé aquella noche en una casa de huéspedes de la ciudad. Me levanté temprano y tomé el café en mi habitación con dos jefes locales mientras discutíamos su papel dentro de la nueva organización prevista por la ley de Autoridades Bantúes. Estábamos en plena conversación cuando apareció, con síntomas de nerviosismo, la señora de la pensión, que hizo pasar a un hombre blanco.

Éste me preguntó en tono perentorio si yo era Nelson Mandela.

—¿Quién lo pregunta? —respondí. Me dio su nombre y su rango de sargento dentro de la policía de seguridad.

—¿Puede enseñarme la orden de arresto? —insistí.

Era evidente que al sargento le irritaba mi audacia, pero sacó a regañadientes un documento oficial. Le dije que, en efecto, era Nelson Mandela. Me comunicó que el comandante en jefe quería verme. Le repliqué que si quería verme ya sabía dónde estaba. Entonces me ordenó que le acompañara a la comisaría. Le pregunté si estaba detenido y me contestó que no.

—En tal caso, no pienso ir —concluí.

Se mostró asombrado por mi negativa, pero sabía que mi posición era legalmente inatacable. Empezó a asediarme con una serie de preguntas: ¿Cuándo había salido de Johannesburgo? ¿Dónde me había detenido por el camino? ¿Con quién había hablado? ¿Tenía autorización para entrar en el Transkei? ¿Cuánto tiempo pensaba quedarme? Le dije que el Transkei era mi hogar y que no necesitaba permiso de entrada. El sargento abandonó bruscamente la habitación.

Los jefes se quedaron anonadados por mi conducta y me reprendieron por mi grosería. Les expliqué que no había hecho más que tratarle del mismo modo que él me había tratado a mí. Ellos no quedaron convencidos. Pensaron, claramente, que yo era un hombre joven con la cabeza caliente y que acabaría teniendo problemas. ¡Y yo intentaba convencer a aquellos jefes para que rechazaran la ley de Autoridades Bantúes! Era evidente que no les había producido una impresión demasiado buena. El incidente me hizo comprender que había regresado al lugar donde había nacido transformado en un hombre diferente al que lo había abandonado trece años antes.

En el Transkei, la policía era poco sofisticada y desde el momento en que salí de la pensión vi que me seguían allá donde fuera. En cuanto charlaba con alguien abordaban a mi interlocutor y le advertían que si volvía a hablar con Mandela le detendrían.

Tuve una breve entrevista con un líder local del CNA y me quedé consternado por la falta de fondos de la organización. Sin embargo, en aquel momento no pensaba tanto en la organización como en mi siguiente parada: Qunu, la aldea en la que me había criado y donde aún vivía mi madre.

Desperté a mi madre, que al principio creyó ver un fantasma. Luego reaccionó con gran júbilo. Habría traído conmigo algo de comida —fruta, carne, azúcar, sal y un pollo— y ella encendió la cocina para hacer té. No nos abrazamos ni nos besamos; no era ésa nuestra costumbre. Aunque me alegraba haber vuelto, me sentí culpable al ver a mi madre viviendo sola en medio de tanta pobreza. Intenté convencerla para que viniera conmigo a Johannesburgo, pero me juró que se sentía incapaz de abandonar el campo que tanto amaba. Me pregunté —y no por vez primera— si estaba realmente justificado que descuidara el bienestar de mi propia familia para luchar por el bienestar de otros. ¿Puede haber algo más importante que cuidar de una madre anciana? ¿Es la política tan sólo un pretexto para eludir las propias responsabilidades, una excusa ante la incapacidad para atender a la familia como uno habría querido hacerlo?

Tras permanecer alrededor de una hora con mi madre me marché a pasar la noche en Mqhekezweni. Estaba oscuro cuando llegué y, dejándome llevar por el entusiasmo, empecé a tocar la bocina. No se me había ocurrido pensar cómo podía ser interpretado aquel sonido. La gente comenzó a salir de las chozas, atemorizada, pensando que quizá se tratara de la policía. No obstante, cuando me reconocieron, muchos aldeanos me dieron la bienvenida con una mezcla de sorpresa y regocijo.

En lugar de dormir como un tronco en mi vieja cama, pasé una noche agitada preguntándome si había escogido el camino correcto. En realidad no dudaba de que fuera así, y con ello no quiero decir que la lucha por la libertad pertenezca a un orden moral superior al de atender a la propia familia. No es así. Simplemente se trata de algo diferente.

A mi regreso a Qunu la mañana siguiente pasé el día intercambiando recuerdos con la gente y recorriendo los campos que rodean la aldea. También visité a mi hermana Mabel, la más pragmática y plácida de mis hermanas, a la que tenía mucho cariño. Estaba casada y el origen de su unión era una historia interesante. Mi hermana Baliwe, que era mayor que Mabel, se había comprometido para casarse y ya se había pagado la *lobola*. No obstante, dos semanas antes de la ceremonia, Baliwe, una muchacha de mucho carácter, había salido huyendo. No podíamos devolver las vacas, dado que ya habían sido aceptadas, así que la familia decidió que Mabel ocupara el puesto de Baliwe, y ella así lo hizo.

Partí a última hora de la tarde hacia Mqhekezweni. Una vez más llegué de noche y anuncié mi presencia con toques de claxon. En esta ocasión, la gente salió de sus chozas con la idea de que su jefe Justice había regresado. Justice había sido depuesto de su cargo como jefe por el gobierno, y vivía por aquel entonces en Durban. Aunque el gobierno había nombrado a alguien para sustituirle, un jefe lo es en virtud de su nacimiento y dispone de autoridad por razón de su sangre. Se alegraron de verme, pero se habrían alegrado aún más dando la bienvenida a casa a Justice.

Mi segunda madre, No-England, la viuda del regente, estaba profundamente dormida a mi llegada, pero cuando apareció en camisón y me vio, se emocionó tanto que me exigió que la llevara inmediatamente a ver a un pariente que vivía cerca para celebrar mi llegada. Saltó a mi coche y emprendimos un enloquecido viaje a través del *veld* en dirección al lejano *rondavel* de su pariente. Al llegar allí despertamos a otra familia. Finalmente, me fui a dormir, cansado y feliz, poco antes de amanecer.

Durante los siguientes quince días viajé entre Qunu y Mqhekezweni, permaneciendo por turnos en casa de mi madre y en casa de No-England, visitando y recibiendo a amigos y parientes. Comí los mismos alimentos que había comido cuando niño, recorrí los mismos campos y contemplé los mismos cielos azules durante el día y las mismas estrellas por la noche. Para un luchador por la libertad es importante permanecer en contacto con sus raíces, y el ajetreo de la vida en la ciudad tiende, de algún modo, a borrar el pasado. La visita me reconfortó e hizo revivir en mí sentimientos casi olvidados hacia el lugar en el que había crecido. De nuevo era el hijo de mi madre cuando vivía en su casa. Era otra vez el protegido del regente en el Gran Lugar.

La visita fue también un modo de descubrir hasta dónde había llegado en mi evolución personal. Vi que mi gente había permanecido anclada en el mismo sitio, mientras que yo había salido al mundo, había visto otros lugares y adquirido nuevas ideas. Caso de que no hubiera reparado en ello antes, me di cuenta entonces de que había hecho bien en no regresar al Transkei después de salir de Fort Hare. Si lo hubiera hecho, mi evolución política habría quedado interrumpida.

Cuando el comité especial que estudiaba la implantación de la ley de Autoridades Bantúes finalizó sus sesiones, Daliwonga y yo fuimos a visitar a Sabata al Hospital de Umtata. Hubiera querido hablar con él del tema, pero su estado de salud lo hizo imposible. Quería que él y su hermano Daliwonga iniciaran conversaciones sobre el asunto en cuanto estuviera en condiciones de hacerlo. Dejé bien claro que me sentiría orgulloso de organizar una reunión entre los descendientes de Ngubengcuka. Reflexioné un momento sobre la ironía de encontrarme finalmente desempeñando el papel de consejero de Sabata, para el que había sido preparado tantos años atrás.

Desde Umtata, Daliwonga y yo viajamos hasta Qamata, donde nos reunimos con su hermano menor George, un abogado en ejercicio. Sus dos pasantes eran conocidos míos y me alegró verles. Se llamaban A. P. Mda y Tsepo Letlaka. Ambos, firmes defensores de la organización, habían abandonado la enseñanza decidiendo convertirse en abogados. En Qamata nos sentamos todos juntos a examinar la cuestión de la propuesta de implantación de las autoridades bantúes.

Mi misión era persuadir a Daliwonga —un hombre destinado a desempeñar un papel fundamental en la política del Transkei— de que se opusiese a la imposición de las autoridades bantúes por parte del gobierno. No quería que nuestra reunión se convirtiera en un enfrentamiento, ni siquiera en un debate. No buscaba grandes gestos ni críticas, sino una discusión seria entre personas que perseguían de todo corazón servir a los intereses de su pueblo.

En muchos aspectos, Daliwonga seguía considerándome inferior a él, tanto en términos de rango dentro de la jerarquía thembu como en cuanto a mi desarrollo político. Si bien era inferior a él en lo primero, en mi opinión había ido mucho más allá que mi antiguo mentor en el campo de la política. Mientras que sus preocupaciones se centraban en su propia tribu, yo me relacionaba con gente que pensaba en términos de toda la nación. Pero no quería complicar la conversación introduciendo en ella grandes teorías políticas. Decidí emplear el sentido común y recurrir a los hechos de nuestra propia historia. Antes de comenzar, Daliwonga invitó a Mda, a Letlaka y a su hermano George a participar, pero ellos se excusaron diciendo que preferían escuchar. "Que el sobrino y el tío dirijan el debate", dijo Mda como muestra de respeto. La etiqueta dictaba que yo planteara mi caso en primer lugar, sin que él me interrumpiera; a continuación, él respondería mientras yo le escuchaba.

Ante todo, dije que el sistema que propugnaba la ley de Autoridades Bantúes no era práctico, ya que cada vez eran más los trabajadores que se desplazaban desde sus lugares de origen a las ciudades. Debido a su temor al poder de la unidad africana, la política del gobierno consistía en concentrar a los africanos en enclaves étnicos. El pueblo, dije, quería la democracia y un liderazgo político basado en el mérito y no en la herencia. El sistema de autoridades bantúes era un paso atrás en el camino hacia la democracia.

La respuesta de Daliwonga fue que él estaba intentado restaurar la posición de su casa real, que había sido aplastada por los británicos. Subrayó la importancia y vitalidad del sistema tribal y del liderazgo tradicional. No quería rechazar algo que lo enaltecía. También él quería una Sudáfrica libre, pero opinaba que tal objetivo podía alcanzarse más rápida y pacíficamente a través de la política de desarrollo separado propugnada por el gobierno. El CNA, sostenía, sólo produciría derramamiento de sangre y amargura. Concluyó afirmando que estaba sorprendido y consternado de saber que, a pesar de mi posición en la casa real thembu, no apoyaba los principios del liderazgo tradicional.

Cuando Daliwonga hubo acabado de hablar le contesté que, aunque comprendía perfectamente su posición personal como jefe, opinaba que sus intereses entraban en contradicción con los de la comunidad. Le dije que si yo me encontrara en una posición similar a la suya intentaría subordinar mis propios intereses a los de mi pueblo. Lamenté de inmediato haber sacado a colación el último punto, ya que he descubierto que en las discusiones nunca sirve de nada adoptar una actitud de superioridad moral sobre el oponente. Vi que Daliwonga se había puesto rígido al escuchar mi comentario y rápidamente desvié la discusión a temas más generales.

Pasamos toda la noche hablando, pero no conseguimos aproximar nuestras posiciones. Nos separamos cuando el sol se alzaba. Habíamos tomado caminos diferentes que nos habían llevado al enfrentamiento. Aquello me apenaba, ya que pocas personas me habían alentado tanto como Daliwonga, y nada me habría gratificado más que combatir a su lado. Pero no había de ser así. En lo referente a la familia seguíamos siendo amigos, pero políticamente pertenecíamos a campos distintos y antagónicos.

Regresé a Qunu aquella mañana y pasé allí unos cuantos días más. Recorrí el *veld* a pie para visitar a amigos y parientes, pero el mundo mágico de mi infancia había desaparecido. Una noche me despedí de mi hermana y de mi madre. Visité a Sabata en el hospital para desearle una pronta recuperación y a las tres de la mañana estaba ya en camino hacia Ciudad de El Cabo. La brillante luna y la fresca brisa me mantuvieron despejado todo el camino a través del río Kei. La carretera asciende sinuosamente por las escarpadas montañas, y al salir el sol me sentí más animoso. La última vez que había estado en aquella carretera había sido dieciocho años atrás, cuando Jongintaba me había llevado en coche a Healdtown.

Conducía lentamente cuando vi a un hombre que caminaba cojeando a un lado de la carretera y me hacía señas. Instintivamente paré el coche y me ofrecí a llevarle. Tenía más o menos mi edad, era de baja estatura e iba un tanto desastrado. Resultaba evidente que hacía algún tiempo que no se lavaba. Me dijo que su coche se había averiado al otro lado de Umtata y que llevaba varios días caminando en dirección a Port Elizabeth. Percibí una serie de inconsistencias en su narración y le pregunté la marca de su coche. Me contestó que era un Buick. Luego me interesé por el número de la matrícula. Me lo dio. Pocos minutos más tarde le pregunté de nuevo por el número de la matrícula de su coche. Esta vez me dio un número ligeramente diferente. Sospeché que era un policía y decidí hablar lo menos posible.

Mi compañero pareció no darse cuenta de mis reservas y se pasó hablando todo el camino hasta Port Elizabeth. A lo largo del viaje me indicó varios lugares pintorescos, ya que era un hombre versado en la historia de la región. En ningún momento me preguntó quién era yo y no se lo dije. No obstante, su conversación era entretenida y su compañía me resultó útil e interesante.

Hice un alto en East London y hablé con unos cuantos miembros del CNA. Antes de marcharme tuve una entrevista con otras personas del *township,* una de los cuales me pareció un policía secreto. Mi compañero había descubierto mi identidad y, pocos minutos más tarde, de vuelta ya en el coche, me dijo: "¿Sabe, Mandela? Sospecho que el tipo que estaba al fondo era un policía". Esto despertó aún más mis sospechas y le respondí: "¿Y cómo sé yo que no lo es usted? Debe decirme quién es. En caso contrario, tendrá que continuar el viaje a pie", le respondí. "No, permítame que me presente como Dios manda", protestó él.

Confesó que era contrabandista y que transportaba *dagga* (marihuana) desde la costa de Pondolandia cuando se encontró con un control de la policía. Al verlo había saltado del coche y había intentado salir huyendo. La policía le había disparado, hiriéndole en una pierna. Aquello explicaba su cojera y la falta de medios de transporte. Me había hecho señas porque había supuesto que la policía andaría buscándole. Le pregunté por qué había escogido un medio de vida tan peligroso. Me contestó que originalmente había querido ser maestro, pero que sus padres eran demasiado pobres para pagarle los estudios. Al salir de la escuela había trabajado en una fábrica, pero el salario era demasiado miserable como para poder vivir por su cuenta. Empezó a buscar ingresos extra haciendo contrabando de *dagga.* No tardó en descubrir que el negocio era tan rentable que podía permitirse abandonar la fábrica. Me dijo que en cualquier otro país del mundo habría encontrado una oportunidad. "He conocido hombres blancos que eran inferiores a mí en habilidad e inteligencia y que, aun así, ganaban cincuenta veces más que yo". Tras una larga pausa, anunció en tono solemne: "También soy miembro del CNA". Me dijo que había participado en la Campaña de Desafío de 1952 y que había trabajado en varios comités locales de Port Elizabeth. Le interrogué sobre varias personalidades, a las que parecía conocer, y cuando llegamos allí pude confirmar que me había dicho la verdad. De hecho, había sido uno de los militantes más dignos de confianza de todos los que fueron a parar a la cárcel durante la movilización. Las puertas de la lucha por la liberación están abiertas a todos los que quieran atravesarlas.

Como abogado con una considerable experiencia en casos criminales, estaba familiarizado con historias como la suya. Una y otra vez había visto a hombres tan brillantes y con tanto talento como mi compañero recurrir al delito para llegar a fin de mes. Aunque pienso que es verdad que hay ciertas personas predispuestas al crimen debido a su herencia genética o a una educación abusiva, también estoy convencido de que el *apartheid* convirtió a muchos ciudadanos, por lo demás respetuosos con la ley, en criminales. Es de sentido común que un sistema legal inmoral e injusto sólo puede engendrar desprecio hacia sus normas y sus leyes.

Llegamos a Port Elizabeth con la puesta del sol. Joe Matthews, el hijo de Z. K. Matthews, se encargó de buscarme alojamiento. A la mañana siguiente me reuní con Raymond Mhlaba y Frances Baard, así como con Govan Mbeki, a quien veía por vez primera. Cuando era estudiante había leído su trabajo *The Transkei in the Making*. Luego había estado a cargo de una cooperativa en el Transkei, que no tardaría en abandonar para convertirse en editor del semanario *New Age*. Govan era un hombre serio, meditabundo y que se expresaba con voz suave. Se encontraba igual de cómodo en el mundo académico que en el del activismo político. Había estado profundamente involucrado en la planificación del Congreso de los Pueblos y estaba destinado a los mas altos puestos directivos de la organización.

Salí hacia Ciudad de El Cabo a última hora de la mañana, con la radio del coche como única compañía. Nunca antes había conducido por las carreteras entre Port Elizabeth y Ciudad de El Cabo, y esperaba recorrer muchos kilómetros a través de fascinantes paisajes. El día era caluroso y la carretera estaba bordeada a ambos lados por una densa vegetación.

Nada más abandonar la ciudad atropellé a una serpiente de gran tamaño que estaba atravesando la carretera. No soy supersticioso y no creo en los presagios, pero la muerte de la serpiente no me agradó. No me gusta matar a ningún ser vivo, ni siquiera a las criaturas que atemorizan a alguna gente. Una vez pasado Humansdorp, los bosques empezaron a hacerse más densos y vi por primera vez en mi vida elefantes salvajes y babuinos. Un gran babuino cruzó la carretera ante mí y frené el coche. El babuino se detuvo y se me quedó mirando fijamente, como si fuese un agente de las fuerzas especiales. Resultaba irónico que yo, un africano, estuviera viendo por vez primera el África legendaria de los libros de cuentos. Una tierra tan hermosa, pensé, y toda ella fuera de mi alcance, propiedad de blancos e intocable para el hombre negro. Tenía la misma oportunidad de vivir en medio de tanta belleza que de presentarme a las elecciones a la Cámara de Representantes.

El espíritu de rebeldía acompaña a los luchadores por la libertad vayan donde vayan. En la ciudad de Knysna, a más de 160 kilómetros al oeste de Port Elizabeth, me detuve para examinar los alrededores. La carretera que pasa por encima de la ciudad ofrece una panorámica que se extiende hasta donde la vista alcanza. En todas direcciones había grandes y densos bosques, pero más que apreciar el paisaje estaba considerando el hecho de que allí había lugares en los que un ejército guerrillero podía vivir y entrenarse sin riesgo de ser descubierto.

Llegué a Ciudad de El Cabo a medianoche para lo que resultó ser una estancia de dos semanas. Me alojé en casa del reverendo Walter Teka, un líder de la Iglesia metodista, pero pasé la mayor parte del tiempo con Johnson Ngwevela y Greenwood Ngotyana. Ngwevela era el presidente del CNA de la región occidental de El Cabo, y Ngotyana un miembro de la ejecutiva. Ambos eran comunistas, además de destacados miembros de la Iglesia wesleyana. Todos los días viajaba para reunirme con personalidades del CNA en lugares como Worcester, Paarl, Stellenbosch, Simonstown y Hermanus. Mi plan era trabajar todos y cada uno de los días de mi estancia. Sin embargo, cuando pregunté qué estaba previsto que hiciera el domingo, un día de trabajo para mí en el Transvaal, me contestaron que los domingos estaban reservados para asistir a la iglesia. Protesté, pero no sirvió de nada. El comunismo y el cristianismo, al menos en África, no son mutuamente excluyentes. Un día, mientras caminaba por la ciudad, vi a una mujer blanca en la cuneta royendo unas raspas de pescado. Era pobre y, al parecer, no tenía hogar, aunque era joven y no carecía de atractivo. Por supuesto, sabía que existían blancos pobres, tan pobres como los africanos, pero era muy raro verlos. Estaba acostumbrado a ver mendigos negros en las calles y me sorprendió ver a una mujer blanca. Aunque normalmente no daba limosna a los mendigos africanos, sentí el impulso de darle dinero a aquella mujer. En ese momento me di cuenta de hasta qué punto nos había marcado el *apartheid,* ya que las congojas que afectan a los africanos son aceptadas como algo normal, mientras que mi corazón se había conmovido inmediatamente ante el aspecto lastimoso de aquella mujer blanca. En Sudáfrica ser negro y pobre era normal; ser blanco y pobre era una tragedia.

Cuando me preparaba para dejar Ciudad de El Cabo, fui a las oficinas de *New Age* para visitar a unos viejos amigos y discutir su política editorial. Esta revista, sucesora de anteriores publicaciones prohibidas de la izquierda, respaldaba al CNA. Era el 27 de septiembre, a primeras horas de la mañana. Mientras subía las escaleras oí voces iracundas en el despacho y ruido de muebles al ser desplazados. Reconocí la voz de Fred Carneson, el administrador del periódico y su principal impulsor. También escuché las ásperas voces de los policías de seguridad que estaban registrando el local. Salí de allí silenciosamente y más tarde descubrí que aquél no había sido un incidente aislado, sino parte de la mayor redada emprendida a nivel nacional en toda la historia de Sudáfrica. Equipados con mandamientos judiciales que les autorizaban a requisar cualquier cosa que pudiera ser considerada evidencia de sedición, alta traición o violación de la ley de Supresión del Comunismo, la policía efectuó registros en las casas y oficinas de más de quinientas personas en todo el país. Mi despacho en Johannesburgo fue registrado, al igual que los hogares del doctor Moroka, el padre Huddleston y el profesor Matthews.

La redada ensombreció mi último día en Ciudad de El Cabo, ya que marcó el primer movimiento de la nueva estrategia del gobierno, aún más represiva que las anteriores. Como mínimo, se produciría otra ronda de proscripciones, y estaba seguro que yo estaría entre los afectados. Aquella noche, el reverendo Teka y su esposa habían invitado a un grupo de personas a su casa para despedirme. Encabezados por el reverendo, nos arrodillamos para rezar por aquellos cuyos hogares habían sido violentados. Abandoné la casa a mi hora favorita para emprender viaje: las tres de la madrugada. Antes de media hora, estaba en la carretera que lleva a Kimberley, la tosca ciudad minera donde había tenido su origen, el siglo anterior, el negocio diamantífero africano.

Había quedado para pasar la noche en casa del doctor Arthur Letele. Arthur era un meticuloso médico en ejercicio que, posteriormente, se convertiría en tesorero general del CNA. Yo estaba acatarrado y cuando salió a recibirme me hizo meterme en la cama. Era un hombre valiente y entregado que había encabezado un pequeño grupo de voluntarios que había terminado en la cárcel durante la Campaña de Desafío. Había sido una acción arriesgada para un médico en una ciudad en la que la actividad política de los negros era muy escasa. En Johannesburgo uno contaba con el apoyo de cientos, e incluso miles, de personas involucradas en las mismas actividades, pero en un lugar conservador como Kimberley, carente de jueces o prensa liberal para controlar a la policía, una acción así requiere auténtico valor. Fue en Kimberley donde, en el transcurso de la Campaña de Desafío, uno de los líderes del CNA había sido condenado por el magistrado local a ser flagelado.

A pesar de mi resfriado, Arthur me permitió hablar ante una reunión del CNA celebrada en su casa la noche siguiente. Tenía intención de salir a las tres de la mañana, pero Arthur y su esposa insistieron en que me quedara a desayunar, lo cual que hice. Conseguí hacer una buena media durante el viaje de regreso a Johannesburgo y llegué a casa inmediatamente antes de la cena. Fui recibido con gritos excitados por parte de mis hijos, que sabían perfectamente que su padre regresaba con regalos para ellos. Uno por uno les fui entregando los presentes que había comprado en Ciudad de El Cabo y contesté pacientemente a sus preguntas acerca del viaje. Aunque no fueron unas verdaderas vacaciones tuvieron el mismo efecto: me sentía rejuvenecido y preparado para emprender la lucha una vez más.

22

NADA MÁS REGRESAR presenté un informe sobre el viaje ante el comité de trabajo del CNA. La principal preocupación era saber si la Alianza para el Congreso era o no lo suficientemente fuerte como para poner freno a los planes del gobierno. No pude darles buenas noticias. Les dije que el Transkei no era un área en la que el CNA estuviera bien organizado y que el poder de la policía de seguridad pronto neutralizaría la poca influencia que la organización tenía en la zona.

Acto seguido, planteé una alternativa que sabía que no sería bien recibida. ¿Por qué no hacíamos que el CNA participara en las nuevas estructuras de las autoridades bantúes como medio para permanecer en contacto con las masas? Con el tiempo, nuestra participación se convertiría en una plataforma para diseminar nuestras propias ideas y políticas.

Toda sugerencia de participación en las estructuras del *apartheid* se enfrentaba automáticamente a una oposición iracunda. En mis primeros tiempos, también yo me habría opuesto con vehemencia, pero ahora tenía la sensación de que en el país había relativamente poca gente dispuesta a hacer los sacrificios necesarios para sumarse a la lucha. Debíamos aproximarnos a la gente en sus propios términos, aunque al hacerlo diéramos la impresión de estar colaborando con las autoridades. Mi opinión era que nuestro movimiento debía ser como una gran tienda en la que cupiese el mayor número de gente posible.

En aquel momento, no obstante, mi informe recibió poca atención debido a la existencia de otro, relacionado con él, pero con ramificaciones más importantes. La publicación del informe de la Comisión Tomlinson para el desarrollo socioeconómico de las áreas bantúes había hecho estallar un debate en toda la nación. La comisión, creada por el gobierno, proponía un plan para el desarrollo de las llamadas áreas bantúes o bantustanes. El informe planteaba de hecho un modelo para el "desarrollo separado" o "gran *apartheid*".

El sistema de los bantustanes había sido concebido por el doctor H. F. Verwoerd, ministro de Asuntos Nativos, como forma de acallar las críticas internacionales contra la política racial sudafricana al tiempo que se institucionalizaba el *apartheid*. Los bantustanes o reservas, como también se les conocía, serían enclaves étnicos o *homelands* separados para todos los africanos. "Éstos", en palabras de Verwoerd, "deberán responsabilizarse de su propio destino en las reservas", donde tendrían que "desarrollarse por su cuenta". La idea era preservar un *status quo* en el que tres millones de blancos eran propietarios del ochenta y siete por ciento de la tierra, y relegar a ocho millones de africanos al trece por ciento restante.

El eje central del informe era el rechazo a la idea de integración de las razas en beneficio de una política de desarrollo separado de los negros y los blancos. Con tal fin, el informe recomendaba la industrialización de las áreas africanas, señalando que todo programa de desarrollo cuyo objetivo no fuera suministrar oportunidades a los africanos en sus propias regiones estaba condenado al fracaso. La comisión señalaba que la configuración geográfica de las áreas africanas era aún excesivamente fragmentaria y sugería una agrupación de las mismas en lo que denominaba siete *homelands* "histórico-lógicos" de los principales grupos étnicos.

La creación de bantustanes autónomos, tal y como proponía la comisión, era una farsa. El Transkei, modelo del sistema propuesto, quedaría dividido en tres partes geográficamente separadas. El bantustán Swazi, el de Lebowa y el de Venda quedarían divididos en tres zonas geográficas cada uno, Gazankule en cuatro, el Ciskei en diecisiete, Bophuthatswana en diecinueve y KwaZulu en veintinueve. El gobierno del National Party estaba convirtiendo la vida de mi pueblo en un cruel rompecabezas.

La intención de las autoridades al crear el sistema de *homelands* era emplear el Transkei y otras áreas africanas como reservas de mano de obra barata para la industria blanca. Al mismo tiempo, el objetivo encubierto del estado consistía en crear una clase media africana que amortiguara el atractivo del CNA y de la lucha por la liberación.

El CNA denunció el informe de la Comisión Tomlinson, a pesar de que incluía algunas recomendaciones más liberales. Como le dije a Daliwonga, el desarrollo por separado era una falsa solución a un problema que los blancos no tenían ni idea de cómo abordar. Al final, el gobierno aprobó el informe pero rechazó parte de sus recomendaciones por considerarlas excesivamente progresistas.

A pesar de las tinieblas que nos amenazaban y de mi pesimismo acerca de la política del gobierno, seguía pensando en el futuro. En febrero de 1956 regresé al Transkei para comprar un trozo de tierra en Umtata. Siempre he pensado que todo hombre debe tener una casa cerca del lugar donde ha nacido, donde pueda encontrar un descanso imposible de hallar en otros lugares.

Acompañado por Walter viajé hasta el Transkei. Nos reunimos con varios miembros del CNA, tanto en Umtata como en Durban, por donde pasamos antes de seguir camino. Una vez más fuimos torpemente seguidos por policías de paisano. En Durban hicimos una visita a nuestros colegas del Congreso Indio de Natal en un esfuerzo por potenciar el activismo en la zona. En Umtata, con la ayuda de Walter, di una entrada a C. K. Sakwe como señal de compra de una parcela que éste tenía en la ciudad. Sakwe era miembro del *bungha* y había prestado sus servicios en el Consejo de Representación Nativa. Mientras estábamos allí nos comentó un incidente que había tenido lugar el sábado anterior en Bumbhane, el Gran Lugar de Sabata, durante una reunión de jefes y funcionarios del gobierno dedicada a estudiar la implantación de los bantustanes. Un grupo de jefes había puesto objeciones a la política del gobierno, había atacado verbalmente al comisario residente y la reunión se había disuelto con muy malos modos. Aquello nos dio una idea de cuáles eran las quejas del pueblo llano ante la ley de Autoridades Bantúes. En marzo de 1956, tras varios meses de relativa libertad, recibí mi tercera orden de proscripción, que restringía mis movimientos a Johannesburgo durante cinco años y me prohibía asistir a reuniones durante el mismo periodo de tiempo. Estaría en cuarentena durante sesenta meses, sin poder salir del distrito, viendo las mismas calles, los mismos vertidos mineros en el horizonte, el mismo cielo. Tendría que depender de los periódicos y de otras personas para mantenerme informado de lo que ocurría fuera de Johannesburgo, otra perspectiva que no me atraía en absoluto.

Pero esta vez, mi actitud hacia las órdenes de proscripción había cambiado radicalmente. Cuando recibí la primera había respetado las reglas de mis perseguidores; ahora únicamente sentía desprecio por ellas. No estaba dispuesto a permitir que mi participación en la lucha y el alcance de mis actividades políticas fueran determinados por el enemigo contra el que combatía. Admitir que mis oponentes pudieran limitar mis actividades era una forma de aceptar la derrota y tomé la decisión de no convertirme bajo ningún concepto en mi propio carcelero.

No tardé en verme envuelto, como mediador, en una amarga disputa política surgida en Johannesburgo. Enfrentaba a dos partes que buscaban mi apoyo. Cada una de ellas tenía quejas legítimas y se enfrentaba implacablemente a la otra. El altercado amenazaba con convertirse en una agria guerra civil, e hice todo lo que estuvo en mi mano para impedir la ruptura. Hablo, por supuesto, de la batalla librada en el club de boxeo y halterofilia del Donaldson Orlando Community Center, donde me entrenaba casi todas los días.

Me había unido al club en 1950, y prácticamente siempre que tenía la noche libre acudía allí para hacer ejercicio. Durante los años precedentes había llevado conmigo a mi hijo Thembi y, en 1956, con diez años de edad, era ya un boxeador "peso papel" entusiasta, aunque un tanto escuchimizado. El director del club era Johannes (Skipper Adonis) Molotsi, y entre sus socios había tanto boxeadores profesionales como aficionados, además de una gran variedad de levantadores de pesas. Nuestro boxeador estrella Jerry (Uyinja) Moloi llegó a ser posteriormente campeón de peso ligero del Transvaal y principal aspirante al título nacional.

El gimnasio estaba mal equipado. No podíamos permitirnos un *ring* y nos entrenábamos sobre el suelo de cemento, lo que resultaba especialmente peligroso cuando un boxeador caía derribado. Contábamos con un único saco de arena para los entrenamientos y unos pocos pares de guantes de boxeo. No teníamos balones medicinales, ni pantalones o calzado de boxeo, ni protectores dentales. Prácticamente nadie tenía casco protector. A pesar de la falta de equipamiento, el gimnasio dio deportistas de la talla de Eric (Black Material) Ntsele, campeón de los pesos gallo de Sudáfrica, y Freddie (Tomahawk) Ngidi, campeón de pesos mosca del Transvaal, que durante el día trabajaba para mí como ayudante en Mandela y Tambo. En total, contábamos con unos veinte o treinta miembros.

Aunque había boxeado un poco en Fort Hare, sólo cuando fui a vivir a Johannesburgo empecé a practicar en serio el deporte. Nunca fui un boxeador notable. Pertenecía a la categoría de los pesos pesados y no tenía ni la potencia necesaria para compensar mi falta de velocidad ni la velocidad necesaria para compensar mi falta de potencia. No me agradaba tanto la violencia del boxeo como su técnica. Me intrigaba el modo en que había que mover el cuerpo para protegerse, cómo se empleaba una estrategia tanto para atacar como para retirarse, y la búsqueda del ritmo necesario para llegar hasta el final del combate. El boxeo es igualitario. En el cuadrilátero el rango, la edad, el color y la riqueza son irrelevantes. Cuando uno da vueltas en torno a su oponente, tanteando su fuerza y sus debilidades, no piensa en su color o su posición social. Nunca combatí en serio tras entrar en la política. Mi principal interés estaba en el entrenamiento; para mí el riguroso ejercicio era una excelente válvula de escape para la tensión y el estrés. Tras una sesión agotadora me sentía más ligero, tanto mental como físicamente. Era un modo de perderme en algo que no fuera la lucha política. Después de entrenar por la noche, a la mañana siguiente me despertaba fresco y vigoroso, dispuesto a emprender de nuevo el combate.

Asistía al gimnasio todas las noches de lunes a jueves durante una hora y media. Después del trabajo iba a casa, recogía a Thembi y los dos íbamos en coche al centro deportivo. Hacíamos ejercicio durante una hora: una combinación de carreras, salto de cuerda, calistenia o boxeo sin adversario, seguida de quince minutos de ejercicios de cintura, un rato de levantamiento de pesas y, finalmente, un poco de *sparring*. Cuando nos entrenábamos para un combate o un torneo alargábamos el periodo de entrenamiento a dos horas y media.

Todos nos turnábamos en la dirección de las sesiones de entrenamiento para desarrollar la capacidad de liderazgo, la iniciativa y la confianza. Thembi disfrutaba especialmente con esto. Las noches en que mi hijo estaba a cargo del entrenamiento las cosas podían ponerse bastante duras para mí, ya que se dedicaba a criticarme. No se recataba en reprenderme cuando holgazaneaba. Todos en el gimnasio me llamaban "jefe", título honorífico que él rehuía llamándome "señor Mandela" y, ocasionalmente, cuando se compadecía de su pobre padre, *"my bra"*, un apelativo frecuente en la jerga de los suburbios que significa "hermano". Cuando me veía escaquearme me decía con voz muy seria: "Señor Mandela, nos está haciendo perder el tiempo esta noche. Si no puede aguantar el ritmo, ¿por qué no se va a casa y se sienta con las ancianas?". Todo el mundo disfrutaba mucho con aquellas puyas, y a mí me regocijaba ver a mi hijo tan feliz y tan seguro de sí mismo.

La camaradería que había en el club se vino abajo aquel año debido a una pelea entre Skipper Molotsi y Jerry Moloi. Jerry y los otros boxeadores pensaban que Skipper no prestaba suficiente atención al club. Era un buen entrenador, pero rara vez estaba presente para impartir sus conocimientos. Era un historiador del boxeo y podía narrar los veintiséis asaltos del famoso combate que celebró Johnson en La Habana en 1915, en el que el primer campeón mundial negro de los pesos pesados había perdido el título. Pero Skipper tendía a aparecer tan sólo antes de algún combate o un torneo para cobrar el pequeño estipendio que le correspondía. Por mi parte, yo simpatizaba con el punto de vista de Jerry, pero hice todo lo posible por resolver la disputa en bien de la armonía. Al final, hasta mi hijo estuvo de acuerdo con las críticas de Jerry y no hubo nada que pudiera hacer para impedir la ruptura.

Los boxeadores, encabezados por Jerry, amenazaron con marcharse del club y crear el suyo propio. Convoqué una reunión de todos los miembros que resultó de lo más animada. Se celebró en sesotho, zulú, sotha e inglés. Skipper llegó incluso a citar a Shakespeare en su embate contra los boxeadores rebeldes, acusando a Jerry de traicionarle como Bruto había traicionado a César: "¿Quiénes son César y Bruto?", preguntó mi hijo. Antes de que pudiera contestarle, alguien dijo: "¿Ésos no están muertos?". A lo que Skipper respondió: "¡Sí, pero la verdad de la traición sigue viva!".

La reunión no resolvió nada, y los boxeadores se marcharon a otro lugar, mientras que los levantadores de pesas permanecieron en el club. Yo me uní a los boxeadores y durante las primeras semanas de la separación nos entrenamos en un lugar muy incómodo para cualquier luchador por la libertad: el gimnasio de la policía. Más adelante, la Iglesia anglicana nos cedió unos locales a un alquiler razonable en Orlando East. Allí trabajamos bajo las órdenes de Simon (Mshengu) Tshabalala, que más adelante se convirtió en uno de los principales luchadores clandestinos por la libertad del CNA.

Nuestras nuevas instalaciones no eran mejores que las antiguas, y el club no llegó a cuajar. Los boxeadores africanos, al igual que todos los atletas y artistas negros, se veían limitados por el doble lastre de la pobreza y el racismo. El poco dinero que ganaba un boxeador africano lo empleaba normalmente en comer, pagar el alquiler y comprarse ropa. Lo poco que le quedaba después iba a parar al equipo de boxeo y al entrenamiento. Se le negaba la oportunidad de pertenecer a los clubes blancos, que disponían del equipamiento y los entrenadores necesarios para producir boxeadores de talla mundial. Al contrario que los boxeadores profesionales blancos, los africanos tenían trabajos de día a tiempo completo. Los *sparrings* eran pocos y estaban muy mal pagados. Sin una preparación y práctica apropiadas el rendimiento de los boxeadores se resentía enormemente. Aun así, hubo todo un elenco de luchadores africanos que consiguieron superar esas dificultades alcanzando grandes éxitos. Boxeadores como Elijah (Maestro) Mokone, Enoch (Schoolboy) Nhlapo, Kangaroo Macto, uno de los mejores estilistas del *ring;* Levi (Golden Boy) Madi, Nkosana Mgxaji, Mackeed Mofokeng y Norman Sekgapane obtuvieron grandes victorias, mientras que Jake Tuli, nuestro mayor héroe, consiguió el título británico y del imperio de los pesos mosca. Era el ejemplo más elocuente de lo que podían lograr los boxeadores africanos si se les daba oportunidad.

Parte Quinta

———

TRAICIÓN

23

EL 5 DE DICIEMBRE DE 1956, nada más amanecer, me despertaron unos violentos golpes en la puerta. Ningún amigo o vecino llama
nunca de un modo tan perentorio, y supe de inmediato que se trataba
de la policía. Me vestí rápidamente y me di de manos a boca con el jefe de
seguridad Rousseau, un agente de la policía que era un personaje familiar en nuestra zona, y dos policías más. Esgrimió una orden de registro
y a continuación empezaron a revolver la casa en busca de papeles o documentos incriminatorios. Los niños se habían despertado y con una
severa mirada les indiqué que mantuvieran la calma. Se quedaron mi-
rándome a la espera de que les tranquilizase. La policía buscó en los cajones, los armarios y el escritorio, en todos los lugares en los que pudiera haber material prohibido oculto. Transcurridos cuarenta y cinco
minutos, Rousseau me dijo sin inflexión alguna en la voz: "Mandela, tenemos una orden de detención. Acompáñeme". Miré la orden y el contenido pareció saltar del papel a mis ojos: "*HOOGVERRAAD* — ALTA
TRAICIÓN".

Caminé con ellos hasta el coche. No es agradable ser detenido delante de tus propios hijos, por mucho que uno sepa que lo que hace es lo
correcto. Los niños no comprenden la complejidad de una situación así.
Simplemente ven que a su padre se lo llevan las autoridades blancas sin
explicación alguna.

Rousseau conducía y yo iba sentado junto a él, sin esposas, en el
asiento delantero. Tenía una orden de registro de mi oficina en la ciudad, adonde nos dirigimos tras dejar a los otros dos policías en una zona
cercana. Para llegar al centro de Johannesburgo había que recorrer una
desolada autopista que atravesaba un área despoblada. Mientras reco-
rríamos aquel tramo le dije a Rousseau que debía sentirse muy seguro
de sí mismo para conducir a solas conmigo sin esposarme siquiera. Permaneció en silencio.

—¿Qué ocurriría si forcejeara con usted y le redujera? —le dije.

—Juega usted con fuego, Mandela —me contestó Rousseau mientras se removía inquieto en el asiento.

—Jugar con fuego es a lo que me dedico —le repliqué.

—Si sigue hablando así tendré que esposarle —dijo Rousseau en tono amenazador.

—¿Y si me niego?

Continuamos este tenso debate durante unos pocos minutos, pero al llegar a un área poblada, cerca de la comisaría de Langlaagte, Rousseau me dijo:

—Mandela, le he tratado bien y espero que me corresponda. No me gustan sus bromas.

Tras un breve alto en la comisaría se nos unió otro agente de policía y nos dirigimos a mi despacho. Registraron la oficina durante otros cuarenta y cinco minutos. Desde allí me llevaron a Marshall Square, la extravagante prisión de ladrillo rojo de Johannesburgo en la que había pasado algunas noches en 1952 durante la Campaña de Desafío. Allí estaban ya algunos de mis colegas, que habían sido arrestados y fichados aquella misma mañana. Durante las siguientes horas empezaron a llegar más amigos y camaradas. Se trataba de la gran redada que el gobierno llevaba largo tiempo planeando. Alguien consiguió introducir a hurtadillas una copia de la edición de tarde de *The Star*. Descubrimos en sus titulares que la redada se había realizado a nivel nacional y que los principales líderes de la Alianza para el Congreso estaban siendo detenidos bajo la acusación de alta traición y de participar en una presunta conspiración para derribar al gobierno. Los detenidos en diferentes partes del país —el jefe Luthuli, Monty Naicker, Reggie September, Lilian Ngoyi, Piet Beyleveld— fueron trasladados en aviones militares a Johannesburgo, donde iban a ser ser llevados a juicio. En total habían sido detenidas ciento cuarenta y cuatro personas. Al día siguiente comparecimos ante el tribunal y fuimos formalmente acusados. Una semana después cayeron Walter Sisulu y once personas más, elevando la cifra de detenidos a ciento cincuenta y seis. En total éramos ciento cinco africanos, veintiún indios, veintitrés blancos y siete mestizos. Prácticamente toda la ejecutiva del CNA, proscritos y no proscritos, había sido arrestada. El gobierno, al fin, había movido ficha.

No tardamos en ser trasladados a la prisión de Johannesburgo, popularmente conocida como el Fuerte, una desoladora estructura parecida a un fortín sita sobre una colina en el corazón de la ciudad. Tras las formalidades de ingreso fuimos conducidos hasta un espacio exterior cuadrado, donde se nos ordenó que nos desnudáramos por completo y que nos pusiéramos en fila contra la pared. Nos obligaron a permanecer allí en pie durante más de una hora, tiritando con la brisa y sintiéndonos incómodos. Había sacerdotes, profesores, médicos, abogados, hombres de negocios, gente de mediana o avanzada edad, que normalmente eran tratados con deferencia y respeto. A pesar de mi ira, no pude evitar una carcajada al examinar a los hombres que me rodeaban. Por vez primera descubrí la verdad del aforismo "el hábito hace al monje". Si tener un cuerpo espléndido y un físico impresionante fuera necesario para ser un líder, pocos de nosotros habríamos podido serlo.

Finalmente, apareció un médico blanco y nos preguntó si alguno de nosotros estaba enfermo. Nadie se quejó de enfermedad alguna. Se nos ordenó que nos vistiéramos y después fuimos escoltados a dos grandes celdas con suelo de cemento y sin muebles. Las celdas habían sido pintadas recientemente y apestaban a pintura. Nos dieron a cada uno tres delgadas mantas y una estera de sisal. Cada celda tenía solamente una letrina a ras del suelo, totalmente a la vista. Se dice que nadie conoce realmente un país hasta haber pasado por sus cárceles. No se debe juzgar a una nación por cómo trata a sus miembros más encumbrados, sino por cómo trata a los más humildes. Sudáfrica trataba a los ciudadanos africanos encarcelados como a animales.

Permanecimos en el Fuerte durante dos semanas y, a pesar de las penalidades, seguíamos gozando de un excelente estado de ánimo. Se nos permitía leer los periódicos, y lo hacíamos con regocijo ante las noticias publicadas sobre la oleada de indignación que había producido nuestra detención. En toda Sudáfrica se estaban celebrando mítines y manifestaciones de protesta. La gente llevaba pancartas con la leyenda "Estamos con nuestros líderes". Leímos que nuestro encarcelamiento había levantado protestas en todo el mundo.

Nuestra célula comunal se convirtió en una especie de convención de luchadores por la libertad que habían permanecido separados hasta aquel momento. Muchos de nosotros habíamos estado sometidos a severas restricciones que hacían ilegal que nos reuniéramos y conversáramos. Ahora nuestro enemigo nos había reunido a todos bajo el mismo techo en lo que se convirtió en la mayor y más larga reunión de la Alianza para el Congreso celebrada en años. Los líderes más jóvenes tuvieron ocasión de conocer a los mayores, sobre los que sólo habían oído hablar. Los hombres de Natal se mezclaron con los del Transvaal. Aprovechamos al máximo la oportunidad de intercambiar ideas y experiencias mientras esperábamos el juicio.

Todos los días estructurábamos un programa de actividades. Patrick Molaoa y Peter Nthite, ambos miembros destacados de la Liga de la Juventud, se encargaban de organizar las sesiones de educación física. Se programaban charlas sobre temas diversos y tuvimos ocasión de oír al profesor Matthews hablar sobre la historia del CNA y la de los negros americanos; Debi Singh nos contó la historia del CISA; Arthur Letele disertó sobre el hechicero africano; y el reverendo James Calata nos ofreció una conferencia sobre la música africana, ilustrándola con su bellísima voz de tenor. Todos los días, Vuyisile Mini, que años más tarde fue ahorcado por el gobierno bajo la imputación de crímenes políticos, encabezaba el grupo a la hora de entonar canciones de libertad. Una de las más populares era *Nans' indod' emnyama Strijdom, Bhasobha nans' indod emnyama Strijdom* (Aquí está el hombre negro, Strijdom, cuidado con el hombre negro, Strijdom). Cantábamos a voz en cuello, y hacerlo nos ayudaba a mantener alta la moral.

En una ocasión Masabalala Yengwa (más conocido como M. B. Yengwa), el hijo de una trabajadora zulú y del secretario provincial del CNA de Natal, hizo su aportación a una conferencia sobre música recitando una canción de alabanza en honor de Shaka, el legendario rey guerrero zulú. Yengwa se envolvió en una manta, enroscó un periódico para imitar una azagaya y empezó a dar grandes zancadas de acá para allá recitando los versos de la canción. Todos nosotros, incluso los que no entendían zulú, nos quedamos fascinados. Después hizo una pausa dramática y gritó: *"Inyoni edlezinya! Yathi isadlezinye, yadi ezinya!"* Estas palabras comparan a Shaka con una gran ave de presa que extermina sin piedad a sus enemigos. Nada más pronunciar aquellas palabras fue el pandemónium. El jefe Luthuli, que hasta aquel momento había permanecido en silencio, se puso en pie de un salto y gritó *"Ngu Shaka lowo!"* (¡Ése es Shaka!) y empezó a bailar y cantar. Sus movimientos nos galvanizaron y todos nos pusimos en pie. Desde los más competentes bailarines de salón a los haraganes que no conocían ni los bailes tradicionales ni los occidentales se sumaron al *indlamu*, la danza de guerra tradicional zulú. Algunos se movían con elegancia, otros parecían montañeros congelados intentando librarse del frío, pero todos bailábamos con entusiasmo y emoción. Súbitamente no eramos xhosas o zulúes, indios o africanos, derechistas o izquierdistas, líderes religiosos o políticos. Éramos todos nacionalistas y patriotas unidos por el amor a nuestra historia común, nuestra cultura, nuestro país y nuestro pueblo. En aquel momento algo muy hondo se movió dentro de nosotros, algo poderoso e íntimo que nos vinculó a los unos con los otros. En aquel momento todos sentimos sobre nosotros la mano del gran pasado que nos había hecho lo que éramos y el poder de la causa que nos había unido.

Al cabo de dos semanas, el 19 de diciembre, comparecimos en el Drill Hall de Johannesburgo, un edificio militar que no se empleaba normalmente como tribunal de justicia, para la vista preliminar. Era un edificio enorme, parecido a un silo, con un tejado de chapa ondulada. Al parecer, era el único edificio público lo suficientemente grande como para celebrar en él un juicio con tantos acusados.

Fuimos trasladados hasta él en furgones precintados, escoltados por media docena de transportes de tropas llenos de soldados armados. Cualquiera habría dicho, a la vista de las precauciones que tomaba el estado, que había estallado la guerra civil. Una enorme multitud de simpatizantes bloqueaba el tráfico en Twist Street. Podíamos oír sus vítores y cánticos, y ellos cómo les contestábamos desde el interior del furgón. El viaje se convirtió en una procesión triunfal, mientras el vehículo era zarandeado por la muchedumbre. El perímetro del edificio en el que se iba a celebrar el juicio estaba rodeado por policías y soldados armados. Los furgones fueron conducidos a un área situada detrás del edificio y aparcaron de tal modo que pasamos directamente del furgón a la sala donde iba a celebrarse el juicio.

En el interior fuimos recibidos por otra muchedumbre de simpatizantes, con lo que el lugar parecía más un ruidoso mitin de protesta que un tribunal de justicia. Entramos con los pulgares en alto, haciendo el saludo del CNA, y saludando con la cabeza a nuestros simpatizantes, sentados en la sección destinada a los no blancos. El ambiente era más festivo y propio de una celebración que punitivo. Los acusados se mezclaban con reporteros y amigos.

El gobierno nos acusaba a los ciento cincuenta y seis de alta traición y de conspiración a nivel nacional con el fin de derribar al gobierno por medio de la violencia y reemplazarlo por un estado comunista. El periodo que abarcaba la acusación iba del 1 de octubre de 1952 hasta el 13 de diciembre de 1956. Incluía la Campaña de Desafío, el desahucio de Sophiatown y la convocatoria del Congreso de los Pueblos. La legislación sudafricana relativa a la alta traición no estaba basada en la ley inglesa, sino en antecedentes del derecho romano holandés. Definía la alta traición como la intención hostil de alterar, deteriorar o poner en peligro la independencia o seguridad del estado. El castigo era la muerte.

El propósito de la vista preliminar era determinar si los cargos formulados por el gobierno eran suficientes para someternos a juicio ante el Tribunal Supremo. Constaba de dos fases en la presentación de pruebas. La primera había de tener lugar en la corte de un magistrado. Si éste determinaba que había pruebas suficientes contra el o los acusados, el caso pasaba al Supremo, donde se celebraba el juicio. Si el magistrado consideraba que la evidencia era insuficiente, el o los acusados eran exonerados. El juez era el señor F. C. Wessel, magistrado jefe de Bloemfontein. Aquel primer día, cuando Wessel empezó a hablar con su voz queda, resultaba imposible oírle. Al estado no se le había ocurrido poner micrófonos y altavoces, y la sesión fue pospuesta durante dos horas mientras se buscaba algún sistema de amplificación. Nos reunimos en el patio y celebramos algo muy parecido a una fiesta, con comida que nos había sido enviada desde el exterior. La atmósfera era casi de celebración. Dos horas más tarde se levantó la sesión hasta el día siguiente porque no se habían encontrado altavoces adecuados. En medio de los vítores de la multitud fuimos escoltados de vuelta al Fuerte. Al día siguiente, el gentío que se arremolinaba en el exterior del edificio era todavía mayor, y la policía se mostraba aún más nerviosa. Drill Hall estaba rodeado por quinientos hombres armados. Cuando llegamos, descubrimos que el estado había construido una enorme jaula de alambre, en cuyo interior debíamos sentarnos. Estaba hecha de tela metálica sujeta a tubos también metálicos, y tenía una rejilla en la parte delantera y otra en la parte superior. Fuimos conducidos hasta el interior de la jaula y nos sentamos en unos bancos rodeados por dieciséis guardias armados.

Además de su efecto simbólico, la jaula nos impedía comunicarnos con nuestros abogados, a los que no se les permitió la entrada. Uno de mis colegas garabateó sobre un trozo de papel, que después adhirió a un lado de la jaula: "Peligrosos. Por favor, no les echen comida". Nuestros simpatizantes y la organización habían reunido un equipo de defensores formidable, en el que se encontraban Bram Fischer, Norman Rosenberg, Israel Maisels, Maurice Franks y Vernon Berrangé. Ninguno de ellos había visto jamás una estructura semejante en un tribunal. Franks presentó una enérgica protesta contra la humillación a la que el estado sometía a sus clientes de modo tan "asombroso", tratándoles, en sus palabras, "como a bestias salvajes". A menos que la jaula fuera inmediatamente retirada, anunció, todo el equipo de defensores abandonaría el juicio. Tras un breve receso, el magistrado decidió que se retirara la estructura. De momento, fue retirada la parte delantera.

Sólo entonces pudo plantear su caso el estado. El fiscal jefe, señor Van Niekerk, empezó a leer parte de un discurso de dieciocho mil palabras en el que bosquejaba el caso de la Corona contra nosotros. Entre los gritos y los cánticos procedentes de la calle resultaba prácticamente inaudible, incluso con el sistema de amplificación. En un determinado momento, un grupo de policías salió de la sala a la carrera. Escuchamos un disparo de révolver seguido de gritos y más disparos. Se interrumpió la sesión mientras el juez celebraba una reunión con los asesores legales. Veinte personas habían resultado heridas.

La lectura de los cargos continuó a todo lo largo de los dos días siguientes. Van Niekerk dijo que demostraría al tribunal que los acusados, con ayuda de otros países, planeaban derribar al gobierno por medio de la violencia e imponer un régimen comunista en Sudáfrica. En esto se resumía la acusación de alta traición. El estado citaba la Constitución por la Libertad como prueba de nuestras intenciones comunistas y como evidencia de nuestra confabulación para derribar a las autoridades. Al llegar el tercer día, gran parte de la jaula había sido desmantelada. Finalmente, el cuarto día fuimos puestos en libertad bajo fianza. La fianza impuesta fue otro ejemplo de las diferentes varas de medir empleadas por el *apartheid:* doscientas cincuenta libras para los blancos, cien para los indios y veinticinco para los africanos y los mestizos. Ni siquiera la traición estaba más allá de la discriminación por colores. Gente bien intencionada de las más diversas esferas de la vida pública se ofreció como fiadora de cada uno de los acusados. Estos gestos de apoyo culminaron con la creación del Fondo de Ayuda a la Defensa en el Juicio por Traición, puesto en marcha por el obispo Reeves, Alan Paton y Alex Hepple. El fondo fue administrado durante el proceso con gran competencia por Mary Benson y después por Freda Levson. Fuimos puestos en libertad con la condición de que nos presentáramos una vez por semana ante la policía y se nos prohibió asistir a ninguna reunión pública. El tribunal volvería a reunirse a comienzos de enero.

Al día siguiente llegué muy temprano a la oficina. Tanto Oliver como yo habíamos estado en la cárcel, y el trabajo se había amontonado en nuestra ausencia. Aquella mañana estaba intentando trabajar cuando recibí la visita de un viejo amigo llamado Jabavu, un intérprete profesional al que hacía varios meses que no veía. Antes de las detenciones yo había bajado deliberadamente de peso, previendo mi ingreso en prisión, donde hay que estar preparado para sobrevivir con muy pocos recursos. Durante la estancia en la cárcel había continuado ejercitándome y me sentía orgulloso de estar en tan buena forma. Jabavu me miró con expresión de sospecha. "Madiba, ¿por qué tienes que estar tan delgado?", me preguntó. En las culturas africanas, la corpulencia se asocia a menudo con la riqueza y el bienestar. Explotó diciendo: "¡Vaya, tenías miedo a la cárcel, eso es todo! Has deshonrado a los xhosas".

24

INCLUSO ANTES DEL JUICIO, mi matrimonio con Evelyn había empezado a deteriorarse. En 1953, Evelyn decidió ampliar su formación en enfermería general. Se matriculó en un curso de obstetricia en el Hospital King Edward VII en Durban que la mantuvo alejada de casa durante varios meses. Pudo hacerlo porque mi madre y mi hermana estaban viviendo con nosotros y se hicieron cargo de los niños. Durante su estancia en Durban la visité al menos en una ocasión.

Evelyn regresó tras aprobar sus exámenes. Estaba embarazada de nuevo, y aquel mismo año dio a luz a una niña a la que le pusimos Makaziwe, en recuerdo de la que habíamos perdido seis años antes. En nuestra cultura, poner a un hijo el nombre de otro muerto se considera una forma de honrar la memoria del anterior, y es un modo de conservar un vínculo místico con el hijo que ha partido demasiado pronto.

A lo largo del siguiente año, Evelyn entró en contacto con la organización Atalaya, perteneciente a la Iglesia de los testigos de Jehová. Puede que se debiera a que estaba insatisfecha con la vida que llevaba. Los testigos de Jehová consideran que la Biblia es la única guía de la fe y creen en la inminencia de la lucha final entre el bien y el mal. Evelyn empezó a distribuir con gran celo su publicación, *La Atalaya,* y pretendió proselitizarme a mí también, pidiéndome que convirtiera mi compromiso con la lucha por la libertad en un compromiso con Dios. Aunque algunos aspectos del credo que había adoptado me parecían interesantes y valiosos, ni podía ni quería compartir su devoción. Había en ella un punto de obsesión que me producía rechazo. Por lo que podía discernir, su fe propugnaba la pasividad y la sumisión frente al opresor, algo que yo no podía aceptar bajo ningún concepto.

Mi devoción al CNA y mi entrega a la lucha seguían inalteradas. Esto consternaba a Evelyn. Siempre había dado por supuesto que la política no era más que una pasión juvenil, que algún día regresaría al Transkei para ejercer allí como abogado. Aun cuando la posibilidad empezó a ser remota, nunca se resignó a la idea de que Johannesburgo fuera nuestro hogar ni abandonó la ilusión de que pudiéramos regresar a Umtata. Creía que una vez de vuelta en el Transkei, cuando me encontrara en el seno de mi familia, actuando como consejero de Sabata, ya no echaría en falta la política. Ella apoyaba los esfuerzos de Daliwonga por convencerme para que regresara a Umtata. Tuvimos muchas discusiones sobre el tema y le expliqué pacientemente que la política no era una distracción, sino el trabajo de mi vida y que era una parte esencial y fundamental de mi naturaleza. Ella no era capaz de aceptarlo. Un hombre y una mujer que mantienen perspectivas tan diferentes sobre la vida difícilmente pueden permanecer unidos.

Intenté explicarle lo necesaria que era la lucha, mientras ella pretendía convencerme de lo valiosa que era la fe religiosa. Cuando yo le decía que estaba prestando un servicio a la nación, ella me contestaba que servir a Dios estaba por encima de servir a la nación. Estábamos perdiendo todo terreno en común, y yo me iba convenciendo de que nuestro matrimonio empezaba a ser insostenible.

Libramos también una batalla por conquistar la mente y el corazón de nuestros hijos. Ella quería que fuesen religiosos y yo quería que fuesen políticamente conscientes. Ella les llevaba a la iglesia siempre que tenía ocasión y les leía *La Atalaya*. Incluso les dio a los muchachos panfletos para que los distribuyeran en el *township*. Yo solía hablar de política con los chicos. Thembi era miembro de los Pioneros, una sección infantil del CNA, por lo que estaba ya políticamente concienciado. A Makgatho le explicaba, en los términos más sencillos posibles, que el hombre negro era perseguido por el hombre blanco.

Yo tenía puestas fotos de Roosevelt, Churchill, Stalin, Gandhi y de la toma del Palacio de Invierno en San Petersburgo en 1917 en las paredes de la casa. Les expliqué a los chicos quiénes eran aquellas personas y qué representaban. Sabían que los líderes blancos de Sudáfrica eran algo muy diferente. Un día, Makgatho entró corriendo en casa y dijo: "¡Papá, papá, Malan está en la colina!". Malan había sido primer ministro del National Party tras su triunfo electoral, y el muchacho le había confundido con un funcionario del departamento de Educación Bantú, Willie Maree, que había anunciado que ese día iba a dirigirse a una concentración pública que iba a celebrarse en el *township*. Salí a la calle para ver de qué estaba hablando Makgatho, ya que el CNA había organizado una manifestación para asegurarse de que el mitin no tuviera éxito. Cuando salía vi dos furgones de la policía escoltando a Maree hacia el lugar donde debía intervenir, pero hubo problemas ya desde el principio, y Maree huyó sin pronunciar su discurso. Le dije a Makgatho que aquel no era Malan pero que bien podía haberlo sido.

Durante aquellos días mi agenda laboral era muy apretada. Salía de casa a primera hora de la mañana y regresaba a última hora de la noche.

Tras pasar el día en la oficina, normalmente tenía reuniones de un tipo u otro. Evelyn era incapaz de comprender que celebrara reuniones por la noche, y cuando volvía tarde a casa sospechaba que estaba viendo a otras mujeres. Una y otra vez le explicaba en qué reunión había estado, por qué había asistido a ella y qué habíamos discutido, pero no había modo de convencerla. En 1955 me planteó un ultimátum: tenía que elegir entre ella y el CNA.

Walter y Albertina estaban muy unidos a Evelyn, y su mayor deseo era que permaneciéramos juntos. Evelyn tenía a Albertina como confidente. Hubo un momento en que Walter tomó partido en el problema y estuve muy seco con él, diciéndole que no era asunto suyo. Luego lamenté el tono que había empleado, ya que Walter había sido siempre como un hermano y nunca había vacilado a la hora de ofrecerme su amistad y apoyo.

Un día Walter me dijo que quería traer a alguien a la oficina para que le conociera. No me había dicho que se tratara de mi cuñado, y me sentí sorprendido, pero no molesto, al verle. En aquel momento me sentía pesimista acerca de mi matrimonio y me pareció justo ponerle al tanto de mis sentimientos.

Estábamos discutiendo cordialmente el tema entre los tres cuando Walter o yo usamos una expresión del estilo de "hombres como nosotros...", o algo parecido. El cuñado de Evelyn era un hombre de negocios que estaba en contra de la política y los políticos. Se levantó muy indignado y exclamó: "Si os habéis creído que estáis en la misma posición que yo, estáis en un error ridículo. No se os ocurra compararos conmigo". Cuando se marchó, Walter y yo nos miramos y nos echamos a reír.

Tras nuestra detención en diciembre, durante nuestra estancia de dos semanas en la cárcel, recibí una visita de Evelyn; pero cuando salí de nuevo a la calle descubrí que se había ido de casa llevándose a los niños. A mi regreso la casa estaba vacía y silenciosa. Se había llevado hasta las cortinas, y no sé por qué aquel detalle me produjo un efecto devastador. Evelyn se había ido a vivir con su hermano. "Tal vez sea lo mejor. Tal vez cuando las cosas se hayan tranquilizado volváis a juntaros", me dijo éste. Era un consejo razonable, pero no había de ser así.

Evelyn y yo teníamos diferencias irreconciliables. Yo no podía abandonar la lucha y ella no podía aceptar mi devoción a algo que no fuera ella o la familia. Era una mujer excelente, encantadora, fuerte y fiel, y una magnífica madre. Jamás perdí el respeto y la admiración que sentía por ella, pero al final no conseguimos que nuestro matrimonio funcionara.

La ruptura de un matrimonio es siempre traumática, especialmente para los hijos. El caso de nuestra familia no fue una excepción, y los niños se sintieron heridos por nuestra separación. Makgatho empezó a dormir en mi cama. Era un niño bondadoso, un pacificador nato, e intentó reconciliarnos por todos los medios a su madre y a mí. Makaziwe era aún muy pequeña y recuerdo que un día que no estaba en la cárcel ni en los tribunales la visité en la guardería sin previo aviso. Siempre había sido una niña muy cariñosa, pero aquel día, al verme, se quedó como paralizada. No sabía si correr hacia mí o salir huyendo, si sonreír o fruncir el ceño. Tenía algún conflicto en su pequeño corazón que no sabía como resolver. Fue muy doloroso.

Thembi, que tenía diez años, fue el más afectado. Dejó de estudiar y se volvió muy introvertido. Siempre había mostrado gran interés por el inglés y por Shakespeare, pero tras la separación empezó a mostrarse apático respecto a los estudios. El director de su colegio habló conmigo en una ocasión, pero había poco que yo pudiera hacer. Le llevaba al gimnasio siempre que podía y ocasionalmente se animaba un poco. La mayor parte del tiempo no podía estar con él, y posteriormente, cuando pasé a la clandestinidad, Walter se encargaba de sacar a pasear a Thembi junto con su hijo. En una ocasión, Walter le llevó a un espectáculo y luego me comentó: "Vaya, qué chico tan callado tienes". Tras la ruptura, Thembi se ponía a menudo mi ropa, aunque le estaba muy grande. De algún modo, le servía como vínculo con su padre, que con tanta frecuencia estaba ausente.

25

EL 9 DE ENERO DE 1957 nos reunimos de nuevo en el Drill Hall. Era el turno de la defensa, que debía refutar los cargos presentados por el estado contra los acusados. Tras resumir el caso esgrimido por la Corona en contra nuestra, Vernon Berrangé, el portavoz de la defensa, inició su exposición. La defensa, dijo, "refutará con vehemencia que los términos de la Constitución por la Libertad puedan ser considerados una traición o un delito. Por el contrario, la defensa argumentará que las ideas y creencias expresadas en el documento, aun siendo repugnantes para la política del actual gobierno, son compartidas por la inmensa mayoría de la humanidad, independientemente de su raza y color, así como por la abrumadora mayoría de los ciudadanos de este país". De acuerdo con nuestros defensores, habíamos decidido que no intentaríamos probar simplemente que éramos inocentes de los cargos de traición. Por el contrario, demostraríamos que aquél era un juicio político en el que el gobierno nos acusaba de acciones moralmente justificadas.

La apasionante exposición inicial se vio seguida por el tedio de los procedimientos judiciales. El primer mes del proceso estuvo dedicado a la presentación de pruebas por parte el estado. Uno por uno fueron mostrados y numerados todos los papeles, panfletos, documentos, libros, cuadernos, cartas, revistas y recortes que la policía había ido acumulando en tres años de registros. Ascendían a un total de doce mil. Las pruebas presentadas iban desde la Declaración de los Derechos Humanos de las Naciones Unidas hasta un libro de cocina rusa. Fueron expuestos hasta los dos carteles requisados en el Congreso de los Pueblos: "Sopa con carne" y "Sopa sin carne".

Durante los preliminares, que habían de durar dos meses, asistimos día tras día a la lectura, por parte de policías africanos y afrikáners, de notas sobre las reuniones del CNA o transcripciones de discursos. Estas exposiciones eran siempre confusas y a menudo carecían de sentido, o eran simple y llanamente falsas. Berrangé demostró más adelante, en sus hábiles contrainterrogatorios, que muchos de los policías africanos desconocían el inglés hablado y escrito, idioma en el que se habían efectuado los discursos.

Para respaldar el pasmoso alegato de que intentábamos sustituir el gobierno en vigor por un estado ajustado al modelo soviético, la acusación de la Corona se basó en las opiniones del profesor Andrew Murray, director del departamento de Ciencias Políticas de la Universidad de Ciudad de El Cabo. Murray consideraba que muchos de los documentos requisados, incluyendo la propia Constitución por la Libertad, eran comunistas.

Al principio, el profesor Murray parecía relativamente competente, pero esa falsa impresión sólo duró hasta que Berrangé comenzó su turno de preguntas. Berrangé le dijo que iba a leerle una serie de pasajes de diversos documentos y que Murray debía decidir si eran o no comunistas. Le leyó el primer pasaje, que hablaba de la necesidad de que los trabajadores cooperaran entre sí y no se explotaran los unos a los otros. Murray dijo que era sin duda un texto comunista. Berrangé le aclaró que era una declaración realizada por el anterior primer ministro de Sudáfrica, el doctor Malan. Berrangé pasó a leerle otros dos textos, que el profesor Murray también etiquetó como de ideología comunista. De hecho, habían sido redactados por dos presidentes norteamericanos: Abraham Lincoln y Woodrow Wilson. Sin duda, el momento culminante llegó cuando Berrangé leyó un pasaje que el profesor Murray consideró sin dudarlo "comunismo puro y duro". Berrangé desveló entonces que era un texto que el propio profesor Murray había escrito en los años treinta.

En el séptimo mes del juicio, el estado anunció que presentaría pruebas sobre la violencia premeditada que se había producido durante la Campaña de Desafío. El estado llamó al primero de sus testigos estrella, Solomon Ngubase, que prestó un testimonio sensacionalista que parecía implicar al CNA. Ngubase era un individuo de voz suave, con escaso dominio del inglés, que cumplía sentencia por fraude. Al comienzo de su testimonio, Ngubase manifestó ante el tribunal que había obtenido la licenciatura en Letras en Fort Hare y que era abogado en ejercicio. Dijo que se había convertido en secretario de la rama de Port Elizabeth del CNA, así como en miembro de la ejecutiva nacional. Afirmó haber estado presente en una reunión del Comité Ejecutivo Nacional en la que se había tomado la decisión de enviar a Walter Sisulu y David Bopape a la Unión Soviética en busca de armas para desatar una revolución violenta en Sudáfrica. Afirmó que había estado presente en una sesión en la que se había planeado la revuelta de Port Elizabeth de 1952 y que había sido testigo de cómo el CNA había tomado la decisión de asesinar a todos los blancos del Transkei del mismo modo que lo habían hecho en Kenia los Mau Mau. El dramático testimonio de Ngubase produjo revuelo dentro y fuera del tribunal. Por fin habían aparecido pruebas de conspiración.

Cuando le llegó el turno de interrogar a Vernon Berrangé, quedó probado sin lugar a dudas que aquel hombre era un loco y un embustero a partes iguales. Berrangé, cuya habilidad en los contrainterrogatorios le hizo acreedor al mote de *Isangoma* (para los africanos, adivinador o un curandero que exorciza enfermedades) entre los acusados, demostró de inmediato que Ngubase no era ni graduado universitario ni miembro del CNA, y que, desde luego, no pertenecía al Comité Ejecutivo Nacional. Berrangé demostró que Ngubase había falsificado sus títulos universitarios, había ejercido la abogacía ilegalmente durante años y tenía pendiente un segundo juicio por fraude. En las fechas en las que afirmó haber asistido a la planificación del motín de Port Elizabeth estaba cumpliendo condena por fraude en una cárcel de Durban. Prácticamente no había una sola palabra en todo el testimonio de Ngubase que se aproximara ni remotamente a la verdad. Al terminar el interrogatorio, Berrangé le preguntó al testigo: "¿Sabe usted lo que es un bellaco?". Ngubase respondió que no. "¡Usted, señor, es un bellaco!", exclamó Berrangé.

Joe Slovo, uno de los acusados y un soberbio defensor, se hizo cargo de su propia defensa. Era una pesadilla para la fiscalía por lo incisivo de sus preguntas y por sus intentos de demostrar que quien violaba las leyes era el estado y no el CNA. Las preguntas de Slovo eran a menudo tan devastadoras como la de Berrangé. Jeremiah Mollson, uno de los pocos miembros africanos de la brigada especial de la policía, afirmaba recordar al pie de la letras líneas enteras de discursos del CNA a los que había asistido, pero las que citaba eran normalmente un auténtico galimatías, o simples invenciones.

Slovo: —¿Entiende usted el inglés?

Mollson: —No muy bien.

Slovo: —¿Quiere decir que dio parte de discursos pronunciados en inglés, pero que no entiende bien el idioma?

Mollson: —Sí, señoría.

Slovo: —¿Está de acuerdo en que sus notas no son más que basura?

Mollson: —No lo sé.

Esta última respuesta hizo que los acusados prorrumpiéramos en carcajadas. El juez nos reprendió por reírnos y dijo: "Este proceso no es tan divertido como pueda parecerles".

Llegados a un cierto punto, Wessel le dijo a Slovo que estaba poniendo en duda la integridad del tribunal y le multó por desacato. Esto levantó chispas de furia entre la mayor parte de los acusados y sólo la mano apaciguadora del jefe Luthuli impidió que varios más fuéramos multados por la misma causa.

Mientras continuaban los testimonios, buena parte de ellos tediosas maniobras legales, empezamos a ocupar nuestro tiempo con otras cosas. Yo solía llevar un libro para leer o algún informe legal para trabajar. Otros leían periódicos, hacían crucigramas o jugaban al ajedrez o al *Scrabble*. Ocasionalmente el juez nos reprendía por no prestar atención, y entonces los libros y los pasatiempos desaparecían, pero, lentamente, mientras continuaban las declaraciones a paso de tortuga, volvían a aparecer los juegos y el material de lectura.

Los preliminares se sucedían y la acusación se mostraba desesperada. Cada vez estaba más claro que estaba reuniendo pruebas sobre la marcha —y a menudo falsificándolas— al servicio de lo que empezaba a parecer una causa perdida.

Finalmente, el 11 de septiembre, diez meses después de nuestra primera aparición en el Drill Hall, el fiscal anunció que la presentación del caso por parte de la acusación había concluido. El juez concedió a la defensa cuatro meses para examinar los doce mil documentos presentados y las ocho mil páginas de testimonios y pruebas escritas y preparar su alegato.

Los preliminares habían consumido prácticamente todo el año 1957. El tribunal levantó la sesión en septiembre y la defensa comenzó a examinar las pruebas. Tres meses más tarde, sin previo aviso ni explicación alguna, el estado anunció que retiraba los cargos contra sesenta y uno de los acusados. La mayor parte eran personajes relativamente menores del CNA, pero entre ellos estaban también el jefe Luthuli y Oliver Tambo. La liberación de Luthuli y Tambo nos alegró, pero también nos desconcertó.

En enero, fecha en la que la fiscalía debía resumir los cargos contra nosotros, la Corona llamó a escena a un nuevo fiscal, el temible Oswald Pirow. El abogado del estado Pirow había sido ministro de Justicia y de Defensa y era un pilar de la política del National Party. Era un viejo nacionalista afrikáner y un notorio defensor de la causa nazi. En una ocasión dijo que Hitler era "el hombre más grande de su tiempo". Era también un feroz anticomunista. El nombramiento de Pirow era una prueba más de que el estado estaba preocupado por el desarrollo del juicio y de que daba una tremenda importancia a la victoria.

Antes del resumen de Pirow, Berrangé anunció que solicitaría nuestra puesta en libertad sin cargos amparándose en que el estado no había presentado pruebas suficientes en contra nuestra. Pirow se opuso a esta petición, citando varios discursos realizados por los acusados y comunicando al tribunal que la policía había descubierto nuevas pruebas de la existencia de una conspiración extremadamente peligrosa. Su actuación fue eficaz y muy espectacular. Pirow cambió el tono del proceso. Habíamos pecado de exceso de confianza, y aquello sirvió para recordarnos que nos enfrentábamos a una acusación muy grave. "No os engañéis", nos dijeron nuestros defensores, "aún podéis ir a la cárcel". Su advertencia nos hizo bajar a tierra.

Transcurridos trece meses desde el inicio del proceso, el juez decidió que existían "razones suficientes" para someternos a juicio por alta traición en el Tribunal Supremo de Transvaal. Dio por terminada la sesión en enero, dictaminando que debían ser procesados los noventa y cinco acusados. Ninguno sabíamos cuándo se celebraría el juicio.

Mandela House Museum

26

UNA TARDE, en un receso de la vista preliminar, llevé a un amigo en coche desde Orlando hasta la facultad de medicina de la Universidad de Witwatersrand y pasamos por el Hospital Baragwanath, el principal hospital para negros de Johannesburgo. Al pasar junto a una parada de autobuses próxima vi por el rabillo del ojo a una hermosa joven que esperaba el autobús. Me quedé impresionado por su belleza y volví la cabeza para verla mejor, pero el coche iba demasiado deprisa. El rostro de aquella mujer se me había quedado grabado —incluso consideré la posibilidad de dar la vuelta para volver a verla— pero, al final, seguí mi camino.

Algunas semanas después se produjo una curiosa coincidencia. Estaba en la oficina y me acerqué a ver a Oliver Tambo. En su despacho estaba aquella joven con su hermano, sentada ante su mesa. Me quedé asombrado e hice lo posible por no exteriorizar mi sorpresa —o mi júbilo— ante tan increíble coincidencia. Oliver me los presentó a ambos y me explicó que estaban allí para consultarle un problema legal.

Su nombre era Nomzamo Winnifred Madikizela, pero todo el mundo la llamaba Winnie. Acababa de terminar sus estudios en la Escuela de Asistentes Sociales Jan Hofmeyr de Johannesburgo y era la primera mujer negra en trabajar como asistente social en el Hospital Baragwanath. En aquel momento no presté casi atención a su historial ni a su problema legal, ya que estaba profundamente conmocionado por su presencia. Me interesaba más idear algún modo de pedirle una cita que averiguar cómo resolvería su caso nuestro despacho. No sé decir con seguridad si existe el amor a primera vista, pero sí sé que en el momento en que vi por primera vez a Winnie Nomzamo supe que quería casarme con ella.

Winnie era la sexta de los once hijos de C. K. Madikizela, un director de colegio transformado en hombre de negocios. Su nombre de pila era Nomzamo, que significa "el que lucha o se enfrenta a la adversidad", un nombre tan profético como el mío. Procedía de Bizana, Pondolandia, un área adyacente al Transkei, donde yo había crecido. Pertenecía al clan Phondo de amaNgutyana y su bisabuelo era Madikizela, un poderoso jefe de Natal durante el siglo XIX que se había asentado en el Transkei en tiempos del iMfecane.

Al día siguiente llamé a Winnie al hospital y le pedí que me ayudase a recaudar dinero en la Escuela Jan Hofmeyr para el fondo de defensa del juicio por traición. No era más que un pretexto para invitarla a comer, cosa que hice. La recogí del lugar donde se alojaba en la ciudad y la llevé a un restaurante indio cercano a mi oficina, uno de los pocos lugares en los que servían a los africanos, y en el que comía a menudo. Winnie era deslumbrante, e incluso el hecho de que jamás hubiera probado el *curry* y tuviera que beber un vaso tras otro de agua para refrescar su paladar, no hizo más que multiplicar su atractivo.

Después de la comida la llevé a dar una vuelta con el coche a una zona entre Johannesburgo y Evaton, un área extensa de *veld* nada más pasar Eldorado Park. Caminamos sobre la alta hierba, tan similar a la del Transkei donde los dos habíamos crecido. Le conté mis aspiraciones y las dificultades que planteaba el juicio por traición. Supe que deseaba casarme con ella y así se lo dije. Me fascinaban su carácter, su apasionamiento, su juventud, su valentía y su terca voluntad, cosas todas que había percibido desde el momento en que la vi por primera vez.

A lo largo de las siguientes semanas y meses nos vimos siempre que teníamos ocasión. Ella me visitaba en el Drill Hall y en mi oficina. Venía a ver cómo me entrenaba en el gimnasio. Conoció a Thembi, a Makgatho y a Makaziwe. Asistió a mítines y discusiones políticas. Mientras la cortejaba, intentaba politizarla. Cuando era estudiante, Winnie se había sentido atraída por el Non-European Unity Movement (Movimiento por la Unidad de los No Europeos), ya que tenía un hermano que militaba en aquel partido. Años después le tomaba el pelo por sus simpatías juveniles y le decía que si no me hubiera conocido se habría casado con un líder del NEUM.

Poco después de solicitar el divorcio de Evelyn le dije a Winnie que visitara a Ray Harmel, la esposa de Michael Harmel, para que le hiciera un vestido de boda. Además de ser una activista, Ray era una excelente costurera. Le pregunté a Winnie cuántas damas de honor quería tener, y le sugerí que fuera a Bizana a comunicar a sus padres que íbamos a casarnos. Winnie siempre ha contado entre risas que nunca me declaré, pero yo siempre he aclarado que la pedí en matrimonio el primer día que salimos juntos, y que a partir de ese momento simplemente di por sentado que nos casaríamos.

El juicio por traición estaba ya en su segundo año y representaba un peso agobiante para nuestro ejercicio de la abogacía. Mandela y Tambo se estaba viniendo abajo, ya que no podíamos atender el despacho, y tanto Oliver como yo nos enfrentábamos a graves problemas financieros.

Dado que los cargos contra Oliver habían sido retirados, pudo tomar algunas medidas para remediarlo, pero el daño ya estaba hecho. Habíamos pasado de ser un despacho próspero, que tenía que rechazar clientes, a tener prácticamente que buscarlos con lupa. Ni siquiera podía pagar las cincuenta libras que aún debía de la parcela que había comprado en Umtata, y tuve que renunciar a ella.

Se lo expliqué todo a Winnie. Le dije que era más que probable que tuviéramos que vivir de su magro salario como asistente social. Winnie lo comprendió y me contestó que estaba dispuesta a correr el riesgo y a unir su destino al mío. Nunca le prometí oro ni diamantes, y jamás pude dárselos.

La boda se celebró el 14 de junio de 1958. Solicité y conseguí, a pesar de mi orden de proscripción, seis días de permiso para ausentarme de Johannesburgo. También lo dispuse todo para que el padre de Winnie recibiera la *lobola,* la dote tradicional.

El cortejo nupcial salió de Johannesburgo el 12 de junio a primera hora de la mañana y llegamos a Bizana a última hora de la tarde. Mi primera parada, como era de rigor cuando uno estaba bajo una orden de proscripción, fue la comisaría, donde di parte de mi llegada. Al anochecer fuimos a casa de la novia en Mbongweni, según la costumbre. Allí fuimos recibidos por un gran coro de mujeres de la localidad que ululaban de felicidad y Winnie y yo fuimos separados. Ella fue a la casa de la novia y yo fui con el grupo del novio a casa de uno de los parientes de ella.

La ceremonia se celebró en una iglesia local, tras lo cual tuvo lugar una fiesta en casa del hermano mayor de Winnie, que era el hogar ancestral del clan Madikizela. El coche nupcial fue envuelto en los colores del CNA. Hubo bailes y cantos y la exuberante abuela de Winnie bailó una danza especial para todos nosotros. Habíamos invitado a toda la ejecutiva del CNA, pero las proscripciones limitaron su asistencia. Entre los que vinieron estaban Duma Nokwe, Lilian Ngoyi, el doctor James Njongwe, el doctor Wilson Conco y Victor Tyamzashe.

La recepción final se celebró en el ayuntamiento de Bizana. El discurso que mejor recuerdo fue el ofrecido por el padre de Winnie. Tomó nota, como todo el mundo, de que entre los huéspedes que habían asistido a la boda había una serie de policías de seguridad a los que nadie había invitado. Habló de su amor por su hija, de mi compromiso para con el país y de mi peligrosa carrera como político. Cuando Winnie le había dicho que íbamos a casarnos él había exclamado: "¡Vas a casarte con un futuro presidiario!". Durante la boda dijo que no se sentía optimista acerca del futuro y que un matrimonio así en tiempos tan difíciles se vería puesto a prueba continuamente. Le dijo a Winnie que se iba a casar con un hombre que estaba ya casado con la lucha por la libertad. Deseó buena suerte a su hija y finalizó su discurso diciendo: "¡Si tu hombre es un brujo tú deberás convertirte en bruja!" Era un modo de decir que debía seguir a su hombre, fuera cual fuese el camino que tomase. Después, Constance Mbekeni, mi hermana, habló en mi nombre en la ceremonia.

Tras la celebración, se reservó y se envolvió un trozo del pastel de boda para que la novia lo llevara al hogar ancestral del novio, donde tendría lugar la segunda parte del matrimonio. Pero ésta nunca llegó a celebrarse, ya que mi permiso había expirado y teníamos que regresar a Johannesburgo. Winnie guardó cuidadosamente el trozo de pastel en previsión del día en que pudiera celebrarse. En nuestra casa, en el 8115 de Orlando West, nos encontramos con un gran grupo de amigos y familiares, reunidos para darnos la bienvenida. Habían matado una oveja y se celebró un festín en nuestro honor.

No teníamos tiempo ni dinero para celebrar la luna de miel. Nuestra vida pronto entró en una rutina dominada por el juicio. Nos levantábamos muy temprano, normalmente alrededor de las cuatro de la mañana. Winnie preparaba el desayuno. A continuación yo cogía el autobús para asistir al juicio o hacía una visita a primera hora a la oficina. En la medida de lo posible pasaba las tardes en mi despacho, intentando mantener en funcionamiento nuestro negocio y ganar algo de dinero. Era frecuente que tuviera las noches ocupadas por el trabajo político y las reuniones. La mujer de un luchador por la libertad es a menudo lo más parecido a una viuda, incluso cuando su marido no está en la cárcel. Aunque estaba siendo juzgado por traición, Winnie me daba esperanzas. Sentía como si se me hubiera ofrecido una segunda oportunidad en la vida. Mi amor por ella me dio fuerzas para afrontar la lucha que se perfilaba en el horizonte.

27

EL PRINCIPAL ACONTECIMIENTO al que se enfrentaba el país en 1958 eran las elecciones generales. Eran "generales" sólo en el sentido de que en ellas podían participar tres millones de blancos, aunque no pudieran hacerlo ni uno solo de los trece millones de africanos del país.

Discutimos acerca de la oportunidad de una campaña de protesta. El problema básico era decidir si unas elecciones en las que únicamente podían participar los blancos tenían alguna importancia para los africanos. La respuesta, a menos en lo que concernía al CNA, fue que no podíamos permanecer indiferentes aunque hubiéramos quedado excluidos del proceso. Nos habían dejado al margen, pero el asunto nos afectaba. La derrota del National Party serviría a nuestros intereses y a los de todos los africanos.

El CNA se alió con los otros congresos y con el SACTU, el Congreso Sindical Sudafricano, para convocar una huelga general de tres días durante las elecciones de abril. Se distribuyeron panfletos en fábricas y talleres, en estaciones de ferrocarril y paradas de autobuses, en cervecerías y hospitales y de casa en casa. "¡LOS NATS DEBEN IRSE!", era el principal lema de la campaña. Nuestros preparativos preocupaban al gobierno. Cuatro días antes de las elecciones decretó que toda reunión de más de diez africanos en cualquier zona urbana era ilegal.

La noche anterior a cada protesta, boicot o huelga previstos, los líderes de la movilización pasaban a la clandestinidad para huir de la redada policial que inevitablemente se producía. La policía no nos tenía aún controlados las veinticuatro horas del día y no era difícil desaparecer durante un día o dos. La noche antes de la huelga Walter, Oliver, Moses Kotane, J. B. Marks, Dan Tloome, Duma Nokwe y yo nos quedamos en casa del doctor Nthatho Motlana, mi médico, en Orlando. A la mañana siguiente, a primera hora, nos trasladamos a otra casa del mismo vecindario, desde donde podíamos mantenernos en contacto telefónico con otros dirigentes que estaban en la ciudad. Las comunicaciones no eran demasiado eficientes en aquellos días, especialmente en los *townships,* donde muy poca gente tenía teléfono, y resultaba una tarea muy frustrante supervisar una huelga. Enviamos gente a lugares estratégicos de los *townships* para vigilar los trenes, los autobuses y los taxis con el fin de determinar si la asistencia al trabajo se interrumpía o no. Todos regresaban con malas noticias: los autobuses y los trenes iban llenos; la gente no estaba siguiendo la huelga. Fue en ese momento cuando nos dimos cuenta de que el hombre en cuya casa nos habíamos alojado había desaparecido. Había salido a escondidas y se había ido a trabajar. Al parecer la huelga iba a resultar un fracaso.

Decidimos desconvocarla. Una huelga de tres días que se desconvoca el primero es un fracaso de un solo día; una que fracasa tres días seguidos es un fiasco. Resultaba humillante tener que dar marcha atrás, pero decidimos que habría sido aún más humillante no hacerlo. Menos de una hora después de hacer público un comunicado desconvocando la huelga, la South African Broadcasting Corporation, controlada por el gobierno, lo leyó íntegro. Habitualmente, la SABC ignoraba por completo al CNA; sólo con la derrota tuvimos acceso a sus emisiones. En esta ocasión incluso nos alabaron por haber desconvocado la huelga. Esto enfureció a Moses Kotane. "Que la SABC nos alabe es demasiado", dijo agitando la cabeza. Kotane se preguntó si no habríamos actuado precipidamente haciéndole el juego al estado. Era una preocupación legítima, pero no deben tomarse decisiones por cuestiones de orgullo o de vergüenza, sino por motivos estratégicos, y en este caso la estrategia sugería que debíamos desconvocar la huelga. El hecho de que el enemigo hubiera explotado nuestra rendición no significaba que hubiéramos hecho mal en darnos por vencidos.

La noticia de que habíamos desconvocado la huelga no llegó a algunas zonas, mientras que otras ignoraron nuestro llamamiento. En Port Elizabeth, un feudo del CNA, y en otras áreas de El Cabo, la respuesta fue mejor en los días segundo y tercero que en el primero. En general, no obstante, no podíamos ocultar el hecho de que habíamos fracasado. Por si no fuera suficiente, el National Party experimentó un crecimiento de más de un diez por ciento en las elecciones.

Tuvimos acaloradas discusiones sobre si debíamos o no haber recurrido a las medidas coercitivas. ¿Debíamos haber utilizado piquetes, que normalmente impiden que la gente entre a sus lugares de trabajo? Los partidarios de la línea dura sugerían que si lo hubiéramos hecho, la huelga habría sido un éxito. Pero siempre he sido contrario a tales métodos. Es mejor confiar en el respaldo libremente otorgado por el pueblo; en caso contrario, el apoyo es débil y fugaz. La organización debía ser un refugio, no una cárcel. Con todo, si la mayoría de una organización o del pueblo apoyan una decisión, en ciertos casos es legítimo emplear metodos coercitivos contra la minoría disidente en defensa de los intereses de la mayoría. No se puede permitir que las minorías, por ruidosas que sean, frustren la voluntad de la mayoría.

Intenté emplear otro tipo de métodos coercitivos en mi propia casa, pero sin éxito. Ida Mthimkhulu, una mujer sotho de mi edad, era nuestra asistenta. Ida era más un miembro de la familia que una empleada, y yo la llamaba *kgaitsedi,* que significa hermana y es un apelativo cariñoso. Ida llevaba la casa con precisión militar, y Winnie y yo aceptábamos sus órdenes de buen grado. A menudo yo salía a hacer recados cuando ella me lo ordenaba.

El día antes de la huelga, mientras llevaba a Ida y a su hijo de doce años a casa, le comenté que necesitaba que me lavara y planchara unas camisas para el día siguiente. Se produjo un largo silencio. Ida se volvió hacia mí y me habló con mal disimulado desdén.

—Sabe muy bien que no puedo hacer eso.

—¿Por qué no? —le pregunté, sorprendido por la vehemencia de su reacción.

—¿Acaso ha olvidado que yo también soy una trabajadora? —dijo muy satisfecha. —¡Mañana estaré en huelga junto con mi pueblo, con mis compañeros trabajadores!

Su hijo percibió mi azoramiento y a su manera intentó aliviar la tensión diciendo que "el tío Nelson" siempre la había tratado como a una hermana y no como a una trabajadora. Irritada se volvió hacia su hijo y le contestó: "Niño, ¿dónde estabas tú cuando yo luchaba por mis derechos en esa casa? ¡Si no me hubiera enfrentado con todas mis fuerzas a tu 'tío Nelson', hoy no me trataría como a una hermana!". Isa no vino a trabajar al día siguiente y mis camisas se quedaron sin lavar.

28

POCOS TEMAS resultaban tan delicados como el de los pases para las mujeres. El estado seguía empeñado en imponer los pases y las mujeres seguían empeñadas en oponerse a ellos. Aunque el gobierno los llamaba ahora "libros de referencias", no conseguía engañar a las mujeres. Eso no significaba que no pudieran ponerles una multa de diez libras o encarcelarlas durante un mes si no lo llevaban consigo.

En 1957, espoleadas por los esfuerzos de la Liga de Mujeres del CNA, las mujeres de todo el país, tanto en áreas rurales como en las ciudades, reaccionaron furiosamente ante la insistencia del estado en que llevaran consigo sus pases. Las mujeres eran valerosas, tenaces, entusiastas e infatigables. Su acción en contra los pases estableció un estándar para las protestas contra el gobierno que jamás llegó a ser igualado. Como dijo el jefe Luthuli: "Cuando las mujeres decidan tomar parte activa en la lucha no habrá poder en la tierra capaz de impedir que alcancemos la libertad".

Miles de mujeres se sumaron a la protesta en todo el sudeste del Transvaal, en Standerton, Heidelberg, Balfour y otros pueblos. Durante un receso del juicio por traición, Frances Baard y Florence Matomela organizaron la movilización de las mujeres contra los pases en Port Elizabeth, su lugar de residencia. En octubre, en Johannesburgo, un gran grupo de mujeres se concentró ante la Oficinal Central de Pases. Hicieron huir a todas las que aparecían para recoger sus permisos y a los funcionarios que trabajaban en la oficina, paralizando el centro. La policía detuvo a cientos de ellas.

Poco después, Winnie y yo estábamos relajándonos tras la cena cuando me comunicó que había decidido sumarse al grupo de mujeres de Orlando que iba a protestar al día siguiente ante la oficina de pases. Me pilló de sorpresa. Mientras que por un lado me sentí orgulloso por su compromiso y admirado por su valor, también me sentí preocupado. Winnie se había ido politizando cada vez más desde nuestro matrimonio. Con mi apoyo explícito se había unido a la rama de Orlando West de la Liga de Mujeres del CNA.

Le dije que aprobaba su decisión, pero que debía explicarle la gravedad de la misma. Le advertí que su vida cambiaría radicalmente, de un plumazo. Dentro de los estándares africanos, Winnie procedía de una "familia bien" y había vivido escudada de algunas de las realidades más desagradables de la vida en Sudáfrica. Para empezar, jamás había tenido que preocuparse por lo que iba a comer al día siguiente. Antes de nuestro matrimonio se había movido en círculos de relativa riqueza y comodidad, una vida muy diferente de la existencia, a menudo precaria, del luchador por la libertad.

Le dije que si la detenían sería despedida con toda seguridad por la administración provincial —los dos sabíamos que eran sus pobres ingresos los que mantenían a la familia— y que probablemente jamás volvería a encontrar trabajo como asistenta social, ya que el estigma del encarcelamiento haría que los organismos públicos se mostraran reticentes a la hora de contratarla.

Además, estaba embarazada, y le advertí acerca de los sufrimientos físicos y las humillaciones que se padecen en la cárcel. Tal vez mi respuesta parezca áspera, pero me sentía responsable como marido y como líder de la lucha, y decidí que debía exponerle con toda la claridad posible las consecuencias previsibles de sus actos. Por lo que a mí se refiere, mis sentimientos eran confusos, ya que las preocupaciones de un marido y las de un dirigente no siempre coinciden.

Pero Winnie es una persona decidida y sospecho que mi reacción pesimista no hizo más que fortalecer su determinación. Escuchó todo lo que tenía que decir y me comunicó que ya había tomado una decisión. A la mañana siguiente me levanté temprano para prepararle el desayuno. Luego fuimos a casa de los Sisulu para reunirnos con la mujer de Walter, Albertina, que era una de las cabecillas de la protesta. A continuación fuimos a la estacion de Phefeni en Orlando, donde habían quedado las mujeres para coger el tren a la ciudad. La abracé antes de que subiera. Winnie estaba nerviosa pero resuelta mientras se despedía de mí agitando el brazo desde la ventanilla del vagón. Yo sentí que estaba emprendiendo un largo y peligroso viaje cuyo fin desconocíamos ambos.

Cientos de mujeres convergieron sobre la Oficina Central de Pases en el centro de Johannesburgo. Las había viejas y jóvenes, unas llevaban criaturas a la espalda, otras iban ataviadas con túnicas tribales y algunas lucían elegantes vestidos. Cantaron, marcharon y bailaron. A los pocos minutos habían sido rodeadas por docenas de policías armados que las detuvieron a todas, las metieron en furgones y las condujeron a Marshall Square. Las mujeres se mostraron jubilosas en todo momento. Mientras se las llevaban, algunas les gritaron a los periodistas: "¡Decidles a nuestras señoras que no iremos a trabajar mañana!". En total fueron arrestadas más de mil mujeres.

Me enteré de lo ocurrido no por ser el marido de una de las detenidas, sino porque el despacho de Mandela y Tambo fue requerido para representar a la mayor parte de ellas. Me encaminé a toda prisa a la comisaría de Marshall Square para visitar a las prisioneras y solicitar su libertad bajo fianza. Conseguí ver a Winnie, que me dirigió una gran sonrisa cuando me vio y parecía todo lo contenta que se puede estar dentro de una celda. Era como si me hubiera ofrecido un gran regalo, sabiendo que me agradaría. Le dije que estaba orgulloso de ella, pero que no podía quedarme para charlar ya que tenía mucho trabajo por delante.

Al finalizar el segundo día, el número de detenciones había aumentado, y habían sido encarceladas casi dos mil mujeres, muchas de las cuales habían sido trasladadas al Fuerte en espera de juicio. Esto nos creó enormes problemas no sólo a Oliver y a mí, sino también a la policía y a las autoridades penitenciarias. Sencillamente, no había espacio suficiente para todas. No había bastantes mantas, ni esteras, ni retretes, y la comida no alcanzaba. En el Fuerte, las presas estaban hacinadas y había mucha suciedad. Mientras que la mayoría de los miembros del CNA, yo mismo incluido, estábamos ansiosos por obtener la libertad bajo fianza de aquellas mujeres, Lilian Ngoyi, la presidenta nacional de la Liga de Mujeres, y Helen Joseph, secretaria de la Federación Sudafricana de Mujeres, creían que para que la protesta fuera eficaz y provechosa las mujeres debían cumplir condena, ordenara lo que ordenase el magistrado. Discutí con ellas, pero me respondieron de forma inequívoca que aquello era asunto de mujeres y que el CNA —al igual que los ansiosos maridos— no debían interferir. Le dije a Lilian que en mi opinión debía discutir el tema con las mujeres antes de tomar una decisión, y la acompañé a las celdas para que hablara con las prisioneras. Muchas de ellas estaban desesperadas y querían salir como fuera, ya que no habían sido adecuadamente preparadas para lo que les esperaba en la cárcel. Como fórmula de compromiso le sugerí a Lilian que pasaran quince días en la cárcel y que después obtendríamos su libertad bajo fianza. Lilian aceptó.

Durante las siguientes dos semanas pasé muchas horas en los tribunales disponiéndolo todo para lograr la libertad bajo fianza de las mujeres. Algunas de ellas se sentían frustradas y desahogaron su ira sobre mí. "Mandela, estoy harta de esto", me dijo una mujer. "Si no se acaba hoy mismo, no volveré a aparecer jamás ante un tribunal". Con la ayuda de parientes y organizaciones que recaudaron fondos, conseguimos sacarlas a todas bajo fianza antes de que se cumplieran las dos semanas.

Winnie no parecía especialmente afectada por su experiencia en la cárcel. En cualquier caso, si hubiera sufrido no me lo habría dicho. Durante su estancia en prisión, Winnie se había hecho amiga de dos guardianas afrikáners muy jóvenes. Se mostraron compasivas y curiosas, y tras la liberación de Winnie las invitamos a que nos visitaran. Aceptaron y viajaron en tren hasta Orlando. Comieron con nosotros en casa y después Winnie las llevó a dar una vuelta por el suburbio. Winnie y las dos guardianas tenían aproximadamente la misma edad y se llevaban bien. Se reían juntas como si fueran hermanas. Las dos jóvenes pasaron un día agradable y le dieron las gracias a Winnie, diciéndole que les gustaría regresar. Tal y como fueron las cosas, no pudo ser, ya que en su viaje a Orlando habían tenido que sentarse en un vagón para no blancos (no había trenes para blancos a Orlando, por la sencilla razón de que los blancos nunca iban a Orlando). Como resultado, llamaron mucho la atención y no tardó en saberse que dos guardianas afrikáners del Fuerte nos habían visitado. Para nosotros aquello no era ningún problema pero sí lo fue para ellas. Las autoridades penitenciarias las despidieron y jamás volvimos a verlas ni a tener noticias suyas.

29

LLEVÁBAMOS SEIS MESES esperando —desde el final de la vista preliminar en enero— y preparándonos para el juicio, que había de comenzar en agosto de 1958. El gobierno creó un tribunal especial de tres miembros compuesto por el juez F. L. Rumpff como presidente, el juez Kennedy y el juez Ludorf. El elenco no era prometedor: eran tres hombres blancos, vinculados todos ellos al partido en el gobierno. Si bien el juez Rumpff era un hombre competente y mejor informado que el sudafricano blanco medio, se rumoreaba que era miembro del Broederbond, una organización secreta cuayo objetivo era consolidar el poder afrikáner. El juez Ludorf era un miembro muy conocido del National Party, al igual que el juez Kennedy. Este último tenía reputación de juez de la horca, ya que había enviado al patíbulo a un grupo de veintitrés africanos por el asesinato de dos policías blancos.

Poco antes de la reanudación del caso, el estado nos jugó otra mala pasada. Se anunció que el juicio no se celebraría en Johannesburgo sino en Pretoria, a unos sesenta kilómetros de distancia. La vista tendría lugar en lo que había sido una hermosa sinagoga, reconvertida en tribunal de justicia. Todos los acusados, así como nuestro equipo de defensores, residíamos en Johannesburgo, por lo que nos veríamos obligados a viajar a diario hasta Pretoria. El juicio nos robaría aún más tiempo y dinero, y no nos sobraba ninguna de las dos cosas. El cambio de ciudad era también un intento de aplastar nuestra resistencia separándonos de nuestros simpatizantes. Pretoria era el feudo del National Party y el CNA tenía poca presencia allí.

Prácticamente la totalidad de los noventa y dos acusados hacíamos el viaje de ida y vuelta a Pretoria en un viejo e incómodo autobús, con tablones de madera a modo de asientos. Salía todos los días a las seis de la mañana y tardaba dos horas en llegar a la vieja sinagoga. El viaje de ida y vuelta nos llevaba casi cinco horas, tiempo que podríamos haber empleado mucho mejor en ganar dinero para pagar el alquiler, la comida y la ropa de nuestros hijos.

Tuvimos nuevamente el privilegio de disponer de un brillante y agresivo equipo de defensores, competentemente encabezado por el abogado Israel Maisels, al que ayudaban Bram Fischer, Rex Welsh, Vernon Berrangé, Sydney Kentridge, Tony O'Dowd y G. Nicholas. El día en que se inició el juicio exhibieron su combatividad con una arriesgada maniobra legal que habíamos aprobado algunos de nosotros tras haber sido consultados. Issy Maisels se levantó con gesto dramático y solicitó la recusación de los jueces Ludorf y Rumpff aduciendo que ambos tenían intereses que les impedirían juzgar imparcialmente nuestro caso. Se produjo un murmullo en el tribunal. La defensa argumentó que Rumpff, como magistrado del proceso de la Campaña de Desafío de 1952, ya había emitido su veredicto sobre ciertos aspectos de la acusa-

ción en curso y que, por consiguiente, no servía al interés de la justicia
su intervención en la actual causa. Adujimos también que Ludorf tenía
prejuicios, ya que había representado al gobierno en 1954, cuando Harold Wolpe había solicitado un interdicto del tribunal para desalojar a
la policía de una reunión del Congreso de los Pueblos.

Se trataba de una estrategia peligrosa, ya que era perfectamente posible que ganáramos aquella batalla legal pero que perdiéramos la guerra.
Aunque considerábamos tanto a Ludorf como a Rumpff destacados simpatizantes del National Party, había en el país jueces mucho peores para
reemplazarlos. De hecho, aunque estábamos muy interesados en que
Ludorf desapareciera de escena, deseábamos en secreto que Rumpff, al
que considerábamos honrado, decidiera no aceptar la recusación.
Rumpff siempre había defendido la ley al margen de cuáles fueran sus
opiniones políticas, y estábamos convencidos de que, ateniéndonos a la
ley, sólo podíamos ser considerados inocentes. Aquel lunes había un ambiente de expectación cuando los tres jueces entraron en la sala con sus
togas rojas. El juez Ludorf anunció que se retiraría del juicio, y añadió
que había olvidado por completo su participación en el caso anterior.
Rumpff se negó a aceptar la recusación y ofreció garantías de que su veredicto en el juicio por la Campaña de Desafío no influiría en absoluto
en el que pudiera dictar en éste. Para sustituir a Ludorf el estado nombró al juez Bekker, un hombre que nos gustó desde el principio y que no
estaba vinculado al National Party. Nos alegró mucho la decisión de
Rumpff.

Tras el éxito de esta primera maniobra probamos suerte con una segunda, casi igual de arriesgada. Planteamos un largo y detallado alegato rebatiendo el propio auto. Afirmábamos, entre otras cosas, que la
acusación era vaga y carecía de precisión. Adujimos también que para
demostrar una acusación de alta traición era necesario demostrar que se
habían planeado actos violentos, y que la fiscalía debía demostrar su hipótesis de que teníamos intención de realizarlos. Al terminar la exposición quedó claro que los tres jueces estaban de acuerdo con nosotros.
En agosto, el tribunal rechazó uno de los dos cargos amparándose en la
ley de Supresión del Comunismo. El 13 de octubre, después de dos meses más de forcejeo legal, la Corona anunció repentinamente la retirada
de todos los cargos. Aquello era algo extraordinario, pero conocíamos
demasiado bien los insidiosos procedimientos del estado como para celebrarlo. Un mes más tarde, la fiscalía presentó una nueva acusación,
redactada más minuciosamente, y comunicó que el juicio se celebraría
solamente contra treinta de los acusados; los demás serían procesados

más adelante. Yo me encontraba entre los primeros treinta, todos los cuales éramos miembros del CNA.

Según la nueva acusación, la fiscalía debía probar la intención de actuar con violencia. En palabras de Pirow, los acusados sabían que alcanzar los objetivos de la Constitución por la Libertad "implicaría necesariamente derribar al estado por medio de la violencia". La esgrima legal continuó hasta avanzado el año 1959, cuando el tribunal rechazó la acusación de la Corona contra los sesenta y un acusados que aún quedaban pendientes de juicio. Durante meses y meses, la actividad en el tribunal estuvo centrada en las más áridas maniobras legales imaginables. A pesar del éxito de la defensa a la hora de mostrar lo burdo de las acusaciones esgrimidas por el gobierno, el estado se mostró tozudamente persistente. Como dijo el ministro de Justicia: "El juicio continuará, no importa cuántos millones de libras cueste. ¿Qué importancia tiene cuánto dure?".

Pasada la medianoche del 4 de febrero de 1958 volví a casa tras una reunión y me encontré a Winnie sola y con dolores, a punto de dar a luz. La llevé a toda prisa al Hospital Baragwanath, donde me dijeron que faltaban aún horas para el parto. Me quedé con ella hasta el momento de partir hacia Pretoria para asistir al juicio. Nada más terminar la sesión regresé a toda prisa con Duma Nokwe y me encontré con que madre e hija estaban estupendamente. Cogí en brazos a mi hija recién nacida y declaré que era una auténtica Mandela. Mi pariente, el jefe Mdingi, sugirió el nombre de Zenani, que significa "¿Qué has traído al mundo?", un nombre poético que encarna un desafío, sugiriendo que uno debe aportar algo a la sociedad. Es un nombre que no basta con poseer, hay que estar a su altura.

Mi madre vino del Transkei para ayudar a Winnie y empezó a hacer planes para bautizar a Zenani siguiendo la tradición xhosa. Quería llamar a un *inyanga,* un hechicero tribal, para dar a la criatura el tradicional baño de hierbas. Pero Winnie se opuso con toda firmeza porque consideraba que aquélla era una costumbre malsana y anticuada. En su lugar untó a Zenani con aceite de oliva, cubrió su cuerpecito con polvos de talco y le llenó el estómago de aceite de tiburón.

En cuanto Winnie estuvo en condiciones de levantarse abordé la tarea de enseñar a conducir a la nueva madre de la casa. En aquellos días conducir era cosa de hombres. Se veían muy pocas mujeres, especialmente africanas, detrás del volante. Pero Winnie tenía un carácter independiente, mucho interés por aprender y sería útil que lo hiciera, dado que yo pasaba mucho tiempo fuera de casa y no podía llevarla a casi ninguna parte. Tal vez yo soy un maestro impaciente o quizá tuviera una discípula cabezota, el caso es que cuando intenté darle clases a Winnie en una carretera relativamente llana y despoblada de Orlando era prácticamente imposible cambiar de marcha sin que nos peleáramos. Finalmente, cuando hubo ignorado demasiadas veces mis sugerencias, salí del coche hecho una furia y me volví andando a casa. Al parecer, a Winnie le fue mejor sin mi tutela, ya que se dedicó a dar vueltas ella sola alrededor del suburbio durante una hora. Transcurrido ese tiempo, ya se nos había pasado el enfado. Fue una historia con la que más adelante tuvimos ocasión de reírnos mucho.

La vida de casada y la maternidad fueron un mecanismo de ajuste para Winnie. Era una mujer de veinticinco años que tenía el carácter aún sin formar por completo. Yo me consideraba ya una persona madura y era bastante tozudo. Sabía que los demás la veían a menudo como "la mujer de Mandela" y sin duda para ella debía de ser difícil dar forma a su propia identidad bajo mi sombra. Hice cuanto estuvo en mi mano por dejarla florecer, y no tardó en hacerlo sin ayuda alguna por mi parte.

30

EL 6 DE ABRIL DE 1959, día del aniversario del desembarco de Jan van Riebeeck en El Cabo, apareció una nueva organización que pretendía hacerle sombra al CNA como principal organización política africana y combatir la dominación blanca que había comenzado tres siglos atrás. Con unos pocos cientos de delegados de todo el país reunidos en la sala del centro social de Orlando, el Congreso Panafricanista se constituyó como una asociación de ideología africanista que rechazaba expresamente la política multirracial del CNA. Al igual que quienes habíamos creado la Liga de la Juventud quince años antes, los fundadores de la nueva organización consideraban que el CNA no se mostraba suficientemente combativo, que carecía de contacto con las masas y que estaba dominado por no africanos.

Robert Sobukwe fue elegido presidente, y Potlako Leballo se convirtió en secretario nacional. Ambos habían sido miembros de la Liga de la Juventud del CNA. El CPA presentó un manifiesto y una constitución, junto con el discurso de apertura de Sobukwe en el que reclamó un "gobierno de los africanos por los africanos y para los africanos". El CPA manifestó que su objetivo era poner fin a la supremacía blanca y establecer un gobierno de origen africanista, de contenido socialista, y democrático en su forma. Rechazaban el comunismo en todas sus manifestaciones y consideraban que los blancos y los indios eran "minorías foráneas" o "extranjeros", que no tenían lugar natural en Sudáfrica. Sudáfrica era para los sudafricanos y para nadie más.

El nacimiento del CPA no fue una sorpresa para nosotros. Los miembros africanistas del CNA llevaban más de tres años aireando sus quejas. En 1957, los africanistas habían promovido una cuestión de confianza en la ejecutiva del Transvaal durante la Conferencia Nacional, pero habían sido derrotados. Se habían opuesto a la convocatoria de huelga del día de las elecciones de 1958 y su líder, Potlako Leballo, había sido expulsado del CNA. En la Conferencia del Congreso en noviembre de 1958, un grupo de africanistas había manifestado su oposición a la Constitución por la Libertad, afirmando que violaba los principios del nacionalismo africano.

El CPA sostenía que se había inspirado en los principios fundacionales del CNA de 1912. En realidad, sus puntos de vista derivaban de la visión excesivamente emocional del nacionalismo africano defendida por Anton Lembede y A. P. Mda en la fundación de la Liga de la Juventud en 1944. El CPA se hacía eco de los axiomas y eslóganes de aquellos tiempos: "África para los africanos" y "Por unos Estados Unidos de África". La causa inmediata de su escisión era, fundamentalmente, su oposición a la Constitución por la Libertad y a la presencia de blancos e indios en la directiva de la Alianza para el Congreso. Se oponían a la cooperación interracial, en gran medida porque creían que los indios y los comunistas blancos habían conseguido una posición dominante en el CNA.

Conocía bien a todos los fundadores del CPA. Robert Sobukwe era un viejo amigo. Era el típico académico (sus colegas le llamaban "Profe"). Su permanente disposición a pagar el precio que fuera necesario por defender sus principios le hizo acreedor a mi eterno respeto. Potlako Leballo, Peter Raboroko y Zephania Mothopeng eran amigos y colegas. Me quedé asombrado, y de hecho hasta cierto punto consternado, al averiguar que mi mentor político Gaur Radebe se había unido al CPA. Me parecía curioso que un antiguo miembro del comité central del PC hubiera decidido alinearse con una organización que, por aquel entonces, rechazaba expresamente el marxismo.

Muchos de los que decidieron sumarse al CPA lo hicieron por resentimientos personales o decepciones. No pensaban tanto en la lucha como en sus propios sentimientos heridos y en sus deseos de venganza.

Siempre he pensado que para ser un luchador por la libertad es necesario prescindir de buena parte de los sentimientos personales que le hacen a uno sentirse un individuo en lugar de parte de un movimiento de masas. La lucha tiene como objetivo la liberación de millones de personas, no la gloria personal. No pretendo sugerir que sea necesario convertirse en un robot y liberarse de todo sentimiento o motivación personal, pero del mismo modo que un luchador por la libertad subordina su propia familia al pueblo, debe subordinar sus sentimientos a la causa.

Desde mi punto de vista, la actitud y el comportamiento del CPA eran inmaduros. Un filósofo comentó una vez que algo va mal si una persona no es liberal cuando es joven y conservadora cuando se hace mayor. Yo no soy conservador, pero uno crece y llega a considerar que algunas de las actitudes que mantuvo siendo joven eran inmaduras y fruto de la inexperiencia. Si bien simpatizaba con los puntos de vista de los africanistas y había compartido muchos de ellos en otro tiempo, la lucha por la libertad requería, en mi opinión, la aceptación de una serie de compromisos y el tipo de disciplina al que me había resistido cuando era más joven e impulsivo.

El CPA expuso un programa espectacular y excesivamente ambicioso en el que prometía soluciones rápidas. Su promesa más llamativa —e ingenua— fue que la liberación llegaría a finales de 1963, e instaban a todos los africanos a que se prepararan para ese momento histórico. "En 1960 daremos el primer paso hacia la libertad y la independencia; en 1963 daremos el último". Aunque esta previsión inspiró confianza y entusiasmo entre la gente, que estaba cansada de esperar, es siempre peligroso para una organización hacer promesas que no puede cumplir.

Debido al anticomunismo del CPA, éste se convirtió en la niña bonita de la prensa occidental y del Departamento de Estado Norteamericano, que saludó su nacimiento como una puñalada en el corazón de la izquierda africana. Incluso el National Party consideró al CPA un aliado potencial: veían en la organización un reflejo de su propio anticomunismo y un apoyo a sus puntos de vista sobre el desarrollo separado. El National Party rechazaba también la cooperación interracial y, al igual que el Departamento de Estado de EE UU, pensó que era conveniente para sus propios intereses exagerar tanto el tamaño como la importancia de la nueva organización.

Si bien dábamos la bienvenida a todo aquel que se incorporara a la lucha a través del CPA, el papel de esta organización fue casi siempre el de aguafiestas. Dividía al pueblo en los momentos críticos y eso era algo que resultaba difícil ignorar. Pedía a la gente que fuera al trabajo cuando convocábamos una huelga o hacía declaraciones equívocas para contrarrestar nuestros pronunciamientos. No obstante, el CPA hizo nacer en mí la esperanza, aunque sus fundadores fueran tránsfugas del CNA, de alcanzar la unidad entre los dos grupos. Pensaba que una vez que se enfriaran las acaloradas polémicas en curso, el carácter esencialmente común de la lucha terminaría por unirnos. Movido por esta fe presté especial atención a sus formulaciones políticas y a sus actividades con la idea de encontrar afinidades en lugar de diferencias.

Al día siguiente de la conferencia inaugural del CPA le pedí a Sobukwe una copia de su discurso presidencial, así como el texto de su constitución y otros materiales sobre la política de la organización. Me pareció que a Sobukwe le alegraba mi interés. Me dijo que se aseguraría de que recibiera lo que había solicitado. Volví a verle poco después y le recordé mi petición. Me respondió que el material estaba ya en camino. Poco después me encontré con Potlako Leballo y le dije: "Hombre, no hacéis más que prometerme que vais a enviarme ese material vuestro, pero sigo sin recibirlo". Él me respondió: "Nelson, hemos decidido no enviártelo porque sabemos que sólo quieres emplearlo para atacarnos". Le convencí de que no era así y cedió, dándome todo lo que había pedido.

31

EN 1959, el Parlamento aprobó la ley de Promoción del Autogobierno Bantú, que creaba ocho bantustanes étnicos separados. Ésta fue la piedra angular de lo que el estado llamaba *groot* o gran *apartheid*. Más o menos por las mismas fechas, el gobierno introdujo otra ley con el engañoso nombre de ley de Extensión de la Educación Universitaria —otro de los pilares del *groot apartheid*—, que prohibía la asistencia de los no blancos a las universidades racialmente "abiertas". Al presentar la ley de Autogobierno, De Wet Nel, ministro de Administración y Desarrollo Bantú, manifestó que el mejor modo de lograr el bienestar y el desarrollo de cada grupo y cada pueblo era que éstos se produjeran en el seno de su propia comunidad. Los africanos, manifestó, jamás podrían integrarse en la comunidad blanca.

Resultaba evidente la inmoralidad de la política de los bantustanes, por la cual a un setenta por ciento del pueblo se le asignaba tan sólo un trece por ciento de la superficie del país. Aunque dos tercios de los africanos vivían en las llamadas áreas blancas, bajo la nueva normativa sólo podrían tener la ciudadanía de sus propios *homelands* tribales. El proyecto no nos daba ni libertad en las zonas blancas ni independencia en lo que ellos llamaban "nuestras áreas". Verwoerd aseguró que la creación de los bantustanes engendraría buena voluntad y que los "asentamientos étnicos" jamás se convertirían en un caldo de cultivo para la rebelión.

En realidad, ocurrió justamente lo contrario. Las zonas rurales estaban muy alborotadas. En pocos lugares se luchó tan tenazmente como en Zeerust, donde el jefe Abram Moilwa (con la competente ayuda del abogado George Bizos) se puso al frente de su gente y la llevó a oponerse a las llamadas autoridades bantúes. Estas áreas resultaban normalmente invisibles para la prensa, y el gobierno aprovechaba su inaccesibilidad para ocultar la crueldad de la represión del estado. Centenares de personas fueron detenidas, juzgadas, encarceladas, proscritas, apaleadas, torturadas y asesinadas. Los habitantes de Sekhukhunelandia también se rebelaron. Su jefe supremo, Moroamotsho Sekhukhune, Godfrey Sekhukhune y otros consejeros fueron proscritos o detenidos. Un jefe sekhukhune, Kolane Kgoloko, considerado un lacayo del gobierno, fue asesinado. En 1960, la resistencia en Sekhukhunelandia se había convertido ya en un desafío abierto, y sus habitantes se negaban a pagar impuestos.

Las ramas del CNA en Zeerust y Sekhukhunelandia desempeñaron un papel destacado en las protestas. A pesar de la fuerte represión, en el área de Zeerust surgieron una serie de nuevas ramificaciones del CNA, una de las cuales había reclutado alrededor de dos mil miembros. Sekhukhunelandia y Zeerust fueron las primeras zonas en las que el CNA fue prohibido por el gobierno, lo que demuestra el poder que tenía nuestra organización en aquellas áreas remotas.

La protesta hizo eclosión también en el este de Pondolandia, donde los paniaguados del gobierno fueron atacados y se les dio muerte. Thembulandia y Zululandia resistieron ferozmente y estuvieron entre las últimas áreas en ceder. La gente era golpeada, detenida, deportada y encarcelada. En Thembulandia, la resistencia se remontaba a 1955, y Sabata formaba parte de las fuerzas de la protesta.

Me resultó especialmente doloroso que en el Transkei la ira del pueblo estuviera dirigida hacia mi sobrino y antiguo mentor, K. D. Matanzima. No había duda de que Daliwonga estaba colaborando con el gobierno. Todas mis súplicas, transmitidas durante años, no habían servido para nada. Existían informes de que los *impis* (guerreros tradicionales) de Matanzima habían quemado aldeas que se le oponían. Sufrió varios intentos de asesinato. Igualmente doloroso era el hecho de que el padre de Winnie presta-

ra sus servicios en el consejo de Matanzima y fuera uno de sus fieles cola-
boradores. Esta situación resultaba tremendamente hiriente para Winnie.
Su padre y su marido se encontraban en bandos opuestos. Ella amaba a su
padre, pero desdeñaba su posición política.

Recibí varias visitas de parientes y de miembros de las tribus del
Transkei en Orlando que venían a quejarse de la colaboración de los jefes con el gobierno. Sabata se oponía a las autoridades bantúes y se negaba a colaborar con ellas, pero la gente que venía a verme temía que Matanzima le depusiera, como finalmente ocurrió. En una ocasión, el
propio Daliwonga vino a visitarme durante el juicio por traición y le
llevé conmigo a Pretoria. Ya en el tribunal, Issy Maisels le presentó a los
jueces, que le asignaron un puesto de honor. Fuera, entre los acusados,
no recibió un trato tan deferente. Empezó a preguntar con tono agresivo
a los acusados, que le consideraban un vendido, por qué se oponían al
desarrollo separado. Lilian Ngoyi exclamó: *"Tyhini, uyadelela lo mntu!"*.
(¡Cielos, este hombre es un provocador!).

32

Se dice que los molinos del Señor muelen lentamente, pero ni siquiera las maquinaciones divinas podían competir con las del sistema judicial sudafricano. El 3 de agosto de 1959, dos años y ocho meses después
de nuestra detención, y tras todo un año de maniobras legales, se inició
el juicio en sí en la sinagoga vieja de Pretoria. Finalmente, fuimos formalmente encausados y los treinta nos declaramos inocentes.

Nuestro equipo de defensores estaba encabezado, una vez más, por
Issy Maisels, a quien asistían Sydney Kentridge, Bram Fischer y Vernon
Berrangé. Esta vez el proceso iba en serio. Durante los dos primeros meses, la Corona presentó dos mil documentos para que figuraran en acta y
llamó a declarar a doscientos diez testigos, de los cuales doscientos eran
miembros de la brigada especial de la policía. Estos agentes reconocieron que se habían escondido en armarios y debajo de camas, que se habían hecho pasar por miembros del CNA y que habían perpetrado toda
clase de engaños con tal de obtener información sobre nuestro movimiento. Aun así, buena parte de las pruebas aportadas eran libros, papeles y documentos requisados por la policía en reuniones del Congreso
durante aquel periodo. Como había ocurrido anteriormente, los infor-

mes presentados por los agentes de la brigada especial sobre nuestros discursos eran, en su mayoría, un verdadero galimatías. Solíamos bromear diciendo que entre la mala acústica del tribunal y la imprecisión de los informes de los agentes podíamos ser multados por cosas que no habíamos dicho, encarcelados por algo que no habíamos podido oír y ahorcados por cosas que no habíamos hecho.

Todos los días, a la hora de comer, se nos permitía sentarnos fuera del salón, en el espacioso jardín, donde se nos servía un almuerzo preparado por la formidable señora Thayanagee Pillay y sus amigas. Prácticamente todos los días, durante los recesos de la mañana y la tarde, nos llevaban una sabrosa y especiada comida india, así como té, café y *sandwiches*. Estos descansos, que eran para nosotros como brevísimos recreos, nos ofrecían la oportunidad de discutir de política. Aquellos momentos pasados bajo la sombra de las jacarandás en el jardín de la antigua residencia sacerdotal fueron los más agradables de todo el juicio, ya que en muchos aspectos el caso era más una prueba de resistencia que un proceso judicial.

El 11 de octubre por la mañana, mientras nos preparábamos para asistir al juicio, oímos por la radio que el fiscal, Oswald Pirow, había muerto repentinamente de un ataque. Su muerte fue un grave revés para el gobierno, y la eficacia y agresividad del ministerio fiscal disminuyó considerablemente a partir de ese momento. Aquel día, en el tribunal, el juez Rumpff hizo una elegía emocionada de Pirow, alabando su competencia y meticulosidad como jurista. Aunque su ausencia nos beneficiaría, no nos regocijó su muerte. Habíamos llegado a cogerle cierto afecto a nuestro oponente, ya que a pesar de sus venenosas ideas políticas era un hombre humanitario que no exteriorizaba el mismo racismo virulento que el gobierno para el que había estado trabajando. Su cortés manera de referirse a nosotros llamándonos "africanos" (hasta a alguno de nuestros abogados se le escapaba ocasionalmente la expresión "nativos" al referirse a nosotros) contrastaba con su posición política en favor de la supremacía blanca. Curiosamente, todo parecía estar en su sitio en el pequeño mundo del interior de la sinagoga vieja cuando, cada mañana, veíamos a Pirow en su mesa, leyendo *Nuwe Order,* una publicación derechista, y a Bram Fischer en la suya ojeando la izquierdista *New Age.* La donación gratuita de los más de cien volúmenes de la vista preliminar fue un gesto generoso que ahorró a la defensa mucho dinero. El jurista De Vos se convirtió en el nuevo jefe de equipo de la acusación, pero no estaba a la altura de su predecesor en cuanto a perspicacia y elocuencia.

Poco después de la muerte de Pirow, la fiscalía dio por finalizada la presentación de pruebas. Fue entonces cuando comenzó el interrogatorio de peritos y testigos expertos, empezando por el sufrido profesor Murray, su supuesto entendido en comunismo, que tan inepto se había mostrado en la vista preliminar. En un contundente interrogatorio de Maisels, Murray admitió que nuestra Constitución era, de hecho, una declaración humanitaria, un documento que podía perfectamente representar las quejas y aspiraciones de los no blancos ante las duras condiciones a las que se veían sometidos en Sudáfrica.

Murray no fue el único testigo de la Corona que hizo bien poco por consolidar el alegato de la acusación. A pesar del número de pruebas presentadas y de las páginas y páginas de testimonios aportados por los testigos periciales, la fiscalía era consciente de que no había conseguido ofrecer pruebas válidas de que el CNA planeara recurrir a la violencia. De pronto, en el mes de marzo, la acusación pareció recibir una inyección de confianza. Estaba a punto de hacer pública la prueba condenatoria definitiva. El acontecimiento fue previamente anunciado en la prensa con grandes fanfarrias y redoble de tambores. El estado presentó ante la corte un discurso de Robert Resha que había sido grabado en secreto. Su intervención había tenido lugar en una sala llena de voluntarios por la libertad a los que se había dirigido como voluntario jefe del Transvaal en 1956, pocas semanas antes de nuestra detención. En el tribunal se hizo un gran silencio, y a pesar de la mala calidad de la grabación y del ruido de fondo, las palabras de Robert se distinguían con toda claridad.

Cuando se es disciplinado y la organización da la orden de no recurrir a la violencia hay que obedecer... pero si uno es un auténtico voluntario y se le pide que actúe violentamente, hay que ser absolutamente violento. ¡Hay que asesinar! ¡Asesinar! Eso es todo.

La acusación estaba convencida de que había puesto punto final al caso. Los periódicos publicaron a toda plana las palabras de Resha y se hicieron eco de las cuitas del estado. Según la acusación, el discurso dejaba al descubierto las verdaderas intenciones del CNA, desenmascarando en público la fingida no violencia de la organización. De hecho, las palabras de Resha eran algo excepcional. Robert era un orador público excelente, aunque un tanto excitable y, en este caso, sus palabras habían sido desafortunadas. Pero, como demostraría la defensa, no hacía más que subrayar la importancia de la disciplina. El voluntario debía hacer lo que se le ordenara, le gustase o no. Una y otra vez nuestros testigos demostrarían, no sólo que el discurso de Resha había sido interpretado fuera de contexto, sino que no reflejaba la posición política del CNA.

* * *

La acusación dio por terminada su exposición el 10 de marzo de 1960. Cuatro días más tarde nos correspondía llamar a declarar a nuestros testigos. Habíamos atravesado meses de calma chicha, pero cuando empezamos a preparar nuestro turno nos sentíamos impacientes por pasar a la ofensiva: llevábamos demasiado tiempo defendiéndonos de los ataques del enemigo.

En la prensa se había especulado con la posibilidad de que nuestro primer testigo fuera el jefe Luthuli. Al parecer, la fiscalía también estaba convencida de que así sería, ya que se mostró consternada cuando el 14 de marzo presentamos a nuestro primer testigo, que no fue Luthuli, sino el doctor Wilson Conco.

Conco era hijo de un ganadero zulú y procedía del bellísimo distrito de Ixopo en Natal. Además de ser médico en ejercicio, había sido uno de los fundadores de la Liga de la Juventud, un participante activo en la Campaña de Desafío y tesorero del CNA. Como introducción a su testimonio se le pidió que expusiera su brillante historial académico en la Universidad de Witwatersrand, donde fue el número uno de su promoción, por delante de todos los hijos e hijas de los privilegiados. Durante la exposición de las credenciales de Conco tuve la impresión de que el juez Kennedy, que también era de Natal, se sentía orgulloso. Es famosa la lealtad y el amor que las gentes de Natal sienten hacia su región, y esos peculiares vínculos pueden, en ocasiones, trascender el color de la piel. De hecho, muchos habitantes de Natal se consideraban zulúes blancos. El juez Kennedy siempre se había comportado de manera justa, y me dio la impresión de que, gracias al ejemplo de Wilson Conco, empezó a vernos no como un puñado de agitadores sin escrúpulos, sino como hombres con ambiciones respetables, capaces de ayudar a su país a poco que éste se lo permitiera. Al finalizar el testimonio de Conco, cuando se hizo referencia a algún logro médico del doctor, Kennedy dijo en zulú —lengua que hablaba con fluidez— *"Sinjalo thina maZulu"*, que quiere decir "los zulúes somos así". El doctor Conco resultó un testigo sólido y coherente, que reafirmó el compromiso del CNA con la no violencia.

El siguiente en subir al estrado fue el jefe Luthuli. Con su dignidad y su sinceridad produjo un gran impacto en la corte. Padecía hipertensión, y el tribunal acordó reunirse sólo por las mañanas mientras prestaba testimonio. Su exposición duró varios días y el contrainterrogatorio casi tres semanas. Hizo un detallado retrato de la evolución de la política del CNA, exponiendo las cosas con claridad y sencillez. Su historial como maestro y jefe añadió peso y autoridad a sus palabras. Como cristiano devoto, era la persona ideal para explicar de qué modo había luchado el CNA por alcanzar la armonía racial.

El jefe dio testimonio de su fe en la bondad innata del hombre y de cómo la persuasión moral, añadida a la presión económica, podía llevar a los sudafricanos blancos a cambiar de actitud. Al exponer la política no violenta del CNA hizo hincapié en la diferencia existente entre la no violencia y el pacifismo. Los pacifistas se negaban a defenderse aunque fueran atacados violentamente, pero ése no era necesariamente el caso de aquellos que defendían la no violencia. En ocasiones, tanto los hombres como las naciones, aun en el caso de haber abrazado la no violencia, tenían que defenderse si eran atacados.

Mientras escuchaba a Conco y a Luthuli pensé que, tal vez por primera vez en su vida, los jueces estaban prestando oídos no a sus sirvientes y paniaguados, que sólo decían lo que sus amos deseaban escuchar, sino a africanos preparados e independientes, que exponían en público sus aspiraciones y el modo en que esperaban llevarlas a la práctica.

A continuación, el jefe fue interrogado por un miembro de la fiscalía, el abogado Trengrove, que, obstinadamente, intentó hacerle decir que el CNA estaba dominado por los comunistas y que tenía una doble política: una pública de no violencia y un plan secreto para hacer la revolución. El jefe negó tajantemente las sibilinas imputaciones del abogado. Fue el espíritu mismo de la moderación, especialmente cuando Trengrove empezó a perder el control. Hubo un momento en que acusó al jefe de hipocresía. El jefe ignoró los insultos de Trengrove y se dirigió con calma a los jueces diciendo: "Señorías, creo que el representante de la acusación ha perdido los papeles".

El 21 de marzo el testimonio del jefe se vio interrumpido por un acontecimiento devastador ocurrido fuera del tribunal. Aquel día el país se tambaleó ante un acontecimiento de tal magnitud que cuando el jefe Luthuli volvió a prestar testimonio un mes más tarde, el tribunal —y de hecho, toda Sudáfrica— era un lugar distinto.

33

LA CONFERENCIA ANUAL de diciembre de 1959 se celebró en Durban, durante las concentraciones en contra de los pases que se convocaron en la ciudad. La Conferencia aprobó por unanimidad el inicio de una campaña masiva en todo el país que debía empezar el 31 de marzo y alcanzar su clímax el 26 de junio con una gran quema de pases.

La planificación comenzó de inmediato. El 31 de marzo fueron enviadas delegaciones para entrevistarse con las autoridades locales. Miembros destacados del CNA emprendieron una gira por el país para hablar sobre la campaña con las ramas locales de la organización. Los miembros de base del CNA hicieron correr la voz en los suburbios y las fábricas. Se imprimieron, distribuyeron y pegaron panfletos, pegatinas y carteles en los trenes y los autobuses.

El ambiente en el país era sombrío. El estado amenazaba con declarar fuera de la ley a la organización, y los ministros del gabinete advertían al CNA que no tardaría en ser aplastado con un "puño de hierro sin guante". En otros lugares de África, la lucha por la libertad seguía adelante. La Constitución de la república independiente de Ghana en 1957 y el ascenso del líder panafricanista y anti*apartheid* Kwame Nkrumah habían alarmado al National Party haciendo que multiplicara sus esfuerzos por sofocar toda disidencia interior. Estaba previsto que en 1960 diecisiete ex colonias se convirtieran en estados independientes. En febrero, el primer ministro británico Harold Macmillan visitó Sudáfrica y pronunció un discurso ante el Parlamento en el que habló de los "vientos de cambio" que recorrían África.

El CPA parecía perdido: era un grupo de líderes en busca de seguidores. Aún no había puesto en marcha ninguna acción que le otorgara un puesto en el mapa político. Sus miembros estaban al corriente de la campaña antipases del CNA, y habían sido invitados a participar en ella, pero en lugar de unir sus esfuerzos a la movilización promovida por el Congreso, intentaron sabotearla. El CPA anunció su intención de poner en marcha su propia campaña antipases el 21 de marzo, diez días antes de que comenzara la nuestra. No habían celebrado conferencia alguna para discutir la fecha, tampoco habían hecho ningún esfuerzo organizativo digno de mención. Se trataba de un caso descarado de oportunismo. Sus acciones estaban motivadas más por el deseo de eclipsar al CNA que por el de derrotar al enemigo.

Cuatro días antes de la manifestación programada, Sobukwe nos invitó a sumarnos al CPA. La oferta no tenía como propósito potenciar la unidad, sino que se trataba de una maniobra táctica cuyo fin era impedir que el CPA fuera criticado por no haber contado con nosotros. Planteó su oferta a las diez de últimas, y declinamos participar. La mañana del 21 de marzo, Sobukwe se dirigió a la comisaría de Orlando, acompañado de su ejecutiva, para que le detuvieran. Las decenas de miles de personas que acudían ese día al trabajo ignoraron a los hombres del CPA. Ante el magistrado, Sobukwe anunció que el CPA no intentaría defenderse y que permanecería fiel a su consigna: "Ni fianza, ni defensa, ni multa". Estaban todos convencidos de que serían condenados a pocas semanas de cárcel. Pero Sobukwe no fue sentenciado a tres semanas, sino a tres años, y sin opción a multa.

La respuesta al llamamiento del CPA en Johannesburgo fue mínima. No hubo ni una sola manifestación en Durban, Port Elizabeth o East London. Sin embargo, en Evaton, Z. B. Molete, competentemente asistido por Joe Molefi y Vusumuzi Make, consiguió el apoyo de todo el *township,* y varios cientos de hombres se presentaron sin pases para ser arrestados. Ciudad de El Cabo fue testigo de una de las mayores manifestaciones antipases de su historia. En el suburbio de Langa, en las inmediaciones de Ciudad de El Cabo, se reunieron unas treinta mil personas, encabezadas por el joven estudiante Philip Kgosana; una carga policial con bastones hizo estallar un motín. Murieron dos personas. No obstante, la más calamitosa de las áreas en las que se produjeron manifestaciones fue la última, y su nombre aún resuena con ecos de tragedia: Sharpeville.

Sharpeville era un pequeño suburbio a unos cincuenta y cinco kilómetros al sur de Johannesburgo, en el tenebroso complejo industrial que rodea Vereeniging. Los activistas del CPA había hecho un trabajo excelente de organización en la zona. A primera hora de la tarde, una multitud compuesta por varios miles de personas rodeó la comisaría de policía. Los manifestantes estaban desarmados y controlados. El cuerpo de setenta y cinco policías se vio ampliamente superado en número y se dejó llevar por el pánico. Nadie oyó disparos de aviso ni la orden de disparar, pero de repente la policía abrió fuego contra los manifestantes y continuaron disparando cuando éstos dieron la vuelta y echaron a correr. Cuando volvió la calma, habían muerto sesenta y nueve africanos, en su mayoría abatidos por la espalda mientras intentaban huir. En total se habían efectuado más de setecientos disparos contra la multitud, que hirieron a más de cuatrocientas personas, incluidas docenas de mujeres y niños. Fue una masacre, y al día siguiente las fotografías publicadas por la prensa mostraron aquella salvajada en las primeras planas de los periódicos de todo el mundo.

El tiroteo de Sharpeville provocó una conmoción nacional y una crisis de gobierno. Llegaron protestas escandalizadas de todo el globo, incluyendo una del Departamento de Estado norteamericano. El Consejo de Seguridad de la ONU intervino en los asuntos de Sudáfrica por primera vez, condenando al gobierno por el tiroteo y urgiéndole a que adoptara las medidas necesarias para introducir la igualdad racial en el país. Los blancos sudafricanos empezaron a hacer planes para emigrar. Los liberales exigieron a Verwoerd que ofreciera concesiones a los africanos. El gobierno insistía en que el caso de Sharpeville era el resultado de una conjura comunista.

La masacre de Sharpeville fue el origen de una nueva situación en el país. A pesar de la falta de profesionalidad y el oportunismo de sus líderes, los militantes de a pie del CPA habían mostrado gran valor y fortaleza en sus manifestaciones de Sharpeville y Langa. En tan sólo un día se habían situado en primera línea de la lucha, y Robert Sobukwe empezó a ser aclamado como salvador del movimiento de liberación dentro y fuera del país. En el CNA nos vimos en la obligación de adaptarnos rápidamente a los acontecimientos, y así lo hicimos.

Un pequeño grupo de nosotros —Walter, Duma Nokwe, Joe Slovo y yo mismo— celebramos una reunión en Johannesburgo, que duró toda la noche, para intentar articular una respuesta. Éramos conscientes de que debíamos intervenir de algún modo y ofrecer a la gente algún medio de expresar su ira y su dolor. Transmitimos nuestros planes al jefe Luthuli, que los aceptó sin reservas. El 26 de marzo, el jefe quemó públicamente su pase en Pretoria, exhortando a todo el mundo a que hiciera lo mismo. Anunció una jornada de permanencia en casa para el 28 de marzo, un día de luto y protesta a nivel nacional por las atrocidades cometidas en Sharpeville. En Orlando, Duma Nokwe y yo quemamos nuestros pases ante cientos de personas y docenas de fotógrafos de la prensa.

Dos días después, el 28, el país respondió magníficamente, y cientos de miles de africanos acudieron al llamamiento del jefe. Sólo una verdadera organización de masas podía coordinar tales actividades, y el CNA se hizo cargo de ello. En Ciudad de El Cabo se reunieron cincuenta mil personas en el suburbio de Langa para protestar por el tiroteo. En muchas áreas estallaron motines y revueltas. Ante la emergencia, el gobierno declaró el estado de excepción, suspendiendo el *habeas corpus* y asumiendo amplios poderes para actuar contra toda forma de subversión. Sudáfrica se encontraba bajo la ley marcial.

34

A LA UNA Y MEDIA DE LA MAÑANA del 30 de marzo me despertaron unos violentos golpes en la puerta de mi casa que llevaban la impronta inconfundible de la policía. "Ha llegado el momento", me dije a mí mismo mientras abría la puerta. Al otro lado había media docena de policías de seguridad armados. Volvieron la casa del revés, llevándose hasta el último trozo de papel que pudieron encontrar, incluyendo las transcripciones que había estado haciendo últimamente de los recuerdos familiares y las fábulas tribales que me contaba mi madre. A continuación fui detenido sin orden alguna, y no se me dio ninguna oportunidad de llamar a mi abogado. Se negaron a decirle a mi mujer adónde me llevaban. Me limité a hacerle a Winnie un gesto con la cabeza; no era el momento para pronunciar palabras tranquilizadoras.

Treinta minutos más tarde llegamos a la comisaría de Newlands, que me era familiar por las muchas ocasiones que había entrado en ella para visitar a mis clientes. La comisaría estaba en Sophiatown, o más bien, en lo que quedaba del lugar, ya que lo que antaño había sido un bullicioso *township* se había convertido en un montón de edificios arrasados por los *bulldozers* y de solares vacíos. En el interior me encontré con varios de mis colegas que, como yo, habían sido sacados de la cama. A lo largo de la noche fueron llegando más y por la mañana éramos ya un total de cuarenta. Nos metieron en un patio estrecho con el cielo por techo y una bombilla de baja potencia como toda iluminación. Era un lugar tan pequeño y húmedo que pasamos toda la noche de pie.

A las siete y cuarto nos condujeron a una celda diminuta con un único agujero a modo de letrina en el suelo que sólo se podía desaguar desde el exterior. No nos dieron mantas, comida, esteras ni papel higiénico. El agujero se obstruía continuamente y el hedor resultaba insoportable. Planteamos numerosas reclamaciones —entre ellas que nos dieran de comer— que recibieron respuestas desabridas. Decidimos que la siguiente vez que abrieran la celda nos lanzaríamos hasta el patio y nos negaríamos a regresar a la celda a menos que nos dieran algún alimento.

El joven policía de guardia huyó atemorizado cuando salimos de estampida a través de la puerta. Pocos minutos después, un corpulento y arisco sargento salió al patio y nos ordenó que regresáramos a la celda. "¡Adentro!" gritaba. "¡Si no obedecéis haré venir a cincuenta hombres con bastones y os romperemos la cabeza!". Tras el horror de Sharpeville, aquella amenaza era perfectamente verosímil.

El comandante de la comisaría se aproximó a la cancela del patio para observarnos, y seguidamente se me aproximó y me insultó por tener las manos en los bolsillos. "¿Crees que ésa es forma de estar ante un oficial?", gritó. "¡Sácate las manos de los bolsillos!". Dejé las manos firmemente hundidas en mis bolsillos como si estuviera dando un paseo en un día frío. Le dije que tal vez condescendiera a sacar las manos de los bolsillos si nos daban de comer.

A las tres de la mañana más de doce horas después de la llegada de la mayoría de nosotros, nos entregaron un recipiente lleno de una papilla clara de maíz y ningún cubierto. Normalmente habríamos considerado aquello una bazofia incomestible, pero empleamos las manos sucias para comérnosla como si se tratara del alimento más exquisito bajo el sol. Tras la comida elegimos un comité de representación, en el que estábamos Duma Nokwe, Z. B. Molete, secretario de propaganda del Congreso Panafricanista, y yo. Fui nombrado portavoz. Inmediatamente redactamos un escrito de reclamación en el que protestábamos por las condiciones en las que nos encontrábamos y exigíamos nuestra inmediata puesta en libertad aduciendo que nuestra detención había sido ilegal.

A las seis nos entregaron esteras para dormir y mantas. No creo que se pueda expresar con palabras la suciedad y el repugnante estado en el que se encontraban. Las mantas tenían costras de sangre seca y vómito, estaban repletas de chinches, piojos y cucarachas, y desprendían un hedor que competía con la peste del desagüe.

Cerca de la medianoche se nos comunicó que íbamos a ser llamados uno por uno, pero nadie sabía para qué. Algunos sonrieron ante la esperanza de ser liberados. Otros estábamos al cabo de la calle. Yo fui el primero en ser llamado, y me condujeron a la puerta delantera de la cárcel donde fui brevemente liberado ante un grupo de agentes de la policía. Antes de que hubiera tenido siquiera tiempo de moverme, uno de ellos gritó:

—¡Nombre!

—Mandela —respondí.

—Nelson Mandela, queda detenido por los poderes que me otorgan las leyes de excepción.

No íbamos a ser liberados, sino detenidos de nuevo bajo los términos de lo que sólo entonces descubrimos que era un estado de excepción. Todos fuimos puestos en libertad durante unos segundos y arrestados de nuevo. Habíamos sido detenidos ilegalmente antes de ser proclamado el estado de excepción; ahora estábamos siendo detenidos de nuevo con arreglo a las normas vigentes en el mismo, que habían entrado en vigor a medianoche. Redactamos un escrito dirigido al comandante en el que solicitábamos que se nos explicara cuáles eran nuestros derechos.

A la mañana siguiente fui conducido al despacho del comandante, donde me encontré con mi colega Robert Resha, que había sido detenido y estaba siendo interrogado. Cuando entré en la habitación, Resha preguntó al comandante por qué me había insultado la noche anterior. La respuesta fue la típica de un *baas* blanco: "Mandela se mostró insolente". Yo respondí: "No estaba obligado a sacar las manos de los bolsillos ante gente como usted, ni entonces ni ahora". El comandante se levantó de un salto, pero otros agentes le contuvieron. En ese momento, el sargento Helberg, detective de la brigada especial, entró en el despacho y exclamó: "¡Hola, Nelson!", en tono agradable. Yo repliqué secamente: "Para usted no soy Nelson, sino el señor Mandela". La habitación estaba a punto de convertirse en escenario de una batalla a gran escala cuando se nos comunicó que teníamos que marcharnos para asistir al juicio por traición en Pretoria. No sabía si reírme o llorar. En pleno estado de excepción y tras aquellas treinta y seis horas de malos tratos, el gobierno seguía pensando que era apropiado llevarnos de vuelta a Pretoria para continuar con un proceso perdido y ahora, aparentemente, obsoleto. Fuimos conducidos directamente a la prisión local de Pretoria, donde quedamos retenidos.

35

A TODO ESTO, el juicio se había reanudado en nuestra ausencia el 31 de marzo, pero el estrado de los testigos estaba visiblemente desierto. Sólo asistieron aquellos a los que la policía no había conseguido arrestar amparándose en el estado de excepción. El jefe Luthuli estaba a mitad de su testimonio, y el juez Rumpff pidió explicaciones por su ausencia. Se le notificó que el jefe había sido puesto bajo custodia la noche anterior. El juez Rumpff expresó su irritación ante aquella explicación y dijo que no entendía por qué el estado de excepción tenía que interferir con el juicio. Exigió que la policía llevara al jefe ante el tribunal para que continuara con su testimonio y, a la espera de ello, levantó la sesión.

Más tarde averiguamos que tras su detención, el jefe había sido sometido a malos tratos. Estaba subiendo unas escaleras cuando un guardián le había empujado, haciendo que su sombrero cayera al suelo. Cuando se había inclinado para recogerlo le habían golpeado en la cabeza y la cara. Nos resultó muy difícil contener la rabia. Un hombre de inmensa dignidad, que había logrado grandes cosas, un cristiano devoto de toda la vida, un hombre con una peligrosa enfermedad cardíaca, no merecía ser tratado como ganado por gente que no era digna ni de atarle los zapatos.

Cuando fuimos conducidos de nuevo ante el tribunal aquella mañana, el juez Rumpff recibió una notificación de que la policía se negaba a conducir al jefe hasta el tribunal. El juez levantó la sesión una vez más. Pensamos que podíamos irnos a casa, pero cuando abandonábamos el tribunal en busca de algún medio de transporte fuimos detenidos de nuevo.

No obstante, la policía, con su habitual exceso de celo y falta de organización, cometió un error cómico. Wilton Mkwyi, uno de los acusados, un viejo sindicalista miembro del CNA, había viajado desde Port Elizabeth hasta Pretoria para comparecer en el juicio. Sin saber cómo, se había separado de sus colegas. Cuando se acercó a la puerta y vio la conmoción producida por la detención del resto de sus compañeros acusados, le preguntó a un policía qué estaba pasando. El policía le ordenó que se marchara. Wilton se quedó allí. El policía le ordenó, por segunda vez, que se marchara. En ese momento, Wilton le comunicó que era uno de los procesados. El agente le llamó embustero y amenazó con detenerle por obstrucción de la justicia. Seguidamente, volvió a ordenarle iracundo que desapareciera de allí. Wilton se encogió de hombros, salió andando por la puerta y nadie volvió a verle en el tribunal. Pasó a la clandestinidad durante dos meses, eludiendo con éxito a la policía, y posteriormente salió del país. Poco después hizo su aparición como representante en el extranjero del COSATU y posteriormente viajó a China para recibir adiestramiento militar.

Aquella noche se nos unieron nuevos detenidos procedentes de otras partes del Transvaal. La redada policial en todo el país había conducido al encarcelamiento sin juicio de más de dos mil personas. Estos hombres y mujeres pertenecían a todas las razas y a todos los partidos anti-*apartheid*. Se había anunciado la movilización de reservistas y se habían desplazado y estacionado varias unidades del ejército en áreas estratégicas de todo el país. El 8 de abril tanto el CNA como el CPA fueron declarados ilegales bajo la ley de Supresión del Comunismo. De la noche a la mañana, ser miembro del CNA se había convertido en un delito penalizable con la cárcel y una multa. Se fijó una pena de hasta diez años en prisión por apoyar los objetivos del CNA. De pronto, incluso las protestas no violentas y respetuosas con la ley auspiciadas por el CNA eran ilegales. La lucha entraba en una nueva fase. Ahora, todos estábamos al margen de la ley.

Mientras se mantuvo el estado de excepción permanecimos en la prisión local de Pretoria, en la que las condiciones eran tan malas como en Newlands. Cinco prisioneros se hacinaban en una superficie de tres por dos metros. Las celdas estaban mugrientas, tenían una iluminación lastimosa y una ventilación aún peor. Había un cubo con la tapa suelta para hacer nuestras necesidades y mantas infestadas de bichos. Se nos permitía salir al exterior una hora al día.

Durante la segunda jornada que pasamos en Pretoria enviamos una delegación a quejarse ante el comandante en jefe de la prisión, el coronel Snyman, de las condiciones en las que estábamos. La respuesta del coronel fue grosera y lacónica. Exigió que presentáramos pruebas, y aseguró que nuestras quejas no eran más que mentiras: "Habéis traído los bichos de vuestras apestosas casas a mi prisión", dijo despreciativamente. Yo respondí que necesitábamos una habitación tranquila y bien iluminada para preparar el juicio. El coronel volvió a mostrarse despectivo. "Las normas del gobierno no exigen que los prisioneros lean libros, si es que sabéis leer". A pesar de la desdeñosa actitud del coronel no tardaron en pintar y fumigar las celdas y se nos entregaron mantas y cubos sanitarios nuevos. Se nos dejaba permanecer en el patio gran parte del día, y aquellos que estábamos implicados en el juicio por traición pudimos disponer de una celda de grandes dimensiones para realizar consultas. En ella se nos permitía tener libros de leyes.

La prisión local de Pretoria sería nuestro hogar durante un periodo impredecible. Salíamos para asistir al juicio por la mañana y regresábamos a la cárcel por la tarde. En la cárcel, siguiendo los dictados del *apartheid,* se agrupaba a los detenidos con arreglo a su color. Por supuesto, nos habían separado ya de nuestros colegas blancos, pero ser separados también de nuestros camaradas indios y mestizos dentro de las mismas instalaciones penitenciarias parecía una perfecta locura. Exigimos permanecer juntos, y se nos ofrecieron toda clase de explicaciones absurdas de por qué era imposible hacerlo. Cuando la proverbial falta de flexibilidad de la burocracia se combina con la mezquindad del racismo, el resultado puede ser estremecedor y pasmoso. Finalmente, las autoridades penitenciarias cedieron y permitieron que todos los encartados en el juicio por traición estuvieran juntos.

La dieta estaba establecida en función de la raza. Para desayunar, los africanos, los indios y los mestizos recibían la misma cantidad de alimentos, pero los indios y los mestizos tenían derecho a media cucharada de azúcar y nosotros no. A la hora del almuerzo, el menú era tambien similar, pero los indios y los mestizos recibían unos cien gramos de pan y nosotros nada. Esta última distinción obedecía a la curiosa premisa de que a los africanos, por naturaleza, no nos gustaba el pan, que tenía un sabor más sofisticado y "occidental". La dieta que recibían los detenidos blancos era muy superior a la que nos daban a los africanos. Tan conscientes del color eran las autoridades que incluso eran diferentes los tipos de azúcar y de pan que les suministraban: a los prisioneros blancos les daban azúcar y pan blancos, mientras que a los mestizos e indios les daban azúcar y pan morenos.

De nuevo, protestamos enérgicamente por la mala calidad de los alimentos. Como resultado, Sydney Kentridge presentó una queja formal en el tribunal. Yo denuncié que la comida no era adecuada para el consumo humano. El juez Rumpff aceptó probar la comida él mismo, y aquel día fue a la prisión para hacerlo. Las gachas de maíz y las alubias era lo más que ofrecía la prisión y, en esta ocasión, las autoridades pusieron más alubias y salsa de lo habitual. El juez Rumpff probó unas cucharadas y anunció que la comida estaba bien cocinada y era sabrosa. Concedió que debía servirse caliente. Nos reímos ante la idea de una "comida caliente" en la cárcel; era una contradicción en sí misma. Finalmente, las autoridades carcelarias suministraron a los prisioneros lo que llamaban una dieta mejorada. A los africanos les dieron pan, y a los indios y mestizos la misma comida que a los prisioneros blancos.

Disfruté de un privilegio extraordinario durante nuestra detención: viajes de fin de semana a Johannesburgo. No se trataba de un permiso penitenciario o unas vacaciones, sino de un día festivo en el que trabajaba como en cualquier día hábil. Poco después de la instauración del estado de excepción, Oliver había abandonado Sudáfrica por orden del CNA. Hacía ya largo tiempo que sospechábamos que se iba a producir un endurecimiento de la situación, y el Congreso había decidido que era necesario que algunos miembros abandonaran el país para fortalecer la organización en el extranjero, en previsión del momento en que fuera definitivamente ilegalizada.

La partida de Oliver fue una de las medidas más afortunadas y mejor planificadas que jamás adoptara el movimiento. Por aquel entonces, no sospechábamos siquiera hasta qué punto llegaría a ser vital la rama externa de la organización. Con su sabiduría y sosiego, su paciencia y competencia organizativa, su capacidad para dirigir e inspirar sin pisar a nadie, Oliver era la persona ideal para hacerse cargo de la tarea.

Antes de partir, Oliver había contratado los servicios de un amigo común, Hymie Davidoff, un abogado local, para que se encargara de cerrar nuestro despacho y resolver los casos pendientes. Davidoff presentó una solicitud especial al coronel Prinsloo para que me permitiera viajar a Johannesburgo los fines de semana para ayudarle a poner todo en orden. En un acceso de generosidad Prinsloo aceptó, permitiendo que me condujeran a Johannesburgo los viernes por la tarde para trabajar en la oficina todo el fin de semana, tras lo cual era devuelto al juicio el lunes por la mañana. El sargento Kruger y yo salíamos en cuanto se levantaba la sesión los viernes a la una. Según llegaba al despacho me ponía a trabajar con Davidoff y con nuestro contable Nathan Marcus. Pasaba las noches en la cárcel de Marshall Square y los días en la oficina.

El sargento Kruger era un individuo alto y de aspecto imponente que nos trataba con ecuanimidad. En el viaje de Pretoria a Johannesburgo, a menudo paraba el coche y me dejaba dentro mientras entraba en una tienda para comprar cecina, naranjas y chocolate, que compartía conmigo. Con frecuencia pensé en saltar del coche, especialmente los viernes, cuando las aceras y calles estaban muy transitadas y resultaba fácil perderse entre la multitud.

Mientras estaba en el despacho me permitía bajar a veces al café que había en la planta baja para comprar algo, y en una o dos ocasiones que Winnie vino a visistarme, hacía la vista gorda. Habíamos llegado a una especie de acuerdo tácito entre caballeros: yo no escaparía, lo que a él podría causarle problemas, y él a cambio me permitía un cierto grado de libertad.

36

EL 25 DE ABRIL, día en que había de reanudarse el juicio, Issy Maisels nos reunió para comentar los graves efectos que el estado de excepción estaba teniendo en el desarrollo del proceso. Debido a las normas en vigor, las consultas entre los acusados y sus abogados se habían vuelto prácticamente imposibles. Nuestros defensores, con base en Johannesburgo, tenían dificultades para vernos en la cárcel y no podían preparar adecuadamente nuestra defensa. A menudo viajaban hasta la prisión, donde les comunicaban que no estábamos disponibles. Incluso cuando se les permitía vernos, las consultas eran interrumpidas continuamente y sólo se nos concedían breves momentos para realizarlas. Y había algo aún más grave. Maisels nos explicó que, con arreglo a las leyes que regían en el estado de excepción, los que estaban ya detenidos se expondrían a condenas mayores con sólo testificar, ya que inevitablemente harían declaraciones que serían consideradas "subversivas", arriesgándose así a ser condenados a penas aún más severas. Los testigos de la defensa que no habían sido encarcelados corrían peligro de ser detenidos si acudían a testificar.

Nuestro equipo de defensores proponía retirarse del caso como forma de protesta. Maisels nos explicó las graves implicaciones que tenía una medida semejante, y las consecuencias que podría tener el que nos hiciéramos cargo de nuestra propia defensa en un caso en el que podíamos ser condenados a la pena capital. Sostenía que dado el ambiente hostil existente, los jueces podían considerar apropiado condenarnos a penas más largas. Discutimos la propuesta entre nosotros, y todos y cada uno de los veintinueve acusados —Milton Mkwayi no estaba ya entre nosotros— pudo expresar su opinión. La resolución fue aprobada por unanimidad y se acordó que Duma Nokwe y yo colaboraríamos en la preparación del caso en ausencia de nuestros abogados. Yo estaba a favor de esta medida desesperada porque realzaba la iniquidad del estado de excepción.

El 26 de abril, Duma Nokwe, el primer abogado africano del Transvaal, se levantó en el tribunal e hizo un sensacional anuncio: los acusados habíamos ordenado a nuestros defensores que se retiraran del caso. Maisels dijo simplemente: "Ya no tenemos competencia en el caso y por consiguiente dejaremos de incomodar a sus señorías", tras lo cual el equipo de defensores salió en silencio de la sinagoga. Esto dejó estupefactos a los tres jueces del tribunal, que nos advirtieron en términos claramente amenazadores de los peligros de asumir nuestra propia defensa. Pero estábamos embargados de ira y ansiosos por enfrentarnos al estado, así que durante los siguientes cinco meses, virtualmente hasta el final del estado de excepción, nos hicimos cargo de nuestra propia defensa.

Nuestra estrategia era sencilla y de naturaleza defensiva: prolongar el procedimiento hasta que finalizara el estado de excepción y pudieran regresar nuestros abogados. El juicio había durado ya tanto que no parecía importar que se alargara aún más. En la práctica, esta estrategia llegó a ser un tanto cómica. Según la ley, cada uno de nosotros tenía ahora derecho a asumir su propia defensa en la causa y a convocar como testigos a todos y cada uno del resto de los acusados. Y cada uno de los acusados tenía derecho, a su vez, a un turno de preguntas con cada testigo. En el sumario aparecíamos ordenados alfabéticamente. El acusado número uno era Farid Adams, del Congreso Indio de la Juventud de Transvaal.

Farid inició su intervención llamando a declarar al acusado número dos, Helen Joseph, como primer testigo. El plan era que tras ser interrogada por Farid, Helen contestara a las preguntas de los otros veintisiete acusados. A continuación tendría que responder a las preguntas del representante de la Corona. Por último, sería interrogada de nuevo por el acusado número uno. Después éste llamaría a declarar al acusado número tres, repitiendo el ciclo de interrogatorios, y así sucesivamente. El proceso se repetiría una y otra vez, hasta que todos y cada uno de los acusados hubieran pasado por el estrado. Al ritmo que íbamos, el caso duraría hasta el final del milenio.

Nunca es fácil preparar un caso estando en la cárcel, y en esta ocasión nos enfrentábamos a la dificultad añadida de los obstáculos impuestos por el *apartheid*. Era necesario que todos los acusados pudieran reunirse, pero las normas carcelarias prohibían las reuniones entre prisioneros varones y hembras, así como entre prisioneros negros y blancos. No se nos permitía hablar con Helen Joseph, Leon Levy, Lilian Ngoyi y Bertha Mashaba.

Helen, como primer testigo en ser llamado a declarar, debía preparar su intervención en presencia de Duma, Farid Adams y yo mismo, que seríamos los encargados de interrogarla. Tras largas negociaciones con las autoridades carcelarias se nos permitió evacuar consultas en condiciones muy estrictas. Helen Joseph, Lilian, Leon y Bertha serían trasladados desde sus respectivas prisiones y secciones (determinadas por razas y géneros) a la cárcel de los africanos. La primera condición era que no podría existir contacto físico alguno entre los prisioneros blancos y los negros, ni entre los prisioneros varones y las mujeres. Las autoridades erigieron una parrilla de hierro para separar a Helen y Leon (por ser blancos) de nosotros. Levantaron una segunda partición para separarles a ellos de Lilian, que también participaba en los preparativos. Incluso un arquitecto magistral habría tenido problemas para diseñar una estructura semejante. En la cárcel quedábamos separados por esta compleja estructura metálica, mientras que en el tribunal podíamos mezclarnos libremente.

En primer lugar, era necesario explicar a Farid el arte de la etiqueta procesal, así como ensayar el testimonio de Helen. Para ayudar a esta última asumí el papel que Farid había de desempeñar ante el tribunal. Adopté la actitud adecuada y comencé el interrogatorio.

—¿Nombre? —le pregunté.

—Helen Joseph —replicó.

—¿Edad?

Silencio.

—¿Edad? —repetí.

Helen frunció los labios y permaneció en silencio. Después, al cabo de un rato, me hizo una mueca y habló con aspereza.

—¿Qué tiene que ver mi edad con esto, Nelson?

Helen era tan encantadora como valerosa, pero tenía también su lado arrogante. Era una mujer de cierta edad a la que no le gustaba hablar de los años que tenía. Le expliqué que era costumbre tomar nota de los datos del testigo, tales como nombre, edad, dirección y lugar de nacimiento. La edad del testigo ayuda al tribunal a valorar su testimonio y tiene influencia a la hora de dictar sentencia.

Proseguí.

—¿Edad?

Helen se puso rígida.

—Nelson, cruzaré ese puente cuando llegue a él en la sala, pero no pienso hacerlo hasta entonces. Sigamos adelante.

A continuación le hice una serie de preguntas que previsiblemente le haría la acusación. Tal vez mi actitud fuera demasiado realista para ella, ya que en un momento dado se volvió hacia mí y me dijo: "¿Eres Mandela o el fiscal?".

Hubo otros momentos agradables, algunos de los cuales resultaron muy alentadores.

Se me permitió visitar a Helen Joseph los fines de semana y llevarle las transcripciones del proceso. En aquellas ocasiones conocí a otras mujeres detenidas y les consulté acerca de la posibilidad de convocarlas como testigos. Siempre actuaba de forma muy cordial con las guardianas blancas y pude ver que mis visitas despertaban un interés considerable. Ellas ni siquiera sabían que existiera nada semejante a un abogado o un médico negro, y me consideraban una criatura exótica. Pero cuando empecé a resultarles familiar comenzaron a mostrarse más amistosas y relajadas. Yo solía bromear con ellas diciéndoles que estaba dispuesto a hacerme cargo de sus problemas legales. Ver a mujeres blancas, educadas e importantes discutir temas serios de igual a igual con un hombre negro sólo podía debilitar la actitud de las funcionarias en favor del *apartheid.*

En una ocasión, durante una larga entrevista que mantuve con Helen, me volví hacia la guardiana que tenía que estar presente durante nuestra conversación y le dije: "Lamento aburrirla con esta inacabable discusión". "No", me respondió ella, "no me aburre en absoluto. Me lo estoy pasando muy bien". Estaba siguiendo la conversación y en una o dos ocasiones incluso ofreció alguna pequeña sugerencia. Para mí, aquel era uno de los beneficios colaterales del juicio: la mayor parte de aquellas guardianas no tenía ni la mas remota idea de por qué habíamos sido encarcelados y gradualmente empezaron a descubrir por qué luchábamos y estábamos dispuestos a ir a prisión.

Aquel era precisamente el motivo por el que el National Party se oponía tan violentamente a cualquier forma de integración. Sólo un electorado blanco adoctrinado en la existencia de una amenaza negra y que ignorara las ideas y la política de los africanos podía respaldar la monstruosa filosofía racista del partido gobernante. En este caso, la familiaridad no llevaría al desprecio, sino a la comprensión e incluso, con el tiempo, a la armonía.

En la cárcel, los buenos momentos nunca compensan los malos. Mientras estuve en Pretoria, a Winnie se le permitió visitarme unas cuantas veces. Siempre traía consigo a Zenani, que ya empezaba a andar y a hablar. Yo la abrazaba y la besaba, si los guardianes me lo permitían, y casi al final de la entrevista se la devolvía a Winnie. Mientras ella se despedía y los carceleros la acompañaban fuera, Zeni a menudo me hacía gestos para que las siguiera, y por la expresión desconcertada de su carita estaba claro que no alcanzaba a comprender por qué no podía hacerlo.

En el tribunal, Farid Adams condujo hábilmente a Helen a través de su interrogatorio. Discutía frecuentemente y con razonable competencia con los jueces. Nos encontrábamos llenos de energía: ya nadie hacía crucigramas para pasar el tiempo. Mientras los acusados examinaban por turnos a los testigos, la Corona y la fiscalía empezaron a percibir por vez primera el verdadero calibre de los hombres y las mujeres que estaban siendo sometidos a juicio.

Según la ley sudafricana, y dado que estábamos ante el Supremo, el único autorizado a dirigirse directamente a los jueces, como asesor legal, era Duma. Yo, como simple licenciado podía darle instrucciones pero técnicamente no se me permitía dirigirme a la corte, e igual ocurría con los demás. Habíamos prescindido de nuestros defensores bajo el supuesto —ajustado a la legalidad— de que un acusado, en ausencia de representación, podía dirigirse al tribunal. Así lo hice y el juez Rumpff, intentado frustrar nuestra estrategia, me interrumpió. "Será usted consciente del hecho, señor Mandela, de que el señor Nokwe como asesor legal de la defensa es el único en la sala con competencia para dirigirse a este tribunal". A lo que respondí: "Está bien, señoría, creo que todos estamos dispuestos a aceptarlo siempre y cuando esté usted dispuesto a pagar la minuta del señor Nokwe". A partir de ese momento, nadie puso objeción alguna a que cualquiera de los acusados se dirigiera al tribunal.

Mientras Farid interrogaba a Helen y a los siguientes testigos, Duma y yo permanecimos sentados junto a él, suministrándole preguntas y auxiliándole frente a las cuestiones de procedimiento que iban surgiendo. En términos generales, no necesitó prácticamente nuestra ayuda, pero un día en que nos vimos sometidos a una fuerte presión estuvimos haciéndole sugerencias en voz baja de continuo. Farid parecía cansado, y tanto Duma como yo empezábamos a agotar nuestros recursos. Entonces, sin consultarnos, Farid pidió de repente al tribunal un aplazamiento, aduciendo que estaba fatigado. Los jueces rechazaron su solicitud diciendo que no era razón suficiente para solicitar un aplazamiento y reiterando la advertencia que nos habían hecho el día en que se retiraron nuestros abogados.

Aquella tarde no hubo cánticos mientras regresábamos a la cárcel, y todo el mundo estaba muy cariacontecido. Entre los acusados empezaba a fermentar una crisis. Cuando llegamos a la cárcel, un puñado de ellos exigieron una reunión y convoqué a todos los compañeros. J. Nkampeni, un hombre de negocios de Port Elizabeth que había ayudado a las familias de los participantes en la Campaña de Desafío, encabezó lo que acabó siendo un ataque.

Empleando mi nombre de clan como muestra de respeto, me dijo: "Madiba, quiero que nos expliques por qué hiciste que nuestros abogados se marcharan". Le recordé que los abogados de la defensa no se habían ido porque una sola persona les hubiera echado. Su retirada había sido aprobada por todos, incluyéndole a él. "¿Qué sabíamos nosotros de procedimientos judiciales, Madiba? Confiamos en vosotros, los abogados", añadió.

Eran muchos los que compartían las dudas de Nkampeni. Les advertí del peligro que suponía perder la moral e insistí en que nos iba razonablemente bien. Les dije que habíamos sufrido un pequeño revés y que tendríamos que enfrentarnos a dificultades aún mayores. Nuestro juicio era mucho más que un problema entre la Corona y un grupo de personas acusadas de violar la ley. Era una prueba de fuerza, un enfrentamiento entre un concepto moral y otro inmoral. Añadí que no debíamos preocuparnos sólo de las argucias legales a emplear. La protesta se acalló.

Una vez que Helen Joseph hubo concluido su ciclo de interrogatorios, el acusado número tres, Ahmed Kathrada, inició su intervención. Mientras escuchábamos el testimonio de Stanley Lollan, un miembro de la ejecutiva del Congreso de los Pueblos Mestizos, además de segundo testigo de Kathy y acusado número cuatro, el primer ministro Verwoerd anunció que pronto se levantaría el estado de excepción. En ningún momento se había pretendido que la situación fuera permanente y el gobierno opinaba que había conseguido sofocar con éxito la lucha por la liberación. Para alivio general, regresaron nuestros defensores, aunque pasamos en la cárcel unas pocas semanas más. Habíamos permanecido en prisión, defendiéndonos sin ayuda de nuestros abogados, más de cinco meses.

Mi turno como testigo llegó el 3 de agosto. Me sentía preparado gracias al trabajo previo que había realizado con los otros acusados. Tras tres años de silencio, proscripción y exilio interior, esperaba con impaciencia la oportunidad de hablar ante la gente que pretendía juzgarme. Durante mi testimonio, prediqué la moderación y reafirmé el compromiso del CNA con la lucha no violenta. En respuesta a la pregunta de si la democracia podría alcanzarse por medio de reformas graduales, sugerí que era posible.

Exigimos el derecho al sufragio universal para todos los adultos y estamos dispuestos a ejercer presiones económicas para materializar nuestras exigencias. Promoveremos campañas de confrontación y huelgas, bien por separado o simultáneamente, hasta que el gobierno se vea obligado a admitir nuestras demandas y declare: "La situación no puede continuar, las leyes no deben ser transgredidas y el clima creado por las huelgas es insostenible. Hablemos". Personalmente, yo diría: "Sí, hablemos". El estado, probablemente, diría algo así como "somos de la opinión de que los europeos no están por el momento dispuestos a un tipo de gobierno en el que pudieran ser dominados por lo no europeos. Creemos que debemos asignarles sesenta escaños. La población africana podrá elegir sesenta diputados para que les representen en el Parlamento. Dejaremos estar la situación durante cinco años y una vez transcurrido este tiempo, la revisaremos". En mi opinión, eso sería una victoria, señorías. Habríamos dado un paso significativo hacia la obtención del sufragio universal para los adultos africanos y durante esos cinco años quedaría en suspenso la desobediencia civil.

El estado estaba empeñado en demostrar que yo era un comunista peligroso, defensor de la violencia. Si bien no era comunista ni miembro del partido, no quería que nadie pudiera interpretar que me estaba distanciando de mis aliados comunistas. Aunque podrían haberme enviado de vuelta a la cárcel por hacer público semejante punto de vista, no dudé en hacer hincapié en el tremendo apoyo que los comunistas nos habían prestado. En un determinado momento se me preguntó si creía que un estado unipartidista era una opción viable para Sudáfrica.

NM: —Señoría, no es una cuestión de formas, es una cuestión de democracia. Si el mejor modo de implantar la democracia fuera un sistema unipartidista, examinaría la propuesta con gran atención. Pero si la mejor manera de expresar la democracia resultara ser un sistema multipartidista, también examinaría la propuesta con gran atención. En este país, por ejemplo, tenemos actualmente un sistema multipartidista, pero por lo que se refiere a los no europeos, esta fórmula constituye el despotismo más desalmado que imaginarse pueda.

Me irrité con el juez Rumpff cuando incurrió en el error en el que caen tantos sudafricanos blancos cuando se habla del sufragio universal. Su opinión era que para ejercer tal responsabilidad, los votantes deben estar "educados". Es difícil explicarle a una persona de miras estrechas que ser "educado" no significa sólo saber leer o tener una licenciatura, y que una persona analfabeta puede ser un votante mucho más "educado" que otro con un título superior.

Juez Rumpff: —¿Qué valor tiene la participación en el gobierno del estado de gente ignorante?

NM: —Señoría, ¿qué ocurre cuando votan los analfabetos blancos...?

Juez Rumpff: —¿Acaso no son tan influenciables como podría serlo un niño?

NM: —No, señoría, en la práctica lo que ocurre es lo siguiente. Un hombre se presenta para disputar un escaño correspondiente a una determinada zona. Redacta un manifiesto de su programa y dice:

"Éstas son las ideas que defiendo". En este caso, se trata de un área rural, así que añade: "Estoy en contra de la limitación del número de cabezas de ganado". Entonces, tras escuchar la política que defiende esa persona la gente decide si defenderá sus intereses en el caso de que llegue al Parlamento, y sobre esa base vota por un candidato. No tiene nada que ver con el nivel de educación.

Juez Rumpff: –Entonces ¿sólo persigue sus propios intereses?

NM: –No, el votante busca a aquel que mejor pueda representar sus puntos de vista, y le otorga su voto.

Manifesté ante el tribunal que creíamos que conseguiríamos materializar nuestras exigencias sin necesidad de recurrir a la violencia gracias a nuestra superioridad numérica.

Con la idea en mente de que en un futuro no muy lejano será posible hacer realidad estas aspiraciones, trabajamos sobre la base de que los propios europeos, a pesar del muro de prejuicios y hostilidad al que nos enfrentamos, no podrán permanecer siempre indiferentes a nuestras exigencias, ya que estamos golpeándoles con nuestra política de presión económica. Teníamos la esperanza de que los europeos no osarían mostrarse indiferentes. Tendrán que responder y, de hecho, señoría, eso es precisamente lo que están haciendo.

El estado de excepción se levantó el último día de agosto. Podríamos volver a casa por primera vez en cinco meses. Cuando nuestros seguidores de Johannesburgo se enteraron, se acercaron a Pretoria con la esperanza de que nos pusieran en libertad. Cuando esto ocurrió fuimos recibidos jubilosamente por nuestros amigos y familiares. Winnie había conseguido que la llevaran a Pretoria y tuvimos un encuentro emocionante. Llevaba cinco meses sin abrazar a mi esposa y sin verla sonreír. Aquella noche, por vez primera desde hacía cinco meses, pude dormir en mi propia cama.

Cuando uno ha estado en la cárcel llega a apreciar las cosas pequeñas como darse un paseo, entrar en una tienda y comprar un periódico, hablar o permanecer en silencio: el simple hecho de poder controlar la propia vida.

Una vez finalizado el estado de excepción, el juicio continuó durante nueve meses más, hasta el 29 de marzo de 1961. En muchos aspectos, aquéllos fueron días gloriosos para los acusados, ya que nuestra gente subía al estrado para exponer sin temor alguno la filosofía del CNA. Robert Resha rechazó con energía la imputación de que el CNA quería forzar al gobierno a utilizar la violencia para así poder responder a su vez con violencia. Gert Sibande narró con elocuencia ante el tribunal las miserias padecidas por los granjeros africanos. El venerable Isaac Behndy, un predicador seglar de ochenta y un años procedente de la misión de la Iglesia nativa africana de Ladysmith, explicó por qué habíamos optado por la campaña de permanencia en casa en lugar de por una huelga.

En octubre, el formidable profesor Matthews fue convocado como nuestro último testigo. Se mostró imperturbable en el estrado y trató a los fiscales como si fueran estudiantes díscolos necesitados de una severa reprimenda. A menudo respondía a las preguntas del abrumado fiscal con alguna versión de lo que sigue: "Lo que realmente desea que diga es que el discurso que usted considera violento representa la política propugnada por mi organización. En primer lugar, su punto de vista es erróneo, y en segundo lugar no pienso decir semejante cosa".

Explicó con hermosas palabras que el pueblo africano sabía que una lucha no violenta supondría graves sufrimientos, pero había optado por ella porque valoraba la libertad por encima de cualquier otra cosa. El pueblo, dijo, soportará de buen grado los peores sufrimientos con tal de librarse de la opresión. La subida al estrado del profesor Matthews fue la traca final de la defensa. Cuando hubo acabado de testificar, el juez Kennedy le estrechó la mano y expresó su esperanza de que volvieran a verse en circunstancias más favorables.

37

TRAS EL LEVANTAMIENTO del estado de excepción, la ejecutiva nacional se reunió en secreto en septiembre para debatir el futuro. Habíamos celebrado discusiones en la cárcel durante el juicio, pero aquélla fue nuestra primera sesión formal. El estado estaba armándose, no para hacer frente a una amenaza exterior, sino para hacer frente a una interior. No nos disolveríamos, sino que continuaríamos trabajando desde la clandestinidad. Tendríamos que apartarnos de los procedimientos democráticos trazados en la constitución del CNA, de la celebración de conferencias, reuniones de las ramas locales y de las concentraciones públicas. Era necesario crear nuevas vías de comunicación con las organizaciones no ilegalizadas del Congreso. Aquellas nuevas estructuras serían ilegales y, por tanto, pondrían a los que participaran en ellas en peligro de ser detenidos y encarcelados. Sería necesario reducir considerablemente el comité ejecutivo y sus estructuras subordinadas para adaptarlas a la clandestinidad. No tuvimos más remedio que disolver la Liga de la Juventud y la Liga de Mujeres del CNA. Algunos se opusieron enérgicamente a estos cambios, pero el hecho indiscutible era que nos habíamos convertido en una organización clandestina. Para aquellos que seguían dispuestos a participar, la política pasó de ser una ocupación arriesgada a convertirse en una tarea realmente peligrosa.

Aunque Mandela y Tambo habían cerrado sus puertas y saldado sus cuentas pendientes, yo continuaba haciéndome cargo de todo el trabajo legal que podía. Muchos de mis colegas me ofrecieron sus oficinas, personal y teléfono, pero la mayor parte del tiempo prefería trabajar desde el piso de Ahmed Kathrada, en el 13 de Kholvad House. Aunque mi despacho había desaparecido, mi reputación como abogado seguía siendo buena. El vestíbulo y los pasillos del número 13 no tardaron en verse llenos de clientes. Kathy volvía a casa y descubría con desaliento que la única habitación en la que podía estar solo era la cocina. Durante todo este periodo yo no tenía prácticamente tiempo ni para comer y veía muy poco a mi familia. Me quedaba hasta tarde en Pretoria, pepárandome para el juicio, o volvía a la carrera para hacerme cargo de otro caso. Cuando tenía ocasión de sentarme a cenar en mi casa, sonaba el teléfono reclamando mi presencia. Winnie estaba embarazada de nuevo y mostraba una paciencia infinita. Esperaba que su marido pudiera estar en el hospital cuando diera a luz, pero no habría de ser así.

En el receso de la Navidad de 1960, me enteré de que Makgatho estaba enfermo en el Transkei, donde iba al colegio, y violé la orden de proscripción para ir a verle. Conduje durante toda la noche, parando sólo para echar gasolina al coche. Makgatho debía ser intervenido quirúrgicamente y decidí llevarle de vuelta conmigo a Johannesburgo. Una vez más, viajé durante toda la noche y dejé a mi hijo en casa de su madre mientras lo organizaba todo para la operación. Cuando volví, me enteré de que Winnie estaba a punto de dar a luz. Fui corriendo al ala para no europeos del Hospital Bridgman Memorial sólo para descubrir que la madre y la hija estaban ingresadas. La niña recién nacida estaba muy bien, pero Winnie se encontraba muy débil.

Pusimos a nuestra nueva hija el nombre de Zindziswa, como la hija del poeta xhosa Samuel Mqhayi, que tanto me había inspirado muchos años atrás en Healdtown. El poeta había regresado a su casa tras un viaje muy largo y había descubierto que su esposa había dado a luz a una hija. No sabía que estuviera embarazada y dio por supuesto que el padre de la criatura era otro hombre. En nuestra cultura, cuando una mujer da a luz, el marido no entra en la casa donde ella está confinada hasta transcurridos diez días. En este caso, el poeta estaba demasiado alterado como para respetar la costumbre y entró violentamente en la casa con una azagaya en la mano dispuesto a matar tanto a la madre como a la hija. Pero cuando miró a la niña y vio que era su viva imagen dio un paso atrás y dijo: *"U zindzile",* que significa, "te reconozco". Le puso de nombre Zindziswa, el femenino de la palabra que había empleado.

38

LA CORONA tardó más de un mes en hacer su alegato final, a menudo interrumpido por intervenciones de los jueces que señalaban fallos en su argumentación. En marzo nos llegó el turno a nosotros. Issy Maisels refutó categóricamente la acusación de violencia. "Reconocemos que ha existido falta de cooperación y resistencia pasiva", manifestó. "Añadiremos, con toda franqueza, que si la falta de cooperación y la resistencia pasiva constituyen alta traición, entonces somos culpables, pero está perfectamente claro que la figura legal de la traición no abarca ninguno de los dos supuestos".

Bram Fisher continuó la exposición de Maisels, pero el 23 de marzo los jueces interrumpieron la lectura de las conclusiones. Aún teníamos por delante semanas de discusiones, pero los jueces pidieron un receso de una semana. Esto era algo irregular, pero nos pareció un signo esperanzador, ya que sugería que los jueces se habían formado una opinión. Debíamos regresar al tribunal seis días más tarde para escuchar lo que suponíamos sería el veredicto. Mientras tanto, yo tenía trabajo que hacer.

Mi orden de proscripción expiraba dos días después del receso. Estaba prácticamente seguro de que la policía no estaría al corriente, ya que rara vez seguían la pista de estas órdenes hasta el momento de su expiración. Sería la pimera vez en cinco años que disfrutaría de libertad para salir de Johannesburgo, para asistir a una reunión. Aquel fin de semana se celebraba la largamente planificada conferencia general de Pietermaritzburg. Su objetivo era promover una campaña de agitación en favor de una convención nacional constituyente para todos los sudafricanos. Estaba programado en secreto que yo fuera el principal orador de la conferencia. Decidí conducir los cuatrocientos cincuenta kilómetros hasta Piertermaritzburg la noche antes del discurso. El día antes de mi partida, la comisión nacional de trabajo se reunió en secreto para discutir la estrategia a seguir. Tras muchas reuniones dentro y fuera de la cárcel habíamos decidido trabajar en la clandestinidad adoptando una estrategia que siguiera las líneas trazadas en el plan M. La organización sobreviviría en la clandestinidad. Se decidió que si no éramos condenados yo viajaría por todo el país organizando la convención nacional. Sólo alguien que actuara clandestinamente, con dedicación completa, quedaría libre de las restricciones impuestas por el enemigo. Se decidió que apareciera en público en ciertos eventos con el fin de obtener un máximo de publicidad y demostrar así que el CNA seguía combatiendo. No fue una propuesta que me sorprendiera, ni tampoco puedo decir que me atrajera especialmente, pero sabía que tendría que acatarla. Sería una vida arriesgada y me mantendría alejado de mi familia, pero cuando a un hombre se le niega la posibilidad de vivir la vida en la que cree no tiene más opción que convertirse en un proscrito.

Cuando volví a casa, fue como si Winnie pudiera leer mis pensamientos. Al verme supo que estaba a punto de iniciar una vida que ninguno de los dos deseábamos. Le expliqué lo que habíamos discutido y le dije que me marcharía al día siguiente. Ella afrontó las noticias estoicamente, como si siempre hubiera esperado que ocurriera algo así. Comprendía lo que yo tenía que hacer, pero eso no le hacía más fácil aceptarlo. Le pedí que me preparara una maleta pequeña y le aseguré que nuestros amigos y parientes se encargarían de atenderla mientras yo estuviera fuera. No le dije cuánto tiempo estaría ausente y ella no me lo preguntó, de lo que me alegré ya que no tenía respuesta. El lunes volvería a Pretoria para escuchar lo que probablemente sería el veredicto. Fuera cual fuera el resultado no regresaría a casa. Si éramos condenados me enviarían directamente a la cárcel, si éramos exonerados pasaría inmediatamente a la clandestinidad.

Mi hijo mayor, Thembi, iba al colegio en el Transkei, así que no podía despedirme de él, pero aquella tarde recogí a Makgatho y a mi hija Makaziwe de casa de su madre en Orlando East. Pasamos unas horas juntos paseando por el *veld* en las afueras de la ciudad, charlando y jugando. Me despedí de ellos sin saber cuándo volvería a verles. Los hijos de un luchador por la libertad también aprenden a no hacerle demasiadas preguntas a su padre. Vi en sus ojos que eran conscientes de que ocurría algo serio.

De vuelta en casa me despedí de las dos niñas con un beso. Me dijeron adiós con la mano cuando monté en el coche con Wilson Conco y emprendí el largo viaje hacia Natal.

*   *   *

En Piertermaritzburg convergieron mil cuatrocientos delegados de todo el país para asistir a la Conferencia General en representación de ciento cincuenta organizaciones religiosas, sociales, culturales y políticas. Cuando salí al estrado el sábado 25 de marzo por la noche, frente a aquel público leal y entusiasta, se habían cumplido casi cinco años desde la última vez que había disfrutado de la libertad necesaria para ofrecer un discurso desde una plataforma pública. Fui recibido con júbilo. Casi había olvidado lo intensa que es la experiencia de dirigirse a una multitud.

En mi intervención pedí la convocatoria de una convención nacional en la que todos los sudafricanos, blancos y negros, indios y mestizos, pudieran hermanarse para crear una Constitución que reflejara las aspiraciones de todo el país. Pedí unidad y dije que seríamos invencibles si hablábamos con una sola voz.

La Conferencia pretendía convocar una convención nacional de representantes electos de todos los hombres y mujeres adultos sobre una base igualitaria con el fin de crear una nueva Constitución democrática y no racista para Sudáfrica. Se eligió un Consejo Nacional de acción, en el que yo era secretario honorífico, para transmitir esta exigencia al gobierno. Si éste no convocaba la convención, haríamos una campaña nacional de tres días de permanencia en casa, que comenzaría el 29 de mayo para hacerla coincidir con la declaración de la República Sudafricana. Yo no tenía la mas mínima esperanza de que el estado aceptara nuestra propuesta.

En octubre de 1960, el gobierno había realizado un referéndum entre los blancos sobre si Sudáfrica debía o no convertirse en una república. Éste era uno de los sueños largamente acariciados por el nacionalismo afrikáner: romper los vínculos con el país contra el que habían combatido durante la guerra anglo-bóer. La opción republicana ganó con un cincuenta y dos por ciento de los votos, y la proclamación de la República se fijó para el 31 de mayo de 1961. Acordamos convocar nuestra protesta ese mismo día para indicar que, por lo que a nosotros se refería, aquel cambio era meramente formal.

Inmediatamente después de la conferencia envié al primer ministro Verwoerd una carta en la que le instaba a convocar una convención constituyente a nivel nacional. En ella le advertía que si no lo hacía, a partir del 29 de mayo convocaríamos la mayor huelga de tres días nunca vista. "No nos hacemos ilusiones acerca de las medidas que puede adoptar su gobierno para contraatacar", escribí. "Durante los últimos doce meses hemos atravesado un periodo de siniestra dictadura". También envié comunicados a la prensa afirmando que la huelga sería una convocatoria pacífica de permanencia en casa. Verwoerd no respondió, salvo para describir mi carta como "arrogante" ante el Parlamento. En su lugar, el gobierno emprendió una de las exhibiciones de fuerza más intimidatorias de toda nuestra historia.

39

Antes de que las puertas de la vieja sinagoga se abrieran el 29 de marzo de 1961 por la mañana, el día del tan esperado veredicto del juicio por traición, en el exterior había ya una multitud de manifestantes y representantes de la prensa intentando entrar. Cientos de personas se quedaron fueran. Cuando los jueces pidieron orden en la sala, la galería de visitantes y los bancos de la prensa estaban atestados. Momentos después de que el juez Rumpff diera los golpes de rigor con su mazo, la Corona hizo una sorprendente solicitud: pretendía cambiar la acusación. Era una petición realizada en el último minuto, y llegaba dos años demasiado tarde. El tribunal reprendió a la fiscalía y se oyeron murmullos de aprobación entre el público.

"¡Silencio en la sala!", gritó el ujier, y Rumpff anunció que el tribunal de tres jueces había llegado a un veredicto. Se hizo el silencio. Con voz grave y tranquila, el juez Rumpff expuso las conclusiones de la corte. En efecto, el Congreso Nacional Africano había luchado por sustituir al gobierno por una "forma de estado radical y fundamentalmente distinta". En efecto, el Congreso Nacional Africano había empleado medios de protesta ilegales durante la campaña de desafío. En efecto, ciertos líderes del CNA habían pronunciado discursos defendiendo la violencia. Había también una fuerte tendencia izquierdista en el CNA que quedaba de manifiesto en sus actitudes antiimperialistas, antioccidentales y prosoviéticas, pero,

Basándonos en las pruebas presentadas ante este tribunal, y en los hechos aquí confirmados, es imposible que este tribunal llegue a la conclusión de que el Congreso Nacional Africano haya adquirido o adoptado una política cuyo fin sea derribar al estado por medio de la violencia, en el sentido de preparar o condicionar a las masas para que cometan actos directos de violencia contra el estado.

El tribunal añadió que la fiscalía no había conseguido demostrar que el CNA fuese una organización comunista ni que la Constitución por la Libertad pretendiera la instauración de un estado comunista. Tras hablar durante cuarenta minutos, el juez Rumpff concluyó: "Por consiguiente, los acusados son declarados inocentes y quedan en libertad".

Desde sus bancos, el público estalló en vítores. Nos levantamos, nos abrazamos y saludamos a la sala agitando los brazos. Luego salimos todos al patio sonriendo, riendo, llorando. La multitud aulló y cantó al vernos salir. Unos cuantos de nosotros subimos a hombros a nuestros abogados defensores, lo que no resultó fácil en el caso de Issy Maisels, que era un hombre muy grande. Los flashes destellaban a nuestro alrededor. Miramos en torno nuestro en busca de amigos, esposas y parientes. Winnie había asistido también y la abracé jubiloso. No obstante, sabía que aunque en ese momento estuviera libre, no tendría ocasión de saborear esa libertad. Cuando hubimos salido todos, los acusados y la multitud empezamos a cantar *Nkosi Sikelel' iAfrika!*

Tras más de cuatros años en los tribunales, tras emplear docenas de fiscales y acumular miles de documentos y decenas de miles de páginas de testimonios, el estado había fracasado. El veredicto fue un bochorno para el gobierno, tanto dentro del país como en el extranjero, pero el resultado sólo sirvió para que cargara aún más agriamente contra nosotros. La lección que extrajo el gobierno no fue que tuviéramos quejas legítimas sino que debía mostrarse mucho más despiadado aún.

En ningún momento consideré que el veredicto constituyera una vindicación del sistema legal o una prueba de que un hombre negro pudiera tener un juicio justo ante un tribunal de blancos. Era correcto y era justo, pero se debía en gran medida al trabajo de un equipo de defensores de primera categoría y al sentido de la justicia de aquellos jueces en particular. Con todo, probablemente el sistema judicial fuera el único reducto en toda Sudáfrica donde un africano tenía alguna posibilidad de ser escuchado, y donde el imperio de la ley aún podía aplicarse. Esto era especialmente cierto en aquellos tribunales que estaban presididos por jueces de gran preparación nombrados por el United Party. Muchos de aquellos hombres respetaban aún la ley.

Como estudiante, me habían enseñado que Sudáfrica era un lugar donde imperaba la justicia y que ésta se aplicaba a todos, al margen de su estatus social o su posición oficial. Yo había creído en ello sinceramente y había planeado mi vida sobre la base de ese supuesto. Pero mi carrera como abogado y activista hizo que se me abrieran los ojos. Vi que había una gran diferencia entre lo que me habían enseñado en las aulas y lo que había aprendido en los tribunales. Había pasado de tener una visión idealista de la ley como espada de la justicia a considerarla una herramienta utilizada por la clase dominante para estructurar la sociedad en beneficio propio. Jamás esperé justicia en los tribunales —por mucho que luchara por ella—, a pesar de que en ocasiones la obtenía.

En el caso del juicio por traición, los tres magistrados habían sido capaces de superar sus prejuicios, su formación y sus antecedentes. Existe una veta de bondad en los hombres que puede quedar oculta o enterrada y emerger en el momento más inesperado. El juez Rumpff, con su actitud distante, dio la impresión a todo lo largo del proceso de que compartía el punto de vista de la minoría blanca gobernante. A pesar de todo, un sentido esencial de la justicia había prevalecido al final en su criterio. Kennedy era menos conservador que sus colegas y parecía sentirse atraído por la idea de la igualdad. En una ocasión, por ejemplo, él y Duma Nokwe volaron en el mismo avión de Durban a Johannesburgo. Cuando a Duma no le permitieron subir al autobús de las líneas aéreas que trasladaba a los pasajeros a la ciudad, Kennedy se negó también a subir. El juez Bekker siempre me pareció un hombre de mentalidad abierta, y parecía consciente de que los acusados que comparecían ante él habían sufrido mucho a manos del estado. Aquellos tres hombres me parecían dignos de alabanza como individuos, no como representantes de la justicia o del estado, ni siquiera como representantes de su raza, sino como ejemplo de decencia humana frente a la adversidad.

La esposa del juez Bekker era una persona sensible a las necesidades de los demás. Durante el estado de excepción se dedicó a recoger ayuda para los acusados.

La consecuencia de la humillante derrota del gobierno fue que el estado decidió que no volvería a ocurrir nada semejante. A partir de aquel día no confiarían en jueces que no hubieran nombrado personalmente. No iban a respetar lo que consideraban lindezas legales, que protegían a los terroristas o concedían ciertos derechos a los prisioneros encarcelados. Durante el juicio por traición no hubo casos de aislamiento, palizas y torturas para obtener información. Todo ello habría de convertirse en algo cotidiano poco después.

Parte Sexta

———

LA PIMPINELA
NEGRA

40

NO REGRESÉ a casa tras escuchar el veredicto. Aunque otros tenían ánimos de fiesta y estaban ansiosos por celebrarlo, yo sabía que las autoridades podían golpear en cualquier momento, y no quería darles la oportunidad de hacerlo. Estaba impaciente por marcharme antes de que me detuvieran o me entregaran una orden de proscripción. Pasé la noche en un piso franco de Johannesburgo. Fue una noche inquieta en una cama extraña y me sobresaltaba cada vez que pasaba un coche, pensando que podía ser la policía.

Walter y Duma vinieron a despedirme cuando emprendía la primera etapa de mi viaje, que había de llevarme a Port Elizabeth. Allí me reuní con Govan Mbeki y Raymond Mhlaba para discutir las nuevas estructuras clandestinas de la organización. Nos encontramos en casa del doctor Masla Pather, posteriormente sentenciado a dos años de cárcel por permitir que celebrásemos aquella entrevista en su domicilio. En casas seguras proporcionadas por la organización me reuní también con el editor del periódico liberal *Port Elizabeth Morning Post* para discutir la campaña en favor de una convención nacional, un objetivo que fue subsiguientemente respaldado por varios medios de prensa. A continuación visité a Patrick Duncan, editor del semanario *Contact* y miembro fundador del Liberal Party, uno de los primeros blancos que participó activamente en la Campaña de Desafío. Su publicación había criticado repetidas veces la política del CNA por considerar que estaba siendo dictada por los comunistas. Sin embargo, cuando nos reunimos, lo primero que me dijo fue que una minuciosa lectura de las actas del juicio por traición le había convencido de que no era así y que se encargaría de remediar el error.

Aquella misma noche tuve una reunión con algunos ministros de la Iglesia que trabajaban en los *townships* de africanos de Ciudad de El Cabo. Menciono esto porque la oración con la que uno de ellos abrió el encuentro permanece en mi memoria y se convirtió en una fuente de energía en un momento difícil. En primer lugar agradeció al Señor Sus dones y Su bondad, Su misericordia y Su preocupación por todos los hombres. Más adelante, se tomó la libertad de recordarle al Señor que algunos de Sus súbditos estaban más sojuzgados que otros, y que en ocasiones daba la impresión de que Él no les prestaba atención. Pasó a decir, a continuación, que si el Señor no mostraba un poco más de iniciativa para dirigir al hombre negro hacia la salvación, el hombre negro tendría que hacerse cargo él mismo de la empresa. ¡Amén!

La última mañana que pasé en Ciudad de El Cabo vino a despedirme a mi hotel George Peake, miembro fundador de la SACPO. En recepción, me detuve a agradecerle al gerente del establecimiento, un mestizo, el trato deferente que me había brindado. Se mostró reconocido, pero también curioso. Había descubierto mi identidad y me comentó que su comunidad albergaba el temor de que bajo un gobierno africano se vieran tan oprimidos como lo estaban con el gobierno blanco actualmente en el poder. Era un hombre de negocios de clase media, que probablemente había tenido poco contacto con los africanos y les temía con la misma ignorancia que los blancos. Esta ansiedad era habitual entre la comunidad mestiza, en especial en El Cabo. Aunque se me hacía tarde, le expliqué la Constitución por la Libertad e hice hincapié en nuestro compromiso en contra del racismo. Un luchador por la libertad debe aprovechar todas las oportunidades que se le brinden para plantear sus propuestas al pueblo.

Al día siguiente asistí a una reunión secreta del Comité Ejecutivo Nacional del CNA y de las ejecutivas conjuntas del movimiento en Durban a favor de un congreso, para discutir si los actos planificados debían adoptar la forma de una convocatoria de permanencia en casa o de una huelga con todas sus consecuencias, con piquetes organizados y manifestaciones. Los que defendían la huelga decían que la estrategia de quedarse en casa que llevábamos empleando desde 1950 había dejado ya de ser eficaz. Opinaban que en un momento en el que el CPA empezaba a resultar atractivo para las masas eran necesarias formas más combativas de lucha. El otro punto de vista, por el que yo abogaba, era que las campañas de permanencia en casa nos permitían asestarle un golpe al estado sin permitirle que nos lo devolviera. Sostuve que la confianza que el pueblo tenía en nuestras campañas había ido en aumento precisamente porque la gente comprendía que no arriésgabamos su vida innecesariamente. Sharpeville, a pesar del heroísmo que habían puesto de manifiesto los manifestantes, dio al enemigo la oportunidad de abatir a tiros a nuestra gente. Defendí la utilidad de las campañas de permanencia en casa, aunque era consciente de que nuestro pueblo empezaba a mostrarse impaciente ante las formas pasivas de lucha. Sin embargo, no creía que debiéramos alejarnos de nuestras tácticas ya probadas sin una abundante planificación previa, y no disponíamos ni del tiempo ni de los recursos necesarios para llevarla a cabo. La decisión adoptada fue favorable a mi postura.

Vivir en la clandestinidad requiere una adaptación psicológica de enorme alcance. Es necesario planificar todos y cada uno de los actos en los que uno se embarca, por pequeños e insignificantes que parezcan. No hay nada inocente. Todo es cuestionable. Uno no puede ser uno mismo; hay que interiorizar por completo el papel que se haya asumido. En ciertos aspectos, esto no representaba un excesivo esfuerzo de adaptación para un hombre negro en Sudáfrica. Bajo el *apartheid,* los negros vivían en la penumbra, a medio camino entre la legalidad y la clandestinidad, entre la ocultación y la franqueza. Ser negro en Sudáfrica significaba que uno no podía confiar en nada. Aquella situación no difería demasiado de lo que representa llevar una existencia clandestina durante toda la vida.

Me convertí en una criatura nocturna. Permanecía en mi escondite durante el día y salía a hacer mi trabajo cuando oscurecía. Operaba fundamentalmente desde Johannesburgo, pero viajaba siempre que era necesario. Vivía en pisos vacíos, en casas particulares, siempre donde pudiera estar solo y no llamar la atención. Aunque soy una persona gregaria, amo profundamente la soledad. Agradecía la oportunidad de encontrarme a solas, de pensar, idear y trazar planes de acción. Pero la soledad también puede acabar siendo agobiante. Echaba terriblemente de menos a mi mujer y mi familia.

La clave de la clandestinidad es volverse invisible. Del mismo modo que existe una forma de entrar en una habitación y hacer que todo el mundo se dé cuenta, existe una forma de andar y de comportarse que le hace a uno pasar desapercibido. Un líder busca, normalmente, destacar; con un proscrito ocurre todo lo contrario. Mientras estuve en la clandestinidad no caminaba tan erguido como cuando mis actividades eran públicas. Hablaba más quedamente, con menos claridad, y recurría a un lenguaje más llano. Me mostraba más pasivo, más discreto; no pedía nada, en lugar de ello, dejaba que la gente me dijera qué hacer. No me afeitaba ni me cortaba el pelo. Mis disfraces más habituales eran los de chófer, cocinero o jardinero. Me vestía con el mono azul típico de los trabajadores y, a menudo, llevaba gafas redondas sin armadura, las conocidas como anteojos Mazzawati. Tenía un coche y usaba una gorra de chófer y un guardapolvo. Aquel papel resultaba muy conveniente, ya que me permitía viajar con el pretexto de conducir el vehículo de mi amo.

A lo largo de aquellos primeros meses, en los que existía una orden de búsqueda y captura contra mí y estaba siendo perseguido por la policía, mi existencia al margen de la ley desató la imaginación de la prensa.

En las primeras páginas aparecían artículos afirmando que había sido visto en uno u otro lugar. Se generalizaron los controles de carretera en todo el país, pero la policía, una y otra vez, se quedaba con las manos vacías. Me pusieron el apelativo de Pimpinela Negra, una adaptación un tanto despectiva de un personaje de ficción creado por la baronesa Orczy —La Pimpinela Escarlata—, que eludía osadamente a sus perseguidores durante la Revolución Francesa.

Recorría en secreto todo el país; estuve con musulmanes en El Cabo, con trabajadores del azúcar en Natal, con obreros de las fábricas en Port Elizabeth. Me desplazaba a través de los *townships* de diferentes partes del país, asistiendo a reuniones secretas durante la noche. Incluso alimentaba la mitología de la Pimpinela Negra. Cogía un puñado de *tickeys* (antiguas monedas de tres peniques) y llamaba a distintos periodistas desde cabinas telefónicas para transmitirles noticias de lo que estábamos planeando, o para relatarles anécdotas acerca de la ineptitud de la policía. Aparecía aquí y allá con gran irritación por parte de la policía y gran regocijo de la gente.

Había multitud de historias disparatadas e imprecisas acerca de mis experiencias en la clandestinidad. A la gente le encanta embellecer este tipo de situaciones. No obstante, hubo ocasiones —de las que nadie tuvo noticia— en las que escapé por los pelos. Una vez iba conduciendo por la ciudad y detuve el coche en un semáforo. Miré hacia la izquierda y en el coche que tenía al lado vi al coronel Spengler, jefe de la brigada de seguridad del Witwatersrand. Para él habría sido una perita en dulce capturar a la Pimpinela Negra. Llevaba puesta mi gorra de trabajador, mi mono oscuro y las gafas. Ni siquiera miró en mi dirección, pero, a pesar de todo, los segundos que pasé esperando a que el semáforo se pusiera verde me parecieron horas.

Una tarde estaba en Johannesburgo haciéndome pasar por un chófer. Ataviado con un largo guardapolvo y mi gorra, esperaba en una esquina a que me recogieran. Entonces vi a un policía africano dirigirse hacia mí. Miré en derredor para ver si tenía alguna posibilidad de salir huyendo, pero antes de que pudiera hacerlo me sonrió, hizo subrepticiamente el saludo con el pulgar en alto del CNA y se marchó. Este tipo de incidente me ocurrió muchas veces, y me sentí reconfortado al descubrir que contábamos con la lealtad de muchos policías africanos. Había un sargento negro que solía mantener informada a Winnie de lo que planeaba la policía. Le decía en voz baja: "Asegúrese de que Madiba no esté en Alexandra el miércoles por la noche, va a haber una redada". A menudo, durante la lucha, los policías negros fueron duramente criticados, pero muchos desempeñaron un papel encubierto de gran valor.

Mientras estuve en la clandestinidad procuraba ir tan desastrado como me era posible. El mono que llevaba parecía haber visto toda una vida de duro trabajo. La policía tenía una foto mía con barba que habían distribuido por todo el país, y mis colegas me instaban a que me la afeitara. Pero le había cogido cariño y me resistí a todos sus esfuerzos.

No sólo no fui reconocido. A veces incluso sufrí desaires. En una ocasión en que iba a asistir a una reunión en una zona apartada de Johannesburgo, un sacerdote muy conocido había dispuesto que unos amigos suyos me alojaran durante la noche. Llegué a la casa, y antes de que pudiera explicar quién era, la señora que me había abierto la puerta exclamó: "¡No, no queremos gente como usted aquí!". Y cerró de un portazo.

41

EL TIEMPO QUE PASÉ en la clandestinidad estuvo dedicado fundamentalmente a la planificación de la campaña de permanencia en casa que había de empezar el 29 de mayo. Comenzaba a adoptar virtualmente la forma de una guerra entre el estado y el movimiento de liberación. A finales de mayo, el gobierno realizó redadas en todo el país para detener a los líderes de la oposición. Se prohibieron los mítines, se requisaron las imprentas y en el Parlamento se aprobaron a toda prisa leyes que permitían a la policía encerrar durante doce días y sin posibilidad de fianza a los detenidos.

Verwoerd declaró que quien apoyara la huelga, incluyendo a la prensa simpatizante, estaba "jugando con fuego", una declaración ominosa a la vista de la falta de escrúpulos que mostraba el estado. Se instó a las industrias a que habilitaran dormitorios para sus trabajadores con el fin de que no tuvieran que regresar a casa durante la huelga. Dos días antes de la convocatoria, el gobierno puso en escena la mayor exhibición de fuerza en tiempo de paz de toda la historia de Sudáfrica. Los militares realizaron la mayor movilización desde la guerra. Se cancelaron los permisos y vacaciones de la policía y se estacionaron unidades militares a las entradas y salidas de los *townships*. Mientras los tanques Saracen recorrían las calles sin pavimentar, los helicópteros las sobrevolaban, descendiendo en picado para disolver cualquier concentración. Por la noche, iluminaban las casas con sus focos.

La prensa escrita en inglés había venido dando una gran publicidad a la campaña hasta pocos días antes de su inicio, pero en vísperas de la convocatoria cedió y empezó a animar a la gente a que asistiera al trabajo. El CPA intentó sabotear la campaña y lanzó miles de panfletos pidiendo a la gente que se opusiera a ella. Denunciaba a los líderes del CNA llamándoles cobardes. La reacción del CPA nos dejó escandalizados. Una cosa es hacer críticas, postura que podemos aceptar, pero intentar boicotear una huelga pidiendo a los obreros que asistan al trabajo es hacerle el juego al enemigo.

La noche antes de la acción tenía previsto reunirme con los líderes del CNA de Johannesburgo en una casa segura en Soweto. Para eludir los controles de la policía entré en Soweto a través de Kliptown, donde normalmente no había patrullas. Al tomar una curva cerrada me di de cara con lo que había estado intentando evitar: un control de la policía. Un policía blanco me hizo señas para que me detuviera. Yo llevaba puesto, como de costumbre, el mono y la gorra de chófer. Me miró a través de la ventanilla y a continuación registró el coche, tarea que normalmente realizaban los policías negros. Tras no encontrar nada, me pidió el pase. Le respondí que me lo había dejado en casa por error y le facilité, como sin darle importancia, un número de pase perfectamente falso. Esto pareció satisfacerle y me indicó que siguiera adelante.

El lunes 29 de mayo, primer día de la campaña de permanencia en casa, cientos de miles de personas arriesgaron sus empleos y sus medios de subsistencia al no asistir a sus puestos de trabajo. En Durban, los trabajadores indios abandonaron las fábricas, y en El Cabo miles de obreros mestizos se quedaron en sus casas. En Johannesburgo, más de la mitad de los asalariados se quedaron en casa. En Port Elizabeth el porcentaje fue aún mayor. Declaré a la prensa que la respuesta había sido "magnífica", y alabé a nuestro pueblo por "desafiar una intimidación sin precedentes por parte del estado". La celebración blanca del Día de la República quedó deslucida por nuestra protesta.

Aunque los informes recibidos el primer día de campaña sugerían que había habido fuertes reacciones en muchas partes del país, la respuesta en su conjunto parecía inferior a la que habíamos esperado. Era difícil comunicarse, y las malas noticias siempre parecen difundirse más rápidamente que las buenas. Según se iban recibiendo más informes, me fui sintiendo cada vez más defraudado. Aquella noche, un tanto desmoralizado e irritado, mantuve una conversación con Benjamin Pogrund, del *Rand Daily Mail,* en la que comenté que, al parecer, los días de lucha no violenta habían tocado a su fin. El segundo día de la campaña de permanencia en casa, tras consultarlo con mis colegas, desconvoqué la movilización. Más tarde me reuní en un piso franco de un suburbio blanco con varios miembros de la prensa local y extranjera, y una vez más manifesté que la convocatoria había sido "un extraordinario éxito", pero no oculté el hecho de que, en mi opinión, estaba amaneciendo un nuevo día. Dije: "Si la respuesta del gobierno es aplastar por medio de la fuerza bruta nuestra lucha no violenta, tendremos que reconsiderar nuestras tácticas. En mi opinión, hoy se cierra un capítulo de la política no violenta". Era una declaración grave, y era consciente de ello. Nuestra ejecutiva me criticó por hacer tal comentario antes de que la organización lo hubiera discutido, pero en ocasiones hay que saltar a la palestra con una idea para impulsar a una organización remisa en la dirección que uno quiere que vaya.

El debate sobre el uso de la violencia estaba abierto entre nosotros desde comienzos de 1960. Ya en 1952 Walter y yo habíamos discutido el tema de la lucha armada. Volví a comentarlo con él y estuvimos de acuerdo en que la organización debía emprender un nuevo camino. El Partido Comunista se había reconstituido en secreto y estaba estudiando la posibilidad de formar su propio brazo armado. Decidimos que debía plantear el tema de la lucha armada en el seno del comité de trabajo, y así lo hice en una reunión celebrada en junio de 1961.

No había hecho más que comenzar el planteamiento de mi propuesta cuando Moses Kotane, secretario del Partido Comunista y una de las figuras más poderosas de la ejecutiva del CNA, lanzó un contraataque acusándome de no haber meditado suficientemente la propuesta. Dijo que las medidas del gobierno me habían desbordado y paralizado y que ahora, en mi desesperación, recurría al lenguaje revolucionario. "Aún hay sitio", recalcó, "para los viejos métodos, si mostramos la suficiente determinación e imaginación. Si nos embarcamos por el camino que sugiere Mandela, expondremos a gente inocente a ser masacrada por el enemigo".

Moses hablaba persuasivamente y me di cuenta de que había conseguido echar abajo mi propuesta. Ni siquiera Walter habló a mi favor, por lo que me di por vencido. Más tarde hablé con Walter y exterioricé mi frustracion reprochándole que no hubiera salido en mi ayuda. Se echó a reír y dijo que habría sido tan insensato como intentar luchar contra una manada de leones irritados. Walter era un diplomático de grandes recursos: "Déjame que organice una reunión privada entre tú y Moses", dijo. "Así podrás explicarle tu idea". Yo estaba en la clandestinidad, pero Walter consiguió reunirnos a los dos en una casa del *township* y pasamos todo el día hablando.

No le oculté nada y le expliqué por qué, en mi opinión, no teníamos más posibilidad que recurrir a la violencia. Empleé una vieja expresión africana: *"Sebatana ha se bokwe ka diatla"*. (No puede uno enfrentarse a una bestia salvaje con las manos desnudas). Moses era un comunista de la vieja escuela y le comenté que su posición me recordaba a la del Partido Comunista cubano bajo el gobierno de Batista. El partido había insistido en que aún no se daban las condiciones objetivas y había seguido esperando porque se limitaba a seguir al pie de la letra las definiciones de catón de Lenin y Stalin. Castro no había esperado: había actuado y había triunfado. Si uno espera a que se den las condiciones descritas en los libros, éstas no llegan nunca. Le dije a Moses a bocajarro que se había quedado atascado en el viejo molde del CNA como organización legal. La gente ya estaba creando unidades militares por su propia cuenta, y la única organización que tenía fuerza suficiente para dirigirlas era el CNA. Siempre habíamos mantenido que la gente iba por delante de nosotros, y en este caso era absolutamente cierto.

Hablamos durante todo el día, y finalmente Moses me dijo: "Nelson, no puedo prometerte nada, pero volveré a plantear la cuestión en el comité y ya veremos qué ocurre". Se convocó una reunión para la semana siguiente, y una vez más volví a plantear el tema. Esta vez Moses no intervino. La opinión general fue que debía presentar la propuesta ante el Comité Ejecutivo Nacional en Durban. Walter se limitó a sonreír.

La reunión de la ejecutiva en Durban, como todas las reuniones del CNA por aquel entonces, se celebró en secreto y durante la noche para eludir a la policía. Sospechaba que me esperaban dificultades, ya que iba a asistir el jefe Luthuli y conocía bien su compromiso moral con la no violencia. También me preocupaba el momento en el que había surgido la cuestión. Estaba planteando el tema de la violencia inmediatamente después del juicio por traición en el que habíamos aducido que para el CNA la no violencia era un principio inviolable, no una táctica que pudiera alterarse con arreglo al dictado de las circunstancias. Personalmente yo creía exactamente lo contrario: que la no violencia era una táctica que debía ser abandonada en cuanto dejara de ser eficaz. A lo largo del encuentro planteé que el estado no nos dejaba más alternativa que la violencia. Dije que era inmoral y que constituía un grave error someter a nuestro pueblo al ataque armado del estado sin ofrecerle algún tipo de alternativa. Mencioné una vez más que la gente se estaba armando por su cuenta. La violencia estallaría aunque no la propugnáramos nosotros. ¿Acaso no sería mejor ponernos a la cabeza de la misma y orientarla de modo que se pudiesen salvaguardar vidas atacando a los símbolos de la opresión y no a las personas? Si no lo hacíamos inmediatamente, dije, pronto seríamos los últimos en llegar y tendríamos que ponerlos a la cola de un movimiento que estaría fuera de nuestro control.

Inicialmente el jefe se opuso a mis razonamientos. Para él la no violencia no era simplemente una táctica, pero discutimos toda la noche y creo que en el fondo de su corazón era consciente de que estábamos en lo cierto. Finalmente, aceptó que una campaña militar era inevitable. Cuando posteriormente alguien insinuó que quizás el jefe no estuviera dispuesto a seguir semejante camino, él replicó: "¡Si alguien cree que soy un pacifista, que intente robarme las gallinas y verá lo equivocado que está!". La ejecutiva nacional aprobó formalmente la decisión preliminar del comité de trabajo. Algunos, incluido el jefe, sugirieron que debíamos tratar esta nueva resolución como si el CNA no la hubiera debatido. No querían poner en peligro la posición de nuestros aliados no ilegalizados. Su idea era que el movimiento militar debía ser un órgano separado e independiente, vinculado al CNA y bajo su control global, pero fundamentalmente autónomo. Habría así dos líneas de lucha separadas. Aceptamos de buen grado la sugerencia del jefe. Se nos advirtió que esta nueva fase no debía convertirse en una excusa para dejar de lado las tareas esenciales de la organización y los métodos tradicionales de lucha. También eso sería contraproducente, ya que la lucha armada no sería el eje central del movimiento, al menos en un principio.

Había programada en Durban una reunión de la ejecutiva conjunta para la noche siguiente. En ella participarían el Congreso Indio, el Congreso de los Pueblos Mestizos, el Congreso Sindical Sudafricano y el Congreso de los Demócratas. Aunque estos otros grupos acostumbraban a aceptar las decisiones del CNA, yo sabía que algunos de mis colegas indios se opondrían con vehemencia a dar el paso hacia la lucha armada.

La sesión tuvo un comienzo poco prometedor. El jefe Luthuli, que la presidía, anunció que aunque el CNA había respaldado la decisión en favor de la violencia, "se trata de un tema de tanta gravedad que me gustaría que los colegas aquí presentes esta noche reexaminaran la cuestión desde el principio". Estaba claro que el jefe no había llegado a reconciliarse con el nuevo camino a seguir.

La reunión comenzó a las ocho de la tarde y fue tumultuosa. Planteé los mismos razonamientos que había venido esgrimiendo hasta entonces, y muchos expresaron sus reservas. Yusuf Cachalia y el doctor Naicker nos suplicaron que no nos embarcáramos en semejante aventura, aduciendo que el estado masacraría al movimiento de liberación. J. N. Singh, un polemista muy eficaz, dijo unas palabras aquella noche que aún resuenan en mi cabeza: "La no violencia no nos ha fallado. Somos nosotros quienes le hemos fallado a la no violencia". Yo contraataqué diciendo que la no violencia sí nos había fallado, ya que no había servido para poner coto a la agresión del estado, ni para cambiar la actitud de nuestros opresores.

Pasamos la noche discutiendo, y cuando se aproximaba el amanecer empecé a sentir que avanzábamos. Muchos de los líderes indios empezaban a hablar con voz lastimera del fin de la no violencia. De repente, M. D. Naidoo, miembro del Congreso Indio de Sudáfrica, intervino diciéndoles a sus correligionarios: "¡Tenéis miedo de ir a la cárcel, eso es todo!". Su comentario convirtió la reunión en un pandemónium. Cuando se cuestiona la integridad de alguien no puede por menos que esperarse una pelea. El debate regresó al punto de partida, pero cuando amanecía se adoptó una resolución. Los diferentes congresos me autorizaban a seguir adelante en la creación de una nueva organización militar, diferenciada del CNA. La política del CNA continuaría siendo la no violencia. Recibí su autorizacion para aliarme con quien quisiera o necesitara. No estaría sometido al control de la organización matriz.

Fue un paso trascendental. Durante quince años, el CNA había considerado la no violencia un principio fundamental, fuera de todo cuestionamiento o discusión. Nos embarcábamos en un nuevo y arriesgado proyecto, un camino de violencia organizada cuyos resultados nadie podía prever.

42

YO, QUE JAMÁS HABÍA SIDO SOLDADO, que nunca había participado en una batalla, que jamás había disparado contra un enemigo, había recibido el encargo de crear un ejército. Ésta, que habría sido una tarea formidable para un general veterano, lo era aún más para un novato como yo. El nombre de la nueva organización había de ser Umkhonto we Sizwe (La lanza de la nación), o MK en su versión abreviada. Se eligió el símbolo de la lanza porque con esa sencilla arma los africanos habían resistido los embates de los blancos durante siglos.

Aunque la ejecutiva del CNA no admitía miembros blancos, la MK no tenía tales limitaciones. Inmediatamente recluté a Joe Slovo, y junto con Walter Sisulu formamos el alto mando, del que yo era presidente. A través de Joe incorporé a miembros blancos del Partido Comunista que habían optado por la violencia. Ya habían cometido actos de sabotaje, como cortar las líneas del tendido telefónico y las de comunicaciones del gobierno. Reclutamos también a Jack Hodgson, que había combatido en la II Guerra Mundial con la Springbok Legion, y a Rusty Bernstein, ambos miembros del partido. Jack se convirtió en nuestro primer experto en demoliciones. Nuestras órdenes eran cometer actos violentos contra el estado, aunque estaba por decidirse qué forma debían adoptar esas acciones. Nuestro propósito era empezar con los objetivos que fueran menos peligrosos para las personas pero más dañinos para el estado.

Empecé a trabajar del único modo en que sé hacerlo: leyendo y hablando con expertos. Lo que quería averiguar era cuáles eran los principios fundamentales para poner en marcha una revolución. Descubrí que existía abundante literatura sobre el tema y me fui abriendo camino a través de los textos disponibles sobre la lucha armada y, en particular, sobre la guerra de guerrillas. Quería saber qué circunstancias eran las apropiadas para una guerra de guerrillas; cómo se creaba, entrenaba y mantenía un grupo guerrillero; cómo debía ser armado y cómo obtenía sus suministros. Todas ellas eran cuestiones básicas y fundamentales.

Estaba interesado en todas las fuentes posibles de información, procedieran de donde procedieran. Leí el informe de Blas Roca, secretario general del Partido Comunista de Cuba, acerca de los años que el partido había sido una organizacion ilegal bajo el régimen del dictador Batista. En *Commando,* de Deneys Reitz, me informé acerca de las tácticas guerrilleras no convencionales empleadas por los generales bóers durante la guerra contra los ingleses. Devoré los libros escritos por Ché Guevara, Mao Tse-tung y Fidel Castro, y otros que hablaban de ellos. En la brillante obra de Edgar Snow *Red Star over China* vi que habían sido la determinación y la heterodoxia del pensamiento de Mao las que le habían llevado a la victoria. Asimismo, leí *The Revolt* de Menahen Begin, y me animó saber que el líder israelí había encabezado una fuerza guerrillera en un país que carecía de montañas y bosques, una situación similar a la nuestra. Estaba impaciente por saber más acerca de la lucha armada del pueblo etíope contra Mussolini y sobre los ejércitos guerrilleros de Kenia, Argelia y Camerún.

Buceé en el pasado de Sudáfrica. Estudié nuestra historia tanto antes como después de la llegada del hombre blanco. Investigué las guerras entre los africanos, las de los africanos contra los blancos y las de los blancos contra los blancos. Hice una prospección de las principales áreas industriales del país, sus insfraestructuras de transporte y su red de comunicaciones. Acumulé mapas detallados y analicé sistemáticamente el terreno de diferentes regiones del país.

El 26 de junio de 1961, nuestro Día de la Libertad, envié una carta a los periódicos sudafricanos desde la clandestinidad en la que alababa el valor mostrado por el pueblo durante la reciente campaña de permanencia en casa, reclamando una convención constituyente nacional. Proclamaba de nuevo en mi carta que si el estado no la convocaba se pondría en marcha una campaña de no cooperación a nivel nacional. Parte de la carta decía así:

Estoy al corriente de que hay una orden de búsqueda y captura contra mí y que la policía me sigue la pista. El Consejo Nacional ha examinado a fondo y con seriedad esta cuestión... y me ha recomendado que no me entregue. He aceptado el consejo. No me inmolaré ante un gobierno al que no reconozco. Cualquier político serio será consciente de que, en las condiciones en las que actualmente está el país, convertirme voluntariamente en un mártir entregándome a la policía sería un acto ingenuo y criminal...

He optado por este camino, que es mas difícil e implica más riesgos y sufrimientos que quedarme sentado en una celda. Me he visto obligado a separarme de mi querida esposa y de mis hijos, de mi madre y de mis hermanas, para vivir al margen de la ley en mi propio país. He tenido que abandonar mi trabajo y mi profesión y vivir en la pobreza, como tantos de mis conciudadanos... Combatiré al gobierno codo con codo con vosotros, pulgada a pulgada y paso a paso, hasta alcanzar la victoria. ¿Qué pensáis hacer? ¿Nos acompañaréis en nuestro camino o cooperaréis con el gobierno en sus esfuerzos por sofocar las legítimas exigencias y aspiraciones de vuestro propio pueblo? ¿Vais a permanecer silenciosos y neutrales en una cuestión de vida o muerte para mi pueblo, para nuestro pueblo? Yo, por mi parte, he tomado una decisión: no abandonaré Sudáfrica ni me rendiré. Sólo a través de las dificultades, el sacrificio y la militancia puede alcanzarse la libertad. La lucha es mi vida. Seguiré luchando por la libertad hasta el fin de mis días.

43

DURANTE LOS PRIMEROS MESES que pasé en la clandestinidad viví unas pocas semanas con una familia en Market Street. Más tarde compartí con Wolfie Kodesh un piso de soltero de una sola habitación situado en una planta baja en Berea, un tranquilo suburbio blanco a poca distancia al norte de la ciudad. Wolfie era miembro del Congreso de los Demócratas y periodista de *New Age*. Además, había combatido en el norte de África y en Italia durante la II Guerra Mundial. Sus conocimientos de la ciencia de la guerra y su experiencia en combate me resultaron de gran ayuda. Por sugerencia suya, leí la obra clásica *Sobre la guerra* del general prusiano Karl von Clausewitz. La tesis central de Clausewitz de que la guerra es una continuación de la diplomacia por otros medios encajaba perfectamente con mi propia intuición. Encargué a Wolfie que me consiguiera más material de lectura. Me temo que entré a saco en su vida, alterando tanto su trabajo como su ocio. Pero era un hombre tan cordial y modesto que jamás exteriorizó la menor queja.

Pasé casi dos meses en su piso durmiendo en un catre de campaña, permaneciendo oculto en el interior con las persianas echadas durante el día. Leía y hacía planes, y sólo salía cuando tenía reuniones o sesiones de organización por las noches. Molestaba a Wolfie todas las mañanas, ya que me levantaba a las cinco, me ponía mi chándal y, sin moverme del sitio, corría durante más de una hora. Wolfie acabó por rendirse y empezó a hacer ejercicio conmigo por la mañana antes de salir hacia la ciudad.

La MK estaba por aquel entonces entrenándose con explosivos. Una noche acompañé a Wolfie a una vieja fábrica de ladrillos en las inmediaciones de la ciudad para asistir a una demostración. Sabía que corría cierto riesgo, pero quería presenciar la primera prueba de un dispositivo de la MK. Las explosiones eran habituales en la fábrica, ya que las empresas empleaban dinamita para desmenuzar la arcilla antes de que las grandes máquinas la recogieran para fabricar ladrillos. Jack Hodgson había llevado una lata de parafina llena de nitroglicerina. Había fabricado un temporizador con la parte interior de un bolígrafo. Estaba oscuro y no teníamos más que una pequeña linterna. Nos quedamos a un lado mientras Jack trabajaba. Cuando todo estuvo listo, nos retiramos e hicimos una cuenta atrás de treinta segundos. Se produjo un violento estallido y una gran cantidad de tierra salió volando por los aires. El dispositivo había superado la prueba con éxito. Volvimos a nuestros coches a toda prisa y nos marchamos cada uno en una dirección.

*   *   *

Me sentía seguro en Berea. No salía a la calle, y dado que era un área de blancos, no era probable que la policía me buscara allí. Mientras leía en el piso durante el día, a menudo ponía una botella de leche en la ventana para que fermentara. Me gusta mucho la leche agria, que recibe el nombre de *amasi* entre los xhosas y es muy estimada por ser un alimento sano y nutritivo. Es muy sencilla de preparar ya que sólo es necesario dejar la leche al aire libre para que se agrie. El resultado es un producto espeso similar al yogur. Incluso convencí a Wolfie para que la probara, pero hizo un gesto de repugnancia al beberla.

Una noche, tras la vuelta de Wolfie, estábamos charlando en el piso cuando oí una conversación a través de la ventana. Había dos jóvenes negros hablando en zulú, pero no me era posible verles, ya que estaban echadas las cortinas. Le hice gestos a Wolfie para que permaneciera en silencio.

—¿Qué hace "nuestra leche" en esa ventana? —decía uno de ellos.

—¿De qué estás hablando? —le replicó el otro.

—De la leche agria, del *amasi* que hay en el alféizar de esa ventana —dijo el primero. —¿Qué hace ahí?

A continuación se produjo un silencio. Aquel tipo tan observador sugería que sólo un hombre negro pondría una botella de leche en la ventana. Y, ¿qué hacía un hombre negro viviendo en un área de blancos? Comprendí que debía marcharme. A la noche siguiente salí en dirección a otro escondrijo.

Estuve alojado en casa de un médico en Johannesburgo. Dormía en las habitaciones del servicio por la noche y trabajaba durante el día en el estudio del doctor. Siempre que aparecía alguien por la casa salía corriendo al patio trasero y fingía ser el jardinero. A continuación pasé unos quince días en una plantación de azúcar de Natal, viviendo con un grupo de trabajadores africanos y sus familias en una pequeña comunidad llamada Tongaat, situada en la costa un poco más arriba de Durban. Vivía en un albergue haciéndome pasar por un especialista en cuestiones agrícolas que estaba allí para evaluar las tierras a requerimiento del gobierno.

La organización me había suministrado las herramientas apropiadas para el trabajo y pasaba parte del día haciendo análisis del suelo y realizando pruebas. No entendía lo que estaba haciendo y no creo que engañara a la gente de Tongaat. Sin embargo, aquellos hombres y mujeres, que en su mayor parte eran agricultores, tenían una discreción natural que les impedía cuestionar mi identidad, incluso cuando empezaron a ver que por las noches llegaba gente en coche, incluyendo personajes locales muy significados políticamente. A menudo pasaba toda la noche en reuniones y dormía durante el día, lo que no es un horario de trabajo normal para un experto en agricultura. Aunque estaba ocupado en otras cosas, sentía cierta afinidad con aquella comunidad. Asistía a la iglesia los domingos y disfrutaba con el estilo anticuado y bíblico de aquellos cristianos sionistas. Poco antes de la fecha en la que había decidido marcharme le agradecí a un hombre entrado en años las atenciones que habían tenido conmigo.

—Ha sido un placer —respondió él. —Pero díganos, *kwedeni* (joven), ¿qué es lo que quiere el jefe Luthuli?

Me quedé boquiabierto, pero respondí rápidamente.

—Sería mejor que se lo preguntara usted mismo. Yo no puedo hablar por él pero tengo entendido que quiere que nos devuelvan nuestra tierra, que nuestros reyes recuperen su poder y que podamos decidir nuestro propio futuro y vivir nuestras vidas como nos plazca.

—¿Y cómo piensa hacer eso si no dispone de un ejército? —replicó el anciano.

Hubiera querido decirle que estaba intentando crear ese ejército, pero no podía. Si bien los sentimientos del anciano me alentaron, me preocupaba que otros también hubieran descubierto mi misión. Una vez más había permanecido demasiado tiempo en el mismo sitio. La noche siguiente me marché tan silenciosamente como había llegado.

44

EL SIGUIENTE LUGAR donde me alojé era más un santuario que un escondite: la granja de Liliesleaf, en Rivonia, un bucólico suburbio al norte de Johannesburgo, donde me trasladé en octubre. En aquellos días, Rivonia consistía fundamentalmente en granjas y pequeñas propiedades. La casa y el terreno que la rodeaba habían sido adquiridos por el movimiento con el fin de disponer de una casa franca para los que vivíamos en la clandestinidad. Era una vieja construcción que necesitaba reparaciones y en la que no vivía nadie.

Entré en ella con el pretexto de que era el sirviente encargado de cuidar el lugar hasta que mi amo tomara posesión de la propiedad. Había adoptado el alias de David Motsamayi, el nombre de uno de mis antiguos clientes. En la granja iba vestido con un mono azul, el uniforme de los sirvientes varones negros. Durante el día, el lugar estaba lleno de trabajadores, albañiles y pintores, que estaban reparando la casa y ampliando el edificio adyacente. Queríamos añadir unos cuantas habitaciones pequeñas a la casa para que pudieran permanecer en ella más personas. Los trabajadores eran todos africanos del *township* de Alexandra y me llamaban "mozo" o "muchacho" (jamás se molestaron en preguntarme cómo me llamaba). Yo les preparaba el desayuno y les hacía té a última hora de la mañana y de la tarde. También me enviaban a hacer recados por la granja, o me ordenaban barrer el suelo, o recoger la basura o los escombros.

Una tarde les dije que había preparado té en la cocina. Entraron y pasé con una bandeja repartiendo tazas, té, leche y azúcar. Cada uno de ellos cogió una taza y se sirvió. Mientras aún llevaba la bandeja llegué hasta un individuo que contaba una historia. Cogió una taza de té, pero estaba más concentrado en su narración que en mí y se limitó a mantener la cucharilla en el aire mientras hablaba, utilizándola para accionar con ella y animar su relato en lugar de servirse azúcar. Permanecí allí durante lo que me parecieron varios minutos y al final, ligeramente exasperado, me di la vuelta para marcharme. En ese momento reparó en mí y me dijo bruscamente: "Mozo, vuelve aquí, no he dicho que pudieras marcharte".

Mucha gente ha hecho un retrato un tanto idealista de la naturaleza igualitaria de la sociedad africana. Si bien, en general, estoy de acuerdo con esa imagen, la realidad es que los africanos no siempre se tratan como iguales los unos a los otros. La industrialización ha desempeñado un importante papel para hacer que el africano urbano asuma las diferencias de estatus habituales en la sociedad blanca. Para aquellos hombres, yo era alguien inferior, un sirviente, un hombre sin oficio, y por consiguiente debía ser tratado con desdén. Desempeñé mi papel tan bien que ninguno de ellos sospechó que fuera otra cosa que lo que aparentaba.

Todos los días, con la puesta del sol, los trabajadores regresaban a sus casas y me quedaba solo hasta la mañana siguiente. Disfrutaba con aquellas horas de tranquilidad, pero la mayor parte de las noches tenía que abandonar el lugar para asistir a reuniones, y regresaba en plena noche. A menudo me sentía incómodo al volver a la casa a semejantes horas, ya que se trataba de un lugar que no conocía bien y en el que vivía ilegalmente bajo un nombre falso. Recuerdo que una noche me asusté porque creí ver a alguien merodeando entre los arbustos. Aunque fui a investigar, no encontré nada. Un luchador clandestino por la libertad tiene el sueño muy ligero.

Pasadas algunas semanas, Raymond Mhlaba, que había venido desde Port Elizabeth, se reunió conmigo en la granja. Ray era un sindicalista convencido, miembro de la ejecutiva de El Cabo y del Partido Comunista, y había sido el primer líder del CNA en ser arrestado durante la Campaña de Desafío. Había sido elegido por el Congreso como uno de los primeros miembros de la Umkhonto we Sizwe. Había venido para prepararse para su viaje —que realizaría junto con otros tres voluntarios— a la República Popular China, donde habría de recibir instrucción militar. Habíamos renovado los contactos que Walter había establecido en 1952. Ray permaneció conmigo durante quince días y me brindó una imagen más clara de los problemas que el CNA estaba teniendo en la zona del este de El Cabo. También obtuve su ayuda para redactar la constitución de la MK. Se nos unieron después Joe Slovo y Rusty Bernstein, que participaron a su vez en la redacción.

Tras la partida de Raymond, me hizo compañía durante un breve periodo de tiempo Michael Harmel, una figura clave del clandestino Partido Comunista, miembro fundador del Congreso de los Demócratas y editor de la revista *Liberation*. Michael era un teórico brillante y estaba trabajando en cuestiones políticas para el partido, por lo que necesitaba un lugar tranquilo y seguro donde trabajar a tiempo completo.

Durante el día guardaba las distancias con Michael, ya que hubiera resultado extremadamente curioso que un profesional blanco y un criado negro conversaran como si tal cosa. Pero por la noche, una vez que los obreros se habían marchado, teníamos largas conversaciones acerca de las relaciones entre el PC y el CNA. Una noche regresé muy tarde a la granja después de una reunión. Cuando estaba solo siempre me aseguraba de que todas las puertas quedaran cerradas y las luces apagadas. Tomaba muchas precauciones, ya que un negro conduciendo un coche hasta una pequeña propiedad en Rivonia en plena noche hubiera despertado mucha curiosidad. Esta vez vi que las luces de la casa estaban encendidas y al acercarme escuché una radio a todo volumen. La puerta principal estaba abierta, entré en la casa y me encontré a Michael en la cama dormido como un tronco. Me puse furioso ante semejante violación de las normas de seguridad, así que le desperté y le dije: "Pero hombre, ¿cómo se te ocurre dejar las luces encendidas y la radio a todo volumen?". Medio dormido, pero irritado, me dijo: "Nel, ¿se puede saber por qué me has despertado? ¿Es que no puede esperar hasta mañana?". Le dije que no, que era un problema de seguridad y le reprendí por su conducta irresponsable.

Poco después, Arthur Goldreich y su familia se mudaron a la casa principal como inquilinos oficiales, y yo me trasladé a la recién construida casita para el servicio. La presencia de Arthur era una buena tapadera para nuestras actividades. Era artista y diseñador de profesión, miembro del Congreso de los Demócratas y uno de los primeros afiliados a la MK. Sus simpatías políticas eran desconocidas para la policía y jamás había sido interrogado o capturado en una redada. En los años cuarenta, Arthur había combatido con el Palmach, la rama militar del Movimiento Nacional Judío en Palestina. Era un buen conocedor de la guerra de guerrillas y me ayudó a rellenar muchos vacíos en mis conocimientos. Arthur era una persona extrovertida y aportó a la granja una atmósfera animosa.

El añadido final al grupo de la granja fue el señor Jelliman, un amable pensionista blanco y viejo amigo del movimiento, que se convirtió en el capataz del lugar. El señor Jelliman hizo venir a varios jóvenes trabajadores de Sekhukhunelandia y el lugar no tardó en parecerse a cualquier otra pequeña propiedad del país. Jelliman no era miembro del CNA pero era leal, discreto y trabajador. Yo solía prepararle el desayuno y la comida, y siempre se comportó con impecable educación. Mucho más adelante, Jelliman arriesgó su vida y sus medios de subsistencia en un valeroso intento de ayudarme.

Los mejores momentos que pasé en aquella granja fueron aquellos en los que recibía la visita de mi esposa y mi familia. Una vez instalados los Goldreich, Winnie me visitaba los fines de semana. Tomábamos todo tipo de precauciones en sus desplazamientos. La recogía un conductor que la dejaba en algún lugar y después subía a un segundo coche que la llevaba finalmente hasta la granja. Más tarde, ella se encargó de conducir, trayendo consigo a las niñas. Escogía la ruta más enrevesada posible. La policía no vigilaba aún todos sus movimientos.

A veces, el tiempo parecía detenerse durante los fines de semana, mientras fingíamos que aquellos momentos robados eran la norma y no la excepción en nuestras vidas. Irónicamente, disfrutamos de más intimidad en Liliesleaf de la que jamás habíamos tenido en casa. Las niñas podían correr y jugar por el campo, y nosotros estábamos seguros, aunque fuera brevemente, en aquella idílica burbuja.

Winnie me trajo un viejo rifle de aire comprimido que tenía en Orlando, y Arthur y yo lo empleábamos para tirar al blanco o cazar palomas en la granja. Un día me hallaba en el prado que había en el patio delantero de la propiedad y apunté hacia un gorrión que había posado en lo alto de un árbol. Hazel Goldreich, la esposa de Arthur, me estaba mirando y comentó, en tono de broma, que jamás sería capaz de acertarle. No había hecho más que acabar la frase cuando el gorrión cayó al suelo. Me volví hacia ella para pavonearme cuando el hijo de los Goldreich, que tenía unos cinco años, se volvió hacia mí con lágrimas en los ojos y dijo: "David, ¿por qué has matado a ese pájaro? Su madre se pondrá triste". Mi orgullo se convirtió de inmediato en vergüenza. Sentí que aquel pequeño albergaba en sí mucha más humanidad que yo. Era una extraña sensación para un hombre que dirigía un naciente ejército guerrillero.

45

MIENTRAS PLANIFICÁBAMOS la orientación y la forma que habría de adoptar la MK, tomamos en consideración cuatro tipos de actividades violentas: sabotaje, guerra de guerrillas, terrorismo y revolución abierta. Para un ejército pequeño y recién nacido, la revolución era inconcebible. El terrorismo, inevitablemente, no dice nada a favor de quienes lo utilizan y mina todo el apoyo público que pudiera haber obtenido la causa a la que sirve. La guerra de guerrillas era una posibilidad, pero dado que el CNA se había mostrado remiso a adoptar la violencia bajo cualquier forma, tenía sentido empezar con el tipo de acción que menos daños inflige a las personas: el sabotaje.

Dado que no implica la pérdida de vidas, era el que más posibilidades ofrecía para una reconciliación *a posteriori* entre las razas. No queríamos iniciar una lucha encarnizada entre blancos y negros. La animosidad entre los afrikáners y los ingleses seguía siendo aún muy intensa cincuenta años después de la guerra anglo-bóer. ¿Qué clase de relación podría crearse entre los blancos y los negros si provocábamos una guerra civil? El sabotaje tenía además la virtud añadida de ser la forma de violencia que menos efectivos requería.

Nuestra estrategia era hacer incursiones selectivas contra instalaciones militares, centrales energéticas, tendidos telefónicos e infraestructuras de transporte, objetivos que no sólo reducirían la eficacia militar del estado, sino que asustarían a los simpatizantes del National Party, provocarían la huida del capital extranjero y debilitarían la economía. Esperábamos que esto hiciera que el gobierno se sentara a negociar. A los miembros del MK se les dieron estrictas instrucciones y se les explicó que no deseábamos que se produjeran daños personales. Si el sabotaje no daba los resultados esperados, estábamos dispuestos a pasar a la siguiente fase: la guerra de guerrillas y el terrorismo.

La estructura de la MK era un fiel reflejo de la de la organización madre. El alto mando nacional ocupaba el vértice de la pirámide; por debajo estaban los mandos regionales de cada una de las provincias y, por último, los responsables de las células locales. Se constituyeron mandos regionales en todo el país, y un área como el este de El Cabo tenía más de cincuenta células. El alto mando dictaba las tácticas y elegía los objetivos generales. También estaba a cargo del entrenamiento y la financiación. En el marco establecido por el alto mando, los mandos regionales tenían autoridad para decidir qué objetivos locales atacar. Se prohibió a todos los miembros de la MK que fueran armados a realizar las incursiones. También se les dieron instrucciones de que no pusieran en peligro la vida de nadie bajo ningún concepto.

Un problema al que nos enfrentamos casi desde el principio fue la cuestión de la doble militancia en la MK y el CNA. La mayor parte de nuestros miembros eran también afiliados al CNA que participaban activamente en las ramas locales. Descubrimos que una vez que entraban a trabajar para la MK dejaban de hacer el trabajo que anteriormente habían venido desempeñando en su zona. El secretario de la rama local descubría que ciertos miembros no asistían ya a las reuniones.

—Oye, ¿por qué no fuiste a la reunión anoche? —preguntaba, abordando a uno de ellos.

—Bueno, es que estaba en otra reunión —contestaba el otro.

—¿Qué clase de reunión? —insistía el secretario.

— No te lo puedo decir.

—¿No me lo puedes decir a mí, a tu propio secretario?

El secretario en cuestión no tardaba en descubrir qué otra lealtad movía a su correligionario. Tras algunos malentendidos iniciales, decidimos que si reclutábamos a miembros de una rama, el secretario debía ser informado de que uno de sus afiliados pertenecía a la MK.

Una cálida tarde de diciembre, mientras estaba sentado en la cocina de la granja de Liliesleaf, oí en la radio que al jefe Luthuli le había sido otorgado el Premio Nobel de la Paz en una ceremonia en Oslo. El gobierno le

había concedido un visado de diez días para salir del país y aceptar el galardón. Me sentí —todos nos sentimos— enormemente satisfechos. Era,
en primer lugar, un reconocimiento a nuestra lucha y a los logros conse-
guidos por el jefe como líder y como hombre. Representaba la admisión
por parte de Occidente de lo moralmente justificable de nuestra causa,
algo que había sido ignorado largo tiempo por las grandes potencias. El
premio constituía una afrenta para el partido en el poder, cuya propaganda pintaba a Luthuli como un peligroso agitador que encabezaba una
conspiración comunista. Los afrikáners se quedaron pasmados; para ellos,
el galardón era una prueba más de la perversidad de los liberales de Occidente y de sus prejuicios contra los sudafricanos blancos. Cuando se anunció la concesión del premio, el jefe se encontraba en el tercer año de una
orden de proscripción de cinco años de duración, que limitaba sus movimientos al distrito de Stangel, en Natal. Además, su salud no era buena;
su corazón estaba debilitado y había perdido mucha memoria. Con todo,
el premio le alegró mucho, como a todos nosotros.

Aquel honor le fue concedido en un momento delicado, ya que coin-
cidió con un comunicado que parecía poner en cuestión el propio premio. Al día siguiente del regreso de Luthuli de Oslo, la MK hizo pública su aparición de un modo espectacular. Por orden del alto mando de la
MK, la madrugada del 16 de diciembre —el día en que los sudafricanos
solían celebrar el Día de Dingane— explotaron bombas caseras en varias centrales eléctricas y en las oficinas del gobierno en Johannesburgo,
Port Elizabeth y Durban. Uno de nuestros hombres, Petrus Molife, murió. Fue la primera baja de la MK. La muerte en una guerra es desafor-
tunada, pero inevitable. Todo aquel que se unía a la MK sabía que podía
tener que pagar el mismo tributo.

En el momento en que se produjeron las explosiones se pusieron en
circulación miles de panfletos con el nuevo manifiesto de la MK, en los
que se anunciaba el nacimiento de Umkhonto we Sizwe.

Unidades de Umkhonto we Sizwe llevaron hoy a cabo ataques
contra instalaciones del gobierno, especialmente contra aquellas
relacionadas con la política del *apartheid* y la discriminación racial. Umkhonto we Sizwe es un organizamo nuevo e independiente formado por africanos. En sus filas hay sudafricanos de todas las razas... Umkhonto we Sizwe combatirá por la libertad y la
democracia empleando nuevos métodos, que necesariamente
complementarán las acciones emprendidas por el movimiento de
liberación ya existente...

En la vida de toda nación llega un momento en el que únicamente quedan dos alternativas: someterse o luchar. En Sudáfrica
ese momento ha llegado ya. No nos someteremos y no nos queda
más opción que devolver golpe por golpe, por todos los medios a
nuestro alcance, en defensa de nuestro pueblo, nuestro futuro y
nuestra libertad...

Nosotros, los luchadores de Umkhonto, siempre hemos pretendido —al igual que el movimiento de liberación— lograr la libertad de nuestro pueblo sin derramamiento de sangre ni enfrentamiento civil. Esperamos, incluso en un momento tan tardío, que
nuestras primeras acciones consigan que todos abran los ojos y
comprendan la situación desastrosa a la que nos lleva la política del
National Party. Esperamos que el gobierno y sus simpatizantes recuperen la razón antes de que sea demasiado tarde, de modo que
tanto el gobierno como su política puedan cambiar antes de que la
situación degenere en una desesperada guerra civil.

Habíamos elegido el 16 de diciembre, el Día de Dingane, por un
motivo en particular. En esa fecha los sudafricanos blancos celebran la
derrota del gran líder zulú Dingane en la batalla de Blood River de
1838. Dingane, hermanastro de Shaka, gobernaba por aquellas fechas
el estado africano más poderoso que jamás haya existido al sur del río
Limpopo. Aquel día, las balas de los bóers fueron demasiado para las
azagayas de los *impis* zulúes y el agua del cercano río se tiñó de rojo con
su sangre. Los afrikáners celebran el 16 de diciembre como el día del
triunfo del afrikáner sobre el africano y como demostración de que
Dios estaba de su parte, mientras que los africanos lloran ese mismo día
la masacre de su gente. Escogimos el 16 de diciembre para demostrar
que los africanos no habían hecho más que empezar a luchar y que teníamos la razón —y la dinamita— de nuestra parte. Las explosiones
cogieron por sorpresa al gobierno. Condenaron aquel sabotaje como un
crimen execrable y a la vez se burlaban de él diciendo que había sido un
trabajo de estúpidos aficionados. Las explosiones también hicieron
comprender brutalmente a los sudafricanos blancos que estaban sentados encima de un barril de pólvora. Los sudafricanos negros comprén-
dieron que el CNA no era ya una organización de resistencia pasiva,
sino una poderosa lanza que apuntaba al corazón del poderío blanco.
Planeamos y ejecutamos otra serie de atentados dos semanas más tarde,
la víspera de Año Nuevo. La combinación del tañido de las campanas y el
aullido de las sirenas no era sólo una forma un tanto cacofónica de saludar

al nuevo año, sino un sonido que simbolizaba una nueva era en nuestra lucha por la libertad.

El anuncio del nacimiento del Umkhonto espoleó una brutal e inexorable contraofensiva por parte del gobierno, a una escala que jamás habíamos visto antes. La brigada especial de la policía convirtió en su prioridad número uno capturar a los miembros del MK, y no habría de ahorrar esfuerzos para conseguirlo. Habíamos demostrado que no estábamos dispuestos a permanecer inactivos durante más tiempo; ellos nos demostrarían que nada podría detenerlos en su intención de aniquilar lo que consideraban la mayor amenaza para su propia supervivencia.

46

CUANDO WINNIE VENÍA de visita yo vivía la ilusión, aunque fuera por poco tiempo, de que nuestra familia seguía intacta. Sus visitas eran ahora menos frecuentes, ya que la policía empezaba a estar cada vez más vigilante. Winnie traía consigo a Rivonia a Zindzi y Zenani, pero eran demasiado pequeñas para comprender que yo vivía oculto. Makgatho, que contaba entonces once años, tenía ya edad suficiente para comprenderlo y sabía que jamás debía revelar mi verdadero nombre delante de nadie. Yo sabía que estaba decidido, a su manera, a mantener mi identidad en secreto.

Pero un día, hacia finales de aquel año, estaba en la granja jugando con Nicholas Goldreich, el hijo de Arthur, que también tenía once años. Winnie me había traído un ejemplar de la revista *Drum,* y Makgatho y Nicholas se la encontraron mientras jugaban. Empezaron a ojearla y de repente Makgatho señaló una foto mía tomada antes de mi paso a la clandestinidad. "Ése es mi padre", exclamó. Nicholas no le creyó, y su escepticismo hizo que Makgatho se sintiera aún más impelido a probar que era verdad. Makgatho le dijo a su amigo que mi verdadero nombre era Nelson Mandela. "No, el nombre de tu padre es David", replicó Nicholas. El niño corrió entonces hacia su madre y le preguntó si me llamaba o no David. Ella le contestó que sí, que mi nombre era David. Nicholas le explicó entonces que Makgatho le había contado que el verdadero nombre de su padre era Nelson. Esto alarmó a Hazel y no tardé en enterarme de lo ocurrido. Una vez más sentí que llevaba demasiado tiempo en el mismo sitio, pero permanecí en él, ya que en poco más de una semana tenía que partir en una misión que me llevaría a lugares con los que hasta entonces sólo había soñado. Por primera vez, la lucha me llevaría más allá de las fronteras de mi país.

En diciembre, el CNA recibió una invitación del PAFMECSA (Movimiento Panafricano de Liberación para el África Oriental, Central y Meridional). Nos invitaban a asistir a su conferencia en Addis Abeba en febero de 1962. El PAFMECSA, que posteriormente se convertiría en la Organización para la Unidad Africana, pretendía reunir a los estados independientes de África y promover los movimientos de liberación en todo el continente. La conferencia permitiría al CNA establecer importantes contactos y constituiría la primera y mejor ocasión de obtener apoyo, dinero e instrucción militar para la MK.

La ejecutiva en la clandestinidad me pidió que encabezara la delegación del CNA que iba a asistir a la conferencia. Aunque estaba ansioso por ver el resto de África y conocer a otros luchadores por la libertad de mi propio continente me preocupaba mucho saber que haciéndolo violaría la promesa que había hecho de no abandonar el país. Mis colegas, incluyendo el jefe Luthuli, insistieron en que fuera, pero se mostraron inflexibles a la hora de exigirme que volviera inmediatamente después. Decidí hacer el viaje.

Mi misión en África tenía un mayor alcance que el de asistir simplemente a la conferencia. Debía obtener apoyo político y económico para nuestra nueva fuerza política y militar y, lo que era aún más importante, adiestramiento militar para nuestros hombres en todos los lugares del continente que fuera posible. También estaba decidido a dar un empujón a nuestra reputación en el resto de África, donde seguíamos siendo relativamente desconocidos. El CPA había lanzado su propia campaña de propaganda y se delegó en mí la responsabilidad de exponer nuestra oposición en todos los foros disponibles.

Antes de partir conduje en secreto hasta Groutville para entrevistarme con el jefe. Nuestra reunión —en una casa segura de la ciudad— fue desconcertante. Como ya he relatado, el jefe estaba presente el día en que fue creada la MK y se encontraba tan informado acerca de su evolución como cualquier otro miembro del Comité Ejecutivo Nacional. Pero en aquellos momentos no se encontraba bien y su memoria no era ya lo que había sido. Me reprendió por no haberle consultado acerca de la creación de la MK. Intenté recordarle al jefe las discusiones que habíamos sostenido en Durban acerca de la adopción de la violencia, pero él no las recordaba. En gran medida, ésta es la causa por la que se ha extendido la historia de que el jefe Luthuli no había sido informado de la creación de la MK y de que se oponía vehementemente a que el CNA adoptara la violencia. Nada más lejos de la verdad.

*   *   *

Había pasado la noche antes de mi partida con Winnie en casa de unos amigos blancos de los suburbios del Norte y me había traído una maleta nueva que había llenado ella misma. Le preocupaba que fuera a abandonar el país, pero una vez más su actitud fue de estoicismo. Se comportaba como un soldado, además de como una esposa.

El CNA tenía que organizar mi viaje a Dar es Salaam en Tanganika. El vuelo a Addis Abeba saldría de allí. El plan consistía en que Walter, Kathrada y Duma Nokwe se reunieran conmigo en un lugar secreto de Soweto y me trajeran las credenciales necesarias para emprender el viaje. También sería una ocasión para hacer las últimas consultas antes de que abandonara el país.

Ahmed Kathrada llegó a la hora acordada, pero Walter y Duma se retrasaban mucho. Finalmente me vi obligado a hacer cambios de última hora en los planes previstos. Kathy consiguió localizar a alguien para que me llevara a Bechuanalandia, donde debía contratar los servicios de un piloto. Posteriormente me enteré de que Walter y Duma habían sido detenidos cuando venían de camino.

El viaje hasta Bechuanalandia fue toda una prueba, ya que yo estaba nervioso tanto por la policía como por el hecho de que jamás había cruzado las fronteras del país. Nuestro destino era Lobatse, cerca de la frontera de Sudáfrica. Atravesamos la frontera sin problemas y llegamos a Lobatse a última hora de la tarde. Allí encontré un telegrama enviado desde Dar es Salaam en el que se me comunicaba que el viaje quedaba pospuesto quince días. Me alojé en casa de mi compañero de fatigas en el juicio por traición, Fish Keitsing, que se había mudado a la localidad.

Aquella tarde me reuní con el profesor K. T. Motsete, presidente del Bechuanaland People's Party, que estaba compuesto fundamentalmente por antiguos miembros del CNA. Disfruté de un descanso inesperado, que empleé para leer, preparar el discurso que pensaba pronunciar en la conferencia y pasear por las agrestes y bellísimas colinas que se cernían sobre la ciudad. Aunque no estaba a gran distancia de la frontera de mi país me parecía encontrarme en una tierra exótica. Me acompañaba a menudo Max Mlonyeni, el hijo de un amigo del Transkei y joven miembro del CPA. Era como si estuviéramos de safari, ya que nos encontramos con toda clase de animales, incluyendo una manada de vivarachos babuinos, a la que seguí durante un rato, admirando su organización y movimientos cuasi militares.

No tardó en aparecer Joe Matthews, que venía de Basutolandia, e insistí en que viajáramos a toda prisa hacia Dar es Salaam. Un colega del CNA había sido secuestrado recientemente por la policía sudafricana y, en mi opinión, cuanto antes nos marcháramos mejor. Contratamos un avión y nuestro primer destino fue una ciudad situada cerca del punto en el que se juntaban las fronteras de cuatro países: Bechuanalandia, Rhodesia del Norte y del Sur y África del Sudoeste, como se llamaban por aquel entonces aquellas colonias. La pista de aterrizaje de Kasane estaba inundada y descendimos en otra más seca situada en medio de la selva a varios kilómetros de distancia. El gerente de un hotel local vino a buscarnos armado con rifles y nos dijo que le había retrasado una manada de elefantes enfurecidos. Venía en una furgoneta abierta y Joe y yo nos sentamos en la parte de atrás. Vi a una leona emerger perezosamente de entre los arbustos. Me sentía muy lejos de las familiares calles de Johannesburgo; estaba por primera vez en el África mitológica y legendaria.

A primera hora de la mañana siguiente partimos hacia Mbeya, una ciudad de Tanganika cercana a la frontera de Rhodesia del Norte. Volamos cerca de las cataratas Victoria y seguidamente continuamos hacia el Norte, atravesando una cadena montañosa. Mientras nos hallábamos sobre ella, el piloto intentó ponerse en contacto con Mbeya, pero no hubo respuesta. "¡Mbeya, Mbeya!", repetía una y otra vez por el micrófono. El tiempo había cambiado y el aire sobre las montañas estaba lleno de turbulencias, que hacían que el avión subiera y bajara como un corcho en medio de un mar agitado. Volábamos entre nubes y neblina y, desesperado, el piloto descendió y siguió una sinuosa carretera que atravesaba las montañas. La niebla era tan densa que no veíamos la carretera, y cuando el piloto hizo girar bruscamente el avión, vi que habíamos estado a punto de estrellarnos contra una montaña que parecía haber surgido de la nada. La alarma se disparó, y recuerdo que me dije a mí mismo: "Se acabó, es nuestro fin". Incluso el locuaz Joe estaba más callado que un muerto. Pero entonces, cuando ya no veíamos nada entre las nubes y yo pensaba que íbamos a estrellarnos contra alguna montaña, dejamos atrás el mal tiempo y surgimos en medio de un cielo gloriosamente despejado. Nunca me ha gustado demasiado volar, si bien aquel fue el episodio más aterrador que jamás haya experimentado en un avión. A veces se me da bien aparentar valentía y en aquel caso fingí que no estaba preocupado en absoluto.

Nos inscribimos en un hotel local y nos encontramos con una multitud de blancos y negros conversando civilizadamente en el porche. Nunca había estado en un lugar público o en un hotel en el que no hubiera separación de colores. Esperábamos al señor Mwalkangale de la Unión Nacional Africana de Tanganika, un miembro del Parlamento. Aunque entonces no lo sabíamos, ya había telefoneado preguntando por nosotros. Un huésped africano se acercó a la recepcionista blanca.

—Señorita, ¿ha preguntado por estos caballeros el señor Mwakangale? —le preguntó, señalando hacia nosotros.

—Lo siento, señor —replicó ella. —Sí que lo ha hecho, pero se me olvidó comunicárselo.

—Por favor, esté pendiente, señorita —le dijo él cortésmente pero con firmeza. —Estos caballeros son nuestros huéspedes y deseamos que se les preste la debida atención.

Fue entonces cuando comprendí que de verdad me encontraba en un país gobernado por africanos. Por primera vez en mi vida era un hombre libre. Aun siendo un fugitivo buscado en mi propio país sentí cómo el peso de la opresión desaparecía. En Tanganika, allá donde fuera, el color de mi piel era automáticamente aceptado, en lugar de ser automáticamente despreciado. Por primera vez se me juzgaba por mi cerebro y mi carácter, no por el color de mi piel. Aunque durante aquellos viajes sentí a menudo nostalgia por mi país también me encontré verdaderamente en casa por primera vez en mi vida.

Al día siguiente llegamos a Dar es Salaam y conocí a Julius Nyerere, el primer presidente de aquel país, que se había independizado recientemente. Conversamos en su casa, que no era en absoluto grandiosa, y recuerdo que conducía él mismo su choche, un pequeño Austin. Esto me impresionó, ya que sugería que era un hombre del pueblo. Las clases, insistía Nyerere, eran algo ajeno a África; lo indígena era el socialismo.

Le expuse un resumen de nuestra situación, y finalicé con el ruego de que nos prestara ayuda. Nyerere era un hombre astuto, de hablar quedo, que se mostraba muy bien dispuesto hacia nuestra misión, pero me sorprendió y desalentó cómo había percibido nuestra situación. Sugirió que pospusiéramos la lucha armada hasta que Sobukwe saliera de la cárcel. Ésta fue la primera de las muchas ocasiones en las que pude comprobar el apoyo que el CPA tenía en el resto de África. Le expliqué las debilidades del CPA y aduje que todo retraso sólo supondría un revés para la lucha en su conjunto. Me sugirió que intentara conseguir el favor del emperador Haile Salassie y me prometió que me conseguiría una entrevista con él.

Se suponía que debía reunirme con Oliver en Dar, pero debido a mi retraso no pudo esperarme y me dejó el mensaje de que le siguiera hasta Lagos, donde había de asistir a la Conferencia de Estados Independientes. Durante el vuelo a Accra me encontré con Hymie Basner y su mujer. A Basner, en tiempos mi patrono, le habían ofrecido un cargo en Accra. Su posición política radical y sus actividades izquierdistas en Sudáfrica le habían convertido en persona *non grata* en el país y había solicitado asilo político en Ghana.

El avión aterrizó en Jartum e hicimos cola para pasar por la aduana. Joe Matthews iba el primero; luego iba yo, seguido de Basner y su mujer. Dado que carecía de pasaporte, yo llevaba conmigo un rudimentario documento de Tanganika en el que sólo decía: "Éste es Nelson Mandela, ciudadano de la República de Sudáfrica. Está autorizado para salir de Tanganika y regresar aquí". Entregué el documento al viejo sudanés que estaba tras el mostrador de inmigración; él levantó la vista con una sonrisa y me dijo: "Hijo, bienvenido a Sudán". Luego me estrechó la mano y selló el documento. Basner iba detrás mío y le entregó un documento similar. El viejo lo miró un momento y dijo con voz un tanto agitada: "¿Qué es esto? ¿Qué es este papel? ¡No es oficial!".

Basner le explicó con toda calma que era un documento que le había sido entregado en Tanganika porque carecía de pasaporte. "¿Que no tiene pasaporte?", le respondió el funcionario de inmigración. "¿Cómo no va a tener pasaporte? ¡Usted es blanco!". Basner le explicó que era perseguido en su país porque luchaba por los derechos de los negros. El sudanés se mostró escéptico: "¡Pero usted es un hombre blanco!". Joe me miró y se dio cuenta de lo que estaba pensando. Me dijo en voz baja que no interviniera, ya que éramos huéspedes en Sudán y no deseaba ofender a nuestros anfitriones. Pero aparte de haberme dado trabajo, Basner era uno de aquellos blancos que se habían arriesgado de verdad en favor de la emancipación de los negros y no podía dejarle abandonado. En lugar de marcharme con Joe me quedé allí junto al funcionario y, cada vez que Basner decía algo, me limitaba a asentir como para confirmar lo que decía. El viejo se dio cuenta de lo que hacía, suavizó sus modales y finalmente selló el documento y dijo suavemente: "Bienvenido a Sudán".

Llevaba casi dos años sin ver a Oliver, y cuando se reunió conmigo en el aeropuerto de Accra casi no le reconocí. Antes siempre había ido bien afeitado y vestido de modo conservador, y ahora lucía una barba más bien larga y las ropas de estilo militar características de los luchadores por la libertad de todo el continente. (Probablemente su reacción ante mí fuera exactamente la misma). Fue una reunión jubilosa y le felicité por la tremenda cantidad de trabajo que había hecho durante su estancia en el extranjero. Ya había abierto oficinas del CNA en Ghana, Inglaterra, Egipto y Tanganika, y había establecido valiosos contactos para nosotros en otros muchos países. En todos los lugares a los que viajé después pude comprobar la impresión positiva que Oliver había producido, tanto entre los diplomáticos como entre los hombres de estado. Era el embajador ideal para la organización.

El objetivo de la Conferencia de Estados Independientes de Lagos era unificar a todos los estados africanos, pero finalmente se convirtió en una discusión acerca de qué estados debían ser incluidos y cuáles no. Me mantuve discretamente apartado y rehuí la participación en la conferencia, ya que no deseábamos que el gobierno sudafricano supiera que estaba en el extranjero hasta que hubiera aparecido ante la conferencia del PAFMECSA en Addis.

Durante el vuelo de Accra a Addis coincidimos con Gaur Rabede, Peter Molotsi y otros miembros del CPA que también iban de camino a la conferencia del PAFMECSA. Todos se mostraron sorprendidos al verme, e inmediatamente empezamos a discutir sobre Sudáfrica. Aunque me había sentido consternado al enterarme de que Gaur había abandonado el CNA, aquello no disminuyó mi placer por verle de nuevo. A gran altura sobre tierra y lejos del hogar, nos unían muchas más cosas que las que nos separaban.

Hicimos escala en Jartum, donde abordamos un vuelo de las líneas aéreas etíopes hacia Addis. Allí experimenté una extraña sensación. Al subir al avión vi que el piloto era negro. Jamás había visto antes un piloto negro, y cuando lo hice tuve que sofocar el pánico. ¿Cómo iba a pilotar un avión un hombre negro? Pero entonces me di cuenta de algo: me había dejado llevar por las actitudes propias del *apartheid,* pensando que los africanos eran inferiores y que pilotar aviones era tarea de blancos. Me recosté en mi asiento y me reprendí a mí mismo por albergar semejantes pensamientos. Una vez en vuelo mi nerviosismo se disipó y me dediqué a estudiar la geografía de Etiopía, pensando en cómo en aquellos mismos bosques se habían ocultado las fuerzas guerrilleras para combatir contra los imperialistas italianos.

47

ANTERIORMENTE CONOCIDA como Abisinia, Etiopía, según la tradición, fue fundada mucho antes del nacimiento de Cristo, supuestamente por el hijo de Salomón y la reina de Saba. Aunque había sido conquistada docenas de veces, Etiopía era la cuna del nacionalismo africano. Al contrario que otros muchos estados africanos, siempre había combatido el colonialismo. Menelik había rechazado a los italianos el siglo pasado, aunque Etiopía no había conseguido hacerlo en éste. En 1930, Haile Selassie se convirtió en emperador del país y en la fuerza moldeadora de su historia contemporánea. Yo tenía diecisiete años cuando Mussolini atacó Etiopía, una invasión que no sólo espoleó mi odio hacia aquel déspota sino hacia el fascismo en general. Aunque Selassie se había visto obligado a huir cuando los italianos conquistaron el país en 1936, había regresado una vez que las fuerzas aliadas expulsaron a los italianos en 1941.

Etiopía siempre había ocupado un lugar especial en mi imaginación, y la perspectiva de visitarla me atraía más que un viaje a Francia, Inglaterra y Estados Unidos juntos. Sentía que era una visita al lugar de mi propia génesis, que en él descubriría las raíces de lo que me había hecho africano. Conocer al emperador sería cono estrecharle la mano a la historia.

Nuestro primer alto fue en Addis Abeba, la Ciudad Imperial, que no hacía honor a su nombre, ya que era todo lo contrario a grandiosa, con sólo unas pocas calles asfaltadas y más cabras y ovejas que automóviles. Aparte del Palacio Imperial, la Universidad y el Hotel Ras, en el que nos alojamos, había pocas estructuras que pudieran compararse incluso con los edificios menos imponentes de Johannesburgo. La Etiopía contemporánea tampoco era un modelo a seguir en lo referente a la democracia. No había partidos políticos, órganos de gobierno popular ni separación de poderes; tan sólo contaba el emperador, que era la autoridad suprema.

Antes de la inauguración de la conferencia, los delegados nos reunimos en la diminuta ciudad de Debra Zaid. Se había erigido un gran estrado en la plaza central y Oliver y yo nos sentamos a un lado, alejados del pódium principal. De repente oímos la música distante de un único clarín y a continuación el sonido de una banda de metales acompañada por el retumbar constante de tambores africanos. Al aproximarse la música pude oír —y sentir— el rumor de cientos de pies marchando. Desde detrás de un edificio que había al borde de la plaza surgió un oficial que blandía una resplandeciente espada; a su espalda marchaban quinientos soldados, en columnas de a cuatro, armados con rifles pulidos que llevaban apoyados sobre el hombro uniformado. Cuando la tropa llegó delante del estrado se escuchó una orden en amárico y los quinientos soldados se detuvieron al unísono, dieron media vuelta y efectuaron con toda precisión un saludo dirigido a un hombre mayor que vestía un deslumbrante uniforme: Su Alteza el Emperador de Etiopía, Haile Selassie, el León de Judea.

Por primera vez en mi vida veía soldados negros bajo las órdenes de generales negros ante el aplauso de líderes negros que eran todos huéspedes de un jefe de estado negro. Fue un momento embriagador. Esperaba que fuera un anticipo de lo que el futuro había de deparar a mi propio país.

La mañana siguiente a la parada militar, Oliver y yo asistimos a una reunión en la que cada organización tenía que solicitar su acreditación. Nos sorprendió desagradablemente ver nuestra solicitud bloqueada por un delegado de Uganda que se quejaba de que éramos una organización tribal de xhosas. Estuve a punto de rechazar semejante afirmación con desprecio, pero Oliver opinó que no teníamos más que explicar que nuestra organización se había formado para unir a los africanos y que nuestros miembros pertenecían a todos los sectores de nuestro pueblo. Así lo hice, añadiendo que el presidente de nuestra organización, el jefe Luthuli, era zulú. Nuestra solicitud fue aceptada. Comprendí que buena parte del continente sólo sabía del CNA lo que el CPA había contado sobre nosotros.

La conferencia fue oficialmente inaugurada por nuestro anfitrión, Su Majestad Imperial, que lucía un elaborado uniforme lleno de entorchados. Me sorprendió ver lo pequeño que era el emperador, pero su dignidad y confianza en sí mismo hacían que pareciera el gigante africano que de hecho era. Era la primera vez que veía a un jefe de estado desempeñar las formalidades propias de su cargo y me sentí fascinado. Se mantenía totalmente erguido, y sólo inclinaba ligeramente la cabeza para indicar que estaba escuchando. La dignidad era la impronta de todos sus actos.

Estaba programado que yo hablara tras el emperador, lo que me convertiría en el único orador de la mañana. Por primera vez en muchos meses dejé de lado la identidad de David Motsamayi y me convertí en

Nelson Mandela. En mi discurso repasé la historia de la lucha por la libertad en Sudáfrica y expuse una lista de las brutales masacres cometidas contra nuestro pueblo, desde Bulhoek en 1921, cuando la policía y el ejército habían dado muerte a ciento ochenta y tres campesinos desarmados, hasta Sharpeville, cuarenta años más tarde. Agradecí a las naciones allí representadas las presiones que habían ejercido sobre Sudáfrica citando en particular a Ghana, Nigeria y Tanganika, que habían sido punta de lanza en la lucha por expulsar a Sudáfrica de la Commonwealth británica. Narré la historia del nacimiento de Umkhonto we Sizwe, explicando que se nos había negado toda opción de llevar adelante una lucha pacífica. "Los líderes cometen un crimen contra su propio pueblo si dudan a la hora de aguzar sus armas políticas cuando éstas pierden eficacia... La noche del 16 de diciembre del pasado año, toda Sudáfrica vibró bajo los golpes de Umkhonto we Sizwe". Nada más decir esto, el representante de Uganda gritó: "¡Golpeadles de nuevo!".

A continuación pasé a relatar mis experiencias personales:

Acabo de llegar de Sudáfrica tras vivir durante los últimos meses como un proscrito en mi propio país, lejos de mi familia y mis amigos. Cuando me vi obligado a adoptar esta clase de vida emití un comunicado público en el que anunciaba que no abandonaría el país y que seguiría trabajando en la clandestinidad. Hablaba en serio y pienso hacer honor a mi palabra.

La noticia de que volvería a Sudáfrica fue saludada con grandes vítores. Se nos había animado a que habláramos los primeros para que la conferencia del PAFMECSA pudiera evaluar nuestro caso y decidir cuánto apoyo ofrecernos. Existía cierta reticencia natural por parte de muchos estados africanos a prestar ayuda a la lucha armada en otros países, pero mi discurso convenció a los asistentes de que los luchadores por la libertad de Sudáfrica no habían tenido más alternativa que alzarse en armas.

Oliver y yo tuvimos una discusión en privado con Kenneth Kaunda, líder del United National Independence Party de Rhodesia del Norte y futuro presidente de Zambia. Al igual que Julius Nyerere, a Kaunda le preocupaba la falta de unidad entre los luchadores por la libertad de Sudáfrica y nos sugirió que cuando Sobukwe saliera de la cárcel debíamos unir nuestras fuerzas. Entre los africanos, el CPA había atraído la atención en Sharpeville hasta un punto que superaba con mucho su influencia y su grado de organización. Kaunda, antiguo miembro del

CNA, nos dijo que le preocupaba nuestra alianza con los comunistas blancos y nos comentó que esto nos daba mala imagen en el resto de África. Para mí aquello fue una especie de revelación y escuché ese mismo punto de vista una y otra vez a todo lo largo del viaje.

Cuando intenté explicar que el apoyo del UNIP al CPA era un error, Kaunda me puso la mano en el hombro y me dijo: "Nelson, contarme eso a mí es como intentar vender carbón en Newcastle. Yo te apoyo y soy un seguidor del jefe Luthuli. Pero no soy la única voz del UNIP. Tendrás que hablar con Simon Kapwepwe. Si consigues convencerle, me facilitarás mucho el trabajo". Kapwepwe era el segundo de a bordo del UNIP y concerté una entrevista con él para el día siguiente. Le pedí a Oliver que me acompañara, pero me respondió: "Nel, debes verle tú solo. Así podrás ser totalmente franco".

Pasé todo el día con Kapwepwe y me contó una historia totalmente asombrosa. "Nos ha impresionado mucho su discurso", me dijo, "así como la delegación del CNA. Si tuviéramos que juzgar con arreglo a esas dos cosas, estaríamos sin duda de su parte. Pero hemos recibido alarmantes informes del CPA en el sentido de que Umkhonto we Sizwe es fruto de la colaboración entre el Partido Comunista y el Partido Liberal, y que la idea de la organización no es otra que emplear a los africanos como carne de cañón".

Me quedé pasmado y balbuceé que no podía comprender cómo no se daba cuenta de que aquella historia era una mentira repugnante. "En primer lugar", dije, "es bien sabido que el Partido Liberal y el Partido Comunista son enemigos irreconciliables y que no se unirían ni para jugar a las cartas. En segundo lugar, estoy aquí para explicar, aun a riesgo de parecer inmodesto, que el principal responsable de la creación de la MK he sido yo". Añadí, por último, que me decepcionaba grandemente que el CPA se dedicara a propalar semejantes embustes.

Al acabar el día había convertido a Kapwepwe a nuestra causa, y se comprometió a convocar una reunión en la que él mismo se ocuparía de presentar nuestro caso. Y así lo hizo. Aquel fue otro ejemplo de la desinformación sobre Sudáfrica que existía en el resto del continente, al tiempo que probaba hasta dónde era capaz de llegar el CPA con tal de desacreditar al CNA. Kapwepwe me deseó buena suerte, ya que la conferencia había finalizado. Había tenido éxito, pero nos habían puesto fácil el trabajo.

Cuando era estudiante había fantaseado con hacer una visita a Egipto, la cuna de la civilización africana, el baúl de los tesoros de tanta belleza artística. Soñaba con visitar las pirámides y la esfinge y con cruzar el

Nilo, el mayor de todos los ríos africanos. Desde Addis, Oliver, Robert Resha —que había de acompañarme en el resto de mis viajes— y yo volamos a El Cairo. El primer día de nuestra estancia pasé toda la mañana en el museo, mirando arte, examinado objetos, tomando notas, aprendiendo qué clase de hombres habían sido los fundadores de la antigua civilización del Valle del Nilo. No me movía exactamente el interés de un aficionado a la arqueología. Es importante para los nacionalistas africanos armarse de pruebas con las que combatir las falsas afirmaciones de los blancos de que los africanos carecen de un pasado civilizado comparable al de Occidente. En una sola mañana descubrí que los egipcios estaban ya creando grandes obras de arte y arquitectura cuando los blancos vivían aún en cuevas.

Egipto constituía un importante modelo para nosotros, ya que podíamos ver de primera mano el programa de reformas económicas socialistas emprendidas por el presidente Nasser. Había limitado la propiedad privada de la tierra, había nacionalizado ciertos sectores de la economía, había promovido una rápida industrialización y había creado un ejército moderno. Muchas de estas reformas eran exactamente el tipo de cosas que el CNA esperaba poner en práctica algún día. Por aquel entonces, sin embargo, para nosotros era más importante que Egipto fuera el único país africano que contaba con un ejército, una marina y una fuerza aérea perfectamente equiparables a los de Sudáfrica.

Un día después, Oliver partió hacia Londres, prometiéndonos a Robbie y a mí que nos reuniríamos de nuevo en Ghana. Antes de salir de gira, Robbie y yo discutimos de qué modo íbamos a plantear nuestro caso en cada nación. Yo era partidario de explicar la situación política tan sincera y objetivamente como fuera posible, sin omitir los logros del CPA. Nada más llegar a cada país me encerraba en el hotel para estudiar la información de la que disponíamos sobre la política, la historia y los líderes nacionales. Robbie hacía lo contrario. Extrovertido por naturaleza, abandonaba el hotel en cuanto llegábamos y se dedicaba a recorrer las calles, aprendiendo a través de la observación, mirando a la gente y conversando con ella. Éramos una extraña pareja, ya que yo vestía las ropas informales a las que me había habituado en la clandestinidad, llevaba uniforme de combate y ropa de faena, mientras que Robbie siempre vestía trajes impecables.

En Túnez, nuestra primera parada, nos entrevistamos con el ministro de Defensa, que se parecía mucho al jefe Luthuli. Toda similitud acababa allí, ya que cuando le estaba explicando la situación de nuestro país, en el que había gente como el líder del CPA, Robert Sobukwe, en la cárcel, me interrumpió y exclamó: "¡Cuando regrese ese tipo, acabará con vosotros!". Robbie levantó las cejas al oír esto (posteriormente me dijo: "¡Estabas explicando la lucha del CPA mejor de lo que podrían haberlo hecho ellos!"), pero yo insistí en ofrecerle al ministro una relación completa de los acontecimientos. Cuando a la mañana siguiente nos entrevistamos con el presidente Habib Burguiba, su respuesta fue totalmente positiva e inmediata. Nos ofreció entrenamiento para nuestros soldados y cinco mil libras para comprar armas.

La ciudad de Rabat, en Marruecos, nuestra siguiente parada, con sus antiguas y misteriosas murallas, sus lujosas tiendas y sus mezquitas medievales, era una atractiva mezcla de África, Europa y Oriente Medio. Al parecer, los luchadores por la libertad pensaban lo mismo, ya que Rabat era el punto de encuentro de prácticamente todos los movimientos de liberación del continente. Durante nuestra estancia conocimos a luchadores de Mozambique, Angola, Argelia y Cabo Verde. Allí estaba también el cuartel general del ejército revolucionario argelino, y pasamos varios días con el doctor Mustafa, jefe de la misión argelina en Marruecos, que nos puso al tanto de la historia de la resistencia contra los franceses.

La situación en Argelia era el modelo más aproximado al nuestro, en el sentido de que los rebeldes se enfrentaban a una gran comunidad de colonos blancos que gobernaba sobre la mayoría indígena. Nos contó cómo el FLN había iniciado su lucha con un puñado de ataques guerrilleros en 1954, alentados por la derrota de los franceses en Vietnam, en Dien Bien Phu. Al principio, el FLN creía que podría derrotar militarmente a los franceses, nos dijo el doctor Mustafa, pero después comprendió que una victoria exclusivamente militar era imposible.

Por ello, habían recurrido a la guerra de guerrillas. La guerra de guerrillas, nos explicó, no pretendía una victoria militar, sino desatar fuerzas económicas y políticas capaces de derribar al enemigo. El doctor Mustafa nos aconsejó que no despreciáramos el lado político de la batalla al planear el esfuerzo militar. La opinión pública internacional, nos dijo, vale a veces más que una escuadrilla de aviones de combate.

Al cabo de tres días nos envió a Oujda, una pequeña y polvorienta ciudad junto a la frontera de Argelia en la que estaba el cuartel general del ejército argelino en Marruecos. Visitamos una unidad del ejército en el frente, y en un momento dado cogí unos prismáticos de campaña y avisté tropas francesas al otro lado de la frontera. Confieso que imaginé que estaba viendo los uniformes de las fuerzas de defensa sudafricanas.

Uno o dos días después fui invitado a un desfile militar en honor a Ahmed Ben Bella, que había de convertirse en el primer mandatario de la Argelia independiente y que entonces acababa de salir de una cárcel francesa. Aquella parada no fue nada parecido al impecable desfile de soldados lujosamente uniformados y bien entrenados que había presenciado en Addis Abeba, sino más bien una exposición andante del movimiento guerrillero de Argelia.

A la cabeza marchaban, con sus turbantes, los orgullosos veteranos —curtidos en mil batallas, vestidos con largas túnicas y calzados con sandalias— que habían comenzado la lucha muchos años atrás. Llevaban las armas que habían utilizado: sables, viejos fusiles de chispa, hachas de combate y azagayas. Les seguían soldados más jóvenes, que portaban armas modernas y se mostraban igualmente orgullosos. Algunos llevaban pesadas armas anticarro y antiaéreas. Pero aquellos soldados no marchaban con la precisión y elegancia de los etíopes. Aquel era un ejército guerrillero, soldados que se habían ganado los galones en el fragor de la batalla, y les interesaban más el combate y las tácticas a emplear que los uniformes de gala y las paradas militares. Por mucho que me exaltaran las tropas que había visto en Addis, sabía que nuestras fuerzas serían más parecidas a aquella tropa de Oujda, y sólo esperaba que fueran capaces de combatir con el mismo arrojo.

Al final de todo venía una banda militar un tanto desastrada dirigida por un hombre llamado Sudani. Alto, con un buen físico y exudando confianza, era negro como la noche. Blandía una maza ceremonial y, al verle, todo nuestro grupo se levantó y empezó a aplaudirle y vitorearle. Miré a mi alrededor y vi que los demás nos miraban. Comprendí que el único motivo de nuestra ovación era que aquel personaje era negro, y las caras negras eran relativamente raras en Marruecos. Una vez más me quedé impresionado por el enorme poder del nacionalismo y los sentimientos étnicos. Habíamos reaccionado instintivamente pensando que estábamos en presencia de un compañero africano. Más tarde, nuestros anfitriones nos comentaron que Sudani había sido un soldado legendario, y que incluso se decía que había capturado él solo toda una unidad del ejército francés. Pero nosotros le habíamos jaleado por su color, no por su heroísmo.

Desde Marruecos sobrevolé el Sahara hasta llegar a Bamako, capital de Mali, y desde allí fui a Guinea. El vuelo de Mali a Guinea parecía más un autobús local que un avión. Por los pasillos vagaban gallinas; había mujeres que caminaban arriba y abajo con paquetes sobre la cabeza vendiendo bolsas de cacahuetes y verduras secas. Fue un vuelo con un ambiente muy democrático que me dejó admirado.

La siguiente etapa de mi viaje era Sierra Leona. Cuando llegué descubrí que el Parlamento estaba en plena sesión y decidí asistir. Entré como cualquier turista y me asignaron un asiento cercano al orador. El ujier se me acercó y me pidió que me identificara. Le dije en voz baja: "Soy el representante del jefe Luthuli de Sudáfrica". Me estrechó la mano calurosamente y fue a informar al presidente de la asamblea. Después me comunicó que me habían dado inadvertidamente un asiento que normalmente estaba vedado a los visitantes, pero que en mi caso era un honor hacer una excepción.

Antes de transcurrida una hora hubo un receso y mientras estaba tomando una taza de té entre los miembros y dignatarios de la cámara se formó una cola ante mí. Vi asombrado que la totalidad del Parlamento se había puesto en fila para estrecharme la mano. Me sentí muy gratificado hasta que la tercera o cuarta persona de la cola me murmuró algo parecido a: "Es un gran honor estrechar la mano del reverenciado jefe Luthuli, ganador del Premio Nobel de la Paz". ¡Me había convertido en un impostor! El ujier me había entendido mal. El primer ministro, sir Milton Margai, fue conducido ante mí y el ujier me presentó como el jefe Luthuli. Inmediatamente intenté explicarle que yo no era el jefe Luthuli, pero él no quería saber nada, y decidí que en interés de la hospitalidad continuaría con aquella charada. Después me entrevisté con el presidente, le expliqué la confusión de identidades y me ofreció una asistencia material muy generosa.

En Liberia conocí al presidente Tubman, que no sólo me dio cinco mil dólares para armamento e instrucción, sino que me preguntó, en voz baja: "¿Tiene dinero de bolsillo?". Le confesé que andaba un poco escaso e inmediatamente apareció un ayudante con un sobre que contenía cuatrocientos dólares en efectivo. Desde Liberia viajé a Ghana, donde me recibió el ministro en funciones Abdoulaye Diallo. Cuando le comenté que no había visto a Sékou Touré durante mi estancia en Guinea, lo dispuso todo para que regresara inmediatamente a aquel árido país. Oliver y yo nos quedamos impresionados con Touré. Vivía en un modesto *bungalow* y vestía un traje descolorido que estaba pidiendo a voces que lo llevaran al tinte. Le planteamos nuestro caso, le explicamos la historia del CNA y la MK y le pedimos cinco mil dólares como apoyo para la MK. Nos escuchó muy atentamente y replicó en un tono un tanto formal. "El pueblo y el gobierno de Guinea", entonó como si estuviera haciendo un discurso, "apoyan decididamente la lucha de nuestros hermanos de Sudáfrica, y así lo hemos manifestado en la ONU". Se dirigió a una librería de donde sacó dos libros, que firmó y nos tendió a Oliver y a mí. Seguidamente nos agradeció nuestra visita y nos despidió.

Oliver y yo nos sentimos irritados: ¿habíamos sido convocados desde otro país y se limitaba a darnos ejemplares firmados de su libro? Habíamos perdido el tiempo. Poco después, cuando estábamos en la habitación del hotel, un funcionario del departamento de Asuntos Exteriores llamó a la puerta y nos entregó un maletín. Lo abrimos y vimos que estaba lleno de billetes de banco. Nos miramos con regocijo, pero de repente la expresión de la cara de Oliver cambió. "Nelson, esto es moneda guineana", me dijo, "no vale nada fuera del país; no es más que papel". Pero tuvo una idea: llevamos el dinero a la embajada checa, donde tenía un amigo que nos cambió el dinero por divisas.

La gracia de los estilizados barcos de pesca que se deslizaban hacia la bahía de Dakar sólo podía compararse con la elegancia de las mujeres senegalesas que recorrían la ciudad con sus holgadas túnicas y sus turbantes. Paseé por el cercano mercado, ebrio con el olor a especias y a perfumes exóticos. Los senegaleses son un pueblo de gran belleza y disfruté de nuestra breve estancia en el país. Su organización social era prueba de cómo elementos muy distintos —franceses, islámicos y africanos— pueden combinarse para crear una cultura única y característica.

De camino hacia una reunión con el presidente Leopold Senghor, Oliver sufrió un fuerte ataque de asma. Se negó a regresar al hotel y le subí a cuestas por las escaleras hasta el despacho del presidente. Senghor se mostró muy preocupado por el estado de Oliver e insistió en que le atendiera su médico personal.

Me habían dicho que tuviera cuidado con Senghor, ya que había informes de que soldados senegaleses estaban combatiendo junto con los franceses en Argelia, y de que el presidente Senghor se mostraba excesivamente atraído por las costumbres y encantos del viejo régimen. Siempre existe, en los países emergentes, una fascinación duradera por las costumbres de los colonizadores. Yo mismo había comprobado que no era inmune a ella. El presidente Senghor era un hombre educado y un poeta. Nos dijo que estaba recogiendo información sobre Shaka, halagándonos con multitud de preguntas acerca de aquel gran guerrero sudafricano. Le ofrecimos un resumen de la situación en Sudáfrica y planteamos nuestra solicitud de adiestramiento militar y apoyo económico. Senghor nos replicó que tenía las manos atadas hasta que se reuniera el Parlamento.

Entre tanto, quería que nos entrevistáramos con el ministro de Justicia, un tal señor Daboussier, para hablar acerca de la instrucción militar. El presidente me presentó a una bellísima mujer francesa blanca que, me explicó, actuaría como intérprete en la entrevista. No dije nada, pero no me sentía cómodo ante la idea de discutir temas tan delicados como la instrucción militar delante de una mujer joven a la que no conocía y en la que no sabía si podía confiar. Senghor debió notar mi incomodidad, ya que me dijo: "Mandela, no se preocupe, aquí los franceses se identifican totalmente con nuestras aspiraciones como africanos".

Cuando llegamos al despacho del ministro, vimos a varias secretarias africanas en el área de recepción. Una de ellas le preguntó a la mujer francesa qué estaba haciendo allí. Ella replicó que la había enviado el presidente para que actuara como intérprete. Se produjo una discusión y, en medio de ella, una de las secretarias africanas se dirigió a mí y me preguntó: "Señor, ¿habla usted inglés?". Respondí que sí y me dijo: "El ministro habla inglés, así que podrá hablar usted con él directamente. No será necesaria una intérprete". La mujer francesa, muy ofendida, se hizo a un lado cuando entré a hablar con el ministro, que prometió atender nuestras solicitudes. Al final, aunque Senghor no nos suministró entonces lo que habíamos pedido, me concedió un pasaporte diplomático y pagó nuestros billetes de avión desde Dakar hasta nuestro nuevo destino: Londres.

48

CONFIESO QUE SOY, en cierta medida, anglófilo. Cuando pensaba en la democracia y las libertades en Occidente, pensaba en el sistema parlamentario británico. En muchos aspectos, el modelo de caballero para mí era el del caballero inglés. A pesar de que Gran Bretaña era el hogar de la democracia parlamentaria, había sido esa democracia la que había contribuido a imponer un pernicioso sistema de iniquidades a nuestro pueblo. Si bien aborrecía el concepto de imperialismo británico, jamás rechacé las galas del estilo y los modales británicos.

Tenía varios motivos para estar deseoso de visitar Inglaterra, aparte del interés por conocer el país sobre el que tanto había leído y del que tanto había oído hablar. Me preocupaba la salud de Oliver y quería convencerle de que se sometiera a tratamiento. Estaba impaciente por ver a Adelaide, su mujer, y a sus hijos, así como a Yusuf Dadoo, que vivía entonces en el país como representante del movimiento del Congreso. También sabía que en Londres podría obtener literatura sobre la guerra de guerrillas que no habría podido conseguir en ninguna otra parte.

Al llegar a Londres adopté de nuevo mis hábitos clandestinos, ya que no quería que en Sudáfrica supieran que estaba allí. Los tentáculos de las fuerzas de seguridad sudafricanas llegaban hasta Londres. Pero no me convertí en un recluso; los diez días que pasé en Inglaterra estuvieron divididos entre los asuntos del CNA, las visitas a los amigos y algunos paseos ocasionales, como los de cualquier turista. Acompañados de Mary Benson, una amiga británica que había escrito sobre nuestra lucha, Oliver y yo visitamos los lugares más atractivos de la ciudad que antaño había gobernado casi dos tercios del globo: la abadía de Westminster, el edificio del Parlamento. Si bien me entusiasmó la belleza de aquellas construcciones, tenía sentimientos ambivalentes acerca de lo que representaban. Cuando vimos la estatua del general Smuts cerca de la abadía de Wesminster, Oliver y yo bromeamos diciendo que tal vez algún día fuera sustituida por una nuestra.

Un buen número de personas me había dicho que *The Observer,* un periódico dirigido por David Astor, empezaba a inclinarse a favor del CPA en sus artículos, publicando editoriales en las que se decía que el CNA era una organización del pasado. Oliver me preparó una entrevista con Astor en su casa y hablamos largo y tendido sobre el CNA. No sé si logré influirle de algún modo, pero es cierto que el sesgo de su periódico cambió. También me recomendó que hablase con una serie de políticos prominentes y, acompañado por el miembro del Parlamento Denis Healey, me entrevisté con Hugh Gaitskell, líder del Partido Laborista, y con Jo Grimond, líder del Partido Liberal.

Cuando mi estancia estaba a punto de llegar a su fin vi a Yusuf, pero no fue una reunión agradable. Oliver y yo nos habíamos enfrentado a un obstáculo recurrente durante nuestros viajes. Uno tras otro, los líderes africanos nos habían interrogado sobre nuestras relaciones con los comunistas blancos e indios, sugiriendo en ocasiones que eran ellos los que controlaban el CNA. Nuestro carácter no racista no habría sido tanto problema si no hubiera sido por la creación del CPA, que era explícitamente nacionalista y antiblanco. En el resto de África la mayoría de los líderes africanos comprendía mejor la posición del CPA que la del CNA. Oliver había discutido estas cosas con Yusuf, pero a éste no le hacían nada feliz las conclusiones a las que había llegado. Oliver había decidido que el CNA debía ofrecer una imagen de mayor independencia, emprendiendo ciertas acciones unilaterales sin contar con los otros miembros de la alianza, y yo estaba de acuerdo.

Pasé la última noche en Londres discutiendo estos temas con Yusuf. Le expliqué que, ahora que nos habíamos embarcado en la lucha armada, tendríamos que depender de otras naciones africanas para obtener dinero, adiestramiento militar y apoyo y que, por consiguiente, debíamos tomar más en consideración sus opiniones que en el pasado. Yusuf opinaba que Oliver y yo estábamos cambiando la línea política del CNA y que nos disponíamos a abandonar la causa antirracista que era una de las piedras angulares de la Constitución por la Libertad. Le dije que se equivocaba; no rechazábamos el antirracismo, nos limitábamos a decir que el CNA debía mostrarse más autónomo y emitir comunicados independientemente de la Alianza para el Congreso. A menudo el CNA, el Congreso Indio de Sudáfrica y el Congreso de los Pueblos Mestizos realizaban comunicados conjuntos sobre temas que afectaban sólo a los africanos. Aquello debía cambiar. Yusuf se mostraba consternado. "¿Y qué hay de la línea política?" Le dije que no estábamos hablando de eso, sino de la imagen del CNA. Seguiríamos trabajando juntos, pero el CNA tendría que aparecer como el primero entre iguales.

* * *

Aunque me entristeció separarme de mis amigos en Londres, me embarcaba en lo que habría de ser la parte menos familiar de mi viaje: el adiestramiento militar. Había organizado todo para pasar seis meses de instrucción en Addis Abeba. Allí me recibió el ministro de Asuntos Exteriores, Yefu, que me saludó calurosamente y me condujo hasta un suburbio llamado Kolfe, el cuartel general del Batallón Antidisturbios etíope, donde debía estudiar el arte y la ciencia militares. Aunque yo era un boxeador aficionado razonablemente bueno no tenía ni siquiera conocimientos rudimentarios acerca del combate. Mi entrenador era el teniente Wondoni Befikadu, un soldado experimentado que había combatido en la clandestinidad contra los italianos. Nuestro programa de trabajo era agotador: nos entrenábamos de ocho a una de la mañana, nos tomábamos un descanso para ducharnos y comer y reanudábamos la instrucción de dos a cuatro de la tarde. A partir de las cuatro de la tarde, el coronel Tadesse, que era también comisionado de la policía y había sido una pieza clave en el desbaratamiento de un reciente intento de atentado contra el emperador, nos daba clases de ciencia militar.

Aprendí a disparar un fusil automático y una pistola e hice ejercicios de tiro tanto en Kolfe, junto con la Guardia del Emperador, como en un campo de tiro, a unas cincuenta millas de distancia, con todo el batallón. Conocí técnicas de demolición y cómo disparar un mortero, así como la manera de preparar pequeñas bombas y minas y también a evitarlas. Sentí que estaba siendo moldeado como soldado y empecé a pensar como tal —algo muy distinto al modo en que piensa un político—.

Con lo que más disfrutaba era con las "marchas forzadas", en las que le entregan a uno tan sólo un fusil, munición y algo de agua, y debe llegar a un punto muy distante en un plazo determinado. Durante aquellas marchas llegué a adquirir cierto sentido de la orientación en medio de un paisaje muy hermoso, con densos bosques y adustas tierras altas. El país estaba enormemente atrasado: la gente empleaba arados de madera y vivía a base de una dieta muy sencila complementada con cerveza de elaboración casera. Su existencia era muy similar a la de los habitantes de la Sudáfrica rural; en todas partes, las similitudes entre los pobres son siempre mayores que las diferencias.

En mis sesiones de estudio, el coronel Tadesse abordaba temas tales como el modo de crear un ejército guerrillero, cómo dirigirlo y cómo mantener la disciplina. Una noche, durante la cena, me dijo: "Mandela, estás creando un ejército de liberación, no un ejército convencional capitalista. Un ejército de liberación es un ejército igualitario. Debes tratar a tus hombres de un modo distinto a como lo harías en un ejército capitalista. Cuando estés de servicio debes ejercer tu autoridad con seguridad y control. En eso no hay diferencias con el ejército capitalista. Pero cuando no estés de servicio debes actuar sobre la base de una perfecta igualdad incluso con el más insignificante de tus soldados. Debes comer lo que ellos coman; no debes comer en tu despacho, sino con tus hombres, debes beber con ellos y no aislarte".

Todo aquello me pareció admirable y sensato, pero mientras hablaba conmigo entró un sargento y le preguntó al coronel dónde podía encontrar a cierto teniente. El coronel le miró con mal disimulado desprecio y le replicó: "¿Es que no ves que estoy hablando con una persona importante? ¿No sabes que no debes interrumpirme cuando estoy comiendo? ¡Quítate de mi vista!". A continuación siguió aleccionándome con el mismo tono didáctico que había venido empleando hasta ese momento.

El cursillo de instrucción debía haber durado seis meses, pero transcurridas ocho semanas recibí un telegrama del CNA en el que se me pedía que regresara urgentemente a casa. Se estaba produciendo una escalada en la lucha armada y querían que el comandante en jefe de la MK estuviera en escena.

El coronel Tadesse organizó rápidamente un vuelo hasta Jartum. Antes de mi partida me hizo un regalo de despedida: una pistola automática con doscientos cartuchos de munición. A pesar de las marchas forzadas que había realizado, descubrí que era agotador llevar encima tanta munición. Un cartucho es sorprendentemente pesado, cargar con doscientos es como llevar un niño a la espalda.

En Jartum me recibió un funcionario de la British Airways, que me dijo que el vuelo a Dar es Salaam no saldría hasta el día siguiente y que se habían tomado la libertad de reservarme una habitación en un elegante hotel de la ciudad. Me quedé consternado, ya que habría preferido alojarme en un hotel menos conspicuo de tercera categoría.

Cuando me dejaron en el hotel tuve que recorrer su largo y elegante porche, donde estaban sentados bebiendo varias docenas de blancos. Todo esto ocurría mucho antes de la implantación de los detectores de metales y otras medidas de seguridad. Llevaba el arma en una pistolera oculta por la chaqueta y los doscientos cartuchos en una cartuchera en torno a la cintura, por dentro de los pantalones. Portaba también conmigo varios miles de libras en efectivo. Tenía la sensación de que todos aquellos blancos elegantemente vestidos tenían rayos X en los ojos e iba a ser arrestado en cuaquier momento. Pero fui acompañado a mi habitación sin incidentes y llamé al servicio de habitaciones; hasta los pasos de los camareros me sobresaltaban.

Desde Jartum volé directamente a Dar es Salaam, donde saludé al primer grupo de veintiún reclutas de Umkhonto que se dirigían a Etiopía para recibir instrucción militar. Fue un momento de orgullo, ya que aquellos hombres se habían ofrecido voluntarios para luchar en el ejército que yo estaba intentando crear. Arriesgaban la vida en una batalla que no había hecho más que empezar, una batalla que sería especialmente peligrosa para los primeros en sumarse a ella. Eran hombres jóvenes, en su mayor parte procedentes de las ciudades, y se sentían orgullosos e impacientes por emprender la lucha. Organizamos una cena en Addis: los hombres mataron una cabra en mi honor, y yo me dirigí a ellos hablándoles de la necesidad de observar un buen comportamiento y mantener la disciplina en el extranjero, ya que eran representantes de la lucha por la libertad en Sudáfrica. La instrucción militar, les dije, debe ir de la mano de la formación política, ya que una revolución no es simplemente cuestión de tirar del gatillo; su propósito es crear una sociedad justa e igualitaria. Fue la primera ocasión en la que fui saludado militarmente por mis propios soldados.

El presidente Nyerere me cedió un avión privado para llegar hasta Mbeya, y desde allí volé directamente a Lobatse. El piloto me comunicó que aterrizaríamos en Kanye. Aquello me preocupó: ¿por qué se habían alterado los planes? En Kanye me recibieron el comisario residente y un hombre del servicio de seguridad. Ambos eran blancos. El comisario se me acercó y me preguntó mi nombre. David Motsamayi, respondí yo. Él insistió en que le dijera mi verdadero nombre. Repetí que mi nombre era David Motsayami. Él dijo: "Por favor, dígame su verdadero nombre, porque tengo orden de recibir al señor Mandela y suministrarle ayuda y medios de transporte. Si usted no es el señor Nelson Mandela, me temo que tendré que arrestarle por entrar al país sin permiso. ¿Es usted Nelson Mandela?".

Me encontraba en un atolladero; podía ser arrestado dijera lo que dijera. "Si insiste en que soy Nelson Mandela y no David Motsamayi, no le contradeciré", concluí. Él sonrió y dijo con sencillez: "Le esperábamos ayer". Seguidamente se ofreció a llevarme hasta donde me esperaban mis camaradas. Fuimos en coche hasta Lobatse, donde me reuní con Joe Modise y un simpatizante del CNA llamado Jonas Matlou, que en aquella epoca vivía allí. El comisario me contó que la policía sudafricana estaba al tanto de mi regreso, y me sugirió que partiera al día siguiente. Le agradecí su ayuda y sus consejos, pero al llegar a casa de Matlou dije que me marcharía esa misma noche. Estaba pensado en regresar a Sudáfrica en coche con Cecil Williams, un director de teatro blanco miembro de la MK. Fingiendo ser su chófer, me senté al volante y aquella misma noche partimos hacia Johannesburgo.

Parte Séptima

———

RIVONIA

49

TRAS CRUZAR LA FRONTERA, respiré hondo. El olor del aire siempre es más dulce cuando uno vuelve al hogar después de haber estado ausente. Era una noche de invierno muy clara y hasta las estrellas parecían más acogedoras que en cualquier otra parte del continente. Abandonaba un mundo en el que, por primera vez, había experimentado lo que es la libertad y regresaba a otro en el que era un fugitivo. A pesar de ello, me sentía profundamente aliviado por estar de vuelta en la tierra donde había nacido y donde estaba mi destino.

Hay docenas de carreteras sin señalizar en la frontera entre Bechuanalandia y el Transvaal noroccidental, pero Cecil sabía exactamente cuáles emplear. Durante el viaje en coche me puso al corriente de muchos sucesos que desconocía. Condujimos toda la noche, cruzamos la frontera poco después de media noche y llegamos a la granja de Liliesleaf al amanecer. Yo llevaba puesto todavía mi gastado uniforme de faena de color caqui.

Una vez en la granja, no dispuse de tiempo para descansar y reflexionar. A la noche siguiente tuvimos una reunión secreta para que presentara un informe de mi viaje ante el Comité de Trabajo. Llegaron Walter, Moses Kotane, Govan Mbeki, Dan Tloome, J. B. Marks y Duma Nokwe. Fue una reunión curiosa. En primer lugar, hice un resumen de mis desplazamientos, detallé el empleo dado al dinero recibido y hablé de las ofertas de instrucción militar. También hice un informe detallado de las reservas que había encontrado respecto a la colaboración del CNA con los blancos y los indios, especialmente los comunistas. Aún tenía presente mi último encuentro con los líderes de Zambia, que me dijeron que si bien sabían que el CNA era más poderoso y gozaba de mayor popularidad que el CPA, comprendían el purismo africanista de estos últimos y les sorprendía el carácter no racial del CNA, así como sus lazos con el comunismo. Había replicado que Oliver y yo creíamos que el CNA debía dar una imagen más independiente para tranquilizar a nuestros nuevos aliados en el continente, ya que sólo a través de ellos podríamos obtener financiación y entrenamiento para Umkhonto we Sizwe. Propuse la refundación de la Alianza para el Congreso con el fin de que el CNA apareciese claramente como líder, especialmente en cuestiones que afectaran directamente a los africanos.

Se trataba de una propuesta importante y exigía consultar a la dirección al completo. El comité de trabajo me instó a desplazarme a Durban para informar al jefe. Todos estuvieron de acuerdo excepto Govan Mbeki, que en ese momento no vivía en la granja de Liliesleaf, aunque estaba presente como representante del alto mando de la MK. Me aconsejó que enviara a otro. Dijo que el viaje era demasiado arriesgado y que la organización no debía poner en peligro mi seguridad, sobre todo ahora que acababa de regresar e iba a seguir adelante con la creación de la MK. Todos, yo mismo incluido, ignoramos tan sabia advertencia.

Con Cecil de nuevo al volante, salí de Rivonia la noche siguiente. Tenía prevista una serie de encuentros secretos en Durban, el primero de ellos con Monty Naicker e Ismail Meer para informarles de mi viaje y discutir la nueva propuesta. Tanto Monty como Ismail gozaban de la absoluta confianza del jefe, y éste tenía en alta consideración su criterio. Esperaba poder decirle a Luthuli que había hablado con sus amigos y transmitirle sus reacciones. Sin embargo, Ismail y Monty se mostraron consternados ante la idea de que el CNA se hiciera cargo del liderazgo en el seno de la Alianza para el Congreso y tomara sus propias decisiones en los asuntos que afectaban a la población africana. Eran contrarios a todo aquello que pudiese debilitar la alianza.

Me llevaron hasta Groutville, donde vivía el jefe. Nos reunimos en casa de una señora india. Le expliqué la situación detalladamente al jefe, que me escuchó sin decir palabra. Cuando hube acabado me dijo que no le agradaba la idea de que políticos extranjeros dictasen la línea política del CNA. Dijo que existían buenas razones para seguir adelante con nuestra política no racial y que no creía que debiésemos alterarla sólo porque no le gustara a unos cuantos dirigentes del exterior.

Respondí que no pretendían dictar nuestra política, que se limitaban a manifestar que no la entendían. Le expliqué que mi plan consistía sencillamente en introducir una serie de cambios menores para que el CNA resultara más comprensible —y más atractivo— para nuestros aliados. Desde mi punto de vista se trataba de una maniobra defensiva, ya que si los estados africanos decidían apoyar al CPA, una organización pequeña y débil podía transformarse de la noche a la mañana en una organización grande y poderosa.

El jefe no tomaba decisiones impulsivas. Vi que quería pensar en todo lo que le había dicho y comentarlo con algunos de sus amigos. Me despedí de él, y me recomendó que fuese prudente. Aquella noche me esperaban aún una serie de encuentros clandestinos en la ciudad y los *townships*. Mi última reunión de ese día fue la celebrada con el alto mando regional de la MK en Durban.

El mando de Durban estaba dirigido por un experto en sabotaje llamado Bruno Mtolo, a quien nunca había visto antes, pero con el que me volvería a encontrar en circunstancias muy distintas. Les puse al corriente de mi viaje por África, del apoyo recibido y de las ofertas de instrucción militar. Les expliqué que aunque por el momento la MK se dedicara al sabotaje, si éste no tenía el efecto deseado nos veríamos probablemente abocados a emprender una guerra de guerrillas.

Esa misma noche Ismail y Fatima Meer, Monty Naicker y J. N. Singh se reunieron conmigo en la casa del reportero gráfico G. R. Naidoo, donde me hospedaba. Fue a la vez una fiesta de bienvenida y de despedida, ya que al día siguiente salía hacia Johannesburgo. La velada resultó muy agradable y fue la primera noche tranquila de la que había disfrutado en mucho tiempo. Dormí bien y me encontré con Cecil el domingo a mediodía —era el 5 de agosto— para emprender el largo viaje a Johannesburgo en su fiel Austin.

Llevaba mi guardapolvo blanco de chófer e iba sentado delante, junto a Cecil, mientras él conducía. Hacíamos turnos frecuentes al volante. El día era claro y frío y yo me recreaba en la belleza de Natal. En Natal el campo se mantiene verde incluso durante el invierno. Ahora que regresaba a Johannesburgo dispondría de algún tiempo para ver a Winnie y a mis hijos. A menudo deseaba que mi esposa hubiera tenido ocasión de compartir conmigo las bellezas de África, pero lo más que podía hacer era contarle todo lo que había visto y hecho.

En cuanto dejamos atrás la zona industrial de Durban empezamos a viajar por una carretera entre colinas que nos ofrecía majestuosas panorámicas de los valles que nos rodeaban y de las aguas azul oscuro del Índico. Durban es el principal puerto del área industrial y, durante un largo trecho, la autopista que lleva a Johannesburgo corre paralela a la vía de ferrocarril. Pasaba de contemplar las bellezas naturales a considerar el hecho de que la proximidad de la vía férrea a la carretera la convertía en un objetivo ideal para el sabotaje. Lo anoté en el pequeño cuaderno que siempre llevaba conmigo.

Cecil y yo íbamos enzarzados en una discusión sobre planes de sabotaje cuando atravesamos Howick, treinta kilómetros al noroeste de Pietermaritzburg. Cuando llegamos a Cedara, un pequeño pueblo que se encuentra nada más pasar Howick, un Ford V-8 lleno de blancos nos adelantó a toda velocidad por la derecha. Me giré instintivamente para mirar hacia atrás, y vi otros dos coches llenos de hombres blancos. De repente, el Ford que se había puesto delante de nuestro coche nos hizo señas para que nos detuviéramos. En ese instante supe que mi vida como fugitivo había llegado a su fin, que mis diecisiete meses de "libertad" estaban a punto de concluir.

Mientras Cecil reducía la velocidad se volvió hacia mí y me preguntó: "¿Quiénes son esos hombres?". No le contesté porque los dos sabíamos perfectamente cuál era la respuesta. Habían elegido bien el lugar. A nuestra izquierda teníamos un empinado desmonte con árboles hacia el que podían empujar nuestro coche si intentábamos huir. Yo estaba sentado en el asiento del pasajero, a la izquierda, y por un momento pensé en la posibilidad de saltar e intentar escapar a través del bosque, pero me habrían matado a tiros en cuestión de segundos.

Cuando nos detuvimos, un hombre alto y delgado con expresión adusta se dirigió directamente a la ventanilla del asiento del pasajero. Iba sin afeitar y parecía llevar mucho tiempo sin dormir. Deduje inmediatamente que llevaban varios días esperándonos. Con voz tranquila, se identificó como el sargento Vorster de la policía de Pietermaritzburg y me mostró una orden de arresto. Me pidió que me identificara. Le dije que mi nombre era David Motsamayi. Asintió con la cabeza y a continuación, muy educadamente, me preguntó dónde había estado y hacia dónde me dirigía. Esquivé como pude sus preguntas dándole la menor información posible. Pareció un tanto irritado y exclamó: "Tú eres Nelson Mandela y él es Cecil Williams. ¡Quedáis detenidos!".

Nos comunicó que un comandante que viajaba en el otro coche se encargaría de acompañarnos de vuelta a Pietermaritzburg. En esos días la policía no era aún excesivamente precavida, y el sargento Vorster no se molestó siquiera en registrarme. Llevaba encima un revólver cargado, por lo que pensé de nuevo en escapar, pero el enemigo me superaba ampliamente en número. Discretamente puse el arma —y el cuaderno de notas— bajo la tapicería del coche entre mi asiento y el de Cecil. Fue una suerte que, por alguna razón, la policía nunca encontrase el arma ni el cuadernito, ya que, de haberlo hecho, podrían haber detenido a mucha más gente.

Una vez en comisaría, me condujeron al despacho del sargento Vorster, donde había un grupo de agentes de policía. Uno de ellos era el suboficial Truter, que había testificado en el juicio por traición. Truter había sorprendido favorablemente a los acusados porque había sido preciso en sus explicaciones sobre la línea política del CNA y no había recurrido a la exageración ni a la mentira. Nos saludamos amistosamente.

Hasta ese momento sólo había admitido que me llamaba David Motsamayi, y Truter me dijo: "¿Por qué sigues adelante con esta farsa, Nelson? Sabes perfectamente que sé quién eres. Todos sabemos quién eres". Me limité a contestarle que el nombre que había dado era el único que reconocía. Solicité la presencia de un abogado y me respondieron lacónicamente que no había nada que hacer. A partir de ese momento decliné hacer declaración alguna.

Cecil y yo fuimos encerrados en celdas separadas. Ahora disponía de tiempo para pensar en la situación en la que me encontraba. Siempre había sido consciente de que existía la posibilidad de que me detuviesen, pero también los luchadores por la libertad se engañan a sí mismos, y esa noche, en mi celda, me di cuenta de que no estaba preparado para hacer frente a mi detención y confinamiento. Estaba preocupado y nervioso. Alguien había dado información a la policía acerca de mis movimientos. Sabían que estaba en Durban y que me dirigía a Johannesburgo. Semanas antes de mi regreso, la policía creía que me encontraba ya de vuelta en el país. En junio, mientras me hallaba aún en Addis Abeba, los titulares de los periódicos habían proclamado a toda plana "LA PIMPINELA NEGRA HA REGRESADO". ¿Se había tratado acaso de un engaño?

Las autoridades habían acosado a Winnie llevadas por la idea de que ella debía estar al corriente de si había regresado o no. Sabía que la habían seguido y que habían registrado la casa varias veces. Supuse que habrían 7se habían equivocado. Pero también sospechaba que habían recibido información de que me encontraba en Durban en aquel momento. La policía había infiltrado espías en el movimiento, e incluso la gente mejor intencionada no siempre era tan discreta como debía. También yo había pecado de exceso de confianza. Mi presencia en Durban había sido conocida por demasiada gente. Hasta había celebrado una fiesta la noche antes de emprender viaje, y me insulté a mí mismo por haber bajado la guardia. Mi mente se debatía entre diferentes posibilidades. ¿Existía un informador en Durban, o tal vez había sido alguien de Johannesburgo? ¿Habría sido alguien del movimiento, o acaso un amigo o familiar? Este tipo de especulaciones sin datos para probarlas son siempre fútiles, y la combinación de agotamiento físico y mental hizo que pronto cayese dormido. Al menos aquella noche del 5 de agosto de 1962 no tenía por qué preocuparme de que la policía me encontrase. Ya lo había hecho.

Por la mañana estaba ya recuperado y cobré ánimos para hacer frente a lo que se me venía encima. Dadas las circunstancias, no quería dar a mis captores la impresión de que estaba desesperado, ni siquiera contrariado. A las ocho y media comparecí ante el juez local, que ordenó mi traslado a Johannesburgo. El asunto estaba claro y el juez no pareció sentirse más afectado que si se hubiera tratado de una citación por una infracción de tráfico. La policía no había adoptado medidas especiales para mi traslado a Johannesburgo ni para garantizar mi seguridad. Viajé en el asiento trasero de un turismo, sin esposar, acompañado por dos policías que iban sentados delante. Mis amigos habían recibido la noticia de mi detención. Fatima Meer me había llevado comida a la cárcel y la compartí en el coche con los dos policías. Incluso hicimos una parada en Volksrust, un pueblo que había de camino, donde me permitieron pasear un poco para que estirara las piernas. No pensé en huir de aquella gente que tan amablemente se estaba portando conmigo. No quise abusar de la confianza que habían puesto en mí.

Pero el ambiente cambió radicalmente cuando nos acercábamos a Johannesburgo. Escuché la noticia de mi captura en la radio de la policía, así como la orden de establecer controles de carretera desde y hasta Natal. En las afueras de Johannesburgo, al atardecer, nos recibió una considerable escolta policial. Me esposaron bruscamente, me sacaron del coche y me metieron en un furgón con pequeñas ventanillas opacas reforzadas con tela metálica. La caravana enfiló hacia Marshall Square siguiendo una ruta sinuosa y complicada, como si temiese una emboscada.

Me encerraron solo. En la soledad de mi celda, mientras planeaba la estrategia a adoptar el día siguiente, oí una tos procedente de una celda próxima. No me había dado cuenta de que hubiera otro prisionero en las inmediaciones. Aquella tos tenía algo que me resultaba curiosamente familiar. Con súbito reconocimiento me puse en pie y llamé: "¿Walter?".

"¿Eres tú, Nelson?", me contestó, y reímos junto con una mezcla indescriptible de alivio, sorpresa, decepción y alegría. Me enteré de que Walter había sido detenido poco después que yo. Decidimos que ambos arrestos tenían que estar relacionados. Aunque no era el lugar más propicio para una reunión del comité de trabajo, resultaba conveniente, y la noche pasó deprisa mientras le hacía un pormenorizado relato de mi captura y mis encuentros en Durban.

Al día siguiente comparecí ante un tribunal presidido por un decano de la magistratura que decretó mi ingreso en prisión. Tras enterarse de que me habían detenido, Harold Wolpe y Joe Slovo hicieron acto de presencia en el tribunal y nos entrevistamos en los sótanos. Yo ya había comparecido ante aquel juez como profesional de la abogacía en numerosas ocasiones, y habíamos llegado a respetarnos mutuamente. También estuvieron presentes una serie de abogados, a algunos de los cuales conocía muy bien. Es curioso lo fácilmente que, en ciertas situaciones, puede uno sentirse halagado por incidentes por demás insignificantes. Por supuesto, no soy inmune a la adulación en circunstancias normales, pero ahí estaba yo, un fugitivo, el primero de la lista de los hombres más buscados por el estado, un delincuente esposado, alguien que había vivido en la clandestinidad durante más de un año y, a pesar de todo, tanto el juez como los abogados y el público me trataban con deferencia y cortesía profesional. Veían en mí al abogado Nelson Mandela, no al proscrito Nelson Mandela. Aquello me levantó inmensamente el ánimo.

A lo largo del proceso, el magistrado se mostró incómodo e inseguro y no se atrevía a mirarme directamente a la cara. También los abogados parecían abochornados. Fue como una revelación. Aquellos hombres no sólo se sentían incómodos porque yo fuese un colega caído en desgracia, sino porque no era más que un hombre normal y corriente al que se estaba castigando por sus ideas. En ese momento, vi más claro que nunca el papel que podía desempeñar ante el tribunal y las posibilidades que se me brindaban como acusado. Yo era el símbolo de la justicia ante el tribunal del opresor, el representante de los grandes ideales de libertad, justicia y democracia en una sociedad que deshonraba tales virtudes. En aquel mismo instante comprendí que podía continuar la lucha incluso desde dentro de la fortaleza del enemigo.

Cuando me preguntaron el nombre de mi abogado repliqué que me defendería yo mismo, con la ayuda de Joe Slovo como consejero legal. Representarme a mí mismo daba aún más fuerza al carácter simbólico del papel que había decidido desempeñar. Quería utilizar mi proceso como escaparate de la oposición del CNA al racismo. No se trataba tanto de defenderme como de llevar a juicio al propio estado. Durante aquella primera jornada tan sólo respondí a las preguntas relativas a mi nombre y a la elección de abogado. Escuché los cargos en silencio: incitar a la huelga a los trabajadores negros y salir del país sin los documentos pertinentes. En la Sudáfrica del *apartheid,* el castigo por estos "crímenes" podía llegar hasta los diez años de cárcel. Con todo, me alivió escuchar los cargos presentados contra mí. Era evidente que no disponían de pruebas que me relacionaran con Umkhonto we Sizwe, ya que en caso contrario me habrían acusado de traición y sabotaje.

Sólo cuando abandonaba la sala reparé en que Winnie se encontraba entre los espectadores. Parecía deprimida y triste. Sin duda, debía de estar pensando en los difíciles tiempos que se avecinaban, en cómo seguir adelante sola, en cómo criar a dos niñas pequeñas en una ciudad dura y amenazadora. Una cosa es que te cuenten las dificultades a las que tal vez tengas que enfrentarte y otra muy distinta vivirlas. Todo lo que pude hacer mientras descendía las escaleras hacía los sótanos fue dirigirle una amplia sonrisa, como para darle a entender que no estaba preocupado y que ella tampoco debía estarlo. No creo que sirviera de mucho.

Desde el tribunal fui trasladado a la prisión de Johannesburg Fort, vulgarmente conocida como el Fuerte. Cuando salí del juzgado camino del furgón había una multitud de cientos de personas vitoreándome y gritando: *"Amandla!"* y *"Ngawethu!"*, dos populares consignas del CNA que significan "¡Poder!" y "El poder es nuestro." La gente aullaba, cantaba y golpeaba con los puños los costados del furgón mientras éste atravesaba a paso de tortuga la salida del juzgado. Todos los periódicos habían dedicado la primera página a dar la noticia de mi detención y enjuiciamiento. Uno de ellos decía: "LA POLICÍA PONE FIN A DOS AÑOS DE FUGA", y otro "NELSON MANDELA, DETENIDO". Se había acabado la libertad del llamado Pimpinela Negra.

Días más tarde, Winnie consiguió autorización para visitarme. Iba muy elegante y, al menos en apariencia, parecía menos apenada. Me llevó un par de pijamas caros y un precioso batín de seda, más apropiado para lucirlo en un salón que para usarlo en una celda. No fui capaz de decirle que sería inapropiado que empleases aquellas prendas en la cárcel. Sabía, no obstante, que aquel paquete era un modo de mostrarme su amor y una prueba de solidaridad. Le di las gracias y, aunque disponíamos de poco tiempo, discutimos rápidamente algunas cuestiones familiares, especialmente cómo se las arreglarían ella y las niñas para salir adelante. Le facilité nombres de amigos que podían ayudarla y también el de algunos clientes que me debían dinero. Le pedí que les dijese a mis hijos la verdad sobre mi detención y que estaría lejos de casa durante mucho tiempo. Le expliqué que no éramos la primera familia que pasaba por un trance como el nuestro y que quienes eran capaces de superar semejantes pruebas salían fortalecidos de ellas. La convencí de que nuestra causa era poderosa, nuestros amigos leales y de que su amor y devoción me permitirían sobrellevar la situación pasara lo que pasara. El policía que vigilaba nuestro encuentro se hizo el loco y nos abrazamos, aferrándonos el uno al otro con fuerza y emoción contenidas, como si aquel fuera el último adiós. En cierto modo lo era, ya que habríamos de estar separados mucho más tiempo del que ninguno de los dos podría haber imaginado. El oficial de vigilancia me permitió acompañar a Winnie parte del camino hacia la puerta principal, donde la vi desaparecer, sola y orgullosa, al doblar la esquina.

50

EN EL FUERTE estaba bajo la supervisión del coronel Minnaar, un afrikáner muy cortés que era considerado una especie de liberal por sus colegas más *verkrampte* (de la línea dura). Me explicó que había decidido internarme en la enfermería de la cárcel porque era el lugar más cómodo de la prisión y allí dispondría de una mesa y una silla para preparar mi defensa. Aunque la enfermería era cómoda —pude dormir en una cama, algo que jamás había podido hacer en la cárcel—, la verdadera razón de su generosidad era que constituía el sitio más seguro para tenerme encerrado. Para llegar a ella había que atravesar dos muros inexpugnables vigilados por guardianes armados, y una vez hecho esto, franquear cuatro puertas gigantescas antes de llegar al área en la que estaba prisionero. En la prensa abundaban las especulaciones sobre un posible intento de rescate por parte del movimiento, y las autoridades estaban dispuestas a hacer todo lo que fuera necesario, y más, para impedirlo.

También se extendían los rumores, tanto en los periódicos como en seno del CNA, sobre la posibilidad de que hubiera sido traicionado por alguien perteneciente al movimiento. Había quien acusaba a G. R. Naidoo, que me había alojado en Durban. En mi opinión, se trataba de una acusación infundada. La prensa difundió a los cuatro vientos la hipótesis de que los responsables de mi detención habían sido los comunistas blancos e indios, alarmados por mi propuesta de que el CNA adoptara una orientación más africanista. Desde mi punto de vista, aquellas historias habían sido propaladas por el gobierno con el fin de dividir al movimiento del Congreso, y las consideraba injuriosas y malintencionadas. Más tarde discutí el asunto no sólo con Walter, Duma, Joe Slovo y Ahmed Kathrada, sino también con Winnie. Me reconfortó ver que ella compartía mi impresión. Winnie había sido invitada a inaugurar la conferencia anual del Congreso Indio de la Juventud del Transvaal y, siguiendo mi consejo, dio el mentís a aquellos rumores en términos inequívocos. Los periódicos aparecieron llenos de artículos sobre su belleza y elocuencia. "No vamos a perder el tiempo intentando averiguar quién traicionó a Mandela", dijo a los asistentes. "Se trata de propaganda cuyo único fin es conseguir que nos enfrentemos los unos a otros en lugar de mantenernos unidos para combatir la opresión del National Party".

La historia más difundida fue que había sido un funcionario del consulado de los Estados Unidos vinculado a la CIA quien había dado aviso a las autoridades. Esta historia nunca pudo ser verificada y jamás he encontrado pruebas concluyentes de que fuera así. Aunque la CIA ha sido responsable de multitud de acciones despreciables en apoyo del imperialismo estadounidense, no puedo responsabilizarla de mi detención. La verdad es que fui imprudente a la hora de mantener en secreto mis movimientos. Retrospectivamente, está claro que las autoridades dispusieron de infinidad de oportunidades para localizarme durante mi viaje a Durban. De hecho, lo único sorprendente es que no me capturaran antes.

Sólo pasé unos cuantos días en la enfermería del Fuerte antes de que me trasladasen a Pretoria. En Johannesburgo no había existido restricción alguna para las visitas, y fueron multitud las personas que acudieron a verme. Las visitas ayudan a mantener la moral alta en la cárcel, y su ausencia resulta descorazonadora. Trasladándome a Pretoria las autoridades pretendían alejarme de mi hogar y recluirme en un lugar en el que contara con menos amistades.

Fui esposado y conducido hasta Pretoria en un viejo furgón en compañía de otro preso. El interior del furgón estaba muy sucio y nos sentamos sobre una rueda de recambio grasienta que se deslizaba de un lado a otro mientras el vehículo se bamboleaba de camino hacia Pretoria. Era curioso el acompañante que habían escogido para mí: se llamaba Nkadimeng y pertenecía a una de las bandas más feroces de Soweto. Normalmente, los funcionarios de prisiones no permiten que un preso político comparta vehículo con un delincuente común, pero sospecho que esperaban que me sintiese intimidado por la presencia de Nkadimeng, que supuse era un informador de la policía. Estaba sucio y me sentía muy irritado cuando llegamos a la prisión. Mi ira alcanzó cotas espectaculares cuando me encerraron en la misma celda que a aquel individuo. Exigí, y finalmente obtuve, una celda propia en la que preparar mi defensa.

Ahora sólo se me permitía recibir visitas dos veces por semana. A pesar de la distancia, Winnie acudía con regularidad y siempre me traía ropa limpia y cosas deliciosas para comer. Era otro modo de mostrarme su apoyo. Cada vez que me ponía una camisa limpia sentía su amor y su lealtad. Era consciente de lo difícil que debía de ser para ella viajar hasta Pretoria para visitarme en pleno día, a mitad de la semana y dejando dos niñas pequeñas en casa. Recibía otras muchas visitas que me llevaban comida, entre ellas la siempre leal señora Pillay, que todos los días me hacía llegar un sabroso almuerzo.

Gracias a la generosidad de mis visitantes nadaba en la abundancia, y ardía en deseos de compartir la comida con los demás presos de mi planta, aunque sabía que estaba estrictamente prohibido. Para burlar las restricciones empecé a ofrecer comida a los carceleros con el fin de ablandarles. Con esta idea en mente, quise obsequiar con una manzana roja y brillante a un guardián negro. Se la quedó mirando y la rechazó inflexible, diciendo *"Angiyifuni"* (No la quiero). Los guardianes negros podían ser mucho más amables o, por el contrario, mucho más estrictos que los blancos, como si pretendiesen enmendar la plana a sus amos. Poco después, el guardián negro vio que un carcelero blanco aceptaba la manzana que él había rechazado y cambió de opinión. No tardé en suministrar comida a mis compañeros de cárcel.

A través de los rumores carcelarios me enteré de que Walter también había sido trasladado a Pretoria, y aunque estábamos aislados el uno del otro, conseguimos comunicarnos. Walter había solicitado la libertad bajo fianza, una decisión que respaldé de todo corazón. La cuestión de las fianzas había constituido durante mucho tiempo un tema espinoso en el seno del CNA. Había quien opinaba que debíamos negarnos a depositar fianzas por sistema, ya que hacerlo podía interpretarse como una muestra de debilidad y como prueba de que aceptábamos la naturaleza racista del sistema legal. Yo no creía que semejante punto de vista fuese universalmente aplicable, y me mostraba partidario de evaluar la cuestión caso por caso. Dado que Walter se había convertido en secretario general del CNA, en mi opinión había que hacer todos los esfuerzos posibles para liberarle. En pocas palabras, se trataba una persona esencial para la organización y no podíamos permitir que languideciera en la cárcel. En su caso, solicitar la libertad bajo fianza era una cuestión práctica, no teórica. En el mío, las circunstancias eran diferentes. Yo había pasado a la clandestinidad; Walter no. Yo me había convertido en un símbolo de la rebelión y la lucha, mientras que él trabajaba entre bastidores. Estaba de acuerdo conmigo en que en mi caso no se solicitara fianza. Había buenas razones para ello: por una parte, no me la habrían concedido, y yo no pensaba hacer nada que pudiese sugerir que no estaba dispuesto a enfrentarme a las consecuencias de la vida en la clandestinidad que yo mismo había escogido.

Poco después de que Walter y yo llegásemos a esta decisión fui trasladado de nuevo a la enfermería del Fuerte en Johannesburgo. Se había fijado la fecha de la vista preliminar para octubre. Aunque hay poco que pueda decirse en favor de la cárcel, no deja de ser cierto que el aislamiento forzoso incita al estudio. Había emprendido unos cursos por correspondencia para obtener el doctorado en Derecho, titulación que me permitiría ejercer como asesor legal. Una de las primeras cosas que hice a mi llegada a la prisión local de Pretoria fue enviar una carta a las autoridades comunicándoles mi intención de comprar un ejemplar del libro *Law of Torts,* que formaba parte de mi plan de estudios.

Al cabo de unos días, el coronel Aucamp, que era el comandante en jefe de la prisión local de Pretoria y uno de los funcionarios más importantes dentro de la prisión, entró en mi celda con expresión de maligno regocijo y me dijo: "Mandela, ¡ahora sí que te hemos pillado!". Luego añadió: "¿Para qué ibas a querer un libro sobre antorchas si no para usarlo en tus malditos sabotajes?". No tenía ni la más remota idea de lo que estaba hablando hasta que sacó la carta que había escrito solicitando un libro que él llamaba la *Law of Torches.* Sonreí ante aquello y se puso como una furia pensando que me burlaba de él. En afrikaans, "antorcha" es *toort,* una palabra muy similar a *tort.* Le expliqué que, en inglés, *tort* era una rama del derecho civil, no un trozo de madera ardiendo que se pudiera emplear para encender la mecha de una bomba. Se marchó hecho un basilisco.

Un día, mientras estaba en el patio de la cárcel haciendo mis ejercicios diarios, que consistían en carreras, planchas y ejercicios de abdominales, se me acercó un alto y apuesto indio llamado Moosa Dinath, al que había conocido ligeramente cuando era un hombre de negocios inusitadamente próspero. Estaba cumpliendo una condena de dos años por estafa. Fuera de la cárcel no habríamos pasado de ser conocidos, pero la prisión es una incubadora de amistades. Dinath empezó a acompañarme con frecuencia en mis carreras alrededor del patio. Un día me preguntó si tenía alguna objeción a que pidiera permiso al oficial en jefe para estar cerca de mí en la enfermería de la cárcel. Le dije que su compañía sería bienvenida, pero pensé para mis adentros que las autoridades jamás lo permitirían. Estaba equivocado.

Era extremadamente peculiar que a un convicto como Dinath se le permitiera hacer compañía a un preso político en espera de juicio, pero no dije nada, ya que me alegraba tener compañía. Dinath era un hombre rico y pagaba un salario encubierto a las autoridades de la cárcel. A cambio de su dinero obtenía multitud de privilegios: llevaba ropas que sólo podían llevar los presos blancos, comía lo mismo que ellos y no hacía ninguno de los trabajos asignados a los internos.

Una noche presencié boquiabierto cómo el coronel Minnaar, director de la prisión y conocido afrikáner, venía a buscarle en persona. A continuación, Dinath salió a pasar la noche fuera de la cárcel y no regresó hasta por la mañana. Si no lo hubiera visto con mis propios ojos, no lo habría creído.

Dinath me entretenía con fascinantes historias de trapicheos financieros y corruptelas entre los miembros del gabinete. Eran la confirmación de que el *apartheid* era un veneno que generaba decadencia moral en todos los campos. Yo evitaba escrupulosamente discutir con él ningún tema político o de naturaleza delicada por si resultaba ser también un informador. En una ocasión me pidió que le contase mi viaje por África y me limité a ofrecerle una versión muy resumida. Finalmente, Dinath tiró de los hilos adecuados para acelerar su puesta en libertad y salió de la cárcel tras cumplir tan sólo cuatro meses de su condena de dos años.

La fuga sirve a dos propósitos: libera de la cárcel a un luchador por la libertad, que puede continuar la lucha; y representa un gran impulso para ésta así como un golpe de efecto propagandístico tremendo contra el enemigo. Como preso, siempre contemplé la posibilidad de fugarme, y durante mis frecuentes viajes de ida y vuelta al despacho del oficial en jefe examinaba cuidadosamente los muros de la cárcel, los movimientos de los guardianes y los tipos de llaves y cerraduras empleados en las puertas. Hice un boceto detallado de la prisión prestando especial atención a la localización exacta de la enfermería y las puertas de acceso y salida. El mapa fue sacado clandestinamente de la cárcel y entregado al movimiento, junto con instrucciones de que fuera destruido inmediatamente en cuanto hubiera sido examinado.

Se trazaron dos planes, uno de ellos concebido por Moosa Dinath, que ignoré; el otro fue concebido por el CNA y me fue comunicado por Joe Slovo. Para llevarlo a cabo había que recurrir a sobornos, obtener copias de las llaves, e incluso debían hacerme llegar una barba postiza que iría oculta en la hombrera de una de las chaquetas que me llevarían a la cárcel. Se trataba de que me pusiera la barba en cuanto hubiera logrado escapar. Estudié con atención el plan de fuga y llegué a la conclusión de que era prematuro y de que las probabilidades de que fracasara eran inaceptablemente elevadas. Un fracaso así sería fatal para la organización. Durante una reunión con Joe le pasé una nota en la que exponía mi punto de vista. En ella decía que la MK no estaba lista para llevar a buen fin una operación así; incluso un grupo de élite bien entrenado probablemente fracasaría en el empeño. Sugería que toda acción similar quedara pospuesta hasta que fuera condenado y las autoridades estuvieran menos alerta. Al final, había añadido: "Por favor, destruid esta nota en cuanto la hayáis leído". Joe y los otros aceptaron mis consejos en contra del intento de fuga, pero él decidió que la nota debía ser conservada como documento histórico y finalmente, como suele ocurrir con estas cosas, acabó apareciendo en el momento menos oportuno.

51

LA VISTA PRELIMINAR había quedado fijada para el lunes 15 de octubre de 1962. La organización había creado un comité para mi liberación y había puesto en marcha una poderosa campaña bajo el lema "Libertad para Mandela". En todo el país se celebraron actos de protesta y el eslogan empezó a aparecer garabateado en las paredes de los edificios. El gobierno contraatacó prohibiendo todas las reuniones relacionadas con mi encarcelamiento, pero la prohibición fue ignorada por el movimiento de liberación.

A modo de preparativo para la vista del lunes, el comité para la liberación de Mandela había organizado una concentración masiva ante el tribunal. El plan consistía en que la gente se alineara a lo largo de la ruta que debía recorrer el furgón en que iban a trasladarme al juicio. Gracias a los artículos de los periódicos, las conversaciones con las visitas e incluso los comentarios de los carceleros me enteré de que se esperaba una concentración nutrida y ruidosa.

El sábado, mientras me preparaba para la vista del lunes, se me ordenó que empaquetara mis cosas de inmediato: la vista se celebraría en Pretoria. Las autoridades no habían emitido comunicado alguno al respecto, y si no hubiera podido hacer llegar la noticia al exterior a través de un guardián comprensivo, nadie habría sabido que no me encontraba en Johannesburgo.

Pero el movimiento reaccionó con presteza y cuando se abrió la sesión el lunes por la mañana la vieja sinagoga estaba atestada de simpatizantes. La sinagoga era ya como un segundo hogar para mí tras los cuatro años que había durado el juicio por traición. Mi consejero legal, Joe Slovo, no pudo estar presente, ya que se hallaba confinado en Johannesburgo debido a una orden de proscripción y en su lugar me asesoró, muy competentemente, Bob Hepple.

Aquella mañana entré en el tribunal vestido con un *kaross* tradicional xhosa de piel de leopardo en lugar de traje y corbata. La multitud de simpatizantes se puso en pie como un solo hombre y con el puño en alto gritó *"Amandla!"* y *"Ngawethu!"* El *kaross* enardeció a los espectadores, muchos de los cuales habían recorrido todo el camino desde el Transkei. Winnie llevaba también un tocado tradicional con cuentas y una falda xhosa hasta los tobillos.

Había decidido usar el traje tradicional para realzar simbólicamente que era un africano negro obligado a comparecer ante un tribunal del hombre blanco. Llevaba literalmente a mis espaldas la historia, la cultura y la herencia de mi pueblo. Aquel día me sentí como una encarnación del nacionalismo africano, heredero del difícil pero noble pasado de África y de su incierto futuro. El *kaross* era también una muestra de desprecio por las formalidades jurídicas de los blancos. Sabía perfectamente que las autoridades se sentirían amenazadas por mi atuendo, del mismo modo en que tantos blancos se sienten amenazados por la verdadera cultura de África.

Cuando la multitud se tranquilizó y se abrió el caso saludé formalmente al fiscal, señor Bosch, al que conocía de mis días como abogado, y al magistrado, el señor von Heerden, que también me era familiar. Inmediatamente solicité que el juicio se suspendiera durante una semana amparándome en que había sido trasladado a Pretoria sin que se me concediese oportunidad de ponerlo en conocimiento de mis abogados. Mi petición fue aceptada.

Cuando iba de vuelta hacia mi celda, un guardián blanco muy nervioso me notificó que el comandante en jefe, el coronel Jacobs, había dado orden de que le entregara el *kaross.* Yo repliqué: "Puede decirle de mi parte que no pienso dárselo". El guardián era un hombre débil, y se echó a temblar. Prácticamente me rogó que se lo entregara, y me dijo que le despedirían si no lo llevaba de vuelta. Sentí lástima por él y le dije: "Mire, limítese a decirle a su jefe que las palabras son de Mandela, no suyas". Poco después apareció el coronel Jacobs en persona y me ordenó que le entregara lo que llamaba mi "manta". Le dije que no tenía jurisdicción alguna sobre el atuendo que decidiera llevar al tribunal y que si intentaba confiscar mi *kaross* llevaría el asunto hasta el mismísimo Tribunal Supremo. El coronel no volvió a intentar quitarme mi "manta", pero las autoridades sólo me permitían ponérmela en el tribunal, no en el camino de ida ni en el de vuelta por miedo de que "soliviantara" a otros prisioneros.

Cuando el juicio se reanudó al cabo de una semana se me dio permiso para dirigirme al tribunal antes de declararme inocente o culpable. "Espero poder expresar", expliqué, "que aquí se juzgan las aspiraciones del pueblo africano, y que ése es el motivo por el que me ha parecido apropiado asumir mi propia defensa". Quería dejar claro ante el tribunal, el público y la prensa que mi intención era someter a juicio al estado. A continuación planteé la recusación del magistrado aduciendo que no me consideraba moralmente obligado a aceptar leyes aprobadas por un parlamento en el que carecía de representación, y que no era posible esperar un veredicto justo de un juez blanco:

> ¿Por qué comparezco en este tribunal ante un juez blanco y un fiscal blanco, escoltado por ujieres blancos? ¿Puede alguien decir, honesta y seriamente, que en semejante atmósfera la báscula de la ley está realmente equilibrada? ¿Por qué ningún africano en la historia de este país ha tenido nunca el honor de ser juzgado por su propia gente? Se lo explicaré a su señoría: el verdadero propósito de esta rígida separación entre las razas es garantizar que la justicia aplicada por los tribunales se ajuste a la política del gobierno, por mucho que ésta pueda entrar en conflicto con las normas jurídicas aceptadas por los estamentos judiciales del mundo civilizado... Señoría, detesto intensamente la discriminación racial y todas sus manifestaciones. La he combatido durante toda mi vida. Ahora mismo la estoy combatiendo y continuaré haciéndolo hasta el fin de mis días. Aborrezco con especial fuerza el montaje que me rodea aquí. Me hace sentir que soy un hombre negro en un tribunal del hombre blanco. No debería ser así.

Durante el juicio, el fiscal convocó a más de cien testigos de todo el país, desde el Transkei a África del Sudoeste. Todos ellos eran policías, periodistas, inspectores de los *townships* o impresores. En su mayoría, las declaraciones fueron de tipo técnico, y estaban encaminadas a demostrar que había abandonado ilegalmente el país y que había incitado a los trabajadores africanos a que secundaran la huelga durante la campaña de permanencia en casa de tres días de duración en mayo de 1961. Era indiscutible —y de hecho no lo discutí siquiera— que, desde un punto de vista técnico, era culpable de ambas acusaciones.

El fiscal había hecho llamar al señor Barnard, secretario privado del primer ministro, para que aportara su testimonio acerca de la carta que había remitido al primer ministro para exigirle que convocara una convención nacional. En ella le comunicaba que, si no lo hacía, organizaríamos una huelga de tres días de duración. Cuando me llegó el turno de interrogarle empecé leyendo ante el tribunal la carta que había enviado al primer ministro pidiéndole que convocara una convención nacional de todos los sudafricanos con el fin de redactar una nueva constitución no racista.

NM: —¿Entregó esta carta a su primer ministro?

Testigo: —Sí.

NM: —¿Dio el primer ministro alguna respuesta a esta misiva?

Testigo: —No respondió al remitente.

NM: —No contestó a la carta. Bien. ¿Está usted de acuerdo en que esta carta plantea cuestiones vitales para la inmensa mayoría de los ciudadanos de este país?

Testigo: —No estoy de acuerdo.

NM: —¿No está de acuerdo? ¿No opina que los derechos humanos, las libertades cívicas, son cuestiones de importancia vital para el pueblo africano?

Testigo: —Sí, en efecto, así es.

NM: —¿Se mencionan esas cuestiones aquí?

Testigo: Sí, creo que sí.

NM: —...ha reconocido usted que esta carta plantea cuestiones como el derecho a la libertad, las libertades cívicas, y así sucesivamente?

Testigo: —Sí, es cierto que las plantea.

NM: —Por supuesto, usted sabe que los africanos no disfrutan de los derechos que esta carta exige, que se les niegan esos derechos, ¿verdad?

Testigo: —Algunos derechos.

NM: —¿No es cierto que no hay representantes africanos en el Parlamento?

Testigo: —Es cierto.

NM: —Ningún africano puede pertenecer tampoco al consejo provincial ni a los consejos municipales.

Testigo: —Efectivamente.

NM: —¿Tienen derecho a voto los africanos en este país?

Testigo: —Carecen de derecho al voto por lo que se refiere a las elecciones al Parlamento.

NM: —Sí, a eso es a lo que me refiero. Al Parlamento y a otros organismos de gobierno del país como los consejos provinciales y los consejos municipales. ¿No es cierto que no tienen voto en ellos?

Testigo: —Así es.

NM: —¿No cree usted que en cualquier país civilizado del mundo sería escandaloso que un primer ministro no diera respuesta a una carta en la que se plantean cuestiones vitales que afectan a la mayoría de los ciudadanos de la nación? ¿Está usted de acuerdo conmigo?

Testigo: —No estoy de acuerdo.

NM: —¿No está de acuerdo en que sería irregular que un primer ministro ignorara una carta en la que se plantean cuestiones vitales que afectan a la inmensa mayoría de los ciudadanos de su país?

Testigo:— La carta no ha sido ignorada por el primer ministro.

NM: —Límitese a contestar a la pregunta. ¿Considera que está bien que un primer ministro no responda a peticiones relacionadas con cuestiones vitales que afectan a la inmensa mayoría de los ciudadanos del país? ¿Considera que eso está mal?

Testigo: —El primer ministro sí contestó a la carta.

NM: —Señor Barnard, no quiero ponerme grosero con usted. Por favor, límitese a contestar a mis preguntas. La pregunta que le hago es: ¿Está usted de acuerdo en que es impropio por parte de un primer ministro no responder a una carta en la que se plantean cuestiones vitales que afectan a la inmensa mayoría del país?

El señor Barnard y yo nunca llegamos a estar de acuerdo. Al final se limitó a decir que el tono de la carta era agresivo y descortés y que por ese motivo el primer ministro no la había contestado.

A todo lo largo del proceso, el fiscal y el magistrado me preguntaron una y otra vez cuántos testigos pretendía hacer subir al estrado. Siempre respondía lo mismo: "Pretendo llamar tantos testigos como el estado y posiblemente más". Cuando el estado dio por concluida su presentación del caso se produjo un silencio en el tribunal en espera del comienzo de mi defensa. Me levanté y en lugar de llamar a mi primer testigo declaré tranquilamente que no pensaba convocar a ninguno. En ese momento di por finalizada mi argumentación. Se produjo un murmullo en el tribunal y el fiscal no pudo evitar una exclamación. "¡Dios!".

Había confundido al tribunal desde el principio porque sabía que la acusación era cierta y que el caso presentado por el estado era inatacable.

No veía razón alguna para intentar apelar a los testigos y defenderme. Por medio de mis contrainterrogatorios e intentos de obligar al juez a aceptar la recusación había demostrado ya la injusticia de la causa seguida contra mí. No veía mérito alguno en llamar a los testigos para discutir algo que era incontrovertible.

Al magistrado le cogió por sorpresa mi conducta y me preguntó con cierta incredulidad:

—¿Tiene algo más que decir?

—Señoría, alego que no soy culpable de ningún crimen.

—¿Es eso todo lo que tiene que decir?

—Su señoría, con todos los respetos, si tuviera algo más que decir lo habría dicho.

El fiscal revisó sus papeles intentando prepararse para un alegato improvisado. Se dirigió brevemente al tribunal y pidió al magistrado que se me declarara culpable de ambas acusaciones. El tribunal levantó la sesión hasta el día siguiente, cuando yo tendría ocasión de dirigirme a la sala para hacer una petición de clemencia antes de que el juez emitiera su veredicto.

A la mañana siguiente, antes de abrirse la sesión, me encontraba en un despacho del edificio hablando con Bob Hepple, que había estado asesorándome a todo lo largo del caso. Estábamos comentando favorablemente el hecho de que el día antes la Asamblea General de las Naciones Unidas hubiera votado por vez primera a favor de las sanciones contra Sudáfrica. Bob me contó también que se habían producido actos de sabotaje en Port Elizabeth y Durban como celebración de la votación en la ONU y como protesta por mi procesamiento. Nos encontrábamos en medio de esta discusión cuando el fiscal, señor Bosch, entró en la habitación y pidió a Bob que nos dejara solos.

"Mandela, hoy no quería ni aparecer por el tribunal. Por primera vez en toda mi carrera desprecio lo que estoy haciendo. Me duele tener que pedirle al tribunal que le mande a prisión", me dijo cuando Bob hubo salido. Seguidamente extendió el brazo y me estrechó la mano, expresando su deseo de que todo me fuera bien. Le di las gracias y le aseguré que nunca olvidaría lo que me había dicho.

Aquel día las autoridades estaban en estado de alerta La muchedumbre que ocupaba la sala del tribunal parecía aún mayor que el primer día del proceso. Los ciento cincuenta asientos para "no europeos" estaban ocupados. Winnie estaba presente, con atuendo xhosa, al igual que una serie de parientes míos procedentes del Transkei. A una manzana del tribunal había cientos de manifestantes, y parecía haber tantos policías como espectadores.

Cuando entré en la sala levanté el puño derecho y grité *"Amandla!"*. Como respuesta sonó un ensordecedor *"Ngawethu!"*. El magistrado pidió orden golpeando el estrado con su mazo. Cuando se hizo el silencio procedió a leer un resumen de los cargos, tras lo cual llegó mi oportunidad de hablar. Mi discurso duró más de una hora. No fue en absoluto una petición de clemencia, sino un testamento político. Quería explicarle al tribunal cómo y por qué me había convertido en el hombre que era, por qué había hecho lo que había hecho, y por qué, si tenía oportunidad, volvería a hacerlo de nuevo.

Hace muchos años, cuando era un niño que crecía en mi aldea natal del Transkei, escuchaba a los ancianos de la tribu contar historias acerca de los viejos tiempos, antes de la llegada del hombre blanco. Por aquel entonces nuestro pueblo vivía pacíficamente bajo el gobierno democrátrico de reyes y *amapakati* [literalmente, "gente de dentro", aunque también define a aquellos más próximos en rango al rey]. Circulaban libremente y con confianza por todo el país sin limitaciones ni obstáculos. El país era nuestro, en nombre y por derecho. Ocupábamos los campos, los bosques, los ríos; extraíamos los minerales que hay bajo el suelo y explotábamos todas las riquezas de este hermoso país. Establecimos y gestionamos nuestro propio gobierno, controlábamos nuestras propias armas y organizábamos nuestro comercio e intercambios. Los ancianos contaban historias sobre las guerras libradas por nuestros antecesores en defensa de su tierra natal, así como los actos valerosos de generales y soldados durante aquellos días épicos...

La estructura y organización de las primitivas sociedades africanas de este país me fascinaron, e influyeron enormemente en la evolución de mi visión política. La tierra, que por aquel entonces era el principal medio de producción, pertenecía a toda la tribu y no existía propiedad privada alguna. No había clases, no había ricos ni pobres, ni explotación del hombre por el hombre. Todos eran libres e iguales, y aquella era la base del gobierno. El reconocimiento de este principio general hallaba expresión en la constitución del consejo, llamado indistintamente *imbizo* o *pitso* o *kgotla*, que gobierna todos los asuntos concernientes a la tribu. El consejo era tan profundamente democrático que todos los miembros de la tribu podían participar en sus deliberaciones. Jefes y súbditos, guerreros y hechiceros, todos participaban e intentaban influir en sus decisiones. Era un organismo tan poderoso e influyente que la tribu no podía dar ni un solo paso de importancia sin recurrir a él.

En una sociedad así había mucho de primitivo e inseguro y, desde luego, tal sociedad no podría ponerse a la altura de las exigencias de los tiempos presentes. No obstante, en ella se encuentra el germen de una democracia revolucionaria en la que nadie se verá sometido a la esclavitud o al vasallaje, en la que la pobreza, la necesidad y la inseguridad dejarán de existir. Ésta es la historia que incluso hoy en día me inspira a mí, al igual que a mis colegas en la lucha política.

Le expliqué a la corte cómo me había afiliado al Congreso Nacional Africano, y cómo su política en favor de la democracia y en contra del racismo reflejaba mis más profundas convicciones. Le expliqué de qué modo, como abogado, me había visto obligado a menudo a elegir entre el respeto a la ley y mi propia conciencia.

Diría que la vida de cualquier africano pensante en este país le lleva a un conflicto continuo entre su conciencia por una parte y la ley por la otra. No es un conflicto exclusivo de este país. También se le plantea a los hombres de bien, a los que piensan y sienten profundamente, de todas las naciones. Hace poco, en Gran Bretaña, un noble del reino, sir Bertrand Russell, probablemente el filósofo más respetado del mundo occidental, fue sentenciado y condenado por exactamente el mismo tipo de actividades por las que hoy comparezco ante este tribunal. Fue condenado por obedecer los dictados de su conciencia, por desafiar la ley en protesta contra la política en favor del armamento nuclear de su propio gobierno. No tenía más alternativa que oponerse a la ley y sufrir las consecuencias. Tampoco yo la tengo. Tampoco la tienen muchos africanos de este país. La ley, tal y como se aplica, tal y como se ha desarrollado durante un largo periodo de nuestra historia, especialmente la ley tal y como ha sido escrita y diseñada por el gobierno del National Party, es una ley que, desde nuestra perspectiva, es inmoral, injusta e intolerable. Nuestra conciencia dicta que debemos protestar y oponernos a ella, que debemos intentar cambiarla... Los hombres, en mi opinión, no son capaces de no hacer nada, de no decir nada, de no reaccionar ante la injusticia, de no protestar contra la opresión, de no luchar por una sociedad y una vida justas, tal y como ellos las entienden.

Relaté detalladamente las numerosas ocasiones en las que el gobierno había empleado la ley para obstaculizar el desarrollo de mi vida, mi carrera y mi trabajo político por medio de proscripciones, limitaciones y procesamientos.

Fui convertido, por ley, en un criminal. No por lo que había hecho, sino por aquello que defendía, por lo que pensaba, por mi conciencia. ¿Puede sorprenderle a alguien que tales condiciones conviertan a una persona en un proscrito? ¿Puede sorprenderse alguien de que un hombre, tras haberse visto condenado a la clandestinidad por el gobierno, esté dispuesto a vivir como un fugitivo, como lo he hecho yo durante algunos meses, según demuestran las pruebas presentadas ante este tribunal?

No ha sido fácil para mí permanecer alejado de mi mujer y mis hijos, despedirme de los viejos tiempos en los que, al acabar un día de trabajo en mi despacho, podía reunirme con mi familia para cenar. En vez de ello, me he convertido en un hombre permanentemente acosado por la policía, he tenido que vivir alejado de quienes me son más queridos en mi propio país, enfrentándome continuamente al riesgo de ser descubierto y detenido. Ha sido una opción infinitamente más difícil que cumplir una condena de cárcel. Ningún hombre en su sano juicio escogería una existencia semejante frente a una vida familiar y socialmente normal, como la que es posible llevar en cualquier sociedad civilizada.

Pero llega un momento, como me ocurrió a mí, en el que al hombre se le niega el derecho a llevar una vida normal, en el que sólo puede vivir como un fugitivo porque el gobierno así lo ha decidido, amparándose en la ley para imponerle esa clase de existencia. Fui empujado a esta situación, y no me arrepiento de haber tomado las decisiones que he tomado. Como yo, otra gente de este país se verá obligada a seguir mi camino por culpa de la persecución policial y las medidas administrativas que el estado emplea como armas. De eso estoy seguro.

Enumeré la multitud de ocasiones en que habíamos planteado nuestras quejas al gobierno, y el número igual de ocasiones en las que no habíamos recibido respuesta alguna o se nos había dado de lado. Describí nuestra campaña de permanencia en casa de 1961 como un último recurso, una vez que el gobierno se hubo negado a mostrar signo alguno de que estuviera dispuesto a hablar con nosotros o a satisfacer nuestras exigencias. Había sido el gobierno quien había provocado la violencia, recurriendo a ella para hacer frente a nuestra lucha no violenta. Expliqué que debido a la posición del gobierno habíamos adoptado una actitud más combativa. Dije que había tenido el privilegio, a todo lo largo de mi vida política, de luchar codo con codo junto a colegas cuya capacidad y contribución a la causa habían sido infinitamente superiores a las mías. Muchas personas habían pagado un precio elevado por sus convicciones antes que yo, y muchas más lo harían después de mí.

Antes de que se dictara sentencia comuniqué al tribunal que cualquiera que fuese la pena impuesta por el estado no conseguiría reducir ni un ápice mi devoción por la lucha.

No creo, señoría, que este tribunal, al castigarme por los crímenes de los que se me ha acusado deba dejarse llevar por la idea de que el castigo alejará a otros hombres del camino que creen justo. La historia muestra que el castigo no detiene a los hombres cuando su conciencia ha despertado. Tampoco detendrá a mi pueblo ni a los colegas con los que he venido trabajando.

Estoy dispuesto a pagar el precio de mis convicciones, aunque sé lo desesperada y amarga que es la situación de un africano en las cárceles de este país. Ya conozco nuestras prisiones. Sé lo escandalosa que es la discriminación, incluso tras los muros y las rejas, contra los africanos... No obstante, esas consideraciones no me apartarán del camino que he emprendido, ni alejarán de él a otros como yo, porque para los hombres la libertad en su propia tierra es la cima de sus ambiciones, de la que ningún poder puede apartarles. Por poderoso que sea el miedo que siento ante las aterradoras condiciones a las que puedo enfrentarme en la cárcel, mayor es mi odio por las aterradoras condiciones a las que está sometido mi pueblo fuera de ella en todo el país.

Cualquier que sea la pena que su señoría decida imponerme por el crimen por el que he sido obligado a comparecer ante este tribunal, puede estar seguro de que cuando haya cumplido mi sentencia seguirá siendo mi conciencia la que me mueva, como mueve a todos los hombres. Cuando cumpla mi pena me veré impelido por el odio a la discriminación racial contra mi pueblo a emprender de nuevo, en la medida de mis posibilidades, la lucha por la eliminación de estas injusticias hasta que, por fin, queden abolidas de una vez por todas...

He cumplido mi deber para con mi pueblo y para con Sudáfrica. No tengo la menor duda de que la posteridad reivindicará mi inocencia y, del mismo modo, afirmo que los criminales que debían haber comparecido ante este tribunal son los miembros del gobierno.

Cuando hube terminado, el magistrado ordenó un receso de diez minutos para dictar sentencia. Me di la vuelta y miré hacia el público antes de salir de la sala. No me hacía ilusiones. Exactamente diez minutos después, en una sala preñada de tensión, el juez dictó sentencia: tres años por incitación a la huelga y dos años por abandonar el país sin pasaporte. Un total de cinco años, sin posibilidad de obtener la libertad condicional. Era una sentencia severa y se produjeron gritos de desesperación entre los espectadores. Al levantarse la sesión en el tribunal me volví hacia el público. Una vez más, levanté el puño y grité *"Amandla! Amandla! Amandla!"*. Entonces, de manera espontánea, la gente empezó a cantar nuestro hermoso himno *Nkosi Sikelel' iAfrika*. Todos cantaban y bailaban, y las mujeres ululaban mientras era conducido fuera de la sala. El tumulto me había hecho olvidar por un momento que iría a prisión para cumplir lo que en aquel momento era la sentencia más severa jamás impuesta en Sudáfrica por un delito político.

En el piso de abajo se me permitió despedirme brevemente de Winnie, y en esta ocasión no se mostró sombría. Su moral estaba alta y no vertió ni una lágrima. Parecía llena de confianza, una camarada además de una esposa. Estaba decidida a darme ánimos. Cuando me alejaba de allí en el furgón de la policía aún podía oír cómo la gente cantaba *Nkosi Sikelel' iAfrika*.

52

LA CÁRCEL NO SÓLO le priva a uno de libertad, también intenta arrebatarte la identidad. Todo el mundo viste el mismo uniforme, come la misma comida y sigue el mismo horario. Es, por definición, el autoritarismo en estado puro en el que no se tolera la independencia o el individualismo. Como hombre y como luchador por la libertad hay que plantar cara a ese intento de despojarle a uno de todo rescoldo de humanidad.

Desde el tribunal me llevaron directamente a la prisión local de Pretoria, aquella monstruosidad de ladrillo rojo que tan bien conocía. Ahora era un convicto, no un detenido a la espera de juicio, y fui tratado sin el mínimo de deferencia que se reserva a éstos. Me despojaron de mis ropas y el coronel Jacobs pudo, al fin, confiscar mi *kaross*. Me proporcionaron el uniforme habitual para los africanos encarcelados: un par de pantalones cortos, una camisa basta de color caqui, una chaqueta de lona, calcetines, sandalias y una gorra de tela. Los africanos eran los únicos a los que se entregaban pantalones cortos, porque solamente a ellos se dirigían las autoridades penitenciarias llamándoles "chico".

Informé a los responsables de la prisión de que bajo ninguna circunstancia me pondría pantalones cortos y añadí a continuación que estaba dispuesto a llevar mi protesta hasta un tribunal de justicia. Más tarde, cuando llegó la hora de la cena —unas gachas espesas y frías con media cucharadita de azúcar— me negué a comerla. El coronel Jacobs estudió la situación y me ofreció un trato: podía llevar pantalones largos y comer mi propia comida si me comprometía a vivir al margen de los demás reclusos. "Pensábamos ponerte con el resto de los políticos, pero ahora te quedarás solo. Espero que lo disfrutes", me dijo. Le aseguré que mi confinamiento en solitario no me importaba mientras pudiese vestir y comer como desease.

Durante algunas semanas estuve total y absolutamente aislado. No vi la cara ni escuché la voz de ningún otro prisionero. Me tenían encerrado veintitrés horas diarias, con sólo treinta minutos de ejercicio por la mañana y otros tantos por la tarde. Nunca antes había estado en régimen de aislamiento, y cada hora me parecía un año. En mi celda no había luz natural, pero la bombilla desnuda estaba encendida veintidós horas al día. No tenía reloj y con frecuencia creía encontrarme en mitad de la noche cuando no era más que media tarde. No tenía nada para leer, nada con que escribir ni nadie con quien hablar. Cuando la mente empieza a encerrarse en sí misma, uno busca desesperadamente cualquier cosa con la que distraerse, cualquier cosa en la que fijar la atención. Había conocido a hombres que preferían seis latigazos antes que una celda de aislamiento. Tras un tiempo encerrado a solas en mi celda ansiaba incluso la compañía de los insectos. Estuve a punto de ponerme a hablar con las cucarachas.

En alguna ocasión veía al guardián que estaba a cargo de mí, un africano de mediana edad. Un día quise sobornarle con una manzana para animarle a hablar. *"Baba"* (una palabra que significa padre y se emplea como fórmula de respeto), le dije, "¿me aceptas una manzana?". Se dio la media vuelta y acogió ése, y otros intentos posteriores, en silencio. Finalmente me dijo: "Querías unos pantalones largos y una comida mejor. Ya los tienes y todavía no estás contento". Estaba en lo cierto. Nada resulta tan deshumanizador como la ausencia de contacto humano. Unas semanas después estaba dispuesto a tragarme mi orgullo. Le propuse al coronel Jacobs cambiar mis pantalones largos por algo de compañía.

A lo largo de esas semanas dispuse de mucho tiempo para reflexionar sobre mi destino. El lugar de un luchador por la libertad está junto a su gente, no entre rejas. Todo lo que había aprendido y todos los contactos que había establecido recientemente en África iban a quedar inutilizados en lugar de ser puestos al servicio de la causa. Maldije no poder utilizar mi experiencia en la creación de un ejército de liberación.

Pronto empecé a protestar vigorosamente por la situación en la que me encontraba y a exigir que me encerraran con los demás prisioneros políticos de la cárcel de Pretoria. Entre ellos estaba Robert Sobukwe. Finalmente mi petición fue atendida, acompañada por una severa advertencia del coronel Jacobs: cualquier insolencia por mi parte tendría graves consecuencias para mí. No creo que jamás me haya sentido tan impaciente por comer papilla de maíz en mi vida.

Además de desear compañía, estaba ansioso por hablar con Sobukwe y los demás presos políticos, que en su mayor parte pertenecían al CPA, porque pensaba que en la cárcel podríamos forjar una unidad que nos había resultado inalcanzable en el exterior. La cárcel tiende a limar aristas y polémicas, y a hacer que las personas perciban más aquello que las une que lo que las separa.

Cuando me llevaron al patio a reunirme con los otros presos nos saludamos calurosamente. Aparte de Sobukwe, estaban allí John Gaetsewe, un dirigente del Congreso de los Sindicatos Sudafricanos; Aaron Molete, un miembro del CNA que trabajaba en *New Age;* y Stephen Tefu, un renombrado comunista, sindicalista y miembro del CPA. Robert me pidió que les contara cómo me había ido en mi gira por África, lo que hice encantado. Al final de mi narración les comenté que había cuestiones que quería que examináramos, pero, tras permitirnos cierta proximidad, las autoridades pusieron un gran empeño en mantenernos separados a Sobukwe y a mí. Nos asignaron celdas individuales en el mismo pasillo, pero situadas en extremos opuestos.

Ocasionalmente teníamos ocasión de charlar, y nos sentábamos juntos en el suelo del patio de la cárcel, mientras cosíamos y remendábamos viejas sacas de correos. Siempre he respetado a Sobukwe, un hombre equilibrado y razonable, pero teníamos grandes diferencias en cuanto al tema principal que nos afectaba: las condiciones de nuestro encarcelamiento. Sobukwe creía que luchar contra ellas sería reconocer el derecho del estado a mantenernos en la cárcel. Yo sostenía que siempre era inaceptable vivir en condiciones degradantes y que todos los prisioneros políticos de la historia habían considerado que mejorar las condiciones carcelarias formaba parte de su deber. Sobukwe me replicaba que las condiciones en la prisión no cambiarían hasta que cambiase el país. Yo estaba completamente de acuerdo con esto último, pero no veía qué nos impedía luchar en el único terreno en el que podíamos hacerlo en aquel momento. Jamás resolvimos nuestras diferencias, pero hicimos algunos progresos cuando remitimos una carta conjunta al comandante en jefe de la prisión exponiéndole nuestras quejas.

Sobukwe jamás se dio por vencido en la cárcel, pero en Pretoria se mostraba un tanto irritable y picajoso. Siempre he atribuido su actitud a la influencia de Stephen Tefu. Éste mantenía una actitud cizañera y se pasaba el tiempo tomándole el pelo a Sobukwe, provocándole y desafiándole. Incluso en sus mejores momentos, Tefu era un tipo difícil: agrio, discutidor, despreciativo. También era un buen conversador, culto y experto en historia rusa. Por encima de todo, era un luchador, pero luchaba contra todo el mundo, incluso contra sus amigos. Tefu y Sobukwe se peleaban todos los días.

Yo estaba muy interesado en discutir cuestiones políticas con Sobukwe, y uno de los temas que abordé con él fue el lema del CPA: "Libertad en 1963". Ya estábamos en 1963 y la libertad brillaba por su ausencia. "Hermano", le dije, "no hay nada tan peligroso como que un líder haga promesas que sabe que no puede cumplir. Crea falsas esperanzas en el pueblo".

Dije esto en el tono más respetuoso posible, pero Tefu vio el cielo abierto y empezó a zaherir a Sobukwe. "Bob", le decía, "te has encontrado con la horma de tu zapato. Sabes que Mandela tiene razón". Tefu continuó en esa línea, irritando a Sobukwe hasta que éste explotó. "Déjame en paz", le dijo. Pero Tefu no le hizo caso. "Bob, el pueblo te espera. Van a matarte por haberles engañado. No eres más que un aficionado, Bob. No eres un político de verdad".

Tefu también hacía todo lo posible por enemistarse conmigo. Todas las mañanas, cuando nos visitaban los guardianes, se quejaba de algo —de la comida, las condiciones de la cárcel, el calor o el frío—.

—¿A qué viene esto de quejarte todas las mañanas? —le dijo un día un guardián.

—Me quejo porque es mi deber hacerlo —le respondió Steve.

—Fíjate en Mandela —insistió el funcionario de prisiones. —Él no se pasa el día protestando.

—Mandela no es más que un niñito que tiene miedo al hombre blanco. Ni siquiera sé quién es —dijo Tefu con desprecio. —Un día me desperté y me encontré con que en todos los periódicos ponía "Mandela, Mandela, Mandela", y me dije a mí mismo, "¿quién será ese tal Mandela?". Yo te diré quién es Mandela. Es un tipo al que habéis convertido en un personaje famoso por algún motivo que escapa a mi comprensión. ¡Eso es lo que es Mandela!

Walter, que estaba siendo juzgado por incitación a la huelga mientras yo estaba en Pretoria, pasó dos semanas con nosotros. Le habían sentenciado a seis años. Tuvimos unas cuantas oportunidades de charlar en la cárcel y discutimos su solicitud de libertad bajo fianza mientras se tramitaba la apelación, una medida que yo aprobaba de todo corazón. Al cabo de dos semanas su solicitud fue aceptada y fue puesto en libertad. El movimiento le pidió que pasara a la clandestinidad, desde donde debía seguir encabezando la lucha, lo que hizo con gran competencia.

Poco después de la partida de Walter me dirigía hacia la enfermería de la cárcel acompañado de Sobukwe cuando vi a Nana Sita en el patio a unos veinticinco metros. Un juez de Pretoria acababa de condenar a Sita, distinguido candidato de raza india que lideró nuestro desafío de Boksburg del año 1952, por negarse a abandonar la casa en que llevaba viviendo desde hacía más de cuarenta años, pero que estaba en un distrito recién declarado "blanco" en cumplimiento de lo establecido en la ley de Áreas para los Grupos. Lo vi encorvado, y el hecho de que lo hicieran ir descalzo, sin tener en cuenta la artritis aguda que padecía, me hizo sentirme incómodo en mis sandalias. Me vinieron ganas de acercarme a saludarlo, pero nos hallábamos bajo la vigilancia de media docena de guardias.

De pronto, sin previo aviso, me vino una especie de desvanecimiento y me derrumbé contra el suelo de cemento, haciéndome un corte en la parte de arriba del ojo izquierdo por el que me tuvieron que dar tres puntos de sutura. Ya en el Fuerte me habían diagnosticado tensión alta, y me habían recetado unas pastillas. El desmayo, evidentemente, se me produjo por sobredosis de dicha medicación. El problema se resolvió cuando me la quitaron, poniéndome una dieta baja en sal.

Para aquella misma tarde estaba prevista la primera visita que Winnie podía hacerme desde que me condenaron. Y no iba a perdérmela por muchos puntos que me hubieran puesto. A mi mujer le entró una preocupación tremenda al verme, pero pude convencerla de que estaba bien y explicarle lo que me había ocurrido. Así y todo, se puso en marcha el rumor de que no andaba bien de salud.

53

EN OCTUBRE DE 1962, mientras se celebraba mi juicio, el CNA celebró su primera conferencia anual desde 1959. Dado que la organización era ilegal, la conferencia tuvo lugar en Lobatse, al otro lado de la frontera de Bechuanalandia. Aquella conferencia marcó un hito, ya que vinculó explícitamente al CNA y la MK. "Nuestra prioridad sigue siendo la acción política de masas", declaró el Comité Ejecutivo Nacional, pero aun así, hacía referencia a Unkhomto llamándolo "el brazo armado de nuestra lucha". Esta decisión se tomó en parte para intentar poner freno a los irresponsables actos de terrorismo en los que se había embarcado Poqo. Poqo, que en xhosa significa "independiente" o "el que actúa solo", era un grupo vinculado al CPA, y sus actos terroristas tenían como blanco tanto a los colaboracionistas africanos como a los blancos. El CNA quería hacer pública su nueva forma de militancia, pero también quería dejar claro que ésta era controlada y responsable.

El gobierno había decidido acelerar el programa de "desarrollo por separado" para mostrar al mundo que el *apartheid* otorgaba "libertad" a las distintas razas. El prototipo de ese "desarrollo" había de ser el Transkei. En enero de 1962, Verwoerd había anunciado que Sudáfrica tenía intenciones de conceder el "autogobierno" al Transkei. En 1963, éste se convirtió en un *homeland* "autónomo". En noviembre se celebraron elecciones a la asamblea legislativa del Transkei, pero por un margen algo superior a tres a uno, los votantes eligieron candidatos contrarios a la política de los *homelands*. A pesar de todo, se implantó el sistema de los bantustanes; los votantes se habían opuesto a él, pero habían participado en el sistema por el mero hecho de votar. Aunque aborrecía el proyecto de los bantustanes, opinaba que el CNA debía sacar partido tanto del sistema como de aquellos que actuaban en su seno, aprovechándolo como plataforma para difundir nuestra política, en especial ahora que tantos de nuestros dirigentes no tenían voz por estar en la cárcel, proscritos o en el exilio.

Los actos de terrorismo contra las autoridades bantúes fueron en aumento. Ante el incremento de la violencia creció también la vigilancia por parte del gobierno. John Vorster, el nuevo ministro de Justicia, que había sido encarcelado durante la II Guerra Mundial por oponerse al apoyo del gobierno a los aliados, era un hombre carente de sentimientos hasta extremos inconcebibles. Para él, el puño de hierro era la mejor y la única respuesta ante la subversión.

El 1 de mayo de 1963, el gobierno hizo aprobar unas leyes cuyo objetivo era "romper el espinazo" a Umkhonto, en palabras del mismo Vorster. La ley de Enmienda a la Ley General, más conocida como ley de los Noventa Días, negaba el derecho al *habeas corpus* y permitía a la policía arrestar a cualquier persona, bajo sospecha de un delito político, sin orden de detención. La gente podía ser encarcelada durante más de noventa días sin juicio, sin que se formulase acusación, sin derecho a asistencia letrada o a protección alguna contra la autoincriminación. El plazo podía ampliarse, como explicó ominosamente Vorster, "prácticamente hasta la eternidad". Aquella ley contribuyó a convertir el país en un estado policial. Ningún dictador podía ansiar más poder que el que la ley de detención otorgaba a las autoridades. Como consecuencia, la policía comenzó a actuar de un modo aún más salvaje: a los prisioneros se les daban palizas de modo rutinario, y no tardamos en recibir noticias de casos en los que habían sufrido descargas eléctricas, asfixia y otras formas de tortura. En el Parlamento, Helen Suzman, representante del liberal Progressive Party, emitió un solitario voto en contra de aquella ley.

Se aprobó un endurecimiento de las penas por pertenencia a organizaciones ilegales. Se instituyeron condenas que iban de cinco años a la pena capital por "favorecer los objetivos" del comunismo o los de otras organizaciones prohibidas. Los prisioneros políticos eran detenidos una y otra vez, como descubrí en mayo de 1963 cuando Sobukwe cumplió su sentencia de tres años. En lugar de ponerle en libertad, el gobierno se limitó a detenerle de nuevo sin cargos y, acto seguido, le trasladó a la isla de Robben.

Vorster fue también el artífice de la ley contra el Sabotaje de junio de 1962, que autorizaba el arresto domiciliario, así como proscripciones más estrictas que no podían ser objeto de apelación ante los tribunales, restringiendo así las libertades de los ciudadanos hasta límites sólo posibles en la más feroz de las dictaduras fascistas. El sabotaje era castigado con una pena que iba de los cinco años, sin posibilidad de libertad condicional, hasta la pena de muerte. Gracias a la ambigüedad de la ley, incluso actividades como la entrada ilegal en un recinto o la posesión ilícita de armas podía constituir un acto de sabotaje. Otra ley aprobada por el Parlamento prohibía que se reprodujese en la prensa cualquier declaración realizada por una persona sometida a una orden de proscripción. Nada de lo que yo dijera o pudiera haber dicho en mi vida podía aparecer reflejado en los medios de comunicación. *New Age* fue prohibida a finales de 1962, y la posesión de una publicación vetada se convirtió en un delito penalizado con hasta dos años de cárcel. También quedó aprobado el arresto domiciliario, que fue aplicado en el famoso caso de la activista blanca Helen Joseph.

54

UNA NOCHE, a finales de mayo, un guardián vino a mi celda y me ordenó que empaquetara mis cosas. Le pregunté el porqué, pero no me contestó. En menos de diez minutos fui escoltado hasta la sala de ingresos de la cárcel. Allí me encontré con otros tres prisioneros políticos: Steve Tefu, John Gaetsewe y Aaron Molete. El coronel Aucamp nos comunicó lacónicamente que íbamos a ser trasladados. "¿Adónde?", preguntó Tefu. "A un lugar muy hermoso", respondió Aucamp. "¿Adónde?", repitió Tefu. *"Die Eiland",* concluyó Aucamp. A la isla. Sólo podía ser una: la isla-prisión de Robben.

Nos esposaron juntos a los cuatro y nos metieron en un furgón sin ventanas en el que solamente había un cubo sanitario. Viajamos toda la noche hasta Ciudad de El Cabo, a cuyo puerto llegamos a última hora de la tarde. No es una tarea fácil, ni agradable, emplear un cubo sanitario en un vehículo en movimiento mientras se está esposado a otras tres personas.

Los muelles de Ciudad de El Cabo bullían de policías armados y agentes de paisano, todos ellos muy nerviosos. Tuvimos que permanecer en pie, aún encadenados, en la bodega de madera del viejo transbordador, lo que resultaba muy difícil, ya que el barco se balanceaba con las olas. Una pequeña portilla elevada era la única fuente de luz y de aire. También desempeñaba otra función: a los guardianes les divertía mucho orinar sobre nosotros desde arriba. Aún había luz cuando fuimos conducidos a cubierta y vimos la isla por primera vez. Verde y hermosa, parecía más un enclave turístico que un lugar apropiado para una cárcel.

Esiquitini. En la isla. Así es como el pueblo xhosa describe la estrecha afloración de rocas batida por los vientos que se encuentra a menos de treinta kilómetros de la costa de Ciudad de El Cabo. Todo el mundo sabe a qué isla se refiere uno. La primera vez que oí hablar de ella era aún un niño. La isla de Robben era muy conocida entre los xhosas, ya que Makanna (también concocido como Nxele), el líder de más de dos metros de altura que había estado al mando del ejército xhosa en la Cuarta Guerra, había sido desterrado a ella por los británicos tras encabezar el ataque de diez mil guerreros contra Grahamstown en 1819. Intentó escapar de la isla en bote, pero se ahogó antes de llegar a la costa. El recuerdo de aquella pérdida se incorporó al lenguaje de mi pueblo cuando se refiere a una "remota esperanza" empleando la expresión *"Ukuza kuka Nxele"*.

Makanna no fue el primer jefe africano en ser confinado en la isla. En 1658, Autshumao, conocido por los historiadores europeos como Harry el Trotacostas, fue exiliado allí por Jan van Riebeeck durante una guerra entre los khoi-khoi y los holandeses. Busqué solaz en el recuerdo de Autshumao, ya que se cuenta que había sido el primero y el único hombre que había logrado escapar de la isla de Robben. Lo hizo remando hasta la costa en un pequeño bote.

La isla toma su nombre de una palabra holandesa que significa foca; antaño, cientos de ellas jugueteaban en las heladas corrientes de Benguela, que lamen su costa. Posteriormente, la isla fue transformada sucesivamente en una leprosería, un manicomio y una base naval. El gobierno había vuelto a recuperarla recientemente como centro penitenciario.

En la isla nos recibió un grupo de robustos guardianes blancos que gritaban: *"Dis die Eiland! Hier julle gaan vrek!"* (¡Esto es la Isla! ¡Aquí moriréis!). Ante nosotros se elevaba un complejo rodeado por una serie de puestos de guardia. Una fila de carceleros armados flanqueaba el camino hacia el edificio principal. La situación era extremadamente tensa. Un guardián alto y rubicundo nos gritó: *"Hier ek is you bass!"* (¡Aquí yo soy vuestro jefe!). Era uno de los famosos hermanos Kleynhans, reputados por su brutalidad para con los prisioneros. Los carceleros hablaban siempre en afrikaans. Si les contestabas en inglés decían: *"Ek verstaan nie daardie kaffirboetie se taal nie"*. (No entiendo el idioma de los amantes de los cafres).

Mientras caminábamos hacia la cárcel los guardias gritaban "¡Dos, dos! ¡Dos, dos!", con lo que querían decir que debíamos andar por parejas, dos delante y dos detrás. Yo me emparejé con Tefu. Los guardianes empezaron a chillar *"Haak! ...Haak!"* La palabra significa "muévete" en afrikaans, pero normalmente se emplea sólo con las vacas.

Los guardianes nos exigieron entonces que corriéramos. Me volví hacia Tefu y le dije en voz baja que debíamos demostrar quiénes eramos: si cedíamos ahora quedaríamos a su merced. Tefu asintió con la cabeza. Teníamos que demostrarles que no éramos unos vulgares criminales, sino prisioneros políticos condenados por nuestras opiniones.

Hice un gesto a Tefu indicándole que debíamos caminar por delante, y nos pusimos a la cabeza. Una vez hecho esto, redujimos el paso, caminando lenta y deliberamente. Los guardianes no se lo podían creer. "Escuchad," dijo Kleynhans, "esto no es Johannesburgo. Esto no es Pretoria. Esto es la isla de Robben y no vamos a tolerar insubordinaciones. *Haak, haak!"*. Pero seguimos caminando con ritmo majestuoso. Kelynhans ordenó que nos detuviéramos y se puso delante nuestro: "Mirad, si seguís así acabaremos con vosotros. Aquí no nos andamos con chiquitas. Vuestras mujeres y vuestros hijos, vuestras madres y vuestros padres nunca sabrán qué ha sido de vosotros. Es el último aviso. *Haak, haak!"*.

Yo le repliqué: "Cumpla usted con su deber, que nosotros cumpliremos con el nuestro". Estaba decidido a no rendirme, y no lo hicimos, ya que para entonces habíamos llegado al emplazamiento de las celdas. Nos metieron en una construcción rectangular de piedra y nos llevaron a una gran habitación abierta. El suelo estaba cubierto por varios centímetros de agua. Los guardas gritaron *"Trek uit! Trek uit!"*. (¡Desnudaos, desnudaos!). Según nos íbamos quitando la ropa, los carceleros la cogían, la registraban y la tiraban al agua. A continuación, nos ordenaron que nos vistiéramos. Pretendían que nos pusiéramos la ropa empapada.

Entonces entraron dos oficiales. El de menor graduación era un capitán llamado Gericke. Ya desde el principio quedó claro que estaba ansioso por humillarnos. El capitán señaló a Aaron Molete, el más joven de nosotros, una persona amable y tranquila. "¿Por qué llevas el pelo tan largo?", le preguntó. Aaron no dijo nada. El capitán le gritó: "¡Hablo contigo! ¿Por qué llevas el pelo tan largo? Va en contra de las ordenanzas. Tendrían que haberte cortado el pelo. ¿Por qué lo llevas tan largo...?". Hizo una pausa y se volvió para mirarme: "...como el de este chico", concluyó, señalándome. "La longitud de nuestro pelo viene determinada por las ordenanzas...", empecé a decir.

Antes de que pudiera terminar aulló con incredulidad: "¡Jamás me hables así, chico!", mientras caminaba en mi dirección. Me sentí asustado; no es una sensación agradable saber que alguien está a punto de golpearte, y que no vas a tener ocasión de defenderte.

Cuando estaba a poca distancia dije con toda la firmeza de la que fui capaz: "Como se le ocurra ponerme la mano encima, le llevaré ante el más alto tribunal del país y cuando acabe con usted será más pobre que una rata". En cuanto empecé a hablar se detuvo y cuando acabé de hacerlo se me quedó mirando anodadado. También yo estaba un tanto sorprendido. Tenía miedo y no había hablado tanto por valentía como por una especie de bravuconería fruto de la desesperación. En ocasiones así hay que dar impresión de firmeza a pesar de lo que uno pueda sentir.

—¿Donde está tu tarjeta? —me preguntó. Yo se la tendí. Él se mostraba nervioso. —¿Cuál es tu nombre? —continuó.

—Ahí está escrito —le repliqué, haciendo un gesto en dirección a la tarjeta.

—¿Cuánto tiempo vas a pasar aquí? —dijo él.

—Ahí está escrito —repetí, moviendo de nuevo la cabeza en dirección a la tarjeta.

—¡Cinco años! ¿Tienes que pasar aquí cinco años y te muestras así de arrogante? ¿Sabes lo que significan cinco años de condena? —exclamó mirando la tarjeta.

—Eso es asunto mío —repliqué yo. —Estoy dispuesto a cumplir esos cinco años, pero no a ser maltratado. Tendrá usted que atenerse a la ley.

Nadie le había comunicado quiénes éramos, ni que fuéramos prisioneros políticos, o que yo fuera abogado. Hasta aquel momento no me había dado cuenta de que el otro oficial, un hombre alto y callado, se había desvanecido en el curso de nuestra confrontación. Más tarde me enteré de que se trataba del coronel Steyn, comandante en jefe de la isla de Robben. El capitán se marchó, mucho más callado que cuando había entrado.

Nos quedamos solos, y Steve, que tenía los nervios de punta, no podía parar de hablar. "Hemos provocado a los *boere*", repetía. "Ahora sí que lo vamos a pasar mal". Seguía aún hablando cuando apareció un individuo rechoncho llamado teniente Pretorius. "Hemos examinado vuestros antecedentes y no son demasiado malos. Si exceptuamos los de éste", dijo indicando a Steve con la cabeza. "Tus antecedentes son pura mierda".

Steve explotó: "¿Quién se ha creído que es para hablarme así? ¡Con que tengo unos antecedentes de mierda! Ha leído mi ficha, ¿eh? ¡Pues ya se enterará de que todas esas condenas fueron por combatir por los derechos de mi pueblo! ¡Yo no soy un criminal; el criminal es usted!".

El teniente advirtió a Steve que daría parte de él si volvía a hablarle así. Antes de marcharse nos explicó que iba a asignarnos una celda grande con ventanas al exterior. "Pero no quiero que habléis con nadie a través de esas ventanas; especialmente tú, Mandela", añadió, un tanto ominosamente.

A continuación nos condujeron a nuestra celda, una de las mejores que he visto en mi vida. Las ventanas eran grandes y fáciles de alcanzar. Desde una de ellas podíamos ver a los otros prisioneros y a los guardianes cuando pasaban por delante. Era espaciosa, desde luego suficientemente grande para nosotros cuatro, y tenía sus propios retretes y duchas.

El día había sido agotador y poco después, tras cenar gachas frías, mis compañeros se quedaron dormidos. Yo estaba acostado en el suelo sobre mi manta cuando escuché unos ligeros golpes en la ventana. Levanté la vista y vi a un hombre blanco que me hacía señas para que me acercara. Recordé las palabras del teniente y no me moví.

Entonces pude oír a aquel individuo susurrar: "Nelson, ven aquí". El que supiera mi nombre me intrigó, y decidí arriesgarme. Me acerqué a la ventana y le miré. Debió de darse cuenta de que creía que era blanco porque lo primero que me dijo entre murmullos fue: "Soy un guardián mestizo de Bloemfontein". Luego me dio noticias de mi mujer. En los periódicos de Johannesburgo habían publicado que Winnie había ido a visitarme a la prisión local de Pretoria, pero que allí no la habían informado de mi traslado a la isla de Robben. Le agradecí la información.

"¿Fumas?", me preguntó. Le dije que no y pareció desilusionado. Entonces capté la idea: "Pero mis camaradas sí". Su rostro se animó. Me dijo que volvería en unos minutos con tabaco y *sandwiches*. Los otros se habían despertado. Tefu y John Gaetsewe fumaban, así que dividí el paquete de tabaco entre ellos y nos repartimos los *sandwiches* entre todos.

Durante las siguientes semanas, el guardián mestizo venía casi todas las noches con tabaco y *sandwiches,* y todas las noches dividía el tabaco a partes iguales entre Tefu y Gaetsewe. El guardián estaba corriendo un gran riesgo. Me advirtió que sólo estaba dispuesto a hablar conmigo y que si no respetaba sus deseos dejaría de venir.

Cuando llegamos a la isla no teníamos ni idea de cuántos prisioneros más había en ella. Transcurridos unos días averiguamos que había cerca de un millar de hombres, todos africanos, todos recién llegados. En su mayoría eran presos comunes, pero sabía que entre ellos debía haber algunos políticos. Me hubiera gustado ponerme en contacto con ellos, pero estábamos completamente aislados. Los primeros días permanecimos encerrados en la celda y ni siquiera nos permitían salir al exterior. Exigimos que nos llevaran a trabajar como a los demás prisioneros. No tardaron en aceptar nuestra petición, pero nos sacaban solos, bajo la supervisión de Kleynhans. Nuestra primera tarea fue cubrir unas tuberías que acababan de instalar en una colina. Desde lo alto podíamos ver parte de la isla, salvaje y hermosa.

Trabajamos mucho aquel primer día, pero en sucesivas jornadas Kleynhans nos hizo trabajar aún más. Sus órdenes eran groseras. Se dirigía a nosotros como si azuzase un caballo o una vaca: *"Nee, man. Kom aan! Gaan aan!"* (Así no, hombre. ¡Vamos! ¡Seguid!). En un determinado momento, Steve, que era el mayor de nosotros, dejó la pala y fue inmediatamente amenazado por Kleynhans. Steve le respondió en afrikaans: "Tú, especie de ignorante que ni siquiera sabes hablar tu propio idioma. No vengas a decirme lo que tengo que hacer. Trabajaré a mi ritmo. Eso es lo que estoy dispuesto a hacer, y no puedo hacer más". A continuación, con actitud muy digna, recogió la pala y siguió trabajando. Steve había sido profesor de afrikaans. No sólo hablaba perfectamente ese idioma, sino también su antecedente, el holandés antiguo. Steve se dirigía a los guardianes con un tono condescendiente y grandilocuente que probablemente ni siquiera comprendían. Ninguno de ellos se atrevía a enzarzarse con él en una lucha verbal.

Había dos hermanos Kleynhans en la isla, y ambos tenían fama de haber agredido brutalmente a los presos. A nosotros nos vigilaba el hermano mayor, al que debían haber advertido que se controlara, ya que nunca nos puso la mano encima. El menor de los hermanos no acataba limitación alguna. Un día, cuando a la vuelta del trabajo marchábamos a lo largo de un camino, pasamos junto a un grupo de trabajo integrado por varios cientos de prisioneros que acarreaban tierra con carretillas. No eran presos políticos. A ambos grupos nos ordenaron detenernos mientras los dos hermanos charlaban. El menor ordenó a uno de sus hombres que le limpiara las botas mientras hablaba. Reconocí a algunos de los miembros de la otra cuadrilla de trabajo. Habían sido sentenciados a muerte en la revuelta campesina de Sekhukhunelandia de 1958. Me giré para verles mejor. El menor de los Kleynhans me ordenó con muy malos modos que mirara en otra dirección. No sé cómo habría reaccionado si no hubiera estado delante de los otros prisioneros, pero mi orgullo estaba en juego. Me negué a darme la vuelta. El guardián avanzó con intención de agredirme, pero cuando estaba a pocos pasos de distancia, su hermano se acercó corriendo, le agarró, le dijo algo al oído y el incidente no pasó a mayores.

Un día recibimos la visita del director del centro, que era responsable del funcionamiento de toda la isla de Robben. Había acudido a escuchar nuestras quejas. Theron era un individuo amargado al que no le gustaba tener que ver cara a cara a los prisioneros. No quería enemistarme con él, pero no estaba dispuesto a rebajarme. "Le agradecemos que haya venido a vernos", le dije hablando en nombre del grupo, "ya que tenemos una serie de problemas que, sin duda, usted podrá resolver". Hice una enumeración de nuestras quejas y cuando hube acabado él dijo: "Veré lo que puedo hacer".

Quizá consideró que había cedido con demasiada facilidad porque, cuando salía, se volvió hacia Tefu, que tenía un abdomen prominente y le dijo: *"Jou groot pens sal in die plek verbruin",* que en afrikaans significa *"Esa enorme panza tuya desaparecerá aquí en la cárcel". (Pens* significa estómago, pero se emplea cuando se habla del de animales como las ovejas o las vacas. La palabra que se emplea para referirse al estómago de un ser humano es *maag).*

A Steve, que era incapaz de dejar pasar un insulto, no le hizo ninguna gracia la puya del director de la cárcel. "Sabe usted, capitán," le respondió, "no puede hacer nada que me afecte de verdad, ya que soy miembro de la organización política más revolucionaria del mundo, el Partido Comunista, que tiene un distinguido historial al servicio de los pueblos oprimidos de todo el globo. Usted y su miserable National Party estarán en el basurero de la historia mientras nosotros gobernamos el mundo. Soy más conocido internacionalmente que el descerebrado de su presidente. ¿Quién es usted? Un miserable funcionario que no merece ni que se le preste atención. Cuando salga de aquí ni siquiera me acordaré de su nombre". Theron giró sobre sus talones y se marchó.

La visitas nocturnas de nuestro guardián mestizo hacían mucho por mitigar la dureza de la isla, pero incluso con ese privilegio Steve seguía insatisfecho. Tefu era un gran fumador; a veces se pasaba la noche fumando y se quedaba sin tabaco para el día siguiente. Gaetsewe, por el contrario, se administraba bien el tabaco y nunca le faltaba. Una noche que estaba especialmente irritable, Tefu me plantó cara: "Nelson, me estás engañando. Le das más tabaco a Gaetsewe que a mí".

Aquello no era cierto, pero decidí seguirle el juego. "Está bien", le dije. "Cada noche, cuando reciba el tabaco, lo dividiré en dos partes y tu podrás elegir la que prefieras". Aquella noche, y todas las demás a partir de entonces, dividía el tabaco en dos montones iguales. Luego le decía a Steve: "Elige".

Tefu se retorcía de indecisión. Miraba los dos montones, moviendo la cabeza de un montón a otro. Finalmente, frustrado, cogía uno de ellos y empezaba a fumar. Aunque el método me parecía irreprochablemente justo —además de divertido— Tefu seguía descontento. Para asegurarse de que no le ocultara tabaco empezó a merodear cuando el guardián se acercaba a la ventana. Esto incomodaba al carcelero. "Mira", me dijo "yo sólo hablo contigo. Es una cuestión de seguridad". Le contesté que lo comprendía y le expliqué a Tefu que no podía andar rondando mientras hablaba con el guardián.

No obstante, cuando el guardián llegó a la ventana la noche siguiente Tefu se aproximó a los barrotes y le dijo: "A partir de ahora quiero mi propio tabaco. Limítate a dármelo directamente". El guardián reaccionó con pánico. "Mandela, has violado nuestro acuerdo. Se acabó. No volveré a traeros nada". Eché a Tefu y me puse a razonar con el guardián. "Vamos, hombre, es un viejo", le dije, refiriéndome a Tefu. "Y no está muy normal", añadí señalándome la cabeza. "Haz una excepción". Al final se ablandó y me dio los suministros, pero me advirtió que si volvía a ocurrir algo parecido no regresaría más.

Aquella noche me pareció necesario que Tefu recibiera su castigo. "Has puesto en peligro nuestro abastecimiento. Esta noche te quedas sin tabaco y sin *sandwiches*. Has estado a punto de hacernos perder estos suministros, así que te vas a quedar sin ellos hasta que recapacites", le dije. Tefu permaneció en silencio.

Nos quedamos en una esquina de la celda aquella noche, comiendo los *sandwiches* y leyendo el periódico que también nos traía el guardián. Tefu se sentó solo en la esquina opuesta. Finalmente, nos fuimos quedando dormidos. Sería medianoche cuando sentí una mano en el hombro que me sacudía. "Nelson... Nelson". Era Tefu.

"Nelson, me has dado donde más me duele. Me has privado de mi tabaco. Soy un hombre viejo. He padecido a causa del compromiso con mi gente. Tú eres el jefe aquí en la cárcel y me castigas así. No es justo, Nelson", me dijo hablando en un susurro.

Él sí que me había dado donde más me dolía. Sentí como si hubiera abusado de mi poder. Era cierto que había sufrido, mucho más que yo. No me había comido todo mi *sandwich* y le di la mitad inmediatamente. Desperté a Gaetsewe, al que le había pasado todo el tabaco y le pregunté si estaba dispuesto a compartirlo con Tefu. Tefu siempre fue un hombre difícil, pero a partir de ese momento empezó a comportarse mucho mejor.

Una vez que empezamos a trabajar me di cuenta de cómo era la vida para otros prisioneros de la isla. Las autoridades también trasladaron a algunos jóvenes prisioneros políticos del CPA a las celdas que había frente a la nuestra. Por la noche hablábamos con ellos a través de los barrotes de la puerta. Entre aquellos jóvenes, según descubrí, estaba Nqabeni Menye, un sobrino mío de Mqhekezweni, al que había visto por última vez en 1941, cuando era poco más que un niño recién nacido.

Comentamos cosas del Transkei y nos pusimos al día sobre las historias de la familia. Una noche, con sus amigos reunidos en torno suyo, me preguntó: "Tío, ¿a qué organización perteneces?". Le contesté que al CNA, por supuesto. Mi respuesta produjo consternación entre aquellos jóvenes, y sus caras desaparecieron bruscamente de la ventana. Al cabo de un rato reapareció mi sobrino y me preguntó si alguna vez había sido miembro del CPA. Le contesté que no. Entonces me dijo que tenía entendido que me había unido al CPA durante mi gira por África. Le dije que no era cierto, que siempre había sido miembro del CNA y que siempre lo sería. Esta respuesta hizo cundir de nuevo el desánimo entre ellos y volvieron a desaparecer.

Posteriormente, me enteré de que la propaganda del CPA decía que me había unido a la organización durante mi viaje por el continente. Aunque no me hizo ninguna gracia oír tal cosa, no me sorprendió en absoluto. En el mundo de la política es imposible subestimar lo poco que la gente sabe. Poco tiempo después volvió a aparecer mi sobrino y me preguntó si había hablado con Sobukwe en la cárcel de Pretoria, o si le había visto. Le dije que sí, y que habíamos mantenido largas discusiones. Esto les agradó. Me dieron las buenas noches y no volvieron a aparecer.

Aquella misma noche, pocas horas más tarde, llegó un capitán a nuestra celda y nos ordenó a los cuatro que empaquetáramos nuestras pertenencias. En cuestión de minutos se llevaron a mis compañeros, dejándome a mí solo en la celda. En la cárcel uno se considera afortunado si puede despedirse de sus camaradas. Es posible pasar meses en una situación de extraordinaria intimidad con otra persona y, de repente, no volver a verla jamás. Resulta deshumanizador ya que le obliga a uno a adaptarse, a volverse más duro y autosuficente.

Ahora que estaba solo, sentía también cierta ansiedad. En ocasiones, hay seguridad en el número; cuando uno está solo no hay testigos de lo que pueda ocurrir. De pronto, me di cuenta de que no me habían dado nada de cenar.

—Guardián, no me han traído la cena —dije, golpeando la puerta.

—Debes llamarme *baas* —me gritó como toda respuesta.

Aquella noche no cené. A primera hora de la mañana siguiente fui llevado de vuelta a Pretoria. El departamento responsable de las instituciones penitenciarias publicó una nota de prensa en la que afirmaba que había sido trasladado por mi propia seguridad, ya que los prisioneros del CPA habían planeado agredirme. Aquello era claramente una patraña. Me habían llevado de vuelta a Pretoria por sus propios motivos, que no tardaron en quedar al descubierto.

Me mantuvieron en una celda de aislamiento en la prisión local, pero los presos son gente de recursos y no tardé en recibir notas secretas, así como otro tipo de comunicaciones de algunos de los miembros del CNA allí encerrados. Me llegó un mensaje de Henry Fazzie, uno de los cuadros de la MK, que había viajado a Etiopía para recibir instrucción militar y al que habían detenido al intentar volver a Sudáfrica. Fue uno de los primeros miembros del CNA en ser juzgado tras la implantación de la ley contra el sabotaje.

A través de los canales clandestinos de comunicación de la cárcel intenté ayudarles a preparar su defensa. Les sugerí que se pusieran en contacto con Harold Wolpe. Más tarde supe que Wolpe estaba detenido. Fue la primera señal de que algo iba muy mal. Un día, cuando me llevaban de vuelta a la celda desde el patio tras haber hecho mis ejercicios, vi a Andrew Mlangeni. La última vez que le había visto había sido en septiembre de 1961, cuando iba a salir del país para recibir instrucción militar. Wolpe, Mlangeni... ¿quién más habría sido encarcelado?

A comienzos de 1961, Winnie había recibido una orden de proscripción por dos años. Otro prisionero me contó que Winnie había sido acusada recientemente de violar la prohibición, por lo que se arriesgaba a ir a prisión o a sufrir arresto domiciliario. Winnie era tozuda; una orden de proscripción era exactamente el tipo de cosa que podía irritarla. No me cabía la menor duda de que había violado la orden —y yo jamás le habría aconsejado que no lo hiciera—, pero me preocupaba que pudiera ir a la cárcel.

Una mañana de julio de 1963, mientras recorría el pasillo en dirección a mi celda, vi a Thomas Mashifane, que había sido capataz de la granja de Liliesleaf. Le saludé calurosamente, aunque comprendí que, sin duda, las autoridades le habían llevado allí para ver si le reconocía. No pude evitarlo. En todo caso, su presencia en la prisión solamente podía significar una cosa: habían descubierto el escondite de Rivonia.

Uno o dos días más tarde fui conducido a la oficina de la cárcel. Allí me encontré con Walter, Govan Mbeki, Ahmed Kathrada, Andrew Mlangeni y Bob Hepple. También estaban Raymond Mhlaba, un alto mando de la MK que acababa de volver de China, donde había recibido instrucción militar; Elias Motsoaledi, otro miembro de la MK; Dennis Goldberg, ingeniero y miembro del Congreso de los Demócratas; Rusty

Bernstein, un arquitecto también miembro del COD; y, por último, Jimmy Kantor, un abogado que era cuñado de Harold Wolpe. Todos fuimos acusados de sabotaje. Se nos comunicó que íbamos a comparecer ante un tribunal al día siguiente. Por aquellas fechas, no había cumplido más que nueve meses de mi condena a cinco años.

Poco a poco, y muy fragmentariamente, fui averiguando lo que había ocurrido. El 11 de julio por la tarde una furgoneta de una tintorería había enfilado el largo camino que llevaba hacia la vivienda de la granja. Nadie de Liliesleaf había encargado nada a ninguna tintorería. Un joven africano había dado el alto al vehículo, pero había sido reducido por docenas de hombres armados acompañados de perros policía que saltaron de la furgoneta. Rodearon la propiedad mientras un puñado de agentes entraba en el edificio principal y en la mayor de las construcciones anejas. En esta última encontraron a una docena de hombres reunidos en torno a una mesa discutiendo un documento. Walter había saltado por la ventana, pero su huida había sido frustrada por un perro policía. Entre los arrestados estaba también Arthur Goldreich, que había llegado con su coche a la granja en plena redada.

La policía había registrado toda la granja y había confiscado cientos de papeles y documentos, aunque sin encontrar ningún arma. Uno de los documentos más importantes se encontraba directamente encima de la mesa: la Operación Mayibuye, un plan para emprender una guerra de guerrillas en Sudáfrica. De un solo y feroz golpe, la policía había capturado a todo el alto mando de Umkhonto we Sizwe. A todos ellos se les aplicó la nueva ley que autorizaba noventa días de detención. Afortunadamente, Joe Slovo y Bram Fischer no estaban presentes en el momento de la redada. Joe y Bram iban a menudo por la granja dos o tres veces al día. Retrospectivamente, resulta extraordinario que Liliesleaf no hubiera sido descubierta antes. El régimen se había vuelto muy estricto y recurría a técnicas más sofisticadas. Las escuchas telefónicas se habían generalizado, así como la vigilancia de personas durante veinticuatro horas al día. La redada fue un gran golpe de efecto para el estado.

El primer día ante el tribunal no se nos dio oportunidad de contar con asistencia letrada para defendernos. Comparecimos ante un magistrado y fuimos acusados de sabotaje. Pocos días más tarde se nos permitió entrevistarnos con los abogados que iban a representarnos: Bram Fischer, Vernon Berrangé, Joel Joffe, George Bizos y Arthur Chaskalson. Yo seguía separado de los demás, ya que era un preso convicto.

Para mí, aquellas sesiones representaron la primera ocasión de hablar con mis colegas.

Bram se mostró muy pesimista. Con voz queda, nos dijo que nos enfrentábamos a una situación extremadamente grave. El estado le había comunicado formalmente que pensaba pedir la pena máxima autorizada por la ley, es decir, la pena capital. Dado el clima existente, añadió, era muy posible que la obtuvieran. A partir de aquel momento viviríamos a la sombra de la horca. La mera posibilidad de ser sentenciado a muerte lo cambia todo. Ya desde el principio, considerábamos muy probable que ése fuera el resultado del juicio. Delitos mucho menos importantes que aquel del que nos acusaban habían sido ya castigados con cadena perpetua.

Los funcionarios de prisiones nunca te permiten olvidar que puedes acabar ahorcado. Aquella noche, un guardián golpeó los barrotes de mi celda a la hora de acostarnos. "Mandela", me dijo, "tendrás ocasión de dormir durante mucho, mucho tiempo". Esperé un momento y le respondí: "Todos nosotros, tú incluido, dormiremos mucho, mucho tiempo". Fue un pequeño consuelo.

55

EL 9 DE OCTUBRE DE 1963 nos recogió un furgón policial blindado. Tenía una división de acero en el interior que servía para mantener a los presos blancos separados de los africanos. Fuimos conducidos hasta el Palacio de Justicia de Pretoria, sede del Tribunal Supremo, para el comienzo del proceso llamado "El estado contra el Alto Mando Nacional de la MK y otros", que posteriormente acabó siendo conocido como "El estado contra Nelson Mandela y otros", y que hoy en día se identifica normalmente con el nombre de juicio de Rivonia. Cerca de la sede del Tribunal se alza una estatua de Paul Kruger, el presidente de la República del Transvaal que combatió contra el imperialismo británico en el siglo XIX. Bajo la figura de ese héroe afrikáner hay inscrita una cita de uno de sus discursos. Dice así: "Presentamos nuestra causa ante el mundo llenos de confianza. Ganemos o muramos, la libertad se alzará en África como el sol entre las nubes del amanecer".

El furgón en que viajábamos iba en el centro de un convoy de furgones policiales. En cabeza de la comitiva marchaban las limusinas que trasladaban a los altos cargos de la policía. Alrededor de todo el edificio, los agentes apostados con subfusiles estaban en posición de firmes. Cuando descendimos del furgón pudimos oír los cantos e himnos de la multitud que se había congregado en las inmediaciones. Una vez dentro del edificio nos encerraron en los calabozos que había bajo la sala del tribunal. Allí esperamos el comienzo de lo que se presentaba ante el país, y ante el resto del mundo, como el juicio político más significativo de la historia de Sudáfrica.

Al salir de las celdas, cada uno de los acusados iba acompañado por dos guardianes armados. Cuando entramos en la ornamentada sala del tribunal, que tenía un techo muy alto, nos fuimos volviendo uno por uno hacia el público haciendo el saludo del CNA con el puño cerrado. En la galería, nuestros seguidores gritaron *"Amandla Ngawethu!"* y *"Mayibuye Afrika!"*. Era algo conmovedor, pero peligroso: la policía anotaba el nombre y la dirección de los espectadores, y les fotografiaba al salir del tribunal. La sala estaba llena de periodistas del país y de corresponsales de la prensa internacional, además de docenas de representantes de gobiernos extranjeros.

Tras nuestra entrada, un grupo de agentes de la policía formó un apretado cordón entre nosotros y los espectadores. Me molestó mucho aparecer ante el tribunal con la ropa caqui de presidiario y unas delgadas sandalias. Como preso convicto no tenía la opción de llevar ropa en condiciones. Posteriormente, hubo muchos comentarios acerca del mal aspecto que tenía, y no sólo por mi vestuario. Llevaba meses entrando y saliendo de las celdas de castigo, y había perdido más de doce kilos. Me esforcé por sonreír hacia el público al entrar en la sala, y ver a nuestros simpatizantes fue la mejor medicina que imaginarse pueda.

Las medidas de seguridad eran especialmente estrictas, ya que Arthur Goldreich, Harold Wolpe, Mosie Moola y Abdulhay Jassat habían sobornado a un joven guardián y habían conseguido fugarse de la cárcel. Arthur y Harold se habían abierto camino hasta Swazilandia disfrazados de sacerdotes, y desde allí habían volado hasta Tanganika. Su fuga se había producido en un momento de histeria contra las organizaciones clandestinas y fue publicada a toda plana en los periódicos con escandalosos titulares. Fue algo bochornoso para el gobierno y nos subió mucho la moral.

El juez encargado del juicio de Rivonia era el señor Quartus de Wet. Este juez, que presidía el tribunal del Transvaal, se sentaba con su toga roja bajo un baldaquín de madera. De Wet era uno de los últimos jueces nombrados durante la etapa de gobierno del United Party, antes de la llegada al poder del National Party, y no tenía fama de ser un lacayo del estado. Era un juez de rasgos inexpresivos, pero no toleraba pacientemente a los idiotas. El fiscal era el doctor Percy Yutar, ayudante del fiscal general del Transvaal, cuya ambición era convertirse en fiscal del estado de Sudáfrica. Era un individuo pequeño, calvo y atildado al que le salían gallos cada vez que se ponía nervioso o se irritaba. Tenía cualidades para lo dramático y empleaba un lenguaje de altos vuelos, si bien un tanto impreciso.

Yutar se levantó y se dirigió al tribunal: "Con la venia de su señoría, paso a presentar el caso de 'El Estado contra el Alto Mando Nacional y otros'". Yo era el primer acusado. Yutar entregó al tribunal el auto de acusación y justificó nuestro procesamiento inmediato en juicio sumarísimo. Hasta entonces, no se nos había facilitado una copia de los cargos que se nos imputaban. La fiscalía nos los había ocultado, aunque los había puesto en conocimiento del *Rand Daily Mail*, que los había publicado en la edición matinal del periódico. La acusación consideraba que once de nosotros éramos culpables de complicidad en actos de sabotaje cuyo objetivo era dar paso a una revolución violenta y, finalmente, a una invasión armada del país. El estado afirmaba que formábamos parte de una conspiración para derribar al gobierno.

Se nos acusaba de sabotaje y conspiración en vez de alta traición, porque con esos cargos la ley no exigía una larga vista preliminar (que suele ser de enorme utilidad para la defensa), cosa que sí hacía cuando la acusación era de traición. No obstante, la pena máxima aplicable —muerte en la horca— era la misma. En el caso de la alta traición, el estado debía probar su caso más allá de toda duda razonable y necesitaba dos testigos para respaldar cada acusación. Bajo los supuestos de la nueva ley contra el Sabotaje era la defensa quien debía probar la inocencia del acusado.

Bram Fischer se puso en pie y solicitó de la corte un aplazamiento, sobre la base de que la defensa no había tenido tiempo de preparar el caso. Señaló que varios de los acusados habían estado sometidos a un régimen de aislamiento durante un periodo de tiempo injustificable. El estado llevaba tres meses preparando la acusación, mientras que la defensa había tenido conocimiento oficial de los cargos contra los acusados aquel mismo día. De Wet nos concedió un aplazamiento de tres semanas, hasta el 29 de octubre.

Me preocupó comprobar que aquel día Winnie no había podido asistir al juicio. Debido a su orden de proscripción y a que sus movimientos estaba restringidos a Johannesburgo necesitaba permiso de la policía para asistir al tribunal. Lo había solicitado y le había sido denegado. También me enteré de que nuestra casa había sido objeto de un registro y una redada en la que la policía había detenido a una joven pariente de Winnie. Winnie no era la única esposa acosada. Albertina Sisulu y Caroline Motsoaledi también habían sido detenidas bajo las nuevas disposiciones instauradas por la ley de los Noventa Días. El hijo menor de Walter, Max, estaba igualmente detenido. Aquella técnica —encarcelar a las esposas e hijos de los luchadores por la libertad— era una de las más bárbaras entre todas las que empleaba el estado para presionarnos. Muchos de los hombres encerrados en las cárceles eran capaces de soportar cualquier cosa que pudieran hacerles las autoridades, pero la idea de que hicieran lo mismo con sus familias les resultaba casi imposible de sobrellevar.

Posteriormente, Winnie apeló al ministro de Justicia, que le concedió autorización para asistir al juicio a condición de que no llevara ropas tradicionales. Irónicamente, el mismo gobierno que nos decía que abrazáramos nuestra propia cultura en los *homelands* prohibía a Winnie ponerse una túnica xhosa para ir al tribunal.

A lo largo de las siguientes tres semanas se nos permitió pasar el día juntos preparando nuestra defensa. La compañía de mis camaradas fue un tónico para mí. Como prisioneros a la espera de juicio teníamos derecho a dos visitas de media hora de duración por semana, y podían enviarnos una comida al día desde el exterior. No tardé en recuperar el peso perdido gracias a las deliciosas cenas de la señora Pillay.

Mientras preparábamos nuestra defensa, el gobierno celebraba un juicio paralelo a través de los medios. Normalmente, cuando un caso está *sub judice,* no está permitido comentarlo en público ni en la prensa. Dado que los hombres detenidos en Rivonia habían sido encarcelados al amparo de la ley de los Noventa Días, técnicamente no estaban acusados de ningún crimen, por lo que aquel principio jurídico había quedado arrumbado. Fuimos públicamente etiquetados como revolucionarios violentos por todo el mundo, desde el ministro de Justicia para abajo. Los periódicos publicaban regularmente encabezamientos como: "REVOLUCIÓN DE CARÁCTER MILITAR".

El 29 de octubre entramos de nuevo en el Palacio de Justicia. Una vez más, la multitud que nos esperaba era enorme y estaba enardecida. Una vez más, las medidas de seguridad fueron extremadamente estrictas. Una vez más, la sala estaba llena de dignatarios de numerosas embajadas extranjeras. Habíamos obtenido el derecho a lucir nuestra propia ropa gracias a que nuestros abogados habían puesto objeciones a que compareciéramos ante el tribunal con uniformes carcelarios. Como otras veces, levantamos el puño hacia la galería. Se nos advirtió que si volvíamos a hacerlo se nos obligaría a asistir de nuevo al juicio con los uniformes de la cárcel. Para impedir que se repitiesen las muestras de solidaridad entre nuestros simpatizantes se invirtió el orden normal de comparecencia. El juez entraba primero con el fin de que la sesión estuviera ya abierta cuando llegábamos nosotros.

Pasamos inmediatamente al ataque. Bram Fischer criticó el auto de acusación presentado por el estado diciendo que era torpe, chapucero y que estaba repleto de absurdos. Entre ellos estaba la afirmación de que yo había participado en ciertos actos de sabotaje que se habían producido mientras me encontraba encarcelado en la prisión local de Pretoria. Yutar pareció confundido. El juez de Wet se le quedó mirando a la espera de que respondiera a Bram. En lugar de ofrecer detalles, el fiscal empezó a pronunciar lo que el juez calificó despectivamente como un "discurso político". De Wet se impacientó con la torpeza de Yutar y así lo manifestó. "La base de su argumentación, tal y como yo lo veo, señor Yutar, es que está usted convencido de que los acusados son culpables". Tras desestimar el caso presentado por la acusación, De Wet golpeó el estrado con la maza para levantar la sesión.

A partir de aquel momento, éramos técnicamente libres. La corte se convirtió en un pandemónium. No obstante, fuimos detenidos de nuevo, incluso antes de que el juez de Wet abandonara su sillón. El teniente Swanepoel nos dio una palmada en el hombro a cada uno mientras recitaba: "Queda detenido por sabotaje". A continuación fuimos conducidos de nuevo a nuestras celdas. Aun así, aquello fue un tremendo golpe para el gobierno, ya que tendría que partir de cero en un caso que había denominado el juicio del siglo.

El estado replanteó sus acusaciones, y a comienzos de diciembre estábamos de vuelta en el tribunal. Pudimos apreciar que el juez de Wet se mostraba más hostil hacia nosotros. Sospechamos que su demostración de independencia le había hecho sufrir las iras del gobierno y que se había visto sometido a todo tipo de presiones. Se procedió a la lectura de los nuevos cargos: presuntamente habíamos reclutado a personas para que realizaran actos violentos y emprendieran una guerra de guerrillas con el fin de apoyar una revolución comunista. Además, con tal fin, habíamos solicitado y recibido financiación de países extranjeros. Las municiones pedidas por los acusados, manifestó Yutar melodramáticamente, eran suficientes para volar Johannesburgo por los aires.

Se nos preguntó entonces cómo nos declarábamos. Habíamos acordado no atenernos a la fórmula tradicional, sino aprovechar el momento para mostrar nuestro desprecio hacia el proceso.

—Acusado número uno, Nelson Mandela, ¿se declara culpable o inocente?

—Señoría, no soy yo sino el gobierno quien debería estar en el estrado. Me declaro inocente —contesté puesto en pie.

—Acusado número dos, Walter Sisulu, ¿se declara culpable o inocente?

—El gobierno es el responsable de lo que ha pasado en este país. Me declaro inocente —respondió Sisulu.

El juez de Wet dijo que no tenía interés en oír discursos políticos, que debíamos limitarnos a declarar si éramos culpables o inocentes. Pero hicimos caso omiso de sus palabras. Todos y cada uno de los restantes acusados manifestamos, antes de declararnos inocentes, que el criminal era el gobierno.

Para aumentar el dramatismo del proceso, el estado había organizado una retransmisión en directo del discurso de Yutar a través de la SABS (South African Broadcasting System). Se habían instalado micrófonos en la mesa del fiscal y delante del juez. Justo en el momento en que Yutar se estaba aclarando la garganta, Bram Fischer se puso en pie y solicitó de la corte que los micrófonos fueran retirados. Esgrimió que la retransmisión introduciría prejuicios injustificables en el desarrollo del caso y que aquello no era digno del tribunal. A pesar de la chillona intervención de Yutar solicitando que permanecieran instalados, el juez de Wet ordenó la retirada de los micrófonos.

En su turno de palabra, Yutar dijo que desde el momento en que el CNA se había visto obligado a pasar a la clandestinidad, la organización se había embarcado en una política de violencia progresiva cuyo fin era pasar del sabotaje a la guerra de guerrillas, y de ahí a una invasión armada del país. Afirmó que planeábamos desplegar miles de grupos guerrilleros con adiestramiento militar en todo el país, y que su actuación constituiría la punta de lanza de un levantamiento que iría seguido de una invasión armada por parte de unidades militares de una potencia extranjera. "Aprovechando el caos, los disturbios y los desórdenes resultantes", proclamó Yutar, "los acusados planeaban crear un gobierno provisional revolucionario para hacerse con la administración y el control del país". El motor de aquel ambicioso plan era Umkhonto we Sizwe, que estaba bajo la dirección política del CNA y el Partido Comunista, y cuyo cuartel general se encontraba en Rivonia.

Con su florida prosa, Yutar manifestó que habíamos reclutado miembros para la MK, que planeábamos un levantamiento nacional para el año 1963 (en esto nos estaba confundiendo con el CPA), que habíamos instalado un poderoso transmisor de radio en Rivonia y que éramos colectivamente responsables de doscientos veintidós actos de sabotaje. Sostuvo que Elias Motsoaledi y Andrew Mlangeni estaban a cargo de reclutar miembros, y que Dennis Goldberg dirigía una escuela especial para la formación de afiliados en El Cabo. Describió con detalle la fabricación de varias bombas, así como la solicitud de financiación extranjera.

A lo largo de los tres meses siguientes, el estado presentó ciento setenta y tres testigos e hizo constar en acta miles de documentos y fotografías, incluyendo libros publicados comercialmente sobre marxismo, historias de la guerra de guerrillas, mapas, planos y un pasaporte a nombre de un tal David Motsamayi. El primer testigo fue un fotógrafo de la policía que había sacado fotos en Rivonia. Los siguientes en testificar fueron trabajadores del hogar de los Goldreich, que habían pasado todo este tiempo en la cárcel a pesar de que carecían de conexión alguna con las actividades políticas de la familia. Aquellos sirvientes nos identificaron a casi todos señalándonos, pero el viejo señor Jelliman, en un valeroso intento por ayudarme, fingió no verme cuando le pidieron que señalara al acusado número uno. "Vuelva a mirar", le dijo el fiscal, "examine sus caras atentamente". "No creo que esté aquí", dijo Jelliman con voz apagada.

Nos preguntábamos qué pruebas tendría el estado para demostrar mi culpabilidad. Había estado fuera del país y en la cárcel mientras se realizaba buena parte de la planificación en Rivonia. Cuando había visto a Walter en la prisión local de Pretoria, inmediatamente después de ser condenado, le había pedido que se asegurara de que todos mis libros y notas desaparecieran de la granja. Pero cuando Rusty Bernstein solicitó la libertad bajo fianza durante la primera semana del juicio, Percy Yutar mostró al tribunal con grandes aspavientos el boceto del Fuerte que yo había hecho y la nota que había redactado acerca de la fuga mientras estaba internado en él. Yutar afirmó que aquellos documentos demostraban que todos los acusados tenían el propósito de escapar a la acción de la justicia. Lo único que demostraba era que ninguna de mis cosas habían sido retiradas. Más adelante me explicaron que mis colegas de Rivonia habían decidido conservar la nota porque pensaban que tendría un gran valor histórico en el futuro. De momento, le había costado la libertad bajo fianza a Rusty Bernstein.

El testigo estrella de la acusación fue Bruno Mtolo, o "Sr. X", como le llamaban en el tribunal. Al presentar al "Sr. X", Yutar puso en conocimiento de la corte que el interrogatorio duraría tres días, y añadió con gran efectismo que el testigo corría un "riesgo mortal". Yutar pidió que las evidencias se presentaran ante las cámaras, pero que sólo se permitiera el acceso a la prensa si se comprometía a no revelar la identidad del testigo.

Mtolo era un hombre alto y de constitución fuerte, con una memoria magnífica. Era un zulú de Durban y había llegado a ser el líder de la MK de la región de Natal. Se le consideraba un experto en sabotajes y había estado en Rivonia. Sólo le había visto en una ocación, cuando me dirigí a su grupo de cuadros de la MK en Natal tras mi regreso del continente. Su declaración en contra mía en particular me hizo comprender que el estado no tendría problema alguno para condenarme.

Empezó diciendo que era un saboteador de la MK que había volado una oficina municipal, una torre de alta tensión y una línea eléctrica. Con impresionante precisión explicó el funcionamiento de bombas, minas terrestres y granadas, y cómo funcionaba la MK en la clandestinidad. Mtolo declaró que, si bien nunca había perdido la fe en los ideales del CNA, había perdido la confianza en la organización al darse cuenta de que tanto el Congreso como la MK no eran más que instrumentos en manos del Partido Comunista.

Su testimonio fue sencillo y aparentemente sincero, pero Mtolo hizo grandes aportaciones personales para embellecer su testimonio, sin duda siguiendo instrucciones de la policía. Explicó al tribunal que durante mi intervención ante el mando regional de Natal había dicho que los cuadros de la MK debían ser buenos comunistas pero que no debían desvelar su filiación en público. De hecho, yo no había dicho nada parecido, pero su testimonio tenía como objeto vincularnos a mí y a la MK con el Partido Comunista. Su memoria parecía tan excelente y precisa que cualquier persona normal daría por supuesto que el testimonio era exacto en todos sus detalles. Pero no lo era.

Me asombró la traición de Mtolo. Jamás descarté la posibilidad de que incluso los más antiguos dirigentes del CNA pudieran derrumbarse bajo la tortura, pero a juzgar por lo que pudimos saber, a Mtolo ni siquiera le habían tocado. Mientras estuvo en el estrado hizo todo lo que estuvo en su mano para implicar a gente que ni siquiera había sido mencionada en el proceso. Es posible, lo sé, cambiar de opinión, pero traicionar a tantos otros, muchos de ellos inocentes, me pareció inexcusable.

Durante el contrainterrogatorio nos enteramos de que Mtolo había sido un delincuente menor antes de unirse a la MK y que había estado en la cárcel tres veces por robo. A pesar de estas revelaciones, fue un testigo extremadamente dañino para nosotros, ya que al juez le pareció digno de crédito y fiable, y su testimonio nos incriminaba a casi todos.

La piedra angular de la acusación eran las seis páginas del plan de acción que había sido confiscado en la redada de Rivonia. Los líderes del alto mando tenían el documento sobre la mesa cuando la policía entró a saco en la granja. La Operación Mayibuye exponía en términos generales nuestro plan para una posible puesta en marcha de actividades guerrilleras y cómo éstas podrían ser el detonante de un levantamiento armado masivo contra el gobierno. Preveía un despliegue inicial de pequeños grupos guerrilleros en cuatro áreas diferentes de Sudáfrica, así como ataques contra objetivos previamente seleccionados. El documento se planteaba como objetivo reclutar siete mil miembros para la MK en todo el país, que se unirían a la primera fuerza, procedente del exterior, de ciento veinte guerrilleros con adiestramiento militar.

El alegato de la acusación descansaba en gran medida en su presunción de que la Operación Mayibuye había sido aprobada por la ejecutiva del CNA y se había convertido en el plan de operaciones de la MK. Nosotros insistimos en que la operación no había sido aún ratificada formalmente y seguía estando bajo discusión en el momento en que se habían producido las detenciones. Por lo que a mí se refería, Mayibuye no era más que un borrador que no sólo no había sido aprobado, sino que era absolutamente inviable tanto en cuanto a sus objetivos como en cuanto a su planificación. No creía que la guerra de guerrillas fuera una opción viable en aquella fase.

El plan había sido trazado en mi ausencia, de modo que prácticamente no lo conocía. Incluso entre los acusados en el proceso de Rivonia había desacuerdo en cuanto a si el plan había sido aprobado o no por el CNA. Govan, que había redactado el borrador del documento junto con Joe Slovo, insistía en que había sido aceptado y opinaba que no estaba bien que sostuviéramos ante el tribunal que aún estaba pendiente de discusión. Todos los demás acusados opinábamos que el documento, aunque hubiera sido redactado por el alto mando de la MK, no había sido aprobado por la ejecutiva del CNA y que el jefe Luthuli ni siquiera lo había visto.

Aunque un juicio con la pena capital como posible consecuencia tiende a resultar extremadamente sombrío, nuestra moral solía ser buena. Intercambiábamos bastantes chistes negros entre nosotros. Dennis Goldberg, el más joven de los acusados, tenía un irreprimible sentido del humor y a menudo nos hacía echarnos a reír aunque no hubiera motivo alguno para hacerlo. Cuando uno de los testigos de la acusación explicó que Raymond Mhlaba había empleado un alzacuellos de sacerdote como disfraz, Dennis inmediatamente empezó a llamarle reverendo Mhlaba.

En la sala de reuniones, habilitada en la planta de abajo, a menudo nos comunicábamos por medio de notas que después quemábamos y tirábamos a la papelera. Uno de los agentes de la brigada especial encargada de vigilarnos era el teniente Swanepoel, un individuo corpulento y rubicundo que estaba convencido de que no hacíamos más que tomarle el pelo. Un día, mientras Swanepoel nos observaba desde la puerta, Govan Mbeki empezó a escribir una nota con llamativo sigilo. Manteniendo la misma actitud teatral me la tendió. La leí, asentí con la cabeza con expresión cavilosa y se la pasé a Kathy, que sacó ostentosamente las cerillas como para quemarla. Swanepoel entró apresuradamente, le arrancó a Kathy el papel de las manos y dijo algo acerca del peligro de encender cerillas en un interior. Seguidamente abandonó la habitación para leer la preciada nota. Momentos después entró de nuevo hecho una furia diciendo, "¡Os acordaréis de esto!" Con grandes letras, Govan había escrito: "NO OS PARECE QUE SWANEPOEL ES UN TIPO MUY ATRACTIVO?"

Estábamos encarcelados y nos enfrentábamos a un juicio en el que estaban en juego nuestras vidas, pero en el exterior florecía una nueva vida. La mujer de Jimmy Kantor estaba a punto de dar a luz. Jimmy era un abogado que había pasado a formar parte de los acusados simple y llanamente por ser cuñado de Harold Wolpe.

Una mañana, cuando estábamos en el estrado de los acusados, me pasaron una nota desde el otro extremo.

Barbara y yo hemos discutido largamente quién debería ser el padrino, y hemos llegado a la conclusión de que, sea niño o niña, sería para nosotros un honor que aceptaras el puesto como cargo complementario a otros más deshonrosos que has ocupado en el pasado.

Le envié a Jimmy una nota de respuesta a vuelta de correo.

Será para mí mucho más que un placer, y el honor es todo mío, no del bebé. Ahora no se atreverán a colgarme.

56

LA PRESENTACIÓN del caso por parte del estado continuó durante la Navidad de 1963 y terminó el 29 de febrero de 1964. Dispusimos de algo más de un mes para examinar las pruebas presentadas y preparar nuestra defensa. Éstas no nos afectaban a todos del mismo modo. No disponían de evidencia alguna contra James Kantor; no era miembro de nuestra organización y ni siquiera debería haber sido sometido a juicio. En cuanto a Rusty Bernstein, Raymond Mhlaba y Ahmed Kathrada, las pruebas de su participación eran escasas y decidimos que no debían incriminarse. En el caso concreto de Rusty, las implicaciones en su contra eran insignificantes; tan sólo había estado en Rivonia con los demás. Los seis restantes admitiríamos nuestra culpabilidad en ciertos cargos.

Bram se sentía enormemente pesimista. Estaba convencido de que incluso aunque consiguiéramos demostrar que no se había tomado decisión alguna sobre la guerra de guerrillas y que nuestra política de sabotaje tenía como condición no causar daños personales, el tribunal nos impondría la pena de muerte. En el equipo de defensores existían diferentes opiniones sobre si debíamos testificar o no. Algunos creían que sólo nos perjudicaríamos a nosotros mismos. George Bizos manifestó, sin embargo, que a menos que ofreciéramos pruebas al juez para convencerle de que no habíamos dado por buena la guerra de guerrillas, no había la menor duda de que nos impondría la pena máxima.

Ya desde un principio habíamos dejado bien claro que pretendíamos utilizar la causa no para poner a prueba la ley, sino como plataforma de difusión de nuestras ideas. No negaríamos, por ejemplo, que habíamos sido responsables de actos de sabotaje, ni que un grupo de nosotros había decidido apartarse de la no violencia. No nos preocupaba salir bien librados o reducir nuestra condena, sino hacer que el juicio fortaleciera la causa por la que todos luchábamos, fuera cual fuera el precio que tuviéramos que pagar. No nos defenderíamos en el sentido legal, sino en el sentido moral. Para nosotros el juicio era una continuación de la lucha por otros medios. Estábamos dispuestos a admitir que lo que el estado sabía era cierto, pero nos negaríamos a desvelar ninguna información que pudiera implicar a otros.

Refutaríamos la presunción básica del estado de que nos habíamos embarcado en una guerra de guerrillas. Admitiríamos que habíamos trazado planes de contingencia para emprenderla en caso de que los sabotajes no surtieran el efecto deseado. Pero sostendríamos que eso aún no había ocurrido, ya que los efectos de la estrategia de sabotaje no habían sido aún suficientemente verificados. Negaríamos los cargos formulados por el estado de asesinato y daños a inocentes; o bien las acusaciones eran un embuste descarado, o los incidentes habían sido obra de otras personas. Jamás habíamos planeado la intervención de fuerzas militares extranjeras. Para sustanciar estas afirmaciones opinábamos que sería necesario explicar la Operación Mayibuye al tribunal.

En mi caso había pruebas suficientes para condenarme. La acusación disponía de documentos escritos de mi puño y letra que demostraban que había salido ilegalmente del país, que había establecido contactos para obtener instrucción militar para nuestros hombres en el extranjero y que estaba detrás de la creación de Umkhonto we Sizwe. Existía también otro texto escrito por mí y titulado "Cómo ser un buen comunista" que, según el estado, era prueba de que era un comunista de carné. De hecho, el título procedía de la obra de un teórico chino llamado Liu Shao Chi, y había escrito aquel texto para demostrarle algo a Moses Kotane. Llevábamos largo tiempo debatiendo el atractivo que podía tener el comunismo para los sudafricanos de a pie. Yo mantenía desde hacía mucho tiempo que la literatura comunista era, en su mayor parte, aburrida y esotérica, y que estaba centrada en Occidente. Opinaba que toda literatura de ese tipo dirigida a las masas africanas debía ser sencilla, clara y aplicable a nuestra situación. Moses insistía en que no era posible conseguir algo así. Para probar mi punto de vista había cogido el ensayo de Liu y lo había reescrito pensando en el público africano.

Yo iba a ser el primer testigo y, por tanto, debía establecer la pauta para la defensa. En los tribunales sudafricanos sólo se puede dar testimonio en forma de respuesta a una pregunta. Yo no quería verme restringido a actuar como testigo en un interrogatorio. Decidimos que, en lugar de eso, leería una declaración desde el estrado, mientras que los otros testificarían y se someterían a las preguntas del fiscal.

Dado que cuando un testigo hace una declaración desde el estrado no está obligado a someterse al contrainterrogatorio ni a contestar a pregunta alguna, la declaración no tiene el mismo peso legal que el testimonio ordinario. Quienes deciden hacer una declaración normalmente lo hacen para eludir el subsiguiente interrogatorio. Nuestros abogados me advirtieron que aquello me pondría en una situación legal aún más precaria que aquella en la que ya me encontraba. Todo lo que dijera en mi declaración respecto a mi inocencia sería descartado por el juez. Sin embargo, demostrar mi inocencia no era nuestra principal prioridad. Creíamos que era importante empezar con una exposición de nuestra política y nuestros ideales, lo que establecería el contexto apropiado para los siguientes testimonios. Estaba ansioso por cruzar espadas con Percy Yutar, pero era más importante sacar partido a la plataforma que se me ofrecía para poner de relieve nuestras quejas.

Todo esto se acordó mediante consultas realizadas en su mayor parte por medio de notas, ya que la sala en la que nos reuníamos para hablar tenía micrófonos. Utilizábamos éstos para transmitir desinformación al enemigo. Hicimos todo lo posible para convencerles de que pensaba testificar, con el fin de que perdieran tiempo planificando mi interrogatorio. En una conversación previamente acordada le dije al abogado de la defensa, Joel Joffe, que necesitaría las actas del anterior juicio por traición para preparar mi testimonio. Ambos sonreímos al imaginarnos a Yutar estudiando los aproximadamente cien volúmenes de las transcripciones de aquel juicio.

Pasé alrededor de quince días redactando el borrador de mi declaración, trabajando fundamentalmente en mi celda durante la noche. Cuando hube terminado se lo leí a mis camaradas y compañeros acusados. Lo aprobaron tras sugerir algunos cambios, y a continuación le pedí a Bram Fischer que le echara un vistazo. Tras leerlo, Bram se mostró preocupado, e hizo que un respetado asesor legal llamado Hal Hanson lo revisara. "Si Mandela lee esto ante el tribunal le sacarán directamente al patio trasero del edificio y le colgarán", fue la respuesta de Hanson. Eso incrementó aún más la inquietud de Bram, que vino a verme al día siguiente y me instó a que modificara el discurso. En mi opinión, era probable que nos ahorcaran dijéramos lo que dijéramos, de modo que más nos valía decir lo que realmente creíamos. En aquel momento, la situación empezaba a ser muy sórdida y los periódicos no hacían más que especular sobre la creciente probabilidad de que nos condenaran a muerte. Bram me rogó que no leyera el último párrafo de mi discurso, pero permanecí inflexible.

El lunes 20 de abril, bajo las más estrictas medidas de seguridad, fuimos conducidos al Palacio de Justicia, en esta ocasión para exponer nuestra defensa. Winnie había asistido al juicio con mi madre, y les hice un gesto con la cabeza cuando entramos en el tribunal, que una vez más estaba de bote en bote.

Bram anunció que los acusados aceptarían parte de las pruebas aportadas por el estado, lo que provocó un murmullo de desasosiego en la sala. Continuó diciendo que la defensa rechazaría varias de las afirmaciones de la acusación, incluyendo la presunción de que Umkhonto we Sizwe fuera el brazo militar del CNA. Dijo que los líderes de la MK y los del CNA habían hecho "todo lo posible por mantener separadas ambas organizaciones. No siempre con éxito, pero... se hizo todo lo humanamente posible para alcanzar ese objetivo". Negó con énfasis que el CNA recibiera órdenes del Partido Comunista. Añadió que la defensa rebatiría la afirmación de que Goldberg, Kathrada, Bernstein y Mhlaba fueran miembros de Umkhonto. Sostuvo que la defensa demostraría que Umkhonto no había aprobado la Operación Mayibuye, y que la MK no se había embarcado en preparativos para emprender una guerra de guerrillas.

–¿Lo negarán? –preguntó el juez de Wet con incredulidad.

–Será rebatido– replicó Bram. –Las pruebas demostrarán que, si bien se estaban efectuando preparativos para una guerra de guerrillas, nunca se llegó a adoptar ningún plan al respecto. En todo momento se conservó la esperanza de que sería posible evitar semejante paso.

Después, con su voz queda, Bram añadió: "El caso de la defensa, señoría, comenzará con una declaración efectuada desde el estrado por el acusado número uno, que participó personalmente en la creación de Umkhonto y que podrá dar cuenta al tribunal de los orígenes de esa organización".

Al oír esto, Yutar se levantó de un brinco y gritó: "¡Señoría! ¡Señoría!". Estaba consternado por el hecho de que no testificara, ya que sin duda había preparado cuidadosamente el contrainterrogatorio.

—Señoría, una declaración hecha desde el estrado no tiene el mismo peso que un testimonio hecho bajo juramento —dijo desolado.

—Supongo, doctor Yutar, que la defensa tiene la suficiente experiencia como para aconsejar a sus clientes sin necesidad de su ayuda —le respondió secamente el juez de Wet. Yutar se dejó caer en su asiento.

—Ni nosotros ni nuestros clientes ignoramos las disposiciones del código penal —replicó Bram. —Llamo a declarar a Nelson Mandela.

Me levanté y, dirigiéndome a la sala, empecé a leer lentamente.

Soy el primer acusado.

Soy licenciado y he ejercido como abogado en Johannesburgo durante varios años, en asociación con el señor Oliver Tambo. Soy un convicto que cumple condena de cinco años por salida ilegal del país y por incitación a la huelga a finales de mayo de 1961.

Admito sin reservas que fui una de las personas que contribuyeron a crear Umkhonto we Sizwe, y que desempeñé un papel destacado en sus actividades hasta mi detención en agosto de 1962.

De entrada, quiero decir que la sugerencia realizada por parte del estado de que la lucha en Sudáfrica se encuentra bajo la influencia de extranjeros o comunistas es totalmente incorrecta. Lo que quiera que haya hecho, como individuo o como líder de mi pueblo, ha sido resultado de mis experiencias personales en este país y de mis antecedentes africanos, de los que me siento profundamente orgulloso, y no obedece a lo que pueda haber dicho ninguna persona del exterior.

Durante mi juventud en el Transkei escuché las historias que los ancianos de mi tribu contaban acerca de los viejos tiempos. Entre las que escuché estaban las que narraban las guerras libradas por nuestros antecesores en defensa de su tierra natal. Alababan los nombres de Dingane y Bambatha, Hintsa y Makanna, Squngthi y Dalasile, Moshoeshoe y Sekhukhuni, que eran una fuente de orgullo y de gloria para toda la nación africana. Soñaba entonces con que la vida me ofreciera la oportunidad de servir a mi pueblo y hacer una humilde aportación a su lucha por la libertad. Ése ha sido el motor de todos mis actos en relación con las acusaciones que me son imputadas en este caso.

Una vez dicho esto, debo abordar de inmediato y con cierta profundidad el tema de la violencia. Algunas de las cosas que se han dicho ante este tribunal son ciertas y otras no lo son. Con todo, no niego haber planeado actos de sabotaje. No lo hice porque tenga un espíritu temerario, ni tampoco porque ame la violencia. Los planeé como resultado de una evaluación metódica y serena de la situación política surgida como resultado de los muchos años de tiranía y opresión a los que se ha visto sometido mi pueblo.

Quería dejar claro ante el tribunal que no habíamos actuado irresponsablemente o sin pensar en las consecuencias que tendría el emprender acciones violentas. Hice especial hincapié en nuestro empeño de no atentar contra la vida humana.

Nosotros, los miembros del CNA, siempre hemos defendido una democracia no racista, y hemos rehuido toda medida que pudiera separar aún más de lo que ya lo están a las diferentes razas. Pero el hecho es que cincuenta años de pacifismo sólo han conseguido para el pueblo africano una legislación aún más represiva y una reducción cada vez mayor de sus derechos. Tal vez a este tribunal no le resulte fácil comprenderlo, pero es un hecho que la gente lleva mucho tiempo hablando del camino de la violencia, del día en que entraríamos en combate contra el hombre blanco y recuperaríamos nuestra tierra. Y aun así, nosotros, los líderes del CNA, habíamos conseguido que prevaleciera la idea de que era necesario evitar la violencia y recurrir a medios pacíficos. Aun cuando algunos de nosotros debatimos esto en mayo y junio de 1961, era imposible negar que nuestro intento de alcanzar un estado no racista por medio de la no violencia no había dado fruto, y que nuestros simpatizantes empezaban a perder la confianza en nuestra política y comenzaban a plantearse preocupantes proyectos de terrorismo...

Umkhonto se creó en noviembre de 1961. Cuando tomamos esta decisión y subsiguientemente formulamos nuestros planes, la herencia de la no violencia y la armonía racial del CNA seguía gravitando sobre nuestros pensamientos. Creíamos que el país derivaba hacia una guerra civil en la que los negros y los blancos lucharían entre sí. La situación nos producía gran alarma. Una guerra civil significaría la destrucción de todo aquello que defendía el CNA; si estallaba semejante contienda, la paz racial sería más difícil de lograr que nunca. En Sudáfrica ya hemos vivido ejemplos del resultado de una guerra interna. Han hecho falta más de cincuenta años para hacer desaparecer las cicatrices de la guerra sudafricana [anglo-bóer]. ¿Cuántos más años no serían necesarios para restañar las heridas de una guerra civil entre razas, que no podría librarse sin grandes pérdidas humanas por ambas partes?

El sabotaje, dije, representaba la mejor opción de cara a las futuras relaciones entre las distintas razas. Las reacciones de los gobernantes blancos ante nuestros primeros esfuerzos fueron fulminantes y brutales: el sabotaje se convirtió en un crimen penado con la muerte. Añadí que aunque no queríamos la guerra civil, necesitábamos estar preparados para ella.

La experiencia nos convenció de que una rebelión ofrecería al gobierno oportunidades sin límites para una masacre indiscriminada de nuestro pueblo. Precisamente porque el suelo de Sudáfrica está ya empapado con la sangre de africanos inocentes, consideramos nuestro deber realizar los preparativos, como proyecto a largo plazo, para emplear la fuerza con el fin de defendernos contra la fuerza. Si la guerra resultaba inevitable, queríamos que la lucha se desarrollara en los términos más favorables para nuestro pueblo. La forma de enfrentamiento que mejores perspectivas nos ofrecía como contendientes, y que menor riesgo representaba para la vida en ambos bandos, era la guerra de guerrillas. Así pues, en nuestros planes de cara al futuro decidimos tomar en consideración esa posibilidad.

Todos los blancos reciben instrucción militar obligatoria, pero no ocurre igual en el caso de los africanos. Desde nuestro punto de vista, era esencial crear un núcleo de hombres adiestrados capaces de ofrecer la necesaria dirección en caso de que comenzara una guerra de guerrillas. Teníamos que prepararnos para una situación así antes de que fuera demasiado tarde para hacer preparativos.

Expliqué que en aquella fase de nuestras discusiones había salido del país para asistir a la Conferencia de PAFMECSA y para recibir instrucción militar. Añadí que había recibido dicha instrucción porque, en caso de que hubiera una guerra de guerrillas, deseaba estar en condiciones de combatir junto a mi pueblo. Aun así, creía que no estaban en absoluto agotadas las posibilidades que ofrecía el sabotaje, y que su utilización debía seguir adelante con renovado vigor.

Expliqué ante el tribunal cuál era la línea que separaba al CNA de la MK, y hablé de nuestros intentos, llenos de buena fe, de mantener ambas organizaciones separadas. Aquélla era nuestra filosofía, pero no era nada sencillo llevarla a la práctica. Por culpa de las órdenes de proscripción y los encarcelamientos era frecuente que nuestra gente tuviera que trabajar en ambas organizaciones. Aunque en ocasiones esto pudiera haber desdibujado la distinción entre ellas, no la había suprimido. Refuté igualmente la afirmación del estado de que las miras y objetivos del CNA y el Partido Comunista fueran idénticos.

El fundamento ideológico del CNA es, y siempre ha sido, el credo del nacionalismo africano. No el expresado en el grito "¡Echad al hombre blanco al mar!". El nacionalismo que defiende el CNA es el de libertad y la realización del pueblo africano en su propia tierra. El documento político más importante jamás propugnado por el CNA es la Constitución por la Libertad, que no es ni remotamente un proyecto para la instauración de un sistema socialista. El CNA no ha defendido en ningún momento de su historia un cambio revolucionario en la estructura económica del país, ni tampoco, si la memoria me es fiel, ha condenado jamás la sociedad capitalista...

El CNA, al contrario que el Partido Comunista, admitía sólo africanos como afiliados. Su objetivo fundamental era, y es, lograr que el pueblo africano alcance la unidad y consiga plenos derechos políticos. Por el contrario, el principal propósito del Partido Comunista es desplazar a los capitalistas y sustituirlos por un gobierno de la clase obrera. El Partido Comunista busca resaltar las distinciones de clase, mientras que el CNA pretende armonizarlas.

Es cierto que el CNA y el Partido Comunista han cooperado íntimamente y con frecuencia, pero la cooperación únicamente demuestra la existencia de un objetivo común. En este caso —y esto no significa una comunidad global de intereses— se trataba de poner fin a la supremacía blanca. La historia del mundo está repleta de ejemplos similares. Tal vez la ilustración más llamativa de lo que digo sea la cooperación entre Gran Bretaña, Estados Unidos y la Unión Soviética en la lucha contra Hitler. Tan sólo Hitler habría osado sugerir que tal cooperación convertía a Churchill o a Roosevelt en comunistas o en herramientas de los comunistas, o que Gran Bretaña y Estados Unidos pretendían instaurar el comunismo en el mundo...

Debido a sus arraigados prejuicios contra el comunismo, tal vez a los sudafricanos blancos les resulte difícil entender por qué unos políticos africanos experimentados estaban dispuestos a aceptar como amigos a los comunistas. Para nosotros la razón es obvia: las diferencias teoréticas entre quienes combaten la opresión es un lujo que no podemos permitirnos en esta fase de la lucha. Lo que es más, durante muchas décadas los comunistas fueron el único grupo político de Sudáfrica dispuesto a tratar a los africanos como seres humanos y como iguales; eran los únicos que estaban dispuestos a comer con nosotros, a hablar con nosotros, a vivir y trabajar con nosotros. Debido a ello, hay muchos africanos que hoy tienden a identificar la libertad con el comunismo.

Dije ante el tribunal que no era comunista y que siempre me había considerado un patriota africano. No negué que me sentía atraído por la idea de una sociedad sin clases, o que había sido influenciado por el pen-

samiento marxista. Esto era cierto, también, en el caso de muchos líderes de los países recientemente independizados en África, que aceptaban
la necesidad de alguna forma de socialismo que permitiera a su pueblo
ponerse a la altura de las naciones avanzadas de Occidente.

> Por lo que conozco de su literatura y por conversaciones manteni-
> das con marxistas, he sacado la impresión de que los comunistas
> consideran que el sistema parlamentario occidental es antidemo-
> crático y reaccionario. Yo, por el contrario, soy un admirador de
> ese sistema.
> La Magna Carta, la Petición de Derechos y la Declaración de
> Derechos son documentos venerados por los demócratas de todo
> el mundo. Tengo un gran respeto por las instituciones políticas
> inglesas y por el sistema judicial de ese país. Considero que su
> Parlamento es la institución más democrática del mundo, y la in-
> dependencia e imparcialidad de su poder judicial nunca deja de
> admirarme. El Congreso de los Estados Unidos, la filosofía de la
> separación de poderes y la independencia del sistema judicial des-
> piertan en mí sentimientos similares.

Expuse con detalle las terribles disparidades existentes entre la vida
que llevaban los negros y la que llevaban los blancos en Sudáfrica. En el
campo de la educación, la salud, los ingresos, en todos los aspectos de la
vida, los negros rozaban el nivel de la subsistencia, mientras que los
blancos disfrutaban de los niveles más altos del mundo —y pretendían
conservarlos—. Los blancos, repetí, afirman que los negros de Sudáfrica
viven mejor que los africanos del resto del continente. Nuestra queja,
añadí, no era que fuéramos pobres en comparación con los pueblos del
resto del continente, sino que éramos pobres en comparación con los
blancos de nuestro propio país, y que la legislación nos impedía corregir
ese desequilibrio.

> La falta de dignidad humana experimentada por los africanos es re-
> sultado directo de la política de supremacía blanca, que implica la
> inferioridad de los negros. La legislación aprobada para preservar la
> supremacía blanca afianza esta idea. Los africanos son, inevitable-
> mente, quienes desempeñan los trabajos más humildes en Sudáfri-
> ca. Cuando hay algo que transportar o limpiar, el hombre blanco
> mira a su alrededor en busca de un africano que le haga el trabajo,
> sea éste empleado suyo o no...

La pobreza y la destrucción de la vida familiar tienen efectos secundarios. Los niños vagan por los *townships* porque no tienen colegios a los que ir, o dinero que les permita asistir a ellos, o parientes en casa que se aseguren de que asistan; porque ambos padres (caso de haber dos) tienen que trabajar para mantener viva a la familia. Esto conduce a la destrucción de los patrones morales, a un alarmante aumento de los nacimientos ilegítimos y a una creciente violencia, que se desborda no sólo políticamente sino en todos los campos de la vida...

Los africanos tan sólo quieren una participación en la totalidad del país. Quieren disfrutar de seguridad y desempeñar un papel en la sociedad. Por encima de todo, queremos igualdad de derechos políticos, ya que sin ella nuestras limitaciones serán insuperables. Sé que a los blancos del país éste les parecerá un discurso revolucionario, ya que, de cumplirse nuestras aspiraciones, la mayoría de los votantes sería africana. Esto es lo que hace que el hombre blanco tema a la democracia...

Es, pues, por esto por lo que combate el CNA. Su lucha es, en verdad, una lucha nacional. Es la lucha del pueblo africano, impulsado por su sufrimiento y sus experiencias. Es una lucha por el derecho a la vida.

Hasta este momento había ido leyendo mi discurso, pero al llegar aquí dejé mis papeles sobre la mesa de la defensa y me di la vuelta para encarar al juez. En la sala se hizo un gran silencio. No aparté los ojos del juez de Wet mientras pronunciaba de memoria las palabras finales.

He dedicado toda mi vida a la lucha del pueblo africano. He combatido la dominación blanca y he combatido la dominación negra. He acariciado el ideal de una sociedad democrática y libre, en la que todas la personas convivan juntas en armonía y con igualdad de oportunidades. Es un ideal por el que espero vivir y que aspiro a alcanzar. Pero, si es necesario, es un ideal por el que estoy dispuesto a morir.

El silencio en la corte se podía cortar con un cuchillo. Al finalizar mi declaración me limité a sentarme. No me di la vuelta hacia el público, aunque notaba que todo el mundo me miraba. El silencio pareció alargarse durante minutos, pero de hecho no debió durar más allá de treinta segundos. Entonces, procedente de la galería, oí algo que sonaba como un gran suspiro, un suspiro profundo y colectivo seguido del llanto de las mujeres.

Había pasado más de cuatro horas leyendo. Eran poco más de las cuatro de la tarde, hora en la que normalmente se levantaba la sesión. Sin embargo, en cuanto hubo orden en la sala, el juez de Wet hizo llamar al siguiente testigo. Estaba dispuesto a hacer lo posible para reducir el impacto de mi declaración. No quería que fuera el único y último testimonio del día, aunque no pudo hacer nada por reducir su efecto. Cuando concluí mi discurso y me senté fue la última vez que el juez de Wet me miró a los ojos.

El discurso obtuvo gran publicidad, tanto en la prensa local como en la extranjera, y fue reproducido íntegramente en el *Rand Daily Mail,* a pesar de que estaba oficialmente prohibido publicar nada que yo pudiera decir. El discurso servía a dos objetivos a la vez: por un lado, indicaba nuestra línea de defensa; por el otro, desarmaba a la acusación, que había preparado su intervención basándose en la idea de que yo prestaría testimonio para negar nuestra responsabilidad en los sabotajes. Quedaba claro que no teníamos intención de recurrir a triquiñuelas legales para eludir nuestra responsabilidad en acciones que habíamos realizado con los ojos bien abiertos y de las que nos sentíamos orgullosos.

El acusado número dos, Walter Sisulu, intervino a continuación. Walter tuvo que hacer frente al contrainterrogatorio que Yutar había preparado para mí. Soportó andanada tras andanada de preguntas hostiles y se mantuvo impertérrito ante las mezquinas maquinaciones de Yutar, limitándose a exponer nuestra política en términos claros y sencillos. Afirmó que la Operación Mayibuye y la opción de la guerra de guerrillas no habían sido aprobadas por el CNA. De hecho, Walter manifestó ante el tribunal que él personalmente se había opuesto a ellas sobre la base de que, en su opinión, era prematuro embarcarse en ese tipo de acciones.

Govan fue el siguiente en subir al estrado de los testigos y admitió con orgullo ante el tribunal su pertenencia desde antiguo al Partido Comunista. El fiscal le preguntó a Govan por qué, dado que admitía muchas de las imputaciones formuladas en los cuatro cargos que había contra él, no se limitaba a declararse culpable de los mismos. "En primer lugar," contestó Govan, "decidí que debía comparecer para explicar bajo juramento algunas de las razones que me llevaron a unirme a esas organizaciones. Sentía cierto deber moral al respecto. En segundo lugar, por el sencillo motivo de que declararme culpable indicaría, en mi opinión, que albergo algún sentimiento de culpa. No acepto que exista culpabilidad moral alguna en mis respuestas".

Al igual que Govan, Ahmed Kathrada y Rusty Bernstein admitieron su pertenencia al Partido Comunista y al CNA. Aunque Rusty había sido capturado en Rivonia durante la redada, la única evidencia directa que el estado esgrimía en su contra era que había contribuido a instalar una antena de radio en la granja. En su incisivo testimonio, Kathy negó haber cometido actos de sabotaje o haber incitado a otros a cometerlos, pero dijo que respaldaba tales acciones si servían para hacer avanzar la lucha.

Todos nos habíamos sentido sorprendidos ante la detención del acusado número ocho, James Kantor, al que habían incorporado a nuestro grupo sin motivo aparente. Aparte de ser cuñado y socio de Harold Wolpe, y de haber realizado una serie de transacciones para nosotros a través de su oficina, no estaba relacionado en absoluto ni con el CNA ni con la MK. No existía prácticamente ninguna prueba en contra suya y supuse que el único motivo por el que el estado seguía adelante con la charada de procesarle era el de intimidar a los abogados progresistas. El día en que el juez de Wet debía dictaminar acerca del caso de Jimmy estábamos esperando juntos en las celdas que había bajo la sala del tribunal. Le dije a Jimmy: "Intercambiemos nuestras corbatas para que nos den buena suerte". Cuando vio la corbata ancha y anticuada que le pasaba a cambio de la preciosa corbata de seda que él me daba, probablemente pensaría que tan sólo intentaba mejorar mi vestuario. Jimmy era un hombre que prestaba mucha atención a su atuendo, pero llevó la corbata puesta al tribunal. Cuando el juez de Wet desestimó los cargos presentados contra él, levantó la corbata en dirección a mí a modo de saludo y despedida.

Raymond Mhlaba era una de las principales figuras del CNA y la MK al este de El Cabo. No obstante, dado que el estado no tenía grandes pruebas contra él, negó ser un miembro de la MK y dijo que no sabía nada de los sabotajes. Entre todos decidimos que ni Elias Motsoaledi, el acusado número nueve, ni Andrew Mlangeni, el número diez, debían testificar. Eran miembros de base de la MK, y no había mucho que pudieran añadir a lo que ya se había dicho. Elias Motsoaledi, a pesar de que había sido torturado y golpeado en la cárcel, no se había venido abajo en ningún momento. Andrew Mlangeni, el último acusado, hizo su declaración sin prestar juramento. En ella admitía que había transportado mensajes e instrucciones para la MK, y que se había disfrazado de sacerdote para facilitar su trabajo. También comunicó a la corte que había sido agredido mientras estaba en la cárcel y que había sido sometido a descargas eléctricas. Andrew fue el último testigo y, tras su comparecencia, la defensa descansó. Sólo quedaba escuchar los alegatos finales y el veredicto.

El 20 de mayo, Yutar repartió entre la prensa una docena de volúmenes encuadernados en cuero azul con su alegato final. También ofreció uno a la defensa. A pesar de su hermoso envoltorio, el discurso de Yutar era un caótico resumen de las imputaciones de la fiscalía y no explicaba la acusación ni evaluaba las pruebas. Estaba repleto de insultos *ad hominem*. "La falsía de que hacen gala los acusados es pasmosa", dijo en un determinado momento. "Aunque representaban escasamente a un uno por ciento de la población bantú, asumieron ellos solos la carga de decirle al mundo que en Sudáfrica los africanos están oprimidos, suprimidos y deprimidos". Hasta el juez de Wet pareció desconcertado por el discurso de Yutar. Hubo un momento en que el magistrado le interrumpió para decir: "Señor Yutar, reconoce que no ha conseguido probar que se adoptara decisión alguna acerca de la guerra de guerrillas, ¿no es así?". Yutar se quedó pasmado. Había asumido exactamente lo contrario. También nosotros nos quedamos sorprendidos, ya que la pregunta del juez nos daba esperanzas. Yutar respondió en tono vacilante al tribunal, afirmando que sí se habían hecho preparativos para emprender una guerra de guerrillas.

"Estoy al corriente de eso", le respondió impaciente el juez de Wet. "La defensa lo admite, pero también sostiene que antes de la detención no se había adoptado decisión alguna para embarcarse en una guerra de guerrillas. ¿Debo deducir que no tiene usted pruebas que contradigan esa afirmación, y que la acepta?".

"Cómo desee su señoría", contestó Yutar con voz ahogada.

Yutar finalizó diciendo que aquel caso no era sólo un proceso por alta traición *par excellence,* sino que también se juzgaba un caso de asesinato y de intento de asesinato. Ninguna de esas dos acusaciones habían sido incluidas en la formulación de cargos. En pleno ataque de fanfarronería proclamó: "Me atrevo a decir que todas y cada una de las alegaciones de la acusación han sido demostradas". Sabía perfectamente, incluso mientras pronunciaba aquellas palabras, que lo que decía era patentemente falso.

El asesor de la defensa, Arthur Chaskalson, fue el primero en ponerse en pie para rebatir algunas de las cuestiones de procedimiento plantedas por el ministerio fiscal. Rechazó la afirmación de Yutar de que el juicio tuviera algo que ver con un proceso por asesinato y recordó al tribunal que la política de la MK había tenido como objetivo expreso que no se produjeran daños personales. Cuando Arthur comenzó a explicar que otras organizaciones habían cometido actos de sabotaje de los que se culpaba a los acusados, De Wet le interrumpió para decir que ya había aceptado eso como un hecho. Aquello constituyó otra victoria inesperada.

Bram Fischer fue el siguiente en intervenir. Lo tenía todo preparado para responder a las dos argumentaciones más serias de la acusación: que habíamos decidido emprender una guerra de guerrillas, y que el CNA y la MK eran la misma cosa. Aunque De Wet ya había dicho que aceptaba que la guerra de guerrillas no había empezado aún, no estábamos dispuestos a correr riesgos y queríamos dejar las cosas bien claras. Cuando Bram empezó a exponer el primer punto, De Wet le interrumpió un tanto irritado. "Creí que ya había dejado claro cuál era mi actitud. Acepto que no se había adoptado ninguna decisión ni se había fijado fecha alguna para iniciar una guerra de guerrillas".

Al abordar Bram el segundo punto, De Wet volvió a interrumpirle para decirle que también daba por hecho que las dos organizaciones eran independientes. Bram, que normalmente estaba en condiciones de responder a cualquier cosa, no estaba realmente preparado para aquella respuesta. El juez había dado por buenos sus razonamientos incluso antes de plantearlos. Estábamos jubilosos —es decir, en la medida en la que hombres que se enfrentan a la pena de muerte pueden estar jubilosos—. Se suspendió la vista durante tres semanas mientras De Wet estudiaba su veredicto.

57

EL MUNDO HABÍA estado pendiente del juicio de Rivonia. Se celebraron vigilias nocturnas en apoyo de nuestra causa en la catedral de St. Paul en Londres. Los estudiantes de la Universidad de Londres me eligieron presidente *in absentia* del sindicato de estudiantes. Un grupo de expertos de las Naciones Unidas urgieron la celebración de una conferencia nacional en Sudáfrica que llevara a la instauración de un parlamento realmente representativo, y recomendaron una amnistía para todos los oponentes del *apartheid*. Dos días antes de que el juez de Wet diera su veredicto, el Consejo de Seguridad de las Naciones Unidas (con cuatro abstenciones, incluyendo las de Gran Bretaña y los Estados Unidos) instó al gobierno sudafricano a que pusiera fin al juicio y concediera una amnistía a los acusados.

Durante los días previos a la reanudación del proceso escribí varios trabajos para una serie de exámenes de la Universidad de Londres donde esperaba conseguir mi doctorado. Puede parecer extraño que hiciera los exámenes pocos días antes de la lectura del veredicto. Desde luego a mis guardianes les parecía muy raro. Me decían que no necesitaría un título en el lugar al que me dirigía. Pero había seguido con mis estudios durante todo el jucicio y quería examinarme. Para mí era una especie de monomanía, y posteriormente me di cuenta de que era un modo de no pensar en términos negativos. Sabía que no era probable que volviera a ejercer el derecho a corto plazo, pero no quería pensar en la alternativa. Aprobé los exámenes.

El jueves 11 de junio nos reunimos de nuevo en el Palacio de Justicia para escuchar el veredicto. Sabíamos que, al menos para seis de nosotros, sólo podía ser de culpabilidad. La cuestión era cuál sería la sentencia.

De Wet no perdió el tiempo cuando entró en la sala. Habló con rapidez y en voz grave. "He tomado nota de las razones por las que he llegado a las conclusiones a las que he llegado. No tengo intención de leerlas aquí".

"Declaro al acusado número uno culpable de los cuatro cargos que se le imputan. Declaro al acusado número dos culpable de los cuatro cargos que se le imputan. Declaro al acusado número tres culpable de los cuatro cargos que se le imputan".

De Wet declaró culpables de los cuatro cargos a todos los principales acusados. A Kathy sólo le declaró culpable de uno, y Rusty Bernstein fue declarado inocente y liberado.

"No pienso abordar la cuestión de la sentencia hoy", dijo De Wet. "El estado y la defensa tendrán oportunidad de alegar lo que deseen mañana por la mañana a las diez". Acto seguido levantó la sesión.

Habíamos tenido esperanzas de que Kathy y Mhlaba salieran libres. Era otra indicación, si es que era necesaria, de que el estado había optado por una posición de dureza frente al caso. Si podía declarar culpable a Mhlaba de los cuatro cargos con tan pocas puebas, la pena de muerte no podía estar lejos para aquellos en cuyo caso las pruebas eran abrumadoras.

Aquella noche, tras una discusión entre nosotros, Walter, Govan y yo notificamos a nuestros defensores que fuera cual fuera la sentencia, incluso aunque se tratase de la pena capital, no apelaríamos. La decisión dejó sorprendidos a nuestros abogados. Walter, Govan y yo opinábamos que una apelación minaría la posición moral que habíamos adoptado. Después de sostener, desde un principio, que habíamos actuado siempre con orgullo y por motivos morales, no estábamos dispuestos a sugerir lo contrario apelando. Si nos condenaban a muerte no queríamos obstaculizar la campaña masiva que sin duda estallaría. A la vista de la línea audaz y desafiante que habíamos mantenido durante todo el juicio, una apelación sería anticlimática e incluso decepcionante. Nuestro mensaje era que ningún sacrificio era demasiado grande en la lucha por la libertad.

Nuestros abogados se mostraron disconformes con aquella decisión. Querían estudiar con nosotros la posibilidad de presentar una apelación, pero Walter, Govan y yo queríamos discutir la mecánica jurídica de la sentencia que se pronunciaría al día siguiente. Si nos sentenciaban a muerte, ¿qué ocurriría entonces? Nos dijeron que una vez que De Wet hubiera pronunciado la sentencia de muerte me preguntaría a mí como primer acusado: "¿Tiene usted algo que alegar en contra de la sentencia?". Le dije a Bram, a Joel y a Vernon que en tal caso tendría bastantes cosas que decir. Le diría a De Wet que estaba dispuesto a morir con la seguridad de que mi muerte serviría de inspiración a la causa por la que entregaba mi vida. Mi muerte —nuestras muertes— no serían en vano. En todo caso, podríamos prestar un mayor servicio a la causa con nuestra muerte que cualquiera que pudiéramos prestarle en vida. Nuestros defensores objetaron que un discurso así no serviría de gran ayuda a la hora de apelar; yo reafirmé nuestra intención de no utilizar ese recurso.

Incluso, aunque no nos condenaran a muerte —especialmente en ese caso—, existían razones prácticas para no apelar. Por una parte, podíamos salir perdiendo. El tribunal de apelaciones podía decidir que De Wet había sido excesivamente indulgente con nosotros y que merecíamos ser condenados a muerte. Además, una apelación supondría un freno para la presión internacional en favor de nuestra liberación.

Para el estado, el veredicto más práctico sería la pena de muerte. Habíamos oído decir que John Vorster, el ministro de Justicia, le había comentado a unos amigos que el error más grave que había cometido el primer ministro Smuts durante la II Guerra Mundial había sido no ahorcarle por traición. El National Party, había afirmado, no cometería el mismo error.

Estaba preparado para afrontar la pena de muerte. Para estar realmente preparado para algo es necesario esperarlo de verdad. No es posible estar preparado para algo creyendo en secreto que no ocurrirá. Todos estábamos mentalizados, no porque fuéramos especialmente valientes, sino porque éramos realistas. Pensé en la frase de Shakespeare: "Estad preparados para la muerte, pues así, tanto la muerte como la vida os resultarán más dulces".

58

EL VIERNES 12 DE JUNIO DE 1964 entramos en la sala del tribunal por última vez. Había pasado casi un año desde las fatídicas detenciones en Rivonia. Las medidas de seguridad eran extraordinariamente estrictas. Nuestro convoy recorrió las calles a gran velocidad con las sirenas aullando. Todos los accesos que llevaban al tribunal habían sido cerrados al tráfico normal y la policía comprobaba la identidad de todo aquel que intentaba acercarse al Palacio de Justicia. Incluso habían establecido controles en las estaciones locales de autobús y ferrocarril. A pesar de todas estas medidas intimidatorias, se reunieron al menos dos mil personas frente al edificio del tribunal, con pancartas y carteles en los que podían leerse cosas como: "ESTAMOS CON NUESTROS LÍDERES". En el interior de la sala la galería estaba llena de público, y los representantes de la prensa local y extranjera habían tenido que quedarse en pie.

Saludé con la mano a Winnie y a mi madre, que había venido desde el Transkei. Era reconfortante verlas allí. Debe de ser una sensación muy extraña entrar a un tribunal de justicia para averiguar si van a condenar a tu hijo a muerte. Aunque sospecho que mi madre no entendía bien lo que estaba pasando, nunca me faltó su apoyo. Winnie se mantuvo igualmente firme, y su fuerza fue una fuente de inspiración para mí.

El secretario del tribunal abrió el caso "El estado contra Mandela y otros". Antes de que se dictara sentencia hubo dos intervenciones. Harold Hanson y el escritor Alan Paton, que era además presidente del Liberal Party, leyeron dos peticiones de clemencia. Hanson habló con elocuencia, diciendo que las reivindicaciones de una nación no pueden ocultarse, que el pueblo siempre encuentra el modo de expresarlas. "El crimen no está en sus objetivos", dijo Hanson, "sino en los medios que utilizaron". Hanson dijo que el juez haría bien en recordar que su propio pueblo, el afrikáner, había recurrido a la lucha violenta para alcanzar la libertad.

Aunque Paton no apoyaba personalmente la violencia, manifestó que los acusados sólo habían tenido dos alternativas: "Agachar la cabeza y someterse, o resistirse por la fuerza". Añadió que el tribunal debía mostrar clemencia para con ellos, ya que, en caso contrario, el futuro de Sudáfrica se presentaba desolador.

Pero De Wet no pareció escuchar a ninguno de aquellos dos hombres. No levantó la vista ni hizo anotación alguna mientras hablaban. Parecía absorto en sus propios pensamientos. Era obvio que ya había tomado una decisión; sólo esperaba al momento apropiado para hacerla pública.

Nos hizo un gesto con la cabeza para que nos pusiéramos en pie. Intenté mirarle a los ojos, pero ni siquiera miraba en nuestra dirección. Sus ojos estaban fijos en el infinito. Estaba muy pálido y respiraba pesadamente. Nos miramos los unos a los otros y creímos adivinarlo: la condena sólo podía ser a muerte. En caso contrario, ¿por qué estaba tan nervioso aquel hombre normalmente tan calmado? En ese momento empezó a hablar.

En el transcurso de este proceso he oído hablar mucho acerca de las injusticias que se cometen con la población no europea. Tanto los acusados como su abogados han dicho que los primeros, todos ellos líderes de la población no europea, habían actuado movidos por el deseo de luchar contra esas injusticias. No estoy en absoluto convencido de que los motivos de los acusados hayan sido tan altruistas como desean hacer creer a este tribunal. Quienes organizan una revolución suelen apoderarse del gobierno, y la ambición personal no puede descartarse como motivo.

Hizo una breve pausa como si necesitara coger aire. La voz de De Wet, que en todo momento había sido queda, resultaba ahora prácticamente inaudible.

La función de este tribunal, como la de cualquier otro tribunal de cualquier otro país, es imponer la ley y el orden y hacer respetar las leyes del estado en cuyo seno actúa. El crimen del que los acusados han sido declarados culpables, es decir, el principal cargo, el de conspiración, es en esencia un crimen de alta traición. El estado ha decidido no presentar la acusación bajo esta forma. Con esto en mente y tras considerar cuidadosamente la cuestión, he decidido no imponer a los acusados la pena de muerte, que normalmente sería lo apropiado en un caso así. Ésa es toda la clemencia que puedo asumir en coherencia con mi deber. La sentencia para todos los acusados será de cadena perpetua.

Nos miramos los unos a los otros y sonreímos. Toda la sala había contenido la respiración ante el anuncio de que no seríamos condenados a muerte. Pero algunos espectadores estaban consternados porque no habían conseguido oír la sentencia de De Wet.

—Dennis, ¿qué ha dicho? —le preguntó a gritos la mujer de Dennis Goldberg.

—¡Cadena perpetua! ¡Cadena perpetua! ¡No nos van a matar! —aulló él como respuesta.

Me di la vuelta y sonreí en dirección a la galería, buscando las caras de Winnie y de mi madre. En la sala reinaba una gran confusión. La gente gritaba, la policía empujaba a la muchedumbre de acá para allá, y no pude verlas. Hice el saludo con el pulgar en alto del CNA mientras muchos espectadores se precipitaban hacia la calle para hacer pública la noticia. Los policías encargados de nuestra vigilancia empezaron a empujarnos hacia la puerta que llevaba al sótano. Aunque de nuevo intenté buscar la cara de Winnie, no logré verla antes de agacharme para pasar por la puerta que conducía a las celdas que había bajo la sala de juicios.

Permanecimos esposados en las celdas. La policía estaba muy nerviosa a causa de la multitud congregada en el exterior del edificio. Nos mantuvieron encerrados durante más de media hora con la esperanza de que la concentración se dispersara. Luego nos sacaron por la parte de atrás del edificio y nos metieron en el furgón negro. Podíamos oír a la escolta de motocicletas acelerar sus máquinas junto a nosotros. Para esquivar a la multitud, el furgón emprendió un recorrido distinto, pero aun así, oíamos a la gente gritar *"Amandla!"*, y los lentos y bellísimos ritmos de *Nkosi Sikelel' iAfrika*. Sacamos el puño y lo mantuvimos en alto a través de los barrotes de la ventanilla con la esperanza de que la multitud nos viera, sin saber si podría hacerlo.

Éramos ya convictos. Nos separaron de Dennis Goldberg porque él era blanco e iba a ser conducido a un centro penitenciario diferente. A los demás nos encerraron en celdas en la prisión local de Pretoria, lejos de los demás presos. En lugar de gritos y cánticos ya sólo pudimos oír el sonido metálico de las puertas y las rejas al cerrarse.

Aquella noche, acostado sobre la estera en el suelo de la celda, repasé las razones del juez de Wet para llegar a la decisión que había tomado. Sin duda, las manifestaciones celebradas en toda Sudáfrica y las presiones internacionales debían haberle influido. Organizaciones sindicales de todo el mundo habían protestado por el juicio. En muchos países, los sindicatos de estibadores habían amenazado con boicotear la descarga de las mercancías procedentes de Sudáfrica. El primer ministro ruso, Leónidas Brezhnev, había escrito al doctor Verwoerd pidiéndole clemencia. Miembros del Congreso de los Estados Unidos habían manifestado su repulsa. Cincuenta miembros del Parlamento británico habían organizado una marcha sobre Londres. Se rumoreaba que Alex Douglas-Home, ministro de Asuntos Exteriores británico, estaba actuando entre bastidores para prestar ayuda a nuestra causa. Adlai Stevenson, representante de EE UU ante la ONU, sostenía en una carta que su gobierno haría cualquier cosa con tal de impedir que fuéramos condenados a muerte. Llegué a la conclusión de que a De Wet le habría resultado difícil imponernos la pena de muerte una vez aceptado que no habíamos emprendido una guerra de guerrillas y que el CNA y la MK eran organizaciones distintas. Habría resultado una condena excesiva.

Verwoerd dijo ante el Parlamento que la condena impuesta no se había debido a las protestas y solicitudes de clemencia ni a la presencia de representaciones procedentes de todo el mundo. Comentó en tono fanfarrón que todos los telegramas procedentes de los países comunistas habían ido a parar a la papelera.

Cuando el proceso casi tocaba a su fin, el juez de Wet le había comentado de pasada a Bram Fischer que nuestra defensa había generado gran cantidad de propaganda sobre el juicio en todo el mundo. Tal vez fuera su manera de reconocer la presión a la que se veía sometido. Sabía que si éramos ejecutados, la mayor parte del mundo le consideraría un asesino.

Sin embargo, se encontraba sometido a presiones aún mayores por parte de su propia gente. Era un afrikáner blanco, un producto del sistema y las actitudes del estado sudafricano, y no sentía la menor pulsión de ir en contra de las creencias en las que se había formado. Había sucumbido a aquellas presiones condenándonos a prisión de por vida y se había resistido a ellas no condenándonos a muerte.

Me sorprendieron y desagradaron las condenas que De Wet había impuesto a Kathrada, Motsoaledi y Mlangeni. Había esperado que declarara inocente a Kathy y que condenara a Elias y Andrew a penas menores. Los dos últimos eran miembros comparativamente recientes de la MK, y la suma de las transgresiones cometidas por los tres no podía ni compararse con las cometidas por el resto de nosotros. Al no apelar, perjudicaríamos a Kathy, Andrew y Elias: un tribunal de apelaciones probablemente habría reducido sus condenas.

Todas las noches, antes de que se apagaran las luces, la prisión local de Pretoria resonaba con las voces de los presos africanos cantando canciones de libertad. Pero todas las noches, segundos antes de que se amortiguaran las luces, como obedeciendo a una orden silenciosa, el murmullo de las voces se interrumpía y toda la cárcel quedaba en silencio. Entonces, desde una docena de lugares de todo el centro surgía el grito de *"Amandla!"*, al que cientos de voces respondían *"Ngawethu!"*. A menudo iniciábamos el ciclo de llamadas y respuestas nosotros mismos, pero aquella noche fueron otros prisioneros desconocidos quienes tomaron la iniciativa. Las voces procedentes de todas las esquinas de la cárcel nos parecían sobrehumanamente poderosas. Era como si pretendieran fortalecernos de cara al futuro que se abría ante nosotros.

Parte Octava

LA ISLA DE ROBBEN:
LOS AÑOS OSCUROS

59

AL LLEGAR LA MEDIANOCHE estaba aún despierto mirando al techo —las imágenes del juicio me daban vueltas en la cabeza— cuando oí pasos en el corredor. Estaba encerrado solo en mi celda, lejos de mis compañeros. Alguien llamó a la puerta y vi la cara del coronel Aucamp entre los barrotes. "Mandela", dijo con un ronco susurro, "¿estás despierto?".

Le dije que sí. "Eres un hombre afortunado", continuó. "Vamos a llevarte a un lugar en el que podrás ser libre. Podrás pasear; podrás ver el mar y el cielo, no sólo paredes grises".

No pretendía ser sarcástico, pero yo sabía perfectamente que el lugar al que se refería no me permitiría disfrutar de la libertad que añoraba. A continuación, un tanto crípticamente, comentó: "Si no creas problemas, podrás tener todo lo que quieras".

A continuación Aucamp despertó a los otros cuatro, que estaban encerrados en la misma celda, y les ordenó que empaquetaran sus cosas. Quince minutos después nos abríamos camino a través del laberinto de acero de la prisión local de Pretoria, con el eco de la interminable serie de puertas metálicas resonando en nuestros oídos.

Una vez fuera, los siete —Walter, Raymond, Govan, Kathy, Andrew, Elias y yo— fuimos esposados e introducidos en la trasera de un furgón de la policía. Era más de medianoche, pero ninguno de nosotros estaba cansado, y el ambiente era todo menos sombrío. No sentamos en el suelo polvoriento, cantando y reviviendo los momentos finales del juicio. Los guardianes nos dieron *sandwiches* y bebidas frías, y el teniente van Wyck entró en la parte de atrás con nosotros. Era un individuo agradable que, durante un momento de descanso entre canción y canción, nos ofreció su opinión —que nadie había solicitado— sobre el futuro que nos aguardaba. "Bueno", dijo, "no pasaréis mucho tiempo en la cárcel. Las presiones en favor de vuestra liberación son demasiado fuertes. Dentro de uno o dos años estaréis fuera y volveréis como héroes nacionales. Las multitudes os vitorearán, todo el mundo querrá ser vuestro amigo, las mujeres os perseguirán. Qué caray, seréis unos triunfadores". Escuchamos sus palabras sin hacer ningún comentario, pero confieso que su discurso me animó considerablemente. Por desgracia, su profecía tardó en cumplirse casi tres décadas.

Partimos sigilosamente en medio de la noche sin más alharacas que una fuerte escolta policial. En menos de media hora estábamos en un pequeño aeródromo militar en las afueras de la ciudad. Nos introdujeron en un Dakota, un transporte militar de gran tamaño que había conocido días mejores. No tenía calefacción, y viajamos estremecidos en la panza del aeroplano. Algunos de mis compañeros no habían volado nunca, y parecían más atemorizados por la idea de viajar en avión que por nuestro lugar de destino. Dar tumbos arriba y abajo en el interior de un avión a cinco mil metros de altura les parecía mucho más peligroso que estar encerrados en una celda tras altos muros.

Cuando llevábamos aproximadamente una hora de vuelo, el alba empezó a clarear sobre el terreno que había bajo nosotros. El avión tenía portillas y, en cuanto pudimos ver algo a la media luz, mis compañeros pegaron la nariz a los cristales. Volamos hacia el sudeste, sobre las áridas planicies del Estado Libre de Orange y la verde y montañosa península de El Cabo. También yo estiré el cuello para mirar por la ventanilla, examinando el panorama no como turista, sino como estratega, buscando áreas en las que pudiera esconderse un ejército guerrillero.

Desde la creación de la MK habíamos mantenido una discusión ininterrumpida acerca de si el territorio de Sudáfrica era apropiado para un ejército guerrillero. La mayor parte del alto mando de la organización opinaba que no. Al volar sobre un área boscosa y montañosa de El Cabo llamada Matroosberg, grité a mis colegas que allí había un terreno apropiado desde el que combatir. Todos se pusieron muy excitados y alargaron el cuello para ver mejor. Efectivamente, aquel área, con sus espesos bosques, parecía capaz de ofrecer refugio a un futuro ejército guerrillero.

Minutos más tarde nos aproximamos a la periferia de Ciudad de El Cabo. No tardamos en ver las pequeñas casas, parecidas a cajas de cerillas, de los *townships* de Cape Flats, los resplandecientes rascacielos del centro de la ciudad, y la cumbre horizontal del monte Table. Poco después, en las aguas azul oscuro de la bahía Table, en el Atlántico, alcanzamos a distinguir entre la neblina el perfil de la isla de Robben.

Descendimos en una pista de aterrizaje que había en un extremo de la isla. El día era desapacible y nublado, y cuando bajamos del avión el frío viento invernal atravesó la delgada tela de nuestros uniformes carcelarios. Fuimos recibidos por guardias armados con fusiles automáticos.

El ambiente era tenso pero apagado, muy distinto al de la ruidosa acogida de mi anterior visita a la isla, dos años antes.

Fuimos escoltados hasta la vieja cárcel, un edificio aislado de piedra en cuyo exterior se nos ordenó que nos desvistiéramos. Una de las humillaciones rituales de la vida penitenciaria es que cuando te transfieren de una cárcel a otra, lo primero que te obligan a hacer es cambiarte de ropa, sustituyendo el uniforme de la anterior por el de la nueva. Cuando estuvimos desnudos, nos tiraron los uniformes caqui empleados en la isla de Robben.

El reglamento impuesto por el *apartheid* alcanzaba incluso a la ropa. A todos nosotros, excepto a Kathy, nos dieron unos pantalones cortos, un jersey ligero y una chaqueta de lona. A Kathy, que era indio, le dieron pantalones largos. Normalmente, a los africanos les daban unas sandalias hechas con trozos de neumático, pero esta vez nos dieron zapatos. Sólo Kathy recibió unos calcetines. Los pantalones cortos servían para recordar a los africanos que éramos "chicos". Aquel día me puse los pantalones cortos, pero me juré a mí mismo que no los llevaría puestos mucho tiempo.

Los guardianes nos indicaban con sus armas en qué dirección querían que nos moviéramos y ladraban órdenes con exagerado laconismo: "¡En marcha!" "¡Silencio!" "¡Alto!". No nos amenazaban con el tono fanfarrón que recordaba de mi anterior estancia allí. De hecho, no exteriorizaban emoción alguna.

La vieja cárcel fue sólo un alojamiento provisional. Las autoridades estaban dando los últimos retoques a una estructura independiente de máxima seguridad para prisioneros políticos. Mientras estuvimos allí no se nos permitió salir al exterior ni tener el menor contacto con otros presos.

En la mañana del cuarto día nos esposaron y fuimos conducidos en un camión cubierto a otra cárcel dentro de la cárcel. La nueva estructura era una fortaleza rectangular de piedra de un solo piso con un patio de cemento en el centro que medía alrededor de treinta y cinco por diez metros. Tenía celdas en tres de sus cuatro lados. El cuarto lado era un muro de siete metros de altura con una pasarela patrullada por guardianes acompañados de perros pastores alemanes.

Las tres secciones de celdas recibían el nombre de galería A, galería B y galería C. Nos encerraron en la sección B, que estaba en el lado este del cuadrángulo. Nos asignaron celdas individuales a ambos lados de un largo corredor, en el que la mitad de las celdas daban al patio. Había un total de unas treinta celdas. El número de presos encerrados en celdas individuales solía ser de veinticuatro. Cada celda tenía un ventanuco de menos de un metro cuadrado protegido con barrotes de hierro. La celda tenía dos puertas: una interior, cubierta con una rejilla metálica y barrotes de hierro, y otra de madera gruesa en el exterior. Durante el día sólo permanecía cerrada la puerta interior; por las noches se cerraba también la puerta de madera.

Las celdas habían sido construidas a toda prisa, y las paredes estaban perpetuamente húmedas. Cuando me quejé de ello al comandante en jefe de la prisión me contestó que nuestros cuerpos absorberían la humedad. Nos dieron a cada uno tres mantas tan delgadas y gastadas que eran prácticamente transparentes. Para dormir no teníamos más que una esterilla de sisal o paja. Más adelante nos dieron una esterilla de fieltro, y poníamos ésta sobre la de sisal para dormir sobre algo que fuera al menos ligeramente blando. En aquella época del año hacía tanto frío en las celdas y las mantas abrigaban tan poco que siempre dormíamos totalmente vestidos.

A mí me asignaron una celda, que podía recorrer en tres pasos, situada al principio del corredor. Daba al patio y tenía un pequeño ventanuco a la altura de la vista. Cuando me acostaba tocaba una pared con los pies y mi cabeza rozaba el cemento de la pared opuesta. La anchura de la celda era de unos dos metros, y los muros tenían un espesor de al menos sesenta centímetros. En la puerta de cada celda había una tarjeta blanca en la que figuraba el nombre y el número de su ocupante. La mía rezaba "N Mandela 466/64", lo que quería decir que era el preso número 466, admitido en la isla en el año 1964. Tenía cuarenta y seis años y era un prisionero político condenado a cadena perpetua. Aquel angosto cubículo había de ser mi hogar sabía Dios hasta cuándo.

Inmediatamente se nos unió un grupo de prisioneros que habían estado encerrados en la sección de comunes de la cárcel, un edificio chato de ladrillos no muy alejado de la galería B. La sección de comunes, compuesta por las galerías F y G, albergaba alrededor de un millar de presos, en su mayoría comunes, aunque una cuarta parte de los allí encerrados eran presos políticos. Un puñado de ellos fue trasladado a la sección B y encerrado con nosotros. Se nos mantenía aislados de los presos comunes por dos razones: se nos consideraba peligrosos desde el punto de vista de la seguridad, pero aún más peligrosos desde el punto de vista ideológico. A las autoridades penitenciarias les preocupaba que pudiéramos "contagiar" a los otros presos nuestras actitudes políticas.

Entre la gente que fue encerrada junto con nosotros estaba George Peake, uno de los fundadores de la SACPO (Organización del Pueblo Mestizo de Sudáfrica). Era uno de los acusados en el juicio por traición y, recientemente, había sido miembro del consejo municipal de Ciudad de El Cabo. Había sido condenado por colocar explosivos en el exterior de una cárcel de esa ciudad. Dennis Brutus era otro activista político mestizo procedente de Port Elizabeth. Era poeta y escritor, y había sido encarcelado por transgredir su orden de proscripción. También se nos unió Billy Nair, un antiguo militante del Congreso Indio de Natal y miembro de Umkhonto we Sizwe, que había sido sentenciado por sabotaje.

Pocos días después recibimos más compañía. Se nos sumó Neville Alexander, un conocido intelectual mestizo miembro del NEUM (Movimiento para la Unidad de los No Europeos), que había creado en El Cabo una diminuta organización radical llamada el Yu Chi Chan Club, emparentada con el movimiento y dedicada al estudio de la guerra de guerrillas. Neville era licenciado en letras por la universidad alemana de Tubingen. Además de Neville estaban Fikile Bam, un estudiante de derecho de la Universidad de Ciudad de El Cabo, que también formaba parte del Yu Chi Chan Club, y Zephania Mothopeng, un miembro de la ejecutiva nacional del CPA. Zeph había sido profesor en Orlando, y era un firme opositor a la ley de Educación Bantú, así como uno de los líderes más sensatos del CPA. Por último, encerraron con nosotros a tres campesinos de avanzada edad condenados por conspiración para asesinar a K. D. Matanzima, que se había convertido en responsable del "autogobierno" en el Transkei.

Así se constituyó nuestro núcleo central, compuesto de unos veinte presos. A algunos de ellos les conocía, mientras que a otros no les había visto en mi vida. Entre los contados momentos festivos en la cárcel están aquellos en los que uno se encuentra con viejos amigos y conoce a gente nueva. No obstante, durante aquellas primeras semanas el ambiente fue tan opresivo que ni siquiera podíamos saludarnos. Había tantos guardianes como presos, y los primeros imponían hasta la más ridícula de las normas carcelarias por medio de amenazas e intimidaciones.

*	*	*

Aquella primera semana emprendimos la tarea que había de mantenernos ocupados durante los próximos meses. Cada mañana un camión traía una carga de piedras del tamaño de una pelota de balonvolea y la dejaba junto a la entrada del patio. Llevábamos las piedras con carretillas hasta el centro del patio. Luego nos daban mazos de dos kilos; o de siete kilos para las piedras de mayor tamaño. Nuestro trabajo consistía en convertir las piedras en grava. Nos dividían en cuatro hileras, separadas entre sí alrededor de un metro y medio, y nos sentábamos en el suelo con la piernas cruzadas. Nos daban a cada uno un grueso anillo de caucho hecho con trozos de neumático para que pusiéramos las piedras en ellos. Se suponía que el anillo en cuestión detendría las esquirlas de piedra, pero no servía prácticamente para nada. Empleábamos toscas máscaras de tela metálica para protegernos los ojos.

Los carceleros caminaban entre nosotros para imponer silencio. Durante las primeras semanas venían guardianes de otras secciones de la cárcel, e incluso de otras cárceles, para mirarnos como si fuéramos una colección de animales exóticos enjaulados. El trabajo era tedioso y difícil; no era suficientemente duro como para hacernos entrar en calor, pero era lo bastante duro como para que nos dolieran todos los músculos.

En la isla de Robben, los meses más desapacibles eran junio y julio, cuando el invierno se percibía en el aire y comenzaban las lluvias. La temperatura parecía no subir nunca de los cuatro grados centígrados. Incluso al sol, yo tiritaba bajo mi delgada camisa caqui. Fue entonces cuando comprendí por vez primera el significado de la frase "estar helado hasta los huesos". A mediodía hacíamos un descanso para comer. Aquella primera semana no nos dieron más que una sopa que desprendía un hedor espantoso. Por la tarde se nos permitía hacer media hora de ejercicio en el patio bajo una estricta supervisión. Dábamos vueltas al patio caminando rápidamente en fila india.

Uno de los primeros días que pasamos desmenuzando rocas, un guardián le ordenó a Kathy que llevara una carretilla llena de grava al camión que había aparcado junto a la entrada. Kathy era muy delgado, y no estaba acostumbrado al trabajo físico duro. Fue incapaz de mover la carretilla. Los guardianes le gritaron: *"Laat daardie kruiva loop!"* (¡A ver si se mueve esa carretilla!). Cuando Kathy consiguió moverla ligeramente, pareció que se le iba a volcar, y los guardianes se echaron a reír. Vi que Kathy estaba empeñado en no darles motivos para que se burlaran de él. Yo sabía cómo maniobrar con una carretilla, y me levanté de un salto para ayudarle. Conseguí decirle a Kathy que la moviera lentamente, que era una cuestión de equilibrio y no de fuerza, antes de que me ordenaran sentarme. Asintió con la cabeza y a continuación empujó la carretilla a lo largo del patio. Los guardianes dejaron de sonreír.

A la mañana siguiente, los responsables de la cárcel pusieron una enorme cuba en el patio y nos anunciaron que debía estar medio llena antes del fin de semana. Trabajamos duro y con éxito. El jefe de los guardianes nos comunicó que la siguiente semana debíamos llenar tres cuartas partes de la cuba. Trabajamos con gran diligencia y conseguimos hacerlo. La siguiente semana nos ordenaron llenarla hasta arriba. Sabíamos que no podíamos tolerar aquello durante mucho más tiempo, pero no dijimos nada. Incluso conseguimos llenar la cuba del todo, pero nos sentíamos provocados por nuestros carceleros. Entre susurros, nos pusimos de acuerdo para adoptar una política: nada de cuotas. A la semana siguiente empezamos la primera huelga de bajo rendimiento de la isla: habíamos decidido trabajar a la mitad de la velocidad habitual como protesta por aquellas exigencias desmesuradas e injustas. Los guardianes se dieron cuenta de inmediato y nos amenazaron, pero nos negamos a trabajar más rápido. Seguimos aplicando aquella estrategia de ritmo lento durante todo el tiempo que trabajamos en el patio.

La isla de Robben había cambiado desde mi estancia de quince días en 1962. Por aquel entonces albergaba pocos presos y el lugar parecía más un centro experimental que una cárcel en condiciones. Dos años más tarde, la isla era, sin lugar a dudas, la prisión más brutal y represiva de todo el sistema penitenciario de Sudáfrica. Era una fuente de penalidades no sólo para los presos, sino también para los funcionarios de prisiones. Habían desaparecido los guardianes mestizos que nos habían ofrecido cigarrillos y comprensión. Ahora, los carceleros eran todos blancos, y una abrumadora mayoría de ellos hablaba afrikaans e imponía una relación amo-esclavo. Nos ordenaron que les llamáramos *baas,* a lo que nos negamos. La separación racial en la isla de Robben era absoluta: no había guardianes negros ni prisioneros blancos.

El traslado de una prisión a otra siempre exige un cierto grado de adaptación por parte del preso, pero ir a parar a la isla de Robben era como ser trasladado a otro país. Su aislamiento la convertía no sólo en una cárcel diferente, sino en un mundo distinto, muy alejado de aquel del que procedíamos. La moral con la que habíamos salido de la prisión local de Pretoria se había desvanecido ante la aspereza de su ambiente. Nos enfrentábamos cara a cara con el hecho de que nuestra vida sería irredimiblemente gris y sombría. En Pretoria nos habíamos sentido en contacto con nuestros simpatizantes y nuestras familias; en la isla nos sentíamos aislados. Y, en verdad, así era. Teníamos el consuelo de estar juntos, pero era el único. No obstante, mi desánimo se vio pronto reemplazado por la certeza de que para nosotros acababa de comenzar un lucha nueva y diferente.

Desde el primer día había manifestado mi protesta por verme obligado a usar pantalones cortos. Exigí ver al director de la prisión para presentarle una lista de quejas. Los guardianes ignoraron mis protestas, pero a finales de la segunda semana me encontré con unos pantalones caqui que habían sido arrojados sin ceremonia alguna al interior de mi celda. Ni siquiera un traje mil rayas de tres piezas me hubiera satisfecho tanto. Antes de ponérmelos, decidí comprobar si a mis camaradas también les habían dado pantalones largos.

No había sido así, y le dije al guardián que se llevara los míos. Insistí en que todos los prisioneros africanos debían tener pantalones largos. "Mandela, primero dices que quieres unos pantalones largos, y cuando te los damos, dices que no los quieres", gruñó el guardián. Se negó a tocar unos pantalones que habían sido usados por un negro. Finalmente, el comandante en jefe de la prisión vino a en persona a mi celda para recogerlos. "Muy bien, Mandela, llevarás la misma ropa que los demás". Le contesté que si estaba dispuesto a darme a mí unos pantalones largos, ¿por qué se negaba a dárselos a todos los demás? No supo qué contestarme.

60

AL FINALIZAR las primeras dos semanas de nuestra estancia en la isla nos comunicaron que los abogados, Bram Fischer y Joel Joffe, vendrían a visitarnos al día siguiente. Cuando llegaron fuimos escoltados al área de visitas para reunirnos con ellos. El propósito de su visita era doble: ver qué tal nos habíamos adaptado al lugar y comprobar que seguíamos oponiéndonos a presentar una apelación. Sólo habían pasado algunas semanas desde la última vez que les había visto, pero parecía una eternidad. Era como recibir visitas de otro mundo.

Nos sentamos en una habitación vacía, con un mayor junto a la puerta supervisando la conversación. Tenía ganas de abrazarles, pero la presencia del oficial me cohibía. Les dije que todos nos encontrábamos bien, y les expliqué que seguíamos oponiéndonos a la apelación por las mismas razones que habíamos esgrimido en su momento. A ellas se sumaba, además, el hecho de que no queríamos que su presentación pudiera interferir con los casos de otros acusados del CNA. Bram y Joel parecieron resignarse ante esta respuesta, aunque yo sabía que Bram estaba convencido de que debíamos presentar una apelación.

Cuando estábamos a punto de finalizar la entrevista le pregunté a Bram qué tal estaba Molly, su esposa. En cuanto mencioné a Molly, Bram se levantó, se dio la vuelta y salió bruscamente de la habitación. Pocos minutos después regresó. Ya había recobrado la compostura y reanudó la conversación, pero sin contestar a mi pregunta.

La reunión terminó poco después, y mientras caminábamos de vuelta a las celdas con el mayor, éste me dijo: "Te ha sorprendido la reacción de Fischer, ¿verdad, Mandela?". Le dije que sí. Entonces me contó que Molly había muerto en un accidente automovilístico la semana anterior. Bram conducía, había dado un volantazo para esquivar a un animal que había en la carretera y el coche se había precipitado a un río. Molly se había ahogado.

La noticia nos dejó abrumados. Molly había sido una mujer maravillosa, generosa y desprendida, absolutamente carente de prejuicios. Había apoyado a Bram más de lo que era posible imaginar. Había sido su esposa, su colega y su camarada. Bram ya había sufrido anteriormente otra tragedia: su hijo, diabético, había muerto en plena adolescencia.

Huir cuando le pregunté por su mujer había sido un gesto característico del carácter de Bram. Era una persona de gran estoicismo, un hombre que jamás hacía cargar a sus amigos con sus penas y problemas. Como afrikáner a quien la conciencia obligaba a repudiar su propia herencia y a sufrir el ostracismo por parte de su gente, mostraba un coraje y una capacidad de sacrificio sin parangón. Yo sólo luchaba contra la injusticia, no contra los míos.

Comuniqué al comandante de la prisión mis intenciones de escribirle a Bram una carta de condolencia y me respondió que podía hacerlo. Las reglas que gobernaban la correspondencia eran, por aquel entonces, extremadamente estrictas. Sólo se nos permitía escribir a nuestros familiares directos, y aun en ese caso sólo una carta de no más de quinientas palabras cada seis meses. Por consiguiente, me sorprendió agradablemente que me permitiera escribir a Bram. Pero el comandante no estuvo a la altura de su promesa: escribí la carta y se la entregué, pero jamás fue enviada.

Al cabo de unos meses, nuestra vida en prisión se convirtió en una rutina. La vida en la cárcel siempre es igual: cada día es idéntico al que le precede, con lo que los meses y los años acaban confundiéndose los unos con los otros. Todo lo que rompe el tedio pone nerviosos a los responsables, ya que la rutina es el signo de que una prisión está bien organizada.

La rutina es también reconfortante para el preso, pero al mismo tiempo puede convertirse en una trampa. Llega a ser una amante peligrosa a la que resulta difícil resistirse, ya que hace que el tiempo transcurra más deprisa. Los relojes, tanto de pulsera como de cualquier otro tipo, estaban prohibidos en la isla, así que nunca sabíamos exactamente qué hora era. Dependíamos de las campanas, los silbatos y los gritos de los guardianes. Cuando cada semana es exactamente igual a que la precede es necesario hacer un esfuerzo para recordar en qué día de qué mes vive uno. Una de las primeras cosas que hice fue dibujar un calendario en la pared de mi celda. Perder el sentido del tiempo es un buen modo de perder el control sobre uno mismo, incluso de perder la cordura.

El tiempo parece ralentizarse cuando uno está en la cárcel; los días se hacen inacabables. El tópico de que el tiempo se hace eterno está relacionado habitualmente con el ocio y la inactividad, pero no era éste el caso en la isla de Robben. Estábamos ocupados casi continuamente. Trabajábamos, estudiábamos, discutíamos, resolvíamos disputas. Aun así, el tiempo se movía con la lentitud de un glaciar. Esto obedecía en parte a que cosas que normalmente pueden resolverse en unas horas o unos días en el exterior podían llevar meses o años en la cárcel. Solicitar y obtener un cepillo de dientes nuevo solía suponer una espera de seis meses a un año. Ahmed Kathrada dijo en una ocasión que en la cárcel los minutos pueden parecer años, pero que los años pasan como si fueran minutos. Una tarde desmenuzando rocas en el patio podía parecer una eternidad, pero de repente llegaba el final del año y no había forma de saber qué había sido de todos aquellos meses.

El desafío para todos los presos, en especial para todos los presos políticos, era cómo sobrevivir intactos, cómo salir de la cárcel enteros, cómo conservar e incluso reforzar las propias convicciones. La primera tarea que hay que abordar para lograrlo es el correcto aprendizaje de todo lo necesario para sobrevivir. Con tal fin, es necesario ser consciente de los propósitos del enemigo antes de adoptar una estrategia para desbaratarlos. El objetivo de la cárcel es destruir el espíritu y la resolución del prisionero. A tal fin, las autoridades intentan explotar sus debilidades, destruir su iniciativa, negar todo signo de su individualidad, sofocar la chispa que nos hace humanos.

La supervivencia dependía de nuestra capacidad para comprender lo que pretendían hacer con nosotros, y de la posibilidad de compartir ese conocimiento entre todos. Para un hombre aislado sería muy difícil, si no imposible, resistir. No sé qué habría hecho si hubiera estado solo. Pero el mayor error del gobierno fue mantenernos juntos, ya que la unidad fortalecía nuestra determinación. Nos apoyábamos los unos a los otros, nos dábamos fuerzas mutuamente. Todo aquello que sabíamos o averiguábamos era compartido, y así multiplicábamos el valor que cualquiera de nosotros hubiera podido tener individualmente. No quiero decir con esto que todos respondiéramos del mismo modo a las penalidades que padecíamos. Los hombres tienen diferentes capacidades y reaccionan de forma distinta ante situaciones extremas. Así pues, los más fuertes cuidaban de los más débiles y todos salíamos fortalecidos de la empresa. En última instancia, teníamos que crear nuestra propia vida en la cárcel. Hasta un punto que las mismas autoridades reconocían, el orden en la prisión se preservaba gracias a nosotros, no a los funcionarios.

Como líder, a veces es necesario emprender acciones impopulares, o cuyos resultados no serán conocidos hasta transcurridos varios años. Hay victorias cuya gloria se encuentra en el hecho de que solamente las conocen aquellos que las han hecho posibles. Esto es particularmente cierto en el caso de la cárcel, donde hay que buscar consuelo en la fidelidad a los propios ideales, aunque sólo uno mismo lo sepa.

Me encontraba ahora actuando entre bastidores, pero también sabía que no estaba dispuesto a abandonar la lucha. Ésta se desarrollaría en un campo diferente y más restringido. Un terreno en el que el único público seríamos nosotros y nuestros opresores. Considerábamos la lucha en la cárcel como un microcosmos de la lucha en su conjunto. Combatiríamos en el interior del mismo modo en que lo habíamos hecho en el exterior. El racismo y la represión eran idénticos; simplemente tendríamos que enfrentarnos a ellos ateniéndonos a unas reglas diferentes.

La cárcel y las autoridades conspiran para robar la dignidad al hombre. Eso, por sí solo, garantizaba mi supervivencia. Todo hombre o institución que intente arrebatarme mi dignidad sufrirá una derrota, porque no estoy dispuesto a perderla a ningún precio ni bajo ninguna clase de presión. Jamás pensé seriamente en la posibilidad de que una condena de por vida significara en realidad para siempre, y que moriría entre rejas. Tal vez rechazaba tal perspectiva porque resultaba excesivamente desoladora como para contemplarla. Pero siempre supe que, algún día, volvería a sentir la hierba bajo mis pies y caminaría bajo el sol como un hombre libre.

Soy una persona fundamentalmente optimista. No sabría decir si es de nacimiento o como consecuencia de mi crianza. Ser optimista significa, en parte, mantener la cabeza siempre levantada hacia el sol y no dejar nunca de caminar hacia delante. Hubo muchos momentos sombríos en los que mi fe en la humanidad se vio severamente puesta a prueba, pero no podía ni quería abandonarme a la desesperación. En esa dirección se encontraban la derrota y la muerte.

61

TODAS LAS MAÑANAS, a las cinco y media, nos despertaba el guardián de noche haciendo sonar una campana de bronce que había al comienzo del corredor. *"Word wakker! Staan op!"* (¡Despertad! ¡Arriba todos!), gritaba. Yo siempre he sido madrugador, por lo que despertarme tan temprano no representaba un problema para mí. Aunque nos hacían levantarnos a esa hora, no nos dejaban salir al exterior hasta las seis cuarenta y cinco. Para entonces debíamos haber limpiado la celda y enrollado las esterillas y mantas. No había agua corriente, y en lugar de retretes teníamos unos cubos de hierro llamados *ballies,* de unos veinticinco centímetros de diámetro. Tenían una tapa cóncava de porcelana que contenía el agua que debíamos utilizar para afeitarnos y para lavarnos las manos y la cara.

A las seis cuarenta y cinco, cuando nos dejaban salir de la celda, lo primero que hacíamos era vaciar los *ballies.* Había que limpiarlos cuidadosamente en los sumideros que había al final del pasillo, ya que si no el hedor se hacía insoportable. Lo único que tenía de agradable limpiar aquellos cubos era que, en aquellos primeros días, constituía el unico momento en que podíamos intercambiar algunas palabras con nuestros camaradas. A los carceleros no les agradaba quedarse mientras los limpiábamos, lo que nos daba ocasión de hablar en voz baja. Durante los primeros meses, nos llevaban el desayuno hasta las celdas presos de la sección de comunes. El desayuno consistía en una papilla de harina de maíz, que los presos comunes servían en un cuenco y después introducían a través de los barrotes de la celda. No era fácil hacerlo y había que tener mucha habilidad para no derramar el contenido.

Transcurridos unos pocos meses, empezaron a servirnos el desayuno en el patio, en viejos bidones de petróleo. Comíamos aquella papilla en cuencos de metal. Nos daban a cada uno un jarro de algo que llamaban café, pero que en realidad era maíz molido y tostado hasta que se ponía negro al que, posteriormente, añadían agua hirviendo. Más adelante se nos permitió salir al patio, y me dedicaba a correr a lo largo del perímetro hasta que llegaba el desayuno.

Como todo lo demás en la cárcel, la alimentación era también discriminatoria. En general, los mestizos y los indios recibían una alimentación ligeramente mejor que la de los africanos, pero la diferencia no era muy grande. A las autoridades de la prisión les gustaba decir que nos suministraban una dieta equilibrada. Efectivamente, nuestra alimentación guardaba un precario equilibrio entre lo desagradable y lo incomestible. La comida era el origen de muchas de nuestras protestas. En aquellos primeros días, los carceleros nos decían: "¡Venga hombre, coméis mejor de lo que jamás hayáis comido en vuestras casas!"

En pleno desayuno los guardias gritaban *"Val in! Val in!"* (¡A formar! ¡A formar!), y nos poníamos delante de nuestras celdas para pasar revista. Cada prisionero debía tener cerrados los tres botones de su chaqueta color caqui. Debíamos quitarnos la gorra cuando pasaba el guardián. Si llevábamos los botones desabrochados, no nos descubríamos o nuestras celdas estaban sin arreglar, daban parte de nosotros por violación del reglamento carcelario. De acuerdo con el código se nos penalizaba con el encierro en una celda de castigo o con la pérdida de una o varias comidas.

Después de pasar revista trabajábamos en el patio desmenuzando piedras hasta el mediodía. No había descanso; si bajábamos el ritmo, los guardianes nos gritaban que fuéramos más deprisa. A mediodía sonaba la campana y traían otro bidón de comida al patio. Para los africanos el almuerzo consistía en zaras cocidas; es decir, mazorcas de maíz hervidas. A los prisioneros indios y mestizos les daban una especie de potaje de sémola hecho con maíz molido que tiene una textura similar a la de un puré claro. A veces, éste iba acompañado de verduras, mientras que nuestras mazorcas no llevaban guarnición alguna.

Con las comidas nos servían a menudo *phuzamandla*. El término significa "bebida que da fuerzas", y consiste en un polvo hecho a base de maíz y un poco de levadura. Se supone que se añade al agua o la leche y cuando la mezcla es suficientemente espesa, puede resultar sabrosa. Pero las autoridades de la cárcel nos daban tan poca cantidad que prácticamente no servía ni para dar color al agua. Siempre que podía, intentaba guardar lo que me iban dando durante varios días, hasta que tenía suficiente para hacer una bebida en condiciones, pero si las autoridades de la cárcel descubrían que uno atesoraba alimentos, los confiscaba y el responsable era castigado.

Después de la comida trabajábamos hasta las cuatro, momento en el que los guardias hacían sonar sus silbatos y volvíamos a alinearnos para que nos contaran y pasaran revista. Seguidamente, nos concedían media hora para asearnos. El baño que había al final del pasillo tenía dos duchas de agua de mar, un grifo de agua salada y tres cubas grandes de metal galvanizado que se empleaban como bañeras. No había agua caliente. Nos lavábamos de pie o acuclillados dentro de las cubas enjabonándonos con el agua salada para quitarnos de encima el polvo del día. Lavarse con agua helada cuando hace frío no es agradable, pero hacíamos de tripas corazón. En ocasiones cantábamos mientras nos lavábamos, lo que hacía que el agua nos pareciera menos gélida. En aquellos primeros días era una de las pocas ocasiones en las que podíamos conversar.

A las cuatro y media en punto se oía un violento golpe en la puerta de madera que había en el extremo del corredor, lo que significaba que había llegado la cena. Un grupo de presos comunes era el encargado de entregarnos la comida y, una vez recibida ésta, volvíamos a nuestras celdas para comer. Nos servían también gachas de maíz, a veces con un trozo de zanahoria, repollo o remolacha, que normalmente había que buscar con lupa. Cuando tocaba verdura, normalmente nos daban la misma durante semanas, hasta que la zanahoria o el repollo se echaban a perder y nosotros estábamos ya enfermos de comerlos. En días alternos, las gachas llevaban un trocito de carne, casi siempre ternilla.

Para cenar, los presos mestizos e indios recibían un cuarto de hogaza de pan (llamado *katkop,* es decir, cabeza de gato, debido a su forma) y un trozo de margarina. Se suponía que a los africanos no les gustaba el pan, ya que era un alimento de tipo "europeo".

Lo habitual era que nos suministraran raciones aún menores de las estipuladas por el reglamento penitenciario. Esto obedecía a que en las cocinas abundaba el contrabando. Los cocineros —que eran todos presos comunes— se quedaban con la mejor comida para ellos o para sus amigos. A menudo dejaban a un lado los bocados más sabrosos para dárselos a los carceleros a cambio de favores o de un trato preferente.

A las ocho de la tarde el guardián de noche se encerraba con nosotros en el corredor y pasaba la llave a otro guardián que había en el exterior a través de un pequeño agujero de la puerta. Acto seguido, caminaba arriba y abajo por el corredor ordenándonos que nos durmiéramos. En la isla de Robben jamás se escuchó el grito de "¡Fuera luces!", ya que la única bombilla protegida por una tela metálica que había en cada celda permanecía encendida día y noche. Posteriormente, aquellos que estudiaban para obtener títulos superiores consiguieron permiso para leer hasta las diez o las once de la noche.

Las propiedades acústicas del corredor eran bastante buenas, e intentábamos charlar un poco antes de irnos a dormir. Dado que podíamos oír con claridad un susurro, también podía hacerlo el carcelero, que entonces gritaba *"Stilte in die gang!"* (¡Silencio en la galería!). El guardián recorría unas cuantas veces el corredor para asegurarse de que no estuviéramos leyendo o escribiendo. Transcurridos algunos meses, lo que hacíamos era espolvorear un poco de arena a lo largo del corredor para oír los pasos del guardián y que nos diera tiempo a dejar de hablar o a ocultar cualquier objeto prohibido o de contrabando. Sólo cuando se hacía el silencio el guardián se sentaba en el cuartito que había al final del corredor, donde dormitaba hasta el amanecer.

62

UNA MAÑANA, varios días después de la reunión con Bram y Joel, fuimos conducidos a la oficina principal. Ésta se encontraba a unos cuatrocientos metros de distancia y era una sencilla estructura de piedra, similar a la sección en la que estábamos encerrados. Una vez allí, nos pusieron en fila para tomarnos las huellas digitales, lo que era algo rutinario en las prisiones. Mientras esperábamos vi a un guardián con una cámara. Cuando nos hubieron tomado las huellas, el jefe de los funcionarios nos ordenó alinearnos para hacernos fotografías. Hice un gesto a mis compañeros indicándoles que no se movieran y me dirigí a él. "Me gustaría ver el documento firmado por el comisionado de prisiones en el que autoriza que nos fotografíen", le dije, ya que para tomar fotos a los prisioneros era necesaria una autorización. Era siempre importante estar familiarizado con los reglamentos, ya que los guardianes a menudo ni los habían leído, y era posible intimidarles con nuestro conocimiento de los mismos. El guardián se quedó muy sorprendido por mi solicitud. No pudo darme explicación alguna, ni mostrarme ningún documento escrito y firmado por el responsable de asuntos penitenciarios. Amenazó con dar parte de nosotros si no consentíamos que nos fotografiasen, pero yo le respondí que sin autorización no habría fotografías, y ahí quedó la cosa.

Como norma, nos oponíamos a que nos fotografiasen en la cárcel aduciendo que, normalmente, resulta degradante ser visto como preso. Pero hubo una fotografía que sí consentí que me tomaran, la única con la que estuve de acuerdo durante toda mi estancia en la isla de Robben.

Una mañana, pocas semanas después del incidente, el jefe de los guardianes, en vez de darnos mazos para el trabajo en el patio nos entregó agujas e hilo y un montón de jerséis desgastados. Se nos ordenó que repasáramos las prendas, pero no tardamos en descubrir que, en su inmensa mayoría, estaban más allá de toda posibilidad de reparación. Nos llamó la atención tan curiosa tarea, y nos preguntamos a qué vendría el cambio. Más tarde, a eso de las once, la puerta delantera se abrió y pudimos ver al comandante en jefe con dos hombres vestidos con trajes. El comandante anunció que los dos visitantes eran un redactor y un fotógrafo del *Daily Telegraph* de Londres. Nos dijo esto como si la visita de representantes de la prensa internacional fuera algo habitual para nosotros. Aunque aquellos dos hombres eran nuestros primeros visitantes oficiales, les miramos con escepticismo. En primer lugar, habían llegado allí bajo los auspicios del gobierno y, en segundo lugar, éramos conscientes de que el *Telegraph* era un diario conservador que difícilmente podía sentir simpatía por nuestra causa. Sabíamos que en el mundo exterior reinaba una gran preocupación por nuestra situación, y que el gobierno estaba interesado en mostrar que no estábamos siendo maltratados. Los dos periodistas recorrieron lentamente el perímetro del patio examinándonos. Mantuvimos la cabeza agachada, como si estuviésemos concentrados en el trabajo. Cuando acabaron de dar la vuelta al patio, uno de los guardianes me cogió del hombro y me dijo: "Mandela, vamos, tienes que hablar". En aquellos días yo hablaba a menudo en nombre de mis compañeros de cárcel. El reglamento de prisiones decía explícitamente que los prisioneros solamente podían hablar en representación de sí mismos. Esto tenía por objeto negar toda probabilidad de organización y neutralizar nuestra fuerza como colectivo. Nosotros nos oponíamos a aquella regla, pero no conseguimos adelantar gran cosa. Ni siquiera se nos permitía emplear el término *nosotros* cuando presentábamos alguna queja. Sin embargo, durante los primeros años, cuando las autoridades necesitaban que un preso hablara en nombre de los otros, el prisionero elegido era yo.

Hablé con el periodista, cuyo nombre era Newman, durante unos veinte minutos, y fui perfectamente franco tanto acerca de nuestras condiciones en la cárcel, como en lo relativo al juicio de Rivonia. Era un tipo agradable, y cuando terminamos de hablar me preguntó si no me importaba que el fotógrafo me retratase. Yo me mostré remiso, pero en este caso cedí porque sabía que la fotografía sólo sería publicada en el extranjero y podría servir de ayuda a nuestra causa a poco que el artículo resultara favorable. Le dije que aceptaba siempre y cuando pudiera unírseme el señor Sisulu. La imagen nos muestra a los dos hablando en el patio acerca de algo que ya no recuerdo. Jamás llegué a ver el artículo ni oí hablar de él. En cuanto los dos periodistas desaparecieron los guardianes se llevaron los jerséis y nos devolvieron los mazos.

Los hombres del *Telegraph* fueron los primeros de una pequeña riada de visitantes durante aquellos meses. Mientras el juicio de Rivonia siguió resonando en la mente del público, el gobierno se mostró ansioso por demostrar a la comunidad internacional que estábamos siendo bien tratados. En la prensa aparecían historias acerca de las condiciones inhumanas en las que vivíamos en la isla, y sobre las agresiones y torturas a las que nos veíamos sometidos. Aquello incomodaba al gobierno y, para combatir las murmuraciones, invitaron a una serie de personas del exterior con el fin de dar el mentís a aquellas críticas.

Recibimos una breve visita de un abogado británico que había defendido la independencia de Namibia ante el Tribunal Internacional de Justicia. Tras su marcha nos comunicaron que un representante de la American Bar Association, un tal señor Hynning, iba a venir a vernos. Los norteamericanos eran, por aquel entonces, una novedad en Sudáfrica, y tenía curiosidad por conocer a un miembro de tan augusta organización.

El día de la llegada del señor Hynning nos llevaron al patio. Apareció acompañado por el general Steyn, el comisario de instituciones penitenciarias, que rara vez aparecía por la isla. El general Steyn era una rara avis en el cuerpo de prisiones. Era un hombre pulido y sofisticado. Lucía siempre trajes de excelente calidad y corte impecable. Era una persona muy cortés, que nos llamaba "caballeros" e incluso se quitaba el sombrero para saludarnos, algo que jamás hizo ningún otro miembro del cuerpo. No obstante, el general Steyn nos oprimía por omisión en vez de por acción directa. Esencialmente, hacía la vista gorda ante lo que pasaba en la isla. Su permanente ausencia envalentonaba a los funcionarios más brutales, y les daba carta blanca para hacer lo que quisieran. El general, con sus exquisitos modales, nos presentó al invitado y nos dijo: "Caballeros, por favor, elijan a su portavoz". Un grupo de prisioneros gritó mi nombre. El general Steyn me hizo un gesto con la cabeza y me puse en pie. En contraste con el general Steyn, el señor Hynning era un hombre grueso y desaseado. Le agradecí su visita y le dije que nos sentíamos honrados por su presencia. A continuación hice un resumen de nuestras quejas, empezando por la primera y principal: que éramos prisioneros políticos, no criminales, y que deberíamos ser tratados como tales. Expuse una lista de nuestras reclamaciones sobre la comida, las condiciones de vida y el trabajo que se nos asignaba, pero mientras hablaba, el señor Hynning no hacia más que interrumpirme. Cuando protesté por las largas horas que pasábamos haciendo un trabajo sin sentido afirmó que, como presos, teníamos que trabajar, y que además, seguro que éramos unos holgazanes.

Cuando empecé a exponer con detalle los problemas que teníamos en las celdas me interrumpió diciendo que las condiciones en las viejas cárceles americanas eran mucho peores que las de la isla de Robben que, en comparación, resultaba un paraíso. Añadió que habíamos sido justamente sentenciados, y que teníamos suerte de que no nos hubieran condenado a muerte, que probablemente era lo que merecíamos.

El señor Hynning sudaba mucho, y entre nosotros hubo más de uno que pensó que no estaba totalmente sobrio. Hablaba con lo que supuse debía ser un acento sureño, y tenía el curioso hábito de salpicar de saliva a su interlocutor mientras lo hacía, algo que ninguno de nosotros había visto nunca.

Finalmente, me harté y le interrumpí. "No señor, ha malinterpretado usted todo lo que he dicho". Hynning se ofendió mucho al ver que le contradecía, mientras el general Steyn observaba y escuchaba sin hacer ningún comentario. Dadas las circunstancias, era difícil conservar la ecuanimidad. Los otros se encolerizaron por los comentarios de Hynning y se sintieron molestos porque se le hubiera permitido visitarnos. Normalmente, cualquier visita servía para levantarnos el ánimo, pero la suya fue desmoralizadora. Probablemente eso era lo que deseaban las autoridades. Conocer a alguien perteneciente a una organización tan reputada que mostraba tan poca comprensión resultaba deprimente. Finalmente, Hynning se limitó a darse la vuelta y marcharse sin despedirse siquiera. No lamentamos su partida.

Discutimos la visita del señor Hynning durante años, y muchos entre nosotros imitaban el modo en que hablaba con resultados hilarantes. Jamás volvimos a oír hablar de él y desde luego no ganó muchos amigos para la American Bar Association en la isla de Robben.

63

LAS AUTORIDADES penitenciarias clasificaban a todos los prisioneros en una de cuatro categorías: A, B, C o D. A era la clasificación más alta, y la que más privilegios confería; D era la más baja y la menos beneficiada. Todos los prisioneros políticos, o lo que las autoridades llamaban "presos de alta seguridad", eran asignados automáticamente a la categoría D en el momento de su admisión. Los privilegios que se veían afectados por estas clasificaciones incluían las visitas, la correspondencia, los estudios y la oportunidad de comprar víveres y otros artículos. Todo esto representa la savia de la vida para cualquier prisionero. Normalmente, un preso político tardaba años en conseguir pasar de la categoría D a la C.

Nosotros repudiábamos el sistema de clasificación. Era corrupto y degradante, otro modo de reprimir a los prisioneros en general y a los presos políticos en particular. Exigíamos que todos los prisioneros políticos pertenecieran a la misma categoría. Pero aunque lo criticáramos, no podíamos ignorarlo: el sistema de clasificación era un rasgo inflexible de la vida carcelaria. Si uno protestaba porque al ser un preso del grupo D sólo podía recibir una carta cada seis meses, las autoridades respondían: "Mejora tu comportamiento, conviértete en un prisionero del grupo C y podrás recibir dos cartas cada seis meses". Si uno se quejaba de que no le daban suficiente comida, los responsables le recordaban que los que estaban en el grupo A podían recibir giros del exterior y comprar víveres en la cantina de la cárcel. Hasta un luchador por la libertad se beneficia de la posibilidad de comprar alimentos y libros.

Habitualmente, las clasificaciones corrían paralelas a la longitud de la sentencia de cada preso. El que estaba sentenciado a ocho años era asignado al grupo D durante los primeros dos años, al grupo C los dos siguientes, al B los dos posteriores y al A los dos últimos. Pero las autoridades de la prisión utilizaban el sistema de clasificación como un arma contra los presos políticos. Para controlar nuestro comportamiento nos amenazaban con rebajarnos a un grupo inferior, haciéndonos perder los derechos que tanto nos había costado adquirir.

Aunque yo había pasado casi dos años en la cárcel antes de ser transferido a la isla de Robben, a mi llegada seguía perteneciendo al grupo D. Si bien deseaba obtener los privilegios correspondientes a las clasificaciones más altas, me negaba a alterar mi forma de conducta. El medio más rápido para mejorar la clasificación era mostrarse dócil y no quejarse. "Venga, Mandela, eres un buscapleitos", me decían los guardianes. "Te pasarás el resto de tu vida en el grupo D". Cada seis meses, los prisioneros debían presentarse ante el consejo de la prisión, que se encargaba de evaluar de nuevo su clasificación. El consejo debía valorar nuestra conducta en términos del reglamento carcelario. No tardamos en descubrir que prefería actuar como tribunal político en vez de limitarse a examinar el comportamiento de los presos. Durante mi primera comparecencia ante el consejo, los funcionarios me hicieron preguntas acerca del CNA y mis convicciones. Aunque esto no tenía nada que ver con la clasificación, fui lo suficientemente vanidoso como para contestarles y creer que podría convertirles a mis ideas. Era una de las contadas ocasiones en las que se nos trataba como a seres humanos, y respondí ingenuamente a aquel trato. Posteriormente, comprendí que aquello no era más que una técnica empleada por las autoridades para sacarnos información, y que había picado como un idiota. Poco después, acordamos entre nosotros no discutir de política con el consejo de la prisión.

*   *   *

Como prisionero del grupo D solo tenía derecho a una visita y a recibir y escribir una carta cada seis meses. Aquella me resultaba una de las limitaciones más inhumanas del sistema penitenciario. La comunicación con la propia familia es un derecho de todo hombre, que no debería verse restringido por las clasificaciones artificiales del sistema carcelario. No obstante, éste era uno de los hechos con los que había que vivir dentro de la prisión.

Las visitas y cartas estaban además limitadas sólo a los parientes de "primer grado". Ésta era una imposición no sólo injusta sino también racista. El sentido que el africano tiene de su familia más inmediata es muy diferente del de los europeos y otros occidentales. Nuestras estructuras familiares son más grandes e incluyen a muchos más miembros. Cualquiera que afirme descender de un antepasado común es considerado parte de la misma familia.

En la cárcel, lo único que hay peor que las malas noticias sobre la familia es la falta de noticias. Siempre es más difícil hacer frente a los desastres y tragedias que uno imagina que a la realidad, por amarga y desagradable que ésta sea. Una carta llena de malas noticias siempre es preferible a no recibir carta alguna.

Las autoridades abusaban incluso de aquella mezquina y miserable restricción. La expectación ante la llegada del correo era abrumadora. El reparto de cartas se producía una vez al mes y en ocasiones transcurrían seis meses sin recibir carta alguna. Tener permiso para recibir una carta cada seis meses y, una vez transcurridos éstos, no recibir ninguna, es algo desolador. Uno se pregunta: "¿Qué les habrá pasado a mi mujer y mis hijos, a mi madre y mis hermanas?". Cuando no recibía carta me sentía yermo y desolado como un desierto. Era frecuente que las autoridades retuvieran el correo por pura mala voluntad. Recuerdo a los carceleros diciéndome: "Mandela, hemos recibido una carta para ti, pero no podemos dártela". No explicaban por qué, ni de quién era la carta. Tenía que recurrir a todo mi autocontrol para no explotar en aquellas ocasiones. Seguidamente, protestaba a través de los canales pertinentes y, en ocasiones, conseguía que me la entregaran.

Cuando llegaban cartas se vivían momentos de alborozo. Una carta era como la lluvia de verano, capaz de hacer florecer hasta el desierto. Cuando las autoridades me tendían una carta no salía corriendo a cogerla, aunque ardiera en deseos de hacerlo, sino que la recogía como si me fuera indiferente. Estaba ansioso por desgarrar el sobre y leerla allí mismo, pero me negaba a dar a mis carceleros el gusto de ver mi impaciencia, así que regresaba calmosamente a mi celda, como si tuviera muchas cosas que hacer antes de abrir una carta de mi familia.

Durante los primeros meses recibí una carta de Winnie, pero había sido censurada hasta tal punto que quedaba poco más que el encabezamiento y la despedida. Los censores de la isla tachaban los pasajes ofensivos con tinta, pero posteriormente, cuando se dieron cuenta de que podíamos lavar la tinta con agua y ver lo que había escrito debajo, cambiaron de método. Empezaron a utilizar cuchillas para cortar párrafos enteros. Dado que la mayoría de las cartas iban escritas en las dos caras del papel, destruían también lo que había a la vuelta.

Parecía encantarles entregar las cartas hechas guiñapos. La censura retrasaba la entrega del correo, ya que los funcionarios —algunos de los cuales no dominaban el inglés— tardaban hasta un mes en censurar una carta. También las cartas que escribíamos nosotros eran censuradas. A menudo, tenían tantos agujeros como las que recibíamos.

A finales de agosto, cuando llevaba menos de tres meses en la isla, las autoridades me comunicaron que al día siguiente recibiría una visita. Sospeché, esperé y deseé que fuese una visita de Winnie y Albertina.

Desde el momento en que Winnie averiguó que habíamos sido internados en la isla empezó a hacer todo lo posible por conseguir autorización para visitarme. Dado que se encontraba sometida a una orden de proscripción necesitaba un permiso especial del ministro de Justicia, ya que técnicamente carecía de autorización para comunicarse conmigo.

Incluso contando con la buena disposición de las autoridades, no resultaba nada fácil visitar la isla de Robben. Las visitas tenían una duración máxima de treinta minutos y a los prisioneros políticos no se les permitían visitas vis a vis, en las que visitante y prisionero compartían la misma habitación.

Nuestros guardianes no parecían planificar las visitas por adelantado. El día menos pensado llamaban a la esposa de uno y le decían: "Tiene permiso para visitar a su marido mañana". Esto podía complicar extraordinariamente las cosas, y a menudo tenía como resultado que la visita fuera imposible. Si un miembro de la familia conseguía organizar por adelantado una visita, en ocasiones las autoridades retrasaban deliberadamente la entrega del permiso necesario hasta que el avión había despegado. Dado que la mayor parte de las familias de los internos vivían lejos de El Cabo y tenían muy poco dinero, las visitas de los familiares estaban a menudo fuera de su alcance. Algunos de los hombres procedían de familias muy pobres y se quedaban sin ver a sus esposas durante años y años, caso de que consiguieran verlas alguna vez. He conocido a gente que pasó una década o más en la isla de Robben sin recibir una sola visita.

La sala para las visitas en las que estaba prohibido el contacto era diminuta y no tenía ventanas. En el lado de los prisioneros había una hilera de cinco cubículos con pequeños ventanucos de cristal que daban a otros cubículos idénticos situados en el otro lado. Había que sentarse en una silla y mirar a través del grueso y sucio cristal, que tenía unos pequeños agujeros para permitir la conversación. Era necesario hablar muy alto para hacerse oír. Más adelante, las autoridades de la prisión instalaron micrófonos y altavoces a ambos lados del cristal, lo que fue una ligera mejora.

Walter y yo fuimos llamados a la sala de visitas a última hora de la mañana y nos sentamos en el extremo más alejado de la habitación. Esperé con cierta ansiedad y, de repente, ocupando todo el ventanuco, apareció el adorable rostro de Winnie. Ella siempre se ponía de punta en blanco para las visitas a la cárcel, e intentaba llevar algo nuevo y elegante. Resultaba terriblemente frustrante no poder tocar a mi mujer, no poder hablarle tiernamente o pasar un momento en la intimidad con ella. Teníamos que relacionarnos a distancia, bajo la mirada de personas a las que despreciábamos.

Vi inmediatamente que Winnie estaba bajo una tensión tremenda. Debió ser duro verme en tales circunstancias. Llegar a la isla era ya de por sí difícil, y a eso había que añadirle los desagradables rituales de la cárcel, las indignidades a las que sin duda la habían sometido los guardianes y el carácter impersonal del contacto.

Según pude averiguar más tarde, Winnie acababa de recibir una segunda orden de proscripción, y como resultado había sido despedida de su trabajo en la Oficina de Atención al Menor. Su despacho había sido registrado por la policía poco antes de su despido. Las autoridades estaban convencidas de que Winnie se comunicaba conmigo en secreto. Winnie adoraba su trabajo como asistente social, que para ella representaba la vertiente práctica de la lucha: buscar padres adoptivos para los bebés, trabajo para los desempleados y asistencia médica para quienes carecían de seguro. La proscripción y el acoso al que se veía sometida mi esposa me preocupaba mucho. Yo no podía hacerme cargo de ella y de los niños, y el estado estaba haciéndole prácticamente imposible ganarse la vida. La impotencia me roía las entrañas.

Al principio, nuestra conversación fue incómoda, y la presencia de los dos guardianes que permanecían en pie detrás de ella y de los tres que estaban a mi espalda no facilitaba las cosas. Su papel no era solamente controlar, sino también intimidar. El reglamento exigía que la conversación fuera en inglés o en afrikaans —las lenguas africanas estaban prohibidas— y sólo podía tratar de temas familiares. Cualquier comentario que se alejara de ese tema y se aproximara, aunque fuera remotamente, a la política, podía tener como resultado una brusca finalización de la entrevista. Si se mencionaba un nombre desconocido para los guardianes, éstos interrumpían la conversación y preguntaban quién era la persona en cuestión y la naturaleza de la relación con ella. Esto sucedía a menudo, ya que los funcionarios normalmente no estaban familiarizados con la diversidad y naturaleza de los nombres africanos. Resultaba desesperante desperdiciar preciosos minutos de una visita explicándole a un carcelero cuáles eran las diferentes ramas de mi árbol genealógico. No obstante, su ignorancia también actuaba a nuestro favor. Nos permitía inventar nombres en clave para gente de la que queríamos hablar y fingir que nos referíamos a miembros de la familia.

Aquella primera visita fue importante, ya que sabía que Winnie estaba preocupada por mi salud. Había oído historias de que estábamos siendo sometidos a malos tratos físicos. Le comunique rápidamente que me encontraba bien y ella pudo ver en persona que estaba en buena forma, aunque algo más delgado. También ella estaba más delgada, lo que siempre atribuí a la tensión. Cada vez que finalizaba una visita en la que la cara de Winnie parecía tensa o tenía mal aspecto, la instaba a que ganara algo de peso. Siempre estaba poniéndose a régimen y yo no hacía más que decirle que no lo hiciera. Le pregunté por los niños, por mi madre y mis hermanas y por su familia.

De repente, oí a un guardián que había detrás mío decir: "¡Se acabó el tiempo, se acabó el tiempo!". Me volví y le miré con incredulidad. Era imposible que hubiera pasado media hora, pero, de hecho, estaba en lo cierto. Las visitas siempre parecían durar segundos. En todos los años que pasé en prisión no hubo una sola visita en la que no me sorprendiera el momento en que el guardián gritaba que se había acabado el tiempo. Nos desalojaron con brusquedad de nuestros asientos y nos despedimos con la mano. Siempre tuve el deseo de quedarme sentado cuando Winnie se marchaba, aunque no fuera más que para conservar la sensación de su presencia, pero no estaba dispuesto a que los guardianes fueran testigos de semejante emoción. Mientras me encaminaba de vuelta a la celda repasaba mentalmente todo lo que habíamos hablado. A lo largo de los siguientes días, semanas y meses rememoraba una y otra vez la visita. Tal y como salieron las cosas, Winnie no pudo visitarme de nuevo hasta pasados dos años.

64

UNA MAÑANA de primeros de enero, en lugar de hacernos formar en el patio para contarnos antes de empezar el trabajo, nos hicieron salir y nos subieron a un camión cerrado. Era la primera vez que abandonábamos el recinto carcelario. No nos dijeron adónde nos llevaban, aunque yo tenía una ligera idea. Pocos minutos después descendimos del camión en un lugar que había visto por primera vez cuando estuve en la isla en 1962: la cantera.

La cantera de cal parecía un enorme cráter blanco abierto en la falda de una colina rocosa. Los acantilados y la base de la colina resultaban cegadoramente blancos. En lo alto crecían la hierba y las palmeras, mientras que en la parte inferior se abría un claro con unos viejos cobertizos de lata.

Nos recibió el oficial a cargo de la cantera, el coronel Wessels, un tipo de actitud indiferente al que únicamente preocupaba el estricto cumplimiento del reglamento carcelario. Nos quedamos escuchándole con atención cuando mencionó que nos esperaban seis meses en la cantera, y que después nos beneficiaríamos de un trabajo más leve hasta el término de nuestra condena. Sus cálculos resultaron estar muy equivocados, ya que permanecimos en la cantera los siguientes trece años.

Tras el discurso del oficial nos dieron picos y palas y algunas instrucciones rudimentarias en lo referente a la extracción. No es una tarea sencilla. El primer día nos movimos torpemente con nuestras nuevas herramientas, y fue muy poco lo que extrajimos. La caliza, residuo calcificado de conchas y corales marinos, aparece enterrada entre capas de roca. Hay que abrirse camino hasta ella con un pico, y después retirarla con una pala. Esto resultaba infinitamente más extenuante que el trabajo en el patio. Cuando sólo habíamos pasado unos pocos días en la cantera empezamos a caer dormidos inmediatamente después de la cena, hacia las cuatro y media de la tarde. A la mañana siguiente nos despertábamos doloridos y reventados.

Los responsables de la prisión nunca nos dieron explicaciones de por qué nos habían sacado del patio para llevarnos a la cantera. Podía deberse sencillamente a que necesitaban más grava para la construcción de caminos en la isla. Sin embargo, cuando más adelante discutimos la cuestión de nuestro traslado llegamos a la conclusión de que era otro medio más para reforzar la disciplina. Era un modo de decirnos que no éramos diferentes de los demás presos —que trabajaban también en la cantera— y que pagaríamos por nuestros crímenes igual que ellos. Se trataba de un intento más de quebrantar nuestro espíritu.

Sin embargo, esas primeras semanas en la cantera tuvieron el efecto contrario sobre nosotros. A pesar de las ampollas y las manos sangrantes, nos sentimos fortalecidos. Yo prefería, con mucho, pasar el tiempo en el exterior, en medio de la naturaleza, contemplando la hierba y los árboles, observando a los pájaros que nos sobrevolaban, sintiendo el viento que venía del mar. Disfrutaba apreciando cómo funcionaban todos y cada uno de mis músculos, mientras me daba el sol en la espalda. Existía una sencilla gratificación en levantar montones de piedra y cal.

Pocos días después empezamos a desplazarnos hasta la cantera a pie en lugar de hacerlo en el camión. Esto también resultó tonificante. A lo largo de los veinte minutos de marcha hasta la cantera disfrutábamos de una visión más completa de la isla. Podíamos ver la densa vegetación y los espigados árboles que cubrían lo que entonces era nuestro hogar. Olíamos el aroma de los eucaliptos y, ocasionalmente, veíamos a las gacelas africanas y los kudus que pastaban en la distancia. Algunos de los hombres consideraban la marcha una actividad monótona; ése no fue nunca mi caso.

Aunque, en teoría, el propósito de nuestra asignación a la cantera era demostrarnos que no éramos distintos de los demás condenados, nuestros carceleros nos seguían tratando como a los leprosos que una vez poblaron la isla. En ocasiones, nos encontrábamos con una cuadrilla de presos comunes trabajando a un lado del camino. En estos casos, sus guardianes les ordenaban que se metiesen tras los arbustos para que no pudiesen vernos al pasar. Era como si nuestra mera visión pudiera afectar de alguna manera a su disciplina. Hubo ocasiones en las que, a través del rabillo del ojo, veíamos cómo alguno de aquellos prisioneros levantaba su puño para hacernos el saludo del CNA.

El polvoriento camino se bifurcaba cerca de la cantera. Allí, los presos tomaban el ramal derecho para dirigirse hacia su trabajo. Este cruce de caminos se convertiría, más adelante, en un importante nudo de comunicaciones con el resto de los prisioneros. Desde el punto en que el camino se dividía, podíamos ver entre los matorrales una pequeña construcción blanca. Era el lugar donde estaba Robert Sobukwe. Hacía años que la casa había sido levantada como vivienda para un guardián negro, y ahora Sobukwe vivía allí solo. Se alzaba en una pequeña y descuidada parcela cubierta de malas hierbas. Nadie habría sospechado que estaba habitada de no ser por el guardián que tenía delante.

Sobukwe había concluido su sentencia en 1963, pero bajo una disposición de la ley de Enmienda a la ley General de 1963 —que llegó a ser llamada la cláusula Sobukwe— el Ministerio de Justicia podía retener sin cargos a los prisioneros políticos durante un plazo indefinido. Eso es precisamente lo que habían hecho con Bob. Durante seis años Sobukwe vivió una especie de vida a medias en aquella isla: era un hombre libre al que se le denegaba su libertad. Tuvimos oportunidad de echarle un vistazo alguna que otra vez en el jardín, pero eso fue todo.

Nada más llegar por las mañanas recogíamos nuestros picos, palas, martillos y carretillas de un cobertizo de lata que había en lo alto de la cantera. Después nos colocábamos a lo largo de la zona de extracción, normalmente en grupos de tres o cuatro. Nos vigilaban guardianes equipados con armas automáticas situados en unas plataformas elevadas. Otros vigilantes desarmados se movían entre nosotros y nos conminaban a trabajar aún más duro. *"Gaan aan! Gaan aan!"* (¡Seguid! ¡Seguid!) nos gritaban, dirigiéndose a nosotros con los términos que habrían empleado con unos bueyes.

Hacia las once, cuando el sol estaba en lo alto, empezábamos a flaquear. Para entonces yo estaba ya empapado en sudor. Nuestros carceleros nos exigían aún más esfuerzo: *"Nee, man! Kom aan! Kom aan!"* (¡No pares! ¡Vamos! ¡Vamos!). A las doce, justo antes de la parada para almorzar, teníamos que recoger las piedras en carretillas y transportarlas hasta el camión que se ocupaba de llevárselas.

A mediodía sonaba un silbato y descendíamos hasta la base de la colina. Nos sentábamos en asientos improvisados bajo un techo de cinc en un intento de protegernos del sol. Los guardianes lo hacían en un cobertizo mayor, en unas mesas con bancos. Entonces nos daban los bidones con la pasta de maíz cocido. Mientras comíamos, cientos de escandalosas gaviotas se dejaban caer en picado y describían círculos sobre nuestras cabezas. En ocasiones, una certera descarga echaba a perder la comida de alguno de nosotros.

Trabajábamos hasta las cuatro. A esa hora cargábamos de nuevo la caliza en el camión que esperaba. Al final de la jornada terminabábamos envueltos en polvo blanco. Parecíamos pálidos fantasmas, pero los arroyos de sudor arrastraban la cal. De vuelta en la prisión, nos limpiábamos con agua fría, aunque nunca conseguíamos eliminar por completo aquel polvo.

Peor que el calor y el trabajo en la cantera era la luz. Aunque nos protegíamos la espalda con la camisa, los rayos del sol se reflejaban en la caliza, hiriéndonos los ojos. El resplandor nos deslumbraba, y entre eso y el polvo resultaba difícil ver nada. Nos lloraban los ojos y terminábamos estrábicos. Nos llevaba mucho tiempo acostumbrar la vista a la penumbra cuando la intensidad de la luz disminuía.

Después de unas cuantas jornadas en la cantera hicimos una solicitud por conducto oficial pidiendo gafas de sol. Nos las negaron. Ya contábamos con esa respuesta porque por aquel entonces estaban prohibidas incluso las gafas de lectura. Ya con anterioridad me había visto obligado a señalarle al comandante en jefe de Robben que carecía de sentido que nos permitiesen tener libros pero no gafas con las que poder leerlos.

Reclamamos una y otra vez las gafas de sol a lo largo de las siguientes semanas y meses. Nos llevó casi tres años conseguir el visto bueno, y sólo gracias a que un médico comprensivo estuvo de acuerdo en que eran necesarias para que no nos quedáramos ciegos. Incluso después de esto, tuvimos que comprar las gafas nosotros mismos.

Este tipo de pulsos —por las gafas de sol, los pantalones largos, la posibilidad de estudiar, la mejora de la comida— era para nosotros corolario de la lucha que habíamos mantenido fuera de la cárcel. La campaña para mejorar las condiciones de vida en la prisión formaba parte de nuestra lucha contra el *apartheid*. En ese sentido librábamos la misma batalla. Nos enfrentábamos a la injusticia allá donde la encontrábamos, sin importarnos sus proporciones, y esto nos ayudaba a preservar nuestra humanidad.

Poco después de empezar a trabajar en la cantera se nos unieron en la sección otros cuantos prisioneros políticos. Algunos eran miembros de la MK, que habían sido detenidos en julio de 1964. Habían sido acusados de más de cincuenta actos de sabotaje en el proceso conocido como "pequeño Rivonia". Entre los nuevos presos se encontraban Mac Maharaj, miembro del PCSA y uno de los cerebros más brillantes al servicio de la lucha; Laloo Chiba, perteneciente al alto mando de la MK, un fiel y leal camarada que fue de gran utilidad en la prisión; y Wilton Mkwayi, también implicado en el famoso juicio por traición, pero al que habían dejado marchar por error en un momento de confusión policial durante el estado de excepción de 1960. Había abandonado en secreto el país y había recibido instrucción militar. Tras el juicio de Rivonia se convirtió en comandante en jefe de la MK. También se nos unió Eddie Daniels, un miembro mestizo del Liberal Party condenado por las acciones de sabotaje llevadas a cabo por el African Resistance Movement, un pequeño grupo compuesto por activistas del partido. En la cárcel, Eddie llegaría a convertirse en uno de mis mejores amigos.

Para contrarrestar el efecto que pudieran tener estas nuevas alianzas políticas, las autoridades de la prisión decidieron colocar a una serie de presos comunes en nuestra sección. Aquellos hombres eran criminales y habían sido condenados por asesinato, violación o robo a mano armada. Pertenecían a dos de las bandas más conocidas de la isla: la de los Cinco Grandes o la de los Veintiocho, que se dedicaban a aterrorizar a otros prisioneros. Eran musculosos y rudos, y las cicatrices que lucían en sus rostros eran recuerdos de las peleas a cuchillo habituales entre los mafiosos de la cárcel. Su papel era actuar como agentes provocadores: intentaban incitarnos a pelear, quitarnos la comida e impedir cualquier discusión política entre nosotros. A uno de ellos le conocían como Bogart, en homenaje al duro de las películas americanas. Estaba en la celda situada al otro lado de la de Walter y éste solía quejarse de que le exigía que le diera su desayuno cada mañana. Walter se sentía demasiado intimidado como para negárselo.

Tenían su propia pandilla y formaban un grupo aparte en la cantera. Un día comenzaron a entonar algo que parecía un canto de trabajo. Era en efecto una famosa canción en una versión adaptada a la que habían cambiado la letra: *Benifunani eRivonia?*, que significa "¿qué pretendías en Rivonia?". La siguiente frase decía algo así como "¿es que creías que te iban a dejar gobernar?". Cantaban a voz en cuello y en tono de mofa. Sin duda, se habían visto alentados por los guardianes que disfrutaban viendo cómo nos provocaban.

Aunque los más impetuosos de nosotros querían enfrentarse con ellos, decidimos combatir el fuego con el fuego. Disponíamos de más y mejores voces, así que conferenciamos y estudiamos la respuesta. Unos minutos después nos pusimos a cantar *Stimela,* un tema que habla de un tren que procede de Rhodesia del Sur. *Stimela* no es un himno político, pero en aquel contexto cobró ese valor, ya que daba a entender que el tren transportaba guerrilleros que acudían para combatir contra el ejército sudafricano.

Durante unas cuantas semanas, ambos grupos nos dedicamos a cantar mientras trabajábamos. Aumentamos nuestro repertorio y no tardamos en pasar a entonar temas a los que cambiábamos la letra para darles un contenido claramente político. Uno de ellos era *Amajoni,* una canción que habla de guerrilleros y cuyo título es una degeneración del apelativo que familiarmente se emplea en inglés para referirse a un soldado: Johnny. También incluimos *Tshotsholoza,* una canción en la que se compara la lucha con un tren en marcha. (El título repetido muchas veces imita el sonido de un tren). Entonamos un himno que hablaba de la Constitución por la Libertad y un tema acerca del Transkei, cuya letra dice: "Hay dos caminos; uno es el de Matanzima y otro es el de Mandela. ¿Cuál piensas tomar?".

Mientras cantábamos, el trabajo se nos hacía más leve. Algunos tenían voces extraordinarias, y en ocasiones lo que me apetecía era soltar el pico y escucharles. Los tipos de la banda no representaban competencia alguna para nosotros. Llegó un momento en que se mantuvieron callados mientras nosotros cantábamos. Desgraciadamente, uno de los guardianes entendía perfectamente el xhosa y se nos ordenó que dejáramos de cantar. (También quedó prohibido silbar). A partir de ese momento seguimos trabajando en silencio.

Yo no veía a los que pertenecían a las bandas como rivales, sino como un material en bruto que había que transformar. Había con nosotros un preso común al que apodaban Joe My Baby, que finalmente se unió al CNA y cuya colaboración fue de un valor incalculable a la hora de introducir y sacar material de la prisión.

Un día nos enteramos de que Bogart había sido brutalmente golpeado por uno de los guardianes de la cantera. Yo no asistí a la paliza, pero vi sus consecuencias. Los cortes que le había hecho en la cara tenían mal aspecto. Bogart se me acercó en el corredor y me pidió ayuda. Estuve de acuerdo en ocuparme de su caso.

No dejábamos de buscar motivos para enfrentarnos a las autoridades de la prisión, y una paliza era el tipo de incidente que podíamos llevar hasta la máxima autoridad. No hacía mucho nos habíamos enterado de que un tal Ganya, miembro del CPA, había sido apaleado por un carcelero. Como abogado, escribí una carta al responsable de asuntos penitenciarios protestando en nombre de Ganya. Me llamaron al despacho de la dirección, donde me enfrenté con los responsables de la prisión, que por una parte negaban que tal cosa hubiese ocurrido y por otra querían saber cómo me había enterado. Insistí en que el carcelero que había golpeado a Ganya debía ser expulsado de la isla. Se negaron a echarle diciendo que no existían pruebas en su contra. Sin embargo, poco después de la entrevista, el guardián en cuestión fue trasladado a otro destino.

Estaba envalentonado por aquel éxito, así que cuando Bogart me pidió ayuda, exigí ver de inmediato al comandante en jefe de la prisión. Ai día siguiente me llevaron a un despacho en el que el comandante me informó de que el caso había sido investigado y cerrado.

—Se trata de una violación del reglamento —dije. —Este caso debe ser llevado a juicio.

—Para nada —me contestó. —Hemos hablado con el supuesto afectado y lo ha negado todo —me respondió.

—Eso es imposible, porque acabo de hablar con él ayer —insistí.

—Véalo usted mismo —dijo el comandante haciendo un gesto en dirección a un teniente.

Éste regresó a la oficina acompañado de Bogart, que iba cubierto de vendas. El comandante le preguntó si había sido golpeado. "No, *baas*", respondió en voz baja y sin atreverse a mirarme a los ojos. "Nadie me ha pegado". La queja fue desestimada.

"Bien, Mandela", concluyó el comandante, "el caso está cerrado". Había conseguido humillarme. Seguramente había comprado a Bogart con tabaco o comida extra para que retirase la acusación. A partir de ese momento exigí una declaración por escrito y firmada por el prisionero antes de llevar adelante ninguna reclamación.

65

UN DÍA del verano de 1965 encontramos algo de tocino en las gachas del desayuno y trozos de carne fresca en la papilla de la cena. A la mañana siguiente algunos hombres recibieron camisas nuevas. Los guardianes de la cantera y los carceleros de nuestra sección parecían tratarnos con un poco más de deferencia. Sospechamos de inmediato: en la cárcel no hay mejoras sin una buena razón. Nos informaron de que una representación de la Cruz Roja Internacional nos visitaría al día siguiente.

Se trataba de una ocasión única, mucho más importante que cualquiera de las visitas previas. La Cruz Roja era un organismo responsable e independiente cuyo testimonio escuchaban los gobiernos occidentales y las Naciones Unidas. Incluso las autoridades penitenciarias respetaban a la Cruz Roja. Cuando hablo de respeto quiero decir temor, ya que los responsables de las prisiones sólo respetaban aquello que temían. Desconfiaban de cualquier organización que pudiese influir en la opinión mundial. No reconocían la legitimidad de las investigaciones realizadas por sus miembros y no opinaban que tuviesen que ser sinceros y honestos con ellos. Les consideraban unos intrusos entrometidos a los que debían engañar si podían, ya que el principal objetivo de las autoridades era evitar la condena internacional.

En aquellos años, la Cruz Roja fue la única organización que escuchó nuestras quejas y les dio respuesta. Para nosotros esto último era vital, ya que en la cárcel se ignoraban nuestras protestas. La normativa decía que había de arbitrarse algún procedimiento oficial para dar cauce a nuestras reclamaciones. Se cumplía esta disposición, pero por medio de una mecánica rutinaria. Los sábados por la mañana el jefe de los guardianes llegaba a nuestra sección y exclamaba: *"Klagtes and Versoeke! Klagtes and Versoeke!"* (¡Quejas y peticiones! ¡Quejas y peticiones!). Aquellos de nosotros que teníamos *klagtes* y *versoeke* —prácticamente ninguno— nos poníamos en fila para entrevistarnos con él. Uno tras otro formulábamos nuestras quejas sobre la comida, la ropa o las visitas. Ante cada comentario el jefe de carceleros se limitaba a asentir con la cabeza y decir *"Ja, ja"*, para finalizar con "¡el siguiente!". Ni siquiera tomaba nota de lo que le decíamos. Si intentábamos erigirnos en portavoces de nuestro grupo, los guardianes se limitaban a gritar "¡nada de CNA ni CPA aquí! *Verstaan?"*. (¿Entendido?)

Poco antes de que tuviese lugar la visita de los representantes de la Cruz Roja Internacional habíamos redactado una relación de quejas para el responsable de asuntos penitenciarios. Sólo nos permitían tener papel y lápiz para escribir cartas. En secreto, habíamos ido consultando a los demás en la cantera y las letrinas, y habíamos elaborado una lista. Intentamos entregársela al jefe de los guardianes, que se negó a recibirla y nos acusó de violar el reglamento por haberla redactado. Una de nuestras reclamaciones ante la Cruz Roja sería que las autoridades no escuchaban nuestras peticiones.

El día de la visita me llamaron a la oficina para que me entrevistase con el delegado de la Cruz Roja. Ese año, y otros sucesivos, ocupó el cargo un tal señor Senn, un antiguo responsable de prisiones en su país de origen, Suecia, que había emigrado a Rhodesia. Senn era un hombre callado y más bien nervioso de unos cincuenta y tantos años que no parecía sentirse cómodo en su cometido.

No controlaron la entrevista, y aquello ya representaba una diferencia sustancial respecto a otras visitas. Quiso conocer todas nuestras peticiones y quejas, y escuchó atentamente mientras tomaba abundantes notas. Era un hombre muy cortés que me dio las gracias por lo que le había dicho. A pesar de todo, aquella primera visita resultó bastante tensa. Ninguno de los dos sabía aún qué podía esperar del otro.

Levanté bastante la voz para protestar por nuestras ropas y afirmé que no deseábamos llevar pantalones cortos. Le expliqué que necesitábamos prendas en condiciones, incluyendo calcetines y ropa interior, de la que no disponíamos. Enumeré las reclamaciones relativas a la comida, el régimen de visitas, las cartas, los estudios, la posibilidad de hacer ejercicio, el trabajo forzado y el comportamiento de los guardianes. Le transmití algunas peticiones que sabía que las autoridades nunca atenderían, como nuestro deseo de ser trasladados a cárceles más cercanas a nuestros domicilios familiares.

Tras la sesión, Senn se entrevistó con el responsable de prisiones y su equipo mientras yo esperaba. Supuse que estaría leyéndoles nuestras reclamaciones y aprovechando para señalar aquellas que consideraba razonables. Poco después de la visita de Senn, nuestro uniforme experimentó algunas mejoras y nos entregaron pantalones largos. Sin embargo, Senn no era en absoluto una persona progresista, y sus años en Rhodesia parecían haberle aclimatado al racismo. Antes de regresar a mi celda le recordé que los prisioneros africanos no recibíamos pan. El señor Senn pareció sorprendido y lanzó una mirada al coronel que hacía las veces de director de la prisión. "Mandela, ya sabes que el pan es muy malo para vuestros dientes", me dijo. "Las gachas de maíz os sientan mejor y fortalecen vuestra dentadura".

En años posteriores, la Cruz Roja Internacional enviaría a otros representantes más liberales, que lucharon denodadamente por conseguirnos algunas mejoras. La organización desempeñó también un papel decisivo en un terreno menos visible, pero no por ello menos importante para nosotros. Con frecuencia facilitaba dinero a las mujeres y familiares de presos que, de no haber sido por la organización, no podrían haber recibido su visita en la isla por no disponer de medios.

Tras nuestro traslado a la isla de Robben, mis camaradas estaban preocupados por la posibilidad de que no nos permitiesen estudiar. Pocos meses después de nuestra llegada, las autoridades nos comunicaron que aquellos que quisiesen seguir estudios podían solicitar un permiso. Muchos hombres lo hicieron y les fue concedido, a pesar de que estaban clasificados como prisioneros del grupo D. Tras el juicio de Rivonia, el estado se sentía seguro y consideró que no podía ser peligroso permitirnos estudiar. Más tarde, las autoridades llegarían a lamentarlo. No se permitían estudios de posgrado, pero hicieron una excepción en mi caso debido al precedente que había sentado en Pretoria.

Eran pocos los que tenían estudios superiores en nuestra sección, así que bastantes se apuntaron a cursos universitarios. Muchos no habían hecho la secundaria y optaron por hacer los cursos pertinentes. Algunos estaban muy preparados, como Govan Mbeki y Neville Alexander, pero otros no habían pasado del quinto o sexto año de educación básica. Meses después, prácticamente todos nosotros estábamos estudiando una u otra cosa. Por la noche, nuestro bloque parecía más un colegio que una prisión.

El privilegio de estudiar conllevaba una serie de condiciones. Estaban prohibidos temas como la política y la historia militar. Durante años no pudimos recibir dinero de nadie que no fuese nuestra familia, con lo que los prisioneros más pobres rara vez disponían de medios para adquirir libros. La posibilidad de estudiar dependía de la disponibilidad de dinero de cada uno. Tampoco nos estaba permitido prestar libros a otros prisioneros, lo que habría permitido estudiar a nuestros colegas más pobres.

Siempre existió la controversia de si debíamos o no aceptar el privilegio que suponía el estudio. Al principio, algunos miembros del Movimiento para la Unidad consideraron que estábamos admitiendo una dádiva por parte del gobierno que comprometía nuestra integridad. Razonaban que la posibilidad de estudiar no debía ser un privilegio condicionado, sino un derecho inalienable. Aunque estaba de acuerdo en principio, no podía aceptar que por esa razón repudiásemos el estudio. Como luchadores por la libertad y prisioneros políticos teníamos la obligación de ser cada día más competentes y de mejorar nuestra formación. El estudio era una de las pocas oportunidades que se nos ofrecían para conseguirlo.

Se permitía a los prisioneros inscribirse en la UNISA (Universidad de Sudáfrica) o en el RRC, un centro dedicado a los que querían terminar la enseñanza secundaria. En mi caso, estudiar bajo los auspicios de la

Universidad de Londres tenía consecuencias enfrentadas. Por una parte, se me asignaban estimulantes lecturas que no habrían sido incluidas en ninguna lista de lecturas en Sudáfrica; por otra, era inevitable que las autoridades considerasen muchos de aquellos libros como peligrosos, así que me los prohibían.

La recepción de libros constituía con frecuencia un desafío. Era posible solicitar un libro de leyes a una biblioteca sudafricana. Tras aprobar la petición, el libro era remitido por correo. A causa de las irregularidades del servicio postal, la situación aislada de la cárcel y la a menudo deliberada lentitud de los censores, era frecuente recibir el libro después de la fecha estipulada para su devolución. En caso de que fuera así, los censores se limitaban a devolver el libro por correo, sin mostrárselo siquiera a quien lo había solicitado. Dada la naturaleza del sistema, era normal recibir un envío posterior sin haber recibido jamás el primero.

Además de los libros se nos permitía solicitar otras publicaciones necesarias para nuestros estudios. Las autoridades eran extremadamente estrictas al respecto. Las únicas publicaciones que conseguían pasar el control de la censura eran cosas como un texto sobre cálculo para un prisionero que estudiaba contabilidad. Un día, Mac Maharaj le sugirió a un camarada que estaba estudiando economía que encargase *The Economist.* Todos nos reímos y dijimos que, para tanto como eso, también podía pedir la revista *Time,* ya que *The Economist* era también un semanario de reportajes y noticias. Mac se limitó a sonreír y a afirmar que los responsables de la prisión no lo sabían: juzgaban los libros por sus títulos. Un mes después, estábamos recibiendo *The Economist* y leyendo las noticias que tan importantes eran para nosotros. Desgraciadamente, las autoridades de la cárcel descubrieron su equivocación y cancelaron la suscripción.

Una vez que la mayoría de nosotros estuvimos matriculados en una u otra cosa nos quejamos porque no disponíamos de los medios mínimos para estudiar, como mesas o sillas. Planteé estas peticiones a la Cruz Roja Internacional. Finalmente, las autoridades autorizaron la construcción en cada celda de una especie de escritorio en forma de estante hecho con una simple tabla de madera que salía de la pared a la altura del pecho.

No era precisamente lo que habíamos esperado. Después de un día terrible en la cantera no nos encontrábamos en condiciones para estudiar de pie. Algunos de nosotros protestamos. Kathy fue el que levantó más la voz. Informó al oficial a cargo de que no sólo constituía una imposición intolerable obligarnos a estudiar de pie, sino que además la inclinación de la balda era tal que los libros se deslizaban al suelo. El comandante en jefe realizó una visita sorpresa a la celda de Kathy. Le pidió un libro y lo colocó encima del estante. El libro no se movió. Pidió a Kathy que le diese otro y lo puso encima del anterior. Siguió sin pasar nada. Finalmente, cuando ya había depositado cuatro libros, se volvió hacia un avergonzado Kathy: "No veo qué tienen de malo estos escritorios", le dijo mientras se marchaba. Seis meses después, las autoridades dieron marcha atrás. Nos entregaron unos taburetes de madera con tres patas y redujeron la altura de las baldas-escritorio.

Una de las quejas que transmití a la Cruz Roja Internacional afectaba a las arbitrariedades de las que éramos objeto por parte de los guardianes. Éstos acostumbraban a "cargarnos con muertos", o sea, a imputarnos violaciones de aquellas normas del reglamento carcelario que podían ser castigadas con el aislamiento, la reducción en el número de comidas o la pérdida de privilegios. En general, los funcionarios no actuaban a la ligera, ya que el prisionero afectado podía exigir una audiencia judicial. Si la gravedad de la ofensa lo justificaba se hacía venir a un juez de Ciudad de El Cabo. En aquellos momentos, las autoridades se negaban a permitir la celebración de audiencias. Ya había pasado personalmente por esa experiencia cuando presenté la queja ante el representante de la Cruz Roja. La situación acabaría por resolverse en breve plazo.

A lo largo de nuestro primer año en la isla pasábamos todo el fin de semana encerrados en nuestras celdas, a excepción de media hora diaria de ejercicio. Después de volver del patio un sábado me di cuenta de que un guardián se había dejado un periódico en un banco que había al final del corredor. Se mostraba cordial con nosotros y supuse que no lo había dejado allí por accidente.

Para los prisioneros políticos, la prensa era más valiosa que el oro o los diamantes, más buscada que la comida o el tabaco. Los periódicos constituían el contrabando más preciado en la isla de Robben. Las noticias eran la materia prima de la lucha a nivel intelectual. No nos estaba permitido recibirlas y era lo que más vehementemente deseábamos. Walter se sentía desdichado sin los periódicos, incluso más que yo mismo. Las autoridades de la cárcel intentaron imponer un bloqueo absoluto: no querían que supiésemos nada que pudiese elevar nuestra moral o convencernos de que la gente del mundo exterior seguía pensando en nosotros.

Considerábamos que era nuestro deber mantenernos informados de la actualidad política en el país, así que luchamos duro y durante mucho tiempo para conseguir que se nos permitiese leer periódicos. Con los años, llegamos a desarrollar muchos métodos para conseguirlos, pero al principio no éramos tan expertos. Una de las ventajas de los viajes a la cantera era que los guardianes solían llevar su comida envuelta en papel de periódico, que normalmente tiraban a la basura, de donde nosotros lo recuperábamos a escondidas. Intentábamos distraer su atención para sacarlo del cubo y esconderlo bajo la camisa.

Uno de los métodos más seguros de conseguir la prensa era mediante el soborno. Los recursos para obtener información eran, a menudo, poco éticos, y yo sólo los toleraba en este asunto. Los guardianes parecían estar siempre sin blanca; su pobreza nos ofrecía una oportunidad.

Cuando conseguíamos algo de prensa resultaba demasiado arriesgado hacerla circular. Era un cargo grave que a uno le pillasen con un periódico encima. En lugar de ello, uno de nosotros se ocupaba de leerlo. Normalmente era Kathy, pero más adelante fue Mac Maharaj. Kathy era nuestro responsable de comunicaciones, y había desarrollado ingeniosos sistemas para que pudiésemos pasarnos información. Kathy leía el periódico, y luego nos transmitía a cada uno una versión abreviada de una de las noticias. Cada preso se encargaba de redactar un resumen de la noticia que le correspondía. Después, esas notas circulaban entre nosotros y por último pasaban de contrabando a otra sección. En los casos en que las autoridades de la prisión extremaban la vigilancia, Kathy o Mac escribían su propio resumen de las noticias y, más tarde, el papel era destruido. Lo habitual era convertirlo en minúsculos pedacitos que Kathy echaba en su *ballie,* el cubo sanitario que los carceleros jamás inspeccionaban.

Cuando vi aquel periódico depositado en el banco salí rápidamente de mi celda y me dirigí al final del corredor. Tras mirar en ambas direcciones cogí el periódico del banco y me lo metí bajo la camisa. En otra situación lo habría escondido en alguna parte de mi celda y lo habría sacado después del aviso para acostarnos. Pero aquel día me sentía como un niño impaciente por saborear un dulce antes de la comida. Estaba tan ansioso de noticias que abrí el periódico nada más llegar a mi celda.

No sé cuánto tiempo estuve leyendo, ya que estaba absorto en la lectura y no escuché los pasos. De repente aparecieron un oficial y dos guardianes sin darme tiempo a ocultar el periódico bajo mi cama. Me pillaron con las manos en la masa. "Mandela, estás acusado de posesión de contrabando", me dijeron. "Tendrás que pagar por esto". Los dos carceleros iniciaron un minucioso registro de mi celda para descubrir si podían dar con algo más.

Un par de días más tarde llegó a la isla un magistrado procedente de Ciudad de El Cabo. Me llevaron a la oficina del cuartel general, que se empleaba como sala de justicia en la isla. En esta ocasión, las autoridades sí estaban interesadas en hacer venir a un juez, ya que sabían que mi caso era pan comido. No me defendí y fui sentenciado a tres días de aislamiento y ayuno.

Nunca creí que el guardián que dejó el periódico me hubiese tendido una trampa, aunque algunos compañeros sí lo pensaron. En la audiencia, las autoridades de la prisión me interrogaron para enterarse de cómo había conseguido el periódico y me negué a contestar. Si hubiese sospechado que me habían tendido una trampa no habría tenido empacho en desvelar cómo lo había conseguido.

Las celdas de castigo se encontraban en nuestro mismo edificio, pero en un ala distinta. Aunque estaban al otro lado del patio parecían estar muy lejos. En régimen de aislamiento, uno se encuentra privado de compañía, ejercicio e incluso comida: sólo recibe agua de arroz tres veces al día. Se trata sencillamente del agua en la que se ha cocido el arroz. En comparación con aquello, la ración habitual de papilla era un auténtico festín.

El primer día que se pasa en la celda de aislamiento es siempre el peor. Cuando uno está acostumbrado a comer con regularidad el cuerpo no se habitúa a verse privado de alimento. El segundo día había superado más o menos la falta de comida. El tercero ya no tenía ningún apetito. La escasez de alimento no es algo infrecuente en la vida cotidiana de los africanos. Yo mismo había pasado días enteros sin nada con que alimentarme durante los primeros años de mi estancia en Johannesburgo.

Ya he mencionado que, desde mi punto de vista, el aspecto más peligroso de la vida carcelaria era el confinamiento solitario. Nada tiene principio ni fin; sólo existe la propia mente, que empieza a jugarle a uno malas pasadas. ¿Se trata de un sueño o ha ocurrido algo realmente? Uno empieza a cuestionárselo todo. ¿He tomado la decisión correcta? ¿Sirve de algo mi sacrificio? Cuando uno está a solas, no hay nada que nos distraiga de esas angustiosas preguntas.

Y sin embargo, el cuerpo humano tiene una enorme capacidad de adaptación a las circunstancias cambiantes. Descubrí que es posible soportar lo indecible si uno mantiene la fortaleza de espíritu, aunque el cuerpo esté siendo puesto a prueba. Las convicciones profundas constituyen el secreto de la supervivencia frente a las privaciones. Incluso con el estómago vacío, la mente puede estar llena.

Durante los primeros años, el castigo en las celdas de aislamiento se convirtió en un hábito. Como cuestión de rutina, nos acusaban por infracciones mínimas y nos sentenciaban a la soledad. Un hombre podía quedarse sin comida por mirar a un lado, o ser condenado al aislamiento por no haberse puesto en pie al entrar un guardián en la habitación. Algunos prisioneros del CPA, que a menudo violaban las reglas sencillamente por el gusto de hacerlo, se pasaron largas temporadas en las celdas de castigo. Las autoridades penitenciarias eran de la opinión de que el aislamiento era la mejor cura para nuestra actitud desafiante y rebelde.

No pasó mucho tiempo antes de que me viese condenado de nuevo a la soledad. Ya he comentado que no nos resultaba fácil hacer oír nuestras quejas. El lugar aislado en que se encontraba la prisión hacía creer a los responsables de la misma que podían ignorarnos impunemente. Pensaban que si hacían oídos sordos a nuestras reclamaciones nos sentiríamos frustrados y dejaríamos de protestar, con lo que el mundo exterior se olvidaría de nosotros.

Un día, mientras estábamos trabajando en la cantera, vimos que el comandante de la cárcel nos observaba en compañía de otro hombre. Uno de mis compañeros me susurró que era el general de brigada Aucamp, director de prisiones y superior de nuestro comandante en jefe. (No hay que confundir a este Aucamp con el de la prisión local de Pretoria, que se ocupó de nosotros durante el juicio de Rivonia). Los dos hombres permanecían a cierta distancia, mirando en nuestra dirección.

Aucamp era un tipo fuerte y bajo que llevaba un traje en lugar de uniforme militar. Normalmente acudía a la isla en viaje de inspección cada dos años. En esas ocasiones nos ordenaban permanecer firmes y de pie junto a las rejas de nuestras celdas y mostrar nuestras tarjetas de prisioneros a su paso.

Decidí que la inesperada aparición de Aucamp era una excelente oportunidad para presentar nuestras quejas ante quien tenía el necesario poder para darles solución. Dejé mi pico y caminé hacia los dos hombres. Los guardianes reaccionaron alarmados y empezaron a moverse en mi dirección. Sabía que estaba contraviniendo las normas, pero también confiaba en que los guardianes se quedasen tan sorprendidos por la novedad que no fuesen capaces de hacer nada para detenerme. De hecho, eso fue lo que ocurrió.

Cuando llegué a la altura de los dos hombres, el director de la prisión me dijo en tono contundente: "Mandela, nadie le ha llamado. Vuelva a su puesto". Le ignoré y me dirigí a Aucamp, para decirle que me había visto obligado a adoptar tan extraordinaria medida porque nuestras reclamaciones no estaban siendo escuchadas. El comandante de la prisión me interrumpió: "Mandela, le he ordenado que volviese a su sitio". Me volví hacia él y le dije con un tono de voz controlado: "Ahora estoy aquí, y no retrocederé". Tenía la esperanza de que Aucamp estuviese dispuesto a escucharme. En lugar de eso, me estudió fríamente y luego se volvió hacia los guardianes. "Llévenselo", dijo tranquilamente.

Seguí hablando mientras los guardianes me sacaban de allí. "Devuélvanle a la celda", añadió el comandante. Una vez más fui acusado sin posibilidad de defensa. Esta vez el castigo consistió en cuatro días de aislamiento. Aquello me enseñó una lección que, en realidad ya conocía, pero que había ignorado, dejándome llevar por la desesperación. A nadie —y menos que a nadie a los responsables de prisiones— le gusta que se desafíe su autoridad en público. Para dar respuesta a mis quejas, Aucamp se habría visto obligado a humillar a su subordinado. Las autoridades penitenciarias respondían mejor cuando se las abordaba en privado. El camino para conseguir cambios en la isla de Robben era intentar influir sobre los funcionarios en ausencia de público. En ocasiones fui censurado por mi aparente acercamiento excesivo a los guardianes, pero estaba dispuesto a aceptar cualquier crítica con tal de conseguir mejoras.

66

LA PERSONA MÁS IMPORTANTE para la vida de un preso no es el ministro de Justicia ni el responsable de prisiones, ni siquiera el director de la cárcel, sino el guardián de su sección. Uno puede escribir al ministro si pasa frío y quiere una manta más, pero no obtendrá respuesta. Si se la solicita al responsable de instituciones penitenciarias contestará que lo siente, pero que va contra las reglas. El director de la prisión dirá: "Si te doy a ti una manta, tendré que dársela a todos". Pero si uno está en buenas relaciones con su guardián y se la pide a él, éste se limitará a ir al almacén y coger una manta.

Yo siempre intentaba ser justo con los carceleros de mi sección; una actitud hostil resultaba contraproducente. No tenía sentido buscarse enemigos entre los guardianes. Educar a todo el mundo, incluso a nuestros detractores, era parte de la filosofía del CNA. Creíamos que todos los hombres, incluyendo a los funcionarios de prisiones, eran capaces de cambiar, y hacíamos lo que podíamos por ganarnos su simpatía.

En general, tratábamos a nuestros carceleros como ellos nos trataban a nosotros. Si alguno se mostraba considerado le respondíamos con la misma actitud. No todos los guardianes eran ogros. Desde el principio, nos dimos cuenta de que había algunos honestos. No resultaba fácil mostrarse amistoso con ellos, ya que en general aborrecían la idea de comportarse cortésmente con un hombre negro. Dado que era muy útil contar con guardianes bien dispuestos hacia nosotros, a menudo proponía a algunos compañeros que intentasen entablar relaciones amistosas con algún funcionario en concreto. Nadie quería cumplir semejante tarea.

Había un guardián en la cantera que se mostraba especialmente hostil. Esto constituía un problema, ya que en la cantera podíamos discutir muchas cuestiones, y un guardián que nos prohibiese hablar era un grave contratiempo. Le pedí a uno de mis camaradas que intentase entablar amistad con él para evitar que interrumpiese nuestras conversaciones. El guardián se mostraba bastante rudo, pero pronto empezó a ablandarse un poco con ese prisionero en concreto. Un día, el guardián le pidió su chaqueta para ponerla en la hierba y sentarse encima. Aunque sabía que aquello iba en contra de los principios de mi compañero, le hice una señal con la cabeza para que aceptase.

Pocos días después, estábamos comiendo a resguardo bajo el cobertizo cuando el guardián pasó por allí. Le había sobrado un *sandwich* y lo tiró al suelo cerca de nosotros. "Ahí tenéis", dijo. Era su modo de mostrarse amistoso.

Aquella situación nos planteó un dilema. Por un lado, nos había tratado como a animales a los que podía arrojar los desperdicios. Yo sentía que coger aquel *sandwich* minaría nuestra dignidad. Pero también estábamos hambrientos, y rechazar aquella comida podía ofender al guardián del que intentábamos hacernos amigos. Pude ver que el camarada que confraternizaba con el guardián deseaba aquel *sandwich* y le hice señas para que lo cogiera.

La estrategia funcionó, ya que el guardián empezó a mostrarse menos circunspecto con nosotros. Incluso nos hizo preguntas acerca del CNA. Por definición, un hombre que trabajase para el sistema penitenciario debía haber sufrido un lavado de cerebro con la propaganda del gobierno. Debía creer que éramos terroristas y comunistas que queríamos echar al mar a los blancos. Cuando poco a poco le explicamos en qué consistía nuestra política antirracista, y le hablamos de nuestras aspiraciones de igualdad de derechos y de nuestros planes para la redistribución de la riqueza, se rascó la cabeza y comentó: "Eso parece tener más sentido que las propuestas del National Party".

Contar con la simpatía de algún guardián en la isla de Robben facilitaba una de nuestras tareas más importantes: la comunicación. Considerábamos parte de nuestro trabajo mantenernos en contacto con los camaradas alojados en los módulos F y G, las secciones donde estaban encerrados los prisioneros comunes. Como prisioneros políticos aspirábamos a fortalecer nuestra organización en la cárcel igual que lo habíamos hecho fuera. La comunicación era esencial si queríamos coordinar nuestras protestas y quejas. Debido al mayor número de prisioneros y al movimiento de entrada y salida de los mismos, los hombres de los módulos F y G contaban normalmente con más información, no sólo acerca de lo que estaba ocurriendo en el movimiento, sino también sobre nuestros familiares y amigos.

La comunicación entre secciones constituía una grave violación de las reglas, pero discurrimos muchos sistemas eficaces para burlar esa prohibición. Los hombres que nos traían la comida procedían de la sección de comunes. Durante los primeros meses conseguimos mantener algunas conversaciones y transmitirles entre susurros breves mensajes. Creamos un comité clandestino de comunicaciones integrado por Kathy, Mac Maharaj, Laloo Chiba y algunos otros. Su trabajo consistía en organizar aquellos intercambios de información.

Una de las primeras técnicas fue orquestada por Kathy y Mac. Este último había descubierto que en nuestras caminatas hasta la cantera, los guardianes tiraban con alguna frecuencia cajas de cerillas al suelo. Empezaron a coleccionarlas en secreto. Mac tuvo la idea de hacerles un doble fondo en el que se escribía un pequeño mensaje. Laloo Chiba, que había sido sastre, era el encargado de la tarea. Escribía los minúsculos textos en clave que luego se introducían en la cajita trucada. Otro soldado de la MK que se encontraba con nosotros, Joe Gqabi, se ocupaba de transportar las cajas de cerillas y depositarlas, de camino a la cantera, en lugares estratégicos por los que sabíamos que debían pasar las cuadrillas de presos comunes. Les explicamos el plan en susurros cuando venían a entregarnos la comida. Los prisioneros designados en los módulos F y G debían ocuparse de recoger las cajas al pasar. Nosotros recibíamos las respuestas por la misma vía. No era un sistema infalible, ya que algo tan simple como la lluvia podía arruinar nuestros planes. No tardamos en desarrollar métodos más eficaces.

Esperábamos los momentos en que los guardianes estaban distraídos. Una de las mejores oportunidades se presentaba durante y después de las comidas. Nos servíamos la comida nosotros mismos, y gracias a ello desarrollamos un nuevo sistema. Los compañeros de la sección de comunes que trabajaban en la cocina empezaron a envolver en plástico las cartas y notas. Luego las colocaban en la base de los bidones de comida. Nuestras respuestas viajaban por la misma vía: utilizábamos el mismo plástico para envolverlas y las metíamos en la parte de abajo de la pila de platos sucios que devolvíamos a la cocina. Hacíamos lo que podíamos para ensuciarlo todo bien, extendiendo los restos de comida por los platos. Los guardianes llegaron a llamarnos la atención ante semejante porquería, pero nunca se decidieron a investigar.

Las duchas estaban junto a la sección de aislamiento. Los presos comunes eran condenados con frecuencia a las celdas de castigo y utilizaban los mismos servicios que nosotros, aunque en turnos diferentes. Mac desarrolló un método para envolver las notas en plástico y colocarlas en el interior de las tazas del retrete. Animamos a los compañeros que compartían módulo con los presos comunes a que se hicieran castigar para que les mandasen a las celdas de aislamiento. De este modo podían recibir nuestras notas y dejarnos sus respuestas. A los guardianes nunca se les ocurriría mirar allí.

Para evitar que las autoridades de la prisión pudieran leer los mensajes en caso de que los descubrieran pensamos en diferentes modos de redactarlos para que no fuera fácil detectarlos ni descifrarlos. Uno de ellos consistía en escribirlos con leche. El papel se secaba en seguida y resultaba blanco a la vista. Pero si se humedecía la leche seca con el desinfectante que nos daban para limpiar las celdas, el texto volvía a aparecer. Por desgracia, no recibíamos leche muy a menudo. Recurrimos a este sistema después de que a uno de los nuestros le diagnosticasen una úlcera, por lo que le daban leche para beber.

Otra técnica consistía en escribir en código sobre diminutos pedazos de papel higiénico. El papel era tan pequeño y fácil de esconder que se convirtió en un medio muy popular para enviar mensajes. Después de que las autoridades de la prisión descubriesen algunas de estas notas adoptaron la extraordinaria medida de racionar el papel. A Govan, que estaba entonces convaleciente y no acudía a la cantera, se le asignó la tarea de contar las ocho piezas cuadradas de papel higiénico por prisionero que se nos daban al día.

A pesar de todos estos ingeniosos métodos, uno de los favoritos era el más simple: conseguir que nos enviasen al hospital. La prisión sólo contaba con una enfermería y mientras estábamos allí resultaba difícil nuestra segregación de los presos comunes. A veces, prisioneros procedentes de diferentes secciones de la prisión compartían la misma sala. Hombres que procedían del módulo B y prisioneros del F y el G se mezclaban e intercambiaban información acerca de las organizaciones políticas, las huelgas, la reducción del ritmo de trabajo o cualesquiera otros asuntos de actualidad en la prisión.

Para la comunicación con el mundo exterior se establecieron dos vías: una eran los prisioneros que terminaban de cumplir su condena y abandonaban la isla; otra, el contacto con las visitas. Los presos que se marchaban llevaban nuestros mensajes entre sus ropas o en su equipaje. Con los visitantes resultaba aún más peligroso, ya que ellos también se arriesgaban. No se permitía la presencia de guardianes en la habitación durante las entrevistas con los abogados. En ocasiones, podíamos pasarles una carta para que la sacasen, ya que a ellos no les registraban. También podíamos comunicarnos con los abogados mediante notas, como habíamos hecho durante el juicio de Rivonia. Dado que en la habitación había micrófonos recurríamos a trucos. "Por favor, dígale..." —en este momento les pasábamos un papel en el que estaba escrito, por ejemplo, "a O.T.", que quería decir Oliver Tambo— "que apruebo su plan de reducción..." —aquí escribíamos "de la ejecutiva nacional"—.

En julio de 1966 nos enteramos a través de una nota envuelta en plástico y adherida a la base de nuestro bidón de comida de que los presos comunes habían decidido comenzar una huelga de hambre para protestar por las condiciones en la cárcel. La información era poco precisa y no sabíamos cuándo empezaría la huelga y cuáles eran las quejas concretas. No obstante, estábamos dispuestos a apoyar cualquier huelga de prisioneros fuera cual fuese su motivación. Hicimos correr la voz entre nosotros y decidimos iniciar otra en su apoyo a partir de la siguiente comida. Una huelga de hambre únicamente consiste en una cosa: no comer.

Debido al tiempo que transcurría entre comunicación y comunicación, los presos comunes probablemente no se enterarían de nuestra incorporación a la huelga hasta un día o dos más tarde. Sin embargo, sabíamos que la noticia les animaría. Las autoridades de la prisión les dirían que nosotros no nos habíamos sumado a ella y que estábamos disfrutando de unos platos de auténticos *gourmets*. Era el procedimiento habitual; ante una crisis los responsables de la prisión ponían en marcha una campaña de desinformación para enfrentar a unas secciones con otras. En este caso, mientras que el CNA respaldó la huelga unánimemente, algunos hombres del CPA alojados con los presos comunes no lo hicieron.

Durante el primer día de nuestra huelga de hambre nos negamos a aceptar la comida cuando nos sirvieron las raciones habituales. Al segundo día nos dimos cuenta de que las raciones eran algo mayores y de que la papilla iba acompañada de algunas verduras. En la tercera jornada aparecieron en la cena jugosos trozos de carne. El cuarto día las sustanciosas gachas relucían a causa de la grasa añadida; las grandes tajadas de carne y las verduras frescas que había en su superficie echaban humo. Se nos hacía la boca agua ante aquella comida. Los guardianes sonreían cuando la rechazábamos. La tentación era grande, pero resistimos a pesar de que el trabajo se volvió aún más duro en la cantera. Nos enteramos de que en la sección principal algunos prisioneros estaban sufriendo desmayos y les habían tenido que sacar en carretillas.

Me llamaron a la oficina de la dirección para una entrevista con el coronel Wessels. Este tipo de encuentros resultaba delicado, ya que mis amigos sabían que las autoridades intentarían presionarme para que desconvocase la huelga. Wessels iba siempre al grano y me preguntó por qué estábamos en huelga de hambre. Le expliqué que como prisioneros políticos considerábamos la huelga iniciada por los demás presos para cambiar nuestras condiciones en la cárcel como una prolongación de nuestra lucha contra el *apartheid*. "Ni siquiera saben por qué se han declarado en huelga los de los módulos F y G", me respondió. Le dije que ésa no era la cuestión, que los hombres de los módulos F y G eran nuestros hermanos y que nuestra lucha era indivisible. Me despidió con un bufido.

Al día siguiente tuvimos noticia de una extraordinaria secuencia de acontecimientos: los guardianes habían emprendido su propio boicot y se habían negado a acudir a la cafetería. No estaban en huelga en apoyo de nuestras reivindicaciones, pero habían decidido que si nosotros podíamos hacer algo así, ¿por qué no ellos? Exigían mejor comida y mejores condiciones de vida. La combinación de ambas huelgas fue demasiado para las autoridades penitenciarias. Se reunieron con los funcionarios y un par de días después supimos que las autoridades se habían dirigido a la sección de presos comunes pidiendo que se nombrasen tres representantes para negociar las reivindicaciones que pedían. Los presos comunes proclamaron la victoria y desconvocaron la huelga. Nosotros seguimos sus pasos un día más tarde.

Aquella había sido la primera y más exitosa de las huelgas de hambre que tendrían lugar en la isla. Como forma de protesta, las huelgas de hambre no presentaban un saldo muy elevado de triunfos. Personalmente, siempre consideré que la lógica que subyacía en esas protestas era quijotesca. Para que una huelga de hambre tenga éxito, el mundo exterior debe conocerla. De otro modo, los prisioneros se arriesgan a morir sencillamente de inanición sin que nadie lo sepa. La noticia de nuestra huelga de hambre debía aparecer en los periódicos para que generase presión por parte de otros grupos en nuestra defensa. El problema, especialmente durante los primeros años, es que resultaba casi imposible alertar a la gente del exterior de que estabámos llevando a cabo una huelga de hambre dentro de la prisión.

Yo consideraba la huelga de hambre como una forma de protesta demasiado pasiva. Los que ya estábamos sufriendo penalidades arriesgábamos nuestra salud y nos enfrentábamos incluso a la muerte. Siempre he estado a favor de métodos de protesta más activos y militantes, como la negativa a trabajar o a limpiar, o la reducción del ritmo de trabajo. Estas acciones iban en contra de las autoridades de la prisión, no en contra de nosotros mismos. Que necesitaban gravilla, pues nosotros no se la facilitábamos; que querían que mantuviésemos el patio de la cárcel limpio, nosotros lo dejábamos ensuciarse. Esta clase de comportamiento les contrariaba y exasperaba, mientras que, en mi opinión, se alegraban en el fondo de vernos pasar hambre.

Cuando llegaba el momento de tomar una decisión siempre perdía las votaciones. Mis camaradas decían jocosamente que no estaba dispuesto a perderme ni una sola comida. Los que estaban a favor de las huelgas de hambre sostenían que se trataba de una forma de protesta tradicionalmente aceptada y extendida por todo el mundo por personalidades tan enaltecidas como Mahatma Gandhi. No obstante, una vez que se adoptaba una postura, yo la apoyaba con tanta vehemencia como el que más. De hecho, durante las huelgas a menudo me vi en la situación de verme obligado a convencer a algunos de mis colegas más remisos, que no querían apoyar la decisión aprobada por el colectivo. "Madiba, yo quiero mi comida", recuerdo que me dijo uno. "No veo por qué he de quedarme sin comer. He servido a nuestra causa durante mucho tiempo".

A veces los camaradas comían a escondidas. Descubríamos esto por una sencilla razón: después de dos días de huelga de hambre uno no necesita utilizar el retrete. A pesar de ello, una mañana vimos a alguien dirigirse a los lavabos. Disponíamos de nuestro propio servicio interno de espionaje, ya que sabíamos que la determinación de algunos era débil.

67

EN MITAD DE LA HUELGA de hambre que tuvo lugar en julio de 1966 me correspondía recibir la visita de mi mujer. Se cumplían casi dos años desde la primera y estuvo a punto de no celebrarse. Winnie había estado sometida a una presión constante desde su primera visita en 1964. La policía había acosado a sus hermanas y su hermano, y las autoridades intentaban impedir que nadie de la familia viviese con ella. De algunos detalles me enteré entonces, aunque la mayoría los descubrí más tarde. Conocía algunos de estos desagradables incidentes porque cuando regresaba del trabajo en la cantera me encontraba a menudo con que algún guardián había depositado anónima y cuidadosamente recortes de prensa sobre la cama de mi celda.

De mil pequeñas y miserables maneras, el estado hacia lo posible por amargarle la vida a Winnie. Durante dos años, las prohibiciones por parte de los comisarios residentes y las continuas proscripciones que la impedían viajar habían hecho imposible que me visitara. A través de un abogado me había enterado de que las autoridades habían comunicado a Winnie que sólo podría visitarme si disponía de un pase. Desde los años cincuenta, Winnie había estado manifestándose con otras mujeres en contra de la política de pases del gobierno, y se negaba a llevar consigo tal documento. Pretendían, claramente, humillarla a ella y de paso a mí. Sin embargo, pensaba que era más importante que nos viésemos que seguir oponiéndonos a las despreciables maquinaciones de las autoridades. Winnie consintió en llevar un pase. La echaba terriblemente de menos y necesitaba verla. Además teníamos que discutir algunos asuntos vitales para la familia.

Las normas que regían cada una de las visitas de Winnie eran extensas y complicadas. No podía tomar un tren ni viajar en coche, así que debía desplazarse en avión, con lo que el viaje se encarecía mucho. Se le exigía que tomase el camino más corto desde el aeropuerto hasta la sede de la policía de El Cabo en Caledon Square. Allí la hacían firmar diversos documentos. A la vuelta, debía presentarse de nuevo en la misma comisaría y firmar más papeles.

Gracias a un recorte de prensa descubrí que un agente de la brigada especial de la policía había irrumpido en nuestra casa de Orlando mientras Winnie se estaba vistiendo. Ella había reaccionado airadamente y había expulsado al tipo del dormitorio. Aquel teniente la acusó de asalto, y yo pedí a mi amigo y colega George Bizos que la defendiera, lo que hizo muy hábilmente. Habíamos visto algunas reseñas sobre el asunto en la prensa, y mis camaradas incluso habían bromeado conmigo acerca del carácter belicoso de Winnie. "Parece que no eres el único boxeador en la familia, Madiba", me decían.

La segunda visita duraría solamente media hora y teníamos muchas cosas de las que hablar. Winnie llegó un poco alterada por la rudeza del trato recibido en El Cabo, así como por el hecho de que hubiese tenido que viajar en la bodega del barco, donde se había puesto enferma con los humos del motor. Aunque se había tomado muchas molestias por arreglarse para mí, la encontré ojerosa y delgada.

Pasamos revista al tema de la educación de las niñas, la salud de mi madre —que por aquel entonces no era muy buena— y nuestra situación económica. La educación de Zeni y Zindzi era un asunto de la mayor importancia. Winnie las había matriculado en un colegio para indios, y las autoridades estaban presionando al director aduciendo que aceptar en aquella escuela a alumnos africanos era una violación de la ley. Tomamos la difícil decisión de enviar a Zeni y Zindzi a un internado en Swazilandia. Esto representaba un duro golpe para Winnie, a la que las dos niñas daban fuerzas. A mí me consolaba el hecho de que, probablemente, allí recibirían una mejor educación, pero me preocupaba Winnie. Se encontraría sola y buscaría la compañía de personas que se aprovecharían de ella con la excusa de ser sus amigos. Por encima de todo, Winnie no desconfiaba nunca de los motivos de la gente.

Para burlar las limitaciones en nuestra conversación para tratar asuntos no familiares recurríamos a nombres que sólo tenían sentido para nosotros y nunca para los guardianes. Si quería saber cómo le iba realmente a Winnie, le preguntaba: "¿Has tenido noticias de Ngutyana recientemente? ¿Sabes cómo le va?". Ngutyana es uno de los nombres de clan de Winnie, pero las autoridades de la prisión no lo sabían. Entonces, Winnie podía explayarse respecto a los detalles de la vida de Ngutyana. Si un guardián preguntaba quién era Ngutyana, contestábamos que era una prima. Para conseguir información de la representación del CNA en el exterior le preguntaba por nuestra iglesia. Winnie me ponía al corriente de cómo estaban las cosas en "la iglesia", y entonces yo le preguntaba por los curas. "¿Qué tal los nuevos sacerdotes? ¿Son buenos sus sermones?". Improvisábamos y, de este modo, conseguíamos intercambiar gran cantidad de información.

En cada ocasión, cuando el guardián gritaba "¡Se terminó el tiempo!" tenía la sensación de que sólo habían transcurrido unos pocos minutos. Habría deseado besar el cristal para decirle adiós, pero me contenía. Prefería que Winnie fuese la primera en marcharse, para que no tuviera que presenciar cómo salía yo en compañía de los carceleros. La veía musitar una despedida mientras intentaba ocultar su dolor ante los guardianes.

Tras la visita volvía a repasar todos los detalles de la entrevista en mi cabeza: la ropa que Winnie llevaba puesta, lo que había dicho, lo que yo le había dicho a ella. Luego, escribía una carta en la que volvía sobre algunos de los temas que habíamos comentado. En ella le expresaba lo mucho que la quería, lo indestructible de nuestra relación, lo valiente que ella era. Mis cartas a Winnie eran tanto cartas de amor como el único modo que tenía de transmitirle el apoyo que ella precisaba.

Poco después de su visita me enteré de que estaba acusada de no haber comparecido ante la policía a su regreso a El Cabo, así como de haberse negado a dar su dirección. A pesar de que ya había contestado a esa pregunta en el transbordador, se la hicieron de nuevo a la vuelta. Ella se había negado a responder, aduciendo que ya lo había hecho antes.

Winnie fue detenida y puesta en libertad bajo fianza más tarde. Fue juzgada y condenada a un año de prisión, pero la pena se anuló cuatro días después. Como consecuencia, Winnie fue despedida de su segundo trabajo como asistenta social y perdió su principal fuente de ingresos.

El estado hizo todo lo que estuvo en su mano por atormentarme de todos los modos posibles intentando vencer mi resistencia. Hacia finales de 1966, los miembros de la Asociación de Abogados del Transvaal, a instancias del ministro de Justicia, presentaron una moción contra mí con el propósito de expulsarme de la asociación e impedirme el ejercicio de la profesión, amparándose en las convicciones que había hecho públicas durante el juicio de Rivonia. No parecían desalentados por su primer fracaso tras la Campaña de Desafío.

Sólo me enteré de las acciones emprendidas por la asociación después de que éstas se hubieron puesto en marcha. La asociación del Transvaal era una organización muy conservadora. Pretendían proceder contra mí en un momento en el que suponían que no tendría ocasión de defenderme. No resulta fácil para un preso de la isla de Robben ejercer su propia defensa ante un tribunal, pero eso era precisamente lo que pretendía hacer.

Comuniqué a las autoridades que había decidido dar respuesta a la moción presentada contra mí y que yo mismo me ocuparía de la defensa. Para preparar ésta en condiciones dije a los responsables de la prisión que necesitaría una mesa adecuada, una silla y buena luz para ponerme a la tarea. También solicité acceso a una biblioteca especializada en leyes y exigí el traslado a Pretoria.

Mi estrategia era desbordar a las autoridades penitenciarias y a los tribunales con peticiones legítimas, que sabía que tendrían dificultades para satisfacer. Les inquietaba que hubiera decidido ejercer mi propia defensa ante la corte, porque la publicidad que acompañaría al hecho mostraría que aún seguía luchando por los mismos ideales que siempre había defendido.

Su primera respuesta era siempre: "Mandela, ¿por qué no busca un abogado que le defienda? Él estará en condiciones de ocuparse del caso adecuadamente. ¿Para qué se toma tantas molestias?". Yo porfié y me dirigí al jefe del registro del Tribunal Supremo solicitándole los archivos, documentos y libros que podía necesitar. También pedí una relación de los testigos de la acusación e información acerca de sus posibles testimonios.

Me contestaron con una carta en la que me decían que antes de que la corte pudiese satisfacer mis demandas necesitaban conocer la naturaleza de mi defensa. Esto era algo extraordinario. ¿Pretender conocer la naturaleza de la defensa que llevaría a cabo un abogado antes de iniciarse el proceso? Ningún abogado puede verse forzado a revelar en qué se basará su defensa antes de encontrarse ante un tribunal. Volví a escribirles para aclararles que el asunto les sería comunicado cuando tuviese listos los papeles y no antes.

Aquello fue el comienzo de la abundante correspondencia que mantuve con el jefe del registro del Supremo y con el abogado del estado, que representaba a la asociación profesional del Transvaal. No pensaba echarme atrás en ninguna de mis exigencias. Las autoridades se mostraron igual de intransigentes: no se me eximiría del trabajo en la cantera, no dispondría de la mesa y la silla y no podría desplazarme hasta Pretoria para mis consultas en la biblioteca bajo ninguna circunstancia.

Seguí acosando a la asociación, a sus representantes y al jefe del registro con mis demandas, y ellos continuaron denegándolas. Por último, tras varios meses y multitud de cartas, sin mayor alboroto y sin que yo recibiese la preceptiva notificación, abandonaron el asunto. El caso había adquirido unas dimensiones mayores a las que esperaban. Habían pensado que no tomaría la iniciativa, o que no dispondría de medios para defenderme. Estaban equivocados.

Me enteré de todos los detalles relativos a las reacciones oficiales ante mi enfrentamiento con la asociación de abogados porque en aquel momento recibíamos a diario un periódico. Era como si nos lo llevasen a domicilio todos los días. A todos los efectos, así era.

El guardián que se encargaba de nosotros por la noche era un pacífico testigo de Jehová con el que Mac Maharaj había hecho buenas migas. Una noche se acercó hasta la celda de Mac y le contó que quería participar en un concurso de prensa. Quería saber si Mac estaba dispuesto a ayudarle a escribir el texto que pedían. El viejo funcionario insinuó que si Mac le ayudaba habría una compensación para él. Mac accedió y puntualmente le escribió el ensayo. Dos semanas más tarde, el viejo buscó a Mac muy excitado. Había quedado finalista en el concurso. ¿No podría escribirle otro trabajo? El guardián le prometió a cambio un pollo asado. Mac le contestó que lo pensaría.

Al día siguiente Mac nos explicó la situación a Walter y a mí. Walter animó a Mac a que aceptase la comida, pero yo entendía sus reservas. Podía parecer que estaba recibiendo un trato especial. Esa noche le dijo al guardián que aceptaba el encargo a cambio de un paquete de cigarrillos. El viejo estuvo de acuerdo y a la noche siguiente se presentó con un paquete de cigarrillos recién comprado.

Por la mañana, Mac nos contó que ya tenía donde quería al guardián. No entendimos cómo era eso posible. "Tengo sus huellas digitales en el paquete de cigarrillos", nos aclaró Mac. "Estoy en condiciones de chantajearle". Walter protestó diciendo que aquello era inmoral. Yo no critiqué la postura de Mac, pero quise saber a cambio de qué pensaba chantajearle. Mac arqueó una ceja: "Periódicos", contestó. Walter y yo nos miramos. Creo que Walter era el único hombre en la isla de Robben que disfrutaba con la prensa tanto como yo. Mac había discutido ya su plan con el comité que estaba a cargo de las comunicaciones. Aunque Walter y yo teníamos nuestras objeciones a la técnica utilizada por Mac no hicimos nada por detenerle.

Esa noche Mac le dijo al guardián que tenía sus huellas en el paquete de cigarrillos y que si no colaboraba le denunciaría a su jefe. Aterrorizado ante la posibilidad de ser despedido y quedarse sin su pensión, el guardián aceptó hacer cualquier cosa que Walter le pidiese. Durante los seis meses siguientes, hasta que le trasladaron, el viejo guardián entregaba todos los días el periódico a Mac. Éste resumía la información y la reducía a un pequeño pedazo de papel, que circulaba entre nosotros. Lamentablemente, el guardián no ganó el concurso.

Podría decirse que en la cárcel teníamos dos ocupaciones: extraer piedra caliza y discutir. Hacia 1966, la actitud de los guardianes se había relajado y habían pasado a adoptar la filosofía del *laissez faire*. Podíamos hablar todo lo que quisiéramos siempre y cuando trabajásemos. Nos juntábamos en pequeños grupos de cuatro o cinco hombres y nos pasábamos el día charlando de lo humano y lo divino. Estábamos en permanente conversación con los demás acerca de los asuntos más trascendentes y los más insignificantes.

Estar encarcelado no tiene atractivo alguno, a excepción de una cosa: hay tiempo para pensar. Cuando uno está en plena lucha, cuando se ve obligado a reaccionar ante circunstancias que cambian en un abrir y cerrar de ojos, rara vez tiene oportunidad de considerar atentamente las consecuencias de sus decisiones o de la política adoptada. La cárcel ofrece tiempo —mucho más del necesario— para reflexionar sobre lo que se ha hecho o lo que se ha dejado de hacer.

Estábamos enzarzados de continuo en debates políticos. Algunos quedaban despachados en un día, otros eran tema de discusión durante años. Siempre me ha gustado el debate, y participaba en él con entusiasmo. Una de nuestras primeras y más prolongadas discusiones era la referida a las relaciones entre el CNA y el Partido Comunista. Algunos hombres, especialmente los soldados de la MK que habían recibido instrucción militar en países comunistas, opinaban que el CNA y el partido debían ser la misma cosa. Incluso algunos de los más antiguos camaradas del CNA como Govan Mbeki y Harry Gwala suscribían esta teoría.

El partido no constituía una entidad separada en la isla de Robben. Dentro de la prisión no tenía sentido establecer distinciones como las que existían en el mundo exterior entre el CNA y los comunistas. Mis opiniones respecto al tema no se habían visto alteradas en todos aquellos años. El CNA era un movimiento de liberación de masas que daba la bienvenida a todos aquellos que compartieran sus objetivos.

Con el tiempo, el debate acerca del CNA y el Partido Comunista se fue haciendo más agrio. Algunos de nosotros proponíamos un modo para resolverlo: escribir a la organización del CNA en el exilio, que se había instalado en Lusaka. Preparamos un documento secreto de veintidós páginas sobre el tema, que debía ser enviado a Lusaka junto con una carta mía. La preparación y envío de semejante documento era una maniobra arriesgada. Por último, Lusaka confirmó la separación entre el CNA y el partido y, finalmente, la discusión languideció.

Otro tema recurrente en el debate político era el de si los líderes del CNA debían o no proceder exclusivamente de la clase trabajadora. Algunos sostenían que dado que el CNA era una organización de masas compuesta fundamentalmente por trabajadores, sus dirigentes debían pertenecer a la clase obrera. Mi opinión era que resultaba tan antidemocrático especificar *a priori* la procedencia de sus líderes como declarar que debían ser intelectuales burgueses. Si el movimiento hubiese insistido en semejantes condiciones, muchos de sus dirigentes, hombres como el jefe Luthuli, Moses Kotane o el doctor Dadoo jamás habrían sido elegidos. Los revolucionarios proceden de todas las clases sociales.

No todos los debates eran políticos. Otro tema que provocaba mucha polémica era el de la circuncisión. Los había que mantenían que la circuncisión, tal y como era practicada entre los xhosas y otras tribus, representaba no sólo una mutilación innecesaria, sino una reversión hacia un tipo de tribalismo que el CNA intentaba erradicar. No era una opinión carente de fundamento, pero el punto de vista que prevalecía, y con el que yo estaba de acuerdo, era que la circuncisión era un ritual propio de nuestra cultura y que no sólo era bueno para la salud, sino que tenía efectos psicológicos positivos. Constituía un rito que reforzaba la cohesión del grupo y servía para inculcar valores constructivos.

El debate duró años, y buena parte de los internos votó de manera muy directa a favor de la circuncisión. Un prisionero que trabajaba en la enfermería de la cárcel y había ejercido anteriormente como *ingcibi* montó un centro clandestino de circuncisión. Un buen número de presos jóvenes de nuestra sección fue circuncidado allí. Después de la operación organizábamos una pequeña fiesta con té y galletas para los circuncidados, que tras la ceremonia podían pasarse un día o dos holgazaneando y paseando envueltos en mantas, como dictaba la costumbre.

Un tema al que volvíamos una y otra vez era si había o no tigres en África. Algunos sostenían que aunque popularmente se asumiera que éstos vivían en África se trataba de un mito, ya que eran originarios de Asia y el subcontinente indio. En África había leopardos en abundancia, pero no tigres. El bando opuesto argüía que los tigres eran originarios de África y que aún quedaban algunos ejemplares. Había quienes afirmaban haber visto con sus propios ojos al más hermoso y poderoso de los felinos en las junglas africanas.

Yo mantenía que aunque en nuestros tiempos no quedaran tigres en África existía una palabra xhosa que significaba tigre y que, por tanto, el felino en cuestión debía haber vivido en el continente en algún momento. Si no, ¿por qué iba a existir un nombre para él? Le dimos vueltas y más vueltas al tema, y recuerdo que en una ocasión Mac comentó que hacía cientos de años, mucho antes de que existieran los aviones, que existía una palabra hindi que significa "aparato que vuela por los aires" pero que aquello no significaba que siglos atrás hubiera habido aviones en la India.

68

"ZITHULELE", el hombre tranquilo, fue el apodo que le pusimos al guardián que estaba a cargo de nuestra vigilancia en la cantera. Era un hombre tolerante que hablaba con voz queda. Siempre se mantenía a buena distancia de nosotros mientras trabajábamos y no parecía importarle lo que hiciéramos mientras mantuviéramos el orden. Jamás nos insultó, aunque nos encontrara charlando apoyados en nuestras palas.

Nosotros respondíamos a su actitud como correspondía. Un día se acercó a nosotros y nos dijo. "Caballeros, las lluvias han borrado las líneas de las carreteras y necesitamos veinte kilos de cal para hoy. ¿Pueden ayudarnos?". Aunque por aquel entonces trabajábamos muy poco, nos había abordado como a seres humanos y decidimos ayudarle de buen grado.

Aquella primavera se produjo un cierto deshielo en el trato con las autoridades, un relajamiento de la disciplina de mano dura que había imperado en la isla hasta entonces. La tensión entre presos y guardianes había cedido hasta cierto punto.

No obstante, aquel respiro resultó poco duradero, y llegó bruscamente a su fin una mañana de septiembre. Acabábamos de dejar los picos y las palas apoyados contra la pared de la cantera y nos dirigíamos a la barraca para comer. Mientras uno de los presos comunes se acercaba con el bidón de la comida, le oímos decir en voz baja "Verwoerd ha muerto". Eso fue todo. La noticia se propagó entre nosotros como fuego de pólvora. Nos observamos con incredulidad y miramos hacia los guardianes, que parecían no estar al tanto de que hubiera ocurrido nada digno de mención.

No sabíamos cómo había muerto el primer ministro. Posteriormente nos enteramos de que un parlamentario blanco poco conocido le había apuñalado e hicimos cábalas acerca de sus posibles motivaciones. Aunque Verwoerd pensaba que los africanos eran inferiores a los animales, su muerte no nos produjo ningún placer en especial. El asesinato político era algo que ni el CNA ni yo habíamos defendido nunca. Es un modo muy primitivo de hacer frente a un oponente.

Verwoerd se había convertido tanto en el principal teórico como en el arquitecto del gran *apartheid*. Había sido el mayor defensor de la creación de los bantustanes y de la ley de Educación Bantú. Poco antes de su muerte había encabezado la candidatura del National Party a las elecciones generales de 1966, en las que el partido del *apartheid* había aumentado su ya abrumadora mayoría, obteniendo 126 escaños frente a los 39 alcanzados por el United Party y el único escaño obtenido por el Progressive Party.

Como tan a menudo ocurría en la isla habíamos tenido conocimiento de noticias políticas significativas antes que nuestros guardianes. Pero al día siguiente quedó claro que los guardianes estaban al corriente, ya que desahogaron su ira sobre nosotros. La tensión, que había tardado meses en menguar, volvió a hacer acto de presencia con toda su fuerza. El repentino brote de ataques guerrilleros contra las fuerzas de la policía en Namibia por parte de la SWAPO —una organización aliada del CNA— había contribuido también a ponerles nerviosos. Supongo que debíamos habernos sentido halagados por el hecho de que el gobierno pensara que nuestra recién nacida capacidad militar fuera lo suficientemente sofisticada como para eliminar al jefe del estado, pero sus sospechas tan sólo reflejaban la inseguridad de aquellos hombres de mentalidad estrecha y miope que echaban la culpa de todos sus problemas a su oponente, el CNA, y no a su propia y descaminada política.

El castigo al que nos vimos sometidos no fue planteado en ningún momento como parte de la política oficial, pero adoptó la forma de una reanudación de la atmósfera intolerante y represiva a la que nos habíamos enfrentado a nuestra llegada a la isla. El "Hombre Tranquilo" fue reemplazado por un individuo que era un ordenancista depravado. Su nombre era Van Rensburg y había llegado en avión a la isla veinticuatro horas después del asesinato. Venía precedido de su reputación, ya que, entre los presos, su nombre era sinónimo de brutalidad.

Van Rensbug era un hombre voluminoso y salvaje que no hablaba, sólo gritaba. Durante su primer día de trabajo vimos que tenía una cruz gamada tatuada en el antebrazo. Con todo, para dar fe de su crueldad no era necesario aquel símbolo ignominioso. Su trabajo consistía en hacernos la vida imposible y se entregó a él con gran entusiasmo.

Durante los siguientes meses, Van Rensburg se dedicó a acusarnos uno por uno de insubordinación o de holgazanería. Cada mañana él y los demás guardianes discutían a quién acusar aquella tarde. Era una política de intimidación selectiva, y la decisión se adoptaba sin tomar en consideración el trabajo que el preso hubiera realizado a lo largo del día. Cuando nos dirigíamos con paso cansino de vuelta a nuestras celdas, Van Rensburg leía una lista: "Mandela (o Sisulu, o Kathrada), quiero verle sin tardanza en el despacho del director de la cárcel".

Inmediatamente, el tribunal administrativo de la isla empezó a hacer horas extras. Como respuesta, creamos nuestro propio comité, compuesto por Fikile Bam, Mac Maharaj y yo mismo. Mac había estudiado leyes y le encantaba poner a las autoridades a la defensiva. Fiks, que estaba estudiando para obtener el título de abogado, era un hombre brillante y de grandes recursos que se había convertido en dirigente del comité de prisioneros de nuestra sección. La tarea del comité legal era asesorar a nuestros camaradas acerca de cómo conducirse ante el tribunal administrativo de la isla.

Van Rensburg no era un hombre inteligente, y aunque se comportara como un esclavista en la cantera, en el tribunal le derrotábamos invariablemente. Nuestra estrategia no consistía en discutir directamente con él, sino en rechazar sus acusaciones durante el proceso, donde teníamos más oportunidades de plantear la defensa ante funcionarios ligeramente más cultos. En el tribunal administrativo, el magistrado que hacía las veces de presidente leía la acusación. "Hacerse el enfermo en la cantera", por ejemplo, ante lo cual a Van Rensburg se le ponía cara de satisfacción. Yo siempre aconsejaba a mis colegas que, una vez leída la acusación, se limitaran a pedir "más detalles". Esto era un derecho que asistía a los acusados, y aunque la solicitud pasó a ser algo cotidiano, Van Rensburg se quedaba casi siempre sin nada que decir. Por consiguiente, la corte tenía que levantar la sesión mientras Van Rensburg salía en busca de "más detalles".

Van Rensburg era un hombre vengativo y mezquino, tanto en lo pequeño como en lo grande. Cuando llegaba la comida a la cantera y nos sentábamos a comer —disponíamos ahora de una pequeña mesa de madera—, Van Rensburg elegía invariablemente aquel momento para orinar cerca de nuestra comida. Supongo que debíamos sentirnos agradecidos de que no orinara directamente en la comida, pero aun así, presentamos una queja contra él.

Una de las contadas formas en las que un preso puede vengarse de sus guardianes consiste en recurrir al humor, y Van Rensburg se convirtió en el blanco de muchos de nuestros chistes. Entre nosotros le llamábamos "Maletín". Las tarteras de los guardianes recibían el nombre de "maletines", y los carceleros asignaban a algún preso, normalmente su preso favorito, la tarea de cargar con su "maletín", lo que era recompensado con medio *sandwich*. Pero todos nosotros nos negábamos por sistema a llevar el "maletín" de Van Rensburg, y de ahí el mote. Para un guardián resultaba humillante verse obligado a llevar su propia tartera.

Un día, Wilton Mkwayi se refirió a Van Rensburg llamándole "Maletín" en su presencia.

—¿Quién es "Maletín"? —aulló Van Rensburg. Wilton permaneció en silencio durante unos instantes.

—Usted —dijo luego.

—¿Por qué me llamáis así? —preguntó Van Rensburg. Wilton hizo una pausa.

—Vamos, contesta —exigió Van Rensburg.

—Porque lleva usted su propio "maletín" —le replicó Wilton. —Los presos comunes se encargan de llevar el "maletín" de sus guardianes, pero nosotros nos negamos a llevar el suyo, por eso le llamamos "Maletín".

—Mi nombre no es Maletín, es Dik Nek —dijo Van Rensburg tras meditar la respuesta por un momento, en lugar de ponerse hecho una furia.

Durante unos momentos se hizo el silencio, y después todos nos echamos a reír. En afrikaans, Dik Nek significa "cuello gordo"; y se aplica a alguien que es cabezota e inflexible. Maletín, es de suponer, era demasiado obtuso como para comprender que acababan de insultarle.

Un día, en la cantera, reanudamos la discusión sobre si el tigre era o no originario de África. No podíamos hablar con la misma libertad que antes, pero aun así, podíamos charlar mientras trabajábamos.

El principal defensor de la postura de que el tigre no era originario de África era Andrew Masondo, un dirigente del CNA de El Cabo que también había trabajado como profesor en Fort Hare. Masondo, que podía llegar a ser bastante impredecible, afirmaba con vehemencia que jamás se había encontrado un solo tigre en África. La discusión iba caldeándose y la gente había ido dejando a un lado los picos y las palas en el fragor de la disputa. Esto llamó la atención a los guardianes, que nos gritaron que volviéramos al trabajo. Pero estábamos demasiado absortos en el debate como para prestarles atención. Finalmente, Maletín se aproximó y nos gruñó en inglés, una lengua que dominaba más bien poco: "¡Mucho habláis pero nadie trabajáis!".

En esta ocasión, los hombres no recogieron las herramientas de trabajo porque estaban partiéndose de risa. El pufo gramatical de Maletín le resultó extraordinariamente cómico a todo el mundo. Pero a Maletín aquello no le hizo la menor gracia. Mandó llamar inmediatamente al comandante en jefe de la prisión.

Kellerman llegó pocos minutos más tarde y nos encontró más o menos como estábamos antes. Kellerman era relativamente nuevo en la isla, y estaba empeñado en imponer el ambiente que consideraba adecuado. Uno de los guardianes le contó que Andrew Masolo y yo habíamos estado escaqueándonos del trabajo, y que se nos debía acusar de holgazanería e insubordinación. Por orden de Kellerman, fuimos esposados y encerrados en celdas de castigo.

A partir de aquel momento, Maletín pareció albergar un rencor especial hacia mí. Un día que supervisaba nuestro trabajo en la cantera yo estaba trabajando al lado de Fikile Bam. Estábamos solos, en el extremo más alejado de la cantera. Trabajábamos con diligencia, pero dado que por aquel entonces ambos estudiábamos leyes, estábamos discutiendo lo que habíamos leído la noche anterior. Al terminar el día, Van Rensburg se plantó ante nosotros y dijo: "Fikile Bam y Nelson Mandela, quiero verles en el despacho del director".

Fuimos conducidos a presencia del teniente, que era el director de la cárcel, y Van Rensburg proclamó: "Estos hombres no han trabajado en todo el día. Les acuso de desobedecer mis órdenes". El teniente nos preguntó si teníamos algo que alegar. "Teniente", le respondí, "rechazamos la acusación. Hemos trabajado y, de hecho, tenemos pruebas de ello, lo que es esencial para nuestra defensa". El teniente respondió en tono burlón: "Todos trabajáis en la misma zona", dijo. "¿Cómo es posible que tengáis puebas?". Le expliqué que Fiks y yo habíamos estado trabajando lejos de los demás, y que podíamos demostrar exactamente cuánto trabajo habíamos hecho. Maletín confirmó ingenuamente que efectivamente habíamos estado trabajando solos, y el teniente decidió ir a echar un vistazo. Volvimos a la cantera.

Una vez allí, Fiks y yo caminamos hasta el área en la que habíamos estado trabajando. Señalé el considerable montón de rocas y caliza que habíamos juntado y le dije: "Eso es lo que hemos hecho hoy". Maletín no se había tomado la molestia de ver cuánto trabajo habíamos realizado y se quedó estupefacto ante el montón. "No", le dijo al teniente, "eso es el resultado de una semana de trabajo". El teniente se mostró escéptico. "De acuerdo", le dijo a Maletín, "muéstreme el montón que han hecho hoy Mandela y Bam". Maletín no supo qué responder, y el teniente hizo algo que rara vez he visto hacer a un oficial: reprender a su subordinado en presencia de unos prisioneros. "Está usted mintiendo", dijo, y rechazó la acusación allí mismo.

Una mañana, a comienzos de 1967, mientras Maletín seguía aún en su cargo, nos preparábamos para ir a la cantera cuando nos dijo que había llegado una orden del mayor Kellerman por la que se nos prohibía hablar. No sólo durante el camino de ida y vuelta, sino también en la cantera. "¡A partir de ahora, silencio!", aulló.

La orden fue recibida con gran disgusto e indignación. Hablar y discutir sobre diversos temas era una de las pocas cosas que hacían tolerable el trabajo en la cantera. Por supuesto, no podíamos comentar nada de camino al trabajo, ya que se nos había prohibido hablar, pero durante el descanso para comer los dirigentes del CNA y los de los demás grupos políticos conseguimos urdir un plan en secreto.

Mientras debatíamos subrepticiamente nuestro plan apareció el mayor Kellerman en persona y entró en la barraca que hacía las veces de comedor. Aquello era algo extremadamente infrecuente; jamás habíamos recibido un visitante de tan alto rango en nuestra humilde choza. Con una tos nerviosa, nos comunicó que la orden había sido un error y que podíamos seguir hablando en la cantera, siempre y cuando no escandalizáramos. Luego nos dijo que siguiéramos comiendo, giró sobre sus talones y se marchó. Nos alegró que la orden hubiera sido revocada, pero nos preguntábamos con desconfianza por qué habría ocurrido.

Durante el resto del día no nos obligaron a trabajar demasiado. Maletín hizo lo que buenamente pudo por mostrarse amigable y nos comunicó que, como gesto de buena voluntad, había decidido retirar todos los partes pendientes contra nosotros.

Aquella tarde descubrí que mi celda había pasado de ser la 4, cerca de la entrada del pasillo, a ser la 18, en la parte final. Todas mis cosas habían sido trasladadas de mala manera a mi nueva celda; como siempre, sin explicación alguna.

Dedujimos que íbamos a recibir una visita, y que yo había sido trasladado porque las autoridades no querían que me encontrara entre los primeros presos en hablar con quienquiera que fuese el visitante. Si todos los prisioneros explicaban por turnos sus quejas, las autoridades gritarían "¡Se acabó el tiempo!" mucho antes de que el visitante llegara a la celda 18. Decidimos que, en bien de la unidad, todos los presos que había a lo largo del pasillo debían decir que, si bien cada uno de ellos tenía quejas personales, el preso de la 18 hablaría en nombre de todos.

La mañana siguiente, después de desayunar, Maletín nos comunicó que no íbamos a ir a la cantera. A continuación apareció el mayor Kellerman para decirnos que la señora Helen Suzman, el único miembro del Progressive Party que había obtenido un escaño en el Parlamento y la única voz de la oposición al National Party, llegaría en cualquier momento. En menos de quince minutos, la señora Suzman, con su metro sesenta de estatura, atravesó la puerta que daba a nuestro pasillo acompañada por el general Steyn, comisionado de prisiones. Según le iban presentando a los distintos prisioneros, ella preguntaba si tenían alguna queja que plantearle. Todos respondieron lo mismo: "Tengo muchas quejas, pero nuestro portavoz es el señor Nelson Mandela, que está al final del corredor". Para consternación del general Steyn, la señora Suzman no tardó en llegar a mi celda. Me estrechó la mano con firmeza y se presentó cordialmente.

Al contrario que los jueces y magistrados, que tenían acceso inmediato a las cárceles, los miembros del Parlamento debían solicitar un permiso para acceder a ellas. La señora Suzman era uno de los pocos miembros del Parlamento, por no decir el único, que había mostrado algún interés por la situación de los presos políticos. Circulaban muchas historias sobre la isla de Robben, y había venido a investigar por su cuenta.

Dado que era la primera visita de la señora Suzman a la isla de Robben, intenté que se encontrara cómoda, pero era una mujer con gran confianza en sí misma y me sugirió que fuéramos inmediatamente al grano. El general Steyn y el comandante en jefe permanecían a su lado, pero yo no me mordí la lengua. Le hablé de nuestro deseo de que la comida mejorara y fuera igual para todos y de que nos dieran mejor ropa; le hablé de la necesidad de que nos concedieran facilidades para estudiar; de nuestro derecho a acceder a información como la contenida en los periódicos, y de muchas otras cosas. Le hablé de la dureza de los guardianes, y mencioné a Van Rensburg en particular. Señalé que llevaba una cruz gamada tatuada en el antebrazo. Helen reaccionó como un abogado: "Bueno, señor Mandela", me dijo, "no debemos sacar demasiadas conclusiones de eso dado que no sabemos cuándo se la tatuó. Tal vez los responsables del tatuaje fueran sus padres, ¿no le parece?". Le aseguré que no era ése el caso.

Normalmente no me habría quejado de un guardián en particular. En la cárcel se aprende que es mejor luchar por principios generales que presentar batalla contra los individuos. Por desalmado que pueda ser un guardián, normalmente no hace más que atenerse a la política carcelaria. Pero Van Rensburg era un caso aparte y todos estábamos convencidos de que si conseguíamos que desapareciera de la isla la diferencia para nosotros sería notable.

La señora Suzman me escuchó atentamente, tomando nota de mis palabras en un pequeño cuaderno, y me prometió que plantearía nuestras quejas al ministro de Justicia. Después inspeccionó las celdas y habló un rato con otros presos. Fue un espectáculo extraño y maravilloso ver a aquella valerosa mujer examinando nuestras celdas y paseando por el patio. Fue la primera y única mujer que nos honró con su presencia en las celdas.

Van Rensburg estuvo muy nervioso durante la visita de la señora Suzman. Según Kathy, mientras ella y yo hablábamos, Van Rensburg pidió excusas por su comportamiento anterior. Pero su contrición no fue muy duradera, ya que al día siguiente nos comunicó que había decidido presentar de nuevo los cargos pendientes contra nosotros. Tiempo después nos enteramos de que la señora Suzman había expuesto nuestro caso ante el Parlamento y, a las pocas semanas de su visita, Maletín fue trasladado a otro destino fuera de la isla.

69

JAMÁS PENSÉ que nuestra lucha fuera a ser corta o fácil. Los primeros años que pasamos en la isla fueron tiempos difíciles tanto para nosotros como para la organización. Tras Rivonia, buena parte del aparato clandestino del movimiento había sido destruido. Nuestras estructuras habían sido desveladas y arrancadas de raíz; quienes no habían sido capturados luchaban por mantenerse un paso por delante del enemigo. Virtualmente todos los dirigentes importantes del CNA estaban en la cárcel o en el exilio.

En años sucesivos, la organización del CNA en el extranjero, que hasta entonces había sido la responsable de la recaudación de fondos, de las relaciones diplomáticas y de la elaboración de un programa de instrucción militar, tomó las riendas de la organización en su conjunto. No sólo tuvo que crear una dirección en el exilio, tuvo que enfrentarse también a la tarea, aún más formidable, de revitalizar al CNA en la clandestinidad dentro de la propia Sudáfrica.

El estado era cada vez más fuerte y la policía más poderosa; sus métodos eran cada vez más desalmados, y sus técnicas más sofisticadas. La
South African Defense Force estaba en plena expansión. La economía se
había estabilizado y el electorado blanco se mostraba satisfecho. El gobierno sudafricano tenía poderosos aliados en Gran Bretaña y Estados
Unidos, y éstos se mostraban conformes con el *statu quo*.

Pero en otros lugares la lucha contra el imperialismo seguía adelante.
Entre mediados y finales de los años sesenta se produjeron luchas armadas en todo el sur de África. En Namibia (por aquel entonces África del
Sudoeste), la SWAPO emprendió sus primeras incursiones en la franja
de Caprivi. En Mozambique y Angola el movimiento guerrillero crecía
y se extendía. En Zimbabwe (entonces Rhodesia) progresaba la lucha
contra el gobierno de la minoría blanca. El gobierno blanco de Ian
Smith gozaba del apoyo de las fuerzas de defensa sudafricanas, y el CNA
consideraba la lucha en Zimbabwe como una prolongación de nuestra
lucha en Sudáfrica. En 1967 averiguamos que el CNA había forjado una
alianza con la Zimbabwe African People's Union (ZAPU), fundada por
Joshua Nkomo.

Aquel año, un grupo de soldados de la MK entrenados en Tanzania y
Zambia cruzó el río Zambeze y entró en Rhodesia con el fin de abrirse camino hasta Sudáfrica. Aquel primer grupo de combatientes de la MK recibió el nombre de destacamento Luthuli y fue la punta de lanza de la lucha armada. En agosto, mientras el destacamento Luthuli viajaba hacia el
sur acompañado por tropas de la ZAPU, fue localizado por el ejército de
Rhodesia. Durante las semanas siguientes se libraron feroces enfrentamientos y ambos bandos sufrieron bajas. Finalmente, nuestros guerreros
fueron derrotados por la abrumadora superioridad numérica de las fuerzas
de Rhodesia. Algunos fueron capurados y otros se retiraron hasta Bechuanalandia, que se había independizado, convirtiéndose en Botswana. A comienzos de 1968 había penetrado en Rhodesia otro destacamento del
CNA, que luchaba no sólo contra el ejército de aquel país, sino también
contra los policías sudafricanos que habían sido enviados allí.

Nos enteramos de todo esto meses más tarde a través de rumores,
pero no conocimos la historia completa hasta que algunos de los hombres que habían participado en los combates fueron encarcelados con
nosotros. Aunque nuestras fuerzas no habían logrado la victoria, celebramos sin alharacas que nuestros cuadros de la MK se hubieran enfrentado al enemigo de igual a igual. Aquello constituía un hito en la lucha.
"Justice" Panza, uno de los comandantes del destacamento Luthuli, acabó en la cárcel con nosotros. Nos habló de la instrucción militar recibi-

da por el destacamento, de su formación política y de su valor en el campo de batalla. Como anterior comandante en jefe de la MK me sentí tremendamente orgulloso de nuestros soldados.

Antes de recibir las noticias de las batallas libradas por la MK en el extranjero nos enteramos de que el jefe Luthuli había muerto en su casa en julio de 1967. Las circunstancias habían sido un tanto curiosas: había sido arrollado por un tren en una zona próxima a su granja por donde solía pasear. Se me concedió autorización para escribir una carta a su viuda. La muerte de Luthuli creó un gran vacío en la organización. El jefe había ganado el Premio Nobel, era un personaje distinguido y de fama internacional, un hombre respetado tanto por los negros como por los blancos. Por estos motivos, era irreemplazable. No obstante, la organización encontró en Oliver Tambo, que desempeñaba por aquel entonces el papel de presidente general en funciones del CNA, una persona capaz de ocupar el lugar del jefe. Al igual que Luthuli, era un buen orador, pero nunca buscaba la notoriedad. Era un hombre con confianza en sí mismo pero humilde. Encarnaba también el precepto del jefe Luthuli: "Que tu valor crezca frente al peligro".

Organizamos un pequeño acto en memoria del jefe en el módulo B y permitimos que hablara todo el que quisiera hacerlo. Fue un acto sereno y respetuoso en el que solamente hubo una nota discordante. Cuando Neville Alexander, del UM, se puso en pie para intervenir, quedó claro que no pretendía alabar al jefe sino enterrarle. Sin expresar siquiera una mínima condolencia por su muerte, acusó a Luthuli de ser un lacayo de los blancos aduciendo, fundamentalmente, que había aceptado el Nobel de la Paz.

Además de ser insultante, el discurso de Neville iba en contra del espíritu de cooperación que intentábamos crear en la isla. Desde el momento de mi llegada había convertido en un objetivo prioritario la búsqueda de algún tipo de acuerdo con nuestros rivales en la lucha. Veía la prisión de Robben como una oportunidad de resolver las grandes diferencias —en ocasiones agrias— que separaban al CPA y el CNA. Si conseguíamos unir ambas organizaciones en la isla podríamos crear un precedente que sirviera para potenciar su unión en la lucha por la liberación de nuestro país.

No obstante, desde el principio, nuestras relaciones con el CPA habían sido más de competencia que de cooperación. Cuando llegamos había ya algunos miembros del CPA internados en la isla y para ellos nuestra aparición fue una invasión de su territorio. Algunos de nuestros hombres nos contaron que los presos más antiguos del CPA habían dicho que era una pena que no nos hubiesen ahorcado. En 1962, durante mi primera estancia en la isla, el CPA había sido muy superior en número al CNA. En 1967 la situación se había invertido. Con todo, esto sólo pareció servir para que el CPA se atrincherase en sus posiciones. Eran desvergonzadamente anticomunistas y antiindios. En los primeros años había conversado con Zeph Mothopeng, que había pertenecido al comité ejecutivo nacional del CPA. Zeph aducía que el CPA era una organización más combativa que el CNA y que, en la cárcel, este último partido debía seguir las directrices del CPA. Mantenían que toda negociación con las autoridades de la cárcel constituía una traición, aunque eso no les impidió beneficiarse de ellas. En 1967 mantuve conversaciones con Selby Ngendane sobre la cuestión de la unidad. Fuera de la cárcel, Ngendane se había opuesto violentamente a la Constitución por la Libertad, pero dentro, especialmente después de su traslado a nuestro módulo, su posición se había dulcificado. Finalmente, acabamos escribiendo sendas cartas por separado a nuestras respectivas organizaciones del módulo de los presos comunes defendiendo la idea de la unidad. El CNA mantenía también buenas relaciones con Clarence Makwetu, que posteriormente se convirtió en presidente del CPA. Makwetu, que había sido miembro de la Liga de la Juventud del CNA, estaba encarcelado en nuestra sección y era un hombre equilibrado y sensato. Mantuvimos muchas reuniones fructíferas acerca de la unidad de nuestras dos organizaciones, pero tras la liberación de Makwetu y su sucesión como líder del CPA de la isla de Robben por John Pokela, las conversaciones se interrumpieron.

La inseguridad del CPA tuvo resultados ocasionalmente cómicos. En un momento dado llegó una orden de Pretoria por la que debía permanecer aislado de todos los demás presos durante la jornada en la cantera. Debía trabajar y comer por separado, y tendría mis propios guardianes. Esta nueva disposición produjo cierta agitación en el seno del CPA. Varios días después, el CPA decidió que su dirigente, Zeph Motopeng, también debía permanecer aislado y, sin contar con nadie, le hicieron trabajar y comer apartado de los demás presos durante todo el tiempo que estuve en aquella situación.

El CPA se negaba a menudo a participar en reuniones en las que los participantes no tuvieran una afiliación expresa a un partido. Cuando convocábamos reuniones para discutir nuestros problemas y posteriormente celebrábamos sesiones para comentar lo que habíamos averiguado, el CPA las boicoteaba. Aquello me parecía muy enojoso. El CPA, según pudimos averiguar, ignoraba los cambios que se habían producido en su propia organización en el exterior. Los miembros del CPA encarcelados en la isla se negaban a creer nuestras afirmaciones de que su organización en el exilio había abierto las puertas a los blancos y los indios. Aquello era un herejía. No obstante, habíamos leído en el periódico que Patrick Duncan, un activista blanco, se había convertido en miembro de la ejecutiva del CPA. Los afiliados al CPA rechazaron esta información por considerarla mera propaganda del CNA.

El CNA creo su propia organización interna en la isla. Conocida como el Alto Mando, o más oficialmente el Órgano Supremo, estaba compuesta por los líderes más antiguos del CNA en la isla de Robben, hombres que habían sido miembros del comité ejecutivo nacional: Walter Sisulu, Govan Mbeki, Raymond Mhlaba y yo mismo. Mi papel en aquel Órgano Supremo era el de presidente.

Desde el momento de su creación decidimos que el Órgano Supremo no intentaría influir sobre la política exterior del CNA. No disponíamos de medio alguno para evaluar cuál era la situación en el país, y llegamos a la conclusión de que no sería justo ni sensato ofrecer sugerencias en cuestiones sobre las que carecíamos de suficiente información. En lugar de ello, tomábamos decisiones acerca de asuntos tales como las quejas de los prisioneros, las huelgas, el correo, la alimentación y todas las zozobras cotidianas de la vida carcelaria. Siempre que era posible convocábamos una reunión general de los miembros, cosa que considerábamos vital para que la organización conservara su buena salud. Pero dado que las reuniones eran extremadamente peligrosas y, por tanto, infrecuentes, el alto mando tomaba a menudo decisiones que posteriormente eran transmitidas a los demás miembros. El Órgano Supremo empleaba también un sistema de células, cada una de ellas compuesta por tres miembros.

Durante mis primeros años en la isla, el Órgano Supremo actuó también como comité representativo de todos los prisioneros políticos de nuestra sección. En 1967 formulamos una petición solicitando un mejor trato para los prisioneros que fue firmada por prácticamente todos los presos, incluidos los del CPA, el Movimiento por la Unidad y el Partido Liberal, repesentado por Eddie Daniels. Esta situación resultó aceptable para todo el mundo hasta que Neville Alexander protestó diciendo que el Órgano Supremo no era democrático ni auténticamente representativo, por lo que debía crearse algún otro organismo.

La sugerencia de Neville condujo finalmente a la creación de un comité de prisioneros en el que había representantes de todos los partidos políticos. Las demás organizaciones temían que el CNA intentase controlarlo, por lo que las directrices del comité le otorgaban un carácter meramente consultivo y sus decisiones no se consideraban vinculantes. Incluso en estas condiciones resultó difícil llegar a un acuerdo en lo referente a una aproximación común a los problemas de los presos. Nosotros propusimos que Fikile Bam, miembro del Yu Chi Chan Club, presidiese las reuniones. Más tarde, los dirigentes del comité rotarían en sus puestos. Por último, el comité llegó a ser conocido como Ulundi, y funcionaba como comité disciplinario para todos los prisioneros políticos.

El Órgano Supremo fue origen de cierta controversia a causa de su composición étnica, ya que los cuatro miembros de la organización permanente eran de origen xhosa. Se trataba más de una coincidencia que de algo premeditado. Resultaba que los cuatro miembros más antiguos del CNA, todos integrantes de la antigua ejecutiva nacional, eran xhosas. No parecía correcto escoger a un miembro más joven del CNA y nombrarle para el Órgano Supremo simplemente por el hecho de no ser xhosa. Sin embargo, la evidencia de que la máxima autoridad en la cárcel estuviera dominada por la etnia xhosa me inquietaba, ya que parecía reforzar una interpretación errónea: que éramos una organización xhosa.

Siempre he pensado que esta crítica se basaba tanto en una interpretación maliciosa como en la ignorancia de la historia del CNA. Refuté la acusación recordando que en el CNA había habido presidentes zulúes, mosothos, pedis y tswanas, y que la ejecutiva había sido siempre una mezcla de grupos tribales. Recuerdo una ocasión en que mientras trabajaba en el patio una tarde soleada había unos presos de la sección de comunes que estaban trabajando en el tejado encima mío. Me gritaron: "*Mdala!*" (¡Viejo!) ¿Por qué hablas sólo con los xhosas?". Aquella acusación me dejó sorprendido. Miré hacia arriba y les dije: "¿Cómo podéis acusarme de discriminación? Somos un solo pueblo". Aquella respuesta pareció dejarles satisfechos, pero su observación tuvo cierta influencia en mi pensamiento. A partir de aquel momento, siempre que pasaba por delante de presos internados en la sección de los presos comunes, aprovechaba para charlar con Kathy o Eddie Daniels, o cualquier otro que no fuese xhosa.

A raíz de esto, decidimos que el Órgano Supremo debía contar con un quinto miembro, que sería rotativo. Normalmente, no se trataba de un xhosa. Por ejemplo, Kathy fue el quinto miembro durante más de cinco años. Laloo Chiba también ocupó el lugar durante algún tiempo. Al final, la acusación de tribalismo fue desvaneciéndose progresiva y silenciosamente.

Yo no controlaba en modo alguno el Órgano Supremo y, de hecho, algunas de las propuestas que más enérgicamente había defendido habían sido rechazadas. Así debían ser las cosas, pero a veces me sentía frustrado. Existían dos cuestiones en lo referente a nuestra relación con las autoridades penitenciarias de las que nunca pude convencer a mis colegas. El reglamento de prisiones decía que los prisioneros debían ponerse en pie en presencia de un oficial. Yo argumentaba que debíamos permanecer sentados, ya que resultaba humillante tener que mostrar reconocimiento alguno por nuestro enemigo mientras él no reconociera nuestro estatuto de prisioneros políticos. Mis compañeros opinaban que aquel era un asunto trivial y que las consecuencias negativas que traería contravenir aquella norma sobrepasarían cualquier posible beneficio.

La segunda cuestión fue desechada por el Órgano Supremo sobre una base similar. Los carceleros nos llamaban indistintamente por nuestros nombres de pila o por nuestros apellidos. En mi opinión, ambas cosas resultaban igualmente degradantes y creía que debíamos insistir en que nos aplicaran el tratamiento de "señor". Estuve insistiendo años en el asunto sin éxito alguno. Incluso se convirtió más tarde en un motivo de broma para mis camaradas que, en ocasiones, me llamaban "señor" Mandela.

70

EL TIEMPO PARECÍA haberse detenido para quienes nos encontrábamos en prisión, pero no para los que seguían fuera. Cobré conciencia de este hecho cuando recibí la visita de mi madre en la primavera de 1968. No la había vuelto a ver desde el juicio de Rivonia. El cambio es algo progresivo y gradual; mientras uno vive rodeado de su familia rara vez aprecia diferencias en sus seres queridos. Pero cuando uno no ve a la familia durante años, la transformación puede resultar sorprendente. De repente, mi madre parecía muy vieja.

Había viajado desde el Transkei acompañada de mi hijo Makgatho, mi hija Makaziwe y mi hermana Mabel. Dado que eran cuatro personas y habían recorrido una enorme distancia, las autoridades de la cárcel ampliaron el tiempo de visita de media hora a cuarenta y cinco minutos.

No había visto ni a mi hijo ni a mi hija desde antes del juicio, y desde entonces se habían convertido en adultos. En mi ausencia se habían hecho mayores. Les contemplé sorprendido y orgulloso. Aunque habían crecido, temo que les seguía tratando más o menos como a los niños que eran cuando entré en la cárcel. Ellos habían cambiado, pero yo no.

Mi madre había perdido mucho peso, y aquello me preocupó. Su rostro estaba macilento. Mi hermana Mabel era la única que parecía estar igual. Resultó un auténtico placer verles a todos y charlar acerca de la familia, pero me asaltaron dudas acerca de la salud de mi madre.

Con Makgatho y Maki hablé de mi deseo de que ambos prosiguiesen sus estudios. Mabel y yo charlamos de nuestros familiares en el Transkei. El tiempo pasó volando. El auténtico placer de la mayoría de las visitas consistía a menudo en su posterior rememoración. Esta vez no pude por menos que preocuparme por mi madre. Temía que fuese la última vez que la veía.

Pocas semanas después, cuando volvía de la cantera, me llamaron a la oficina para entregarme un telegrama. Era de Makgatho, y en él me contaba que mi madre había muerto de un ataque al corazón. De inmediato formulé una petición al oficial a cargo de la prisión solicitando permiso para asistir a su funeral en el Transkei. Me fue denegada. "Mandela, yo sé que es usted un hombre de palabra y que no intentaría escapar", me dijo. "Pero no confío en su gente, y temo que puedan secuestrarle". A mi pena se añadió la imposibilidad de enterrar a mi madre, cosa que era mi responsabilidad como su único hijo varón.

A lo largo de los meses siguientes pasé mucho tiempo pensando en ella. Su vida no había sido fácil en absoluto. Había estado en condiciones de mantenerla mientras era abogado en ejercicio, pero tras mi ingreso en prisión fui incapaz de ayudarla. Nunca había estado tan pendiente de ella como hubiera debido.

Como resultado de la muerte de su madre, el hombre emprende una vuelta atrás y evalúa su propia vida. Mientras pensaba en las dificultades que había atravesado, en la pobreza que había padecido, me preguntaba de nuevo si había tomado el buen camino. En mí persistía siempre aquella intrincada pregunta: ¿Había elegido correctamente al anteponer el beneficio de mi pueblo al de mi propia familia? Durante mucho tiempo, mi madre no había comprendido mi implicación en la lucha. Mi familia no había pretendido ni deseado verse envuelta en ella, pero mi compromiso con la lucha le había afectado.

Una vez más volvía a darme la misma respuesta. Resulta difícil para un hombre en Sudáfrica ignorar las necesidades de su pueblo aun cuando sea a costa de las de la propia familia. Yo había tomado una decisión que, al final, mi madre había respaldado. Sin embargo, esto no contribuía a reducir la tristeza que sentía por no haber podido hacer su vida más llevadera, ni mi dolor por no haber podido llevarla a su última morada.

A primeras horas de la mañana del día 12 de mayo de 1969, las fuerzas de seguridad despertaron a Winnie en nuestra casa de Orlando. La detuvieron sin ningún cargo bajo la potestad que les confería la legislación antiterrorista. Esta ley otorgaba al gobierno un poder sin precedentes para detener y encerrar a la gente sin juicio. Como supe más tarde, aquel asalto formaba parte de una operación a nivel nacional en la que docenas de personas fueron detenidas, entre ellas una hermana de Winnie. La policía sacó a Winnie de casa mientras Zeni y Zindzi se colgaban de sus faldas. La confinaron a solas en Pretoria, donde se le denegó la libertad bajo fianza y la posibilidad de recibir visitas. Fue interrogada brutalmente y sin piedad a lo largo de las siguientes semanas y meses.

Cuando acusaron formalmente a Winnie —seis meses más tarde— conseguí mandar instrucciones para que fuese repesentada por Joel Carlson, un abogado con un largo historial de oposición al *apartheid*. Winnie, junto con otras veintidós personas, estaba acusada —bajo los términos de la ley para la Supresión del Comunismo— de haber intentado revivir el CNA. George Bizos y Arthur Chaskalson, miembros del equipo que intervino en el juicio de Rivonia, se sumaron más tarde a la defensa. En octubre, diecisiete meses después de la detención, Winnie fue puesta en libertad. El estado había retirado su acusación sin explicación alguna. Dos semanas más tarde recibió una nueva orden de proscripción y fue sometida a arresto domiciliario. Casi de inmediato le denegaron el permiso solicitado para visitarme.

Nada me hacía padecer más en prisión que saber que Winnie estaba también encarcelada. Intenté afrontar la situación con ánimo, pero en el fondo estaba muy alterado y preocupado. No había ninguna cosa que afectase tanto a mi equilibrio interno que enterarme de que Winnie había sido condenada al aislamiento. Aunque con frecuencia recomendaba a los demás que no se preocupasen por lo que no podían controlar, era incapaz de seguir mi propio consejo. Pasé muchas noches en vela. ¿Qué estaban haciendo las autoridades con mi esposa? ¿Cómo lo estaría sobrellevando? ¿Quién estaba cuidando de mis hijas? ¿Quién iba a pagar las facturas? Es una auténtica tortura verse constantemente asaltado por preguntas así y no tener modo de responderlas.

El general Aucamp me permitió escribir a Winnie y recibí una o dos cartas de ella. Habitualmente, los prisioneros a la espera de juicio no están autorizados a escribir, pero Aucamp consintió que las recibiese como un favor especial hacia mí. Me sentí agradecido, pero sabía que aquel permiso no había sido fruto del altruismo: habían leído nuestras cartas esperando encontrar alguna información que respaldase el caso contra Winnie.

En esa época sufrí otra terrible pérdida. Un fría mañana del mes de julio de 1969, tres meses después de conocer la noticia del encarcelamiento de Winnie, me llamaron a la oficina principal de la isla de Robben para entregarme un telegrama. Era de mi hijo menor, Makgatho, y constaba de una única frase. Me informaba de que su hermano mayor, mi primer hijo, Madiba Thembekile, al que llamábamos Thembi, había muerto en un accidente de moto en el Transkei. Thembi tenía veinticinco años y era padre de dos niños pequeños.

¿Qué se puede decir ante una tragedia así? Me sentía desbordado por la situación de mi esposa, había sufrido la pérdida de mi madre y ahora tenía que hacer frente a semejante noticia... No tengo palabras para expresar la profunda pena y el sentimiento de pérdida que me embargaron. Aquello dejó un vacío en mi corazón que nunca he podido llenar.

Regresé a mi celda y me tumbé en la cama. No sé cuanto tiempo pasé así, pero no salí para la cena. Algunos de los hombres se interesaron por mi estado, pero no dije una palabra. Por último, Walter vino a mi lado y se arrodilló junto a mí. Le tendí el telegrama. Se limitó a cogerme de la mano sin decir nada. No sé cuánto tiempo estuvo conmigo. No hay nada que un hombre pueda decir a otro en una circunstancia así.

Pedí permiso a las autoridades penitenciarias para asistir al funeral de mi hijo. Como padre era responsabilidad mía asegurarme de que el espíritu de mi hijo descansase en paz. Les dije que podían enviar un cordón de seguridad para que me acompañase y que les daba mi palabra de que regresaría. Se me denegó la autorización. Lo único que me permitieron fue escribir una carta a la madre de Thembi, Evelyn, en la que hice lo posible por consolarla y por explicar que compartía su sufrimiento.

Mi memoria retrocedió hasta una tarde que Thembi, que entonces era un niño, había acudido a visitarme a una casa franca en Cyrildene. Yo empleaba aquel domicilio para realizar mi trabajo secreto para el CNA. Entre mi trabajo político en la clandestinidad y mis casos legales llevaba mucho tiempo sin verle. Le sorprendí en la casa mientras se ponía una vieja chaqueta mía que le llegaba a las rodillas. Debía de sentirse reconfortado y orgulloso vistiendo la ropa de su padre, tal como a mí me había ocurrido con la del mío. Cuando llegó la hora de despedirnos otra vez se quedó muy erguido ante mí, como si de hecho hubiera crecido, y me dijo: "Yo cuidaré de la familia mientras estés fuera".

Parte Novena

LA ISLA DE ROBBEN: EL COMIENZO DE LA ESPERANZA

71

EL GRÁFICO que describía la evolución de nuestra situación en prisión nunca era estable. Los progresos eran siempre vacilantes y se veían habitualmente acompañados de retrocesos. Podía costar años conseguir un avance que podía quedar anulado en un día. Empujábamos la piedra colina arriba sólo para verla rodar otra vez por la pendiente. No obstante, las condiciones mejoraron. Habíamos ganado una serie de pequeñas batallas que contribuyeron a cambiar la atmósfera de la isla. Los responsables de la cárcel no eran capaces de hacer funcionar las cosas en la isla sin nuestra ayuda. Tras la marcha de Van Rensburg, nuestra existencia se volvió más tolerable.

Transcurridos los primeros tres años, todos disponíamos ya de pantalones largos. En 1969 conseguimos un uniforme para cada uno, en lugar de tener que vestirnos cada semana con prendas distintas. De hecho, los uniformes nuevos eran de nuestra talla y estábamos autorizados a lavarlos nosotros mismos. Durante los fines de semana podíamos salir al patio a cualquier hora. Aunque la comida seguía sin ser equilibrada, en ocasiones, a los prisioneros africanos nos daban un poco de pan por la mañana. Se nos permitía hacer fondo común con la comida, con lo que las diferencias dejaron de ser un problema. Se nos suministraron juegos de mesa y cartas con las que a veces nos entreteníamos los sábados y los domingos. Nuestras conversaciones mientras trabajábamos en la cantera rara vez eran interrumpidas. Si aparecía el oficial de guardia, los guardianes encargados de vigilarnos hacían sonar el silbato para avisarnos de que cogiésemos las herramientas. Los carceleros más inhumanos habían sido neutralizados y empezábamos a congeniar con los más razonables. Las autoridades de la prisión se dieron cuenta de esto y empezaron a rotar a los funcionarios cada pocos meses.

Estábamos en condiciones de poder reunirnos prácticamente cuando se nos antojaba. Las sesiones del Órgano Supremo en la cárcel, los encuentros entre los miembros de las organizaciones y las reuniones de Ulundi no eran interrumpidas —por lo general— a menos que fuesen demasiado patentes. Daba la sensación de que eran los internos y no las autoridades quienes gobernaban la prisión.

Los africanos son muy estrictos y temerosos de Dios y se toman la religión muy en serio. El más inflexible de los acontecimientos de nuestro horario semanal era la celebración de los servicios religiosos en la mañana del domingo. Las autoridades penitenciarias consideraban que su observancia era obligatoria. Era como si creyeran que sus propias almas estarían en peligro si no nos daban la oportunidad de celebrar el culto en domingo.

Cada domingo por la mañana el sermón corría a cargo de un ministro de una confesión diferente. Un domingo podía ser un sacerdote anglicano, a la siguiente predicaba un miembro de la Iglesia holandesa reformada, al otro un ministro metodista. El servicio de prisiones era el encargado de reclutar a los clérigos, cuya función era, exclusivamente, la de ocuparse de los asuntos religiosos. Los guardianes asistían a todos los servicios, y si el ministro de la Iglesia se salía de los cauces de la religión no se le invitaba a volver.

Durante los dos primeros años que pasé en la isla no nos permitían salir de las celdas para asistir a los servicios dominicales. El ministro de la Iglesia debía dirigirse a nosotros desde el fondo del corredor. El cuarto año, el servicio religioso se celebraba en el patio, cosa que todos preferíamos. Por aquel entonces era el único periodo de tiempo, aparte de la media hora de ejercicio, que podíamos pasar en el patio los domingos. Aunque pocos de nuestros hombres eran religiosos, a ninguno nos importaba que los sermones fuesen largos, ya que disfrutábamos estando al aire libre.

A partir del momento en que el servicio religioso empezó a celebrarse en el exterior se nos dio la opción de asistir o no. Algunos únicamente acudían a los servicios de su propio credo. Aunque yo era metodista, no me perdía ninguno.

Uno de los primeros ministros de la Iglesia en visitarnos fue un sacerdote anglicano, el padre Hughes, un galés rudo y jovial que había sido capellán en un submarino durante la II Guerra Mundial. La primera vez que acudió se mostró incómodo por tener que predicar desde el corredor, ya que lo consideraba un lugar poco apropiado para la contemplación de Dios. Durante su primera visita, en vez de ofrecernos un sermón se limitó a recitarnos con su hermosa voz de barítono algunos pasajes de los discursos de Winston Churchill difundidos a través de la radio en tiempo de guerra. "Debemos combatir en las playas, debemos combatir en los campos, debemos combatir en los prados y en las calles, debemos combatir en las colinas. No debemos rendirnos jamás".

Poco después, el padre Hughes empezó a predicar en el patio. Sus sermones nos parecían espléndidos. Se encargaba de introducir discretamente en ellos pequeños fragmentos de información, que a veces agradecíamos. Por ejemplo, podía decir algo así como que al igual que había hecho el primer ministro de Sudáfrica, el faraón en el antiguo Egipto había creado un fuerte ejército.

Al final de los servicios religiosos siempre cantábamos himnos. Creo que el padre Hughes nos visitaba con tanta frecuencia para oírnos. Llevaba consigo un órgano pórtatil y tocaba para nosotros. Nos rogaba que cantásemos y aseguraba que el nuestro era el único canto que podía igualarse al de los coros de su nativa Gales.

El ministro metodista, el reverendo Jones, era un hombre nervioso y depresivo, que había vivido en el Congo durante la revolución en ese país. Su experiencia allí parecía ser la fuente de su carácter melancólico. Una y otra vez predicaba la importancia de la reconciliación, mientras daba a entender que éramos nosotros los que debíamos reconciliarnos con los blancos.

Un domingo, mientras el reverendo estaba con su tendencioso discurso habitual, me di cuenta de que Eddie Daniels se agitaba inquieto. Por último, Eddie no pudo resistir más aquello. "Está clamando por la reconciliación ante la gente equivocada", le soltó Eddie. "Nosotros hemos buscado la reconciliación durante los últimos setenta y cinco años". Esto fue demasiado para el reverendo Jones y nunca volvimos a verle.

El reverendo Jones no fue el único ministro de la Iglesia al que Eddie intimidó. También nos visitaba un sacerdote mestizo conocido como Brother September. Un domingo, un prisionero llamado Hennie Ferris, que era un elocuente orador, se ofreció voluntario para encabezar la plegaria. Brother September se mostró encantado ante semejante muestra de devoción. Hennie empezó a hablar con un lenguaje pomposo y en determinado momento pidió a la congregación de fieles que cerrasen los ojos y orasen. Todo el mundo, incluido Brother September, le obedeció. Eddie aprovechó para avanzar sigilosamente, abrir el maletín de Brother September y sacar el *Sunday Times* del día. Nadie sospechó nada entonces, pero lo cierto es que Brother September nunca volvió a llevar el periódico con él.

El reverendo Andre Scheffer era un ministro de la Iglesia misionera africana, confesión hermana de la Iglesia holandesa reformada cuya fe profesaban prácticamente todos los afrikáners. La rama misionera de esta Iglesia se ocupaba sólo de los africanos. El reverendo Scheffer era un tipo estricto y conservador que normalmente predicaba para los presos comunes. Un domingo se acercó hasta nuestra sección y le preguntamos por qué no nos predicaba a nosotros. "¡Vosotros sois los que pretendíais ser luchadores por la libertad!", respondió desdeñosamente. "Teníais que estar borrachos de alcohol o llenos de *dagga* (marihuana) cuando os detuvieron. Luchadores por la libertad... ¡qué disparate!". No obstante, seguimos insistiendo en que predicara para nosotros y aceptó a finales de los años sesenta.

El reverendo Scheffer era una persona poco ortodoxa en un aspecto: adoptaba un enfoque científico respecto a la religión. Aquello me resultaba muy sorprendente. Mucha gente recurre a la ciencia para combatir la religión, pero el reverendo Scheffer se había alistado en el bando de la ciencia para defender sus creencias. Recuerdo un sermón en el que nos habló de los Tres Magos de Oriente que siguieron una estrella que les guió hasta Belén. "Esta historia no trata de un mito o una superstición", nos dijo. Y a continuación nos ilustró con la evidencia aportada por los astrónomos de que en ese periodo de la historia existió un cometa que siguió el mismo camino marcado en la Biblia.

Según se iba familiarizando con nosotros, el reverendo Scheffer se mostraba más tratable. Era un hombre de humor seco al que le gustaba burlarse de nosotros. "El hombre blanco tiene un trabajo más duro que el del hombre negro en este país", nos decía. "Allá donde surja un problema, el hombre blanco tiene que darle una solución. Cuando vosotros los negros tenéis un problema, también tenéis una excusa. Os limitáis a decir 'Ingabilungu'". Rompimos a reír, no sólo porque su pronunciación fuese inadvertidamente cómica, sino porque nos divertía la idea. La expresión correcta en xhosa, *"Ngabelungu"*, es traducible por "cosa de blancos". Lo que estaba diciendo es que culpábamos siempre al hombre blanco de nuestros problemas. Su mensaje era que debíamos volver la mirada hacia nosotros mismos y responsabilizarnos de nuestros actos. Yo compartía este sentimiento con todo mi corazón.

Lo mismo que significaban los domingos en relación al resto de la semana, lo representaba la Navidad respecto al resto del año. Era el único día en que las autoridades penitenciarias mostraban alguna buena voluntad hacia los hombres. El día de Navidad no teníamos que trabajar en la cantera y nos estaba permitido adquirir una pequeña cantidad de dulces. No teníamos una comida de Navidad propiamente dicha, pero sí nos daban una taza extra de café con la cena.

Los responsables de la prisión nos permitían organizar un concierto, celebrar competiciones deportivas y representar una obra de teatro. El concierto constituía la pieza central del espectáculo. Nuestro director de coro era Selby Ngendane, del CPA. Selby había pertenecido a la Liga de la Juventud del CNA antes de sumarse al Congreso del Pueblo Africano. Era un artista nato, con una hermosa voz y buen oído.

Selby escogía los temas, hacía los arreglos, seleccionaba a los solistas y dirigía la ejecución. El concierto tenía lugar la mañana de Navidad en el patio. Los villancicos ingleses se mezclaban con los africanos y se añadían unas cuantas canciones protesta. A las autoridades de la cárcel no parecía importarles; o quizás es que no se daban cuenta. Nuestro público estaba formado por guardianes que parecían disfrutar de nuestros cantos tanto como nosotros.

Antes de su ingreso en prisión, a Ngendane se le consideraba alguien de poco peso político. Una vez en la cárcel, Selby mostró su auténtico temple. Cuando uno se encuentra encarcelado busca rodearse de personas que mantengan una actitud constructiva. Ése era el caso de Selby.

La prisión es una especie de crisol, una dura prueba en la que queda al descubierto el carácter de un hombre. Bajo semejante presión, algunas personas muestran verdadero valor, mientras que otros se revelan más débiles de lo que parecían.

Además de los conciertos celebrábamos un torneo de ajedrez y damas, así como partidas de *Scrabble* y de *bridge*. Cada año yo competía en la prueba de damas, y en alguna ocasión me llevé el premio gordo que, normalmente, consistía en una barrita de caramelo. Mi estilo de juego era lento y deliberado; mi estrategia conservadora. Estudiaba cuidadosamente las consecuencias de cada opción y me tomaba mi tiempo para cada movimiento. Aunque procuro evitar ese tipo de comparaciones existe cierta analogía entre mi método favorito de jugar a las damas y mis movimientos en política.

La mayoría de mis contrincantes eran más rápidos jugando, y con frecuencia perdían la paciencia con mi sistema de juego. Uno de mis oponentes más habituales era Don Davis, un miembro del Movimiento para la Unidad de los No Europeos. Don había crecido en la zona de las minas de diamantes de Kimberley. Era un tipo fuerte y decidido, aunque algo neurótico. Don era un excelente jugador de damas, pero nuestros estilos chocaban. Mientras Don jugaba, el sudor le caía por la cara. Estaba tenso y se mostraba agitado durante el juego. Sus movimientos en el tablero era muy rápidos, como si pensara que los puntos se conseguían por velocidad. Fueron varias las ocasiones en las que Don y yo nos enfrentamos en la final del torneo anual de damas.

Don solía llamarme Qhipu debido a una costumbre que yo tenía cuando jugaba a las damas. Después de considerar cada posibilidad, cuando estaba a punto de mover ficha, yo exclamaba *"qhipu!"* —que significa "¡ataco!"— y luego desplazaba la pieza. Este hábito mío sacaba de sus casillas a Don, y el apelativo Qhipu que me aplicaba era más una muestra de irritación que de amistad.

Don y yo compartimos muchos torneos. Aunque ganase él, regresaba al cabo de unos minutos para desafiarme a otra partida. Don siempre estaba dispuesto a jugar a las damas y no se quedaba satisfecho hasta que yo aceptaba. Pasaba tanto tiempo jugando con Don que tenía otros asuntos abandonados. En una ocasión en que suspendí un examen, unos cuantos colegas me preguntaron qué me había ocurrido. Para su diversión, respondí: "¡Culpa de Don Davis!".

Nuestro grupo teatral de aficionados hacía su representación anual por Navidad. Mi carrera en las tablas, que había quedado en suspenso tras mi interpretación de John Wilkes Booth durante mi estancia en Fort Hare, experimentó un modesto reverdecimiento en la isla de Robben. Nuestras producciones eran lo que podríamos llamar minimalistas: carecían de escenario, decorado y vestuario. No disponíamos de otra cosa que palabras.

Sólo participé en unas cuantas obras, pero interpreté a un personaje memorable: el de Creonte, rey de Tebas, en la *Antígona* de Sófocles. Yo había leído a algunos clásicos griegos en la prisión y me parecieron tremendamente estimulantes. Extraía de aquellos textos la enseñanza de que es en las situaciones difíciles donde el carácter alcanza su auténtica expresión. El héroe era un hombre que no se arredraba ni siquiera ante las más adversas circunstancias.

Cuando se decidió representar *Antígona,* me ofrecí como voluntario para participar y fui elegido para interpretar a Creonte, un rey que libraba una guerra civil por el trono de su amada ciudad-estado. En la obra, Creonte se muestra sincero y patriota. Sus primeras intervenciones están llenas de sabiduría, como cuando sugiere que la experiencia es el fundamento del liderazgo y que las obligaciones para con el pueblo están por encima de la lealtad a una persona.

> Por supuesto, uno no puede juzgar a un hombre por completo,
> su carácter, sus principios, su sentido de la justicia,
> hasta que ha mostrado su bandera, gobernado a la gente,
> aplicado las leyes. En esta experiencia está la respuesta.

Creonte es también quien combate a sus enemigos sin piedad. Decide que el cuerpo de Polinices, el hermano de Antígona, que se había rebelado contra la ciudad, no disfrute de un entierro apropiado. Antígona se enfrenta a él sobre la base de que existe una ley que está por encima de la del estado. Creonte no la escucha, ni atiende a nada que no sean sus demonios interiores. Está gobernado por la inflexibilidad y la ceguera, pero un líder debe matizar la justicia con el perdón. Es Antígona la que simboliza nuestra lucha; era, a su modo, una luchadora por la libertad, ya que desafió a la ley que consideraba injusta.

72

CIERTOS GUARDIANES empezaban a conversar con nosotros. Yo nunca inicié una charla con ellos, pero si me hacían una pregunta, intentaba responderla. Es más fácil educar a quien quiere aprender. Lo habitual era que esas cuestiones se plantearan con una mezcla de exasperación: "Está bien, Mandela, ¿qué es lo que quieres?". O bien: "Mira, tienes un sitio donde estar y suficiente comida, ¿por qué causas tantos problemas?". Entonces yo intentaba explicar tranquilamente a los guardianes nuestras aspiraciones. Quería desmitificar el CNA ante ellos, despojarles de sus prejuicios.

En 1969 llegó un joven guardián que parecía especialmente ansioso de conocerme. Habían llegado hasta mí rumores de que nuestra gente en el exterior estaba organizando mi fuga, y que habían infiltrado a un carcelero en la isla para que me ayudase. Poco a poco, aquel tipo me fue informando de que estaba planeando mi huida.

Me fue explicando el plan a retazos. Una noche se ocuparía de narcotizar a los guardianes de vigilancia en el faro para facilitar la llegada de un bote a la playa. Me daría una llave para que pudiese salir de nuestro sector y llegar hasta la embarcación. Una vez a bordo, me suministrarían un traje de buceo con el que podría nadar hasta el muelle de El Cabo. Desde Ciudad de El Cabo me trasladarían hasta un aeropuerto de la zona y desde allí me sacarían del país.

Escuché la totalidad del plan y no le expliqué lo traído por los pelos y poco fiable que me parecía. Consulté con Walter, y estuvimos de acuerdo en que aquel individuo no era de fiar. Jamás le dije que no estuviera dispuesto a hacerlo, pero tampoco hice nada de lo necesario para poner en marcha el plan. Debió captar el mensaje, ya que no tardó en ser transferido fuera de la isla.

Por lo que pudimos averiguar después, mi desconfianza había estado justificada, ya que descubrimos que el guardián era un agente de la seguridad del estado (BOSS), el organismo responsable de la seguridad y la información en Sudáfrica. El plan consistía en sacarme con éxito de la isla, pero habría perecido en un espectacular tiroteo con las fuerzas de seguridad en el aeropuerto, supuestamente mientras pretendía abandonar el país. El plan en su totalidad había sido ideado por el BOSS, incluidos los rumores que llegaron hasta mí de que el CNA estaba preparando mi fuga. No fue la última vez que intentaron eliminarme.

El periodo de servicio del comandante en jefe de la prisión no solía superar los tres años. En 1970 ya habían pasado varios por la cárcel. Aquel año, el nuevo comandante en jefe de la isla de Robben era el coronel van Aarde, un individuo bastante amable e inofensivo que nos dejaba campar por nuestros respetos. Al acabar el año, las autoridades penitenciarias decidieron que no querían aquel ambiente en la isla y le sustituyeron por el coronel Piet Badenhorst.

Aquello representó un siniestro cambio. Badenhorst tenía fama de ser uno de los más brutales y autoritarios oficiales de todo el servicio de prisiones. Su nombramiento sólo podía indicar una cosa: que el gobierno opinaba que la disciplina se había relajado en exceso en la isla y que era necesaria mano dura para mantenernos a raya. Se suponía que Badenhorst nos haría añorar los días de Maletín.

Siempre que era nombrado un nuevo oficial en jefe yo solicitaba una reunión con él. Lo hacía para dejar bien clara la seriedad de nuestra causa y con el fin de evaluar su carácter. Solicité una entrevista con el coronel Badenhorst y mi petición fue rechazada. Fue el primer comandante en jefe de la isla en despreciar una oferta así.

Incluso antes de verle, tuvimos ocasión de percibir los efectos de su nuevo régimen. Algunas de las normas más recientes referidas al estudio y el tiempo libre fueron anuladas de inmediato. Era evidente que pretendía suprimir todos los privilegios que habíamos ido adquiriendo a lo largo de los años. Nuestros viejos guardianes fueron transferidos y sustituidos por otros elegidos personalmente por Badenhorst. Eran hombres más jóvenes y toscos que imponían el cumplimiento hasta de la norma más mezquina. Su tarea era acosarnos y desmoralizarnos. A los pocos días del nombramiento de Badenhorst nuestras celdas fueron invadidas y registradas. Se nos confiscaron libros y papeles, se suspendieron comidas sin previo aviso y los hombres eran zarandeados en el camino a la cantera.

Badenhorst intentó hacer retroceder el tiempo, convirtiendo la isla en lo que era a comienzos de los años sesenta. La respuesta a cualquier pregunta era siempre no. Los prisioneros que solicitaban ver a sus abogados acababan en las celdas de castigo. Se hacían oídos sordos a las quejas y se cancelaban las visitas sin explicación alguna. La comida fue a peor y la censura aumentó.

Alrededor de una semana después de la llegada de Badenhorst, mientras trabajábamos una mañana en la cantera, aparecieron sin previo aviso Badenhorst y su chófer en el coche del comandante. Salió del vehículo y nos miró desde lejos. Hicimos una pausa para observarle. Badenhorst me devolvió la mirada y me gritó: "Mandela, *Jy moet jou vinger uit jou gat trek*" (Mandela, sácate el dedo del culo). No me hizo gracia aquel comentario y, sin pensarlo siquiera, eché a andar hacia Badenhorst. Se encontraba a cierta distancia y antes de que pudiera acercarme demasiado volvió al coche y se marchó.

Desde el coche, Badenhorst mandó una orden por radio a su personal y a los pocos minutos apareció un camión para trasladarnos de vuelta al módulo B. Se nos ordenó que guardáramos silencio en el camión y cuando llegamos al patio nos pusieron firmes. Badenhorst apareció y empezó a pasear arriba y abajo delante nuestro. Parecía incapaz de articular una frase sin incluir un juramento o un taco. *"Jou ma se moer"*, era su expresión favorita (tu madre es un *moer*). *Moer* es un término vulgar que describe una parte íntima de la anatomía femenina.

Con su voz gutural nos dijo que estaba escandalizado por la pereza que habíamos mostrado en la cantera. Como resultado, añadió, iba a bajarnos a todos un grado en nuestras clasificaciones. Aunque despreciábamos el sistema de clasificación, la mayor parte de los hombres habían alcanzado al menos el nivel C, lo que les permitía estudiar. A los prisioneros del nivel D no se les dejaba hacerlo. Las autoridades penitenciarias lamentaban habernos concedido la posibilidad de estudiar y Badenhorst había decidido rectificar aquel error.

Posteriormente, una vez que se hubo aplacado mi ira, comprendí que la grosería de Badenhorst en la cantera había sido un acto calculado. Le habían enviado a la isla de Robben para restaurar el orden, y había escogido al individuo que suponía era la fuente de todos los desórdenes. Al igual que un profesor que se hace cargo de una clase de alumnos díscolos pretendía meter en cintura al estudiante que consideraba el principal agitador.

73

A FINALES DE MAYO DE 1971 llegaron a la sección de aislamiento una serie de hombres de la SWAPO (South West African People's Organization), una aliada del CNA que luchaba por la independencia de Namibia. Su líder era Andimba Toivo ja Toivo, uno de los fundadores de esa organización y un gran luchador por la libertad. Nos enteramos de que se habían declarado en huelga de hambre para protestar por su aislamiento e inmediatamente decidimos sumarnos a ellos. Esto sacó de sus casillas a Badenhorst y a las autoridades, que consideraban que aquella actitud constituía una insubordinación intolerable.

A altas horas de la noche del 28 de mayo nos despertaron grandes voces y fuertes golpes en las puertas de las celdas. "¡Arriba! ¡Arriba!", aullaban los carceleros. Nos hicieron desnudarnos y después alinearnos contra la pared del patio. Los guardianes estaban completamente borrachos y nos gritaban e intentaban provocarnos. Estaban encabezados por un sádico llamado Fourie, al que en privado apodábamos Gánster. La noche era terriblemente fría y durante una hora, mientras permanecíamos firmes, desnudos y temblando, nuestras celdas fueron registradas una a una. Cuando iba a cumplirse la hora, Govan sufrió fuertes dolores en el pecho y cayó al suelo. Esto pareció asustar a Fourie, que nos ordenó que volviéramos a nuestras celdas. Los guardianes buscaron por todas partes pero no encontraron nada. Con todo, el registro no pareció obedecer más que a los impulsos perversos de Fourie. Más tarde, nos enteramos de que Fourie tenía fama de haber agredido sexualmente a prisioneros del bloque donde se alojaban los presos comunes. Al día siguiente descubrimos que los guardianes habían golpeado brutalmente a algunos de ellos antes de venir a por nosotros, y posteriormente habían agredido a Toivo ja Toivo, que había devuelto el golpe al guardián que le atacó y le había derribado. Toivo fue severamente castigado por ello.

Presentamos una queja formal por aquel trato, pero fue ignorada. El incidente sigue ocupando un lugar relevante en mi memoria, pero no fue en absoluto un hecho aislado. Ese tipo de sucesos se convirtió más en la norma que en la excepción durante el periodo de Badenhorst.

Estábamos decididos a impedir que las condiciones se deterioraran totalmente bajo el mandato de Badenhorst. Enviamos mensajes de contrabando a nuestra gente en el exterior para que movilizaran a la opinión pública y pidieran su despido. A la vez, decidimos crear una delegación para ir a ver a Badenhorst. Discutimos sobre el tema durante meses y poco a poco decidimos su composición. Walter y yo iríamos en nombre del CNA y cada uno de los otros partidos tendría también dos representantes.

Badenhorst aceptó recibirnos, y durante la entrevista le amenazamos con emprender huelgas de brazos caídos, de ritmo lento, huelgas de hambre —todas las armas a nuestra disposición—, a menos que cambiara de actitud y nos devolviera los privilegios que nos había arrebatado. Se limitó a decir que tendría en cuenta lo que le habíamos dicho. Nosotros consideramos aquella confrontación como un éxito, ya que nos temía y sabía que habíamos puesto en conocimiento del mundo exterior nuestras quejas. Nuestros esfuerzos no tardaron en obtener respuesta.

Pocas semanas después supimos que debía estar a punto de llegar una visita importante porque cuando se puso a llover aquel día en la cantera nos permitieron buscar refugio en vez de continuar trabajando. Al día siguiente se nos comunicó que se esperaba la llegada de tres jueces a la isla. Las autoridades nos pidieron que escogiéramos un portavoz para exponer nuestras quejas y el elegido fui yo.

Mientras me preparaba para mi encuentro con los jueces, una fuente bien informada me comunicó que un preso común había recibido una gran paliza a manos de un guardián. Los tres jueces eran Jan Steyn, M. E. Theron y Michael Corbett, pertenecientes a la división provincial de El Cabo del Tribunal Supremo. Iban escoltados por el general Steyn, comisionado de prisiones, y por el coronel Badenhorst. Me entrevisté con ellos en el exterior, donde estábamos trabajando.

El general Steyn me presentó a los jueces y les explicó que había sido elegido como representante de los demás prisioneros. Los jueces indicaron entonces que deseaban hablar conmigo en privado. Yo repliqué que no tenía nada que ocultar, y que, de hecho, agradecía la presencia del general Steyn y del coronel. Era evidente que mi afirmación les había sorprendido, y añadí que me parecía justo que pudieran responder a mis acusaciones. Los jueces aceptaron a regañadientes.

Empecé por comentar la reciente agresión de la que me habían informado. Les di los detalles que conocía, comenté la gratuidad de la paliza y el encubrimiento del acto. Apenas había empezado a hablar cuando noté que Badenhorst se mostraba inquieto. Cuando acabé de describir el incidente me preguntó con tono ronco y agresivo: "¿Fuiste testigo de esa agresión?". Respondí que no, pero que tenía plena confianza en la gente que me había hablado de aquello. Soltó un bufido y agitó un dedo ante mi nariz diciendo: "Cuidado, Mandela. Si hablas de cosas que no has visto te meterás en problemas. Ya sabes a lo que me refiero".

Ignoré el comentario de Badenhorst, me volví hacia los jueces y les dije: "Caballeros, ustedes mismos pueden ver qué clase de hombre tenemos como comandante en jefe. Si es capaz de amenazarme aquí, en su presencia, podrán imaginarse lo que es capaz de hacer en su ausencia". El juez Corbett se volvió hacia los otros y dijo: "El preso tiene toda la razón".

Pasé el resto de la entrevista enumerando quejas acerca de nuestra dieta, nuestro trabajo y nuestros estudios. Por dentro, Badenhorst debía estar echando humo, pero exteriormente guardó las apariencias. Cuando acabó la sesión, los jueces me dieron las gracias y yo les deseé un buen viaje.

No tengo ni idea de qué dijeron o hicieron los jueces después de la reunión, pero durante los siguientes meses, Badenhorst pareció tener las manos atadas. La situación en la cárcel se dulcificó un poco y antes de transcurridos tres meses de la visita de los magistrados tuvimos noticias de que Badenhorst iba a ser transferido.

Pocos días antes de la partida de Badenhorst fui llamado a la oficina principal. El general Steyn estaba de visita en la isla y quería saber si teníamos alguna reclamación que hacer. Badenhorst estaba presente y yo expuse una relación de exigencias. Cuando hube terminado, Badenhorst se dirigió directamente a mí. Me dijo que iba a abandonar la isla y añadió: "Tan sólo quiero desearles buena suerte". No sé si se me notó cara de asombro, pero me quedé pasmado. Había hablado como un ser humano y había mostrado una faceta de su personalidad que jamás habíamos tenido ocasión de apreciar antes. Le agradecí sus buenos deseos y le deseé suerte en sus futuras empresas.

Pasé mucho tiempo reflexionando acerca de aquel momento. Badenhorst probablemente fuera el comandante en jefe más salvaje y carente de escrúpulos en Robben, pero aquel día en la oficina había puesto de manifiesto que existía otra faceta de su personalidad, una cara oculta pero real. Fue un recordatorio útil de que todos los hombres, incluso los más fríos en apariencia, tienen algo de decencia, y que si se consigue llegar a su corazón son capaces de cambiar. En última instancia, Badenhorst no era un malvado. Su falta de humanidad le había sido impuesta por un sistema inhumano. Se comportaba como un bruto porque esa era la clase de comportamiento que se recompensaba.

74

SE ANUNCIÓ que el coronel Willemse sucedería a Badenhorst como oficial a cargo en la isla. Solicité una entrevista con él tras el anuncio y le visité al poco tiempo de su llegada. Aunque resultaba obvio que no era un hombre progresista, era cortés y razonable, en notable contraste con su predecesor. Esperábamos que el periodo en el que Badenhorst había ocupado el cargo no representara más que una caída pasajera en el gráfico de la continua mejora de nuestras condiciones de vida.

Los jóvenes y agresivos guardianes desaparecieron también con Badenhorst. Inmediatamente retomamos nuestra conducta habitual tanto en la cantera como en nuestro bloque. Willemse era un hombre comprensivo, pero cuando vio que pasábamos más tiempo hablando que trabajando en la cantera se mostró escandalizado. Llevaba pocas semanas en la isla cuando fui llamado a su despacho para una entrevista. "Mandela," me dijo con franqueza, "debe usted ayudarme". Le pregunté cómo. "Sus hombres no trabajan. No atienden a las órdenes. No hacen más que lo que quieren hacer. Esto es una cárcel y tiene que haber cierta disciplina. No sólo es bueno para nosotros sino también para ustedes. Si no mantenemos un mínimo de orden no tardarán en enviar a otro como el anterior director de esta cárcel".

Lo que decía el coronel tenía sentido. Le escuché y le dije que su solicitud me parecía legítima, pero que antes de darle una respuesta tendría que reunirme con mi gente. Por aquel entonces estaba expresamente prohibido que se reunieran todos los prisioneros de las celdas individuales. Al pedirle que autorizara una reunión así le estaba pidiendo una considerable flexibilización de las normas. Él era tan consciente de ello como yo y me pidió algo de tiempo para estudiarlo.

Pocos días después recibí un comunicado de Willemse en el que autorizaba la reunión. Nos juntamos todos en el patio, sin que estuvieran presentes los guardianes, y les dije a los hombres lo que me había contado Willemse. Hice hincapié en que cediendo ligeramente ahora conseguiríamos que nuestras condiciones mejoraran a la larga. Decidimos que al menos haríamos como que trabajábamos, pero que lo haríamos a nuestro propio ritmo. A partir de ese momento fue lo que hicimos y no hubo más quejas del comandante en jefe de la prisión.

Durante la primera parte del mandato de Willemse, de los años 1971 a 1972, hubo un flujo continuo de soldados capturados de la MK. Habían pasado por el campo de batalla y estaban bien informados acerca de la situación del movimiento en el exilio. Si bien no me hacía feliz ver hombres del CNA encarcelados, estaba ansioso por pedirles información tras su llegada. Estaba impaciente por tener noticias de Oliver, por saber cómo iban los campos de entrenamiento y por ponerme al día de los éxitos y fracasos de la MK.

Aquellos hombres eran extraordinariamente combativos y no se adaptaban con facilidad a la vida en la cárcel. Uno de los primeros fue Jimmy April, un oficial de la MK que había recibido instrucción bajo las órdenes de Joe Slovo y había combatido contra el enemigo en Rhodesia. La MK llevaba tiempo infiltrando hombres en el país con documentos de identidad falsos. Jimmy era uno de ellos y había sido arrestado en Sudáfrica. Jimmy regaló nuestros oídos con historias de la guerra. En un momento dado, le llevé aparte y le interrogué acerca de los problemas de la MK. Dado que yo era el fundador de Umkhonto y su primer comandante en jefe, Jimmy y los otros se mostraban más sinceros conmigo que con los demás. Me habló del creciente descontento en los campos y de abusos por parte de los oficiales de la MK. Le pedí que no comentara el tema y conseguí enviar secretamente una carta a Oliver sugiriendo que había que introducir reformas en los campamentos.

Un día, mientras estaba en una reunión con el coronel Willemse, vi a Jimmy en el exterior del despacho de otro funcionario. Se volvió hacia mí y me dijo con cierta agitación: "Se niegan a darme mi carta".

"¿Y qué alegan?", repliqué. "Dicen que contiene información que no me está permitido ver", me contestó. Entré en la oficina para discutir el tema, pero antes de abrir siquiera la boca, Jimmy entró hecho una furia y le dijo al funcionario a voces: "¡Deme mi carta!". Jimmy intentó empujarme a un lado para llegar hasta la mesa del funcionario y coger la carta. El funcionario la cogió y se puso detrás de mí, como para protegerse de Jimmy. En una película podría haber sido una escena cómica, pero dadas las circunstancias fue más bien motivo de crispación. Me volví hacia Jimmy y le dije con voz tranquila pero serio: "Por favor, no hagas esto. Cálmate. Yo lo resolveré y me encargaré de que recibas tu carta. Ahora, vete, por favor".

Mis palabras surtieron el efecto deseado y Jimmy abandonó el despacho. Me volví entonces hacia el funcionario, que se mostraba muy afectado. Yo me encontraba en una posición extraña. No me estaba enfrentando a la autoridad sino actuando como mediador entre mi propia gente y los hombres contra los que había luchado tanto tiempo. La combativa militancia de los que llegaban a la isla me puso en la misma situación cada vez con más frecuencia. Aunque su radicalismo nos alentaba, aquellos hombres hacían a veces que nuestra vida cotidiana resultara más difícil.

Antes de transcurrida una semana, el funcionario me dio la carta de Jimmy.

75

UNA MAÑANA, en vez de emprender a pie el camino hacia la cantera, se nos ordenó que montáramos en la trasera de un camión. Éste echó a andar en una dirección distinta de la habitual y transcurridos quince minutos de marcha nos hicieron descender. Allí, frente a nosotros, resplandeciente bajo la luz de la mañana, vimos el océano, la costa rocosa, y en la distancia, parpadeando bajo el sol, los rascacielos de Ciudad de El Cabo. Aunque sin duda era una ilusión, la ciudad con el monte Table alzándose tras ella parecía tentadoramente cercana, casi como si fuera posible tocarla con la mano.

El guardián a cargo de la cuadrilla de trabajo nos explicó que nos habían llevado allí para recoger algas. Debíamos coger los trozos grandes que habían sido arrastrados hasta la playa y vadear las olas para alcanzar otras sujetas a las rocas o los corales. Las algas en cuestión eran largas, de superficie viscosa y de un tono marrón verdoso. En ocasiones, había fragmentos que medían entre dos y dos metros y medio de longitud y pesaban hasta quince kilos. Tras extraer las algas de aguas poco profundas las disponíamos en hileras sobre la playa. Cuando estaban secas las cargábamos en la trasera de un camión. Según nos contaron, posteriormente se enviaban a Japón donde eran empleadas como fertilizante.

El trabajo no nos pareció particularmente duro aquel día, pero a lo largo de las siguientes semanas y meses descubrimos que podía llegar a ser agotador. Con todo, no nos importaba demasiado ya que disfrutábamos del placer y la distracción de las vistas panorámicas. Podíamos observar barcos de pesca, majestuosos petroleros que se movían lentamente a través del horizonte, gaviotas cazando y focas que jugaban entre las olas. Nos reíamos de la colonia de pingüinos, que parecía una brigada de soldados torpes con pies planos, y nos maravillábamos ante el cotidiano espectáculo que ofrecía el clima sobre el monte Table con su cambiante bóveda de nubes y sol.

Durante el verano, el agua estaba estupenda, pero en invierno, las gélidas corrientes de Benguela convertían el acto de vadear entre las olas en una tortura. Las rocas que había en la playa y alrededor de ella eran afiladas y a menudo nos cortábamos y arañábamos las piernas mientras trabajábamos. No obstante, preferíamos el mar a la cantera, aunque nunca pasábamos allí más de unos pocos días seguidos.

El mar resultó ser un baúl de tesoros. Encontré preciosos trozos de coral y complicadas conchas, que a veces llevaba de vuelta a mi celda. En una ocasión, alguien descubrió una botella de vino en la arena que conservaba aún el corcho. Según me dijeron, sabía a vinagre. Jeff Masemola, del CPA, era un artista y escultor de gran talento, y las autoridades le dieron permiso para recoger trozos de madera arrastrados por el mar que luego tallaba convirtiéndolos en figuras fantásticas. Los guardianes se ofrecieron a comprar algunas de ellas. A mí me construyó una librería que utilicé durante muchos años. Las autoridades de la prisión les decían a los visitantes que habían sido ellas quienes me la habían dado.

En la costa el ambiente era más relajado que en la cantera. También nos encantaba ir a la playa porque allí comíamos muy bien. Todas las mañanas llevábamos con nosotros un gran bidón de agua dulce. Posteriormente, cargábamos también con un segundo bidón que empleábamos para hacer una especie de marmita de marisco "estilo isla de Robben". Para prepararlo, recogíamos lapas y mejillones, así como algunos langostinos que se ocultaban en los huecos de las rocas. Capturar a uno de estos animales era complicado; había que sujetarlos con firmeza entre la cabeza y la cola o se libraban de la presa y escapaban.

Las orejas de mar, lo que nosotros llamamos *perlemoen,* eran mi plato favorito. Son moluscos que se aferran con tenacidad a las rocas y es necesario desprenderlos de ellas. Son criaturas tozudas y muy difíciles de abrir. Si se cocinan en exceso resultan demasiado correosas para comer. Cogíamos nuestras capturas y las amontonábamos en el segundo bidón. Wilton Mkwayi era nuestro cocinero y se encargaba de preparar el guiso. Cuando estaba listo, los guardianes se nos unían y nos sentábamos todos en la playa para comer como si estuviéramos de excursión. En

1973, en un periódico conseguido en secreto, leímos acerca de la boda de la princesa Ana y Mark Phillips. La noticia incluía detalles sobre el banquete nupcial compuesto de platos raros y delicados. En el menú se incluían mejillones, langostinos y orejas de mar, lo que nos hizo reír. Nosotros comíamos aquellas exquisiteces todos los días.

Una tarde estábamos sentados en la playa comiendo nuestro guiso de marisco cuando de repente apareció el teniente Terblanche, por aquel entonces director de la prisión. Inmediatamente hicimos como que estábamos trabajando, pero no conseguimos engañarle. No tardó en descubrir el segundo bidón con su apetitoso guiso de mejillones borboteando sobre el fuego. El teniente abrió el bidón y miró dentro. Cogió un mejillón y se lo comió. *"Smaaklik"*, exclamó, lo que en afrikaans significa "muy sabroso".

76

EN LOS AMBIENTES DE LA LUCHA, la isla de Robben era conocida como la universidad, no sólo por lo que aprendíamos en los libros ni porque los internos estudiaran inglés, afrikaans, arte, geografía y matemáticas. Ni siquiera porque muchos de nuestros compañeros, como Billy Nair, Ahmed Kathrada, Mike Dingake y Eddie Daniels obtuvieran varios títulos. La isla recibía el apelativo de la universidad, por lo que aprendíamos los unos de los otros. Teníamos nuestra propia facultad, nuestros profesores, nuestros programas de estudios y nuestros propios cursos. Habíamos establecido una distinción entre los estudios académicos, que eran oficiales, y los estudios políticos, que no lo eran.

Nuestra universidad surgió en parte de la necesidad. Cuando llegaron hombres jóvenes a la isla nos dimos cuenta de que sabían muy poco del CNA. Walter, tal vez el mejor historiador de la organización, empezó a explicarles su génesis y su lucha en los primeros días. Sus enseñanzas eran sabias y llenas de conocimiento. Aquellas clases informales de historia, que recibieron el nombre de plan de estudios A, se convirtieron en un curso promovido por el Órgano Supremo. Se componía de dos años de clases acerca del CNA y la lucha por la liberación. El programa A incluía un curso a cargo de Kathy, llamado "Historia de la lucha de los indios". Otro camarada añadió una "Historia del pueblo mestizo". Mac, que había estudiado en la República Democrática Alemana, daba un cursillo de marxismo.

Las condiciones docentes no eran las ideales. Los grupos de estudio trabajaban juntos en la cantera y se disponían formando un círculo en torno al jefe del seminario. La forma de enseñanza era de naturaleza socrática. Se aclaraban las ideas y las teorías a través de las preguntas y respuestas de los jefes de cada grupo.

El núcleo de todo el sistema educativo en la isla era el curso de Walter. Muchos de los jóvenes miembros del CNA que habían llegado recientemente a la isla no tenían ni idea de que la organización hubiera existido siquiera en los años veinte y treinta. Walter les guió desde la fundación del CNA en 1912 hasta nuestros días. Muchos de aquellos hombres no habían recibido otra educación política.

Cuando la noticia de la existencia de estos cursos llegó a la sección de presos comunes empezamos a recibir solicitudes de los allí encerrados. Así se puso en marcha lo que se convirtió en una especie de cursos por correspondencia para los presos comunes. Los profesores les enviaban clandestinamente textos y ellos contestaban con preguntas y comentarios.

Esto era tan beneficioso para ellos como para nosotros. Aquellos hombres habían recibido una educación muy limitada, pero tenían un gran conocimiento de los sufrimientos del mundo. Sus preocupaciones eran más prácticas que filosóficas. Si uno de nuestros discursos afirmaba que un principio del socialismo es el enunciado "de cada cual con arreglo a sus capacidades, a cada cual con arreglo a sus necesidades", no era extraño que recibiéramos como respuesta preguntas como la siguiente: "Sí, pero eso ¿cómo se come en la práctica? Si tengo tierras pero no dinero y mi amigo tiene dinero pero no tierras, ¿cuál de los dos tiene más necesidad?". Tales preguntas tenían un valor inmenso y nos obligaban a meditar profundamente sobre nuestros puntos de vista.

Durante una serie de años estuve a cargo de un curso de economía política. En él intenté seguir la pista a la evolución económica del hombre desde los tiempos más remotos hasta nuestros días. Tracé un boceto del camino seguido desde las primitivas sociedades comunales, pasando por el feudalismo, hasta llegar al capitalismo y el socialismo. Yo no soy, ni muchísimo menos, un académico, y como profesor dejo mucho que desear, por lo que normalmente prefería contestar preguntas que dar discursos. Mi enfoque no era ideológico, aunque tenía un cierto sesgo en favor del socialismo, que en mi opinión era la fase más avanzada de la vida económica desarrollada hasta el momento por el hombre.

Además de mis estudios informales continué ejerciendo mi trabajo en el campo de las leyes. En ocasiones llegué incluso a pensar en poner

una placa en la puerta de mi celda. Pasaba horas y horas preparando apelaciones para otros prisioneros, aunque hacerlo estaba prohibido según
el reglamento de la prisión. Acudieron a pedirme ayuda prisioneros de
todas las tendencias políticas.

La ley sudafricana no garantiza al acusado el derecho a un representante legal y miles y miles de indigentes, tanto hombres como mujeres,
iban a la cárcel todos los años por falta de asistencia. Pocos africanos podían permitirse contratar a un abogado, y la mayoría no tenía más opción que aceptar el veredicto de los tribunales, fuese cual fuese. Muchos
de los presos de la sección de comunes habían sido condenados sin poder
contar con un abogado, y un buen número me pidió ayuda para plantear
una apelación. Para muchos de aquellos hombres era la primera vez que
tenían tratos con un abogado.

Yo recibía una nota enviada clandestinamente de un prisionero de la
sección F o la sección G en la que me pedía ayuda. Entonces, solicitaba
detalles sobre el caso, la acusación, las pruebas y los testimonios. Debido a la naturaleza secreta de este intercambio de información, los datos
me llegaban lentamente y de modo fragmentario. Una consulta que no
hubiera llevado más de media hora en el viejo despacho de Mandela y
Tambo podía durar un año o más en la isla.

Aconsejaba a mis "clientes" que escribieran una carta al responsable del
registro del Tribunal Supremo solicitando las actas de su caso. Le decía a
cada preso que mencionara que sus fondos eran limitados y que desearía recibir los documentos sin cargo. En ocasiones, los encargados del archivo tenían la amabilidad de suministrar aquel material gratuitamente.

En cuanto tenía las actas del juicio me encontraba en condiciones de
elaborar una apelación, normalmente sobre la base de alguna irregulari-
dad jurídica como prejuicios, defectos de procedimiento o falta de pruebas. Escribía un borrador de una carta dirigida al juez o magistrado de
mi puño y letra y seguidamente se la enviaba al interesado. Dado que
constituía una violación del reglamento que yo preparara el caso de otro
decía al preso que copiara el documento con su propia letra. Si no sabía
escribir, como ocurría con muchos prisioneros, debía buscar a alguien
que supiera hacerlo.

Me gustaba mantener afiladas mis armas legales y en unos pocos casos el veredicto fue anulado y se produjo una reducción de las senten-
cias. Estas victorias eran gratificantes; la cárcel tiene como objeto hacer
que el interno se sienta impotente y éste era uno de los pocos métodos
de que disponíamos para dar la réplica al sistema. A menudo no llegaba
ni a conocer a la gente para la que había trabajado. En ocasiones, inespe-

radamente, uno de los individuos que nos servía la habitual papilla que constituía nuestra comida me daba las gracias en voz baja por el trabajo que había hecho en su nombre.

77

La presión sobre mi mujer no había cedido. En 1972, la policía de seguridad echó abajo la puerta del 8115 de Orlando West. Los ladrillos salieron despedidos a través de la ventana. Dispararon con sus armas sobre la puerta de acceso a la vivienda. En 1974 acusaron a Winnie de violar las órdenes de proscripción que restringían su vida pública a las visitas a nuestras hijas y al médico. Ella estaba trabajando en un despacho de abogados, y un amigo llevaba a Zeni y a Zindzi a verla a la hora de su comida. Por esto, Winnie fue acusada y sentenciada a seis meses de cárcel. Fue ingresada en la prisión de Kroonstad, en el Estado Libre de Orange, pero sus experiencias allí no fueron tan horrendas como las de su anterior estancia en Pretoria. Winnie me escribió que en esta ocasión se había sentido liberada en la cárcel, y que aquello había servido para reafirmar su compromiso con la lucha. Las autoridades permitían a Zindzi y a Zeni visitarla los domingos.

En 1975, después de que Winnie fue liberada, conseguimos desarrollar un plan a través de cartas y comunicaciones por medio de nuestros abogados que me permitiera ver a Zindzi. El reglamento de la cárcel establece que ningún niño entre dos y dieciséis años puede visitar a un preso. Cuando ingresé en la isla de Robben todos mis hijos se encontraban en ese limbo legal de las restricciones por motivos de edad. El razonamiento en el que se basaba la normativa no era particularmente pernicioso: los legisladores daban por supuesto que una visita a la prisión podía afectar negativamente a la psicología de los niños. Pero el efecto que tenía sobre los prisioneros era igualmente dañino. No poder ver a los propios hijos es causa de una profunda tristeza.

En 1975, Zindzi cumpliría quince años. La idea era que su madre alterara el certificado de nacimiento de Zindzi para hacer ver que iba a cumplir los dieciséis y que, por tanto, estaba ya en condiciones de visitarme. Los registros de nacimiento no se conservan de un modo particularmente uniforme u organizado en el caso de los africanos y Winnie descubrió que no era difícil modificar su partida de nacimiento para que dijera que Zindzi había nacido un año antes. Solicitó un permiso de visita y le fue concedido.

Pocas semanas antes de la fecha prevista para la visita de Zindzi recibí otra visita, organizada con anterioridad, de la madre de Winnie. Cuando estaba sentado frente a ella en la sala de visitas, le dije: "Bueno, Ma, estoy muy emocionado porque voy a ver a Zindzi". Mi suegra, que había sido maestra, me miró sorprendida y después dijo en un tono un tanto malhumorado: "No, Zindzi no puede venir a verte porque aún no tiene dieciséis años".

Comprendí de inmediato que nadie le había hablado de nuestro plan. Detrás de cada uno de nosotros había un guardián y decidí pasar por alto lo que había dicho. Murmuré: "Bueno, Ma, no tiene importancia".

Pero mi suegra es una mujer testaruda y se negó a dejarlo pasar. "Bueno, Mkonyanisi" —me llamaba siempre con este término afectuoso que significa yerno en xhosa—, "has cometido un grave error, porque Zindzi no tiene más que quince años".

Abrí mucho los ojos en un gesto de alarma y debió captar el mensaje ya que no volvió a mencionar a Zindzi.

Llevaba sin verla desde que tenía tres años. Era una hija que conocía a su padre a través de viejas fotografías más que por la memoria. Aquella mañana me puse una camisa limpia y me esmeré más de lo habitual en acicalarme. No era más que vanidad, pero no quería parecerle un viejo a mi hija menor.

Llevaba más de un año sin ver a Winnie y me agradó comprobar que tenía buen aspecto, pero me sentí realmente encantado al ver cuán hermosa era la mujer en la que se había convertido mi hija, y cuanto se parecía a su madre, igualmente preciosa.

Al principio, Zindzi se mostró tímida e insegura. Sin duda, le debió resultar difícil ver a un padre al que nunca había llegado a conocer, un padre que sólo podía quererla desde la distancia, que más que pertenecerle a ella parecía pertenecer al pueblo. En el fondo de su corazón debía albergar resentimiento e ira hacia un padre ausente durante toda su infancia y adolescencia. Pude darme cuenta al instante de que era una joven fuerte y fogosa como lo había sido su madre a su edad.

Sabía que debía encontrarse incómoda e hice todo lo posible por aligerar el ambiente. Cuando llegó le dije: "¿Conoces a mi guardia de honor?", haciendo un gesto hacia los guardianes que me seguían a todas partes. Le hice preguntas acerca de su vida, el colegio y sus amigos. Después, intenté remontarme a los viejos tiempos que ella casi no recordaba. Le conté que me acordaba a menudo de los domingos por la mañana en casa, cuando la columpiaba en mis rodillas mientras mamá estaba en la cocina preparando un asado. Rememoré pequeños incidentes y aventuras en Orlando de cuando ella era un bebé, y lo poco que había llorado incluso siendo muy pequeña. A través del cristal pude ver que estaba intentando contener las lágrimas mientras yo hablaba.

La nota trágica de la visita se produjo cuando Winnie me comunicó que Bram Fischer había muerto de cáncer poco después de salir de la cárcel. La pérdida de Bram me afectó profundamente. Aunque el gobierno no hubiera dejado sus huellas dactilares sobre el cuerpo de Bram, había sido el implacable acoso del estado el responsable de la enfermedad que se le había llevado tan joven. Siguieron presionándole incluso después de la muerte. El estado llegó a confiscar sus cenizas tras la incineración del cadáver. Bram era un purista, y tras el juicio de Rivonia decidió que el mejor modo de prestar sus servicios a la lucha era pasar a la clandestinidad y vivir como un proscrito. Para él era una carga saber que los hombres a los que representaba ante los tribunales iban a la cárcel mientras él vivía en libertad. Durante el juicio, aconsejé a Bram que no adoptara ese camino, haciendo hincapié en que era más útil a la causa desde los tribunales, donde el pueblo podría ver a un afrikáner hijo de un presidente del tribunal combatiendo por los derechos de los indefensos. Pero era incapaz de permitir que otros sufrieran mientras él seguía libre. Igual que el general que combate codo con codo con sus tropas en el frente, Bram era incapaz de pedir a otros que hicieran un sacrificio que él no estuviera dispuesto a hacer.

Bram pasó a la clandestinidad mientras estaba en libertad bajo fianza y fue capturado en 1965, siendo condenado a cadena perpetua por conspiración para el sabotaje. Había intentado escribirle a la cárcel, pero las reglas prohibían la correspondencia entre reclusos. Tras serle diagnosticado el cáncer, una campaña de prensa que solicitaba su liberación por motivos humanitarios había conseguido influenciar al gobierno. Murió pocas semanas después de su liberación, mientras estaba aún bajo arresto domiciliario en casa de su hermano en Bloemfontein.

En muchos aspectos, Bram Fischer, nieto del primer ministro de la colonia del río Orange, había hecho el mayor sacrificio de todos. Por mucho que yo pudiera sufrir en mi lucha por la libertad siempre podía sacar fuerzas del hecho de que combatía por y con mi pueblo. Bram era un hombre libre que luchaba contra su propia gente por lograr la libertad para otros.

Un mes después de aquella visita recibí noticias de Winnie. Su solicitud para visitarme había sido rechazada por las autoridades con el absurdo pretexto de que yo no deseaba verla. Inmediatamente concerté una cita con el teniente Prins, que era por aquel entonces director de la cárcel, para presentar una protesta. Prins no era lo que yo llamaría un hombre sofisticado. Fui a verle y le expliqué la situación con ecuanimidad y sin animosidad alguna, pero añadí que aquello era inaceptable y que mi esposa debía ser autorizada a visitarme.

Prins no parecía prestarme atención, y cuando hube terminado me dijo: "Venga, Mandela, tú esposa sólo busca publicidad". Le contesté que sus palabras me ofendían y sin dejarme ni siquiera acabar dijo algo tan hiriente acerca de mi esposa que inmediatamente perdí los estribos.

Me levanté de la silla y empecé a rodear la mesa en dirección al teniente. Prins empezó a retroceder pero conseguí controlarme. En vez de darle un puñetazo, que era lo que deseaba hacer, le ataqué con palabras. Personalmente, no soy partidario de los juramentos y las maldiciones, pero aquel día transgredí mis propios principios. Terminé diciéndole que era un ser despreciable y carente de honor, y que si repetía alguna vez sus palabras no me contendría como había hecho aquel día.

Cuando hube terminado de hablar, di media vuelta vuelta y salí del despacho hecho un basilisco. Kathy y Eddie Daniels estaban en el exterior, pero ni siquiera les saludé mientras me dirigía hacia mi celda. Aunque había callado a Prins, me había hecho perder el control y para mí aquello había sido una derrota frente al enemigo.

A la mañana siguiente, durante el desayuno, vinieron a mi celda dos guardianes y me comunicaron que me esperaban en la oficina del director. Cuando llegué me vi rodeado por media docena de guardianes armados. A un lado de la habitación estaba el teniente Prins y en el centro del círculo estaba un oficial subalterno que hacía las veces de acusador oficial de la cárcel. El ambiente era tenso.

—Bien, Mandela, tengo entendido que se lo pasó usted muy bien ayer, pero el día de hoy no le resutará tan agradable. Le acuso de haber insultado y amenazado al director de la prisión. Es un cargo grave.

Luego me tendió la citación.

—¿Tiene algo que decir?

—No —repliqué. —Tendrá que hablar con mi abogado.

A continuación pedí ser devuelto a mi celda. Prins no dijo ni una palabra.

Supe inmediatamente lo que iba a hacer: prepararía un contraataque acusando formalmente a todos, desde el teniente hasta el ministro de Justicia, de conducta improcedente. Presentaría cargos contra el sistema penitenciario en su conjunto bajo la acusación de ser una institución racista que sólo buscaba perpetuar la supremacía blanca. Convertiría el caso en una causa célebre, y le haría lamentar haberme acusado.

Le pedí a George Bizos que me representara, y no tardamos en organizar una entrevista. Antes de la visita de George, comuniqué a las autoridades que tenía intención de darle sus instrucciones por escrito. Me preguntaron por qué y respondí con franqueza que daba por supuesto que la sala de consultas estaría plagada de micrófonos. Las autoridades me negaron entonces el permiso para emplear una declaración por escrito; debía hacerla de viva voz. Les dije que no tenían derecho a negarme el permiso, y que el hecho de que lo hicieran no hacía más que confirmar mis sospechas.

La verdad era que las autoridades temían que George pudiera filtrar una declaración por escrito a la prensa. De hecho, aquello formaba parte de nuestra estrategia. También les preocupaba que empleara a George como vía de comunicación con Oliver, que estaba en Lusaka, y daban por supuesto que el informe escrito contendría información delicada para ellos. Ya había recurrido anteriormente a George con tal fin, pero esta vez el documento no contenía ese tipo de material.

Se fijó una fecha para mi comparecencia ante el tribunal disciplinario de la isla, y fue asignado a él un magistrado de Ciudad de El Cabo. El día antes de la audiencia se me comunicó que mi abogado llegaría al día siguiente y que podría entregarle mi declaración escrita. Me reuní con George en la oficina principal a la mañana siguiente y hablamos brevemente antes de que el tribunal abriera la sesión. Ésta no había hecho más que empezar cuando la acusación anunció que la prisión retiraba los cargos contra mí. El juez dio por concluida la sesión y abandonó bruscamente la sala. George y yo nos miramos sorprendidos, y nos felicitamos por nuestra aparente victoria. Cuando guardaba mis papeles, otro funcionario se me acercó y, señalando hacia mi declaración escrita, me dijo: "Deme esos papeles".

Me negué, aduciendo que era información confidencial entre mi abogado y yo. Llamé al fiscal y le dije: "Informe a este hombre que estos documentos están bajo la protección del privilegio de confidencialidad entre abogado y cliente, y que no tengo intención de entregárselos". El acusador replicó que así era, pero que dado que el caso había concluido y el tribunal no estaba ya reunido la única autoridad presente en la habitación era aquel funcionario. Éste recogió el documento de la mesa. No había nada que yo pudiera hacer para detenerle. Estoy convencido de que las autoridades retiraron los cargos con el único fin de hacerse con aquellos papeles que, como no tardaron en averiguar, no contenían nada que no supieran ya.

Por poco probable que pudiera parecer no dejé de pensar en la posibilidad de una fuga durante todo el tiempo que pasé en la isla. Mac Maharaj y Eddie Daniels, que eran hombres valientes y llenos de recursos, no hacían más que idear planes y discutir posibilidades. En su mayoría eran demasiado peligrosos, pero eso no impedía que pensáramos en ellos.

Habíamos logrado ciertos progresos. Jeff Masemola, nuestro artesano, había conseguido hacer una llave maestra que abría la mayoría de las puertas de la sección y las de las inmediaciones. Un día, un guardián había olvidado su llave en la mesa del cuartito que había al final del pasillo. Jeff cogió un trozo de jabón y obtuvo una impresión de la llave. Empleándola como referencia, cogió un trozo de metal e hizo un duplicado. Aquella llave nos dio acceso a algunos de los almacenes que había detrás de las celdas, así como a la sección de aislamiento. Pero nunca la empleamos para salir de nuestro sector. Después de todo, el mar constituía un foso insalvable para salir de la isla de Robben.

En 1974, a Mac se le ocurrió una idea para superar aquella barrera. Le habían llevado a visitar a un dentista de Ciudad de El Cabo y había descubierto que estaba emparentado por matrimonio con un prisionero político muy conocido. El dentista se mostró solidario. Se había negado a atender a Mac a menos que le quitaran los grilletes de las piernas. Mac había notado también que la ventana de la sala de espera del dentista, en un segundo piso, estaba a poca altura sobre una calleja lateral por la que podríamos intentar huir a la carrera.

Cuando Mac regresó se reunió con algunos de nosotros y nos instó a que concertáramos una cita con el dentista. Así lo hicimos y pronto nos comunicaron que se había acordado un día en el que Mac, Wilton Mkwayi y yo seríamos conducidos a Ciudad de El Cabo. Los tres estábamos dispuestos a intentar la fuga, pero cuando Mac se puso en contacto con el cuarto hombre, éste se negó. Teníamos dudas acerca de la lealtad de aquel hombre y me preocupaba que estuviera al corriente de nuestros planes.

Fuimos conducidos en barco a Ciudad de El Cabo, y desde el puerto nos llevaron a la consulta del dentista fuertemente escoltados. Los tres habíamos recibido instrucción militar y probablemente teníamos una posibilidad razonable de escapar. Mac llevaba también un cuchillo, y estaba dispuesto a usarlo. En la consulta del dentista los guardianes desalojaron a todos los demás pacientes. Exigimos que nos quitaran los grilletes y, gracias al respaldo del dentista, los guardianes consintieron en hacerlo.

Mac nos llevó hasta la ventana y nos indicó la calle que había de ser nuestra ruta de escape. Pero había algo en ella que le preocupó nada más asomarse: estábamos en pleno centro de Ciudad de El Cabo, era pleno día y, a pesar de todo, la calle estaba vacía. "Es una trampa", susurró Mac. También yo tenía la intuición de que algo iba mal y me mostré de acuerdo con Mac. Wilton, que estaba lleno de adrenalina, opinaba que a Mac le fallaban los nervios. "Madiba, estás perdiendo tu arrojo", me dijo. Pero yo estaba de acuerdo con Mac, y al final nos limitamos a pasar una revisión dental. El dentista me preguntó con curiosidad por qué había acudido a él, ya que mi dentadura estaba en perfecto estado.

Si bien Mac estudiaba los planes de fuga más viables, Eddie urdía los más imaginativos. Durante los primeros años, los aviones tenían prohibido sobrevolar la isla. Pero a mediados de los años setenta vimos que pasaban sobre nuestras cabezas no sólo aviones, sino también helicópteros que iban y venían a los petroleros que navegaban mar adentro. Eddie me abordó para contarme un plan que requería que la organización empleara un helicóptero pintado con los colores del ejército sudafricano. Me recogería en la isla y me depositaría en Ciudad de El Cabo, en el tejado de la embajada de algún país que simpatizara con nuestra causa, donde podría pedir asilo. El plan no estaba mal concebido, y le dije a Eddie que enviara clandestinamente la sugerencia a Lusaka, pero jamás recibimos respuesta.

78

LAS FIESTAS DE CUMPLEAÑOS eran un pobre simulacro en la isla de Robben. En lugar de un pastel y regalos juntábamos la comida de todos y ofrecíamos una rebanada de pan extra o una taza de café al homenajeado. Fikile Bam y yo habíamos nacido el mismo día, el 18 de julio, y yo guardaba algunos dulces que compraba en Navidades para que ambos los compartiéramos en nuestro aniversario. Mi quincuagésimo cumpleaños había pasado casi desapercibido en 1968, pero en 1975, cuando cumplí los cincuenta y siete, Walter y Kathy me presentaron un plan a largo plazo que haría que mi sexagésimo cumpleaños resultara memorable.

Uno de los temas que nos mantenían continuamente ocupados era cómo conservar la idea de la lucha viva ante el pueblo. Durante la década anterior, el gobierno había silenciado a la prensa más radical. Seguía en vigor la prohibición de publicar las palabras o las fotografías de todo aquel que estuviera bajo una orden de proscripción o encarcelado. Si un editor aparecía por la cárcel y a continuación publicaba aunque fuera una instantánea mía o de mis colegas, su periódico era inmediatamente clausurado.

Un día, Kathy, Walter y yo estábamos hablando en el patio cuando me sugirieron que debía escribir mis memorias. Kathy señaló que la fecha perfecta para publicar un libro así sería la de mi sexagésimo aniversario. Añadió que se convertiría en una fuente de inspiración para los jóvenes luchadores por la libertad. La idea me atrajo, y durante una posterior conversación acepté ponerme a trabajar en ella.

Cuando decido hacer algo me gusta poner manos a la obra inmediatamente, así que me entregué por completo al proyecto. Adopté un horario de trabajo un tanto heterodoxo: escribía casi toda la noche y dormía por el día. Durante una o dos semanas me echaba una siesta después de la cena, me despertaba a las diez y me ponía a escribir hasta la hora del desayuno. Después del trabajo en la cantera dormía hasta la cena y así sucesivamente. Al cabo de unas semanas notifiqué a las autoridades que no me encontraba bien y que no podría ir a la cantera. No pareció importarles, y a partir de entonces pude dormir casi todo el día.

Creamos una especie de cadena de montaje para procesar el manuscrito. Todos los días pasaba a Kathy lo que había escrito, él revisaba el texto y a continuación se lo leía a Walter. Entonces Kathy anotaba comentarios en los márgenes. Walter y Kathy nunca han tenido el menor empacho en criticarme, y yo me tomaba muy en serio sus sugerencias, incorporando a menudo los cambios propuestos. A continuación, el manuscrito anotado iba a parar a manos de Laloo Chiba, que pasaba la siguiente noche copiando lo que había escrito en su microscópica escritura taquigráfica, convirtiendo diez folios en un pequeño pedazo de papel. Finalmente, era trabajo de Mac conseguir que el manuscrito llegara al mundo exterior.

Los guardianes empezaron a sospechar. Le preguntaban a Mac: "¿Qué se trae Mandela entre manos? ¿Por qué se pasa toda la noche despierto?". Pero Mac se limitaba a encogerse de hombros y a decir que no tenía ni idea. Yo escribía a toda velocidad, y conseguí acabar un borrador en cuatro meses. No dudaba a la hora de elegir una palabra o una frase. Logré cubrir el periodo que iba desde mi nacimiento, pasando por el juicio de Rivonia, y acabé con algunas notas sobre la isla de Robben.

Escribir mis experiencias fue como revivirlas. Aquellas noches, mientras escribía en silencio, volvían a mí las imágenes y sonidos de mi juventud en Qunu y Mqhekezweni; la excitación y el miedo que había sentido al llegar a Johannesburgo; los interminables retrasos del juicio por traición; la tragedia de Rivonia. Era como soñar despierto, y me esforzaba por trasladar mis experiencias al papel con toda la fidelidad posible.

Mac tuvo la ingeniosa idea de ocultar la transcripción del manuscrito en las tapas de una serie de cuadernos de notas que empleaba para sus estudios. De ese modo podía mantener a salvo de las autoridades el texto completo y sacarlo de la cárcel cuando fuera puesto en libertad en 1976. Mac se pondría en contacto con nosotros en secreto para comunicarnos que el manuscrito estaba a salvo fuera del país; sólo entonces destruiríamos el original. Entre tanto, aún teníamos que buscar algún modo de ocultar el manuscrito de quinientas páginas. Hicimos lo único que podíamos hacer: lo enterramos en el jardín del patio. La vigilancia en el patio se había vuelto esporádica y descuidada. Los guardianes solían sentarse en una oficina que había en el extremo norte para charlar. Desde allí no alcanzaban a ver el extremo sur, próximo al área de aislamiento, donde había un pequeño jardín. Había inspeccionado la zona durante mis paseos matutinos y fue allí donde decidí ocultar el manuscrito.

Para no tener que hacer un gran agujero decidimos enterrar el manuscrito en tres lugares distintos. Lo dividimos en dos partes pequeñas y una más grande, envolvimos éstas con plástico y las metimos en latas de cacao. El trabajo debía hacerse con rapidez y le pedí a Jeff Masemola que me preparara herramientas para cavar. A los pocos días disponíamos de varias estacas de hierro con una punta afilada.

Una mañana, tras el desayuno, Kathy, Walter, Eddie Daniels y yo nos encaminamos disimuladamente hacia el jardín de la parte sur donde fingimos enzarzarnos en una discusión política. Llevábamos partes del manuscrito ocultas bajo la camisa. Cuando hice una señal, nos agachamos y empezamos a cavar. Yo cavé en el centro, cerca de una tapa de alcantarilla que llevaba a un tubo de drenaje. Cuando llegué a él, abrí un hueco debajo y oculté allí el mayor de los recipientes. Los otros abrieron agujeros más pequeños para guardar las partes que les habían correspondido.

Acabamos justo a tiempo para la marcha hasta la cantera. Aquella mañana, mientras caminábamos, me sentí aliviado por haber puesto a salvo el manuscrito. Luego no volví a pensar en él.

Unas semanas más tarde, inmediatamente después del toque de diana, escuché un ruido en el patio que me llenó de preocupación: el sonido de picos y palas chocando contra el suelo. Cuando nos dejaron salir de las celdas para asearnos me dirigí a la parte delantera del corredor y conseguí echar un vistazo al exterior. Allí, en el extremo sur del patio, estaba una cuadrilla de trabajo de la sección de presos comunes. Vi con alarma que estaban cavando en el área en la que estaba enterrado el manuscrito.

Las autoridades habían decidido levantar un muro frente a la sección de aislamiento porque habían descubierto que los presos allí internados podían comunicarse con nosotros cuando estábamos en el patio. La cuadrilla estaba haciendo una zanja poco profunda para los cimientos de cemento del muro.

Mientras me lavaba conseguí comunicarle a Walter lo que estaba ocurriendo. Kathy fue de la opinión de que la parte principal del manuscrito, que estaba enterrada bajo el tubo de drenaje, probablemente estuviera a salvo, aunque las otras dos eran vulnerables. Cuando llegaron al patio los bidones de gachas para el desayuno, los guardianes que estaban al mando de la cuadrilla de presos comunes ordenaron a éstos que salieran. Hacían esto para impedir toda confraternización con los presos políticos.

Con los cuencos de comida en la mano conduje a Walter y a Kathy al extremo sur del patio como si quisiera charlar con ellos en privado. El tramo inicial de la zanja estaba ya alarmantemente cerca de los dos recipientes más pequeños. En ese momento se nos unió Eddie Daniels, que se hizo cargo inmediatamente del problema.

Sólo podíamos hacer una cosa: del modo más discreto posible los cuatro empezamos a cavar en el área en la que estaban enterrados los dos fragmentos menores del manuscrito. Conseguimos sacar los dos recipientes rápidamente, y cubrimos de nuevo los agujeros. Recuperar la parte principal del manuscrito requeriría más tiempo, pero teníamos confianza en que no darían con ella ya que no parecía probable que levantaran el tubo para construir el muro.

Ocultamos el manuscrito bajo la camisa mientras nos encaminábamos de vuelta a nuestras celdas. Eddie no iba a ir a la cantera aquel día, y le entregamos los recipientes, con instrucciones de que los destruyera lo antes posible. Aunque suponía gran riesgo, Eddie aceptó hacerlo. Respiré de nuevo sabiendo que habíamos conseguido recuperar los dos recipientes e intenté olvidarme del resto del manuscrito mientras trabajaba.

Aquella tarde, cuando regresamos de la cantera, en vez de ir a lavarme como normalmente hacía, paseé hasta el extremo del patio. Hice todo lo posible por aparentar indiferencia, pero lo que vi me preocupó. Los presos había hecho una zanja paralela al muro de la sección de aislamiento y habían sacado el tubo de drenaje del suelo. Era imposible que no hubiesen descubierto el manuscrito.

Debí sobresaltarme o reaccionar de un modo perceptible. Aunque yo no lo sabía, estaba siendo vigilado por una serie de guardianes, que posteriormente manifestaron que mi reacción demostraba que sabía que allí había habido algo escondido. Regresé al corredor para lavarme y le conté a Walter y a Kathy que sospechaba que el manuscrito había sido descubierto. Por su parte, Eddie había conseguido deshacerse con éxito de las otras dos partes.

A primera hora de la mañana siguiente fui llamado a la oficina por orden del comandante en jefe de la cárcel. Junto a él estaba un funcionario de prisiones de alto rango que acababa de llegar de Pretoria. Sin el menor prolegómeno, el comandante en jefe me espetó: "Mandela, hemos encontrado su manuscrito".

No dije nada. El comandante en jefe extrajo entonces un mazo de papeles de su mesa.

—¿Es su letra, verdad? —me preguntó con tono perentorio. Una vez más permanecí en silencio.

—Mandela, sabemos que esto es obra suya —dijo el comandante con cierta exasperación.

—Bueno, eso tendrá usted que demostrarlo —le repliqué.

Reaccionaron burlonamente y dijeron que sabían que las anotaciones en los márgenes eran de Walter Sisulu y Ahmed Kathrada. Repetí que tendrían que buscar pruebas de ello si es que pretendían imponernos alguna penalización.

—No necesitamos pruebas —dijo el comandante. —Ya las tenemos.

Aunque aquel día no hubo castigos, poco después Walter, Kathy y yo fuimos convocados a presencia del general Rue, el subcomisario de prisiones, que nos comunicó que habíamos abusado de nuestros privilegios de estudio para escribir ilegalmente el manuscrito. Como consecuencia, dichos privilegios quedaban suspendidos indefinidamente. Tal y como resultaron al final las cosas, nos vimos privados del privilegio de estudiar durante cuatro años.

Cuando Mac fue puesto en libertad en diciembre envió los libros de notas a Inglaterra. Pasó los siguientes seis meses en arresto domiciliario en Sudáfrica antes de escapar del país e ir a Lusaka para entrevistarse con Oliver. Desde allí viajó a Londres, donde permaneció seis meses. Reconstruyó el texto con ayuda de una mecanógrafa y obtuvo un original a máquina. Seguidamente volvió a Lusaka y le entregó una copia a Oliver.

A partir de ahí, las pistas se desdibujan. No recibí noticias de Lusaka acerca del manuscrito y sigo sin saber qué fue lo que Oliver hizo con el mismo. Aunque no fue publicado durante mi estancia en prisión constituye el núcleo de estas memorias.

79

EN 1976 RECIBÍ una visita extraordinaria: Jimmy Kruger, responsable de prisiones y un miembro destacado del gabinete del primer ministro, vino a visitarme. Kruger no sólo tenía una gran influencia en la política penitenciaria, sino que se mostraba crítico con el modo en que el gobierno estaba haciendo frente a la lucha por la liberación.

Tenía una vaga idea del motivo por el que había venido. En aquel momento, el gobierno estaba inmerso en un gigantesco esfuerzo por convertir en un éxito su política de desarrollo separado y por potenciar los *homelands* "cuasi independientes". El ejemplo de desarrollo separado era el Transkei, gobernado por mi sobrino, y antiguo benefactor, K. D. Matanzima, que había reprimido con éxito prácticamente toda oposición legítima a su mandato. Recordé que el comandante en jefe de la cárcel me había dicho en tono jocoso: "Mandela, debería retirarse al Transkei y tomarse un largo descanso".

Precisamente era eso lo que quería proponerme Jimmy Kruger. Era un hombre grueso y un tanto obtuso, no tan pulido como cabría esperar de un ministro. Yo tomé aquella entrevista como una oportunidad más para plantear nuestras quejas. Al principio pareció satisfecho con escuchar.

Comencé recordándole la carta que le habíamos enviado en 1969, aún sin respuesta. Se limitó a encogerse de hombros. A continuación le expuse en detalle las malas condiciones que regían nuestra vida en la isla, reiterando una vez más que éramos prisioneros políticos, no criminales, y que esperábamos ser tratados como tales. Pero Kruger se burló de mis palabras diciendo: "¡Sois todos unos comunistas violentos!".

Empecé entonces a explicarle algo acerca de la historia de nuestra organización y sobre la razón por la que habíamos recurrido a la violencia. Estaba claro que no sabía prácticamente nada del CNA, y que lo poco que conocía era producto de la propaganda habitual en la prensa de derechas. Cuando le dije que nuestra organización era mucho más antigua que el National Party se mostró sorprendido. Le indiqué que si nos consideraba comunistas haría bien en releer la Constitución por la Libertad. Me miró con gesto inexpresivo. Jamás había oído hablar de la Constitución por la Libertad. Me pareció asombroso que un ministro del gobierno pudiera estar tan mal informado, pero aquello no podía extrañarme. El estado condenaba cotidianamente lo que no comprendía.

Planteé la cuestión de nuestra liberación y le recordé el caso de los rebeldes afrikáners de 1914, que habían recurrido a la violencia aunque tenían representación parlamentaria, podían reunirse e incluso votar. Aunque el general de Wet y el mayor Kemp habían encabezado una fuerza de doce mil combatientes, habían ocupado ciudades y habían causado muchas muertes, fueron liberados poco después de su condena por alta traición. Mencioné el caso de Robey Leibbrandt, que había creado una organización clandestina durante la II Guerra Mundial para combatir el apoyo sudafricano a los aliados. Había sido condenado a cadena perpetua, pero no tardó en recibir el perdón. Kruger se mostró tan ignorante de estos episodios de la historia de su propio pueblo como de la Constitución por la Libertad. Es muy difícil negociar con aquellos que no comparten el mismo marco de referencia.

Kruger ignoró todo esto con un gesto de la mano. "Eso es historia antigua," afirmó. Traía consigo una oferta muy concreta. A pesar de su reputación de ser un hombre brusco planteó su propuesta con total deferencia. Expuso la cuestión sin circunloquios: si yo reconocía la legitimidad del gobierno en el Transkei y estaba dispuesto a instalarme allí, mi sentencia se vería espectacularmente reducida.

Le escuché respetuosamente hasta que hubo acabado. En primer lugar, le dije, rechazaba sin reserva la política de los bantustanes, y no estaba dispuesto a hacer nada por defenderla. En segundo lugar, yo vivía en Johannesburgo y era allí adonde regresaría. Kruger intentó conven-

cerme, pero sin resultado. Un mes más tarde regresó con la misma propuesta. Volví a decirle que no. Solamente un traidor habría aceptado
una oferta semejante.

80

A PESAR DE LA DILIGENCIA a la hora de obtener noticias e información, nuestro conocimiento de los acontecimientos era siempre escaso.
Lo que ocurría en el mundo exterior nos llegaba siempre distorsionado
por el hecho de que las primeras noticias provenían de rumores. Sólo en
algunas ocasiones recibíamos confirmación mediante un artículo en prensa o a través de algún visitante.

En junio de 1976 empezamos a recibir vagos informes sobre un gran
levantamiento en el país. Los rumores eran improbables y fantasiosos:
los jóvenes de Soweto habían derrotado a los militares y los soldados habían abandonado sus armas y habían huido. En agosto, cuando empezaron a llegar a Robben los primeros hombres que habían participado en
el levantamiento del 16 de junio, pudimos enterarnos de lo que realmente había ocurrido.

El 16 de junio de 1976, quince mil estudiantes se habían concentrado en Soweto para protestar por la norma impuesta por el gobierno de
que la mitad de las clases en la enseñanza secundaria debían impartirse
en afrikaans. Ni los estudiantes querían estudiar ni los maestros enseñar
el idioma del opresor. Las súplicas y peticiones presentadas por padres y
profesores habían caído en el vacío. Un destacamento de policía hizo
frente a aquel ejército de enardecidos estudiantes y, sin previo aviso, había abierto fuego, matando a Hector Pieterson, de trece años, y a muchos más. Los chicos lucharon con palos y piedras y no tardó en imperar
el más absoluto caos. Cientos de jóvenes resultaron heridos y dos blancos fueron lapidados hasta la muerte.

Los acontecimientos de aquel día reverberaron en todas las ciudades
y *townships* de Sudáfrica. El alzamiento actuó como detonador de insu-
rrecciones y actos de protesta a lo largo y ancho del país. Los funerales
masivos por las víctimas de la violencia del estado se convirtieron en escenario de concentraciones a nivel nacional. De repente, los jóvenes de
Sudáfrica se sintieron enardecidos por el espíritu de la protesta y la rebelión. Los escolares boicotearon las clases en todo el país y el CNA apoyó

activamente su protesta. La ley de Educación Bantú había regresado para acosar a sus creadores, ya que aquellos jóvenes iracundos y audaces eran su progenie.

En septiembre, la sección de aislamiento de la cárcel estaba repleta de jóvenes arrestados como consecuencia del levantamiento. Nos enteramos de primera mano de lo que había ocurrido por medio de conversaciones en voz baja en un pasillo adyacente. Mis camaradas y yo nos sentimos jubilosos; el espíritu de la protesta masiva que parecía haberse adormecido a lo largo de la década de los sesenta estallaba de nuevo en los setenta. Muchos de aquellos jóvenes habían abandonado el país para unirse a nuestro movimiento militar y después habían regresado clandestinamente a casa. Miles de ellos estaban recibiendo instrucción en nuestros campamentos de Tanzania, Angola y Mozambique. En la cárcel no hay nada más alentador que descubrir que en el exterior se apoya la causa por la que uno está dentro.

Aquellos jóvenes eran presos de una especie diferente a cualquier otra que hubiéramos visto antes. Eran valerosos, hostiles y agresivos. Se negaban a aceptar órdenes y gritaban *"Amandla!"* cada vez que tenían ocasión. Su instinto les empujaba a la confrontación antes que a la cooperación. Volvieron la isla del revés y las autoridades de la prisión no sabían cómo manejarles. Durante el juicio de Rivonia yo había comentado que si el gobierno no cambiaba, los luchadores por la libertad que algún día acabarían ocupando nuestro lugar harían que el estado nos añorara. En la isla de Robben había llegado aquel día.

En aquellos jóvenes veíamos el iracundo espíritu revolucionario de la época. Hasta cierto punto, yo estaba al tanto. Unos meses antes, durante una visita de Winnie, ella había conseguido contarme, a nuestra codificada manera, que estaba aumentando el número de jóvenes descontentos de orientación africanista y militante. Me dijo que estaban cambiando la naturaleza de la lucha y que debía tenerles presentes.

Los nuevos prisioneros se mostraron escandalizados por lo que para ellos eran bárbaras condiciones de vida en la isla. No comprendían cómo podíamos vivir así. Les dijimos que debían haber visto la isla en 1964. Se mostraban tan escépticos ante nosotros como ante las autoridades. Decidieron ignorar nuestras llamadas a la disciplina y consideraban que nuestros consejos eran producto de la debilidad y de la falta de convicción.

Era evidente que a nosotros, los del juicio de Rivonia, nos consideraban moderados. Tras tantos años de ser considerado un revolucionario radical, que alguien me considerara moderado era una sensación nueva y no del todo desagradable. Sabía que podía reaccionar de dos maneras: podía reprenderles por su impertinencia o escuchar lo que decían. Escogí lo segundo.

Cuando algunos de aquellos hombres, como Strini Moodley, de la South African Students' Organization, y Saths Cooper, de la Black People's Convention, llegaron a nuestra sección, les pedí que nos consiguieran documentos sobre su actividad y su filosofía. Quería saber qué había hecho que se sumaran a la lucha, qué les motivaba y qué ideas tenían de cara al futuro.

Poco después de su llegada a la isla, el comandante en jefe de la prisión vino a solicitarme, como un favor, que intercediera ante aquellos jóvenes. Quería que les pidiera que se controlaran, que reconocieran el hecho de que estaban en la cárcel y que debían aceptar la disciplina de la vida penitenciaria. Le respondí que no estaba dispuesto a hacer tal cosa. Dadas las circunstancias, me habrían considerado un colaborador de sus opresores.

Aquella gente se negaba a aceptar siquiera las reglas básicas de la vida en prisión. Un día en que yo salía de la oficina principal con el comandante en jefe de la prisión nos encontramos con un joven preso que estaba siendo interrogado por un funcionario. Aquel muchacho no tendría más de dieciocho años. Llevaba puesta la gorra de preso en presencia de un funcionario, lo que suponía una transgresión de las normas. Tampoco se puso en pie cuando el mayor entró en la habitación, lo que constituía otra falta.

El mayor le observó y dijo: "Por favor, quítate la gorra". El preso le ignoró. Entonces, en tono irritado el mayor repitió: "Quítate la gorra". El prisionero se volvió para mirar al mayor y contestó: "¿Para qué?".

No podía dar crédito a mis oídos. Aquella era una pregunta revolucionaria: ¿Para qué? También el mayor pareció anonadado, pero consiguió responderle. "Va en contra de las normas". El joven respondió: "¿Y por qué existe esa norma? ¿Qué objeto tiene?". Aquel interrogatorio por parte del prisionero fue demasiado para el mayor, que salió violentamente de la habitación diciendo: "Mandela, hable usted con él". Yo no estaba dispuesto a intervenir en su nombre y me limité a hacer una ligera inclinación en dirección al prisionero para hacerle saber que estaba de su parte.

Aquel fue nuestro primer contacto con el Black Consciousness Movement. Tras la prohibición del CNA, del CPA y del Partido Comunista, el

Black Consciousness Movement sirvió para llenar el vacío que habíamos dejado entre los jóvenes. Se trataba no tanto de un movimiento como de una filosofía surgida de la idea de que los negros debían liberarse, ante todo, del sentimiento psicológico de inferioridad que les habían imbuido durante tres siglos de dominación blanca. Sólo entonces podría el pueblo levantarse con confianza y sacudirse la opresión. Si bien el BCM defendía una sociedad no racista, no permitía que los blancos desempeñaran papel alguno en la lucha por alcanzar esa sociedad.

Aquellos conceptos no me resultaban desconocidos: eran muy similares a las ideas que yo mismo había defendido en la época de la fundación de la Liga de la Juventud del CNA, hacía ya un cuarto de siglo. También nosotros éramos africanistas. También hacíamos hincapié en el orgullo y la autoafirmación raciales. También nosotros rechazábamos toda ayuda de los blancos en la lucha. En muchos aspectos, el movimiento representaba la misma respuesta a un problema que seguía estando presente.

Del mismo modo que nosotros habíamos llegado a superar aquella actitud confiaba en que aquellos jóvenes consiguieran desprenderse de algunas de las rigideces de su organización. Si bien su militancia me resultaba alentadora, opinaba que su filosofía, en la medida en la que se concentraba en la negritud, era excluyente. Representaba una posición intermedia, no del todo madura. Veía mi papel como el de un viejo estadista que podría ayudarles a evolucionar hasta las ideas más abiertas del Movimiento para el Congreso. Sabía también que aquellos jóvenes no tardarían en sentirse frustrados porque el BCM no ofrecía programa alguno de acción, ninguna vía de escape para su necesidad de protesta.

Aunque las filas del BCM nos parecían terreno abonado para el CNA, no intentamos reclutar a aquella gente. Sabíamos que de hacerlo así sólo conseguiríamos granjearnos la enemistad tanto suya como de los demás partidos representados en la isla. Nuestra política era mostrarnos amistosos, interesarnos por ellos, felicitarles por sus logros, pero no hacer proselitismo. Si venían a nosotros y nos hacían preguntas —"¿cuál es la política del CNA respecto a los bantustanes?" o "¿qué dice la Constitución por la Libertad sobre las nacionalizaciones?"— las respondíamos. Fueron muchos los que se acercaron hasta nosotros para plantearnos precisamente esas cuestiones.

Me puse en contacto con algunos de ellos por medio de notas pasadas de contrabando. Hablé con varios que procedían del Transkei y les hice preguntas acerca de mi antiguo hogar. Algunos de los recién llegados eran ya muy conocidos en la lucha. Había oído hablar del valor de Patrick "Terror" Lekota, un dirigente de la South African Students' Associaton. Le envié una nota dándole la bienvenida a la isla de Robben.

El mote de "Terror" obedecía a su habilidad en el campo de fútbol, pero era igual de formidable en los debates. Estaba en desacuerdo con algunos de sus colegas en lo referente a la cuestión de la exclusividad racial e iba aproximándose cada vez más a las ideas del CNA. Una vez en la isla, Terror decidió que quería unirse a nosotros, pero le desanimamos, no porque no le quisiéramos como miembro, sino porque pensábamos que una maniobra así produciría tensiones en la sección de presos comunes.

Pero Terror no estaba dispuesto a aceptar un no como respuesta e hizo pública su decisión de unirse al CNA. Poco tiempo después fue agredido con una horca de jardinero por miembros descontentos del BCM. Tras curarle de sus heridas, las autoridades de la cárcel presentaron cargos contra los atacantes y decidieron someterles a juicio. Para preservar la armonía entre los prisioneros políticos aconsejamos a Terror que no presentara una denuncia. Estuvo de acuerdo y se negó a testificar contra quienes le habían herido. El caso fue sobreseído. Un juicio así sólo habría servido, en mi opinión, para hacerle el juego a las autoridades. Quería que aquellos jóvenes se dieran cuenta de que el CNA era como una gran tienda, capaz de cobijar multitud de puntos de vista y militancias diferentes.

Tras el incidente, parecieron abrirse las compuertas y docenas del miembros del BCM decidieron afiliarse al CNA, incluidos algunos de los que habían planeado el ataque contra Terror. Éste llegó a lo más alto de la jerarquía del CNA en la sección de comunes y poco después explicaba la política del CNA a otros presos. La valentía y la perspectiva de hombres como Lekota nos reafirmaron en la opinión de que nuestras convicciones seguían siendo poderosas y que aún representaban la mayor esperanza para unificar la lucha por la liberación en todo el país.

La lucha política continuó en los módulos F y G. Recibimos noticias de un enfrentamiento entre el CNA, el CPA y el BCM en la sección de presos comunes. Un grupo de afiliados al CNA había recibido una paliza. Los responsables de la prisión presentaron cargos contra un gran número de miembros del CNA y se organizó un juicio que habría de celebrarse en el tribunal administrativo de la isla. Los hombres del CNA hicieron venir a un abogado de fuera para que se hiciese cargo del caso. Aunque no había presenciado la pelea me pidieron que actuara como testigo. Era una posición comprometida. Estaba más que dispuesto a avalar a mis camaradas, pero no deseaba hacer nada que pudiera aumentar la tensión entre el CNA, el CPA y BCM.

Yo veía mi papel en la cárcel no simplemente como el de un líder del CNA, sino como el de un defensor de la unidad, un intermediario honesto, un pacificador. Me sentía remiso a tomar partido en aquella disputa, aunque fuera de parte de mi propia organización. Si testificaba a favor del CNA pondría en peligro mis oportunidades de lograr una reconciliación entre los diferentes grupos. Si predicaba la unidad debía actuar como un unificador, aunque fuera a riesgo de ganarme la enemistad de algunos de mis propios colegas.

Decidí no prestar testimonio. Esto decepcionó a algunos de mis colegas, pero en mi opinión el problema era suficientemente grave como para arriesgarme a su desagrado. Era más importante demostrar a los jóvenes miembros del BCM que la lucha era indivisible y que todos nos enfrentábamos al mismo enemigo.

81

LAS AUTORIDADES, que estaban ansiosas por resolver el problema con aquellos jóvenes leones, dejaron que nos arregláramos entre nosotros. Cumplíamos el segundo año de una huelga de ritmo lento en la cantera para exigir que se pusiera fin a lo trabajos forzados. Pedíamos el derecho a hacer algo útil con nuestros días, como estudiar o aprender un oficio. Ya ni siquiera fingíamos trabajar en la cantera. Nos limitábamos a hablar los unos con los otros. A comienzos de 1977 las autoridades anunciaron el fin de los trabajos forzados. En su lugar podíamos pasar el tiempo en nuestras respectivas secciones. Organizaron algunas tareas para que las realizáramos en el patio, pero aquello no fue más que un parche para disimular su capitulación.

La victoria fue el resultado combinado de nuestras incensantes protestas y de un sencillo problema de logística. Las autoridades de la prisión normalmente buscaban mantener la relación de un guardián por cada tres prisioneros. Incluso antes de la llegada de los detenidos tras los sucesos de Soweto, había ya escasez de guardianes, y aquellos jóvenes rebeldes requerían una supervisión aún más estrecha. Eran tan descarados que cada uno de ellos parecía precisar su propio carcelero. Si permanecíamos en nuestras respectivas secciones requeriríamos menos vigilancia.

El final del trabajo forzado fue una liberación. Por fin podía pasar el día leyendo, escribiendo cartas, discutiendo con mis camaradas o redactando informes legales. La disponibilidad de tiempo me permitió entregarme a las que se convirtieron en mis aficiones favoritas en la isla de Robben: la jardinería y el tenis.

Para sobrevivir en la cárcel es necesario desarrollar mecanismos para disfrutar con la vida cotidiana. Uno puede sentirse satisfecho lavando la ropa hasta que queda especialmente limpia, barriendo un pasillo hasta que queda sin mota de polvo, organizando la celda para aprovechar el espacio lo más posible. Es posible sentirse igual de orgulloso haciendo pequeñas cosas dentro la cárcel que haciendo cosas más importantes fuera de ella.

Poco después de empezar a cumplir mi sentencia en la isla de Robben solicité autorización para hacer un jardín en el patio. Durante años, el permiso me fue denegado sin razón alguna, pero finalmente cedieron. Pudimos crear un pequeño huerto en una estrecha superficie de tierra situada junto a la pared más alejada.

El suelo del patio era seco y rocoso. Había sido construido sobre una escombrera y para preparar el terreno tuve que extraer un buen número de piedras para dejar sitio para que las plantas crecieran. Por aquel entonces, algunos de mis camaradas bromeaban diciendo que en el fondo tenía espíritu de minero, ya que después de pasarme los días en la cantera empleaba el tiempo libre cavando en el patio.

Los responsables de la prisión me suministraron semillas. Empecé por plantar tomates, pimientos y cebollas, todas ellas plantas resistentes que no requerían un suelo rico ni cuidados constantes. Las primeras cosechas fueron escasas pero no tardaron en mejorar. Las autoridades no tuvieron motivo para arrepentirse de su decisión, ya que una vez que el huerto empezó a florecer, a menudo ofrecía a los guardianes algunos de mis mejores tomates y cebollas.

Siempre me ha gustado la floricultura, pero hasta que estuve entre rejas no tuve ocasión de tener mi propio jardín. Había tenido mi primera experiencia en este campo en Fort Hare, donde, como parte de los obligados trabajos manuales, estuve ocupándome del jardín de uno de mis profesores. Disfruté del contacto con la tierra como antídoto de las tareas intelectuales. Una vez que estuve estudiando, y posteriormente trabajando en Johannesburgo, no dispuse de tiempo ni de lugar para cultivar un jardín.

Empecé a encargar libros sobre jardinería y horticultura. Estudié diferentes técnicas de cultivo y los tipos de fertilizantes. No disponía de muchos de los materiales que se mencionaban en los libros, pero aprendí por medio de la experimentación y el error. Durante un tiempo, intenté cultivar cacahuetes, empleando diferentes tipos de tierra y de fertilizantes, pero finalmente abandoné. Fue uno de mis contados fracasos.

Un jardín era una de las pocas cosas que uno podía controlar estando en la cárcel. Plantar una semilla, verla crecer, cuidar la planta y después recoger sus frutos era una satisfacción sencilla pero profunda. La sensación de ser el custodio de aquella pequeña superficie de tierra tenía un cierto regusto a libertad.

De algún modo, veía mi huerto como una metáfora de algunos aspectos de mi vida. Un líder también tiene que atender su jardín. También él planta semillas y después observa, cultiva y cosecha los resultados. Al igual que un jardinero, un líder debe aceptar la responsabilidad por lo que cultiva; debe estar pendiente de su tarea, rechazar a los enemigos, preservar lo que pueda ser preservado y prescindir de aquello que no puede dar fruto.

Le escribí a Winnie dos cartas acerca de una tomatera especialmente hermosa, contándole cómo había conseguido que llegara a ser una planta robusta que daba frutos de un color rojo intenso. Después, ya fuera por algún error o por falta de atención, la planta empezó a decaer. Hiciera lo que hiciera, no conseguía devolverle la salud. Cuando finalmente murió, extraje las raíces de la tierra, las lavé y las enterré en un rincón del jardín.

Le conté esta historia con gran lujo de detalles. No sé cómo interpretaría ella la carta, pero al escribirla tenía sentimientos encontrados. No quería que nuestra relación sufriera el mismo destino que aquella planta. Por otra parte, sentía que había sido incapaz de alimentar muchas de las relaciones más importantes de mi vida. En ocasiones, uno no puede hacer nada por salvar algo que está destinado a morir.

Uno de los resultados imprevistos del final del trabajo forzado fue que empecé a ganar peso. Aunque trabajábamos tan poco en la cantera que prácticamente no llegábamos ni a sudar, la caminata de ida y vuelta era suficiente para mantenerme en forma. Siempre he creído que el ejercicio no sólo es la clave de la salud física, sino también de la paz mental. En los viejos tiempos desahogaba a menudo mi ira y frustración contra un saco de entrenamiento, en vez de hacerlo sobre un compañero o incluso un policía. El ejercicio disipa la tensión y ésta es la enemiga de la serenidad. Había descubierto que trabajaba mejor y pensaba con mayor claridad cuando estaba en buena forma física, por lo que los entrenamientos se convirtieron en una de las disciplinas inflexibles de mi vida. En la cárcel, disponer de una válvula de escape para las frustraciones era absolutamente esencial.

Incluso en la isla, intenté conservar mi vieja rutina boxística de correr y desarrollar la musculatura de lunes a jueves, tomándome como descanso los tres días restantes. De lunes a jueves corría sobre el terreno dentro de mi celda durante un máximo de cuarenta y cinco minutos. También hacía doscientas flexiones sobre las manos, doscientos abdominales, doscientas flexiones de piernas y otros ejercicios gimnásticos.

En las cartas que escribía a mis hijos les instaba continuamente a que hicieran ejercicio, que practicaran algun deporte rápido como el baloncesto, el fútbol o el tenis, para olvidar momentáneamente los problemas que pudieran tener. Aunque no siempre tuve éxito con mis hijos, sí que logré influir sobre algunos de mis colegas más sedentarios. El ejercicio era algo muy poco habitual entre los hombres africanos de mi edad y generación. Al cabo de un tiempo, incluso Walter empezó a dar unas pocas vueltas al patio por las mañanas. Sé que algunos de mis colegas más jóvenes me miraron y se dijeron a sí mismo: "Si ese viejo es capaz de hacerlo, por qué no yo?". También ellos se apuntaron al ejercicio.

Desde las primeras reuniones que mantuve con visitantes del exterior y con la Cruz Roja Internacional siempre había hecho hincapié en la importancia de disponer de tiempo e instalaciones para ejercitarnos adecuadamente. Tuvo que llegar la década de 1970 para que, bajo los auspicios de la Cruz Roja Internacional, comenzáramos a recibir a mediados de la década materiales como un equipo de balonvolea y otro de tenis de mesa.

Fue más o menos por aquellas fechas cuando dejamos de trabajar en la cantera, y uno de los guardianes tuvo la idea de convertir el patio en una pista de tenis. Sus dimensiones eran perfectas. Los presos de la sección de comunes pintaron la superficie de cemento de verde y después trazaron las líneas de demarcación de la cancha. Pocos días después se instaló una red y de repente nos encontramos con nuestro propio Wimbledon en el patio delantero.

Había jugado algo al tenis durante mi estancia en Fort Hare pero no era ni muchos menos un experto. Mi golpe de derechas era relativamente poderoso, pero mi revés era penosamente débil. No obstante, practicaba aquel deporte para hacer ejercicio, no para mejorar mi estilo. Era el mejor y único sustituto de las caminatas de ida y vuelta a la cantera. Fui uno de los primeros de nuestra sección en jugar regularmente. Era un jugador de fondo de pista y solía correr hacia la red cuando tenía un mate claro.

Cuando se puso fin al trabajo forzado dispuse de mucho más tiempo para leer, pero los libros que había venido usando me estaban ahora prohibidos. Cuando fue cancelada mi autorización para estudiar estaba aún intentando obtener mi doctorado por la Universidad de Londres. Había empezado mis estudios a tal fin durante el juicio de Rivonia, pero la suspensión de los privilegios de estudio durante cuatro años me permitiría, sin duda, lograr el récord de larga duración en cuanto a número de años empleados para conseguir el título.

La supresión de los privilegios de estudio tuvo un aspecto beneficioso e inesperado: empecé a leer libros que jamás habría leído en caso contrario. En lugar de quemarme las pestañas leyendo tomos de derecho me quedaba absorto leyendo novelas.

No disponía de una biblioteca muy amplia en la isla de Robben. Teníamos acceso a muchas novelas desconocidas de misterio e historias de detectives y a todas las obras de Daphne de Maurier, pero poco más. Los libros políticos estaban prohibidos. Cualquier libro que tratara de socialismo o de comunismo era impensable. La solicitud de un libro que llevara en su portada la palabra *rojo,* aunque fuera Caperucita Roja, era rechazada por los censores. *La guerra de los mundos* de H. G. Wells, a pesar de ser un texto de ciencia ficción, estaba prohibido porque en su título aparecía la palabra guerra.

Desde un principio intenté obtener libros sobre Sudáfrica, o escritos por escritores sudafricanos. Leí todas las novelas que no habían sido prohibidas de Nadine Gordimer y aprendí mucho acerca de la sensibilidad del liberal blanco. Leí mucha literatura americana, y recuerdo especialmente *Las uvas de la ira* de John Steinbeck. Encontré muchas similitudes entre las calamidades de los trabajadores emigrantes reflejadas en esa novela y las de nuestros trabajadores y granjeros.

Un libro que releí muchas veces fue la gran obra de Tolstoi *Guerra y paz.* (Aunque en su título figurara la palabra guerra aquel libro estaba autorizado). Me resultaba especialmente atrayente el retrato del general Kutuzov, al que todos los miembros de la corte rusa subestimaban. Kutuzov derrotó a Napoleón precisamente porque no se había dejado arrastrar por los valores efímeros y superficiales de la corte, y había tomado sus decisiones basándose en una comprensión visceral de sus hombres y su pueblo. Me recordó, una vez más, que para ser capaz de dirigir al propio pueblo es necesario conocerlo muy bien.

82

POCO DESPUÉS del levantamiento estudiantil de Soweto me enteré de que Winnie se había implicado, junto con mi viejo amigo el doctor Nthatho Motlana, en la Black Parents Association, una organización de profesionales y líderes religiosos que actuaban como guías e intermediarios de los estudiantes. Las autoridades parecían desconfiar tanto de esta asociacion de padres como de los jóvenes rebeldes. En agosto, menos de dos meses después de la revuelta estudiantil, Winnie fue detenida bajo acusación de violar la ley de Seguridad y encarcelada sin cargos en el Fuerte en Johannesburgo, donde permaneció cinco meses. Durante este tiempo puede escribirla a ella y a mis hijas, que estaban internas en un colegio de Swazilandia, expresándoles mi apoyo y solidaridad. Me causó gran consternación su encarcelamiento, aunque en esta ocasión no sufrió malos tratos. Al salir de la cárcel en diciembre se había reafirmado aún más en su compromiso con la causa.

Aunque sometida a una orden de proscripción, Winnie retomó sus actividades donde las había dejado. A las autoridades les preocupó comprobar su popularidad entre los jóvenes radicales de Soweto. Estaban empeñadas en reducir su influencia y pusieron manos a la obra cometiendo un acto incalificable: la sometieron a un exilio interior. La noche del 16 de mayo de 1977, una serie de coches de policía y un camión se detuvieron ante la casa de Orlando West y a continuación empezaron a cargar los muebles y la ropa de la casa en el camión. En esta ocasión Winnie no iba a ser detenida, ni encarcelada, ni interrogada. Se la enviaba al exilio en un remoto *township* del Estado Libre de Orange, llamado Brandfort. Me enteré de los detalles gracias a Kathy, al que le había dado la información un sacerdote indio que había venido de visita.

Brandfort se encuentra a unos cuatrocientos kilómetros al sudeste de Johannesburgo, justo al norte de Bloemfontein, en el Estado Libre de Orange. Tras un largo y accidentado viaje, Winnie, Zindzi y todas sus posesiones fueron abandonadas frente a un chamizo de tres habitaciones y techo de lata en el desolado *township* africano de Brandfort, un lugar sumido en la miseria y el atraso, cuyos habitantes estaban sometidos a la arbitrariedad de los agricultores blancos locales. Winnie fue recibida con desconfianza y cierta preocupación. El lenguaje local era el sesotho, idioma que Winnie no hablaba.

Su nueva situación me entristeció e irritó al mismo tiempo. Cuando estaba en casa en Soweto al menos podía imaginármela guisando en la cocina, o leyendo en el salón, o despertándose en la casa que yo tan bien conocía. Hacer esto me reconfortaba. En Soweto, aun estando sometida a una orden de proscripción, tenía familia y amigos en las inmediaciones. En Brandfort, sin embargo, Zindzi y ella estarían solas.

Había pasado por aquel *township* en una ocasión de camino a Bloemfontein, y no me había fijado en él en absoluto. No había nada memorable en su pobreza y desolación características. Entonces no sabía hasta qué punto llegaría a resultarme familiar la dirección: casa 802, Brandfort. Una vez más, sentí como si Winnie y yo estuviéramos ambos encarcelados.

La vida en Brandfort era dura, como pude saber por las cartas de Winnie. No tenían calefacción, ni retrete, ni agua corriente. El *township* carecía de tiendas, y las que había en la ciudad eran hostiles a los clientes africanos. En su mayor parte, los blancos hablaban afrikaans y eran profundamente conservadores.

Winnie y Zindzi estuvieron sometidas a vigilancia policial constante y sufrían acosos intermitentes. Zindzi —que no estaba sometida a ninguna orden de proscripción— empezó a mostrarse alterada por las intimidaciones de la policía de seguridad. En septiembre, con la ayuda de los abogados de Winnie, presenté una solicitud urgente de interdicto contra la policía de seguridad local de Brandfort para impedir que siguiera acosando a mi hija. Se presentaron ante el juez declaraciones juradas en la que se describía cómo la policía entraba violentamente en la casa y amenazaba a Zindzi. El juez dictaminó que Zindzi podía recibir visitas sin ser molestada.

Winnie es una mujer muy resistente y al cabo de un tiempo razonablemente breve se había ganado a la gente del *township,* incluyendo a algunos blancos de las inmediaciones. Proporcionaba comida a la gente de la localidad gracias a la ayuda de la llamada Operación Hambre. Puso en marcha una guardería para los niños del *township* y recaudó fondos para crear una clínica en un lugar en el que muy poca gente había visto a un médico.

En 1978, Zeni, mi primera hija con Winnie, se casó con el príncipe Thumbumuzi, hijo del rey Sobhuza de Swazilandia. Se habían conocido mientras Zeni estudiaba allí. Dado que estaba en la cárcel no pude hacerme cargo de las obligaciones tradicionales de un padre. En nuestra cultura, el padre de la novia debe entrevistarse con el pretendiente y valorar sus perspectivas. También debe fijar la *lobola,* la dote que el novio paga a la familia de la novia. El día de la boda, el padre es el encargado de entregar a la hija. Aunque no tenía duda alguna acerca del joven, le pedí a mi amigo y consejero legal George Bizos que ocupara mi lugar. Quería que se entrevistara con el príncipe y le preguntara cómo pretendía cuidar de mi hija.

George se reunió con él en su despacho y después concertó una entrevista conmigo en Robben para comentarme el resultado. Dado que Zeni era menor de veintiún años, yo tenía que dar mi consentimiento legal para que pudiera casarse. Me reuní con George en la sala de consultas y se quedó sorprendido al ver que había un guardián en la habitación acompañándonos. Le expliqué que, según el reglamento, la nuestra era considerada una visita familiar y no una entrevista debida a motivos legales. Tranquilicé a George observando sardónicamente que no tenía nada que ocultar a mis guardianes.

George me comunicó que los dos jóvenes se amaban profundamente y que mi futuro yerno tenía un gran futuro. Su padre, el rey Sobhuza, era un líder tradicional ilustrado, además de miembro del CNA. Cuando me explicó algunos de los requerimientos de la familia del joven, hizo especial hincapié en señalar que el muchacho era un príncipe swazi. Sugerí a George que le dijera que estaba a punto de casarse con una princesa thembu.

El que Zeni se convirtiera en miembro de la familia real swazi tenía una tremenda ventaja: obtuvo inmediatamente privilegios diplomáticos y podía visitarme en cualquier momento que quisiera. En el invierno posterior a su boda, ambos vinieron a verme junto con su hija recién nacida. Debido al estatus del príncipe, se nos permitió reunirnos en la sala de consultas, no en la de visitas, en la que uno se encuentra separado de la familia por gruesos cristales y muros. Esperé su llegada un tanto nervioso.

Su entrada en la habitación fue un momento maravilloso. Me puse en pie y cuando Zeni me vio, prácticamente lanzó a su diminuta hija a los brazos de su marido y atravesó corriendo el cuarto para abrazarme. No había tenido en mis brazos a mi hija, ahora adulta, prácticamente desde que tenía la edad de su propia hija. Fue una experiencia que hubiera aturdido a cualquiera. Era como si el tiempo se hubiera acelerado como en una novela de ciencia ficción: repentinamente estrechaba entre mis brazos a una hija ya crecida. Seguidamente, abracé a mi nuevo hijo, que me tendió a mi pequeña nieta, a la que conservé en mi regazo durante toda la visita. Sujetar a un bebé recién nacido, tan vulnerable y suave con mis manos encallecidas, manos que durante demasiado tiempo solamente habían conocido el contacto de picos y palas, fue un gozo inenarrable. No creo que ningún hombre se haya sentido más feliz por sostener a un bebé de lo que me sentí yo aquel día.

La visita tenía también un propósito oficial: que yo escogiera un nombre para la criatura. Era costumbre que el abuelo eligiera el nombre. Yo había decidido Zaziwe, que significa esperanza. El nombre tenía para mí un significado especial ya que durante todos los años que llevaba en la cárcel, la esperanza jamás me había abandonado. Ahora jamás podría hacerlo. Estaba convencido de que aquella niña sería parte de una nueva generación de sudafricanos para los que el *apartheid* no sería más que un vago recuerdo. Aquel era mi sueño.

83

NO SÉ SI FUE a causa del tumulto que se produjo en la prisión tras el levantamiento de Soweto o de las penalidades que acosaban a mi familia fuera de la cárcel, pero a partir de 1976 pasé un año o dos en un estado de permanente nostalgia y ensoñación. En la cárcel sobra tiempo para rememorar el pasado y la memoria se convierte en tu mejor amiga y tu peor enemiga. Mis recuerdos me transportaban hasta instantes de gran regocijo y otros de tremenda tristeza. Mi vida onírica comenzó a ser extraordinariamente rica. Pasaba noches enteras reviviendo los buenos y los malos momentos de los viejos tiempos.

Sufría una pesadilla recurrente. En ella acababa de ser puesto en libertad, pero no en la isla de Robben sino en una cárcel de Johannesburgo. Atravesaba la puerta, salía a la ciudad y no había nadie para recibirme. De hecho, no había nadie en absoluto: ni gente, ni coches, ni un solo taxi. Echaba a andar hacia Soweto y caminaba muchas horas antes de llegar a Orlando West y doblar la esquina hacia el 8115. Finalmente veía mi casa, pero estaba vacía, era una casa fantasma. Tenía todas las puertas y ventanas abiertas, pero no albergaba a nadie.

No todos los sueños sobre mi liberación eran tan negros. En 1976 escribí a Winnie para contarle una visión mucho más alegre.

La noche del 24 de febrero soñé que llegaba al 8115 y que me encontraba la casa llena de jóvenes bailando al son de un ritmo que era una mezcla de *jive* e *infiba*. Mi entrada inesperada cogía a todos por sorpresa. Algunos me saludaban calurosamente, mientras que otros se alejaban tímidamente. El dormitorio estaba también lleno de miembros de la familia y amigos íntimos. Tú estabas tumbada en la cama con Kgatho (mi hijo Makgatho), que parecía muy joven y dormía contra la pared opuesta.

Tal vez en ese sueño rememorara las dos semanas de diciembre de 1956, cuando tenía seis años y dejé a Makhulu (la madre de Evelyn) sola en la casa. Por aquel entonces, mi hijo vivía con su madre en O. E. (Orlando East), pero pocos días antes de mi vuelta Makgatho fue a reunirse con su abuela en mi casa y durmió en mi cama. Me echaba mucho de menos y probablemente dormir allí aliviara en algo su añoranza.

Aunque me reconfortaba recordar momentos felices, lamentaba el dolor que tan a menudo había causado a mi familia con mis ausencias. Ésta es otra carta escrita en 1976.

Cuando me desperté la mañana del 25 de febrero, os echaba como siempre mucho de menos a ti y a las niñas. Estos días dedico bastante tiempo a pensar en ti como *dadewethu* (hermana), madre, compañera y consejera. Lo que puede que no sepas es con cuánta frecuencia recuerdo y dibujo en mi mente todos tus rasgos físicos y espirituales. Tus comentarios cariñosos, que nunca me faltaban, y el modo en que siempre has hecho la vista gorda ante miles de pequeñas irritaciones que habrían frustrado a otra mujer... Incluso recuerdo un día, cuando estabas aún embarazada de Zindzi, en que intentabas con grandes esfuerzos cortarte las uñas. Ahora recuerdo ese tipo de incidentes y me siento avergonzado. Yo podía haberlo hecho por ti. Fuera o no consciente de ello, con mi actitud decía algo así como "he cumplido con mi deber, estamos esperando otro mocoso y las dificultades a las que te enfrentas son resultado de tu estado físico, son exclusivamente tuyas". Mi único consuelo es saber que en aquellos tiempos llevaba una vida en la que prácticamente no tenía tiempo para pensar. Sólo me pregunto cómo será cuando regrese...

Tu preciosa foto sigue estando a unos sesenta centímetros por encima de mi hombro izquierdo mientras escribo esta carta. Todas las mañanas le limpio el polvo cuidadosamente, ya que hacerlo me produce la agradable sensación de que te estoy acariciando como en los viejos tiempos. Incluso pego mi nariz a la tuya para captar de nuevo la corriente eléctrica que atravesaba mis venas siempre que lo hacía. Nolitha está sobre la mesa, directamente enfrente de mí. ¿Cómo iba a sentirme deprimido disfrutando de la atención de unas damas tan maravillosas?

Nolitha era la única persona cuya foto conservaba a pesar de que no era miembro de la familia. Le revelé a mi hija Zindzi el secreto de su identidad en otra carta escrita en 1976.

Por cierto, ¿te ha contado alguna vez mamá quién es Nolitha, la otra mujer cuya foto guardo en mi celda, y que procede de las islas Andamán? Os hace compañía a ti, a Zeni, a Ndindi, Nandi y Mandla (estos tres son mis nietos), a Maki y a mamá. Es uno de los temas sobre los que los comentarios de mamá son sorprendentemente lacónicos. Considera que esta belleza pigmea es una especie de rival. No creo que sospeche que recorté su foto del *National Geographic*.

Pensaba continuamente en el día en que volvería a ser libre. Una y otra vez fantaseaba sobre lo que me gustaría hacer. Era una de las formas más agradables de pasar el tiempo. Una vez más plasmé mis ensoñaciones sobre el papel en 1976.

Me encantaría poder llevarte en un viaje muy largo como el que hice el 12/6/58, con la diferencia de que en esta ocasión preferiría que estuviéramos solos. Llevo tanto tiempo sin ti que lo primero que me gustaría hacer a mi vuelta sería alejarte de esa atmósfera sofocante. Viajaríamos tranquilamente en el coche para que tuvieras ocasión de respirar aire fresco y limpio y ver los lugares más hermosos de Sudáfrica, sus verdes prados, sus árboles, el color esplendoroso de sus flores silvestres, sus refulgentes arroyos, los animales salvajes pastando en el *veld,* y para que pudieras hablar con la gente sencilla que nos encontráramos por la carretera. Nuestra primera parada sería el lugar donde reposan Ma Radebe y Z. K. (el padre y la madre de Winnie). Espero que yazcan el uno junto al otro. Así podría rendir homenaje a quienes han hecho posible que sea tan feliz y libre como ahora soy. Tal vez las historias que tanto he deseado contarte durante todos estos años comenzarían allí. La atmósfera del lugar probablemente agudizaría tu percepción y a mí me haría concentrarme en aquellos aspectos que son agradables, edificantes y constructivos. Después, seguiríamos viaje y nos detendríamos donde descansan Mphakanyiswa y Nosekeni (mis padres), donde el ambiente sería similar. Creo que eso nos fortalecería y relajaría antes de nuestro viaje de vuelta al 8115.

Cuando las autoridades me permitieron recibir fotos de familiares directos a comienzos de los años setenta, Winnie me envió un álbum. Cada vez que recibía una foto de Winnie, mis hijos o mis nietos, la añadía con todo cuidado a mi colección. Adoraba aquel álbum; era lo único que me permitía ver a la gente a la que amaba siempre que lo deseaba.

Pero en la cárcel no hay privilegio que no vaya acompañado de alguna contrapartida. Aunque se me permitía recibir fotos y conservar el álbum, era frecuente que los guardianes registraran mi celda y confiscaran las fotos de Winnie. No obstante, con el tiempo, la práctica de apoderarse de fotografías terminó y pude completar mi álbum de familia hasta que ya no cabía una sola foto.

No recuerdo quién fue el primero en pedirme que le prestara mi álbum, pero sin duda debió de ser alguien de mi sección. Se lo presté encantado y a continuación me lo pidió otra persona, y luego otra. No tardó en ser de dominio público que tenía un álbum de fotos y recibía solicitudes de préstamo de los hombres internados en los módulos F y G.

Los presos de aquella sección raramente recibían visitas y ni siquiera cartas. Hubiera sido poco generoso negarles aquella ventana sobre el mundo. Al cabo de poco tiempo, mi precioso álbum de fotos estaba destrozado y comprobé que muchas de sus irreemplazables fotografías habían desaparecido. Aquellos hombres estaban desesperados por tener algo personal en sus celdas y no podían evitarlo. Cada vez que ocurría una cosa así tomaba la decisión de reconstruir una vez más mi álbum.

En ocasiones me pedían una foto en lugar de todo el álbum. Recuerdo que un día, un joven del BCM que estaba en la sección de presos comunes y nos traía la comida me llevó aparte y me dijo: "Madiba, querría una fotografía". Le dije que muy bien, que le enviaría una. "¿Cuándo?", me preguntó un tanto bruscamente. Le contesté que intentaría enviársela ese fin de semana. Mi respuesta pareció satisfacerle y empezó a alejarse. De repente, se dio la vuelta y me dijo: "Por cierto, no me mandes una fotografía de la vieja. Mándame una de alguna de las chicas jóvenes, de Zindzi o de Zeni, pero de la vieja no".

84

EN 1978, tras casi quince años luchando por el derecho a recibir noticias, las autoridades penitenciarias nos ofrecieron una fórmula de compromiso. En lugar de permitir que recibiéramos periódicos o escucháramos la radio pusieron en marcha su propio servicio de noticias. Consistía en un resumen diario enlatado, que se leía a través del sistema de intercomunicadores de la cárcel.

Las emisiones distaban mucho de ser objetivas o completas. Varios censores en la isla se encargaban de preparar un breve resumen de la información emitida en otros boletines radiofónicos. Las noticias eran invariablemente buenas para el gobierno y malas para sus opositores.

La primera emisión se inició con un informe acerca de la muerte de Robert Sobukwe. Otros dos programas daban noticias sobre la victoria de las tropas de Ian Smith en Rhodesia y sobre las detenciones de opositores al gobierno en Sudáfrica. A pesar del carácter tendencioso de las noticias nos alegraba recibirlas y nos enorgullecíamos de nuestra capacidad para leer entre líneas y hacer inferencias basadas en las omisiones más obvias.

Ese año nos enteramos a través de la megafonía de la cárcel de que P. W. Botha había sucedido a John Vorster en el cargo de primer ministro. Lo que no nos contaron los guardianes era que Vorster había dimitido como resultado de las revelaciones aparecidas en la prensa sobre el mal uso de los fondos del gobierno por parte de su departamento de información. No sabía gran cosa acerca de Botha, aparte de que había sido un ministro de Defensa agresivo que había apoyado un golpe militar contra el gobierno de Angola en 1975. No teníamos la menor esperanza de que aquel hombre pudiera ser un reformista.

Yo acababa de leer una biografía autorizada de Vorster (era uno de los libros que sí tenía la biblioteca de la cárcel). Había descubierto que era un hombre dispuesto a pagar el precio de sus convicciones. Había ido a la cárcel por apoyar a Alemania durante la II Guerra Mundial. No nos apenó su desaparición, ya que había llevado la represión contra la lucha por la libertad hasta unos niveles insospechados.

Pero, incluso sin ayuda de las censuradas emisiones de radio, había averiguado algo que las autoridades no querían que supiéramos. Nos enteramos del éxito de la lucha por la liberación en Mozambique y Angola en 1975, y de su transformación en estados independientes con gobiernos revolucionarios. La marea de los acontecimientos empezaba a cambiar.

En coherencia con la creciente liberalización en la isla disponíamos ahora de nuestro propio cine. Casi todas las semanas veíamos películas proyectadas en una sábana en una gran habitación adyacente a nuestro corredor. Más adelante dispusimos de una pantalla en condiciones. La películas eran una diversión maravillosa, una vívida forma de escapar de la desolación de la vida penitenciaria.

Las primeras películas que vimos eran mudas de acción, en blanco y negro o *westerns* de Hollywood, que eran incluso anteriores a mi época. Recuerdo que una de las primeras fue una película rodada en 1920, *La marca de El Zorro,* con el espadachín Douglas Fairbanks como protagonista. Las autoridades de la prisión parecían tener debilidad por las películas históricas, en especial por aquellas que incluían una severa moraleja. Entre las primeras películas que se proyectaron en color y con diálogos estuvieron *Los diez mandamientos,* con Charlton Heston en el papel de Moisés; *El rey y yo,* con Yul Brynner; y *Cleopatra,* con Richard Burton y Elizabeth Taylor.

Nos intrigó mucho *El rey y yo,* ya que para nosotros reflejaba el choque entre los valores de Oriente y Occidente, y parecía sugerir que Occidente tenía mucho que aprender. *Cleopatra* fue un título muy controvertido. Muchos de mis camaradas se sintieron molestos por el hecho de que el papel de la reina de Egipto fuera interpretado por una actriz norteamericana de pelo negro como ala de cuervo y ojos violetas, por bella que fuera. Sus detractores afirmaban que la película era un ejemplo de la propaganda occidental que intentaba pasar por alto el hecho de que Cleopatra era una mujer africana. Yo relaté que en mi viaje a Egipto había visto una espléndida escultura de una joven Cleopatra de piel de ébano.

Posteriormente, vimos también películas sudafricanas con estrellas negras a las que todos conocíamos de los viejos tiempos. Aquellas noches, nuestro pequeño cine improvisado resonaba con los gritos, silbidos y vítores que celebraban la aparición de un viejo amigo en la pantalla. Más adelante, se nos permitió seleccionar documentales —el tipo de cine que yo prefería— y empecé a saltarme las películas convencionales. Sin embargo, jamás me perdía una sola película en la que apareciera Sofía Loren. Los documentales se encargaban al archivo de la Biblioteca Estatal, y normalmente los seleccionaba Ahmed Kathrada, que era el bibliotecario de nuestra sección. Me sentí especialmente afectado por un documental que vimos acerca de las grandes batallas navales durante la II Guerra Mundial. Mostraba imágenes reales del hundimiento del navío H. M. S. *Prince of Wales* por parte de los japoneses. Lo que más me emocionó fue una breve imagen de Winston Churchill sollozando tras escuchar la noticia del hundimiento del barco británico. La instantánea permaneció en mi memoria durante largo tiempo y sirvió para mostrarme que hay momentos en los que un líder puede manifestar su congoja en público sin perder el crédito ante los ojos de su pueblo.

Otro de los documentales que vimos estaba dedicado a un controvertido grupo de motoristas americanos, los ángeles del infierno. En la película, los ángeles del infierno eran insensatos, violentos y antisociales y los policías eran decentes, honrados y dignos de confianza. Cuando acabó la proyección empezamos a discutir de inmediato su significado. Casi sin excepción, todos criticaron a los ángeles del infierno por su conducta al margen de la ley. Pero entonces, Strini Moodley, un joven y brillante miembro del Black Conciousness Movement, se levantó y acusó al grupo allí reunido de haber perdido el contacto con los tiempos, ya que los motoristas eran el equivalente de los estudiantes de Soweto en 1976 que se habían rebelado contra el poder. Nos reprochó a todos ser unos intelectuales ancianos de clase media que se identificaban con el poder derechista de la película en vez de hacerlo con los motoristas.

La acusaciones de Strini causaron furor, y se levantó mucha gente para rebatir sus palabras, diciendo que los ángeles del infierno no tenían defensa posible y que comparar nuestra lucha con aquella banda de sociópatas amorales era un insulto. Yo di vueltas a lo que había dicho Strini y si bien no estaba de acuerdo con él, salí en su defensa. Aunque los ángeles del infierno difícilmente podían despertar las simpatías de nadie, se habían rebelado contra el poder establecido, por desagradables que nos resultaran como rebeldes.

No tenía particular interés en los ángeles del infierno, lo que me preocupaba era si efectivamente, como sugería Strini, nos habíamos refugiado en una actitud que no era ya revolucionaria. Llevábamos más de quince años en la cárcel; yo concretamente llevaba casi dieciocho años encerrado. El mundo que habíamos conocido había desaparecido hacía mucho tiempo. Existía el peligro de que nuestras ideas se hubieran quedado atascadas en el pasado. La cárcel es un entorno inmóvil en un mundo que gira, y es fácil permanecer anclado en la prisión mientras el mundo sigue avanzando.

Siempre me había esforzado por mantenerme abierto a nuevas ideas y por no rechazar una posición por el hecho de que fuera nueva o diferente. Durante los años que pasamos en la isla mantuvimos un diálogo continuo acerca de nuestras convicciones e ideas. Debatíamos sobre ellas, las poníamos en cuestión, y por ese mecanismo las íbamos refinando. Realmente, no creo que nos hubiéramos quedado atascados; creo que evolucionamos.

Aunque la isla de Robben empezaba a ser un lugar más abierto no existía aún signo alguno de que el estado estuviese dispuesto a cambiar sus puntos de vista. A pesar de todo, yo no tenía la menor duda de que volvería a ser un hombre libre algún día. Puede que estuviéramos anclados en un lugar, pero estaba convencido de que el mundo se movía hacia nosotros, no que se alejara. La película me recordó una vez más que el día que saliera de la cárcel no quería parecer un fósil político procedente de un pasado remoto.

Hubieron de pasar quince años, pero en 1979 las autoridades de la cárcel anunciaron a través del sistema de intercomunicadores que a partir de aquel momento la dieta de los presos africanos, mestizos e indios sería idéntica. Del mismo modo en que retrasar la justicia es negar la justicia, una reforma tan largo tiempo pospuesta e impuesta tan a regañadientes no merecía en realidad celebración alguna.

Todos los prisioneros recibirían la misma cantidad de azúcar por la mañana: una cucharada y media. En lugar de limitarse a aumentar la cuota de los africanos, las autoridades pasaron a reducir en media cucharada la cantidad de azúcar que recibían los presos mestizos e indios, para añadir la cantidad sustraída a la que recibían anteriormente los africanos. Poco tiempo antes, los presos africanos habían empezado a recibir un pedazo de pan por las mañanas, pero aquello no representaba gran diferencia, ya que llevábamos años compartiendo el pan.

Nuestra alimentación había mejorado en los dos años anteriores, pero no gracias a los responsables de la prisión. Tras los disturbios de Soweto, las autoridades penitenciarias habían decidido que la isla se convertiría en el hogar de los "prisioneros de alta seguridad" de Sudáfrica. El número de presos comunes se había reducido drásticamente. Como resultado, se empezó a reclutar a presos políticos para trabajar en las cocinas por vez primera. Cuando los políticos se hicieron cargo de la tarea, nuestra dieta mejoró espectacularmente, no porque fueran mejores cocineros sino porque se puso fin de inmediato al contrabando de alimentos. En lugar de hurtar comida para ellos o para sobornar a los guardianes, los nuevos cocineros utilizaban toda la comida que nos había sido asignada. Las hortalizas empezaron a ser más frecuentes, y en nuestras sopas y estofados aparecieron trozos de carne. Fue entonces cuando nos dimos cuenta de que debíamos haber estado comiendo así durante años.

85

EN EL VERANO DE 1979 estaba jugando al tenis en el patio cuando mi adversario lanzó un pelotazo que intenté alcanzar. Mientras corría a través de la cancha sentí un dolor tan intenso en el talón derecho que tuve que dejar de jugar. Durante unos días tuve una marcada cojera.

Me examinó un médico de la isla que decidió que debía ir a Ciudad de El Cabo a ver a un especialista. Las autoridades habían empezado a mostrarse más solícitas con nuestra salud, temerosas de que si moríamos en la cárcel serían condenadas por la comunidad internacional.

Aunque en circunstancias normales cualquiera de nosotros hubiera acariciado la perspectiva de visitar El Cabo, hacerlo como prisionero era muy diferente. Fui esposado y viajé en un rincón oculto del barco, rodeado de cinco guardianes armados. El mar estaba picado y el barco se estremecía bajo el embate de las olas. Más o menos a mitad de camino entre la isla y Ciudad de El Cabo pensé que corríamos el riesgo de volcar. Vi un chaleco salvavidas detrás de dos guardianes que por su edad podían ser mis nietos. Me dije a mí mismo: "Si el bote se hunde, cometeré mi último pecado sobre la tierra y arrollaré a esos dos muchachos para hacerme con ese chaleco". Afortunadamente, no fue necesario.

En el muelle nos esperaban más guardianes armados y una pequeña multitud. Resulta humillante ver el miedo y la repugnancia que se refleja en los rostros de los ciudadanos de a pie cuando ven pasar a un convicto. Tenía ganas de agacharme y esconderme, pero no podía hacerlo.

Me examinó un joven cirujano que me preguntó si había tenido alguna otra lesión en el talón. Efectivamente, una tarde cuando estaba en Fort Hare jugando al fútbol había intentado robar una pelota y había sentido un dolor muy agudo en el talón. Me habían conducido al hospital local, en la que fue mi primera visita a un médico. Donde yo había crecido no existían médicos africanos, e ir a ver a un doctor blanco era inimaginable.

El médico de Fort Hare examinó mi tobillo y me dijo que tendría que operarme. Su diagnóstico me asustó, y le dije con brusquedad que no quería que me tocara. En aquella fase de mi vida ver a un médico me parecía que no era cosa de hombres y someterse a un tratamiento quirúrgico parecía aún peor. "Como quieras," dijo "pero cuando seas mayor tendrás molestias".

El cirujano de Ciudad de El Cabo me hizo una radiografía del tobillo y descubrió fragmentos de hueso que probablemente estaban allí desde mi época en Fort Hare. Me dijo que me los quitaría con una intervención que podía realizar en su propia consulta empleando anestesia local. Acepté de inmediato.

La intervención fue bien y una vez acabada, el doctor empezó a explicarme qué precauciones debía tomar. Fue bruscamente interrumpido por el jefe de los guardianes que le informó de que yo tenía que regresar inmediatamente a la isla. El cirujano reaccionó con exasperación y le dijo con un tono de gran autoridad que el señor Mandela tenía que permanecer en el hospital hasta la mañana siguiente y que no estaba dispuesto a autorizar mi salida bajo ningún concepto. El guardián se sintió intimidado y asintió.

La primera noche que pasé en un hospital en condiciones resultó bastante agradable. Las enfermeras me mimaron considerablemente. Dormí muy bien y a la mañana siguiente entró un grupo de enfermeras y me dijo que me quedara con los pijamas y la bata que me habían entregado. Les di las gracias y les dije que sería la envidia de todos mis compañeros. Aquel viaje me resultó instructivo en otro aspecto, ya que en el hospital había percibido un deshielo en las relaciones entre blancos y negros. El médico y las enfermeras me habían tratado con la misma naturalidad que si hubieran estado atendiendo a los negros durante toda su vida. Para mí aquello era algo nuevo y diferente, además de ser un signo alentador. Reafirmaba mi profunda convicción de que la educación era el mayor enemigo de los prejuicios. Aquellos eran hombres y mujeres de ciencia, y en la ciencia no hay lugar para el racismo.

Lo único que lamenté fue no haber tenido oportunidad de ponerme en contacto con Winnie antes de ir al hospital. En los periódicos habían aparecido rumores de que me encontraba al borde de la muerte y estaba muy preocupada. Cuando regresé a la isla le escribí para disipar sus temores.

En 1980 se nos concedió el derecho a comprar periódicos. Se trataba de una victoria, pero como siempre todo privilegio llevaba consigo una trampa. La nueva disposición permitía que los prisioneros del grupo A compraran un periódico en inglés y otro en afrikaans al día, pero la contrapartida era que todo prisionero del grupo A que compartiera su periódico con otro que no perteneciera a su grupo perdería el privilegio de seguir adquiriendo prensa. Protestamos contra esta restricción, pero sin resultado alguno.

Recibíamos dos periódicos diarios: el *Cape Times* y *Die Burger.* Los dos eran conservadores, en especial el último, pero aun así, los censores de la cárcel examinaban con las tijeras en la mano cada uno de esos periódicos todos los días. Recortaban aquellos artículos que en su opinión no debíamos ver. Cuando recibíamos los periódicos estaban llenos de agujeros. No tardamos en disponer de copias del *Star,* el *Rand Daily Mail* y el *Sunday Times.* Aquellos periódicos sufrían aún más el asalto de la censura.

En marzo de 1980 apareció en el *Johannesburg Sunday Post* una historia que desde luego no pude leer. El encabezamiento era "¡LIBERAD A MANDELA!" En su interior había una petición, que los lectores podían firmar, en la que se solicitaba mi liberación así como la de mis compañeros encarcelados por motivos políticos. Aunque seguía en vigor para los periódicos la prohibición de publicar mi foto o cualquier cosa que pudiera haber dicho o escrito en mi vida, la campaña del *Post* actuó como detonante de un debate público sobre nuestra liberación.

La idea había sido concebida en Lusaka por Oliver y el CNA, y la campaña constituía la piedra angular de una nueva estrategia que había de concienciar a la gente acerca de nuestra caua. El CNA había decidido personalizar la lucha por nuestra liberación centrando la campaña en una única figura. No hay duda de que los millones de personas que subsiguientemente respaldaron esta campaña no tenían ni idea de quién era exactamente Nelson Mandela. (Me han contado que cuando pegaron los carteles en Londres con la leyenda "Free Mandela!" la mayor parte de los jóvenes pensaron que mi nombre de pila era Free). En la isla se alzaron algunas voces disidentes que manifestaban que el personalizar la campaña era traicionar el carácter colectivo de la organización, pero la mayoría comprendía que se trataba de una técnica para enardecer al público.

El año anterior me habían concedido el premio a los derechos humanos Jawaharlal Nehru en la India, otra prueba del resurgir de nuestra lucha. Por supuesto, no me dieron permiso para asistir a la ceremonia, ni tampoco a Winnie, pero Oliver aceptó el galardón en mi nombre. Teníamos la sensación de que el CNA estaba reviviendo. Umkhonto we Sizwe multiplicaba sus actos de sabotaje, que eran cada vez más sofisticados. En junio, la MK hizo estallar varias bombas en la gigantesca refinería de Sasolburg, justo al sur de Johannesburgo. La MK estaba organizando una explosión a la semana en puntos estratégicos del país. Sus bombas estallaban en centrales eléctricas al este de Transvaal, en comisarías de policía de Germiston, Daveyton, New Brighton y otros lugares, así como en la base militar de Voortrekkerhoogte, en las inmediaciones de Pretoria. Todas aquellas localizaciones eran estratégicamente significativas. Eran lugares que atraerían la atención y preocuparían al estado. Respaldado por P. W. Botha, el ministro de Defensa, general Magnus Malan, introdujo una política conocida como el "ataque total", que consistía en una militarización del país para combatir la lucha por la liberación.

La campaña "¡Liberad a Mandela!" tenía también su lado amable. En 1981 me enteré de que los estudiantes de la Universidad de Londres me habían nominado como candidato para el cargo de rector honorífico de la universidad. Para mí se trataba de un verdadero honor y mis rivales eran nada menos que la princesa Ana y el dirigente sindical Jack Jones. Finalmente, obtuve 7.199 votos, y perdí frente a la hija de la reina. Le escribí a Winnie a Brandfort diciéndole que esperaba que el resultado de aquella votación hubiera convertido, aunque fuera sólo por un momento, su humilde chamizo en un palacio, transformando sus diminutas habitaciones en salones tan grandes como la sala de baile de Windsor.

La campaña en pro de nuestra liberación reavivó nuestras esperanzas. Durante los desoladores días de comienzos de la década de los setenta, cuando el CNA pareció hundirse en la sombra, tuvimos que hacer auténticos esfuerzos para no dejarnos llevar por la desesperación. En muchos aspectos, nuestros cálculos habían fallado. Habíamos creído que en los años setenta estaríamos ya viviendo en una Sudáfrica democrática y no racista, pero al entrar en la nueva década mis esperanzas de ver esa nueva Sudáfrica reverdecieron. Algunas mañanas salía a pasear por el patio y todos los seres vivientes que allí había, las gaviotas y las lavanderas, los pequeños arbolitos e incluso las escasas hojas de hierba parecían sonreír y brillar bajo el sol. En momentos así era cuando percibía que incluso en aquel remoto y encerrado rincón del mundo había belleza, cuando me sentía seguro de que algún día mi pueblo y yo seríamos libres.

86

COMO MI PADRE ANTES QUE YO, había sido educado para ser consejero del rey thembu. Aunque había escogido un camino diferente intentaba a mi modo estar a la altura de las responsabilidades del trabajo para el que había sido educado. Hice todo lo posible para permanecer en contacto con el rey desde la cárcel y le aconsejé en la medida de mis posibilidades. Según iba haciéndome más viejo, mis pensamientos se dirigían cada vez más hacia las verdes colinas del Transkei. Aunque jamás viviría allí bajo los auspicios del gobierno, soñaba con la posibilidad de regresar algún día a un Transkei libre. Así pues, fue para mí un gran contratiempo enterarme de que en 1980 el rey Sabata Dalindyebo, jefe supremo de los thembus, había sido depuesto por mi sobrino K. D. Matanzima, primer ministro del Transkei.

Un grupo de jefes del pueblo thembu solicitaron autorización urgente para hacerme una visita. Ésta fue prontamente concedida por las autoridades penitenciarias que, normalmente, se mostraban dispuestas a consentir las visitas de los líderes tradicionales, pensando que cuanto más me involucrara en temas tribales y del Transkei, menos comprometido estaría con la lucha.

El gobierno respaldaba el poder de los jefes tradicionales como forma de contrarrestar al CNA. Si bien muchos de mis camaradas pensaban que debíamos repudiar a tales líderes, yo me inclinaba más por tenderles una mano. No hay contradicción alguna entre ser un líder tradicional y ser miembro del CNA. Este tema espoleó uno de los más largos y delicados debates celebrados en la isla: si el CNA debía o no participar en instituciones patrocinadas por el gobierno. Para muchos de nuestros hombres, aquello era colaboracionismo. Una vez más, me pareció necesario trazar una distinción entre los principios y la táctica. Desde mi punto de vista, la cuestión clave era de índole táctico. ¿Qué nos fortalecería más, participar en aquellas organizaciones o boicotearlas? En este caso, creía que nuestra participación fortalecería al CNA.

Me reuní con los jefes en una gran habitación del área de visitas y me explicaron su dilema. Aunque sus corazones estaban con Sabata, temían a Matanzima. Tras escuchar su exposición les aconsejé que emplearan su apoyo a Sabata contra Matanzima, que había usurpado ilegal y vergonzosamente el poder del rey. Simpatizaba con su dilema, pero no podía tolerar los procedimientos de Matanzima. Les pedí que transmitieran mi apoyo a Sabata y mi desaprobación a Matanzima.

Matanzima había propuesto también hacerme una visita para discutir el tema de Sabata y otras cuestiones familiares. Como sobrino, llevaba varios años solicitando una entrevista. Aunque Matanzima decía que quería discutir cuestiones familiares, una visita así tendría consecuencias políticas. En el momento en que llegó la primera solicitud de Matanzima consulté con el Órgano Supremo y los hombres del CNA de nuestra sección. Algunos se limitaron a encogerse de hombros diciendo: "Es tu sobrino, tiene derecho a visitarte". Por el contrario, Raymond, Govan y Kathy insistían en que aunque una visita así pudiera explicarse como un asunto familiar, mucha gente lo interpretaría como un signo de apoyo por mi parte a aquel hombre y a su política. Ése era el motivo por el que Matanzima pedía visitarme, y el mismo por el que la entrevista resultaba inaceptable.

Comprendía y en buena parte estaba de acuerdo con los argumentos de mis compañeros, pero quería ver a mi sobrino. Probablemente siempre haya dado excesiva importancia a las reuniones cara a cara, así como a mi propia habilidad para convencer a la gente para que cambiara sus puntos de vista en esas entrevistas. Esperaba convencer a Matanzima de que modificara su política.

Finalmente, los hombres del CNA de nuestra sección decidieron no oponerse a la visita. En interés de la democracia consultamos entonces sobre el tema a los de los módulos F y G. Se opusieron como un solo hombre. Steve Tshwete, que era uno de los principales figuras del CNA en la sección de comunes, dijo que la visita ayudaría políticamente a Matanzima y por consiguiente estaba fuera de lugar.

Muchos de ellos señalaron que Matanzima había intentado ya obtener mi ayuda por cooptación nombrando al padre de Winnie, Columbus Madikizela, ministro de agricultura de su gobierno. Esto ya era suficientemente malo, decían ellos, sin que Madiba aceptara reunirse con él. Acaté el punto de vista de los miembros de la sección de comunes e informé a las autoridades de que lamentablemente me veía obligado a no aceptar la visita de mi sobrino.

En marzo de 1982 las autoridades penitenciarias me notificaron que mi esposa había sufrido un accidente de automóvil y que estaba en el hospital. Disponían de muy poca información y yo no tenía ni la menor idea del estado en que se encontraba, ni de cuáles habían sido las circunstancias del accidente. Acusé a las autoridades de hurtarme información e hice una solicitud urgente pidiendo la visita de mi abogado. Las autoridades de la prisión empleaban la información como arma, y lo hacían con éxito. Estuve obsesionado con el estado de mi esposa hasta que el 31 de marzo recibí la visita del abogado de Winnie, que también era mi amigo, Dullah Omar.

Dullah me tranquilizó acerca del estado de Winnie. El coche en el que viajaba había volcado, pero a ella no le había pasado nada. Su visita fue breve y cuando me conducían de vuelta al módulo B seguía dándole vueltas al accidente de mi mujer. Me sentía abrumado por una sensación de impotencia y por mi incapacidad para ayudarla.

No llevaba mucho tiempo en la celda cuando recibí la visita del comandante en jefe de la prisión, que venía acompañado de una serie de funcionarios de la cárcel. Esto era extraordinariamente inusual; el máximo responsable de la institución no solía visitar a los presos en sus celdas. Me puse en pie cuando llegaron y el comandante llegó incluso a entrar en la celda. Prácticamente no había sitio para los dos.

—Mandela, quiero que empaquete sus cosas —me dijo.

Le pregunté el porqué.

—Vamos a trasladarle —respondió simplemente.

—¿Adónde?

—No se lo puedo decir.

Exigí saber la razón.

Él se limitó a decirme que había recibido instrucciones de Pretoria en las que se ordenaba mi salida inmediata de la isla. El comandante en jefe de la prisión abandonó mi celda y fue a las de Walter, Raymond Mhlaba y Andrew Mlangeni para transmitirles la misma orden.

Me sentí preocupado y consternado. ¿Qué significaba aquello? ¿Adónde nos llevaban? En la cárcel sólo es posible cuestionar las órdenes y resistirse a ellas hasta un cierto punto. A partir de ahí sólo se puede sucumbir. No habíamos tenido aviso previo, ni ocasión de prepararnos. Llevaba más de dieciocho años en la isla. ¿Debía ahora abandonarla tan repentinamente? Nos dieron varias cajas de cartón a cada uno para empaquetar nuestras cosas. Todo lo que había acumulado en casi dos décadas cabía en ellas. Hicimos nuestro equipaje en poco más de media hora. En el corredor, la noticia de nuestra partida causó conmoción, pero no tuvimos tiempo de despedirnos en condiciones de los que habían sido nuestros compañeros durante tantos años. Ésta es otra de las indignidades que la prisión impone. Los vínculos de amistad y lealtad contraídos con otros presos no significan nada para las autoridades.

En cuestión de minutos estábamos a bordo del transbordador que se dirigía a Ciudad de El Cabo. Miré hacia la isla mientras caía la oscuridad, sin saber si volvería o no a verla. El hombre es capaz de acostumbrarse a cualquier cosa, y yo me había habituado a la isla de Robben. Había vivido en ella durante casi dos décadas, y aunque nunca fue un hogar —mi hogar estaba en Johannesburgo—, se había convertido en un lugar en el que me sentía cómodo. Siempre me ha costado acostumbrarme al cambio, y la partida de la isla de Robbben no fue una excepción, por siniestra que hubiera resultado. No tenía ni idea de lo que me esperaba.

Cuando llegamos a los muelles, rodeados de guardianes armados, fuimos introducidos sin contemplaciones en un furgón sin ventanillas. Los cuatro nos quedamos en pie en la oscuridad mientras la camioneta hacía un recorrido que nos pareció considerablemente superior a una hora. Atravesamos varios controles, y finalmente nos detuvimos. Las puertas del camión se abrieron y subimos en medio de la oscuridad por una escalera de cemento. Entramos en otra instalación de seguridad a través de unas puertas metálicas. Conseguí preguntarle a un guardián dónde nos hallábamos.

"En la prision de Pollsmoor", respondió.

Parte Décima

HABLANDO
CON EL ENEMIGO

87

LA PRISIÓN DE ALTA SEGURIDAD DE POLLSMOOR se encuentra en las inmediaciones de un próspero suburbio blanco lleno de verdes praderas y pulcras casas llamado Tokai, a pocos kilómetros al sudeste de Ciudad de El Cabo. El edificio de la cárcel se levanta en medio del paisaje asombrosamente hermoso de El Cabo. Al norte se alzan las montañas de Constantiaberge y está rodeado por cientos de hectáreas de viñedos al sur. Pero esta belleza natural era invisible tras los altos muros de cemento de Pollsmoor. Fue allí donde comprendí por vez primera la perturbadora frase de Oscar Wilde acerca de la carpa azul que los prisioneros llaman cielo.

Pollsmoor tenía un rostro moderno, pero un espíritu primitivo. Los edificios, especialmente los dedicados al personal de la cárcel, eran limpios y funcionales, pero los alojamientos de los presos eran arcaicos y estaban sucios. A excepción de nosotros, todos los internos de Pollsmoor eran presos comunes, y el trato que recibían era medieval. Nos mantuvieron separados de ellos y fuimos tratados de diferente manera.

Sólo a la mañana siguiente tuvimos ocasión de apreciar el lugar donde nos encontrábamos. Nos habían encerrado a los cuatro en lo que a todos los efectos era el ático de la prisión: una habitación espaciosa en el tercer y último piso de la cárcel. Éramos los únicos prisioneros que había en toda la planta. La habitación principal era limpia y moderna, tenía forma rectangular y medía unos diecisiete metros por diez. Tenía una sección separada con un retrete, urinarios, dos lavabos y dos duchas. Había cuatro camas con sábanas y toallas, un gran lujo para quienes habían pasado buena parte de los últimos dieciocho años durmiendo sobre delgadas esterillas en un suelo de piedra. En comparación con la isla de Robben aquello era un hotel de cinco estrellas.

Teníamos también nuestra propia terraza en forma de L, una sección abierta que poseía la longitud de medio campo de fútbol, y a la que se nos permitía salir durante el día. Tenía muros blancos de cemento de unos cuatro metros de altura, por lo que solamente podíamos ver el cielo, excepto en una esquina desde la que alcanzábamos a distinguir los riscos de las montañas de Constantiaberge, en particular una sección conocida como el Ojo del Elefante. A veces pensaba que aquel fragmento de montaña era la punta del iceberg del resto del mundo.

Nos desorientó mucho haber sido desarraigados tan rápidamente y sin explicación alguna. En la cárcel es necesario estar siempre preparado para los cambios bruscos, pero es imposible acostumbrarse a ellos. Aunque ahora nos encontrábamos en el continente nos sentíamos más aislados. Para nosotros, la isla se había convertido en el foco de nuestra lucha. Nos solazamos en nuestra mutua compañía y pasamos las primeras semanas haciendo cábalas acerca de los motivos de nuestro traslado. Sabíamos que las autoridades temían nuestra influencia sobre los presos más jóvenes, y que se sentían irritados por ello. Pero la razón parecía ser de una naturaleza más estratégica: creíamos que intentaban descabezar al CNA en la isla dispersando a sus líderes. La propia isla de Robben se estaba convirtiendo en un mito para la lucha, y deseaban arrebatarle algo de su trascendencia simbólica quitándonos de en medio. Walter, Raymond y yo éramos miembros del órgano supremo, pero había una pieza que no encajaba: la presencia de Mlangeni. Andrew no era miembro del alto mando en la cárcel, y en ningún momento había estado en primera línea en la isla, aunque consideramos la posibilidad de que las autoridades no lo supieran. Su información acerca de nuestra organización era, con frecuencia, poco precisa. Una de nuestras hipótesis pareció confirmarse pocos meses después cuando Kathy, que sí había sido miembro del Órgano Supremo del CNA en la prisión, se reunió con nosotros. Lo que era más importante, gracias a su trabajo como responsable de las comunicaciones nos había sido posible establecer contacto con los nuevos presos.

Pocas semanas después de la llegada de Kathy se nos sumó un hombre al que no conocíamos y que ni siquiera procedía de la isla de Robben. Patrick Maqubela era un joven abogado y miembro del CNA del este de El Cabo. Había trabajado como pasante con Griffiths Mxenge, un abogado muy respetado que había representado a muchos miembros del CNA y había sido asesinado cerca de Durban el año anterior. Maqubela cumplía una sentencia de veinte años por traición, y había sido trasladado a Pollsmoor desde Diepkloof en Johannesburgo, donde había revuelto las aguas organizando a los presos.

Al principio nos mostramos escépticos ante el recién llegado y nos preguntamos si no sería un espía infiltrado por las autoridades, pero no tardamos en darnos cuenta de que no era así. Patrick era un individuo brillante, cordial y valiente, con el que nos llevamos muy bien. No debió ser fácil para él pasar a vivir con un grupo de viejos anclados en sus manías que llevaban juntos dos décadas.

Nos encontrábamos inmersos en un mundo de cemento. Yo echaba de menos el esplendor natural de la isla de Robben, pero nuestro nuevo hogar ofrecía muchas compensaciones. Por una parte, la comida de Pollsmoor era infinitamente mejor. Tras años de comer papilla tres veces al día, las cenas de Pollsmoor en las que nos servían carne y verdura eran un festín. Se nos permitía leer una considerable variedad de periódicos y revistas, y recibíamos publicaciones que anteriormente sólo habíamos podido obtener de contrabando como la revista *Times* y el semanario *The Guardian* de Londres. Para nosotros representó una ventana abierta al mundo. Teníamos también una radio, pero sólo sintonizaba emisoras locales, no lo que realmente queríamos oír: el servicio de retransmisiones para el exterior de la BBC. Se nos permitía pasar todo el día en la terraza, excepto durante el periodo en el que los guardianes comían, de doce a dos. Ni siquiera hubo pretensión alguna de que trabajáramos. Yo disponía de una celda pequeña, cercana a la grande que ocupábamos, que hacía las veces de estudio, en la que había una silla, una mesa y estanterías donde podía leer y escribir durante el día.

En la isla de Robben hacía mis ejercicios en el interior de la celda, pero ahora tenía espacio de sobra. En Pollsmoor me despertaba a las cinco y dedicaba una hora a hacer ejercicios en nuestra celda comunal. Seguía mi sistema habitual de correr sobre el terreno, saltaba a la cuerda, hacía abdominales y flexiones sobre las puntas de los dedos. Mis camaradas no eran madrugadores y mi programa no tardó en convertirme en un miembro impopular en el grupo.

Recibí una visita de Winnie poco después de llegar a Pollsmoor y me agradó ver que el área de visitas era mejor y más moderna que la de la isla de Robben. Había una gran barrera de cristal a través de la cual era posible ver al visitante de cintura para arriba, y micrófonos mucho mejores que facilitaban la conversación. La ventana daba al menos la ilusión de una mayor intimidad, y en la cárcel las ilusiones pueden resultar reconfortantes.

Para mi mujer y mi familia llegar a Pollsmoor era mucho más fácil que ir a Robben, lo que suponía también una gran diferencia para mí. De igual modo, la supervisión de las visitas era más humana. A menudo, las visitas de Winnie eran supervisadas por James Gregory, un funcionario que había actuado como censor en la isla de Robben. Yo no le conocía demasiado, pero él sí nos conocía a nosotros, ya que había sido el responsable de revisar nuestra correspondencia.

En Pollsmoor llegué a conocer mejor a Gregory y me pareció un grato contraste frente a los guardianes típicos. Era un hombre atento y de voz suave, que trataba a Winnie con cortesía y deferencia. En lugar de ladrar "¡Se acabó el tiempo!", decía "Señora Mandela, le quedan cinco minutos".

En la Biblia se dice que los jardines precedieron a los jardineros, pero no fue éste el caso en Pollsmoor, donde cultivé un jardín que se convirtió en una de mis diversiones favoritas. Era mi modo de escapar del monolítico mundo de cemento que nos rodeaba. Tras unas semanas de examinar todo el espacio vacío del que disponíamos en el techo del edificio y de ver que estaba todo el día iluminado por el sol decidí plantar un jardín. Obtuve permiso para hacerlo del comandante en jefe de la prisión. Solicité a asuntos penitenciarios dieciséis bidones viejos de petróleo, que hice cortar por la mitad. Los responsables de la cárcel llenaron cada uno de los recipientes con tierra rica y húmeda, con lo que obtuve treinta y dos macetas gigantescas.

Cultivé cebollas, berenjenas, repollos, coliflores, alubias, espinacas, zanahorias, pepinos, brécol, remolacha, lechuga, tomates, pimientos, fresas y muchas cosas más. Llegué a tener una pequeña huerta con casi novecientas plantas, infinitamente superior a la que había tenido en la isla de Robben.

Algunas semillas las compré yo mismo, y otras, como las de brécol y zanahoria, me las dio el comandante de la prisión, el general de brigada Munro, que era especialmente aficionado a esas hortalizas. Los guardianes también me dieron semillas de sus verduras preferidas y me suministraban excelente estiércol para que lo utilizara como fertilizante.

Todas las mañanas me ponía un sombrero de paja y guantes de trabajo y pasaba dos horas trabajando en mi huerto. Cada domingo daba verduras a la cocina para que peparan una comida especial para los presos comunes. También entregaba buena parte de mi cosecha a los guardianes, que solían traer unas bolsas para llevarse verduras frescas.

En Pollsmoor nuestros problemas tendían a ser menos trascendentes que los padecidos en la isla de Robben. El general de brigada Munro era un hombre decente y siempre dispuesto a ayudar, que se tomaba muchas molestias para asegurarse de que tuviéramos cualquier cosa que deseáramos. No obstante, las pequeñas dificultades a veces se veían magnificadas. En 1983, durante una visita de Winnie y Zindzi, le comenté a mi esposa que los zapatos que me habían dado me estaban pequeños y me apretaban. Winnie se mostró preocupada y no tardé en averiguar que la prensa había publicado la noticia de que iban a amputarme un dedo del pie. Debido a los problemas de comunicación, la información procedente de la cárcel a menudo es exagerada en el mundo exterior.

Con que hubiera tenido ocasión de telefonear a mi mujer y explicarle que mi pie estaba perfectamente no se hubiera producido tal confusión. Poco después se autorizó una visita de Helen Suzman, que me preguntó qué tal estaba mi dedo. Pensé que la mejor respuesta sería hacerle una demostración: me quité el calcetín, levanté el pie hasta la altura del cristal y agité los dedos.

Presentamos una queja por la humedad que había en nuestra celda, a causa de la cual nos resfriábamos frecuentemente. Poco más tarde me enteré de que los periódicos sudafricanos estaban publicando que nuestra celda estaba inundada. Solicitamos tener contacto con otros presos y en general repetimos la queja fundamental de siempre: queríamos ser tratados como presos políticos.

En mayo de 1984 encontré un consuelo que pareció compensar todas las incomodidades. Al llegar la fecha concertada para una visita de Winnie, Zeni y su hija menor, fui escoltado hasta el área de visitas por el sargento Gregory, que en lugar de llevarme a la sala habitual me introdujo en una habitación separada en la que había únicamente una pequeña mesa y ningún tipo de separación. Me dijo en voz muy baja que las autoridades de la cárcel habían introducido algunos cambios. Aquel día comenzaron las llamadas visitas "vis a vis".

Acto seguido salió de la habitación para recibir a mi esposa y mi hija, y solicitó hablar en privado con Winnie. Mi mujer se asustó cuando Gregory se la llevó aparte. Pensó que tal vez yo estuviera enfermo, pero Gregory la escoltó hasta la puerta y en un abrir y cerrar de ojos nos encontramos en la misma habitación y nos abrazamos. Por primera vez en tantos años tuve ocasión de tomar en mis brazos y besar a mi esposa. Fue un momento con el que había soñado miles de veces. Creí estar soñando. Me quedé abrazado a ella durante toda una eternidad. Nos quedamos quietos y en silencio excepto por el retumbar de nuestros corazones. No quería dejarla ir, pero finalmente la solté, abracé a mi hija y senté a mi nieta en mi regazo. Hacía veintiún años que no rozaba la mano de mi esposa.

88

EN POLLSMOOR estábamos más en contacto con los acontecimientos del mundo exterior. Éramos conscientes de que la lucha se intensificaba, al igual que los esfuerzos del enemigo. En 1981, las fuerzas de defensa sudafricanas lanzaron un ataque contra la sede de la CNA en Maputo, Mozambique, matando a trece de los nuestros, incluyendo a mujeres y niños. En diciembre de 1982, la MK hizo estallar bombas en la central nuclear inacabada de Koeberg, en las afueras de Ciudad de El Cabo, y en otros muchos objetivos militares y símbolos del poder del *apartheid* en todo el país. Ese mismo mes, los militares sudafricanos atacaron de nuevo una sede del CNA en Maseru, Lesotho, matando a cuarenta y dos personas, entre ellas una docena de mujeres y niños.

En agosto de 1982, la activista Ruth First murió de resultas de una carta bomba en Maputo, donde vivía exiliada. Ruth, la esposa de Joe Slovo, era una valerosa militante anti*apartheid,* que había pasado varios meses en prisión. Era una mujer llena de energía y atractivo, a la que había conocido mientras estudiaba en Wits. Su muerte puso de relieve hasta dónde llegaba la crueldad del estado en su lucha contra nuestra gente.

El primer ataque con coche bomba de la MK tuvo lugar en mayo de 1983, y su objetivo era la central de inteligencia de la Fuerza Aérea militar en el corazón de Pretoria. Fue un intento de tomar represalias por los injustificados ataques del ejército contra el CNA en Maseru y otros lugares, y supuso un paso importante en la escalada de la lucha armada. Murieron diecinueve personas y hubo más de doscientos heridos.

La muerte de civiles había sido un trágico accidente y me sentí horrorizado ante el recuento de víctimas. Aunque estaba consternado por las bajas sabía que incidentes así eran una consecuencia inevitable cuando uno decidía embarcarse en la lucha armada. La falibilidad humana forma parte de la guerra y su precio es siempre muy elevado. Precisamente porque éramos conscientes de que ocurrirían cosas así nos había costado tanto trabajo tomar la decisión de coger las armas. Como dijo Oliver tras la explosión de la bomba, la lucha armada nos había sido impuesta por la violencia del régimen del *apartheid.*

Tanto el gobierno como el CNA operaban en dos frentes: el militar y el político. En este último, el gobierno mantenía su estrategia de divide y vencerás, intentando separar a los africanos de los mestizos y los indios. En un referéndum celebrado en noviembre de 1983, el electorado blanco respaldó el plan de P. W. Botha de crear el llamado Parlamento tricameral, con una representación para los indios y otra para los mestizos, al margen de la cámara de representantes blancos. Se trataba de un esfuerzo por engatusar a los indios y mestizos haciendo que se incorporaran al sistema y separándolos de los africanos. Aquella oferta no era más que un engañabobos, ya que todas las medidas parlamentarias aprobadas por los indios y mestizos estaban sometidas al veto de los blancos. Era también una forma de engañar al resto del mundo haciéndole creer que el gobierno estaba introduciendo reformas en el sistema de *apartheid*. La artimaña de Botha no engañó al pueblo, ya que más de un ochenta por ciento de los potenciales votantes indios y mestizos boicotearon la elección a las nuevas cámaras de representantes en el Parlamento en 1984.

En el país empezaban a surgir poderosos movimientos políticos de base, fuertemente vinculados al CNA. El principal era el UDF (United Democratic Front), del que fui nombrado presidente honorífico. El UDF había sido creado para coordinar las protestas contra la nueva Constitución del *apartheid* en 1983 y contra las primeras elecciones segregacionistas al Parlamento tricameral de 1984. El UDF floreció rápidamente convirtiéndose en una poderosa organización en la que se daban cita más de seiscientas organizaciones anti*apartheid* —sindicatos, asociaciones de vecinos, grupos de la Iglesia, asociaciones estudiantiles—.

El CNA estaba experimentando un nuevo resurgir de su popularidad. Las encuestas de opinión mostraban que el Congreso era con diferencia la organización más popular entre los africanos, aunque llevaba un cuarto de siglo prohibido. La lucha contra el *apartheid* había atraído la atención del mundo. En 1984, el obispo Desmond Tutu recibió el Nobel de la Paz. (Las autoridades se negaron a enviar al obispo Tutu mi carta de felicitación). El gobierno sudafricano se encontraba sometido a una creciente presión internacional y las naciones de todo el planeta empezaron a imponer sanciones económicas a Pretoria.

El gobierno había lanzado varios globos sonda para conocer mi actitud a lo largo de los años. El primero fue el intento por parte del ministro Kruger de convencerme para que me trasladara a vivir al Transkei. No se trataba de esfuerzos negociadores, sino de intentos de aislarme de mi organización. En varias ocasiones Kruger me había dicho: "Mandela, podemos trabajar con usted pero no con sus colegas. Sea razonable". Aunque no respondí a estas propuestas, el mero hecho de que hablaran en lugar de atacar podía interpretarse como preludio de unas genuinas negociaciones.

El gobierno estaba tanteando el terreno. A finales de 1984 y comienzos de 1985 recibí la visita de dos destacados estadistas occidentales: lord Nicholas Bethell, un miembro de la Cámara de los Lores británica y del Parlamento Europeo; y Samuel Dash, profesor de derecho de la Universidad de Georgetown y anterior consejero del comité del Senado de los EE UU en el caso Watergate. Ambas visitas fueron autorizadas por el nuevo ministro de Justicia, Kobie Coetsee, que parecía responder a un nuevo estilo de dirigente afrikáner.

Me entrevisté con lord Bethell en el despacho del comandante de la prisión, dominado por una gran fotografía de un ceñudo presidente Botha. Bethell era un hombre jovial y rotundo, y la primera vez que le vi bromeé con él acerca de su corpulencia. "Parece usted familiar de Winston Churchill", le dije mientras le estrechaba la mano. Y se echó a reír.

Lord Bethell quería que le hablara de las condiciones en las que vivíamos en Pollsmoor y yo satisfice sus deseos. Discutimos acerca de la lucha armada y le expliqué que no dependía de nosotros renunciar a la violencia, sino del gobierno. Le confirmé que nuestro propósito era atacar objetivos militares, no a personas. "Por ejemplo, no se me ocurriría decir a mi gente que asesinara al mayor", dije señalando hacia el mayor Fritz van Sittert, que supervisaba la conversación. Van Sittert era un tipo de buen carácter que no hablaba mucho, pero dio un respingo al escuchar mi comentario.

En mi entrevista con Dash, que tuvo lugar poco después de la mantenida con lord Bethell, le expuse lo que en mi opinipón eran las condiciones mínimas para una Sudáfrica no racista en el futuro: un estado unitario sin *homelands,* elecciones no raciales al Parlamento y acatamiento del principio "una persona un voto". Dash me preguntó si me parecía alentadora la intención manifestada por el gobierno de derogar las leyes sobre los matrimonios mixtos y algunos otros estatutos propios del *apartheid.* "Eso es el chocolate del loro", le dije. "No tengo ambiciones de casarme con una mujer blanca, ni de nadar en una piscina para blancos. Lo que buscamos es la igualdad política". Le dije a Dash con toda franqueza que por el momento no estábamos en condiciones de derrotar al gobierno en el campo de batalla, pero que podíamos ponerle las cosas muy difíciles.

Recibí otra visita, no tan agradable, de dos norteamericanos editores del *Washington Times,* un periódico conservador. Parecían estar menos interesados en averiguar cuáles eran mis puntos de vista que en demostrar que era un comunista y un terrorista. Todas sus preguntas apuntaban en esa dirección, y cuando yo reiteraba que no era ni un comunista ni un terrorista insistían en demostrar que tampoco era cristiano asegurando que el reverendo Martin Luther King jamás había recurrido a la violencia. Les dije que las condiciones en las que había luchado Martin Luther King eran totalmente distintas a aquellas en las que me había visto obligado a luchar yo: los Estados Unidos de América eran una democracia con garantías constitucionales para la igualdad de derechos que protegían las protestas no violentas (aunque siguiesen existiendo prejuicios contra los negros). Sudáfrica era un estado policial que había entronizado la desigualdad y que disponía de un ejército que respondía con la fuerza ante la no violencia. Les dije que era cristiano y que siempre lo había sido. Incluso Cristo, les dije, cuando no tuvo más alternativa había recurrido a la fuerza para expulsar a los mercaderes del templo. No era un hombre violento, pero no tuvo más opción que emplear la fuerza contra el mal. Sospecho que no debí convencerles.

Enfrentado a los problemas internos y a la presión externa, P. W. Botha ofreció una tibia solución de medias tintas. El 31 de enero de 1985, en el transcurso de un debate en el Parlamento, el presidente me ofreció públicamente la libertad si "rechazaba incondicionalmente la violencia como instrumento político". Hizo su oferta extensiva a todos los prisioneros políticos. Después, como si me estuviera planteando un desafío público, añadió: "Así pues, no es el gobierno de Sudáfrica el que obstaculiza la puesta en libertad del señor Mandela, sino el propio señor Mandela".

La autoridades me habían advertido que el gobierno iba a plantear una propuesta relacionada con mi libertad, pero el hecho de que fuera formulada en el Parlamento por el presidente del estado me cogió por sorpresa. Según mis cálculos, era la sexta oferta de libertad condicionada que el gobierno me había hecho en los últimos diez años. Tras escuchar el discurso por radio solicité al comandante a cargo de la prisión permiso para una visita urgente de mi mujer y mi abogado Ismail Ayob, para dar respuesta a la oferta del presidente de la nación.

Winnie e Ismail tardaron una semana en obtener el permiso para visitarme. Mientras tanto, dediqué el tiempo a escribir una carta al ministro de Asuntos Exteriores, Pik Botha, rechazando las condiciones impuestas para mi liberación. También preparé una réplica de cara al público. Estaba ansioso por incluir toda una serie de asuntos en mi respuesta, ya que la oferta de Botha era un intento de introducir una cuña entre mis colegas y yo, tentándome a aceptar una política que el CNA rechazaba. Deseaba confirmar al CNA, y a Oliver en particular, que mi lealtad estaba más allá de toda duda. Igualmente, quería enviar un mensaje al gobierno en el sentido de que si bien rechazaba su oferta debido a las condiciones que llevaba aparejadas, pensaba, no obstante, que la negociación y no la guerra era el camino para hallar una solución.

Botha quería que el peso de la violencia descansara sobre mis hombros, y yo deseaba dejar claro ante el mundo que no hacíamos más que responder a la violencia de la que éramos objeto. Tenía intención de dejar bien patente que si salía de la cárcel para encontrarme con las mismas circunstancias por las que había sido arrestado me vería obligado a reemprender las actividades que habían ocasionado mi encarcelamiento.

Me reuní con Winnie e Ismail un viernes. Al domingo siguiente se iba a celebrar una concentración del UDF en el estadio Jabulani de Soweto, donde se haría pública mi respuesta. La visita fue supervisada por unos guardianes a los que no conocía, y cuando empezamos a discutir la respuesta que había decidido dar al presidente del estado, uno de ellos, un individuo relativamente joven, nos interrumpió para decir que sólo se podían discutir cuestiones familiares. Le ignoré y regresó minutos más tarde con un guardián de más edad al que casi no conocía. Éste empezó a decir que debía dejar de hablar de política y le repliqué que estaba discutiendo sobre una cuestión de importancia nacional relacionada con una oferta formulada por el presidente del estado. Le advertí que si deseaba poner fin a la discusión más le valía obtener órdenes directas de éste. "Si no está usted dispuesto a telefonear al presidente del estado para confirmar esas órdenes," le dije fríamente, "tenga la bondad de no volver a interrumpirnos". No volvió a hacerlo.

Entregué a Ismail y Winnie el discurso que había preparado. Además de responder al gobierno quería agradecer públicamente al UDF su magnífica tarea y felicitar al obispo Tutu por el premio obtenido, añadiendo que su galardón pertenecía a todo el pueblo. El domingo 10 de febrero de 1985, mi hija Zindzi leyó mi respuesta ante una multitud jubilosa, que no había tenido ocasión de escuchar legalmente mis palabras en ningún lugar de Sudáfrica desde hacía más de veinte años.

Zindzi era una oradora llena de energía, como su madre. Dijo que su padre debía haber estado en el estadio para hablar en persona. Me sentí orgulloso cuando supe que había sido ella la encargada de transmitir mis palabras a los allí reunidos.

Soy miembro del CNA. Siempre he sido miembro del CNA y seguiré siendo miembro hasta el día de mi muerte. Oliver Tambo es para mí más que un hermano. Ha sido mi mejor amigo y camarada durante casi cincuenta años. Si hay entre vosotros alguien que desee mi libertad, Oliver Tambo la desea aún más y sé que daría su vida por verme libre...

Me sorprenden las condiciones que el gobierno desea imponerme. No soy un hombre violento... Sólo cuando no nos quedaron más medios de resistencia tuvimos que recurrir a la lucha armada. Que Botha demuestre que es diferente a Malan, Strijdom y Verwoerd. Que renuncie él a la violencia. Que diga públicamente que desmantelará el sistema del *apartheid*. Que levante la prohibición que pesa sobre la organización del pueblo, el Congreso Nacional Africano. Que libere a todos aquellos que han sido encarcelados, proscritos o exilados por su oposición al *apartheid*. Que garantice la libertad política para que el pueblo pueda decidir quién desea que le gobierne.

Amo profundamente mi libertad, pero amo aún más la vuestra. Ha muerto demasiada gente desde que ingresé en prisión. Demasiada gente ha sufrido por su amor a la libertad. Es mi deber para con sus viudas, sus huérfanos y sus padres, que han sufrido y llorado por ellos. No he sido el único que ha padecido durante estos largos, solitarios y desperdiciados años. No amo menos la vida que vosotros, pero no puedo vender mis derechos ni estoy dispuesto a vender el derecho del pueblo a ser libre. ..

¿Qué clase de libertad se me ofrece cuando la organización de mi pueblo sigue estando prohibida? ¿Qué clase de libertad se me ofrece cuando puedo ser detenido por no llevar un pase? ¿Qué clase de libertad se me ofrece para vivir mi vida en familia mientras mi querida esposa permanece exiliada en Brandfort? ¿Qué clase de libertad se me ofrece si debo pedir permiso para vivir en una zona urbana? ¿Qué clase de libertad se me ofrece si incluso mi ciudadanía como sudafricano no ha de ser respetada?

Sólo los hombres libres pueden negociar. Los prisioneros no pueden formalizar contratos... No puedo, ni pienso hacer promesas en un momento en el que vosotros, el pueblo, y yo, no somos libres. No se puede separar vuestra libertad de la mía. Regresaré.

89

EN 1985, tras una revisión médica rutinaria realizada por el médico de la cárcel, fui enviado al urólogo, que diagnosticó una hipertrofia prostática y recomendó una intervención quirúrgica. Dijo que era una operación de rutina y tras consultar con mi familia decidí seguir adelante con ella.

Fui conducido al Hospital Volks en Ciudad de El Cabo bajo estrictas condiciones de seguridad. Winnie vino en avión y pudo verme antes de la intervención, pero recibí otra visita sorprendente e inesperada, la de Kobie Coetsee, el ministro de Justicia. No hacía mucho le había escrito una carta pidiéndole una entrevista para discutir la posibilidad de entablar negociaciones entre el CNA y el gobierno. No me había respondido. Aquella mañana el ministro se dejó caer por el hospital sin previo aviso, como si fuera a visitar a un viejo amigo internado por unos pocos días. Se mostró muy cordial y agradable y en general no hicimos más que intercambiar bromas corteses. Aunque intenté actuar como si aquello fuera lo más normal del mundo, mi pasmo no conocía límites. El gobierno, a su modo lento y dubitativo, había llegado a la conclusión de que tenía que alcanzar algún tipo de acuerdo con el CNA. La visita de Coetsee era una rama de olivo.

Aunque no discutimos de política, sí le planteé un tema delicado: la situación de mi esposa. En agosto, poco antes de mi ingreso en el hospital, Winnie había ido a Johannesburgo a recibir tratamiento médico. Sólo se le permitía salir de Brandfort para visitarme a mí o a su médico. Mientras estaba en Johannesburgo, su casa de Brandfort y la clínica que había detrás habían sido atacadas con bombas incendiarias y destruidas. Winnie no tenía dónde vivir y había decidido permanecer en Johannesburgo, a pesar de que le estaba prohibido hacerlo. Durante unas semanas no pasó nada, pero después la policía de seguridad había escrito para comunicarle que la casa de Brandfort había sido reparada y debía regresar. Ella se negaba. Le pedí a Coetsee que permitiera a Winnie quedarse en Johannesburgo y que no la obligara a regresar a Brandfort. Me dijo que no podía prometerme nada, pero que desde luego haría averiguaciones. Yo le di las gracias.

Pasé varios días en el hospital convaleciente de la operación. Cuando me dieron el alta, el general de brigada Munro vino a recogerme al hospital. No es frecuente que el comandante en jefe de una prisión se dedique a recoger presos en los hospitales, por lo que aquello despertó inmediatamente mis sospechas.

En el viaje de vuelta, Munro me dijo con tono casual como si únicamente pretendiera charlar: "Mandela, no vamos a llevarle de vuelta con sus amigos". Le pregunté qué era lo que quería decir. "A partir de ahora va a estar usted solo". Le pregunté el porqué. Agitó la cabeza. "No lo sé. Acabo de recibir las instrucciones del cuartel general". Una vez más, los acontecimientos se precipitaban sin previo aviso, ni explicación alguna.

Tras mi regreso a Pollsmoor fui conducido a una nueva celda en el piso bajo, tres plantas por debajo de mi anterior alojamiento, y en un ala distinta. Se me habían asignado tres habitaciones y un retrete independiente, situados a ambos lados de un pasillo. Una de las habitaciones hacía las veces de estudio, otra de dormitorio y la tercera habría de servirme para hacer ejercicio. Desde el punto de vista carcelario se trataba de un alojamiento palaciego, pero las habitaciones eran húmedas, olían a moho y recibían muy poca luz natural. No le dije nada al general, ya que sabía que la decisión no había sido suya. Quería tiempo para examinar las ramificaciones de aquella medida. ¿Por qué había decidido el estado actuar así?

Sería demasiado decir que fue una revelación, pero en el transcurso de los días y semanas siguientes comprendí algo acerca de mis nuevas circunstancias. Aquel cambio, decidí, no era un paso atrás sino una oportunidad. No me hacía feliz estar separado de mis colegas y echaba de menos mi jardín y la soleada terraza de la tercera planta, pero mi soledad me otorgaba cierta libertad y decidí emplearla para hacer algo que llevaba largo tiempo considerando: entablar discusiones con el gobierno. Había llegado a la conclusión de que aquel era el momento en el que la lucha podía avanzar a través de las negociaciones. Si no empezábamos a dialogar pronto, ambos bandos nos veríamos sumidos en una oscura noche de opresión, violencia y guerra. Mi aislamiento me daría la oportunidad de dar los primeros pasos en esa dirección, sin el tipo de escrutinio que podría destruir toda posibilidad de éxito.

Llevábamos tres cuartos de siglo combatiendo contra el dominio de la minoría blanca, y más de dos décadas enzarzados en una lucha armada. Ya había muerto mucha gente en ambos bandos. El enemigo era fuerte y resuelto, pero aun con todos sus bombarderos y sus tanques, debía haber percibido que estaba en el bando de los perdedores históricos. La razón estaba de nuestro lado, aunque aún no la fuerza. Para mí estaba claro que una victoria militar era un sueño distante, si no imposible. Sencillamente no tenía sentido que ambos bandos perdieran miles incluso millones de vidas en un conflicto innecesario. Ellos también debían ser conscientes de esta verdad. Había llegado el momento de hablar.

Sería extremadamente delicado. Para ambos contendientes entablar conversaciones representaba un signo de debilidad y constituía una traición. Ninguno se sentaría a la mesa de las negociaciones hasta que el otro hiciera concesiones significativas. El gobierno aseguraba una y otra vez que éramos una organización de comunistas y terroristas. Esto era un dogma para el National Party. El CNA repetía una y otra vez que el gobierno era fascista y racista, y que no había nada de qué hablar hasta que levantaran la prohibición que pesaba sobre el CNA, liberaran sin condiciones a todos los presos políticos y retiraran las tropas de los *townships*.

La decisión de hablar con el gobierno tenía tal trascendencia que sólo podría haber sido adoptada en Lusaka, pero yo tenía la sensación de que era necesario poner en marcha el proceso y no disponía ni del tiempo ni de los recursos necesarios para comunicarme adecuadamente con Oliver. Hacía falta que alguien de nuestro bando diera el primer paso. Mi situación de aislamiento me daba la libertad precisa para hacerlo, y me garantizaba, al menos durante un tiempo, la confidencialidad de mis esfuerzos.

Me encontraba ahora en una especie de soledad muy recomendable. Aunque mis colegas estaban sólo tres plantas por encima de mí, igual podían haber estado en Johannesburgo. Para verles tenía que presentar una solicitud formal de visita que debía ser aprobada por la oficina central de Pretoria. A menudo, recibir una respuesta llevaba semanas. Si la solicitud era aprobada me reunía con ellos en el área de visitas. Era una experiencia novedosa: mis camaradas y compañeros de cárcel eran ahora oficialmente visitantes. Habíamos pasado años hablando a diario durante horas; ahora teníamos que presentar peticiones y concertar entrevistas, y nuestras conversaciones eran supervisadas.

Cuando llevaba unos días en mi nueva celda le pedí al comandante en jefe de la prisión que dispusiera una visita. Así lo hizo y los cuatro discutimos mi traslado. Walter, Kathy y Ray se mostraban iracundos por nuestra separación. Querían presentar una protesta firme y exigir que volvieran a reunirnos. Mi respuesta no fue la que ellos esperaban. "Mirad, amigos," les dije, "no creo que debamos oponernos a esto". Mencioné que mi nuevo alojamiento era mejor, y que tal vez sirviera de precedente para todos los presos políticos. Después añadí, un tanto ambiguamente: "Puede que esto tenga su lado bueno. Ahora estoy en una situación en la que el gobierno puede utilizarme para abordarnos". La explicación no les hizo demasiada gracia, como sabía que ocurriría.

Decidí no contarle a nadie lo que estaba a punto de hacer, ni a mis colegas del piso de arriba ni a los de Lusaka. El CNA es un colectivo, pero el gobierno hacía inviable su funcionamiento en este caso como una colectividad. No tenía ni las garantías ni el tiempo necesario para discutir estas cuestiones con la organización. Sabía que mis colegas del tercero condenarían mi propuesta, y aquello abortaría la iniciativa antes de que hubiera podido ver la luz. Hay momentos en los que un líder debe adelantarse al rebaño, lanzarse en una nueva dirección confiado en que está guiando a su pueblo por el camino correcto. En última instancia, mi situación de aislamiento suministraba a la organización una excusa en caso de que las cosas salieran mal. El pobre viejo estaba solo y totalmente aislado y había actuado a título personal, no como representante del CNA.

90

POCAS SEMANAS DESPUÉS de mi traslado escribí a Kobie Coetsee para proponerle que discutiésemos la posibilidad de entablar conversaciones. Como había ocurido anteriormente no recibí respuesta alguna. Volví a escribirle y una vez más no hubo contestación. Aquello me resultó extraño y desmoralizador y comprendí que debía buscar otra oportunidad para hacerme oír. La ocasión llegó a comienzos de 1986.

Durante una reunión de la Commmonwealth en Nassau en octubre de 1985, los dirigentes de los países miembros no consiguieron llegar a un acuerdo sobre si participar o no en las sanciones internacionales contra Sudáfrica. Esto se debió fundamentalmente a que la primera ministra británica, Margaret Thatcher, se oponía firmemente a ello. Para salir del punto muerto las naciones allí reunidas acordaron que una delegación de "personas eminentes" visitara Sudáfrica. Debían presentar un informe sobre si las sanciones económicas eran una herramienta apropiada para poner fin al *apartheid*. A comienzos de 1986, el grupo de representantes de la Commonwealth, compuesto de siete miembros y encabezado por el general Olusegun Obasanjo, anterior dirigente militar de Nigeria, y el ex primer ministro australiano Malcolm Fraser llegaron a Sudáfrica para cumplir la misión encomendada.

En febrero recibí la visita del general Obasanjo para discutir sobre la naturaleza del trabajo de la delegación. Se mostró muy interesado en facilitar una reunión entre el grupo y yo. Con la autorización del gobierno, se programó la entrevista para el mes de mayo. El grupo hablaría con el gabinete después de haberme visitado y decidí que aquella era la ocasión idónea para plantear el tema de las negociaciones.

El gobierno consideraba algo extraordinario mi entrevista con el grupo. Dos días antes de que se celebrara recibí la visita del general Munro, que llegó acompañado de un sastre. "Mandela", dijo el general, "queremos que se entreviste con sus visitantes de igual a igual. No queremos que lleve ese viejo uniforme carcelario, de modo que este sastre le tomará medidas y le confeccionará un traje adecuado". El sastre en cuestión debía ser un verdadero mago, ya que al día siguiente me probé un traje con una fina raya que me estaba como un guante. También me dieron una camisa, corbata, zapatos, calcetines y ropa interior. El general se quedó admirado con mi nuevo atuendo. "Mandela, parece usted un primer ministro, no un prisionero", me dijo sonriendo.

*   *   *

La reunión que mantuve con el grupo tuvo dos observadores importantes: Kobie Coetsee y el teniente general W. H. Willemse, comisionado de prisiones. Al igual que el sastre, aquellos dos hombres estaban allí para tomarme las medidas, pero curiosamente se marcharon poco después de comenzar la sesión. Les pedí que se quedaran, diciendo que no tenía nada que ocultar, pero aun así se marcharon. Antes de su partida les dije que había llegado el momento de hablar, no de luchar, y que el CNA debía sentarse a la mesa con ellos para empezar las negociaciones.

El grupo de eminentes personajes traía una larga lista de cuestiones relacionadas con el tema de la violencia, las negociaciones y las sanciones internacionales. Ya desde el principio dejé perfectamente claro cuáles habían de ser las reglas básicas por las que debía regirse nuestra conversación: "Yo no soy el líder del movimiento", les dije. "Quien encabeza el movimiento es Oliver Tambo y está en Lusaka. Deben ustedes ir a visitarle. Pueden explicarle cuáles son mis opiniones, pero son sólo mías, ni siquiera representan el punto de vista de los colegas que están aquí internados conmigo en la cárcel. Una vez dicho esto, añadiré que estoy a favor de que el CNA entable conversaciones con el gobierno".

Varios miembros del grupo se mostraron preocupados acerca de mi ideología política y de lo que sería Sudáfrica bajo el liderazgo del CNA. Les expliqué que yo era un nacionalista sudafricano, no un comunista, que había nacionalistas de todas las razas y colores, y que mi compromiso por lograr una sociedad no racista era firme. Les indiqué que creía en la Constitución por la Libertad, que ese documento encarnaba los principios de la democracia y los derechos humanos, y que no era un plan maestro para la instauración del socialismo en el país. Les hablé de mi preocupación porque la minoría blanca se sintiera segura en la nueva Sudáfrica. Pensaba que muchos de nuestros problemas obedecían a la falta de comunicación entre el gobierno y el CNA, y que algunos de ellos podrían resolverse a través de conversaciones.

Me interrogaron largo y tendido acerca del tema de la violencia. Si bien no estaba aún dispuesto a renunciar a ella, afirmé con toda vehemencia que la violencia nunca podría ser la solución definitiva para la situación en Sudáfrica, y que la propia naturaleza de los hombres y mujeres del país requería algún tipo de acuerdo negociado. Tras reiterarles de nuevo que hablaba a título personal y no en nombre del CNA sugerí que si el gobierno retiraba al ejército y la policía de los *townships,* tal vez el CNA aceptara un alto el fuego como preludio de las conversaciones. Les dije que mi liberación no serviría por sí misma para poner fin a la violencia en el país, ni para favorecer la celebración de negociaciones.

Una vez que hubimos terminado, el grupo decidió visitar a Oliver en Lusaka y a funcionarios del gobierno en Pretoria. A través de mis comentarios había enviado mensajes a ambos. Quería que el gobierno supiera que en las circunstancias apropiadas podíamos hablar, y quería que Oliver supiera que mi posición era la misma que la suya.

En mayo, el grupo de personas eminentes tenía programado visitarme por última vez. Me sentía optimista, ya que habían estado en Lusaka y en Pretoria, y esperaba que aquello hubiera servido para sembrar la semilla de las negociaciones. Pero el día antes de la reunión, el gobierno sudafricano adoptó una medida que destruyó cualquier rastro de buena voluntad que pudiera haber engendrado la visita de los miembros de la Commonwealth. El día en que el grupo de intermediarios había de reunirse con los ministros del gabinete, las fuerzas de defensa sudafricanas, por orden del presidente Botha, lanzaron ataques aéreos y de comando contra bases del CNA en Botswana, Zambia y Zimbabwe. Esto envenenó las conversaciones y el grupo de personas eminentes se marchó inmediatamente de Sudáfrica. Una vez más, sentí que mis esfuerzos por hacer avanzar las negociaciones habían fracasado.

Oliver Tambo y el CNA habían pedido al pueblo de Sudáfrica que hiciera ingobernable el país, y el pueblo había respondido a su petición. La agitación y la violencia política estaban alcanzando un nivel sin precedentes. La ira de las masas era incontenible; en los *townships* se extendía la revuelta. La presión internacional se hacía más fuerte cada día. El 12 de junio de 1986 el gobierno decretó el estado de excepción en un intento de sofocar las protestas. En todos los aspectos, parecía el peor momento posible para entablar negociaciones. Pero a menudo ocurre que las situaciones más desalentadoras coinciden precisamente con el momento de plantear soluciones. Aquel mismo mes envié una carta muy sencilla al general Willemse, el comisionado de prisiones. En ella me limitaba a decir: "Deseo verle para hablar de una cuestión de importancia nacional". Entregué la carta al general de brigada Munro un miércoles.

El fin de semana siguiente, el comandante en jefe me dijo que me preparara para recibir la visita de Willemse, que llegaba desde Pretoria.

La reunión no se realizó del modo habitual. En lugar de entrevistarme con él en la zona de visitas fui conducido hasta su residencia situada en las propias instalaciones de Pollsmoor.

Willemse es un individuo muy directo, y fuimos al grano sin prolegómenos. Le dije que quería ver a Kobie Coetsee, el ministro de Justicia. Me preguntó la razón. Dudé por un momento, remiso a discutir temas políticos con un funcionario de prisiones, pero le respondí con franqueza: "Quiero ver al ministro para plantearle la posibilidad de entablar conversaciones entre el gobierno y el CNA".

Meditó mi propuesta un momento y después dijo: "Mandela, como usted sabe, no soy un político. No puedo discutir sobre estos temas ya que van más allá de mi autoridad". Entonces, hizo una pausa, como si se le acabara de ocurrir algo: "Da la casualidad de que el ministro de Justicia está en Ciudad de El Cabo. Quizá pueda verle. Lo averiguaré".

El general telefoneó al ministro y hablaron brevemente. Tras colgar el teléfono, el general se volvió hacia mí y me aclaró que el ministro había dicho "tráigale". Minutos más tarde abandonamos la residencia del general en su coche en dirección al lugar donde se alojaba el ministro en Ciudad de El Cabo. Las medidas de seguridad eran escasas; sólo un segundo coche escoltaba al vehículo de Willemse. La facilidad y la rapidez con la que se concertó la entrevista me hicieron sospechar que el gobierno había planeado aquel encuentro de antemano. Que fuera o no así, resultaba irrelevante; era una oportunidad de dar el primer paso en el camino de la negociación.

En su residencia oficial de la ciudad, Coetsee me saludó calurosamente y nos sentamos en el salón de su casa en unos cómodos sillones. Se excusó por no haberme dado oportunidad de quitarme el uniforme de la cárcel. Pasamos tres horas conversando. Me llamó la atención su educación y su disposición a escucharme. Me planteó cuestiones de importancia, que ponían de manifiesto su conocimiento de la situación —preguntas que reflejaban una gran familiaridad con los asuntos que separaban al gobierno y al CNA—. Quiso saber en qué circunstancias estaríamos dispuestos a poner fin a la lucha armada y si hablaba o no en nombre del CNA en su conjunto, así como si tenía en mente la introducción de garantías constitucionales para las minorías en una nueva Sudáfrica. Sus preguntas abordaban las cuestiones centrales que separaban al gobierno y al CNA.

Tras responderle en gran medida lo mismo que había dicho ante el grupo de enviados de la Commonwealth comprendí que Coetsee buscaba algún tipo de conclusión. "¿Cuál es el paso siguiente?", preguntó. Le dije que quería ver al presidente y al ministro de Asuntos Exteriores, Pik Botha. Coetsee tomó nota de mi petición en un pequeño cuaderno que tenía junto a él y me dijo que transmitiría mi solicitud a través de los canales apropiados. Seguidamente, nos estrechamos las manos y fui conducido de vuelta a mi solitaria celda en el piso bajo de la cárcel de Pollsmoor.

Me sentía muy esperanzado. El gobierno parecía estar ansioso por salir del punto muerto en el que se encontraba el país y convencido de que tenían que romper con anteriores posiciones. Aunque de forma difusa, empezaba a percibir el perfil de una solución de compromiso.

No comuniqué a nadie mi encuentro. Quería que todo estuviera encarrilado antes de dar parte a nadie. En ocasiones es necesario presentar a los colegas un hecho consumado. Sabía que en cuanto examinaran la situación con cuidado mis colegas de Pollsmoor y Lusaka me respaldarían, pero una vez más, tras un comienzo prometedor, no pasó nada. Transcurrieron semanas y meses sin que recibiera noticia alguna de Coetsee. Un tanto frustrado, le escribí otra carta.

91

AUNQUE NO RECIBÍ una respuesta directa de Kobie Coetsee, surgieron otros indicios de que el gobierno me estaba preparando para un tipo diferente de existencia. El día antes de Navidad, el teniente coronel Gawie Marx, comandante en funciones de Pollsmoor, se acercó a mi celda después del desayuno y me dijo en tono casual: "Mandela, ¿le apetecería dar una vuelta por la ciudad?". No sabía exactamente qué era lo que tenía en mente, pero pensé que no tenía nada que perder diciéndole que sí. "Bien, venga conmigo", me dijo. Atravesé con el teniente coronel las quince puertas metálicas que separaban mi celda de la entrada de la prisión. Cuando salimos al exterior, su coche nos estaba esperando.

Entramos en Ciudad de El Cabo por la carretera que corre paralela a la costa. Él no tenía ningún destino en mente y se limitó a recorrer la ciudad con actitud relajada. Para mí era absolutamente fascinante contemplar las sencillas actividades de la gente en el mundo exterior: ancianos sentados al sol, mujeres haciendo la compra, gente paseando al perro. Son precisamente esas actividades de la vida cotidiana lo que uno más añora en la cárcel. Me sentí como un turista en una tierra extraña y asombrosa.

Al cabo de más o menos una hora, el coronel Marx paró el coche frente a una pequeña tienda en una calle tranquila. Me preguntó si me apetecía una bebida fría. Asentí con la cabeza y desapareció en el interior de la tienda. Me quedé sentado solo en el coche. Durante los primeros momentos no pensé acerca de mi situación, pero según iba pasando el tiempo empecé a sentirme cada vez más inquieto. Por primera vez en veintidós años me encontraba en el mundo exterior y sin guardianes. Imaginé que abría la puerta, saltaba del coche y echaba a correr hasta perderme de vista. Algo en mí me urgía a hacerlo. Vi un área boscosa cerca de la carretera donde podría esconderme. Me encontraba muy tenso y empecé a sudar. ¿Dónde estaba el coronel? Entonces recuperé el control sobre mí mismo. Hacer una cosa así sería irresponsable y peligroso. Era posible que la situación fuera un montaje ideado para que escapara, aunque no creo que fuera así. Momentos más tarde me sentí muy aliviado al ver al coronel caminar de vuelta hacia el coche con dos latas de Coca-Cola.

Tal y como resultaron las cosas, aquella escapada a Ciudad de El Cabo fue la primera de una serie de excursiones. A lo largo de los siguientes meses volví a salir en compañía del coronel no sólo a Ciudad de El Cabo, sino a visitar algunos de los lugares más pintorescos que había en los alrededores: sus hermosas playas y sus preciosas y frescas montañas. En poco tiempo se autorizó a oficiales más jóvenes para que me sacaran a pasear. Uno de los lugares que visitaba regularmente con ellos era el conocido como los "jardines", una serie de pequeñas parcelas en el límite de los terrenos de la cárcel, donde se cultivaban hortalizas para las cocinas de la cárcel. Disfrutaba del contacto con la naturaleza, de la posibilidad de ver el horizonte y sentir el sol sobre mis hombros.

En una ocasión fui a los jardines con un capitán y tras pasear por el campo nos acercamos a los establos. Había dos jóvenes blancos con monos trabajando con los caballos. Me acerqué a ellos, alabé a uno de los animales y le dije al cuidador: "¿Cómo se llama el caballo?". El joven pareció nervioso y no me miró. Después murmuró el nombre del caballo pero, dirigiéndose al capitán, no a mí. Entonces le pregunté al otro muchacho cómo se llamaba el animal y reaccionó exactamente igual.

Mientras volvía caminando hacia la prisión con el capitán le comenté que la conducta de los dos hombres me había parecido extraña. El capitán se echó a reír: "Mandela, ¿no sabe usted lo que eran esos dos tipos?". Le respondí que no. Eran prisioneros blancos. Jamás habían sido abordados por un prisionero negro en presencia de un oficial blanco.

Algunos de los guardianes más jóvenes me llevaban a lugares bastante alejados, y caminábamos por la playa e incluso parábamos en un café a tomar el té. En aquellos sitios esperaba ver si alguien me reconocía, pero nadie lo hizo nunca. La última foto mía que se había publicado era de 1962.

Aquellas excursiones eran instructivas en muchos aspectos. Tuve ocasión de ver cómo había cambiado la vida durante todo el tiempo que había estado ausente. Debido a que íbamos normalmente a áreas de blancos pude comprobar la extraordinaria riqueza y comodidad de la que disfrutaban aquellos. Aunque el país estaba convulso y los *townships* al borde de la guerra abierta, la vida de los blancos continuaba siendo plácida y sin preocupaciones. En una ocasión, uno de los guardianes, un joven muy agradable llamado Brand, me llevó al piso en el que vivía con su familia y me presentó a su mujer y a sus hijos. A partir de entonces envié a los niños tarjetas de Navidad todos los años.

Aunque disfrutaba mucho de aquellas pequeñas aventuras sabía perfectamente que el objetivo de las autoridades no era precisamente entretenerme. Tenía la sensación de que querían que me aclimatara a la vida en Sudáfrica y quizás, al mismo tiempo, que me habituara hasta tal punto al placer de las pequeñas libertades como para que estuviera dispuesto a llegar a una solución de compromiso a cambio de mi liberación definitiva.

92

EN 1987 volví a entrar en contacto con Kobie Coetsee. Tuve varias reuniones privadas con él en su residencia. Más tarde, aquel mismo año, el gobierno hizo su primera propuestra concreta. Coetsee me dijo que el gobierno deseaba crear un comité integrado por altos funcionarios para que entablara discusiones conmigo. Esto se haría con el conocimiento del presidente del estado, en palabras de Coetsee. Este último en persona encabezaría el comité en el que participarían también el general Willemse, comisionado de prisiones; Fanie van der Merwe, director general del departamento de instituciones penitenciarias; y el doctor Niel Barnard, que con anterioridad había sido una autoridad académica y ahora desempeñaba el cargo de jefe del NIS (Servicio Nacional de Inteligencia). Los tres primeros estaban asociados con el sistema penitenciario, por lo que si las conversaciones fracasaban o eran filtradas a la prensa, ambas partes podríamos cubrirnos las espaldas y decir que debatíamos las condiciones de vida en las cárceles y nada más.

No obstante, la presencia del doctor Barnard me preocupaba. Era el director del equivalente sudafricano de la CIA, y estaba también involucrado en la inteligencia militar. Podía justificar ante mi organización entablar conversaciones con los otros funcionarios pero no con Barnard. Su presencia hacía que las negociaciones resultaran más problemáticas, y sugerían la necesidad de establecer una agenda más amplia. Le dije a Coetsee que me gustaría consultar su propuesta con la almohada. Aquella noche estudié todas las posibles ramificaciones. Sabía que P. W. Botha había creado un organismo llamado Consejo de Seguridad del Estado, un secretariado en la sombra del que formaban parte expertos en seguridad y oficiales del Servicio de Inteligencia. Según la prensa, había sido creado con el fin de soslayar la autoridad del gabinete y aumentar su propio poder. El doctor Barnard era una pieza clave de aquel organismo y tenía reputación de ser un protegido del presidente. Pensé que si rechazaba a Barnard me pondría a Botha en contra y decidí que era demasiado arriesgado hacerlo. Si no contábamos con la aquiescencia del presidente del estado, nuestros esfuerzos no servirían de nada. Cuando llegó la mañana envié un mensaje a Coetsee diciendo que aceptaba su oferta.

Sabía que tenía tres temas cruciales que abordar. En primer lugar, deseaba sondear a mis colegas del tercer piso antes de seguir adelante. En segundo, era esencial poner en conocimiento de Oliver, que permanecía en Lusaka, lo que estaba ocurriendo. Por último, decidí redactar un memorándum dirigido a P. W. Botha planteándole mis puntos de vista y los del CNA respecto a los temas claves a los que se enfrentaba al país. Ese documento serviría para establecer los temas de discusión para cualquier negociación futura.

Solicité una reunión con mis colegas y, muy para mi sorpresa, las autoridades la negaron de inmediato. Esto me pareció muy significativo. Supuse que reflejaba el nerviosismo del gobierno frente a la perspectiva de unas conversaciones secretas conmigo. Presenté una queja ante funcionarios de más alta graduación, hasta que mi petición fue aprobada. La única condición era que debía ver a mis colegas de uno en uno, no en grupo.

Me entrevisté con ellos en el área de visitas. Había decidido no mencionar ciertos detalles. Les pediría consejo sobre la posibilidad de entablar conversaciones con el gobierno, sin mencionar para nada que de hecho se había formado ya un comité a tal fin. El primero al que vi fue a Walter. Le hablé de mi carta al comisionado de prisiones y de mi reunión con Coetsee. Le dije que había hablado con este último de la posibilidad de entablar conversaciones con el gobierno, y que parecían estar interesados. ¿Qué opinaba él sobre el tema?

Había atravesado todo tipo de situaciones con Walter. Era un hombre sabio y razonable y no había otra persona que me conociera mejor que él. Tampoco había nadie cuya opinión valorara más o me mereciera mayor confianza. Walter meditó acerca de lo que le había dicho. Estaba claro que se sentía incómodo y que, en el mejor de los casos, su actitud era tibia. "En principio", dijo, "no estoy en contra de las negociaciones. Pero hubiera preferido que el gobierno iniciara conversaciones con nosotros en vez de ser nosotros los que tomásemos la iniciativa".

Le repliqué que si no estaba en contra de las negociaciones en principio qué importancia tenía quién las iniciase. Lo importante era el resultado, no el procedimiento para ponerlas en marcha. Le dije a Walter que en mi opinión debíamos emprender las conversaciones sin preocuparnos de quién había sido el primero en llamar a la puerta. Walter comprendió que yo había tomado ya una decisión. Me dijo que no intentaría detenerme, pero que confiaba en que supiera lo que hacía.

El siguiente fue Raymond Mhlaba. Le expliqué la situación en los mismos términos que había empleado con Walter. Ray siempre había sido un hombre de pocas palabras y le llevó un rato digerir lo que le había dicho. Finalmente, me miró y me dijo: "Madiba, ¿a qué estabas esperando? Deberíamos haber empezado esto hace años". La reacción de Andrew Mlangeni fue virtualmente la misma que la de Ray. Hablé con Kathy en cuarto lugar. Su respuesta fue negativa. Estaba tan resueltamente en contra de lo que yo sugería como a favor se habían mostrado Raymond y Andrew. Iba más allá que Walter cuando opinaba que iniciando las conversaciones daríamos la impresión de haber capitulado.

Al igual que Walter observó que, en principio, no estaba en contra de las negociaciones. Le respondí lo mismo que a Walter, pero Kathy se mostró inflexible. Pensaba que yo había elegido un camino equivocado. No obstante, a pesar de sus dudas, dijo que no intentaría detenerme.

Poco después de esto recibí en secreto una nota de Oliver Tambo a través de uno de mis abogados. Había oído que estaba manteniendo conversaciones con el gobierno y se mostraba preocupado. Decía que era consciente de que llevaba tiempo solo y separado de mis colegas. Supongo que debía preguntarse qué pasaba conmigo. La nota de Oliver era breve y concisa: quería saber de qué estaba hablando con el gobierno. Era imposible que Oliver pensara que me había vendido al estado, pero podía creer que estaba cometiendo un error. De hecho, el tono de su nota sugería exactamente eso.

Le respondí con una carta muy concisa en la que le explicaba que mis conversaciones con el gobierno tenían un único objetivo: concertar una reunión entre el comité ejecutivo del CNA y el gobierno sudafricano. No le daba detalles, ya que no podía estar seguro de que mi carta no cayera en manos equivocadas. Me limitaba a exponer que había llegado el momento de hablar y que no tenía intención de comprometer a la organización en modo alguno.

Aunque el CNA había solicitado conversaciones con el gobierno durante décadas, jamás nos habíamos enfrentado a la perspectiva de entablarlas. No es lo mismo estudiar la posibilidad en teoría que emprender la negociación. Mientras escribía mi respuesta a Oliver estaba redactando a la vez el documento que pensaba enviar a P. W. Botha. Pensaba asegurarme de que Oliver tuviera ocasión de conocerlo también. Sabía que cuando Oliver y la ejecutiva nacional lo leyeran se acabarían sus temores de que me hubiera descarriado.

93

LA PRIMERA REUNIÓN del grupo secreto de trabajo se celebró en mayo de 1988, en un elegante club de oficiales dentro del recinto de Pollsmoor. Aunque conocía tanto a Coetsee como a Willemse, jamás había visto a Van der Merwe ni al doctor Barnard. Van der Merwe era un hombre tranquilo y equilibrado, que únicamente intervenía cuando tenía algo importante que decir. El doctor Barnard tenía unos treinta y tantos años y era extraordinariamente brillante, un hombre con enorme control y autodiciplina.

La entrevista inicial fue un tanto rígida, pero en sucesivas sesiones empezamos a hablar más libre y directamente. Me reuní con ellos casi todas las semanas durante varios meses. De pronto, los encuentros empezaron a celebrarse a intervalos irregulares; en ocasiones, era una vez al mes y repentinamente una semana tras otra. El programa normalmente era establecido por el gobierno, aunque a veces era yo el que solicitaba un encuentro.

En el curso de las primeras reuniones descubrí que mis nuevos colegas, a excepción de Barnard, sabían poco acerca del CNA. Todos ellos eran afrikáners cultos y de mentalidad mucho más abierta que el afrikáner medio, pero eran víctimas de tanta propaganda que era necesario aclararles algunos datos. Incluso el doctor Barnard, que había estudiado a fondo al CNA, había obtenido la mayor parte de su información de los ficheros de la policía y los servicios de inteligencia. Éstos eran en su mayor parte inexactos, y estaban teñidos por los prejuicios de aquellos que los habían reunido. No podía por menos que haber quedado infestado por los mismos prejuicios.

Al principio dediqué algún tiempo a hacerles un resumen de la historia del CNA y a explicarles a continuación cuáles eran nuestras posiciones acerca de los asuntos básicos que separaban a la organización del gobierno. Tras estos preliminares, nos concentramos en las cuestiones clave: la lucha armada, la alianza del CNA con el Partido Comunista, el objetivo de un gobierno de la mayoría y la idea de la reconciliación racial.

El primer tema que salió a colación era, en muchos aspectos, el más importante: la lucha armada. Pasamos varios meses discutiendo sobre ella. Ellos insistían en que el CNA debía renunciar a la violencia y abandonar la lucha armada antes de que el gobierno aceptara emprender negociaciones, y antes de que pudiera reunirme con el presidente Botha. Su conclusión era que la violencia no era más que una conducta criminal que no podía ser tolerada por el estado.

Yo respondí que el responsable de la violencia era el estado y que quien dicta la forma de la lucha es siempre el opresor no el oprimido. Si el primero recurre a la violencia, el oprimido no tiene más alternativa que responder de la misma manera. En nuestro caso se trataba simplemente de una forma legítima de autodefensa. Aventuré que si el estado decidía recurrir a métodos pacíficos, el CNA haría lo propio. "Les corresponde a ustedes, y no a nosotros, renunciar a la violencia", les dije.

Creo que, hasta cierto punto, les hice comprender nuestra postura en torno al tema de la violencia, pero la discusión no tardó en pasar del campo de la filosofía al de la práctica. Como señalaron el ministro Coetsee y el doctor Barnard, el National Party había manifestado repetidas veces que no estaba dispuesto a negociar con ninguna organización que defendiera el uso de la violencia. Así pues, ¿cómo iba a anunciar repentinamente que estaba dispuesto a entablar negociaciones con el CNA sin perder su credibilidad? Para alcanzar ese objetivo, decían, el CNA debía hacer algún gesto que permitiera al gobierno actuar sin perder la cara ante su propios seguidores.

Era una objeción válida y fácil de comprender, pero no estaba dispuesto a ofrecerles ninguna salida. "Caballeros," les dije, "no me corresponde a mí resolver su dilema". Me limité a aconsejarles que debían comunicar a su gente que no podría haber paz ni solución alguna a la situación de Sudáfrica sin sentarse a la mesa de negociaciones con el CNA. "La gente lo comprenderá", les dije.

La alianza del CNA con los comunistas parecía preocuparles casi tanto como la lucha armada. El National Party había asumido a pies juntillas la ideología más reaccionaria de la guerra fría de la década de 1950. Consideraba que la Unión Soviética era el imperio del mal y el comunismo obra del diablo. No había forma de hacerles cambiar de opinión. Mantenían que el Partido Comunista dominaba y controlaba el CNA. Para que se dieran las condiciones para emprender conversaciones debíamos romper nuestras relaciones con él.

En primer lugar, repliqué, ningún luchador por la libertad con un mínimo de respeto por sí mismo aceptaría órdenes del enemigo contra el que combate, ni abandonaría a un aliado tan antiguo con el fin de dar gusto a su antagonista. A continuación les expuse con todo lujo de detalles que el partido y el CNA eran organizaciones distintas e independientes, que compartían los mismos objetivos a corto plazo —el fin de la opresión racial y la creación de una Sudáfrica no racista—, pero que nuestros objetivos a largo plazo no eran coincidentes.

Esta discusión duró meses. Como la mayor parte de los afrikáners creían que dado que muchos de los comunistas pertenecientes al CNA eran blancos o indios, controlaban a los miembros negros de la organización. Cité multitud de casos en los que el CNA y el Partido Comunista habían defendido posiciones distintas, y en los que había prevalecido la del CNA. Esto no pareció impresionarles. Finalmente, exasperado, les dije: "Caballeros, ustedes se consideran inteligentes, ¿no es así? Creen que resultan convincentes y que están cargados de razón, ¿verdad? Pues bien, ustedes son cuatro y yo sólo uno, y no pueden controlarme ni apoderarse de mi mente. ¿Qué les hace creer que los comunistas pueden tener éxito donde ustedes han fracasado?".

También les preocupaba el tema de las nacionalizaciones. Insistían en que el CNA y la Constitución por la Libertad defendían la nacionalización generalizada de la economía sudafricana. Les expliqué que éramos partidarios de una distribución más igualitaria de los beneficios de ciertas industrias, en sectores que eran ya monopolios, y que podrían producirse algunas nacionalizaciones en esas áreas. Pero hice referencia a un artículo que había escrito en 1956 en *Liberation*. En él decía que la Constitución por la Libertad no era un proyecto de implantación del socialismo, sino de un capitalismo al estilo africano. Les dije que no había cambiado de opinión.

El otro tema fundamental a discusión era la cuestión del gobierno de la mayoría. Opinaban que si se producía un gobierno así, los derechos de las minorías serían pisoteados. Querían saber cómo pensaba proteger el CNA los derechos de la minoría blanca. Les contesté que no existía ninguna organización en toda la historia de Sudáfrica que pudiera compararse con el CNA en lo referente a su lucha por la unificación de todos los pueblos y razas de Sudáfrica. Les pedí que estudiaran el preámbulo de la Constitución por la Libertad: "Sudáfrica pertenece a todos aquellos que viven en ella, negros y blancos". También los blancos eran africanos, y que en cualquier proyecto de futuro la mayoría tendría necesidad de la minoría. "No queremos echarles a ustedes al mar", concluí.

94

Las reuniones tuvieron un efecto positivo: en invierno de 1988 me comunicaron que el presidente Botha planeaba entrevistarse conmigo antes de finales de agosto. El país seguía sumido en el caos. El gobierno había reinstaurado el estado de excepción, tanto en 1987 como en 1988. Las presiones internacionales iban en aumento. Cada vez más empresas abandonaban Sudáfrica. El Congreso de los EE UU había aprobado una ley en la que daba el visto bueno a sanciones de gran alcance contra Sudáfrica.

En 1987, el CNA había celebrado su 75 aniversario. A finales de año había convocado una conferencia en Tanzania a la que asistieron delegados de más de cincuenta naciones. Oliver había declarado que la lucha armada se intensificaría hasta que el gobierno aceptara entablar negociaciones con el fin de abolir el *apartheid*. Dos años antes, en la conferencia del CNA celebrada en Kabwe, Zambia, con ocasión del treinta aniversario de la Constitución por la Libertad, miembros de otras razas fueron elegidos para el Comité Ejecutivo Nacional por vez primera. La ejecutiva se comprometió a no celebrar conversaciones con el gobierno hasta que todos los dirigentes del CNA fueran puestos en libertad.

Aunque la violencia seguía siendo generalizada, el National Party nunca había sido más fuerte. En las elecciones generales de mayo de 1987, el partido en el poder obtuvo una abrumadora victoria. Lo que era aún peor, el Progressive Federal Party, un partido liberal, había sido reemplazado como oposición oficial por el Conservative Party, un partido que estaba a la derecha incluso del National Party, y cuya campaña se había basado en que el gobierno se mostraba demasiado clemente con la oposición negra.

A pesar de mi optimismo acerca de las conversaciones secretas fue un periodo difícil. Acababa de recibir una visita de Winnie y de enterarme de que el 8115 de Orlando West, la casa en la que habíamos vivido y que consideraba mi hogar, había sido incendiada. Habíamos perdido recuerdos, fotografías y objetos que para nosotros tenían un valor incalculable. Había desaparecido incluso el trozo de pastel de boda que Winnie tenía guardado para celebrar el día de mi puesta en libertad. Siempre había pensado que algún día, cuando saliera de la cárcel, podría recuperar el pasado mirando aquellas fotos y cartas y ahora habían sido destruidas. La prisión me había robado la libertad, pero no los recuerdos. Los enemigos de nuestra lucha habían intentado robarme incluso eso.

También sufría una tos que no parecía ceder, y a menudo me sentía demasiado débil como para hacer mis ejercicios. Había seguido quejándome de la humedad de mi celda, pero nadie había hecho nada para remediarla. Un día, durante una visita de mi abogado Ismail Ayob, me sentía enfermo y vomité. Me llevaron de vuelta a la celda y fui examinado por un médico. En esa ocasión no tardé en recuperarme. Pocos días más tarde, no obstante, me encontraba en mi celda después de la cena cuando llegó un médico escoltado por una serie de guardianes. El médico me examinó por encima y seguidamente uno de los guardianes me pidió que me vistiera. Me dijeron que iban a llevarme a un hospital de Ciudad de El Cabo. Las medidas de seguridad fueron extremas; fui trasladado en un convoy de automóviles y vehículos militares y acompañado por al menos una docena de funcionarios de la cárcel.

Fui conducido al hospital de Tygerberg, en el *campus* de la Universidad de Stellenbosch, en una zona rica de El Cabo. Según pude saber más tarde habían estado a punto de llevarme a otro hospital porque las autoridades temían que atrajera la atención en un hospital universitario. Los guardianes entraron por delante para echar a todo el mundo de la zona de admisión. A continuación fui escoltado hasta una planta que había sido totalmente evacuada. En el vestíbulo de aquel piso había más de una docena de guardianes armados.

Un médico joven y cordial, que era profesor de la facultad de medicina, me examinó mientras yo permanecía sentado sobre una mesa de la sala de consultas. Me inspeccionó la garganta, me dio golpecitos en el pecho, me tomó unas muestras para cultivo, y en un abrir y cerrar de ojos me dijo que estaba sano. "No le ocurre nada", me dijo sonriendo. "Mañana le daremos el alta". Yo estaba ansioso porque nada interrumpiera mis conversaciones con el gobierno, por lo que me sentí satisfecho con su diagnóstico. Tras examinarme, el doctor me preguntó si me apetecía un té. Le dije que sí y pocos minutos después una enfermera alta y mestiza entró con una bandeja. La presencia de todos aquellos policías y guardianes armados la asustó de tal modo que dejó caer la bandeja sobre mi cama. El té se derramó y ella salió huyendo.

Pasé la noche en el pabellón vacío y fuertemente vigilado. A primera hora de la mañana siguiente, antes incluso de que hubiera desayunado, recibí la visita de un doctor de más edad que era el jefe del departamento de medicina interna del hospital. Era un personaje de aspecto más serio y de un talante menos cordial que el joven médico que me había reconocido la noche anterior. Sin más preámbulos me dio unos golpes secos en el pecho y después dijo con tono gruñón: "Tiene usted agua en un pulmón". Le dije que el otro médico me había hecho pruebas y había dicho que estaba perfectamente. Con un atisbo de irritación me dijo: "Mandela, mírese el pecho". Me indicó que tenía un costado del pecho más grande que el otro, y añadió que probablemente lo tenía lleno de agua.

Le dijo a una enfermera que le trajera una jeringa y sin más preámbulos me la clavó en el pecho y extrajo un líquido de color marrón. "¿Ha desayunado?", me preguntó. Le contesté que no. "Estupendo. Vamos a llevarle inmediatamente al quirófano", dijo. Me explicó que tenía mucha agua en el pulmón y que quería extraérmela inmediatamente.

En el quirófano fui anestesiado y cuando abrí los ojos me encontraba en una habitación acompañado del doctor. Aún estaba atontado, pero me concentré en sus palabras: me había extraído dos litros de agua del pecho y al ser analizada habían comprobado que el líquido contenía el germen de la tuberculosis. Me dijo que estaba en una de las primeras fases de la enfermedad y que el pulmón aún no estaba dañado. Si bien una tuberculosis ya implantada tardaba en curarse unos seis meses, me aseguró que yo me encontraría mejor en un par de meses. El doctor estuvo de acuerdo en que probablemente la humedad de la celda había contribuido a que desarrollara la enfermedad.

* * *

Pasé las siguientes seis semanas en Tygerberg recuperándome y recibiendo tratamiento. En diciembre fui trasladado a la clínica de Constantiaberge, un lujoso sanatorio cerca de Pollsmoor, que jamás había atendido anteriormente a un paciente negro. La primera mañana que pasé allí recibí la visita de Kobie Coetsee, que venía acompañado por el mayor Marais, comandante en funciones encargado de cuidarme. Casi no habíamos hecho más que saludarnos cuando me trajeron el desayuno.

A causa de mi reciente enfermedad y de mis antecedentes de tensión alta me habían sometido a una estricta dieta baja en colesterol. En apariencia, esa orden no había llegado hasta la cocina de la clínica, ya que mi bandeja de desayuno incluía huevos revueltos, tres lonchas de beicon y varias tostadas con mantequilla. No podía recordar la última vez en que había probado los huevos y el beicon, y me sentía hambriento. Justo en el momento en que iba a llevarme a la boca un delicioso bocado, Marais dijo: "No, Mandela, eso va contra las instrucciones dadas por su médico", y se abalanzó sobre mi bandeja. La agarré fuertemente y le dije: "Lo siento, mayor. Si este desayuno me mata, estoy listo para morir hoy".

Una vez que estuve instalado en Constantiaberge comencé de nuevo a verme con Kobie Coetsee y el comité secreto. Mientras aún me encontraba en la clínica, Coetsee me informó de que deseaba que disfrutase de una situación que estaba a medio camino entre el confinamiento y la libertad. Aunque no explicó qué significaba eso, yo tenía una idea de lo que me estaba proponiendo y me limité a asentir. No era tan ingenuo como para considerar que me estaba proponiendo la libertad, pero sí sabía que se trataba de un paso en esa dirección.

Mientras tanto, la clínica resultaba extraordinariamente confortable y por primera vez estaba disfrutando realmente de una convalecencia. Las enfermeras —que eran blancas y mestizas, ya que no había enfermeras negras— me malcriaban. Me traían postres especiales y almohadas, y estaban continuamente visitándome, incluso cuando terminaban sus turnos.

Un día, una de las enfermeras vino a decirme: "Señor Mandela, tenemos una fiesta esta noche y nos gustaría que asistiese". Le dije que yo estaría encantado de ir, pero que sin duda las autoridades tendrían algo que decir al respecto. Las autoridades penitenciarias me negaron el permiso. Esto irritó a las enfermeras, que decidieron hacer la fiesta en mi habitación, insistiendo en que no podían celebrar la reunión sin mí.

Esa noche, una docena más o menos de jovencitas vestidas de fiesta bajaron a mi habitación con tarta, ponche y regalos. Los guardias se quedaron perplejos, pero difícilmente podían considerar a esas alegres muchachas como un riesgo para la seguridad. De hecho, cuando uno de los guardias intentó impedir a algunas enfermeras que entrasen en mi cuarto le acusé en broma de estar celoso de que un viejo recibiese tantas atenciones de unas mujeres tan bonitas.

95

A PRINCIPIOS DE DICIEMBRE DE 1988 se estrecharon las medidas de seguridad en torno mío y los oficiales a cargo de mi vigilancia se mostraban más alerta de lo habitual. Era inminente algún cambio. La tarde del 9 de diciembre, el mayor Marais entró en mi habitación y me dijo que me preparase para partir. Le pregunté adónde. No me lo podía decir. Guardé mis cosas y busqué a algunas de mis leales enfermeras. Me contrarió mucho no poder darles las gracias y despedirme de ellas.

Salimos enseguida y tras aproximadamente una hora de viaje por carretera entramos en una prisión cuyo nombre reconocí: Victor Verster. Se levantaba en la hermosa y antigua ciudad de Paarl, en una región de viñedos a algo más de cincuenta kilómetros al noreste de Ciudad de El Cabo. La prisión tenía fama de ser un modelo en cuanto a comodidades. Atravesamos las instalaciones y, a través de un tortuoso camino polvoriento, llegamos a una zona un tanto agreste, en medio de un área boscosa tras los terrenos de la cárcel. Al final del camino vimos una solitaria casita blanca que se alzaba tras un muro de cemento y a la que daban sombra altos pinos.

El mayor Marais me escoltó dentro hasta un espacioso salón junto a una gran cocina. Había un dormitorio aún mayor en la parte posterior de la vivienda. La casa disponía de pocos muebles, pero eran cómodos. No la habían limpiado antes de mi llegada y el dormitorio y el salón estaban llenos de exóticos insectos, ciempiés, arañas y cosas similares, algunos de los cuales no había visto nunca antes. Esa noche quité los insectos de mi cama y del antepecho de la ventana. Dormí muy bien en lo que sería mi nuevo hogar.

A la mañana siguiente exploré mi nueva morada y descubrí una piscina en la parte trasera y dos habitaciones más pequeñas. Paseé al aire libre y admiré los árboles que daban sombra a la casa y la mantenían fresca. El lugar entero parecía apartado y remoto. La única cosa que rompía el idílico cuadro era que los muros estaban rematados por alambre de espino y que había guardianes a la entrada de la casa. Aun así, el entorno y la casa eran hermosos. Era un lugar a medio camino entre la prisión y la libertad.

Esa tarde me visitó Kobie Coetsee, que me trajo una caja de vino de El Cabo como regalo de bienvenida. A ninguno de los dos nos pasó inadvertida la ironía que encerraba la imagen de un carcelero trayendo semejante presente a su prisionero. Se mostró muy solícito y quiso asegurarse de que me agradaba mi nuevo domicilio. Supervisó él mismo la casa y lo único que recomendó fue que se alzasen los muros exteriores. Para salvaguardar mi intimidad, según dijo. Me informó de que la casita en Victor Verster podría ser mi último alojamiento antes de convertirme en un hombre libre. Me habían trasladado, según él, para que pudiese disponer de un lugar privado y cómodo donde celebrar reuniones.

En efecto, la casa creaba cierta ilusión de libertad. Podía acostarme y levantarme cuando quisiera, nadar si gustaba, comer cuando tuviese hambre. Todas aquellas sensaciones resultaban deliciosas. Simplemente el poder salir al exterior durante el día y dar un paseo cuando lo deseaba representaba algo maravilloso. No había rejas en las ventanas, ni llaves, ni puertas que se cerrasen y abriesen detrás mío. Sin embargo, aunque todo era muy agradable, no olvidaba ni por un momento que era un prisionero en una jaula dorada.

Los responsables de la prisión me suministraron un cocinero, el suboficial Swart, un afrikáner alto y callado que había trabajado hacía tiempo en la isla de Robben. Yo no le recordaba, pero él me dijo que alguna vez nos había acompañado a la cantera y que cogía a propósito los baches con el camión para darnos un viaje movidito. "Eso es lo que hacía", concluyó tímidamente, y yo sonreí. Era un tipo decente y con buen carácter, que carecía de prejuicios y llegó a ser como un hermano pequeño para mí.

Llegaba a las siete de la mañana y se marchaba a las cuatro. Se ocupaba de hacerme el desayuno, la comida y la cena. El médico me había puesto una dieta y a ella se atenía a la hora de guisar. Era un estupendo cocinero y cuando se marchaba a las cuatro me dejaba la cena lista para calentarla en el microondas, un aparato que resultaba nuevo para mí.

Swart hacía él mismo el pan, preparaba cerveza de jengibre casera y me obsequiaba con una variedad de cosas ricas. Cuando yo recibía visitas, cosa que ocurría cada vez con mayor frecuencia, preparaba deliciosos platos. Los invitados alababan la comida y puedo asegurar que mi *chef* era la envidia de todos mis visitantes. Cuando las autoridades penitenciarias comenzaron a permitir que me visitasen algunos de mis camaradas del CNA y otros miembros del UDF (United Democratic Front) y el MDM (Mass Democratic Movement) les reprochaba que venían sólo por la comida.

Un día, después de una deliciosa comida preparada por Swart, fui a la cocina a lavar los platos. "No", me dijo, "eso es tarea mía. Usted vuelva al salón". Insistí en que debía hacer algo, ya que si él cocinaba lo menos que podía hacer yo era lavar los platos. Swart protestó, pero finalmente me dejó hacerlo. También se negaba a que yo hiciese mi cama por la mañana, diciendo que era parte de su trabajo. Sin embargo, yo había estado haciendo mi cama tanto tiempo que era ya un reflejo.

Llegamos a un acuerdo en otro aspecto. Como les ocurría a muchos guardianes que hablaban afrikaans, él estaba intentando mejorar su inglés. Al mismo tiempo, yo buscaba siempre el medio de mejorar mi afrikaans. Hicimos un trato: él me hablaría en inglés y yo respondería en afrikaans, y de ese modo ambos practicaríamos el idioma que menos dominábamos.

En ocasiones le pedía que me preparase algún plato en concreto. A veces le rogaba que me hiciese el potaje de maíz y judías que solía tomar cuando era un niño. Un día le dije: "Me gustaría que me cocinase arroz integral". Me quedé sorprendido cuando me preguntó qué era eso. Swart era joven y tuve que explicarle que era un arroz con cáscara, sin refinar, y que solíamos tomarlo durante la guerra cuando era imposible encontrar arroz blanco. Le dije que era mucho más saludable que el arroz blanco. Al principio se mostró escéptico, pero consiguió encontrarlo. Lo preparó y yo disfruté mucho con el plato. Sin embargo, a Swart no le agradó el sabor y me juró que si quería comerlo otra vez tendría que cocinarlo yo mismo.

Aunque yo no bebía, deseaba ser un buen anfitrión y disponer de vino para ofrecer a mis huéspedes. En alguna ocasión tomaba un sorbo para no hacer un feo a mis invitados, pero el único vino que tolero es el semiseco sudafricano, que de hecho es bastante dulce.

Antes de que llegasen mis visitantes le pedí a Swart que consiguiese cierto tipo de vino de Nederburg, que yo había probado antes y sabía que era semidulce. Un día en que esperaba a comer a mis amigos y abogados, Dullah Omar, George Bizos e Ismail Ayob, pedí a Swart que trajese un Nederburg, ya que a George Bizos, que no era musulmán, podía apetecerle un poco con la comida. Advertí que hizo un gesto cuando se lo pedí y le pregunté qué ocurría.

"Señor Mandela," me respondió, "siempre le compro el mismo porque es el que me pide, pero es un vino barato y no es bueno". Le recordé que no me gustaban los vinos secos y le dije que estaba seguro de que George no apreciaría la diferencia. Swart sonrió al escuchar esto y

me propuso una solución de compromiso: saldría a comprar dos botellas, una de vino seco y otra de mi Nederburg y luego preguntaría a
mi invitado cuál prefería. "Bien", le contesté, "haremos el experimen-
to".

Cuando los cuatro estuvimos sentados a la mesa, Swart llegó con las
dos botellas y dirigiéndose a los comensales dijo: "Caballeros, ¿qué vino
prefieren?". Sin mirarme siquiera, George señaló la botella de vino seco.
Swart se limitó a sonreír.

96

LAS REUNIONES con el comité continuaron. Seguíamos atascados
con los mismos temas que desde el principio nos impedían avanzar: la lucha armada, el Partido Comunista y el gobierno de la mayoría. Yo seguía
presionando a Coetsee para conseguir una entrevista con P. W. Botha.
Para entonces, las autoridades me permitían tener algunos restringidos
contactos con mis camaradas de Pollsmoor y la isla de Robben, así como
con el CNA en Lusaka. Aunque sabía que iba por delante de mis colegas,
no quería adelantarme tanto que pudiese encontrarme solo.

En enero de 1989 me visitaron mis cuatro compañeros de Pollsmoor y
discutimos el informe que pensaba enviar el presidente. En mi memorándum reiteraba la mayoría de las cuestiones que había planteado en los encuentros con el comité secreto. No obstante, quería asegurarme de que el
presidente del estado las escuchase directamente de mis labios. Así vería
que no éramos salvajes terroristas sino hombres razonables.

En el documento que envié al señor Botha en marzo decía lo siguiente: "Me disgusta, como les ocurre sin duda a muchos sudafricanos, la
perspectiva de un país dividido en dos bandos enfrentados —los negros
por un lado... y los blancos por otro— matándose los unos a los otros".
Para evitar eso y preparar el terreno para la negociación sugerí que em-
pezásemos por estudiar las tres exigencias planteadas por el gobierno al
CNA como condición previa a las negociaciones: el abandono de la violencia, la ruptura con el PC de Sudáfrica y la renuncia a un gobierno de
la mayoría.

Respecto al primer punto, le decía que el problema no era la negativa del CNA a prescindir de la violencia. "La realidad es que el gobierno
no está dispuesto todavía... a compartir el poder político con los ne-

gros". Le explicaba nuestra renuencia a desechar la colaboración con el
PCSA y le reiteraba que no estábamos siendo controlados por él. "¿Qué
hombre de honor", escribía, "abandonaría a un amigo de toda la vida
ante la insistencia de un enemigo común? ¿Cómo conservaría la credibilidad de su pueblo?". Le decía que la renuncia a un gobierno de la mayoría no era más que un mal disimulado intento por parte del estado de
preservar el poder. Le sugería que se enfrentase a los hechos. "El gobierno de la mayoría y la paz interna son como las dos caras de una misma
moneda. Los sudafricanos blancos han de aceptar sencillamente que
nunca existirá la paz y la estabilidad en este país hasta que ese principio
sea aplicado".

Al final de la carta le ofrecía un marco de negociación muy claro.

Hay dos cuestiones políticas a las que se ha de dar respuesta. En
primer lugar, a la demanda de un gobierno de la mayoría dentro
de un estado unitario; y en segundo, a la preocupación de los
blancos sudafricanos acerca de este asunto, así como a la insistencia de los blancos en que se ofrezcan garantías de que un gobierno
de la mayoría no supondría que la minoría blanca estaría dominada por los negros. El gobierno y el CNA han de asumir como su
principal tarea la reconciliación de estas dos posiciones.

Proponía que este tema se abordase en dos etapas. La primera sería la
de la discusión para crear las condiciones apropiadas para la negociación. Posteriormente vendrían las negociaciones en sí mismas. "Debo
señalar que el paso que he dado le ofrece una oportunidad de romper el
actual bloqueo y normalizar la situación política en el país. Confío en
que considere este asunto sin demora".

Pero sí hubo retrasos. En enero, el presidente P. W. Botha sufrió una
apoplejía. Aunque no le dejó incapacitado, sí le afectó y según su propio
gabinete, le volvió más irascible de lo habitual. Inesperadamente, Botha
dimitió en febrero como líder del National Party, aunque no renunció a
su cargo de presidente. Se trataba de una situación sin precedentes en la
historia del país. En el sistema parlamentario sudafricano, el líder del
partido que obtenía la mayoría se convertía en jefe del estado. Botha era
ahora el presidente del gobierno, pero no el de su propio partido. Algunos vieron en esto un signo positivo: Botha pretendía estar "por encima
de los partidos políticos" para poder llevar adelante un verdadero cambio
en Sudáfrica.

La violencia política y las presiones internacionales se intensificaron. Los detenidos por motivos políticos en todo el país habían llevado a cabo con éxito una huelga de hambre. El ministro de Justicia se había visto obligado a liberar a novecientos. En 1989, la UDF creó una alianza con el COSATU (el Congreso de los Sindicatos Sudafricano) para formar el MDM (Mass Democratic Movement), que empezó a organizar una "campaña de desafío" a nivel nacional propugnando la desobediencia civil para presionar a las instituciones que respaldaban el *apartheid*. En el terreno internacional, Oliver emprendió conversaciones con los gobiernos de Gran Bretaña y la Unión Soviética. Además, en enero de 1987 se había entrevistado en Washington con el secretario de estado, George Shultz. Los estadounidenses reconocieron al CNA como un elemento indispensable en la búsqueda de cualquier solución en Sudáfrica. Las sanciones contra Sudáfrica se incrementaron.

La violencia política también tuvo su lado trágico. Dado que los enfrentamientos en Soweto eran cada día más frecuentes, mi esposa había permitido que un grupo de jóvenes fuesen sus guardaespaldas en sus desplazamientos a través del *township*. Esos muchachos carecían de entrenamiento y de disciplina, y se vieron emnvueltos en actividades impropias de los luchadores por la libertad. Como consecuencia de ello, Winnie fue acusada legalmente en el proceso que se siguió contra uno de esos guardaespaldas, acusado del asesinato de uno de sus compañeros. Esta situación me resultaba muy desconcertante, ya que un escándalo así sólo servía para dividir al movimiento en un momento en el que la unidad era algo esencial. Apoyé totalmente a mi esposa y sostuve que aunque se habría mostrado poco discreta, era inocente de cargos tan graves.

En el mes de julio, para celebrar mi setenta y un cumpleaños, recibí a la familia, casi al completo, en la casa de Victor Verster. Era la primera vez que había podido reunir a mi esposa, mis hijos y mis nietos en el mismo lugar. Fue una ocasión muy importante y feliz. Swart se superó a sí mismo preparando un festín, y ni siquiera se molestó cuando permití que uno de los niños se comiera algunos de sus dulces antes del primer plato. Después de comer, mis nietos se marcharon a mi dormitorio para ver un vídeo de una película de terror, mientras los adultos nos quedábamos cotilleando en el salón. Fue un placer inenarrable para mí tener a mi familia alrededor, sólo ensombrecido por la consciencia de haber perdido tantos años que podía haber compartido con ellos.

97

EL 4 DE JULIO RECIBÍ la visita del general Willemse, que me comunicó que iba a ser conducido a presencia del presidente Botha al día siguiente. Describió la entrevista como una "visita de cortesía", y me dijo que estuviera listo para salir a las cinco y media de la madrugada. Le dije al general que, si bien estaba impaciente por celebrar aquel encuentro, me parecía apropiado llevar un traje y una corbata para asistir a él. (El traje que me habían confeccionado para la visita del grupo de representantes de la Commonwealth había desaparecido hacía ya tiempo). El general estuvo de acuerdo y poco después apareció un sastre para tomarme medidas. Aquella tarde recibí un traje, una corbata, una camisa y unos zapatos nuevos. Antes de partir, el general me preguntó también cuál era mi grupo sanguíneo, por si acaso ocurría algún imprevisto el día siguiente.

Me preparé para la reunión tan bien como me fue posible. Releí mi memorándum y las abundantes notas que había tomado para redactarlo. Examiné todos los periódicos y revistas que pude para asegurarme de que estaba al día. Tras la dimisión del presidente Botha como jefe del National Party, su puesto había sido ocupado por F. W. de Klerk, y se rumoreaba que había un considerable grado de enfrentamiento entre ambos. Algunos podrían interpretar que la voluntad de Botha de entrevistarse conmigo era un modo de robarle protagonismo a su rival, pero aquello no era asunto mío. Repasé los argumentos que el presidente probablemente emplearía y los que yo utilizaría como respuesta. En todo encuentro con el adversario es necesario asegurarse de que se transmite exactamente la impresión que uno desea transmitir.

La idea de ver al señor Botha me ponía tenso. Era conocido como *die Groot Krokodil* —el Gran Cocodrilo—, y había oído muchas historias sobre su temperamento feroz. Pensaba que era el paradigma del afrikáner rígido, anticuado y testarudo, que no discutía con los líderes negros, sino que más bien tendía a dictarles órdenes. Al parecer, el reciente ataque que había padecido no había hecho más que exacerbar esta tendencia. Decidí que si se comportaba de ese modo conmigo tendría que comunicarle que su comportamiento me parecía inaceptable, levantarme y dar por finalizada la entrevista.

*   *   *

A las cinco y media de la madrugada en punto, el mayor Marais, comandante en jefe de la prisión de Victor Verster, llegó a mi casa. Entró al salón, donde me puse en pie para someterme a su inspección con mi nuevo traje. Dio una vuelta a mi alrededor, y después agitó la cabeza con gesto de negación.

"No, Mandela, la corbata", dijo. En la cárcel no suele uno tener ocasión de usar corbata, y aquella mañana, mientras me la ponía, me había dado cuenta de que se me había olvidado cómo se hacía el nudo. Hice lo que pude y esperé que nadie se diera cuenta. El mayor Marais desabrochó el cuello de mi camisa, me quitó la corbata y después, desde detrás mío, me hizo un perfecto nudo Windsor. Luego se retiró un poco para admirar su obra. "Mucho mejor", declaró.

Fuimos en coche desde Victor Verster a Pollsmoor, a la residencia del general Willemse, donde la esposa del general nos sirvió el desayuno. A continuación, en un pequeño convoy, viajamos hasta Tuynhuys, donde se encontraba el despacho oficial del presidente. Aparcamos en un garaje subterráneo en el que no podríamos ser vistos. Tuynhuys es un elegante edificio del XIX estilo holandés de El Cabo, pero no llegué a verlo bien aquel día. Me llevaron a hurtadillas hasta los aposentos presidenciales.

Cogimos el ascensor que nos depositó en un recibidor grandioso, forrado de madera, que daba al despacho del presidente. Allí nos recibieron Kobie Coetsee y Niel Barnard, acompañados de un cortejo de funcionarios de prisiones. Había hablado largo y tendido de esta entrevista tanto con Coetsee como con el doctor Barnard, y siempre me habían aconsejado que rehuyera abordar temas controvertidos con el presidente. Mientras esperábamos, el doctor Barnard miró hacia abajo, se dio cuenta de que llevaba los zapatos mal atados y se arrodilló rápidamente para atármelos. Fue cuando me di cuenta de lo nerviosos que estaban, lo que no contribuyó en absoluto a tranquilizarme. Entonces se abrió la puerta y entré, esperando lo peor.

P. W. Botha se acercó a mí desde el extremo opuesto de su enorme despacho. Había planeado sus movimientos a la perfección, ya que nos encontramos a mitad de camino. Traía la mano extendida y sonreía abiertamente; de hecho, desde ese mismo momento me dejó desarmado. Se mostró cortés, deferente y cordial en todo momento.

Inmediatamente posamos para una fotografía de los dos estrechándonos la mano, y seguidamente Kobie Coetsee, el general Willemse y el doctor Barnard se nos unieron. Nos sentamos a la mesa, nos sirvieron té y empezamos a hablar. Desde el principio pareció que no estábamos tratando peliagudos temas políticos, sino que nos enfrascábamos en un vivaz e interesante seminario. No discutimos sobre temas fundamentales, sino más bien sobre la historia y la cultura sudafricanas. Mencioné que recientemente había leído un artículo en una revista afrikaans acerca de la rebelion afrikáner de 1914, y comenté que, durante la misma, habían ocupado ciudades del Estado Libre de Orange. Dije que veía más de un paralelismo entre nuestra lucha y aquella famosa rebelión, y discutimos aquel episodio histórico durante un buen rato. La historia de Sudáfrica, por supuesto, resulta muy diferente para un negro que para un blanco. Para ellos, la rebelión había sido una disputa entre hermanos, mientras que mi rebelión tenía un carácter revolucionario. Repliqué que también podía interpretarse como una lucha entre hermanos de diferente color.

La reunión no duró ni media hora, y fue amistosa y relajada de principio a fin. Fue entonces cuando planteé una cuestión grave. Le pedí al señor Botha que liberara a todos los presos políticos incondicionalmente, yo mismo incluido. Fue el único momento tenso que hubo en la reunión, y el señor Botha dijo que mucho se temía que no podía hacerlo.

Hubo entonces una breve discusión acerca de lo que debíamos decir si se filtraban noticias de la reunión. Redactamos rápidamente un comunicado poco comprometido, en el que decíamos que nos habíamos reunido a tomar el té en un esfuerzo por favorecer la paz en el país. Una vez acordado el contenido del comunicado, el señor Botha se levantó y me dio la mano, diciéndome que había sido un gran placer. De hecho, así había sido. Le di las gracias y me fui por donde había venido.

Si bien la reunión no fue un paso adelante en términos de las negociaciones, sí que lo fue en otro sentido. El señor Botha llevaba tiempo hablando de la necesidad de cruzar el Rubicón, pero nunca lo había hecho hasta aquella mañana en Tuynhuys. Ahora, en mi opinión, ya no había vuelta atrás.

Un mes más tarde, en agosto de 1989, P. W. Botha apareció en la televisión nacional anunciando su dimisión como presidente del estado. En un discurso de despedida curiosamente divagatorio acusó a miembros del gabinete de haber abusado de su confianza, de ignorarle y de hacerle el juego al Congreso Nacional Africano. Al día siguiente, F. W. de Klerk juró el cargo de presidente en funciones y reafirmó su compromiso con el cambio y las reformas.

Para nosotros, el señor de Klerk era un enigma. Cuando se había convertido en cabeza visible del National Party parecía el paradigma del hombre de partido, ni más ni menos. No había nada en su pasado que sugiriera que era partidario de introducir reformas. Como ministro de Educación había intentado impedir el acceso de los estudiantes negros a las universidades blancas. En cuanto se hizo con el poder en el National Party empecé a seguir muy de cerca sus pasos. Leí todos sus discursos, escuché lo que decía y empecé a ver que representaba una auténtica ruptura respecto a su predecesor. No era un ideólogo, sino un pragmático, un hombre que consideraba que el cambio era necesario e inevitable. El día que juró el cargo le escribí una carta solicitando una entrevista.

En su discurso inaugural, el señor de Klerk dijo que su gobierno estaba comprometido con la paz y estaba dispuesto a negociar con cualquier grupo en la misma situación. Pero su compromiso con la instauración de un orden nuevo sólo quedó demostrado cuando, tras su acceso al cargo, se convocó una marcha en Ciudad de El Cabo para protestar contra la brutalidad policial. Iría encabezada por el arzobispo Tutu y el reverendo Allan Boesak. Si el presidente hubiera sido Botha, la marcha habría sido prohibida, los convocantes habrían desafiado la prohibición y todo habría acabado con un estallido de violencia. El nuevo presidente fue fiel a su promesa de levantar las restricciones que pesaban sobre las reuniones políticas y autorizó la marcha, aunque solicitando que los manifestantes actuaran pacíficamente. Había una nueva mano a cargo del timón.

98

SEGUÍ REUNIÉNDOME en secreto con el comité de negociación incluso después de que De Klerk accediera a la presidencia del país. Se nos unió Gerrit Viljoen, el ministro de Desarrollo Constitucional, un hombre brillante con un doctorado en clásicas, cuyo papel era llevar nuestras discusiones al marco constitucional. Yo presionaba al gobierno pidiéndole que mostrara su buena fe liberando a los presos políticos de Pollsmoor y la isla de Robben. Si bien le dije al comité que debían liberar incondicionalmente a mis colegas, también le aseguré que el gobierno podía esperar de ellos un comportamiento disciplinado una vez que fueran puestos en libertad. Lo había demostrado la conducta de Govan Mbeki, que había sido liberado a finales de 1987.

El 10 de octubre de 1989 el presidente de Klerk anunció la inminente liberación de Walter Sisulu y otros siete de mis anteriores camaradas de Robben, Raymond Mhlaba, Ahmed Kathrada, Andrew Mlangeni, Elias Motsoaledi, Jeff Masemola, Wilton Mkwayi y Oscar Mpetha. Aquella mañana había recibido la visita de Walter, Kathy, Ray y Andrew, que permanecían aún en Pollsmoor, y tuve ocasión de despedirme de ellos. Fue un momento emocionante, pero yo sabía que no tardaría mucho en seguir sus pasos. Fueron excarcelados cinco días después en la cárcel de Johannesburgo. La medida mereció, con toda justicia, alabanzas tanto en el interior del país como en el extranjero, y transmití un mensaje de agradecimiento al señor de Klerk.

Mi gratitud no era nada comparada con el júbilo que me produjo saber que Walter y los demás estaban libres. Fue un día que habíamos ansiado y por el que habíamos luchado durante muchos años. De Klerk había estado a la altura de sus promesas, y mis compañeros habían sido liberados sin orden de proscripción alguna; podían hablar en nombre del CNA. Estaba claro que, a todos los efectos, la prohibición que pesaba sobre la organización había expirado. Aquello representaba una vindicación de nuestra larga lucha y de nuestra decidida adhesión a sus principios.

De Klerk puso en marcha el desmantelamiento sistemático de muchas de las piedras angulares del *apartheid*. Abrió las playas sudafricanas a todas las razas y anunció que la ley que establecía lugares de ocio separados pronto sería derogada. La ley venía imponiendo, desde 1953, el llamado "pequeño *apartheid*", por el que se segregaba a la gente en parques, cines, restaurantes, autobuses, bibliotecas, servicios sanitarios y otras instalaciones con arreglo a las razas. En noviembre se anunció la inminente disolución del National Security Management System, una estructura secreta creada durante el mandato de P. W. Botha para combatir los movimientos anti*apartheid*.

A comienzos de diciembre se me comunicó que el día doce de ese mismo mes había programada una entrevista con De Klerk. En esta ocasión pude consultar a mis viejos y nuevos colegas, y celebré reuniones en mi casa con viejos camaradas y miembros del MDM y el UDF. Recibí a gente del CNA procedente de todas las regiones, así como a delegados del UDF y el COSATU. Uno de aquellos hombres jóvenes era Cyril Ramaphosa, secretario general del Sindicato Nacional de la Minería, que era uno de los miembros más capacitados de la nueva generación de dirigentes nacionales. También me visitaron colegas de la isla de Robben, incluyendo a Terror Lekota y Tokyo Sexwale, que se quedaron a comer conmigo. Ambos disfrutan de un gran apetito, y la única queja que escuché sobre ellos fue la del suboficial Swart cuando dijo: "¡Esos tipos son capaces de comerse hasta los platos!".

Con la ayuda de una serie de colegas redacté una carta dirigida a De Klerk, muy similar a la que había enviado a P. W. Botha. En ella hablaba de la celebración de conversaciones entre el gobierno y el CNA. Le decía al presidente que el conflicto en curso estaba desangrando al país y que la única solución era hablar. Mencionaba también que el CNA no aceptaba condición previa alguna para entablar conversaciones, y menos aún la que el estado exigía: el fin de la lucha armada. El gobierno había hablado de un "compromiso honrado con la paz", y yo señalaba en la carta que nuestra disposición a negociar era precisamente eso.

Le explicaba al señor de Klerk cuánto me había impresionado el énfasis que había puesto en la reconciliación durante su primer discurso presidencial. Sus palabras habían imbuido en millones de sudafricanos y de ciudadanos de todo el mundo la esperanza de que el nacimiento de una nueva Sudáfrica fuera inminente. El primer paso en el camino de la reconciliación, le decía, era el desmantelamiento definitivo del *apartheid* y la supresión de todas las medidas empleadas para imponerlo.

Sin embargo, le recordaba también que el espíritu que reflejaba su discurso había brillado por su ausencia en los últimos tiempos. La política del gobierno era para muchos una continuación del *apartheid* por otros medios. El gobierno, le explicaba, había dedicado demasiado tiempo a hablar con los líderes negros de las *homelands* y otros personajes impuestos por el sistema. Aquellos hombres, afirmaba, eran los agentes de un pasado de opresión que los sudafricanos negros rechazaban.

Reiteraba mi propuesta de que las conversaciones se celebraran en dos fases. Le decía que respaldaba a pies juntillas las líneas maestras adoptadas por el CNA en la Declaración de Harare de 1989, que cargaba sobre el gobierno la responsabilidad de eliminar los obstáculos a las negociaciones que el propio estado había creado. Las exigencias incluían la liberación de todos los presos políticos, la supresión de todas las proscripciones, tanto de personas como de organizaciones, el fin del estado de excepción y la retirada de todas las tropas de los *townships*. Hacía hincapié en que debía dársele prioridad a un alto el fuego mutuamente acordado para poner fin a las hostilidades, ya que sin él sería imposible celebrar siquiera las conversaciones. La carta le fue entregada al señor de Klerk el día antes de nuestra entrevista.

La mañana del 13 de diciembre fui conducido de nuevo a Tuynhuys. Me reuní con el señor de Klerk en la misma habitación en la que había tomado el té con su predecesor. El señor de Klerk estaba acompañado por Kobie Coetsee, el general Willemse, el doctor Barnard y su colega Mike Louw. Felicité al señor de Klerk por haber accedido a la presidencia y le expresé mi deseo de que pudiéramos trabajar juntos. Se mostró extremadamente cordial y dijo que la esperanza era recíproca.

Ya desde el principio me di cuenta de que el señor de Klerk prestaba atención a lo que yo tenía que decir. Era una experiencia novedosa. Los dirigentes del National Party normalmente oían sólo lo que deseaban oír en sus conversaciones con líderes negros, pero el señor de Klerk parecía estar haciendo genuinos esfuerzos por comprender lo que le decía.

Una de las cuestiones sobre la que puse un gran énfasis fue el recién introducido plan quinquenal del National Party, que incorporaba el concepto de "derechos de los grupos". La idea que había detrás de este concepto era que ningún grupo étnico o racial debía estar en condiciones de ejercer su dominio sobre los otros. Aunque definían los "derechos de los grupos" como un modo de proteger la libertad de las minorías en una nueva Sudáfrica, de hecho su propuesta no era más que un burdo mecanismo para perpetuar la dominación blanca. Le dije al señor de Klerk que aquello era inaceptable para el CNA.

Añadí que conservar tal concepto iba en contra de sus propios intereses, ya que daba la impresión de que pretendía modernizar el *apartheid* sin abandonarlo. Esto estaba perjudicando su imagen y la del National Party ante los ojos de las fuerzas progresistas de la nación y del resto del mundo. "Un sistema opresor no puede ser reformado", le dije, "debe ser totalmente abandonado". Mencioné un editorial que había leído recientemente en *Die Burger,* el portavoz del National Party en El Cabo, en el que se venía a decir que el concepto de derechos de los grupos no era más que un intento de traer de vuelta al *apartheid* por la puerta falsa. Le dije al señor de Klerk que si el periódico de su propio partido interpretaba así la reciente propuesta de aprobación de los derechos de los grupos, ¿cómo pensaba que íbamos a interpretarlos nosotros? Añadí que el CNA no había llevado adelante su lucha durante setenta y cinco años para ceder ante una versión maquillada del *apartheid.* Si realmente su intención era preservar el *apartheid* por medio de aquel caballo de Troya de los "derechos de los grupos", entonces no creía que estuviese considerando la necesidad de ponerle fin.

El señor de Klerk, como pude comprobar aquel día, no reacciona con rapidez ante las cosas. La actitud que caracterizaba a aquel hombre era la de escuchar lo que tenía que decir y no discutir mis palabras. "Sabe", me dijo, "mis objetivos son los mismos que los suyos. En el memorándum que envió a P. W. Botha decía usted que el CNA y el gobierno debían trabajar juntos para hacer frente al miedo de los blancos a la dominación negra, y la idea de los 'derechos de los grupos' es el mecanismo que hemos desarrollado para hacerlo". Su respuesta me impresionó, pero le dije que la idea de los "derechos de los grupos" estaba haciendo más por aumentar el miedo de los negros que por paliar el de los blancos. La respuesta de de Klerk fue la siguiente: "Entonces, habrá que cambiarla".

Seguidamente saqué a colación el tema de mi libertad, y le dije que si esperaba que me retirase a "pastar" después de mi liberación, estaba gravemente equivocado. Reafirmé que si tras mi excarcelación me enfrentaba a las mismas condiciones que existían cuando había sido detenido volvería a hacer exactamente las mismas cosas por las que había acabado en la cárcel. Le planteé que el mejor modo de avanzar era levantar la prohibición que pesaba sobre el CNA y todas las demás organizaciones políticas, poner fin al estado de excepción, liberar a los presos políticos y permitir el regreso de los exiliados. Si el gobierno no legalizaba al CNA, en el momento en que saliera de la cárcel me encontraría trabajando para una organización ilegal. "Así pues", le dije, "tendría que detenerme de nuevo nada más atravesar la puerta de la prisión".

Una vez más escuchó mis palabras con atención. Sin duda, mis sugerencias no le habían sorprendido. Me dijo que tomaría en consideración todo lo que le había dicho, pero que no podía prometerme nada. La reunión había tenido un carácter exploratorio y comprendí que aquel día no iba a resolverse nada. Aun así, la reunión había resultado muy útil, ya que me había dado oportunidad de tomarle las medidas al señor de Klerk, como había hecho con cada nuevo director de la cárcel cuando estaba en la isla de Robben. Pude escribir a nuestra gente de Lusaka que el señor de Klerk parecía muy distinto a los antiguos políticos del National Party. "El señor de Klerk", decía, haciéndome eco de la famosa descripción que del señor Gorbachov había hecho la señora Thatcher, "era un hombre con el que podíamos hacer negocios".

99

EL 2 DE FEBRERO DE 1990, F. W. de Klerk compareció ante el Parlamento para el discurso tradicional de apertura e hizo algo que ningún otro jefe de estado sudafricano había hecho jamás: empezó a desmantelar el sistema del *apartheid* y a dar los pasos preliminares para la instauración de una verdadera democracia en Sudáfrica. En un sorprendente discurso, el señor de Klerk anunció la legalización del CNA, el CPA, el Partido Comunista de Sudáfrica y otras treinta y una organizaciones ilegales; la liberación de los prisioneros políticos encarcelados por actividades no violentas; la abolición de la pena capital y el levantamiento de varias restricciones impuestas por el estado de excepción. "Ha llegado la hora de las negociaciones", dijo.

Fue un momento sobrecogedor, ya que, de un plumazo, había normalizado prácticamente la situación en Sudáfrica. Nuestro mundo había cambiado de la noche a la mañana. Tras cuarenta años de persecuciones y prohibición, el CNA pasaba a ser una organización legal. Mis camaradas y yo ya no podríamos ser arrestados por pertenecer al CNA, por llevar su bandera verde, amarilla y negra, o por mencionar su nombre. Por primera vez en casi treinta años mi fotografía y mis palabras pudieron aparecer libremente en los periódicos sudafricanos. La comunidad internacional aplaudió unánimemente las audaces medidas adoptadas por De Klerk. La otra cara de la moneda, no obstante —como puso de relieve el CNA—, era que el señor de Klerk no había levantado totalmente el estado de excepción ni había ordenado que el ejército se retirara de los *townships*.

El 9 de febrero, siete días después del discurso de apertura en el Parlamento, me comunicaron que iba a visitar de nuevo Tuynhuys. Llegué a las seis en punto de la tarde. Me encontré con un De Klerk sonriente y, tras estrecharnos la mano, me comunicó que iba a ponerme en libertad al día siguiente. Aunque toda la prensa internacional y de Sudáfrica llevaba semanas especulando sobre mi inminente liberación, el anuncio del señor de Klerk me cogió por sorpresa. Nadie me había dicho que el motivo por el que quería verme era que deseaba comunicarme que al fin era un hombre libre.

Mi sentimientos eran encontrados. Deseaba con toda el alma abandonar la cárcel a la mayor brevedad posible, pero hacerlo tan precipitadamente no sería sensato. Le di las gracias al señor de Klerk, pero luego le dije que, aun a riesgo de parecer ingrato, preferiría contar con una semana de preaviso para que mi familia y mi organización tuvieran tiempo para prepararse. "Salir de la cárcel por las buenas al día sigiuente", le expliqué, "sería el caos". Le pedí al señor de Klerk que me pusiera en libertad transcurrida una semana a partir de aquel día. Tras esperar veintisiete años, podía esperar siete días más.

De Klerk se quedó anonadado ante mi respuesta. En vez de responderme continuó explicándome el plan que habían trazado para mi puesta en libertad. Me dijo que el gobierno me trasladaría a Johannesburgo y me liberaría oficialmente allí. Antes de que siguiera adelante, le dije que me oponía a ello con toda firmeza. Quería salir a través de la puerta de Victor Verster y tener ocasión de dar las gracias a todos los que me habían cuidado, así como de saludar a la gente de Ciudad de El Cabo. Aunque yo procedía de Johannesburgo, El Cabo había sido mi hogar durante casi tres décadas. Volvería a Johannesburgo cuando yo quisiera, no cuando quisiera el gobierno. "Cuando sea libre", le dije, "yo cuidaré de mí mismo".

De Klerk volvió a quedarse estupefacto. Pero en esta ocasión, mis objeciones produjeron una reacción en él. Se excusó y abandonó el despacho para hacer consultas. Transcurridos diez minutos regresó con cara de circunstancias y me dijo: "Señor Mandela, es demasiado tarde para cambiar de planes". Repliqué que el plan era inaceptable y que quería ser puesto en libertad en Victor Verster, no en Johannesburgo. Fue un momento tenso y, por aquel entonces, a ninguno de los dos nos pareció irónico que un prisionero pidiera que se pospusiera su puesta en libertad mientras su carcelero intentaba ponerle en la calle.

De Klerk volvió a excusarse y a abandonar la habitación. Al cabo de diez minutos volvió con una solución de compromiso: de acuerdo, dijo, sería liberado en Victor Verster, pero la liberación no podía posponerse. El gobierno había informado ya a la prensa extranjera que iba a ser puesto en libertad al día siguiente y no podían echarse atrás. Decidí que no podía discutir aquello. Finalmente acepté el compromiso y el señor de Klerk sirvió sendos vasos de whisky para celebrar la ocasión. Levanté el vaso para brindar, pero sólo simulé beber; el licor era demasiado fuerte para mí.

No regresé a mi alojamiento hasta poco después de medianoche e inmediatamente envié un mensaje a mis colegas de Ciudad de El Cabo diciéndoles que iba a ser liberado al día siguiente. Conseguí hacerle llegar un mensaje a Winnie y telefoneé a Walter a Johannesburgo. Todos vendrían en un vuelo *charter* contratado para el día siguiente. Aquella noche, un grupo de miembros del CNA pertenecientes al llamado Comité Nacional de Recepción vinieron a la casa para redactar una declaración que había de hacer al día siguiente. Se marcharon a altas horas de la madrugada y, a pesar de mi excitación, no tuve problema alguno en quedarme dormido.

Parte Undécima

———

LIBERTAD

100

EL DÍA DE MI LIBERACÍON me desperté, tras pocas horas de sueño, a las cuatro y media de la mañana. El 11 de febrero fue un típico día de finales de verano en Ciudad de El Cabo, un día claro y sin nubes. Hice una versión abreviada de mis ejercicios habituales, me lavé y desayuné. Seguidamente llamé por teléfono a una serie de compañeros del CNA y el UDF de Ciudad de El Cabo para que vinieran a la casa para preparar mi puesta en libertad y trabajar en mi discurso. El médico de la prisión vino a hacerme un chequeo superficial. No pensaba tanto en la perspectiva de ser libre como en la cantidad de cosas que tenía que hacer antes de que llegara el momento de serlo. Como tan a menudo ocurre en la vida, la trascendencia de una determinada ocasión puede perderse en un marasmo de detalles.

Había muchas cosas que discutir y que resolver, y muy poco tiempo para hacerlo. Una serie de camaradas del comité de recepción, incluyendo a Cyril Ramaphosa y Trevor Manuel, llegaron a la casa a primera hora de la mañana. Quería dedicarle unas palabras a la gente de Paarl, que tan amable había sido conmigo durante mi encarcelamiento, pero el comité de recepción se opuso con firmeza a la idea: resultaría extraño que dedicara mi primer discurso a los prósperos burgueses blancos de Paarl. En lugar de ello hablaría primero a la gente de la ciudad, tal como estaba planeado, en la Grand Parade de Ciudad de El Cabo.

Una de las primeras cuestiones a resolver era dónde pasaría mi primera noche de libertad. Yo me inclinaba por pasarla en Cape Flats, la zona donde se alzaban los bulliciosos *townships* negros y mestizos de Ciudad de El Cabo, con el fin de mostrar mi solidaridad con el pueblo. Pero mis colegas y, posteriormente, mi mujer, sostenían que, por razones de seguridad, debía quedarme en casa del arzobispo Tutu en Bishop's Court, una lujosa residencia situada en un suburbio blanco. Era un área en la que no se me habría permitido vivir antes de ir a la cárcel, y en mi opinión sería un error pasar mi primera noche de libertad en un área elegante para blancos. No obstante, los miembros del comité me explicaron que Bishop's Court se había convertido en un área multirracial bajo el mandato de Tutu, y era el paradigma, abierto y generoso, del antirracismo.

El servicio de prisiones me suministró cajas y cajones para empaquetar mis cosas. Durante los primeros veinte años de encarcelamiento había acumulado muy pocas posesiones, pero en los últimos años había amasado suficientes cosas —fundamentalmente libros y papeles— para compensar las décadas anteriores. Llené más de una docena de cajas.

La hora de mi liberación estaba fijada para las tres de la tarde, pero Winnie y Walter y los demás pasajeros del vuelo *charter* desde Johannesburgo no llegaron hasta las dos. Había ya docenas de personas en la casa, y la reunión empezó a adquirir tintes de celebración. Swart nos preparó una comida de despedida y le di las gracias, no sólo por las comidas que me había preparado a lo largo de los últimos años, sino por su compañía. También el suboficial James Gregory estaba en la casa y le abracé calurosamente. Durante todos los años que me había tenido a su cargo, desde Pollsmoor a Victor Verster, jamás habíamos discutido sobre política, pero se había creado entre nosotros un fuerte vínculo tácito y echaría de menos su tranquilizadora presencia. Los hombres como los funcionarios Swart, Gregory y Brand reforzaban mi convicción de que incluso quienes me habían mantenido entre rejas durante veintisiete años y medio eran esencialmente humanos.

No había tiempo para largas despedidas. El plan era que Winnie y yo seríamos conducidos en coche hasta la puerta principal de la cárcel. Le había dicho a las autoridades que quería tener ocasión de despedirme de los guardianes y demás funcionarios que habían cuidado de mí. Les había pedido a ellos y a sus familias que me esperaran en la puerta de entrada, donde podría agradecerles sus atenciones uno por uno.

Pocos minutos después de las tres, me llamó por teléfono un famoso presentador de la SABC y me pidió que me bajara del coche a cierta distancia de la puerta para que las cámaras pudieran tomar imágenes mías caminando hacia la libertad. Me pareció razonable y decidí hacerlo. Fue la primera pista de que las cosas podían no resultar tan tranquilas como había imaginado.

A las tres y media empecé a sentirme inquieto, dado que ya íbamos retrasados respecto al programa previsto. Le dije a los miembros del comité de recepción que mi gente llevaba veintisiete años esperando y no quería que tuvieran que esperar ni un minuto más. Poco antes de las cuatro partimos en una pequeña caravana motorizada desde la casa. Unos cuatrocientos metros antes de llegar a la puerta, el coche en el que viajábamos se detuvo y Winnie y yo nos apeamos y comenzamos a caminar hacia la salida de la cárcel.

Al principio no alcanzaba a distinguir lo que ocurría ante nosotros, pero cuando estábamos a unos cincuenta metros de la puerta vi una tremenda conmoción y una enorme multitud: había cientos de fotógrafos, cámaras de televisión y periodistas, además de varios miles de espectadores que querían darme la bienvenida. Me sentí asombrado y un tanto alarmado. En verdad no había esperado encontrarme con semejante escena; como mucho, había contado con que hubiera unas docenas de personas, fundamentalmente los guardianes y sus familias. Aquello resultó ser sólo el comienzo. Comprendí que no nos habíamos preparado adecuadamente para lo que nos esperaba.

Cuando estábamos a unos siete metros de la puerta, las cámaras empezaron a producir un ruido que parecía el de un gran rebaño de bestias metálicas. Los periodistas comenzaron a gritar haciendo preguntas; los equipos de televisión empezaron a cerrarse sobre nosotros; los simpatizantes del CNA gritaban y lanzaban vítores. Fue un momento dichoso, aunque un tanto desconcertante. Cuando un miembro de un equipo de televisión me puso ante las narices un objeto largo, oscuro y peludo, retrocedí sobresaltado, pensando que tal vez se tratara de un arma moderna y exótica desarrollada mientras estaba en la cárcel. Winnie me explicó que se trataba de un micrófono.

Cuando estuve entre la multitud levanté el puño derecho y se produjo un rugido. No había podido hacer aquel gesto en veintisiete años, y una oleada de fuerza y júbilo atravesó mis venas. Permanecimos mezclados con la multitud tan sólo unos minutos antes de saltar de nuevo al coche para viajar a Ciudad de El Cabo. Aunque me agradó semejante recepción me sentí muy frustrado por no haber tenido ocasión de despedirme del personal de la cárcel. Cuando por fin atravesé el portón para entrar a un coche que había al otro lado, sentí —aun a los setenta y un años de edad— que mi vida comenzaba de nuevo. Mis diez mil días de encarcelamiento habían terminado.

Ciudad de El Cabo estaba a cuarenta y tres kilómetros hacia el sudoeste, pero debido a la presencia inesperada de aquella multitud, el conductor decidió recorrer una ruta diferente para ir a la ciudad. Nos dirigimos a la parte de atrás de la cárcel, y nuestro convoy enfiló hacia la ciudad por carreteras secundarias y caminos. Atravesamos bellísimos y verdes viñedos y granjas pulquérrimas, y disfruté mucho mirando el paisaje que se desplegaba ante nosotros.

El campo era feraz y estaba bien cuidado, pero lo que me sorprendió fue el número de familias blancas que habían salido a la carretera a vernos pasar. Habían oído en la radio que habíamos cogido un camino alternativo. Algunos de ellos, alrededor de una docena, incluso levantaron el puño derecho, haciendo lo que se había convertido en el saludo del CNA. Aquello me dejó pasmado; me sentí enormemente alentado por aquellas almas valerosas que en un área conservadora y campesina me expresaban su solidaridad. En un momento dado hice parar el coche y me apeé de él para saludar y dar las gracias a una familia blanca y decirle hasta qué punto me sentía conmovido por su apoyo. Me hizo pensar que la Sudáfrica a la que regresaba era un lugar muy diferente a aquel que había dejado atrás.

Cuando llegamos a las afueras de la ciudad vi gente que se dirigía al centro. El comité de recepción había organizado una concentración en Grand Parade, una enorme plaza abierta que se extiende delante del ayuntamiento de Ciudad de El Cabo. Debía dirigirme a la multitud desde el balcón de aquel edificio, que daba directamente a la plaza. Escuchamos algunos informes incompletos de que una ingente multitud llevaba esperando allí toda la mañana. El plan era que nuestra caravana eludiera la concentración y se dirigiera a la parte de atrás del ayuntamiento, por donde podría entrar al edificio sin mayores alharacas.

El viaje a Ciudad de El Cabo llevó cuarenta y cinco minutos, y según nos acercábamos a Grand Parade pudimos ver una gigantesca aglomeración de gente. El conductor debía haber girado a la derecha para esquivar a la multitud pero, inexplicablemente, se metió de lleno en aquel mar de personas. Inmediatamente la gente saltó hacia adelante y rodeó el coche. Avanzamos a paso de caracol durante uno o dos minutos pero finalmente nos vimos obligados a detenernos. El público empezó a golpear las ventanillas, y después el maletero y el capó. Luego, algunos empezaron a saltar encima del coche, dejándose llevar por la excitación. Otros empezaron a zarandearlo y empecé a preocuparme. Tenía la impresión de que aquella gente podía acabar haciendo bueno el dicho de que hay amores que matan.

El conductor estaba aún más asustado que Winnie y que yo, y gritaba que debíamos huir del coche. Le dije que conservara la calma y permaneciera dentro del vehículo, que los que iban en los otros coches no tardarían en venir a rescatarnos. Allan Boesak y otros empezaron a hacer lo posible por abrirle camino a nuestro vehículo y por alejar a la gente que se había subido encima de él, pero con escaso éxito. Permanecimos sentados dentro —habría sido inútil intentar abrir la puerta con tanta gente haciendo presión sobre ella— durante más de una hora, aprisionados por miles de nuestros propios simpatizantes. La hora del discurso había pasado hacía ya mucho.

Varias docenas de policías llegaron finalmente al rescate y poco a poco consiguieron abrir paso al coche. Cuando conseguimos salir del atolladero, el conductor aceleró a gran velocidad en dirección opuesta al ayuntamiento. "¿Adónde se cree que va?", le pregunté con cierta inquietud. "¡No lo sé!", me respondió con voz tensa por la ansiedad. "Jamás me había pasado nada parecido", dijo, y siguió conduciendo sin saber adónde se dirigía.

Cuando empezó a tranquilizarse le indiqué cómo llegar a casa de mi amigo y abogado Dullah Omar, que vivía en la zona india de la ciudad. Le dije que podíamos dirigirnos allí y relajarnos unos minutos. Afortunadamente, Dullah y su familia estaban en casa, pero se mostraron más que sorprendidos al verme. Yo era un hombre libre por vez primera en veintisiete años, pero en vez de darme la bienvenida me preguntaron preocupados: "¿No deberíais estar en Grand Parade?".

Tomamos una bebida fría en casa de Dullah, pero llevábamos allí sólo unos minutos cuando telefoneó el arzobispo Tutu. No sé cómo supo que estábamos allí. Estaba muy alterado y me dijo: "Nelson, vuelve inmediatamente a Grand Parade. La gente se está poniendo nerviosa. Si no regresas inmediatamente, no sé lo que va a pasar. ¡Creo que puede producirse un tumulto!". Dije que inmediatamente salía para allá.

Nuestro problema era el conductor: se mostraba enormemente remiso a volver al lugar. Discutí con él y nos pusimos en camino hacia el ayuntamiento. El edificio estaba rodeado de gente por todas partes, pero la densidad de la multitud era menor en la parte trasera, y el conductor logró abrirse camino hasta la puerta. Estaba casi atardeciendo cuando fui conducido al piso alto de aquel majestuoso edificio cuyos pasillos siempre habían estado llenos de funcionarios blancos yendo de un lado para otro. Salí al balcón y vi ante mí un mar sin límites de personas que lanzaban vítores, agitaban banderas y pancartas, daban palmas y reían.

Levanté el puño y la multitud respondió con un ensordecedor bramido de satisfacción. Grité *"Amandla!"*. Ellos respondieron *"Ngawethu!"*. Grité *"iAfrika!"* y rugieron *"Mayibuye!"*. Finalmente, cuando se apagaron los gritos, saqué mi discurso y eché mano al bolsillo para buscar mis gafas. No estaban allí; me las había dejado en Victor Verster. Las gafas de Winnie tenían una graduación similar y se las pedí prestadas.

Amigos, camaradas y simpatizantes de Sudáfrica. ¡Os saludo en nombre de la paz, la democracia y la libertad para todos! Me presento ante vosotros, no como un profeta, sino como vuestro humilde servidor, como un servidor del pueblo. Vuestro incansable y heroico sacrificio ha hecho posible que hoy me encuentre aquí. Por ello, pongo en vuestras manos los días de vida que puedan quedarme.

Hablaba de corazón. Antes de nada, quería expresar ante el pueblo que yo no era ningún mesías, sino un hombre corriente que se había convertido en un líder por circunstancias extraordinarias. Quería agradecer a la gente de todo el mundo la campaña desarrollada en pro de mi liberación. Di las gracias a los habitantes de Ciudad de El Cabo y envié mis saludos a Oliver Tambo y el Congreso Nacional Africano, a Umkhonto we Sizwe, al Partido Comunista, al Frente Democrático Unido, al Congreso de la Juventud de Sudáfrica, al COSATU, al Mass Democratic Movement, a la National Union of South African Students y a la Black Sash, un grupo de mujeres que hacía mucho tiempo se había convertido en la voz de nuestra conciencia. También expresé públicamente mi gratitud hacia mi mujer y mi familia, diciendo: "Estoy convencido de que su dolor y sus sufrimientos han sido mucho mayores que los míos".

Manifesté taxativamente ante aquella multitud que el *apartheid* no tenía futuro alguno en Sudáfrica, y que el pueblo no debía cejar en su campaña de acciones de masas. "Los estandartes de la libertad que empiezan a perfilarse en el horizonte deben animarnos a redoblar nuestros esfuerzos". Me pareció que era importante explicar en público mis conversaciones con el gobierno. "Hoy deseo informaros de que mis conversaciones con el gobierno han tenido como objetivo la normalización de la situación política del país. Deseo hacer hincapié en que yo, por mi parte, no he entrado en negociaciones sobre el futuro de nuestro país, excepto para pedir que se celebrara una reunión entre el CNA y el gobierno".

Dije que esperaba que pronto se alcanzara un clima que permitiera una solución negociada, lo que pondría fin a la lucha armada. Los pasos necesarios para alcanzar ese clima, dije, habían quedado esbozados en 1989, en la Declaración de Harare del CNA. Como condición para el inicio de unas conversaciones serias, el gobierno debía poner fin inmediatamente al estado de excepción y liberar a todos los presos políticos.

Dije que De Klerk había ido más allá que ningún otro dirigente del National Party en la normalización de la situación y, a continuación, con unas palabras que habían de perseguirme en el futuro, llamé al señor de Klerk "un hombre íntegro". Me echaron en cara muchas veces aquellas palabras; siempre que el señor de Klerk no parecía estar a la altura de ellas.

Era vital para mí mostrar a mi pueblo y al gobierno que no estaba derrotado ni había sido domeñado, y que la lucha no había terminado para mí, sino que comenzaba de nuevo, aunque bajo una forma diferente. Afirmé que era "un miembro leal y disciplinado del Congreso Nacional Africano". Animé al pueblo a que regresara a las barricadas, a que intensificara su lucha y a que recorriéramos el final del camino juntos.

Era ya de noche cuando finalicé mi discurso y fuimos conducidos de vuelta a nuestros coches para encaminarnos hacia Bishop's Court. Cuando entramos en aquel elegante barrio vi cientos de rostros negros que esperaban para darme la bienvenida. Al vernos, todos se pusieron a cantar. Cuando me encontré con el arzobispo Tutu, le estreché en un gran abrazo. Ahí estaba un hombre que había inspirado a toda una nación con sus palabras y su valor, que había hecho revivir las esperanzas del pueblo en su momento más sombrío. Fuimos conducidos al interior de la casa, donde nos reunimos con más familiares y amigos, pero para mí, el momento más maravilloso fue cuando me dijeron que tenía una llamada de Estocolmo. Supe inmediatamente quién me llamaba. La voz de Oliver se escuchaba lejana pero era inconfundible, y oírla de nuevo después de tantos años me llenó de júbilo. Oliver estaba en Suecia recuperándose de un ataque que había sufrido en agosto de 1989. Acordamos reunirnos tan pronto como fuera posible.

Mi sueño había sido viajar tranquilamente hasta el Transkei cuando saliera de la cárcel y visitar el lugar de mi nacimiento, las colinas y arroyos donde había jugado de niño, y el lugar donde estaba enterrada mi madre, que nunca había visto. Pero tuve que posponerlo: el CNA tenía muchos planes para mí y ninguno de ellos incluía un relajado viaje al Transkei.

101

SE HABÍA CONVOCADO una conferencia de prensa para la tarde del día siguiente a mi liberación. Durante la mañana me reuní con varios de mis colegas para hablar acerca de mi agenda de trabajo y de la estrategia a seguir. Había llegado una pequeña montaña de telegramas y mensajes de felicitación, y leí tantos como me fue posible. Los telegramas procedían de todas las partes del mundo, de presidentes y primeros ministros, pero recuerdo uno en especial, uno que me había enviado un ama de casa blanca de Ciudad de El Cabo, que me regocijó enormemente. Decía así: "Me alegra mucho que esté libre y se encuentre de nuevo entre sus amigos y con su familia, pero su discurso de ayer fue muy aburrido".

Antes de ir a la cárcel jamás había celebrado conferencias de prensa como la que celebré aquel día. En los viejos tiempos no había cámaras de televisión, y la mayoría de las conferencias de prensa del CNA se celebraban en la clandestinidad. Aquella tarde había tantos periodistas de tal cantidad de países que no sabía con quién hablar. Me alegró ver un gran número de periodistas negros entre los asistentes. Durante la conferencia de prensa puse gran empeño en dejar claros una serie de temas: en primer lugar, que era un miembro leal y disciplinado del CNA. Era consciente de que muchos dirigentes del CNA en el extranjero estarían pendientes de mis palabras e intentarían valorar mi fidelidad desde la distancia. Sabía que habían oído rumores de que me había descarriado del camino trazado por la organización, de que me había vendido, así que hice todo lo posible por disipar sus preocupaciones. Cuando me preguntaron qué papel desempeñaría en la organización respondí que el que el CNA ordenara.

Expliqué a los reporteros que no existía contradicción alguna entre mi apoyo al mantenimiento de la lucha armada y mi defensa de las negociaciones. La realidad de la lucha armada había sido lo que había llevado al gobierno a aceptar la posibilidad de entablar conversaciones. Añadí que cuando el estado dejara de ejercitar la violencia contra el CNA, el CNA respondería con la paz. Cuando me hicieron preguntas acerca de las sanciones contesté que el CNA no podía solicitar aún su levantamiento, ya que la razón que originalmente había provocado su instauración —la falta de derechos políticos para los negros— seguía vigente. Yo podía estar fuera de la cárcel, dije, pero aún no era libre.

También me preguntaron por el miedo que sentían los blancos. Sabía que todo el mundo esperaba que albergara resentimiento hacia ellos, pero no era así. Durante mi estancia en la cárcel mi ira hacia los blancos había disminuido; por el contrario, había aumentado mi odio hacia el sistema. Quería que toda Sudáfrica viera que amaba a mis enemigos, aunque aborrecía el sistema que nos había enfrentado.

Quería que quedara claro ante la prensa que el papel de los blancos era esencial para cualquier avance. Siempre he luchado por no perder eso de vista. No queríamos destruir el país para liberarlo, y echar a los blancos devastaría la nación. Dije que existía un terreno intermedio entre los miedos de los blancos y las expectativas de los negros, y que nosotros, los del CNA, lo encontraríamos. "Los blancos son compatriotas sudafricanos", dije, "y queremos que se sientan seguros, y que sepan que somos conscientes de su contribución al desarrollo de este país". Todo hombre o mujer que abandonara el *apartheid* sería bienvenido a nuestra lucha en pro de una Sudáfrica democrática y no racista. Debíamos hacer todo lo que estuviera en nuestras manos para convencer a nuestros compatriotas blancos de que la nueva Sudáfrica sería un lugar mejor para todos.

Desde que celebré la primera rueda de prensa fui consciente de que los periodistas estaban tan interesados en conocer mis sentimientos y relaciones personales como mi ideario político. Esto era algo nuevo para mí; cuando había ingresado en prisión a ningún periodista se le habría ocurrido hacerme preguntas acerca de mi esposa o mi familia, mis emociones o mis sentimientos más íntimos. Si bien era comprensible que a la prensa le interesaran todas esas cosas, me resultaba difícil satisfacer su curiosidad. Nunca me ha resultado fácil expresar mis sentimientos en público. Los reporteros me preguntaban a menudo qué sentía al estar libre, y yo hacía lo posible por describir lo indescriptible, normalmente sin éxito.

Tras la conferencia de prensa, recibimos una llamada de la esposa del arzobispo Tutu desde Johannesburgo. Nos dijo que debíamos viajar de inmediato hasta la ciudad en avión. Winnie y yo habíamos tenido la esperanza de pasar unos días relajándonos en Ciudad de El Cabo, pero nos comunicaron que la gente de Johannesburgo empezaba a impacientarse, y que si no regresábamos de inmediato aquello podía tener consecuencias funestas. Aquella noche volamos a Johannesburgo, donde me comunicaron que había miles de personas rodeando la casa del 8115 de Orlando West, que había sido reconstruida, y que no sería prudente que apareciéramos por allí. Acepté a regañadientes; estaba deseando pasar mi segunda noche de libertad bajo mi propio techo. En lugar de ello, Winnie y yo nos alojamos en casa de un seguidor del CNA en los suburbios del Norte.

A la mañana siguiente volamos en helicóptero hasta el First National Bank Stadium de Soweto. Hicimos un recorrido aéreo sobre Soweto, la bulliciosa y hacinada metrópoli de casas como cajas de cerillas, chabolas de lata y calles de tierra, la ciudad madre de la Sudáfrica urbana negra, el único hogar que había conocido como adulto antes de ingresar en prisión. Aunque Soweto había crecido, y en algunos lugares había prosperado, la inmensa mayoría de sus habitantes seguía siendo abrumadoramente pobre, carecía de electricidad y agua corriente y vivía en unas condiciones de subsistencia que eran una vergüenza en una nación tan rica como Sudáfrica. En demasiado lugares, la pobreza era mucho peor que cuando había ingresado en prisión.

Rodeamos el estadio, que estaba de bote en bote — habían asistido 120.000 personas—, y aterrizamos en el centro. Estaba tan lleno, con gente de pie o sentada ocupando hasta el último centímetro cuadrado de espacio, que parecía a punto de reventar. Expresé mi júbilo por estar de nuevo entre los míos, pero culpé a los asistentes de algunos de los problemas que afectaban a la vida urbana de los negros. Los estudiantes, les dije, deben volver a sus estudios. Hay que controlar la criminalidad. Les dije que había oído que había delincuentes haciéndose pasar por luchadores por la libertad, acosando a gente inocente e incendiando vehículos; aquellos sinvergüenzas no tenían sitio en la lucha. La libertad sin civismo, la libertad sin capacidad de vivir en paz, no era libertad en absoluto.

Hoy, mi regreso a Soweto llena de alegría mi corazón. Al mismo tiempo, vuelvo también con un profundo sentimiento de tristeza. Tristeza por saber que seguís sufriendo bajo el yugo de un sistema inhumano. La escasez de viviendas, la crisis escolar, el desempleo y la criminalidad aún están presentes... Aun sintiéndome orgulloso de pertenecer a la comunidad de Soweto, me han preocupado enormemente las estadísticas sobre criminalidad que he leído en los periódicos. Si bien comprendo las privaciones que sufre nuestro pueblo, debo dejar bien claro que el nivel de criminalidad de nuestro *township* es malsano y debe ser eliminado con la máxima urgencia.

Finalicé abriendo los brazos a todos los sudafricanos de buena voluntad y buenas intenciones; dije: "Ningún hombre o mujer que haya rechazado el *apartheid* quedará excluido de nuestro movimiento hacia una Sudáfrica no racista, unida y democrática basada en el principio de una persona un voto dentro de un censo electoral no excluyente". Aquella era la misión del CNA, el objetivo que siempre había tenido presente a lo largo de los muchos y solitarios años de mi encarcelamiento, el fin al que dedicaría todas mis energías durante el tiempo que me quedara de vida. Era el sueño que había acariciado cuando entré en prisión a los cuarenta y cuatro años, pero ya no era un hombre joven —tenía setenta y un años— y no podía permitirme perder el tiempo.

Aquella noche regresé con Winnie al 8115 de Orlando West. Sólo entonces me di realmente cuenta de que había salido de la cárcel. Para mí, el 8115 era el centro del mundo, el lugar marcado con una X en la geografía de mi mente. La vivienda había sido sólidamente reconstruida tras el incendio. Cuando vi la casa de cuatro habitaciones me sorprendió comprobar que era mucho más humilde y pequeña de como la recordaba. Comparada con la casa de Victor Verster, el 8115 podía haber sido un alojamiento para el servicio en la parte trasera. Pero cualquier casa en la que uno es libre se convierte en un palacio cuando se la compara con la más lujosa de las prisiones.

Aquella noche, aunque me sentía feliz por estar de nuevo en casa, tuve la premonición de que lo que más había deseado y añorado iba a serme negado. Ansiaba reanudar una vida normal y ordinaria, retomar y entretejer algunos de los jirones que quedaban de mi vida anterior, ir a la oficina por la mañana y regresar a mi familia por la noche, salir en un momento dado a comprar pasta de dientes en la droguería, visitar amigos por la noche. Son estas cosas cotidianas las que más se echan de menos en la cárcel, y las que uno desea hacer cuando es liberado. Pero no tardé en darme cuenta de que no iba ser posible. Aquella noche, y todas las noches durante las semanas y meses siguientes, la casa estuvo rodeada por cientos de personas que venían a desearme lo mejor. La gente cantaba, bailaba y gritaba, y su júbilo era contagioso. Era mi gente, y yo no tenía derecho ni intención de negarles mi persona. Pero al entregarme al pueblo hurtaba de nuevo mi presencia a mi familia.

Aquella noche no dormimos gran cosa, ya que los cánticos se prolongaron hasta la madrugada, momento en que los miembros del CNA y el UDF que guardaban la casa rogaron a la multitud que se callara y nos dejara descansar. Hubo muchos miembros del CNA que me recomendaron que me mudara a otra casa situada a algunas manzanas de distancia, en Diepkloof, que Winnie había hecho construir mientras yo estaba en la cárcel. Era una casa enorme para los estándares de Soweto, pero carecía de recuerdos o significado alguno para mí. Más aún, era una casa que por su tamaño y precio parecía de algún modo poco apropiada para un líder del pueblo. Rechacé la recomendación durante todo el tiempo que me fue posible. No sólo quería vivir entre mi pueblo, quería vivir como él.

102

MI PRIMERA RESPONSABILIDAD era presentarme ante la dirección del CNA para presentar mi informe, y el 27 de febrero, cuando llevaba más de dos semanas fuera de la cárcel, volé hasta Lusaka para asistir a una reunión del Comité Ejecutivo Nacional. Fue maravilloso encontrarme de nuevo con camaradas a los que no había visto en décadas. También habían asistido varios jefes de estado africanos, y hablé brevemente con Robert Mugabe de Zimbabwe, Kenneth Kaunda de Zambia, José Eduardo dos Santos de Angola, Quett Masire de Botswana, Joaquim Chissano de Mozambique y Yoweri Musaveni de Uganda.

Aunque los miembros de la ejecutiva se mostraron encantados por mi liberación estaban ansiosos por evaluar al hombre que había sido liberado. Podía ver el interrogante en sus ojos. ¿Era el mismo Mandela que había entrado en la cárcel hacía veintisiete años o era un Mandela diferente, un Mandela reformado? Habían recibido informes sobre mis conversaciones con el gobierno y tenían razones para sentirse preocupados. No sólo había estado fuera de contacto con la realidad desde 1984, sino que ni siquiera había podido comunicarme con mis colegas de la cárcel.

Expliqué cuidadosa y llanamente mis conversaciones con el gobierno. Expuse las exigencias que había planteado y los progresos logrados. Todos habían visto los informes que había enviado a Botha y De Klerk, y sabían que ambos documentos se adherían a la política del CNA. Estaba al corriente de que en años anteriores algunos de los hombres que habían sido liberados habían viajado hasta Lusaka para decir en voz baja "Madiba se ha ablandado. Se ha vendido a las autoridades. Lleva trajes de tres piezas, bebe vino y come bien". Conocía aquellas murmuraciones, y tenía intención de refutarlas. Sabía que el mejor modo de hacerlo era hablar directa y honradamente de todo lo que había hecho.

En aquella sesión de la ejecutiva fui elegido vicepresidente de la organización, y Alfred Nzo, el secretario general, fue nombrado presidente en funciones durante la convalecencia de Oliver. Durante una conferencia de prensa celebrada después de la reunión me preguntaron por una sugerencia que había hecho el doctor Kaunda, presidente de Zambia y viejo defensor del Congreso, en el sentido de que el CNA debía suspender las operaciones armadas en Sudáfrica ahora que yo había sido puesto en libertad. Repliqué que, aunque agradecíamos mucho al doctor Kaunda su consejo y apoyo, era demasiado pronto para poner fin a la lucha armada, dado que aún no habíamos alcanzado el objetivo por el que la habíamos emprendido. "No correspondía al CNA", dije, "ayudar al señor de Klerk a aplacar a sus seguidores derechistas".

Emprendí una gira por África, que incluyó muchos países. Durante los primeros seis meses posteriores a mi liberación pasé más tiempo en el extranjero que en casa. En casi todos los lugares que visité había multitudes entusiastas esperándome, con lo que aunque estuviera cansado me sentía revivir. En Dar es Salaam fui recibido con una concentración estimada en medio millón de personas.

Disfruté inmensamente con mis viajes. Quería ver sitios nuevos —y viejos—, probar diferentes comidas, hablar con todo tipo de personas. Tuve que aclimatarme a toda velocidad a un mundo radicalmente diferente al que había abandonado. Los cambios en los medios de transporte y de comunicación de masas habían acelerado el mundo; todo ocurría tan deprisa que a veces resultaba difícil mantenerse al día. Winnie intentó convencerme de que redujera el ritmo, pero había demasiado que hacer; la organización quería sacar todo el partido posible a la euforia que mi liberación había desencadenado.

En El Cairo, al día siguiente de mi entrevista privada con el presidente egipcio Hosni Mubarak, tenía programado hablar ante una gran concentración en una sala de la ciudad. Cuando llegué, el edificio parecía rezumar público, y había escasísimas medidas de seguridad. Le comenté a un policía que en mi opinión necesitaría refuerzos, pero se limitó a encogerse de hombros. Winnie y yo esperamos en una habitación que había en la parte trasera de la sala y, a la hora prevista, un policía me indicó que entrara. Le pedí que escoltara primero al resto de mi delegación, ya que temía que si yo entraba primero sería el pandemónium y se quedarían aislados, pero el policía insistió en que entrara primero. Efectivamente, en cuando aparecí en la sala la multitud se abalanzó hacia el estrado y rompió el cordón policial. En su entusiasmo me zarandearon un poco y en la confusión perdí un zapato. Cuando las cosas empezaron a apaciguarse minutos después resultó imposible localizar ni a mi esposa ni a mi zapato. Finalmente, tras casi media hora, Winnie fue conducida al estrado, muy irritada por haberse quedado fuera. Ni siquiera tuve ocasión de dirigirme a la multitud allí congregada, ya que no paraba de gritar "¡Mandela! ¡Mandela!" con tal entusiasmo que era imposible que me oyera y, finalmente, abandoné el lugar sin zapato y acompañado por una esposa atípicamente silenciosa.

Mientras estuve en El Cairo, celebré una conferencia de prensa en la que dije que el CNA estaba "dispuesto a considerar la posibilidad de poner fin a las hostilidades". Se trataba de un mensaje dirigido al gobierno sudafricano. Tanto el CNA como el gobierno estaban enfrascados en la tarea de crear un clima que hiciera posible celebrar las conversaciones con éxito. El CNA exigía que el gobierno normalizara la situación del país poniendo fin al estado de excepción, liberando a todos los presos políticos y derogando todas las leyes relacionadas con el *apartheid,* y el gobierno estaba empeñado en conseguir que el CNA diera el primer paso poniendo fin a la lucha armada. Si bien aún no estábamos dispuestos a anunciar tal medida, deseábamos ofrecer el suficiente respaldo al señor de Klerk para que continuara con su estrategia reformista. Sabíamos que acabaríamos poniendo fin a la lucha armada, en parte para facilitar la celebración de negociaciones más en profundidad, y en parte para permitir al señor de Klerk presentarse ante sus electores, los votantes blancos de Sudáfrica, diciéndoles: "Mirad, estos son los frutos de mi política".

Tras la última escala en África, volé hasta Estocolmo para visitar a Oliver. Ver a mi viejo amigo y socio en el despacho de abogados era la reunión que con más impaciencia aguardaba. Oliver no estaba bien, pero cuando nos vimos, nos comportamos como dos chiquillos en el *veld* que se daban fuerzas el uno al otro. Empezamos hablando de los viejos tiempos, pero en cuanto nos quedamos solos, el primer tema que sacó a colación fue el liderazgo de la organización. "Nelson", me dijo, "debes ocupar el puesto de presidente del CNA. Yo no he hecho más que mantenerte el sillón caliente". Me negué, aduciendo que él había dirigido la organización en el exilio mucho mejor de lo que podría haberlo hecho yo. No era justo ni democrático que el cargo fuera transferido de semejante modo. "Tú has sido elegido presidente de la organización", le dije. "Esperemos a la próxima votación; así podrá decidir la organización". Oliver protestó, pero me mostré inflexible. Su deseo de nombrarme presidente era una muestra de su humildad y su generosidad, pero no era coherente con los principios del CNA.

En abril de 1990 volé a Londres para asistir a un concierto celebrado en mi honor en Wembley. Participaban en él muchos artistas internacionales, que en su mayoría no llegué a conocer, y el acontecimiento iba a ser televisado a todo el mundo. Aproveché la oportunidad para agradecerle a las fuerzas anti*apartheid* del mundo la ingente tarea que habían desempeñado exigiendo la aplicación de sanciones, mi liberación y la de los demás presos políticos, y el apoyo y la solidaridad que habían mostrado hacia los oprimidos de mi país.

103

Cuando salí de la cárcel, el jefe Mangosuthu Buthelezi, líder del Inkatha Freedom Party, y ministro presidente de KwaZulu, era uno de los principales protagonistas de la escena política sudafricana, pero en los

círculos del CNA distaba mucho de ser un personaje popular. El jefe
Buthelezi descendía del gran jefe zulú Cetywayo, que había derrotado a
los británicos en la batalla de Isandhlawana en 1879. Siendo un hombre
joven, estuvo en Fort Hare, y posteriormente se unió a la Liga de la Juventud del CNA. Yo le consideraba una de las jóvenes promesas del movimiento. Se había convertido en presidente del *homeland* KwaZulu con
el apoyo tácito del CNA, e incluso la creación de Inkatha como organización cultural zulú no se había enfrentado a oposición alguna por parte de
la organización. Pero con el paso de los años el jefe Buthelezi se había ido
distanciando del CNA. Aunque se oponía resueltamente al *apartheid* y se
negaba a que KwaZulu se convirtiera en un *homeland* "independiente"
como deseaba el gobierno, era un divieso en el cogote para el movimiento democrático. Se oponía a la lucha armada. Había criticado la insurrección de 1976 en Soweto, hacía campaña contra las sanciones internacionales, se oponía a la idea de un estado unitario en Sudáfrica. No obstante,
el jefe Buthelezi había solicitado reiteradamente mi liberación, y se había negado a negociar con el gobierno hasta que yo y otros prisioneros
políticos hubiéramos sido puestos en libertad.

El jefe Buthelezi fue una de las primeras personas a las que telefoneé
tras mi liberación para agradecerle su respaldo. Me sentía deseoso de
reunirme con él lo antes posible para intentar resolver nuestras diferencias. Durante mi primera visita a Lusaka planteé la idea de cerebrar esa
reunión y fue rechazada en votación. Mientras estaba en la prisión de
Victor Verster, el rey zulú, Goodwill Zwelithini, había invitado a Walter a que le visitara en Ulundi, capital de KwaZulu, y yo le insté a que
aceptara. Pensé que era una excelente oportunidad de influir en una de
las familias reales más respetadas y poderosas del país. La visita fue
aprobada en primera instancia por la ejecutiva nacional, siempre que
Walter fuera al palacio del rey en Nongoma; se decidió que ir a Ulundi
podría sugerir que reconocíamos a la autoridad del *homeland*.

Cuando regresé de Lusaka llamé por teléfono al jefe Buthelezi y al
rey y les expliqué que Walter iría a visitar al segundo, pero no a Ulundi
sino a Nongoma. El rey dijo que no aceptaría que Walter le visitara en
ningún otro sitio que no fuera la capital. "Yo soy el rey", dijo. "Le he invitado a que me visite en Ulundi, y no tiene ningún derecho a decir que
desea verme en otro lugar". "Majestad", le contesté, "nos enfrentamos a
una fuerte oposición por parte de nuestros miembros, que no querían
que el señor Sisulu fuera a KwaZulu en absoluto. Conseguimos alcanzar
esta solución de compromiso, sin duda usted podrá también poner algo
de su parte". No fue así, y se negó a ver a Walter.

Después de esto las relaciones se deterioraron y en mayo convencí al CNA de que era necesario que hiciera una visita al rey y a Buthelezi. El rey aceptó recibirme, pero aproximadamente una semana antes de la visita recibí una carta suya diciendo que debía ir solo. Aquello fue la gota que colmó el vaso, y el Comité Ejecutivo Nacional se negó a aceptar semejante demanda. Le dije al rey que no podría visitarle a menos que fuera acompañado por mis colegas; el rey consideró que se trataba de otra ofensa y canceló la visita.

Mi objetivo era forjar una relación independiente con el rey, aparte de mis relaciones con el jefe Buthelezi. El rey era el verdadero líder hereditario de los zulúes, que le amaban y le respetaban. La fidelidad al rey estaba mucho más extendida en KwaZulu que la fidelidad a Inkatha.

Entre tanto, Natal se había convertido en un matadero. Seguidores de Inkatha fuertemente armados habían declarado, a todos los efectos, la guerra a los feudos del CNA en todo el área meridional de Natal y en torno a Pietermaritzburg. Aldeas enteras habían sido incendiadas, docenas de personas habían sido asesinadas, había habido cientos de heridos y miles de personas se habían convertido en refugiados. Sólo en marzo de 1990 perdieron la vida 230 personas debido a este brote de violencia. En Natal, los zulúes asesinaban a su propia gente, ya que tanto los miembros de Inkatha como los seguidores del CNA pertenecían al pueblo zulú. En febrero, tan sólo dos semanas después de mi liberación, fui a Durban y hablé ante una multitud de más de cien mil personas en King's Park, en su mayoría zulúes. Les rogué que depusieran las armas, que se tendieran la mano en un gesto de paz: "¡Coged vuestras armas de fuego, vuestros cuchillos y vuestros *pangas* y arrojadlos al mar! ¡Cerrad las fábricas de muerte! ¡Poned fin a esta guerra inmediatamente!". Pero mi llamamiento cayó en oídos sordos. La lucha y las matanzas continuaron.

Me sentía tan preocupado que estaba dispuesto a hacer grandes concesiones con tal de entrevistarme con el jefe Buthelezi. En marzo, tras un espasmo de violencia especialmente cruel, anuncié por mi cuenta que me entrevistaría con el jefe en una aldea de montaña en las afueras de Pietermaritzburg. A nivel personal, mis relaciones con el jefe Buthelezi eran de proximidad y respeto, y esperaba poder capitalizarlas. Pero descubrí que la reunión era anatema para los líderes del CNA en Natal. Consideraron que era peligrosa y vetaron su celebración. Sí viajé a Pietermaritzburg, donde vi los restos calcinados de seguidores del CNA e intenté consolar a sus afligidas familias, pero no vi al jefe Buthelezi.

104

EN MARZO, tras largas negociaciones en el seno de nuestros respectivos bandos, programamos nuestro primer encuentro cara a cara con el señor de Klerk y el gobierno. Iban a ser "conversaciones acerca de las conversaciones", y las reuniones habían de celebrarse a comienzos de abril. Pero el 26 de marzo, en el *township* de Sebokeng, a unos cuarenta y cinco kilómetros al sur de Johannesburgo, la policía abrió fuego sin previo aviso sobre una manifestación de simpatizantes del CNA, matando a doce de ellos e hiriendo a cientos. Las víctimas fueron en su mayor parte abatidas por la espalda mientras huían. Se había utilizado fuego real para hacer frente a los manifestantes, lo cual resultaba intolerable. Los policías afirmaban que sus vidas se habían visto en peligro, pero muchos manifestantes habían sido abatidos a traición y no llevaban armas. Es imposible que un hombre desarmado que huye ponga en peligro la integridad física de un policía. El derecho de reunión y de manifestación en apoyo de nuestras justas exigencias no era un favor que graciosamente nos concediera el gobierno. Este tipo de actos me irritaban como ningún otro y manifesté a la prensa que todos los policías blancos de Sudáfrica consideraban a todos los negros del país un blanco militar. Tras consultar a la ejecutiva, anuncié la suspensión de las conversaciones y advertí al señor de Klerk que "no podía hablar de negociaciones por un lado y asesinar a nuestra gente por el otro".

A pesar de la suspensión de las conversaciones oficiales, y con la aprobación de la dirección del movimiento, me reuní privadamente con el señor de Klerk en Ciudad de El Cabo para mantener el impulso negociador. Nuestras discusiones giraron en torno al establecimiento de una nueva fecha, y acordamos fijarla para comienzos de mayo. Saqué a colación el escandaloso comportamiento de la policía en Sebokeng y el desigual tratamiento al que sometía a blancos y negros. La policía empleaba fuego real contra los manifestantes negros, pero jamás sacaba sus armas contra los manifestantes de la derecha blanca.

El gobierno no tenía demasiada prisa por comenzar las negociaciones. Esperaban que disminuyera la euforia con que había sido recibida mi liberación. Querían dejar pasar el tiempo para desacreditarme, mostrando que el preso excarcelado, que había sido recibido como un salvador, era un hombre falible que había perdido todo contacto con la realidad del momento.

A pesar de sus actos aparentemente progresistas, el señor de Klerk no era en absoluto el gran emancipador. Era un gradualista, un pragmático cauteloso. No planteó ninguna de sus reformas cuando representaban el riesgo de perder el poder. Las había hecho con el fin exactamente opuesto: garantizar que el poder permaneciera en manos de los afrikáners en la nueva situación. No estaba aún dispuesto a negociar el fin de la dominación blanca.

Su objetivo era crear un sistema de reparto del poder basado en los derechos de los grupos, que perpetuaría una forma modificada del poder de la minoría en Sudáfrica. Se oponía firmemente al gobierno de la mayoría, o "el mayoritarismo simple", como lo llamaba a veces, porque pondría fin de un plumazo al dominio blanco. Sabíamos desde el principio que el gobierno se oponía con uñas y dientes a un sistema parlamentario al estilo del de Westminster, en el que el ganador se queda con todo. Defendía por el contrario un sistema de representación proporcional con garantías implícitas para la minoría blanca. Aunque dispuesto a aceptar que la mayoría negra votara y legislara, quería conservar el derecho al veto para la minoría. Ya desde el comienzo le dije que el plan era inaceptable. Expresé al señor de Klerk que no era más que una forma disimulada de *apartheid,* un sistema de "todo para el perdedor".

La estrategia a largo plazo del National Party para hacer frente a nuestra fuerza era forjar una alianza, enfrentada al CNA, con el Inkatha Freedom Party, y atraer a los votantes mestizos que hablaban afrikaans de El Cabo hacia un nuevo National Party. Desde el momento de mi liberación empezaron cortejar tanto a Buthelezi como a los votantes mestizos de El Cabo. El gobierno intentó convencer a la población mestiza de la provincia de que el CNA estaba en su contra. Al mismo tiempo, apoyó los deseos del jefe Buthelezi de conservar el poder y la entidad de los zulúes en una nueva Sudáfrica, convirtiéndole a la doctrina de los derechos de los grupos y el federalismo.

La primera ronda de conversaciones con el gobierno se celebró durante tres días a comienzos de mayo. Nuestra delegación estaba compuesta por Walter Sisulu, Joe Slovo, Alfred Nzo, Thabo Mbeki, Ahmed Kathrada, Joe Modise, Ruth Mompati, Archie Gumede, el reverendo Beyers Naude, Cheryl Carolus y yo mismo. El lugar elegido fue Grote Schuur, una mansión de estilo holandés de El Cabo, que había sido la residencia de los primeros gobernadores coloniales de Sudáfrica, entre ellos del mismísimo Cecil Rhodes. Algunos miembros de nuestra delegación bromearon diciendo que nos llevaban a una emboscada en territorio enemigo.

Las conversaciones, en contra de lo esperado, se celebraron con seriedad y buen humor. Enemigos históricos que llevaban tres siglos luchando entre sí se juntaron y se estrecharon las manos. Muchos se preguntaron en voz alta por qué no se habían celebrado aquellas discusiones hacía mucho tiempo. El gobierno había concedido un indulto provisional a Joe Slovo, el secretario general del Partido Comunista, y a Joe Modise, comandante de la MK. Ver a aquellos dos hombres estrecharle la mano a los dirigentes del National Party, que llevaban décadas demonizándoles, fue algo extraordinario. Como comentó posteriormente Thabo Mbeki a unos periodistas, ambos bandos habían descubierto que su enemigo no tenía cuernos y rabo.

La mera celebración de conversaciones supuso un hito importante en la historia de nuestro país. Como yo mismo señalé, el encuentro representó no sólo lo que el CNA llevaba tantos años persiguiendo, sino el fin de la relación amo/esclavo que siempre había caracterizado las relaciones entre blancos y negros en Sudáfrica. No habíamos asistido a la reunión para suplicar ni hacer peticiones, sino como compatriotas sudafricanos que tenían derecho a ser tratados de igual a igual en la mesa de negociaciones.

El primer día fue en mayor o menor medida una lección de historia. Expliqué a nuestros interlocutores que, desde su creación en 1912, el CNA siempre había intentado entablar negociaciones con el gobierno de turno. El señor de Klerk, por su parte, sugirió que el sistema de desarrollo por separado había sido concebido como una idea bienintencionada, pero que no había funcionado en la práctica. Lamentaba que así hubiera sido y esperaba que las negociaciones sirvieran para corregir el error. No era una apología del *apartheid;* iba más allá de lo que había ido jamás ningún otro dirigente del National Party.

La primera cuestión que se discutió fue la definición de prisioneros y exilados políticos. El gobierno defendía una definición restrictiva, con el fin de limitar el número de nuestros efectivos que pudieran beneficiarse de ella. Nosotros defendíamos una definición lo más amplia posible, aduciendo que toda persona condenada por una ofensa de tipo político debía poder beneficiarse de ella. No conseguimos llegar a un acuerdo mutuamente satisfactorio sobre la definición de los delitos de "motivación política". Sería un tema que nos traería de cabeza durante bastante tiempo.

Al finalizar los tres días de discusiones llegamos a un acuerdo sobre la redacción de lo que fue llamado el "Comunicado de Grote Schuur", por el que ambas partes se comprometían a entablar un proceso de negocaciones pacíficas. El gobierno levantaría el estado de excepción, y así lo hizo en un plazo breve en todo el país, a excepción de la provincia de Natal, sacudida por la violencia. Acordamos crear un grupo de trabajo conjunto para resolver los muchos obstáculos que aún nos cerraban el camino.

Cuando se planteó el tema constitucional comunicamos al gobierno que exigíamos una asamblea constituyente electa, que debía encargarse de redactar una nueva Constitución. Nuestra convicción era que los hombres y mujeres que la crearan debían ser elegidos por el pueblo.

Sin embargo, antes de la elección de una asamblea constituyente era necesario un gobierno interino encargado de supervisar la transición hasta la elección de un nuevo gobierno. El gobierno no podía ser a la vez juez y parte, como ocurría en ese momento. Nosotros defendíamos la convocatoria de una conferencia negociadora multipartidista para crear un gobierno de transición y fijar las directrices de funcionamiento de la asamblea constituyente.

105

AUNQUE MI DESEO hubiera sido viajar a Qunu inmediatamente después de salir de la cárcel, no pude hacer el viaje hasta abril. No podía marcharme en cualquier momento; había que adoptar medidas de seguridad así como preparar discursos para pronunciar ante las organizaciones locales. Al llegar el mes de abril, el CNA y el general Bantu Holomisa, el líder militar del Transkei, que era además un adalid del CNA, habían organizado ya la visita. El pensamiento que ocupaba mi mente y mi corazón era ir a rendir homenaje a la tumba de mi madre.

Mi primera parada fue Qunu y el lugar donde mi madre estaba enterrada. Su tumba era sencilla y sin adornos. Estaba cubierta únicamente por unas pocas piedras y algunos ladrillos, no era diferente en nada a las demás tumbas del lugar. Me resulta difícil describir mis sentimientos en aquel momento: estaba apenado por no haber podido estar con ella en el momento de su muerte, sentía remordimientos por no haberla atendido adecuadamente a lo largo de su vida y añoranza por lo que podría haber sido si hubiera escogido una forma de vida diferente.

Al ver mi aldea de nuevo después de tantos años me llamó enormemente la atención tanto lo que había cambiado como lo que permanecía igual. Cuando yo era joven, los habitantes de Qunu eran apolíticos; no tenían la menor conciencia de la lucha en pro de los derechos de los africanos. La gente aceptaba la vida tal y como se le presentaba, y no soñaba siquiera con cambiarla. Cuando regresé, oí a los escolares de Qunu cantar canciones sobre Oliver Tambo y Umkhonto we Sizwe, y me quedé maravillado de ver hasta qué punto la conciencia de la lucha había llegado a impregnar hasta el último rincón de la sociedad sudafricana.

Lo que había permanecido era la calidez y sencillez de la comunidad que me hizo rememorar mis días de niño. Lo que más me consternó fue que los habitantes parecían tan pobres o más de lo que habían sido. La mayoría seguía viviendo en sencillas chozas con suelos de tierra, sin electricidad ni agua corriente. Cuando yo era niño, la aldea estaba limpia, el agua era pura y la hierba era verde y permanecía impoluta hasta donde alcanzaba la vista. Los *kraals* estaban barridos, la capa superficial del suelo estaba bien conservada, los campos estaban perfectamente divididos. Ahora la aldea estaba sucia, el agua contaminada, y el campo cubierto de bolsas de plástico y envoltorios. Cuando era niño no sabíamos ni que existiera el plástico, y aunque sin duda sirvió para mejorar la vida en algunos aspectos, su presencia en Qunu me pareció una maldición. El orgullo de la comunidad parecía haber desaparecido.

Aquel mismo mes reviví otra experiencia. Regresé a la isla de Robben para convencer a veinticinco prisioneros políticos de la MK de que aceptaran la oferta de amnistía del gobierno y abandonaran la isla. Aunque yo había salido de ella ocho años antes, mis recuerdos de la cárcel seguían frescos y no estaban teñidos en absoluto de nostalgia. Tras tantos años de recibir visitas de otros fue una sensación curiosa la de convertirme en visitante en la prisión de Robben.

Aquel día no tuve grandes oportunidades de recorrer el lugar, ya que me reuní inmediatamente con los hombres que rechazaban la oferta de amnistía del gobierno. Mantenían que solamente abandonarían la cárcel tras la victoria en el campo de batalla, no por los resultados obtenidos en una mesa de negociaciones. Se oponían con vehemencia a este acuerdo en particular, según el cual tenían que enumerar sus crímenes antes de ser amnistiados. Acusaban al CNA de traicionar la Declaración de Harare, en la que se exigía una amnistía general y sin condiciones para todos los presos y exiliados políticos. Uno de ellos me dijo: "Madiba, llevo toda mi vida combatiendo al gobierno, y ahora tengo que pedirle perdón".

No podía por menos que simpatizar con sus razonamientos, aunque eran poco realistas. A todo soldado le gustaría derrotar a su enemigo en el campo de batalla, pero en este caso tal victoria estaba fuera de nuestro alcance. La lucha estaba ahora en la mesa de negociaciones. Argumenté que su permanencia en la cárcel no haría avanzar a la causa, que podrían prestar un mayor servicio fuera de ella que dentro. Finalmente, decidieron aceptar la oferta del gobierno.

Estaba previsto que emprendiera una gira de seis semanas por Europa y América del Norte a comienzos de junio. Antes de mi partida me reuní en privado con el señor de Klerk, que quería discutir el tema de las sanciones. Amparándose en los cambios ya introducidos en Sudáfrica me pidió que no hiciera hincapié en el mantenimiento de las sanciones internacionales. Aunque éramos conscientes de lo que había hecho ya el señor de Klerk, desde nuestro punto de vista las sanciones seguían siendo la mejor forma de presión para obligarle a hacer más. Yo era consciente de que la CE y EE UU se mostraban inclinados a relajar las sanciones sobre la base de las reformas introducidas por de Klerk. Le expliqué a éste que no podíamos decirle a nuestros defensores que relajaran las sanciones hasta que hubiera desmantelado por completo el sistema del *apartheid* y se hubiera instaurado un gobierno de transición. Aunque se mostró decepcionado por mi respuesta, ésta no le sorprendió.

La primera etapa del viaje nos llevó a Winnie y a mí hasta París, donde François Mitterand y su encantadora esposa Danielle, una vieja simpatizante del CNA, nos recibieron con gran boato. No era mi primer viaje al continente europeo, pero seguía sintiéndome fascinado por las bellezas del viejo mundo. Aunque no deseo minimizar la hermosura de la ciudad de la luz, el acontecimiento más importante durante mi estancia en Francia fue que el gobierno sudafricano anunció el levantamiento del estado de excepción. Esto me alegró, pero era perfectamente consciente de que se había adoptado tal medida durante mi estancia en Europa para restar fuerza a mi solicitud de que se mantuvieran en vigor las sanciones.

Tras sucesivas escalas en Suiza, Italia y Holanda, viajé hasta Inglaterra, donde pasé dos días con Oliver y Adelaide. Mi siguiente destino era Estados Unidos, pero había de pasar por Inglaterra de vuelta hacia Sudáfrica y concerté para entonces una entrevista con la señora Thatcher. No obstante, como gesto de cortesía, la telefoneé antes de mi partida, y ella me reprendió severa pero bienintencionadamente. Me dijo que había estado siguiendo mis pasos y tomando nota de la cantidad de eventos a los que asistía cada día. "Señor Mandela, antes de que tengamos oportunidad de discutir nada", me dijo, "debo advertirle que su agenda es demasiado apretada. Debe reducirla a la mitad. Hasta un hombre con la mitad de sus años tendría dificultades para hacer frente a las exigencias a las que se está viendo sometido. Si sigue así, no saldrá vivo de América. Siga mi consejo".

Había leído cosas sobre la ciudad de Nueva York desde que era joven, y verla finalmente desde el pie de sus gigantescos desfiladeros de cristal y hormigón, mientras millones de fragmentos de cinta de teleimpresora descendían flotando hacia el suelo, fue una experiencia capaz de quitarle a uno el aliento. Se publicó que alrededor de un millón de personas fueron testigos de nuestro recorrido por la ciudad. Ver su entusiasmo y percibir el apoyo que ofrecían a la lucha contra el *apartheid* le hacía a uno sentise humilde. Siempre había leído que Nueva York era una ciudad con corazón de piedra, pero durante mi primer día de estancia en la ciudad sentí exactamente lo contrario.

Al día siguiente visité Harlem, un área que había adquirido proporciones legendarias en mi mente desde la década de 1950, en la que veía a los jóvenes de Soweto emular la moda de los macarras de Harlem. Como decía mi esposa, Harlem era el Soweto de América. Hablé ante una gran multitud en el Yankee Stadium, y expliqué que existía un cordón umbilical indestructible que conectaba a los sudafricanos negros y a los americanos negros, ya que todos éramos hijos de África. Existía una hermandad entre ambos que había sido inspirada por americanos de la talla de W. E. B. du Bois, Marcus Garvey y Martin Luther King. Cuando era joven, mi ídolo había sido Joe Louis, "el Bombardero Negro", que no solamente derrotaba a sus oponentes en el *ring* sino a los racistas fuera de él. Mientras estaba en la cárcel había seguido la lucha de los americanos negros contra el racismo, la discriminación y la desigualdad económica. Para nosotros, Harlem era un símbolo del poder de la resistencia y de la belleza del orgullo negro. Aquello había quedado patente para mí el día anterior cuando vi a un joven negro con una camiseta en la que podía leerse: "NEGRO POR NATURALEZA. ORGULLOSO POR ELECCIÓN". Estábamos vinculados por la naturaleza, les dije, pero nos sentíamos orgullosos los unos de los otros porque habíamos elegido sentirnos así.

Tras viajar a Memphis y Boston fui a Washington para hablar ante una sesión conjunta del Congreso y asistir a una reunión privada con el presidente Bush. Le agradecí al Congreso de los EE UU su legislación anti*apartheid* y manifesté que la nueva Sudáfrica esperaba estar a la altura de los valores que habían creado las dos cámaras ante las que estaba hablando. Dije que, como luchadores por la libertad que éramos, no podíamos tener conocimiento de la existencia de personas como George Washington, Abraham Lincoln y Thomas Jefferson "sin sentirnos motivados a actuar como ellos lo hicieron". También hice una vehemente defensa de las sanciones, ya que sabía que la administración Bush opinaba que había llegado el momento de retirarlas. Insté al Congreso a que no lo hiciera.

Incluso antes de reunirme con el señor Bush me había creado una impresión positiva, ya que fue el primer líder del mundo en telefonear para felicitarme por mi excarcelación. A partir de aquel momento, el presidente Bush me había incluido en la breve lista de líderes mundiales a los que ponía en conocimiento de sus opiniones acerca de cuestiones de trascendencia. En persona resultó ser igual de cálido y considerado, aunque teníamos grandes diferencias en cuanto a las cuestiones de la lucha armada y las sanciones. Era un hombre con el que era posible estar en desacuerdo y después estrecharle la mano.

Desde los Estados Unidos viajé hasta Canadá, donde me reuní con el primer ministro Mulroney y también hablé ante el Parlamento. Estaba programado que nuestra siguiente parada fuera Irlanda y, antes de cruzar el Atlántico, nuestro avión, un pequeño reactor, hizo una parada técnica para repostar combustible en un remoto lugar, más allá del Círculo Polar Ártico, llamado Goose Bay. Me apetecía estirar las piernas y descendí para tomar el aire fresco. Mientras paseaba sobre el asfalto de la pista me fijé en un grupo de gente que había junto a la verja del aeropuerto. Le pregunté al oficial canadiense quiénes eran. Me dijo que eran esquimales.

En los setenta y dos años que había pasado sobre la faz de la tierra jamás había visto un inuit y jamás pensé que llegaría a hacerlo. Me dirigí a la verja y me encontré con alrededor de una docena de jóvenes que se habían acercado al aeropuerto porque habían oído que nuestro avión haría escala allí. Había leído cosas acerca de los inuits (el nombre de esquimales se lo habían puesto los colonizadores) cuando era niño, y la impresión que había sacado de los textos racistas y colonialistas era que pertenecían a una cultura atrasada.

Pero al hablar con aquellos inteligentes muchachos descubrí que habían visto mi liberación en la televisión y estaban al tanto de los acontecimientos en Sudáfrica. "¡Viva el CNA!", gritó uno de ellos. Los inuits son un pueblo aborigen históricamente maltratado por una población de colonos blancos. Existían paralelismos entre las calamidades padecidas por los sudafricanos negros y las padecidas por el pueblo inuit. Lo que más me impresionó fue lo pequeño que se había vuelto el planeta en las décadas que había pasado en la cárcel. Para mí era asombroso que un inuit adolescente, que vivía en el techo del mundo, pudiera contemplar la liberación de un prisionero político en el extremo sur de África. La televisión había encogido el mundo y, en el proceso, se había convertido en una gran arma para la erradicación de la ignorancia y la promoción de la democracia.

Tras visitar Dublín viajé a Londres, donde mantuve una entrevista de tres horas de duración con la señora Thatcher. Había cogido frío mientras charlaba con los inuits. El día que debía ver a la señora Thatcher era un día invernal y lluvioso, y cuando salíamos Winnie me dijo que me pusiera un impermeable. Estábamos ya en la recepción del hotel y si volvía a la habitación a buscarlo llegaríamos tarde. Soy muy puntilloso en lo que se refiere a la puntualidad, no sólo porque creo que es una muestra de respeto a la persona con la que uno ha quedado citado, sino también porque es un modo de combatir el estereotipo occidental de que los africanos somos irremediablemente impuntuales. Le dije a Winnie que no teníamos tiempo, y en lugar de ir a buscar el impermeable permanecí bajo la lluvia firmando autógrafos a algunos niños. Cuando llegué a ver a la señora Thatcher me sentía bastante mal, y posteriormente me diagnosticaron una ligera neumonía.

No obstante, mi estado no afectó al desarrollo de la entrevista. Me regañó como si fuera una maestra de escuela y me gané una reprimenda por no aceptar su consejo de reducir mi programa de trabajo. Aunque la señora Thatcher estaba en el bando opuesto al CNA en muchas cuestiones, como en el tema de las sanciones, en todo momento se comportó como una dama franca y solícita. Con todo, durante nuestra reunión de aquel día no conseguí avanzar ni un milímetro en la cuestión de las sanciones.

106

CUANDO REGRESÉ A SUDÁFRICA en julio, tras breves viajes a Uganda, Kenia y Mozambique, solicité una entrevista con el señor de Klerk. La violencia en el país iba en aumento. La lista de muertos de 1990 ascendía ya a más de mil quinientos, superando el total de muertes por causas políticas del año anterior. Tras conferenciar con mis colegas decidí que era necesario acelerar el proceso de normalización. Nuestro país se estaba desangrando y era necesario avanzar más deprisa.

El levantamiento del estado de excepción en junio parecía sentar las bases para la reanudación de las conversaciones, pero en julio las fuerzas de seguridad del gobierno detuvieron a unos cuarenta miembros del CNA, incluyendo a Mac Maharaj, Pravin Gordhan, Siphiwe Nyanda y Billy Nair, aduciendo que formaban parte de un complot del Partido Comunista —llamado Operación Vula— para derribar al gobierno. De Klerk solicitó una entrevista urgente conmigo y me leyó unos documentos que, según él, habían sido confiscados en la redada. Me quedé anonadado porque no sabía nada de aquello.

Tras la reunión quería explicaciones y llamé a Joe Slovo. Joe me explicó que los pasajes que me había leído el señor de Klerk habían sido sacados de contexto, y que Vula era una operación que había sido desestimada hacía tiempo. El gobierno estaba muy interesado en emplear este descubrimiento para separar al CNA del PCSA y mantener así a Joe Slovo alejado de las negociaciones. Volví a hablar con el señor de Klerk y le dije que había sido engañado por su propia policía y que no teníamos la más mínima intención de romper con el PCSA ni de expulsar a Joe Slovo de nuestro equipo de negociadores.

A mediados de julio, poco antes de una reunión del Comité Ejecutivo Nacional, Joe Slovo vino a verme en privado con una propuesta. Sugirió que suspendiéramos la lucha armada con el fin de crear las condiciones adecuadas para que las negociaciones pudieran avanzar. Me dijo que el señor de Klerk necesitaba mostrar a sus seguidores que su política había traído consigo beneficios para el país. Mi primera reacción fue negativa. No creía que fuera aún el momento apropiado.

Pero cuanto más pensaba en ello, más cuenta me daba de que teníamos que tomar la iniciativa, y que aquél era el mejor modo de hacerlo. También comprendí que Joe, cuyas credenciales como radical estaban más allá de toda duda, era precisamente la persona ideal para formular la propuesta. Nadie podía acusarle de ser un peón del gobierno o de haberse ablandado. Al día siguiente le dije a Joe que si planteaba la idea en la reunión de la ejecutiva le respaldaría.

Cuando Joe expuso su propuesta ante la Comisión Ejecutiva Nacional al día siguiente hubo algunos que se opusieron vehementemente, afirmando que supondría recompensar a los seguidores de De Klerk a costa de nuestro propio pueblo. Yo defendí la propuesta diciendo que el objetivo de la lucha armada siempre había sido el de obligar al gobierno a sentarse a negociar, y que ese objetivo se había cumplido. Sostuve que siempre era posible reanudar la lucha armada, pero era necesario dar una muestra de nuestra buena fe. Al cabo de varias horas de discusiones prevaleció nuestra opinión.

Ésta fue una medida controvertida en el seno del CNA. Aunque la MK no estaba en activo, el aura de la lucha armada tenía un gran significado para mucha gente. Si bien se citaba exclusivamente como recurso retórico, la lucha armada era una señal de que estábamos combatiendo activamente contra el enemigo. Como consecuencia, disfrutaba de una popularidad desproporcionada respecto a lo que realmente había logrado.

El 6 de agosto, en Pretoria, el CNA y el gobierno firmaron el llamado Comunicado de Pretoria, en el que acordábamos una suspensión de la lucha armada. Como repetí una y otra vez a nuestros seguidores: se trataba de suspender la lucha armada, no de ponerle fin. El acuerdo también establecía fechas para la liberación de presos políticos y para la concesión de ciertos tipos de indulto. Este último proceso debía finalizar en mayo de 1991; el gobierno aceptaba también revisar la ley de Seguridad Interior.

De todas las cuestiones que obstaculizaban el proceso de paz, ninguna era más devastadora y frustrante que la escalada de violencia que se estaba produciendo en el país. Todos habíamos tenido la esperanza de que al ponerse en marcha las negociaciones remitiera la violencia, pero de hecho ocurrió exactamente lo contrario. La policía y las fuerzas de seguridad casi no practicaban detenciones. Los habitantes de los *townships* les acusaban de alentar y encubrir la violencia. Para mí empezaba a estar cada vez más claro que existía connivencia por parte de las fuerzas de seguridad. Buena parte de los incidentes indicaban que la policía fomentaba la violencia en vez de controlarla.

Durante los meses siguientes visité los *townships* arrasados del triángulo de Vaal, al sur de Johannesburgo, intentando consolar a los heridos y a las familias en su dolor. Una y otra vez tuve ocasión de oír la misma historia: la policía y el ejército estaban desestabilizando la zona. Me contaron que la policía confiscaba armas en un área y al día siguiente las fuerzas de Inkatha atacaban a nuestra gente con las armas requisadas el día anterior. Tuvimos ocasión de escuchar historias según las cuales la policía escoltaba a los seguidores de Inkatha hasta sus reuniones y durante sus ataques.

En septiembre pronuncié un discurso en el que manifestaba que existía una mano oculta tras la violencia, y sugerí la existencia de una misteriosa "tercera fuerza", integrada por renegados de las fuerzas de seguridad del estado que intentaban obstaculizar las negociaciones. No podía decir quiénes eran los miembros de esa tercera fuerza, ya que no lo sabía, pero estaba seguro de que existían y que eran letalmente eficaces en sus ataques contra el CNA y la lucha por la liberación.

Llegué a esta conclusión tras verme personalmente envuelto en dos incidentes concretos. En julio de 1990, el CNA recibió información de que los inquilinos de algunos albergues pertenecientes al Inkatha Freedom Party estaban planeando un importante ataque el 22 de julio contra los miembros del CNA que vivían en el *township* de Sebokeng, en el triángulo de Vaal. A través de nuestros abogados, pusimos esta información en conocimiento del ministro de Interior, el comisionado de policía y el responsable regional advirtiéndoles de la inminencia del ataque y urgiéndoles a que adoptaran las medidas pertinentes. Pedimos a la policía que impidiera que los miembros de Inkatha entraran armados en el *township* para asistir a la concentración que habían convocado. El 22 de julio, un buen número de autobuses cargados de seguidores armados de Inkatha y escoltados por vehículos de la policía penetraron en Sebokeng a plena luz del día. Se celebró la concentración y tras ella los participantes se lanzaron ferozmente sobre la gente, asesinando a unas treinta personas en un terrible y sanguinario episodio. Visité la zona al día siguiente y fui testigo de escenas que nunca antes había visto y que espero no volver a ver. En el depósito había cadáveres prácticamente despedazados. A una mujer le habían cortado los dos pechos con un machete. Fueran quienes fuesen aquellos asesinos no eran más que animales.

Solicité una reunión con el señor de Klerk al día siguiente. Cuando le vi, le pedí iracundo una explicación. "Se lo advertimos por anticipado", le dije, "y no hicieron nada. ¿Por qué? ¿Por qué no ha habido ninguna detención? ¿Por qué no ha hecho nada la policía?". A continuación le dije que en cualquier otro país en el que se hubiera producido una tragedia de este tipo, con treinta víctimas asesinadas, el jefe de estado habría hecho alguna declaración de condolencia, pero él no había dicho ni una palabra. No supo darme respuesta. Le pedí una explicación a De Klerk y no pudo dármela.

El segundo incidente ocurrió en noviembre, cuando un grupo de seguidores de Inkatha penetraron en un asentamiento ilegal llamado Zonkizizwe (que en zulú significa "lugar donde son bienvenidas todas las naciones"), situado en las inmediaciones de la ciudad de Germiston, al este de Johannesburgo, expulsando a los miembros del CNA y matando a varios de ellos en el proceso. Los miembros de Inkatha procedieron a continuación a ocupar las chabolas abandonadas, confiscando todas las propiedades que había en ellas. Los residentes de la zona declararon que los seguidores de Inkatha iban acompañados de la policía. Una vez más, tras la tragedia, la policía y el gobierno no hicieron nada. La vida de los negros en Sudáfrica nunca había valido menos.

Volví a reunirme con el señor de Klerk y con su ministro de Ley y Orden Adriaan Vlok. Una vez más, pregunté al señor de Klerk por qué la policía y el gobierno no habían hecho absolutamente nada tras aquella masacre. Dije que sería fácil encontrar a los atacantes, porque en aquel momento ocupaban las viviendas de la gente a la que habían matado. El señor de Klerk le pidió al señor Vlok una explicación, y éste, con un tono bastante grosero, me preguntó de quién era la propiedad en la que se alzaban las casas. La pregunta era malintencionada; con ella quería decir que los habitantes de Zonkizizwe eran ocupantes ilegales, y por consiguiente carecían de derechos. Le recordé que, de hecho, la tierra había sido puesta a disposición de aquellas personas por las autoridades locales. Su actitud era similar a la de otros muchos afrikáners, que se limitaban a pensar que las tribus negras llevaban matándose las unas a las otras desde tiempos inmemoriales. El señor de Klerk volvió a decirme que investigaría y me daría una respuesta, pero jamás lo hizo.

* * *

En este periodo, el gobierno adoptó otra medida que sirvió para añadir leña al fuego. Introdujo una norma que permitía a los zulúes llevar lo que llamaba "armas tradicionales" a los mítines y concentraciones políticas en Natal y otros lugares. Las azagayas —un tipo de lanzas— y clavas —palos de madera con una pesada cabeza— son armas de verdad, y los miembros de Inkatha las empleaban para matar a seguidores del CNA. Esto me hizo dudar seriamente de las intenciones pacificadoras del señor de Klerk.

Aquellos que se oponían a las negociaciones salieron beneficiados de tanta violencia, que siempre parecía estallar cuando el gobierno y el CNA empezaban a aproximarse a un acuerdo. Aquellas fuerzas pretendían provocar una guerra entre el CNA e Inkatha. Estoy convencido de que muchos seguidores de esta última organización conspiraban también en el mismo sentido. Casi todos los miembros del gobierno, incluyendo al señor de Klerk, habían decidido mirar hacia otro lado o ignorar lo que sabían que estaba ocurriendo ante sus propias narices. No teníamos la menor duda de que había gente en los niveles más altos de la policía y el ejército que prestaban ayuda a la "tercera fuerza". Nuestras sospechas fueron posteriormente ratificadas por informaciones publicadas en los periódicos, que desvelaban que la policía sudafricana había estado financiando a Inkatha en secreto. Mientras continuaba creciendo la espiral de la violencia empecé a reconsiderar la suspensión de la lucha armada. Buena parte de la gente del CNA se mostraba inquieta ante este tema. En septiembre, durante una conferencia de prensa, dije que la situación de violencia podría hacer necesario que volviéramos a tomar las armas. La situación era extremadamente sombría y todo grado de entendimiento que pudiéramos haber logrado con el gobierno parecía haber desaparecido.

107

EN DICIEMBRE DE 1990, Oliver volvió a Sudáfrica tras un exilio de tres décadas. Era maravilloso tenerle cerca. Regresó para asistir a una conferencia consultiva del CNA celebrada en Johannesburgo, a la que acudieron más de mil quinientos delegados de cuarenta y cinco países diferentes, tanto de Sudáfrica como del extranjero.

Durante la reunión alabé a Oliver diciendo que era el hombre que había guiado al CNA a través de sus horas más negras sin permitir jamás que se apagara la llama de la lucha. Nos había conducido hasta la frontera de un futuro deslumbrante y esperanzador. A lo largo de los veintisiete años que yo había pasado en la cárcel fue él quien había salvado al CNA convirtiéndole en una organización internacional con poder e influencia. Había cogido las riendas cuando la mayor parte de sus líderes estaban en la cárcel o en el exilio. Era un soldado, un diplomático, un estadista.

Aunque critiqué al gobierno por orquestar una campaña de actividades contrarrevolucionarias, fue el discurso de Oliver el que desató la tormenta. Abrió la reunión con una controvertida intervención en la que solicitaba que nuestra política sobre las sanciones fuera reevaluada. Mantenía que el CNA se enfrentaría a la "marginación internacional" a menos que tomara la iniciativa para una reducción progresiva de las sanciones. La Comunidad Europea ya había empezado a tomar medidas en este sentido. Los países de Occidente, en especial el Reino Unido y los Estados Unidos, querían recompensar al señor de Klerk por las reformas que había introducido, con la idea de así le animaría a ir más allá. Todos opinábamos que era una estrategia equivocada, pero teníamos que aceptar la realidad que se estaba imponiendo a nivel internacional.

Aunque el discurso de Oliver había sido discutido y aprobado por el Comité Ejecutivo Nacional, su propuesta fue recibida con indignación por los militantes del CNA, que insistían en que debían mantenerse las sanciones. La conferencia decidió dejar como estaba nuestra política sobre las sanciones.

Yo mismo fui el blanco de muchas quejas por parte de aquellos que afirmaban que los negociadores habían perdido el contacto con la base de la organización y que pasábamos más tiempo con los dirigentes del National Party que con nuestro propio pueblo. También fui criticado en la conferencia por embarcarme en una "diplomacia personal" sin mantener informadas a las bases de la organización. Como líder de una organización de masas es indispensable prestar oídos al pueblo, y reconocí que nos habíamos mostrado negligentes a la hora de mantener a toda la organización informada del curso de las negociaciones. Pero, no obstante, era consciente de que nuestras conversaciones con el gobierno eran un tema muy delicado. Los acuerdos alcanzados dependían, en parte, de su confidencialidad. Aunque acepté las críticas, en mi opinión no había más alternativa que continuar por el mismo camino. Sabía que debía informar a más gente acerca de nuestros progresos, y decidí tenerlo siempre presente.

Día tras día, semana tras semana, los periódicos aparecían repletos de noticias sobre nuevos actos de violencia sanguinaria en nuestras comunidades y *townships*. Estaba claro que aquel era el principal problema del país. En muchas comunidades de Natal y el Reef alrededor de Johannesburgo una envenenada mezcla de crímenes, rivalidades políticas, brutalidad policial y siniestros escuadrones de la muerte estaba haciendo la vida insoportable a sus habitantes. Mientras no se resolviera el problema de la violencia, el progreso hacia una nueva situación seguiría siendo desigual e incierto.

En un intento por poner fin a la espiral de violencia me puse en contacto con el jefe Buthelezi para concertar una entrevista con él. Nos reunimos en el Hotel Royal de Durban en enero. El jefe Buthelezi habló en primer lugar a un grupo de delegados y a los medios de comunicación, y aprovechó para abrir viejas heridas en lugar de intentar cerrarlas. Hizo una exposición de los ataques verbales que el CNA le había dirigido, y criticó las exigencias negociadoras de mi organización. Cuando me llegó el turno de hablar decidí no responder a sus observaciones y darle las gracias por sus esfuerzos por conseguir mi excarcelación. Mencioné nuestra larga relación e hice hincapié en las muchas cuestiones que unían a nuestras dos organizaciones en lugar de en las que las separaban.

Conseguimos ciertos progresos durante nuestras conversaciones privadas. El jefe Buthelezi y yo firmamos un acuerdo que contenía un código de conducta que había de aplicarse a ambas organizaciones. Era un acuerdo justo, y sospecho que, si se hubiera puesto en práctica, habría contribuido mucho a restañar aquella sangría. Pero, por lo que yo sé, Inkatha jamás hizo el menor esfuerzo por llevar a la práctica el acuerdo, que también sufrió violaciones por nuestra parte. Los enfrentamientos entre nuestras dos organizaciones continuaron. Todos los meses morían cientos de personas. En marzo, los seguidores de Inkatha lanzaron un ataque contra el *township* de Alexandra, al norte de Johannesburgo, en el que murieron cuarenta y cinco personas después de tres días de lucha. Una vez más, no hubo detenciones.

No podía permanecer impasible mientras continuaba la violencia y solicité una nueva reunión con el jefe Buthelezi. En abril volví a Durban y de nuevo intercambiamos buenas palabras y firmamos otro acuerdo. Una vez más, en cuanto la tinta estuvo seca, el papel quedó empapado de sangre. Estaba más convencido que nunca de que detrás de buena parte de tanta violencia estaba el gobierno. También sabía que la situación estaba poniendo en peligro las negociaciones, así como nuestras relaciones, ante la falta de respuesta del señor de Klerk.

En abril, duante una reunión de dos días del Comité Ejecutivo Nacional, planteé mis dudas acerca del señor de Klerk. La ejecutiva del CNA creía que el gobierno estaba detrás de la violencia y que ésta enrarecía el clima de cara a las negociaciones. En una carta abierta al gobierno pedimos la destitución de Magnus Malan, ministro de Defensa, y de Adriaan Vlok, ministro de Ley y Orden. La prohición de llevar armas tradicionales en actos públicos, la eliminación progresiva de los albergues para trabajadores emigrantes —en ellos vivían un gran número de miembros de Inkatha en los *townships* que había alrededor de Johannesburgo— y la creación de una comisión independiente para investigar las acusaciones formuladas contra las fuerzas de seguridad.

Dábamos al gobierno de plazo hasta mayo para satisfacer nuestras demandas. El señor de Klerk respondió convocando una conferencia multipartidista sobre la violencia que había de celebrarse ese mismo mes. Le respondí que era perfectamente inútil, dado que el gobierno sabía exactamente lo que tenía que hacer para poner fin a la violencia. En mayo anunciamos la suspensión de las conversaciones con el gobierno.

En julio de 1991, el CNA celebró sus primera conferencia anual dentro de Sudáfrica en treinta años. A la conferencia asistieron dos mil doscientos cuarenta y cuatro delegados con derecho a voto, democráticamente elegidos por las diferentes ramas del CNA, tanto del interior como del extranjero. En aquella conferencia fui elegido presidente del CNA sin oposición alguna. Cyril Ramaphosa fue elegido secretario general, lo que mostraba que el testigo pasaba a manos de la nueva generación de dirigentes. Cyril, a quien había tenido ocasión de conocer tras mi excarcelación, era un digno sucesor de una larga línea de dirigentes notables del CNA. Probablemente fuera el mejor negociador de la organización, una habilidad que había desarrollado como secretario de la National Union of Mine Workers.

En mi discurso manifesté mi satisfacción ante el gran honor del que se me hacía objeto y expresé lo difícil que sería seguir las huellas dejadas por mi predecesor Oliver Tambo. Aunque en aquel momento estábamos enfrentados con el gobierno, las conversaciones en sí, dije, constituían una victoria. El simple hecho de que el gobierno estuviera participando en ellas demostraba que no tenía fuerza suficiente para seguir sustentando el *apartheid*. Reiteré que el proceso no sería fácil, ya que nos enfrentábamos a políticos que no deseaban perder el poder a través de las negociaciones. "Lo que hay que entender con toda claridad es que la lucha no ha terminado, y que las propias negociaciones forman parte de la misma. Están sometidas a triunfos y reveses como cualquier otra forma de lucha".

Las negociaciones no podían esperar. No servía de nada a nuestros intereses prolongar la agonía del *apartheid* bajo ningún motivo. Era necesario, dije, crear un gobierno de transición lo antes posible.

La conferencia hizo especial hincapié en una de las tareas más importantes a las que se enfrentaba el CNA: transformar un movimiento ilegal y clandestino de liberación en un partido político de masas. Legal durante treinta años, el CNA había operado en Sudáfrica en la clandestinidad; los hábitos y técnicas correspondientes a tal situación estaban profundamente arraigados. Teníamos que reconstruir toda la organización, desde la más pequeña rama local hasta la ejecutiva nacional. Y teníamos que hacerlo en cuestión de meses, durante un periodo de cambios extraordinarios.

Buena parte de los dirigentes del Congreso Nacional Africano y del Partido Comunista habían pasado mucho tiempo en el exilio. La mayoría había regresado para asistir a la conferencia en julio. No estaban familiarizados con la Sudáfrica de nuestros días; para ellos, como para mí, era un país nuevo. Existía, no obstante, una extraordinaria cosecha de jóvenes dirigentes del United Democratic Front y el COSATU, que habían permanecido en el país y conocían la situación política mucho mejor que nosotros. Aquellas organizaciones habían sido en cierta medida sucedáneos del CNA en Sudáfrica durante la década de 1980. El CNA debía integrar también en su seno a aquellos hombres y mujeres.

Nos enfrentábamos no sólo a problemas logísticos, sino a problemas filosóficos. Es relativamente sencillo mantener la unidad en un movimiento cuando se lucha contra un enemigo común, pero crear una línea de acción política cuando el enemigo en cuestión se sienta a la mesa de negociaciones es algo muy distinto. En el nuevo CNA no sólo teníamos que intregrar a multitud de grupos diferentes, sino también distintos puntos de vista. Necesitábamos unir a la organización en torno a la idea de las negociaciones.

En los primeros diecisete meses de actividad legal, el CNA había reclutado setecientos mil nuevos miembros. Era un número impresionante, pero no había lugar para la complacencia. De aquel número, únicamente una pequeña proporción procedía de las áreas rurales, regiones en las que el CNA había sido históricamente débil. A la vez, el National Party había abierto sus puertas a los no blancos y estaba atrayendo hacia su bando a mestizos e indios descontentos.

Desde mi salida de la cárcel, el estado había continuado con la campaña de desacreditación de mi esposa. Tras el supuesto secuestro de cuatro jóvenes que habían estado alojados en la casa de Diepkloof y la muerte de uno de ellos, Winnie había sido inicialmente desprestigiada por una campaña de murmuraciones y posteriormente acusada de secuestro y agresión. Las continuas calumnias acerca de su carácter eran de tal calibre, que tanto Winnie como yo esperábamos con impaciencia su comparecencia ante el tribunal a fin de que su inocencia quedara demostrada.

El juicio formal de mi esposa comenzó en febrero, en el Tribunal Supremo de Rand, en Johannesburgo. Yo asistí el primer día junto a otros importantes cargos del CNA y seguí acudiendo tan frecuentemente como pude. Lo hacía tanto para apoyar a mi mujer como para mostrar mi fe en su inocencia. Fue hábilmente defendida por George Bizos, que intentó demostrar que Winnie no había estado implicada ni en los secuestros ni en las palizas.

Al cabo de tres meses y medio, el tribunal la declaró culpable de secuestro y de complicidad en la agresión. El juez, no obstante, reconoció que no había participado personalmente en ésta. Fue sentenciada a seis años de cárcel, pero puesta en libertad bajo fianza mientras se resolvía su apelación. Para mí, con o sin veredicto, su inocencia era indudable.

108

EL 20 DE DICIEMBRE DE 1991, tras más de un año y medio de conversaciones sobre las conversaciones, empezaron realmente las negociaciones. CODESA —Convention for a Democratic South Africa— representó el primer foro de negociación formal entre el gobierno, el CNA y otros partidos sudafricanos. Todas nuestras discusiones bilaterales previas habían servido para sentar las bases de estas negociaciones, que se celebraron en el World Trade Centre, un moderno centro de congresos cercano al aeropuerto Jans Smuts, en Johannesburgo. CODESA comprendía dieciocho delegaciones que abarcaban la enorme diversidad de la política sudafricana, además de observadores de las Naciones Unidas, la Commonwealth, la Comunidad Europea y la Organización para la Unidad Africana. Era la muestra más amplia de grupos políticos jamás reunida en un solo lugar en Sudáfrica.

La inauguración de las conversaciones fue un momento histórico, sin duda la convención constitucional más importante desde la celebrada en 1909, cuando las antiguas colonias británicas de El Cabo y Natal y las repúblicas bóers del Transvaal y el Estado Libre de Orange acordaron formar una Unión Sudafricana. Por supuesto, aquella convención no era un tributo, sino una traición a la democracia, ya que ninguno de los representantes que asistieron a ella era negro. En 1991, la mayoría de los representantes lo eran.

Nuestra delegación de planificación, encabezada por Cyril Ramaphosa —de la que también formaban parte Joe Slovo y Valli Moosa— se había enfrascado en discusiones semanales con el gobierno en torno a temas como las elecciones, la Constitución, la creación de una asamblea constituyente y la instauración de un gobierno de transición. Los delegados de veinte interlocutores diferentes, incluyendo a los gobiernos de las *homelands,* habían acordado ya las normas básicas por las que debía regirse la convención.

El optimismo que se respiraba en la apertura de las conversaciones no pudo ser mitigado ni siquiera por unos cuantos aguafiestas. El CPA decidió boicotear las conversaciones acusando al CNA y al National Party de conspirar para instaurar un gobierno multirracial. Esto ocurrió a pesar de que un mes antes se había formado el Patriotic Front, una alianza entre el CNA, el CPA y la Azanian People's Organization en torno a una declaración de objetivos comunes. El CPA temía la celebración de elecciones democráticas porque sabía que la votación pondría de relieve su falta de apoyo popular. El jefe Buthelezi boicoteó también las conversaciones, aduciendo que no se le había permitido presentar tres delegaciones: una en representación de Inkatha, otra por el gobierno de KwaZulu y por último el rey Zwelithini. Nosotros sosteníamos que el rey debía estar por encima de la política, y que si era incluido todas las tribus de Sudáfrica debían tener la posibilidad de enviar a su propio jefe.

En el World Trade Centre se respiraba no sólo el ambiente de un momento histórico, sino también el de una nueva seguridad en nosotros mismos. Al contrario que las negociaciones que habían precedido a una nueva situación en estados africanos como Zimbabwe y Angola, que habían requerido la presencia de medidadores extranjeros, en Sudáfrica íbamos a resolver nuestras diferencias nosotros mismos. El señor de Klerk habló sobre la necesidad de instaurar un gobierno de transición que "compartiera el poder" sobre una base democrática. El principal delegado del National Party en las negociaciones, Dawie de Villiers, hizo incluso una apología del *apartheid*.

En mi discurso de apertura dije que con el nacimiento de CODESA el progreso en Sudáfrica se había convertido por fin en irreversible. Dije que CODESA era el germen de una asamblea electa que se encargaría de redactar una nueva Constitución. No veía razón alguna para que no pudieran celebrarse elecciones a la asamblea constituyente en 1992. Solicité del gobierno que creara un gobierno interino de unidad nacional para supervisar esas elecciones, controlar los medios de comunicación del estado y el ejército, y supervisar en general la transición hacia una Sudáfrica no racista y democrática.

Durante el primer día de la convención los principales interlocutores que en ella participaban, incluyendo el National Party y el CNA, firmaron una declaración de intenciones por la que todas las partes se comprometían a defender una Sudáfrica unida, cuya ley suprema sería una Constitución defendida por un poder judicial independiente. El sistema legal del país garantizaría la igualdad ante la ley, y se redactaría una declaración de derechos en defensa de las libertades civiles. En pocas palabras, se crearía una democracia multipartidista basada en el sufragio universal de todos los adultos incluidos en un censo electoral de todos los ciudadanos. Por lo que a nosotros concernía, aquel era el umbral mínimo aceptable a nivel constitucional para la creación de una nueva Sudáfrica. Inkatha se negó a firmar el documento, esgrimiendo que la frase "una Sudáfrica no dividida" implicaba que quedaba descartado un sistema federal.

La convención creó cinco grupos de trabajo, que habían de reunirse a comienzos de 1992 para abrir el camino a la segunda ronda de CODESA, prevista para mayo de 1992. Los diferentes equipos estudiarían cómo crear un clima de libertad política, analizarían el futuro de los *homelands,* la reestructuración de la South African Broadcasting Corporation y examinarían varios principios constitucionales, como el federalismo y la formación e instauración de un gobierno provisional. Las partes aceptaron que las decisiones se tomaran por "consenso suficiente", concepto que jamás fue definido pero que en la práctica significaba un acuerdo entre el gobierno, el CNA y la mayoría del resto de los interlocutores.

El primer día de CODESA 1 se desarrolló sin sobresaltos. La noche anterior había estado negociando por teléfono hasta después de las ocho de la tarde con el señor de Klerk. Éste me preguntó si estaba dispuesto a permitirle ser el último orador al día siguiente. Aunque estaba previsto que yo cerrara el acto, le dije que lo consultaría con la ejecutiva nacional. Así lo hice y, a pesar de sus dudas, les convencí de que permitieran al señor de Klerk decir la última palabra. No creía que se tratara de una cuestión vital y estaba dispuesto a hacerle aquel favor.

La sesión tocaba a su fin y todo parecía ir bien. Yo hablé acerca de la importancia de las conversaciones. Me sucedió en el estrado el señor de Klerk. Empezó subrayando el carácter histórico de aquella ocasión y planteando la necesidad de superar nuestra mutua desconfianza. Pero a continuación hizo una cosa curiosa: empezó a atacar al CNA por no respetar los acuerdos a los que habíamos llegado con el gobierno. Comenzó a dirigirse a nosotros como un maestro podría dirigirse a un niño travieso. Reprendió al CNA por negarse a revelar la localización de nuestros depósitos de armas y después nos reprochó que mantuviéramos un "ejército privado", Umkhonto we Sizwe, en clara violación del Acuerdo nacional de paz de septiembre de 1991. Con un lenguaje intempestivo, se preguntó si el CNA era lo suficientemente honorable como para respetar los acuerdos que pudiera firmar.

Aquello era mucho más de lo que me sentía dispuesto a tolerar. Que se me llevara el demonio si permitía que el señor de Klerk dijera la última palabra. En la sala se había hecho un espeso silencio. En vez de admitir que se diera por concluida la sesión, caminé hasta el podio. No podía consentir que sus palabras quedaran sin respuesta. Mi voz desvelaba mi ira.

Me siento profundamente preocupado por la conducta de hoy del señor de Klerk. Ha lanzado un ataque contra el CNA y, al hacerlo, no puede decirse que haya sido honesto. Incluso siendo presidente de un régimen ilegítimo y desacreditado de una minoría, como es su caso, debería regirse por ciertos criterios morales... Muy poca gente querría negociar con un hombre capaz de presentarse ante una conferencia como ésta y jugar con la política como él lo ha hecho.

Los miembros del gobierno nos convencieron para que les permitiéramos hablar los últimos. Estaban muy interesados en decir la última palabra. Por fin ha quedado claro a qué obedecía su interés. Ha abusado de su posición porque esperaba que yo no le respondiera. Estaba completamente equivocado. Voy a hacerlo.

Dije que era inaceptable que el señor de Klerk se dirigiera a nosotros con semejante lenguaje. Reiteré que había sido el CNA, y no el gobierno, quien había llevado la iniciativa de las conversaciones de paz. Que, por el contrario, había sido el gobierno, no el CNA, el que repetidamente había mostrado no estar a la altura de sus compromisos. Le había dicho más de una vez al señor de Klerk que atacar públicamente al CNA no servía a ningún propósito útil, y aun así había continuado haciéndolo. Señalé que habíamos dejado en suspenso nuestra lucha armada para demostrar nuestro compromiso con la paz. A pesar de todo, el gobierno seguía en colusión con quienes nos hacían la guerra. Le habíamos dicho que entregaríamos nuestras armas sólo cuando formáramos parte del gobierno que debía hacerse cargo de ellas.

Añadí que era evidente que el gobierno se había presentado ante nosotros con una doble agenda. Estaba empleando las negociaciones no para alcanzar la paz, sino para apuntarse mezquinos tantos políticos. Incluso ahora, que estaban negociando, seguían financiando en secreto organizaciones encubiertas que cometían actos de violencia contra nosotros. Mencioné las recientes revelaciones de que Inkatha había recibido millones de rands y que el señor de Klerk sostenía que no sabía nada del tema. Afirmé que si un hombre en su posición "no está al corriente de cosas así, no es digno de ser jefe del gobierno".

Sabía que mi intervención había sido muy dura. Como no quería echar a pique las negociaciones acabé con un tono más conciliador.

Le pido que ponga sus cartas sobre la mesa y boca arriba. Trabajemos juntos abiertamente. Que no haya agendas secretas, que no nos convenza para ser el último orador sólo porque quiere abusar de tal privilegio para atacarnos con la vana esperanza de que no le respondamos. A pesar de todos sus errores, estoy dispuesto a seguir trabajando con él.

CODESA volvía a reunirse al día siguiente para la sesión final, y tanto el señor de Klerk como yo nos esforzamos por demostrar que no se habían producido daños irreparables. Al comienzo de la sesión nos estrechamos públicamente la mano y manifestamos que trabajaríamos juntos. No obstante, se había desvanecido buena parte de la confianza con la que se habían iniciado las negociaciones, y la confusión se había apoderado de todos los interlocutores.

Seis semanas después de la inauguración de la primera ronda de CODESA, el National Party participó en unas importantes elecciones locales en Potchefstroom, una ciudad universitaria y conservadora del Transvaal, que tradicionalmente había sido un feudo del partido. El resultado fue sorprendente: el National Party fue derrotado por el candidato del derechista Conservative Party. Los conservadores se oponían ferozmente a la política de negociación con el CNA emprendida por el gobierno. El partido estaba compuesto fundamentalmente por afrikáners, que opinaban que el señor de Klerk estaba vendiéndose al enemigo. El resultado de las elecciones pareció arrojar serias dudas sobre la política reformista y negociadora del señor de Klerk. El National Party se sintió alarmado: eran sus propios votantes, y en su propio terreno, quienes habían rechazado su política.

De Klerk decidió optar por una medida arriesgada. Anunció que como resultado de las elecciones en Potchefstroom convocaría un referéndum entre los blancos de todo el país para el 17 de marzo. El pueblo de Sudáfrica podría votar sobre su política de reformas y negociaciones con el CNA. Afirmó que si perdía el referéndum dimitiría. Esta llamada a las urnas planteaba una pregunta simple y directa a todos los votantes blancos de más de dieciocho años: "¿Apoya usted la continuación del proceso de reformas iniciado por el presidente del estado el 2 de febrero de 1990, cuyo objetivo es la redacción de una nueva constitución a través de negociaciones?".

El CNA se opuso al referéndum indicando que era una consulta que excluía a todos aquellos que no fueran blancos. Al mismo tiempo, éramos lo suficientemente realistas como para saber que lo último que nos interesaba era que los votantes blancos repudiaran los esfuerzos del señor de Klerk por continuar las negociaciones. Aunque por cuestión de principios rechazábamos el referéndum, instamos a los blancos a que votaran sí. Para nosotros, un voto semejante era un voto de apoyo a las negociaciones, y no necesariamente al señor de Klerk.

Contemplamos la campaña del señor de Klerk con interés y no poca consternación. Él y el National Party realizaron una campaña política sofisticada y costosa, al estilo americano, acompañada de una gran campaña publicitaria en los periódicos y la televisión, pegatinas para los coches, concentraciones llenas de colorido y espectáculo. Consideramos que se trataba de un ensayo general de la campaña que el señor de Klerk emplearía contra nosotros.

Al final, un sesenta y nueve por ciento de los votantes blancos votó a favor de las negociaciones, con lo que De Klerk obtuvo una gran victoria. Se sentía vindicado; de hecho, creo que tan sonada victoria se le subió un poco a la cabeza. Su posición había quedado fortalecida y, como resultado, su partido endureció sus posiciones negociadoras. Era una estrategia peligrosa.

109

EL 13 DE ABRIL DE 1992, en una conferencia de prensa celebrada en Johannesburgo a la que me acompañaron mis dos amigos y camaradas más antiguos, Walter y Oliver, anuncié que me separaba de mi esposa. La situación entre nosotros se había hecho tan difícil que había decidido que lo mejor para todos los implicados —el CNA, la familia y Winnie— era que nos separáramos. Aunque discutí el tema con el CNA, la separación fue motivada por razones personales.

Leí el siguiente comunicado:

Las relaciones entre mi esposa, la camarada Nomzamo Winnie Mandela, y yo, se han convertido en tema de especulación en los medios de comunicación. Hago pública esta declaración para clarificar el asunto y con la esperanza de poner fin a todas las conjeturas.

La camarada Nomzamo y yo contrajimos matrimonio en un momento crítico de la lucha por la liberación del país. Debido a las presiones de nuestro compromiso compartido con el CNA y con la lucha para poner fin al *apartheid,* jamás hemos tenido ocasión de disfrutar de una vida familiar normal. A pesar de ello, nuestro mutuo amor y la devoción por nuestra unión fue en aumento, creciendo día a día...

Durante las dos décadas que pasé en la isla de Robben fue una fuente de apoyo y consuelo indispensable para mí... La camarada Nomzamo aceptó la pesada carga de criar a nuestras hijas sola... Soportó la continua persecución del gobierno con fortaleza ejemplar y jamás abandonó su compromiso con la lucha por la libertad. Su tenacidad reforzó mi respeto, mi amor y mi creciente afecto por ella. Atrajo también la admiración del resto del mundo. Mi amor por ella permanece inalterable.

Con todo, a la vista de las tensiones que han surgido entre nosotros debido a diferencias de opinión sobre una serie de cuestiones en los últimos meses hemos acordado que sería mejor separarnos. Mi acción no obedece a las denuncias presentadas contra ella en la prensa... La camarada Nomzamo tiene y seguirá teniendo en mí apoyo incondicional durante estos momentos difíciles de su vida.

Personalmente, jamás lamentaré la existencia que la camarada Nomzamo y yo intentamos compartir. No obstante, circunstancias ajenas a nuestro control han dictado que no podamos seguir juntos. Me separo de mi esposa sin la menor recriminación, la abrazo con todo el amor que he sentido por ella dentro y fuera de la cárcel, desde el mismo momento en que la conocí. Damas y caballeros, espero que comprendan el dolor que he sufrido.

Tal vez estuviera ciego ante ciertas cosas debido a la pena que sentía por ser incapaz de cumplir mi papel como esposo y padre, pero del mismo modo que estoy convencido de que la vida de mi esposa mientras yo estaba en prisión fue más dura que la mía, lo estoy de que mi regreso fue más difícil para ella que para mí. Se había casado con un hombre que no había tardado en dejarla sola. Aquel hombre se había convertido en un mito, y de repente el mito había vuelto a casa y había resultado ser tan sólo un hombre.

Como dije más adelante en la boda de mi hija Zindzi, parece que el destino de los luchadores por la libertad es vivir una existencia inestable a nivel personal. Cuando la vida de uno es la lucha, como en mi caso, no queda casi espacio para la familia. Ésa ha sido siempre mi mayor pesadumbre, y el aspecto más doloroso de la elección que había hecho.

"Vimos crecer a nuestros hijos sin poder guiarles" comenté en la boda. "Y cuando salimos (de la cárcel) mis hijos me dijeron: Creíamos que teníamos un padre y que algún día regresaría, pero para nuestra tristeza nuestro padre volvió y nos dejó solos de nuevo porque se ha convertido en el padre de la nación". Ser padre de una nación es un gran honor, pero ser el padre de una familia es un gozo mayor. Es una satisfacción de la que nunca tuve ocasión de disfrutar.

110

EN MAYO DE 1992, tras una interrupción de cuatro meses, la conferencia multipartidista celebró su segunda sesión plenaria en la misma sede del World Trade Centre. La ronda de conversaciones, conocida como CODESA 2, fue preparada mediante reuniones secretas previas entre negociadores del CNA y el gobierno, así como por medio de encuentros entre el CNA y otros interlocutores. Aquellos preparativos culminaron en una entrevista final entre el señor de Klerk y yo, celebrada el día antes de la apertura de CODESA 2. Fue la primera vez que nos reuníamos desde la primera ronda de negociaciones.

Pocos días antes del comienzo de CODESA 2, el gobierno se vio involucrado en dos escándalos. El primero fue el descubrimiento de una corrupción generalizada y una serie de sobornos en el departamento de ayuda para el desarrollo, el organismo responsable de mejorar las condiciones de vida de los negros en las *homelands*. El segundo fue la implicación de altos funcionarios de la seguridad del estado en el asesinato de cuatro activistas del UDF en 1985, el más conocido de los cuales era Matthew Goniwe. Las revelaciones se sumaban a las pruebas recientemente aparecidas implicando a la policía en asesinatos cometidos en Natal, y a las sospechas de que la inteligencia militar estaba realizando operaciones encubiertas contra el CNA. Aquellos escándalos minaron la credibilidad del gobierno fortaleciendo nuestra posición.

A lo largo de los meses precedentes el gobierno había planteado numerosas propuestas que habían ido quedando en la cuneta. En su mayor parte, como la idea de instaurar una presidencia rotativa, su único objeto era preservar su poder. A través de negociaciones mantenidas a lo largo de los últimos meses, el CNA y el equipo del gobierno habían redactado un acuerdo provisional en el que se contemplaba un periodo de transición hacia una Sudáfrica plenamente democrática en dos fases. En la primera se nombraría un "consejo ejecutivo de transición" multipartidista integrado por las delegaciones presentes en CODESA. Habría de funcionar como gobierno provisional para "preparar el terreno" para todos los interlocutores y crear una Constitución provisional. En la segunda fase se celebrarían elecciones generales a una asamblea constituyente y legislativa. Todos los partidos políticos que obtuvieran el cinco por ciento o más de los votos participarían en el gabinete. La mitad de los miembros de la asamblea serían elegidos a nivel nacional y la otra mitad a nivel regional. La asamblea tendría poderes tanto para legislar como para redactar una nueva Constitución. Una comisión independiente se encargaría de presidir las elecciones y de garantizar que fueran libres y justas.

Aun así, había muchas cuestiones en las que el CNA y el gobierno no habían conseguido llegar a un acuerdo, tales como el porcentaje de los votos necesarios en la asamblea para decidir sobre cuestiones constitucionales o un acuerdo para la redacción de una declaración de derechos civiles. Pocos días antes del comienzo de CODESA 2, el gobierno propuso la creación de una segunda cámara, el Senado, compuesta por representantes regionales, como mecanismo para garantizar el derecho a veto de la minoría. También propuso que primero CODESA 2 aprobara una Constitución provisional, que llevaría meses redactar. Todas estas propuestas y contrapropuestas tenían lugar entre bastidores, y cuando se inauguró la segunda ronda de conversaciones de CODESA las perspectivas de llegar a un acuerdo parecían más bien escasas. Los puntos de desacuerdo amenazaban con destruir todo lo que habían ya acordado. El señor de Klerk y yo no habíamos conseguido consensuar la mayor parte de las cuestiones fundamentales. El gobierno parecía estar dispuesto a esperar indefinidamente, en la convicción de que cuanto más tiempo pasara más apoyo perderíamos.

Al finalizar la primera jornada, la convención había llegado a un punto muerto. En ese momento, los dos jueces que presidían las negociaciones nos dijeron al señor de Klerk y a mí que nos reuniéramos esa misma noche en un intento de lograr algún acuerdo. Así lo hicimos, y aunque no conseguimos salir del *impasse* decidimos que las negociaciones no debían fracasar. "Toda Sudáfrica, y el mundo entero, están pendientes de nosotros", le dije al señor de Klerk. "Salvemos el proceso de paz. Lleguemos a algún tipo de compromiso, fijemos al menos una fecha para la siguiente ronda de negociaciones". Decidimos que al día siguiente ambos intervendríamos con un espíritu constructivo.

Hablamos en orden inverso al acordado en CODESA 1: el señor de Klerk primero y yo el último. En su discurso, el señor de Klerk insistió en que el National Party no buscaba un "veto de la minoría", pero que sí deseaba instaurar un sistema de "límites y contrapesos" para que la mayoría no pudiera "abusar de su poder". Aunque para mí aquello sonaba como una oposición abierta a la idea de un gobierno de la mayoría, cuando me tocó hablar después del señor de Klerk me limité a decir que era necesario que trabajáramos con espíritu constructivo para disipar las tensiones que habían surgido en torno a las negociaciones.

A pesar de nuestros intentos de ofrecer una imagen positiva, la convención acabó el segundo día en tablas. El bloqueo, tal y como yo lo veía, obedecía a la renuencia del National Party a someter su destino a la voluntad de la mayoría. Simple y llanamente eran incapaces de atravesar ese puente.

En última instancia, CODESA 2 fue un fracaso debido a cuatro cuestiones fundamentales: la insistencia por parte del gobierno en un porcentaje de votos inaceptablemente alto en la asamblea para aprobar la Constitución (esencialmente un veto introducido por la puerta falsa); la presencia de poderes regionales atrincherados en sus posiciones, que serían vinculantes en una futura Constitución; un Senado no democrático y no electo, que había de tener poder de veto sobre la legislación aprobada en el Parlamento; y la determinación de que una Constitución provisional negociada por la convención se convirtiera en una Constitución permanente.

Todas estas cuestiones eran delicadas, pero no insolubles. Yo estaba decidido a impedir que el punto muerto al que había llegado CODESA 2 subvirtiera el proceso de negociación. El gobierno y el CNA acordaron seguir adelante con conversaciones bilaterales en busca de una solución, pero en ese momento surgieron otras cuestiones que hicieron imposible avanzar con el proyecto.

Tras el atasco en las negociaciones, el CNA y sus aliados acordaron emprender una política generalizada de acciones de masas, que mostraría al gobierno el grado de apoyo con el que contábamos en el país y pondría de manifiesto que el pueblo de Sudáfrica no estaba dispuesto a esperar indefinidamente su liberación. Las movilizaciones consistirían en huelgas, manifestaciones y boicots. La fecha elegida para poner en marcha dichas acciones fue el 16 de junio 1992, aniversario de la revuelta de Soweto de 1976. La campaña había de culminar en una huelga nacional de dos días que se celebraría el 3 y el 4 de agosto.

Antes de que esto ocurriera, se produjo otro acontecimiento que alejó aún más al CNA y al gobierno. La noche del 17 de junio de 1992 un grupo de miembros de Inkatha fuertemente armados atacaron en secreto el *township* de Vaal en Boipatong, matando a cuarenta y seis personas. La mayoría de los muertos eran mujeres y niños. Era la cuarta masacre de miembros del CNA que tenía lugar en aquella misma semana. En todo el país, la gente se sintió horrorizada por aquel acto de violencia, y acusó al gobierno de ser cómplice de la matanza. La policía no había hecho nada por parar a los criminales y nada por encontrarlos. No hubo detenciones, no se emprendió ninguna investigación. El señor de Klerk no dijo nada. Fue la gota que colmó el vaso, y se agotó mi paciencia. El gobierno se dedicada a bloquear las negociaciones y a la vez libraba una guerra encubierta contra nuestra gente. ¿A santo de qué íbamos a seguir negociando con ellos?

Cuatro días después de los asesinatos me dirigí a una multitud de veinte mil seguidores iracundos del CNA y les dije que había dado instrucciones al secretario general del CNA, Cyril Ramaphosa, para que suspendiera toda negociación directa con el gobierno. También anuncié que se celebraría una reunión urgente del Comité Ejecutivo Nacional para examinar nuestras opciones. Era como si hubiéramos regresado a los negros días de Sharpeville. Comparé la conducta del National Party con la de los nazis en Alemania y advertí públicamente a De Klerk que si intentaba imponer nuevas medidas para restringir el derecho de manifestación o la libertad de expresión, el CNA pondría en marcha una campaña de desafío en todo el país en la que yo sería el primer voluntario.

En aquella concentración vi pancartas que decían: "MANDELA, DANOS ARMAS", y "HACIA LA VICTORIA POR LAS ARMAS, NO POR LAS PALABRAS". Comprendía perfectamente aquellos sentimientos. El pueblo estaba frustrado; no apreciaba ningún resultado positivo de las negociaciones. Empezaban a pensar que el único modo de acabar con el *apartheid* era recurrir a las armas. Tras Boipatong, había miembros en la ejecutiva nacional que decían "¿por qué abandonamos la lucha armada? Lo que deberíamos haber abandonado son las negociaciones. Jamás nos permitirán alcanzar nuestro objetivo". Inicialmente, mis simpatías se inclinaban a favor de aquel grupo de partidarios de la línea dura, pero gradualmente fui dándome cuenta de que el proceso no tenía alternativas. Era lo que había venido defendiendo durante muchos años y no podía darle la espalda a las negociaciones. Había llegado el momento de calmar las cosas. En este caso, la movilización de masas era un camino intermedio entre la lucha armada y las negociaciones. El pueblo necesitaba algún modo de desahogar su ira y su frustración, y una campaña de acción masiva era el mejor modo de canalizar aquellas emociones.

Cuando comunicamos al gobierno que las conversaciones quedaban suspendidas, enviamos al señor de Klerk un documento en el que exponíamos las razones de nuestra retirada. Además de una resolución del punto muerto en torno a la constitución de CODESA 2, exigíamos que los responsables de la violencia fueran identificados y llevados ante los tribunales. Igualmente, pedíamos que se articulara algún mecanismo para erigir barreras en torno a los albergues y mantenerlos sometidos a vigilancia, dado que eran el caldo de cultivo de una violencia incalculable. El señor de Klerk nos envió como respuesta una nota solicitando una entrevista personal conmigo, que fue rechazada. En mi opinión, una reunión con él sugeriría que teníamos algo de qué hablar y en aquel momento no era así.

*   *   *

La campaña de acciones masivas tuvo su culminación en una huelga general los días 3 y 4 de agosto en apoyo de las exigencias negociadoras del CNA y como protesta ante la violencia respaldada por el estado. Más de cuatro millones de trabajadores se quedaron en sus casas en la mayor huelga política de toda la historia de Sudáfrica. El acto central de la movilización fue una marcha de cien mil personas hasta Union Buildings en Pretoria, la imponente sede de la administración del gobierno sudafricano. Allí celebramos una gigantesca concentración al aire libre en el gran prado que hay delante de los edificios. Dije a la multitud que algún día ocuparíamos aquella sede como el primer gobierno democráticamente elegido de Sudáfrica.

Frente a aquella acción de masas el señor de Klerk dijo que si el CNA volvía ingobernable el país, el estado podría verse obligado a tomar en consideración algunas opciones desagradables. Advertí al señor de Klerk que toda acción antidemocrática por su parte tendría graves repercusiones. Le dije que precisamente debido a amenazas como aquélla me sentía muy poco inclinado a instaurar un gobierno de transición.

Alentado por el éxito de nuestra campaña, un grupo de gente del CNA decidió marchar sobre Bisho, la capital de la *homeland* de Ciskei en el este de El Cabo, un bantustán gobernado por el general de brigada Oupa Gqozo. El Ciskei tenía todo un historial de represión contra el CNA. En 1991 el general Gqozo había declarado el estado de excepción en el Ciskei para combatir lo que él llamaba terrorismo promovido por el CNA. La mañana del 7 de septiembre de 1992, setenta mil manifestantes emprendieron la marcha hacia el estadio principal de Bisho. Cuando un grupo intentó atravesar una abertura en una verja y tomar un camino diferente en dirección a la ciudad, las tropas de la *homeland,* pésimamente entrenadas, abrieron fuego sobre la gente. Mataron a veintinueve personas e hirieron a más de doscientas. Bisho se había unido a Boipatong como sinónimo de brutalidad.

Del mismo modo que el viejo proverbio dice que la hora más oscura es la que precede al alba, la tragedia de Bisho llevó a la reanudación de las negociaciones. Me reuní con el señor de Klerk en busca de algún terreno en común que permitiese evitar más tragedias como la de Bisho. Nuestros respectivos negociadores empezaron a encontrarse con regularidad. Ambos bandos estaban enfrascados en un esfuerzo de buena voluntad por reemprender las negociaciones. El 26 de septiembre, el señor de Klerk y yo celebramos oficialmente una cumbre.

Aquel día el señor de Klerk y yo firmamos el Record of Understanding, un documento de compromiso que sirvió como molde de todas las conversaciones posteriores. El acuerdo establecía la creación de un organismo independiente para examinar las acciones policiales, creaba un mecanismo para vigilar los albergues y prohibía portar "armas tradicionales" en actos políticos. Pero la verdadera importancia de aquel documento fue que rompió el punto muerto de CODESA 2. El gobierno aceptó finalmente una única asamblea constituyente electa, que redactaría una nueva Constitución y desempeñaría el papel de poder legislativo durante la transición al nuevo gobierno. Todo lo que quedaba por negociar era la fecha de las elecciones para la asamblea y el porcentaje de mayoría necesario para que tomara sus decisiones. Estábamos al fin frente a un marco básico que llevaría al país a un futuro democrático.

El acuerdo hizo que Inkatha anunciara su retirada de todas las conversaciones en las que tomaran parte el gobierno y el CNA. Enfurecido, el jefe Buthelezi rompió sus relaciones con el National Party y se alió con un grupo de líderes desacreditados de las *homelands* y partidos blancos de la derecha, cuyo único objetivo era crear una *homeland* afrikáner. El jefe Buthelezi exigió la anulación del acuerdo firmado y el fin de CODESA, así como la disolución de Umkhonto we Sizwe.

Al igual que había tomado la iniciativa respecto al abandono de la lucha armada, Joe Slovo se puso de nuevo a la cabeza haciendo una nueva propuesta muy controvertida: un gobierno de unidad nacional. En octubre, Joe publicó un trabajo en el que manifestaba que las negociaciones con el gobierno no eran conversaciones para un armisticio en las que pudiéramos dictar nuestros términos a un enemigo derrotado. El CNA probablemente tardaría años en controlar el aparato del gobierno, incluso después de unas elecciones. En realidad, un gobierno del CNA necesitaría la colaboración de buena parte de la administración existente para gobernar el país. Joe proponía una cláusula especial, que él llamaba "de ocaso", que permitiera el establecimiento de un gobierno de unidad nacional que compartiera el poder con el National Party durante un periodo fijo de tiempo, una amnistía para los oficiales de seguridad y el mantenimiento de los contratos de los funcionarios civiles. La expresión "compartir el poder" era objeto de desprecio en el seno del CNA, ya que se consideraba sinónimo de la búsqueda del veto de la minoría por parte del gobierno. Pero en este contexto significaba tan sólo que el National Party formaría parte de cualquier gobierno elegido por el pueblo siempre y cuando obtuviera suficientes votos.

Tras muchas discusiones apoyé la propuesta de Joe y ésta fue respaldada por el Comité Ejecutivo Nacional el 18 de noviembre. La ejecutiva aceptó compartir el poder siempre y cuando los partidos minoritarios no dispusieran de veto. En diciembre comenzamos en secreto una nueva ronda de conversaciones bilaterales con el gobierno. Se celebraron a lo largo de cinco días en un refugio de caza en pleno campo. Aquellas entrevistas resultaron decisivas, ya que sirvieron para desarrollar los fundamentos establecidos en el Record of Understanding. En el transcurso de las reuniones acordamos instaurar en principio un gobierno de unidad nacional de cinco años de duración, en el que todos los partidos que obtuvieran más de un cinco por ciento en unas elecciones generales contarían con una representación proporcional en el gabinete. Transcurridos esos cinco años, el gobierno de unidad nacional se convertiría en un gobierno de mayoría simple. En febrero, el CNA y el gobierno alcanzaron un acuerdo de principio sobre la instauración de un gobierno de unidad nacional, un gabinete multipartidista y la creación de un consejo ejecutivo de transición. Las elecciones se celebrarían a finales de 1993.

111

SIEMPRE HE PENSADO que todo el mundo debería tener un hogar desde el que pudiera ver la casa donde había nacido. Tras mi puesta en libertad empecé a hacer planes para construir una casa de campo en Qunu. En otoño de 1993 la casa estaba terminada. Me había inspirado en los planos de la casa de Victor Verster. La gente solía hacer comentarios sobre esto, pero la respuesta era simple. La casa de Victor Verster fue la primera vivienda espaciosa y cómoda en la que jamás había estado, y me había gustado mucho. Me había familiarizado con sus dimensiones, así que en la casa de Qunu no tendría que vagar en plena noche en busca de la cocina.

En abril estaba en mi casa del Transkei pasando unas breves vacaciones. La mañana del 10 de abril acababa de salir de casa para saludar a algunos miembros del equipo de rugby de la policía del Transkei cuando mi guardesa salió corriendo para decirme que me llamaban urgentemente por teléfono. Estaba llorando. Me excusé ante los jóvenes y entré. Poco después me enteraba a través de un colega de que Chris Hani, secretario general del Partido Comunista de Sudáfrica, anterior jefe del estado mayor de la MK, y una de las figuras más populares del CNA, había muerto de un disparo a quemarropa. Había ocurrido delante de su casa de Boksburg, en Johannesburgo, un suburbio de clase trabajadora, predominantemente blanco, que Chris intentaba integrar.

La muerte de Chris fue un golpe para el movimiento y para mí. Era un soldado y un patriota para el que ninguna tarea resultaba insignificante. Era un gran líder entre los jóvenes de Sudáfrica, un hombre que hablaba su idioma y al que escuchaban. Si había alguien capaz de movilizar a la juventud rebelde en apoyo de una solución negociada, ése había sido Chris. Sudáfrica había perdido a uno de sus hijos predilectos, un hombre cuya contribución habría sido inestimable a la hora de transformar el país en una nueva nación.

La situación en Sudáfrica era muy frágil. Había gran preocupación ante la posibilidad de que la muerte de Hani pudiera actuar como detonante de una guerra racial. Se temía que los jóvenes lo convirtieran en un mártir y decidieran entregar sus propias vidas en su nombre. Mi primer paso fue volar en helicóptero hasta Sabalele, una diminuta y polvorienta localidad del distrito de Cofimvaba en el Transkei —un lugar que conocía bien por ser la región natal de la familia Matanzima— para presentar mis condolencias al padre de Chris, que tenía ochenta y dos años. Cuando llegué a la aldea, en la que no había agua corriente ni electricidad, me maravilló que aquel pobre y diminuto lugar hubiera producido un hombre como Chris Hani, capaz de conmover a toda la nación con su pasión y su competencia. Su preocupación por los pobres tenía su origen en su infancia en Sabalele. Sus raíces eran profundas y genuinas, y jamás llegó a perderlas. El padre de Chris habló con elocuencia sobre el dolor que suponía perder a un hijo, aunque tenía la satisfacción de saber que había muerto luchando.

EL LARGO CAMINO HACIA LA LIBERTAD

Cuando regresé a Johannesburgo me enteré de que la policía había detenido como sospechoso del asesinato a un miembro del grupo militante de derechas Afrikaner Weerstandsbeweging (AWB). Aquel hombre, un inmigrante polaco, había sido capturado gracias a que una valerosa mujer afrikáner había llamado a la policía para dar el número de matrícula. El asesinato había sido un acto de enloquecida desesperación, otro intento de hacer descarrilar el proceso de negociaciones. Se me pidió que hablara a la nación aquella noche a través de la SABC. En este caso, era el CNA y no el gobierno quien intentaba tranquilizar al país.

Aseguré que el proceso de paz y las negociaciones no podían detenerse. Con toda la autoridad de la que disponía dije: "Apelo a toda nuestra gente para que mantenga la calma y honre la memoria de Chris Hani comportándose como una fuerza disciplinada que busca la paz".

Esta noche me dirijo a todos y cada uno de los sudafricanos, negros y blancos, desde lo más profundo de mi corazón. Un hombre blanco, lleno de prejuicios y odio, vino a nuestro país y cometió un acto tan execrable que toda la nación se balancea al borde del desastre. Una mujer blanca, de origen afrikáner, arriesgó su vida para que pudiéramos conocer y llevar ante la justicia al asesino... Ha llegado el momento de que todos los sudafricanos se yergan codo con codo contra los que, desde cualquier bando, desean destruir aquello por lo que Chris Hani dio su vida: la libertad de todos nosotros.

El asesinato de Chris fue un desesperado intento por parte de los partidarios de la supremacía blanca de detener lo inevitable. Preferían que el país se sumiera en una guerra civil antes que permitir que se instaurara el gobierno de la mayoría por medios pacíficos.

Adoptamos una estrategia frente a nuestros propios partidarios. Para impedir que se produjeran actos de violencia en represalia organizamos una serie de concentraciones masivas y manifestaciones en todo el país de una semana de duración. Esto daría al pueblo un modo de expresar su frustración sin necesidad de recurrir a la violencia. El señor de Klerk y yo hablamos en privado y acordamos que no permitiríamos que el asesinato de Hani echara a pique las negociaciones. Al cabo de pocos días nos enteramos de que un miembro del Conservative Party, Clive Derby-Lewis, había sido detenido en relación con el asesinato. Una confirmación más de la existencia de la "tercera fuerza". Había sido el propio Chris quien había denunciado un reciente robo de armas de una base de la fuerza aérea. Los informes policiales preliminares sugerían que el arma empleada para asesinarle procedía de aquel arsenal.

Exactamente dos semanas después se produjo otra muerte significativa. Ésta no conmocionó a la nación como lo había hecho la de Chris, pero sí a mí. Oliver llevaba mucho tiempo enfermo, pero el ataque que le produjo la muerte ocurrió repentinamente y sin previo aviso. Su esposa Adelaide me telefoneó a primera hora de la mañana y fui a toda prisa a casa de Oliver. Ni siquiera tuve oportunidd de despedirme de él porque ya había muerto. En la alegoría que Platón hace sobre los metales, el filósofo clasifica a los hombres en tres grupos: oro, plata y plomo. Oliver era oro puro. De oro era su brillantez intelectual, de oro su calidez y su humanidad, de oro eran su tolerancia y su generosidad, de oro su infalible lealtad y capacidad de sacrificio. Por mucho que le respetara como líder, le amaba aún más como persona.

Aunque habíamos permanecidos apartados todos los años que pasé en prisión, Oliver nunca dejó de estar en mi pensamiento. En muchos aspectos, aunque estábamos alejados, mantuve durante toda mi vida una conversación con él en el interior de mi cabeza. Tal vez por eso me sentí tan abandonado a su muerte. Me sentía, como le comenté a un colega, el hombre más solitario del mundo. Era como si me le hubieran arrebatado en el momento justo en el que finalmente habíamos vuelto a unirnos. Cuando le vi en su ataúd fue como si parte de mí hubiera muerto.

Aunque no ocupábamos aún el poder quería que Oliver tuviera un funeral propio de un estadista, y eso fue exactamente lo que le proporcionó el CNA. En una concentración masiva en un estadio de Soweto, cientos de dignatarios de gobiernos extranjeros se reunieron para rendir sus respetos al hombre que había mantenido vivo el CNA durante sus años de exilio. Tropas de la MK desfilaron en su honor y se disparó una salva de veintiún fusiles junto a su tumba. Oliver había vivido para ver la liberación de los prisioneros y el regreso de los exiliados, pero no para emitir su voto en una Sudáfrica libre y democrática. Aquello era lo que quedaba aún por lograr.

112

AUNQUE POCA GENTE RECORDARÁ el 3 de junio de 1993, fue un hito en la historia de Sudáfrica. Aquel día, tras meses de negociaciones, en el World Trade Centre, el foro multipartidista votó a favor de fijar una fecha para las primeras elecciones nacionales no racistas, en la que todos los adultos tendrían derecho al voto: el 27 de abril de 1994. Por primera vez en la historia de Sudáfrica, la mayoría negra asistiría a las urnas para elegir a sus propios líderes. El acuerdo era que los votantes elegirían a cuatrocientos representantes a una asamblea constituyente, que redactaría una nueva Constitución y actuaría, a la vez, como Parlamento. Tras su convocatoria, el primer punto en el orden del día sería elegir un presidente.

Las conversaciones se habían reiniciado en abril. En esta ocasión, los veintiséis interlocutores incluían a Inkatha, el CPA y el Conservative Party. Llevábamos meses presionando al gobierno para que fijara un día, y nos había dado largas. Finalmente, la fecha quedó grabada en piedra.

Un mes más tarde, en julio, el foro multipartidista aprobó un primer borrador de la Constitución provisional. Preveía un Parlamento bicameral con una asamblea nacional de cuatrocientos miembros elegidos por representación proporcional de listas nacionales y regionales, y un Senado de elección indirecta por los poderes legislativos regionales. Las elecciones legislativas regionales se celebrarían a la vez que las nacionales. Los organismos regionales podían redactar sus propias constituciones basándose en la nacional.

El jefe Buthelezi quería que se concluyera la Constitución antes de la celebración de elecciones. Abandonó las conversaciones en protesta cuando se fijó una fecha para éstas antes de concluir la redacción de la Constitución. Un segundo borrador provisional de la Constitución redactado en agosto otorgaba mayores poderes a las regiones, pero esto no sirvió para aplacar ni al jefe Buthelezi ni al Conservative Party. Para este último, las resoluciones adoptadas eran hostiles a los intereses de los afrikáners. Se formó un grupo llamado Afrikaner Volksfront, encabezado por el general Constand Viljoen, que anteriormente había sido jefe de las fuerzas de defensa sudafricanas, para unir a las organizaciones conservadoras blancas en torno a la idea de la creación de un *volkstaat,* una especie de *homeland* blanca.

Poco después de la medianoche del 18 de noviembre, una sesión plenaria de la conferencia multipartidista aprobó una Constitución provisional. El gobierno y el CNA habían conseguido superar los últimos obstáculos. El nuevo gabinete estaría compuesto por todos aquellos que obtuvieran más de un cinco por ciento de los votos. Adoptaría sus decisiones por consenso y no por una mayoría de dos tercios como había propuesto el gobierno. No se celebrarían elecciones a nivel nacional hasta 1999, con lo que el gobierno de unidad nacional tendría un periodo de ejercicio de cinco años. Finalmente, el gobierno cedió ante nuestra insistencia en emplear una única papeleta de voto en las elecciones en vez de papeletas separadas para las elecciones legislativas nacionales y provinciales. El empleo de dos papeletas sólo serviría para confundir a los votantes que, en su mayoría, votarían por primera vez en su vida. Durante el periodo previo a las elecciones, un consejo ejecutivo de transición, formado por miembros de todos los partidos, garantizaría el clima apropiado para las elecciones. A todos los efectos, el consejo ejecutivo de transición haría las funciones de gobierno entre el 22 de diciembre y las elecciones del 27 de abril. Una comisión electoral independiente con amplios poderes sería la responsable de supervisar las elecciones. Habíamos alcanzado finalmente el umbral de una nueva era.

Nunca he sentido especial aprecio por los premios personales. Un hombre no se convierte en un luchador por la libertad con la esperanza de ganar premios, pero cuando se me notificó que había ganado el Nobel de la Paz de 1993 junto con el señor de Klerk me sentí profundamente conmovido. El Premio Nobel de la Paz tenía un significado especial para mí debido al papel que había tenido en la historia de Sudáfrica.

Yo era el tercer sudafricano que, desde finales de la II Guerra Mundial, había sido honrado por el comité que otorgaba el galardón. El jefe Albert Luthuli recibió el premio en 1960. El segundo fue concedido al arzobispo Desmond Tutu, que había combatido con enorme generosidad los males del racismo durante los días más terribles del *apartheid.*

El premio era un tributo a todos los sudafricanos y especialmente a aquellos que habían participado en la lucha y yo aceptaría el premio en su nombre. Sin embargo, el Nobel era un galardón en el que nunca había pensado. Incluso durante los años más negros en la isla de Robben, Amnistía Internacional se negaba a hacer campaña en nuestro favor, aduciendo que habíamos abrazado la lucha armada y que su organización se negaba a representar a nadie que defendiera la violencia.

Por ese motivo siempre había dado por supuesto que el comité encargado de otorgar el Nobel jamás tomaría en consideración para concederle el premio a un hombre que había puesto en marcha a Umkhonto we Sizwe.

Yo sentía un enorme respeto por las naciones de Noruega y Suecia. En los años cincuenta y sesenta, cuando recurrimos a los gobiernos occidentales en busca de contribuciones para financiar el CNA, fuimos rechazados sin ambages. Pero en Noruega y Suecia fuimos recibidos con los brazos abiertos y se nos concedieron becas, fondos para financiar la defensa legal y ayuda humanitaria para los prisioneros políticos.

Aproveché mi discurso en Noruega no sólo para dar las gracias al comité responsable de la concesión del Nobel y para trazar una imagen de una Sudáfrica futura, justa y equitativa, sino también para rendir homenaje al hombre que compartía el premio conmigo, F. W. de Klerk.

Tuvo el coraje de admitir que se había cometido una grave injusticia contra nuestro país y nuestro pueblo con la imposición del *apartheid*. Tuvo el alcance de miras suficiente para comprender y aceptar que todos los habitantes de Sudáfrica deben, por medio de las negociaciones y como participantes iguales en el proceso, determinar conjuntamente cuál desean que sea su futuro.

A menudo me han preguntado cómo pude aceptar el premio conjuntamente con el señor de Klerk tras haberle criticado tan ferozmente. Aunque nunca retiraría mis críticas, puedo responder que ha hecho una aportación genuina e indispensable al proceso de paz. Jamás intenté minar el prestigio del señor de Klerk por motivos prácticos: cuanto más débil fuera él más se debilitaría el proceso de negociación. Para firmar la paz con un enemigo es necesario trabajar con él. A partir de ese momento, el enemigo de ayer se convierte en compañero.

Aunque hasta febrero de 1994 no estaba previsto que empezara la campaña oficial para las elecciones a la asamblea nacional, pusimos en marcha la nuestra en cuanto fue ratificada la nueva Constitución. Aquello no supuso empezar con ventaja. El National Party había comenzado la suya el día en que me había puesto en libertad.

Las encuestas auguraban al CNA un margen considerable, pero nunca dimos por sentada la victoria. Yo no paraba de aconsejar a todo el mundo que no se dejaran llevar por un exceso de optimismo. Todos habíamos leído decenas de casos en los que los favoritos en unas elecciones obtenían el segundo puesto. Nos enfrentábamos a un rival experimentado, bien organizado y espléndidamente financiado.

Nuestra campaña se realizó bajo la competente dirección de Popo Molefe, Terror Lekota y Ketso Gordhan, todos ellos veteranos activistas del UDF, expertos en la movilización de las masas. La tarea era formidable. Según nuestra estimación, votarían alrededor de veinte millones de personas, y en su mayoría iban a hacerlo por primera vez. Muchos de nuestros votantes eran analfabetos, y era más que probable que se sintieran intimidados por la mera idea de depositar la papeleta en la urna. Según la comisión electoral independiente, habría diez mil colegios electorales en todo el país. Nuestro objetivo era preparar a más de cien mil personas para contribuir a la formación de los votantes.

La primera fase de nuestro esfuerzo electoral fueron los llamados Foros Populares. Los candidatos del CNA recorrían todo el país celebrando reuniones en las ciudades y aldeas para conocer las esperanzas, los miedos, las ideas y las quejas de nuestro pueblo. Nuestros foros eran similares a las reuniones ciudadanas que el candidato Bill Clinton había celebrado en América durante la campaña que había de conducirle a la presidencia del país. Estos foros, en los que yo disfrutaba enormemente, eran parlamentos populares similares en muchos aspectos a las reuniones de jefes en el Gran Lugar de las que yo había sido testigo cuando era niño.

En noviembre comencé a participar en ellos en Natal, y seguidamente fui al área de PWV, en el norte del Transvaal, y al Estado Libre de Orange. Asistía hasta a tres o cuatro foros diarios. Los asistentes también disfrutaban en ellos. Nadie había ido jamás a pedirles opinión sobre lo que debía hacerse en su propia tierra.

Tras incorporar las sugerencias obtenidas por este medio viajamos por todo el país transmitiendo nuestro mensaje al pueblo. En el CNA, había quien quería convertir la campaña en una cuestión de simple opción por la libertad. Le decían a la gente: Votad por nosotros, porque os hemos hecho libres. Decidimos por el contrario transmitirles una visión de la Sudáfrica que aspirábamos a crear. Queríamos que la gente votara al CNA no sólo porque hubiésemos combatido el *apartheid* durante ochenta años, sino porque éramos los más idóneos para hacer realidad el tipo de Sudáfrica en el que esperaban vivir. En mi opinión, la campaña debía articularse en torno al futuro, no al pasado.

El CNA redactó un documento de ciento cincuenta páginas conocido como el Programa para la Reconstrucción y el Desarrollo, en el que se exponía nuestro plan de creación de puestos de trabajo a través del fomento de las obras públicas y la construcción de un millón de casas nuevas con electricidad e instalaciones sanitarias con retrete y cisterna. Ofrecíamos la ampliación de la asistencia sanitaria primaria, así como diez años de educación gratuita para todos los sudafricanos. Se redistribuiría la tierra a través de un tribunal especial creado al efecto y se pondría fin al impuesto del valor añadido sobre los productos alimenticios básicos. También nos comprometíamos a adoptar amplias medidas que reafirmasen tanto el sector público como el privado. Este documento fue resumido en un manifiesto más sencillo llamado "Una vida mejor para todos", que a su vez se convirtió en el lema de la campaña del CNA: *"A Better Life for All"*.

Del mismo modo que le decíamos a la gente lo que pensábamos hacer, en mi opinión debíamos explicarles lo que no podíamos hacer. Mucha gente creía que su vida cambiaría de la noche a la mañana tras unas elecciones libres y democráticas, pero aquello distaba mucho de ser cierto. A menudo le decía a las multitudes: "No esperéis conducir un Mercedes al día siguiente de las elecciones, ni nadar en vuestra propia piscina". A nuestros seguidores les advertía: "La vida no experimentará ningún cambio espectacular, salvo en lo que se refiere a que vuestra autoestima aumentará, y a que os habréis convertido en ciudadanos en vuestro propio país. Debéis tener paciencia. Tal vez tengáis que esperar cinco años antes de ver resultados". Les desafiaba y me negaba a adoptar con ellos una actitud paternalista: "Si queréis seguir viviendo en la pobreza, sin ropa ni comida, id a beber en los *shebeens*. Pero si queréis algo mejor, tendréis que trabajar mucho. No podemos hacerlo todo por vosotros. Tendréis que conseguirlo por vosotros mismos".

Al público blanco le decía que necesitábamos de ellos y que no queríamos que abandonaran el país. Eran sudafricanos, como nosotros, y aquella tierra era también la suya. No podía morderme la lengua a la hora de hablar de los horrores del *apartheid,* pero repetía una y otra vez que debíamos olvidar el pasado y concentrarnos en la construcción de un futuro mejor para todos.

Otro objetivo que perseguíamos con los mítines era enseñar a la gente cómo votar. La papeleta de voto era un trozo de papel largo y estrecho en el que los partidos aparecían listados a la izquierda en orden descendente, y a la derecha aparecía el símbolo del partido y una fotografía de su líder. Los votantes tenían que tachar con una X el recuadro que había junto al partido al que quisieran votar. Yo decía a los reunidos: "El día de las elecciones, mirad bien vuestra papeleta y cuando veáis la cara de un hombre joven y guapo poned una X".

113

EL CAMINO HACIA LA LIBERTAD no fue ni mucho menos fácil. Aunque el Consejo Ejecutivo de Transición empezó a funcionar al año siguiente, algunos partidos se descolgaron de él. Inkatha se negó a participar en la elección y se volcó en la política de resistencia. El rey Zwelithini, respaldado por el jefe Buthelezi, pidió un KwaZulu autónomo y soberano, y se dedicó a desincentivar el voto de todos los habitantes de su provincia. La derecha blanca sostenía que las eleccciones eran una traición y clamaba por la creación del *volkstaat*, aunque aún no habían propuesto siquiera dónde pretendían que estuviera situado ni cómo había de funcionar. No existía un solo distrito administrativo en toda Sudáfrica en el que los residentes blancos fueran mayoría.

El 12 de febrero de 1994 era la fecha límite de inscripción de todos los partidos. Aquel día, Inkatha, el Conservative Party y el Afrikaner Volksfront no acudieron a inscribirse. El gobierno de la *homeland* de Bophuthatswana se negó también a participar, y se opuso a su reincorporación a una Sudáfrica unida. Me preocupaba que aquellos importantes grupos hubieran decidido no participar. Para animarles, propusimos ciertos compromisos significativos: aceptamos la utilización de dos papeletas, provincial y nacional, para las legislativas; ofrecimos garantías de un mayor poder provincial; aceptamos el cambio de nombre de la provincia de Natal en KwaZulu/Natal y afirmamos que se incluiría en la Constitución el principio de autodeterminación interior para aquellos grupos que compartieran una herencia cultural y lingüística común.

Organicé una entrevista con el jefe Buthelezi en Durban para el 1 de marzo. "Estoy dispuesto a ponerme de rodillas y rogar a aquellos que pretenden arrastrar a nuestro país a una nueva carnicería", manifesté en un mitin antes de la entrevista. El jefe Buthelezi aceptó inscribirse provisionalmente para las elecciones a cambio de la promesa de someter nuestras diferencias sobre temas constitucionales a una mediación internacional. Asentí encantado. Antes de la fecha límite, el general Viljoen también se inscribió bajo las siglas de un nuevo partido llamado Freedom Front.

Aunque Lucas Mangope, el presidente de Bophuthatswana, había decidido mantener a su *homeland* apartada del proceso electoral, el desarrollo de los acontecimientos no tardó en alterar la situación. Hablé con él en varias ocasiones, instándole a que permitiera a su gente decidir por sí misma, pero se negaba a escucharme. Los que deseaban participar lanzaron una campaña de manifestaciones y huelgas que no tardaron en extenderse al funcionariado de Bophuthatswana. Las emisoras de radio y televisión dejaron de emitir y en las calles de Mafikeng estallaron batallas entre la policía de la *homeland* y los trabajadores y estudiantes en huelga. Mangope pidió ayuda militar a sus aliados blancos de la derecha. Sus propias fuerzas acabaron por abandonarle y fue derribado en un golpe que tuvo lugar a comienzos de marzo. Pocas semanas más tarde, el general de brigada Gqozo capituló en el Ciskei y solicitó que Sudáfrica se hiciera cargo de la *homeland*.

La violencia en Natal aumentó. Los seguidores de Inkatha estaban bloqueando nuestros esfuerzos por hacer campaña en Natal. Quince miembros del CNA, que trabajaban en la campaña electoral pegando carteles, fueron abatidos a tiros y muertos a machezatos. En marzo, el juez Johann Kriegler nos informó al señor de Klerk y a mí de que debido a la falta de cooperación del gobierno de KwaZulu sería imposible celebrar elecciones libres allí sin una intervención política directa. Para demostrar nuestra fuerza en Natal, el CNA realizó una gigantesca marcha a través del centro de Durban. A continuación, Inkatha intentó hacer lo mismo en Johannesburgo con terribles consecuencias.

El 28 de marzo miles de miembros de Inkatha que blandían lanzas y clavas recorrieron Johannesburgo para asistir a una concentración en el centro de la ciudad. Simultáneamente, un grupo armado de Inkatha intentó entrar en Shell House, el cuartel general del CNA, pero fueron rechazados por guardianes armados. También hubo disparos realizados por pistoleros no identificados en el centro de la ciudad. En total murieron cincuenta y tres personas. Fue un sangriento espectáculo que dio la impresión de que Sudáfrica estaba al borde de una guerra civil. Inkatha intentaba posponer las elecciones, pero ni el señor de Klerk ni nosotros estábamos dispuestos a aceptar tal cosa. El día fijado era sacrosanto.

Yo había aceptado la mediación internacional, y el 13 de abril hizo acto de presencia una delegación encabezada por Lord Carrington, antiguo ministro de Asuntos Exteriores británico, y Henry Kissinger, anterior secretario de estado americano. Cuando se puso en conocimiento de Inkatha que la fecha de la elección no sería sometida a mediación alguna, sus dirigentes se negaron a ver a los mediadores, que abandonaron el país sin hablar con nadie. El jefe Buthelezi sabía ya que las elecciones se celebrarían pasara lo que pasara. El 19 de abril, escasamente una semana antes de la elección, el jefe Buthelezi aceptó participar tras la oferta de un papel constitucional para la monarquía zulú.

Diez días antes de la votación, el señor de Klerk y yo nos enfrentamos por televisión en nuestro único debate público. Yo venía siendo un buen polemista ya desde mi etapa en Fort Hare. Durante mis primeros años en la organización había participado en multitud de debates apasionados desde el estrado. En la isla de Robben habíamos depurado nuestra capacidad para la discusión, mientras desmoronábamos pedruscos. Aunque me sentía confiado, la víspera hicimos un simulacro en el que el periodista Allister Sparks desempeñó con gran habilidad el papel de señor de Klerk. Con demasiada habilidad según mis asesores de campaña, que me reprendieron por hablar demasiado despacio y sin suficiente agresividad.

Cuando llegó el momento del debate real, ataqué al National Party con firmeza. Le acusé de avivar el odio racial entre los mestizos y los africanos de El Cabo distribuyendo un tebeo de contenido incendiario en el que se decía que el eslogan del CNA era "mata a un mestizo, mata a un granjero". Declaré que no había organización alguna en el país con mayor capacidad para introducir divisiones que el nuevo National Party. Cuando el señor de Klerk criticó el plan del CNA de invertir miles de millones de dólares en programas de vivienda y sociales, le reprendí diciendo que le asustaba que tuviéramos que dedicar tal cantidad de recursos a los negros.

No obstante, cuando el debate tocaba a su fin, sentí que había sido excesivamente duro con el hombre que habría de ser mi compañero en un gobierno de unidad nacional. En mis conclusiones dije: "El debate entre el señor de Klerk y yo no debe oscurecer un hecho importante. Creo que somos un buen ejemplo ante todo el mundo de dos personas procedentes de grupos raciales diferentes que tienen en común la lealtad y el amor a su país... A pesar de las críticas del señor de Klerk", dije mirándole, "es usted una de las personas en las que yo confío. Vamos a enfrentarnos a los problemas de este país juntos". En ese momento me incliné para tomar su mano y concluí: "Me siento orgulloso de que los dos avancemos juntos y cogidos de la mano". El señor de Klerk pareció sorprendido pero satisfecho.

114

YO VOTÉ EL 27 DE ABRIL, el segundo de los cuatro días habilitados para la votación. Decidí hacerlo en Natal para demostrar a la gente de aquella provincia dividida que no había peligro en acudir a los colegios electorales. Voté en la Ohlange High School, el centro de enseñanza secundaria en Inanda, un *township* situado en una zona de verdes colinas al norte de Durban, porque era allí donde estaba enterrado John Dube, el primer presidente del CNA. Aquel patriota africano había contribuido a la creación de la organización en 1912, y al emitir mi voto en las inmediaciones de donde se encontraba su tumba cerraba el círculo de la historia, ya que la misión en la que se había embarcado ochenta y dos años atrás estaba a punto de dar fruto.

Mientras permanecí junto a su tumba, situada en una pequeña elevación sobre la escuela, no pensaba tanto en el presente como en el pasado. Cuando me dirigía a pie hacia el colegio electoral, mi mente rememoraba a los héroes que habían caído por hacer posible que yo pudiera estar donde estaba aquel día, a los hombres que habían entregado sus vidas a una causa que por fin había triunfado. Pensé en Oliver Tambo, en Chris Hani, en el jefe Luthuli y en Bram Fischer. Pensé en nuestros grandes héroes africanos que se habían sacrificado para conseguir que millones de sudafricanos pudieran votar ese mismo día. Pensé en Josiah Gumede, G. M. Naicker, en el doctor Abdullah Abdurahman, Lilian Ngoyi, Helen Joseph, Yusuf Dadoo y Moses Kotane. No asistí solo a aquel colegio electoral el 27 de abril. Emití mi voto junto con todos ellos.

Antes de entrar al colegio, un miembro irreverente de la prensa me gritó: "Señor Mandela, ¿por quién piensa votar?". Me eché a reír. Le respondí: "Llevo rompiéndome la cabeza con esa misma pregunta toda la mañana". Puse una X en el recuadro correspondiente a las siglas ANC (CNA), y a continuación introduje mi papeleta plegada en una sencilla caja de madera. Acababa de votar por primera vez en mi vida.

Las imágenes de los sudafricanos asistiendo a los colegios electorales aquel día están grabadas a fuego en mi memoria. Enormes colas de hombres y mujeres cargados de paciencia que serpenteaban a través de los caminos de tierra y las calles de los pueblos y ciudades; mujeres que llevaban medio siglo esperando votar afirmando que por primera vez en su vida se sentían como seres humanos; hombres y mujeres blancos exclamando que estaban orgullosos de vivir por fin en un país libre. El ánimo de la nación en aquellos días de elecciones era jubiloso. La violencia y las bombas desaparecieron de escena. Parecíamos una nación renacida de sus cenizas. Incluso las dificultades logísticas que planteaba la votación, el extravío de votos en colegios electorales piratas y los rumores de fraude electoral en algunos lugares no podían ensombrecer el abrumador triunfo de la democracia y la justicia.

El recuento de votos llevó varios días. Obtuvimos un 62,6 por ciento en el escrutinio, algo menos de los dos tercios necesarios caso de que hubiéramos deseado imponer una Constitución definitiva sin el apoyo de otros partidos. El porcentaje nos otorgaba 252 de los 400 escaños de la asamblea nacional. El CNA triunfó abrumadoramente en el norte y el este del Transvaal, el noroeste, el este de El Cabo y el Estado Libre de Orange. Obtuvimos un 33 por ciento de los votos en el oeste de El

Cabo, donde había conseguido la victoria el National Party, que logró excelentes resultados entre los votantes mestizos. Sacamos un 32 por ciento en KwaZulu/Natal, donde ganó Inkatha. En Natal, el miedo a la violencia y la intimidación hizo que muchos de nuestros potenciales votantes se quedaran en casa. Hubo también acusaciones de fraude electoral y manipulación del voto, pero en última instancia no tuvo importancia. Habíamos subestimado la fuerza de Inkatha en KwaZulu, y ellos la habían puesto de manifiesto el día de las elecciones.

En el CNA hubo quien se sintió defraudado por el hecho de que no hubiéramos conseguido superar el umbral de los dos tercios de los votos, pero yo no estaba entre ellos. De hecho, me sentí aliviado. Si hubiéramos obtenido dos tercios de los votos y hubiéramos estado en condiciones de redactar la Constitución sin atenernos a los deseos de los demás, la gente argumentaría que habíamos creado la constitución del CNA, no la de Sudáfrica. Yo quería un auténtico gobierno de unidad nacional.

La noche del 2 de mayo, el señor de Klerk hizo un discurso en el que aceptaba de manera elegante los resultados. Tras más de tres siglos de dominación, la minoría blanca aceptaba su derrota y entregaba el poder a la mayoría negra. Aquella noche el CNA tenía planeado celebrar la victoria en el salón de baile del Hotel Carlton, en el centro de Johannesburgo. Yo estaba con una gripe muy fuerte y mis médicos me ordenaron que me quedara en casa, pero nada en el mundo hubiera podido mantenerme alejado de aquella fiesta. Subí al escenario alrededor de las nueve de la noche y me encontré frente a una multitud de caras felices y sonrientes.

Expliqué a los asistentes que estaba ronco por culpa de la gripe y que mi médico me había recomendado que no asistiera. "Espero que no le digáis que no he hecho caso de sus instrucciones". Felicité al señor de Klerk por su excelente discurso. Di las gracias a todos los miembros del CNA y del movimiento democrático que tanto habían trabajado. Aquella noche estaba en el estrado la señora Coretta Scott King, la esposa del gran luchador por la libertad Martin Luther King. Le dirigí una mirada mientras hacía referencia a las inmortales palabras de su marido.

Éste es uno de los momentos más importantes en la vida de nuestro país. Estoy aquí ante vosotros repleto de júbilo y de profundo orgullo por la gente corriente y humilde de esta nación. Habéis mostrado un tranquilo y paciente empeño en reclamar este país como vuestro, y ahora podemos proclamar jubilosamente a voz en cuello: "¡Al fin libres! ¡Al fin libres!". Vuestro valor me abruma y llena mi corazón de amor por todos vosotros. Para mí, encabezar el CNA en este momento de nuestra historia es el más alto honor al que pudiera aspirar. Soy vuestro servidor... no son los individuos los que importan, sino el colectivo... Ha llegado el momento de cicatrizar viejas heridas y construir una nueva Sudáfrica.

Desde el momento en que se conocieron los resultados de las elecciones y se hizo evidente que el CNA sería el encargado de formar gobierno, consideré que mi misión era predicar la reconciliación, restañar las heridas del país, engendrar fe y confianza. Sabía que mucha gente, en particular la perteneciente a las minorías blancas, mestizas e indias, se sentía preocupada por el futuro y quería reconfortarla. Recordé a todos, una y otra vez, que la lucha por la liberación no había sido una batalla contra otros grupos u otros colores de piel, sino contra un sistema represivo. Siempre que tenía ocasión repetía que todos los sudafricanos debían unirse y cogerse de la mano para decir que éramos un solo país, una nación, un pueblo, que caminaba unido hacia el futuro.

115

EL 10 DE MAYO amaneció luminoso y transparente. Durante los últimos días había sufrido el agradable asedio de dignatarios y líderes mundiales que venían a presentarme sus respetos antes de la investidura. La ceremonia de toma de posesión sería la mayor reunión de líderes internacionales jamás vista en el territorio de Sudáfrica.

Los actos se celebraron en el precioso anfiteatro de arenisca de Union Buildings, los edificios de la administración en Pretoria. Durante décadas aquella había sido la sede de la supremacía blanca. Ahora era el centro de un arco iris de colores y naciones diferentes presentes allí para asistir a la instauración del primer gobierno democrático y no racista de Sudáfrica.

Aquel maravilloso día de otoño me acompañaba mi hija Zenani. En el podio, el señor de Klerk prestó juramento como vicepresidente segundo, a continuación lo hizo Thabo Mbeki como vicepresidente primero. Cuando me llegó el turno juré respetar y hacer respetar la Constitución y entregarme en cuerpo y alma al bienestar de la república y su pueblo. Ante los invitados allí reunidos y el mundo que nos observaba, manifesté:

Hoy, con nuestra presencia aquí... conferimos grandiosidad y esperanza a nuestra recién nacida libertad. De la experiencia de un desastre humano que ha durado demasiado ha de nacer una sociedad de la que toda la humanidad se sienta orgullosa.

...A nosotros, que no hace mucho éramos aún personas fuera de la ley, se nos ha concedido el extraordinario privilegio de acoger a las naciones del mundo sobre nuestro propio suelo. Damos gracias a nuestros distinguidos huéspedes de todas las naciones por haber venido a tomar posesión, junto con el pueblo de nuestro país, de lo que después de todo es una victoria de la justicia, la paz y la dignidad humana.

Hemos logrado por fin nuestra emancipación política. Nos comprometemos a liberar a nuestro pueblo de las cadenas de la pobreza, las privaciones, el sufrimiento, el género y cualquier otra discriminación.

Nunca, nunca, nunca jamás, experimentará otra vez esta maravillosa tierra la opresión del hombre por el hombre. El sol jamás se pondrá para tan glorioso logro humano.

Que reine la libertad. ¡Qué Dios bendiga a África!

Momentos más tarde, todos levantamos la vista sobrecogidos ante el espectacular y atronador despliegue de reactores, helicópteros y transportes de tropas que sobrevolaron en perfecta formación Union Buildings. No fue sólo una muestra de precisión y poderío militar, sino de lealtad de los militares para con la democracia, para con un nuevo gobierno que acababa de ser elegido libre y justamente. Sólo unos momentos antes, los generales de la fuerzas de defensa sudafricana y de la policía, con sus guerreras repletas de entorchados y medallas, me habían saludado y me habían jurado lealtad. No se me pasó por alto el hecho de que pocos años atrás no sólo no me habrían saludado sino que me habrían detenido. Finalmente, una formación en cuña de reactores Impala dejó una estela de humo negro, rojo, verde, azul y oro, los colores de la nueva bandera bandera de Sudáfrica.

Para mí, el día quedó simbolizado por la interpretación de nuestros dos himnos nacionales y por la visión de blancos cantando *Nkosi Sikelel' iAfrika* y de negros cantando *Die Stem,* el viejo himno de la república. Aquel día ninguno de los dos grupos del público se sabía la letra del himno que hasta hacía poco despreciaban, pero no tardarían en aprenderse ambas de memoria.

El día de la investidura me sentí abrumado por la sensación de que nos encontrábamos en un momento histórico. A lo largo de la primera década del siglo XX, poco después de la amarga guerra anglo-bóer y antes de que yo hubiera nacido, los pueblos blancos de Sudáfrica habían resuelto sus diferencias y erigido un sistema de dominación racial sobre los pueblos de piel oscura de su propia tierra. La estructura que crearon fue la base de una de las sociedades más duras e inhumanas que el mundo haya conocido. En la última década del siglo XX, y en el octavo decenio de mi vida, aquel sistema había sido derribado para siempre, siendo sustituido por otro que reconocía los derechos y libertades de todos los pueblos al margen de cuál fuera el color de su piel.

Aquel día había llegado gracias a los inimaginables sacrificios de miles de los míos, gente cuyos sufrimientos y valor jamás podrán ser evaluados ni recompensados. Aquel día sentí, como he sentido tantos otros días, que no era más que la suma de todos los patriotas africanos que me habían precedido. Aquel largo y noble linaje había llegado a su fin y ahora recomenzaba su andadura conmigo. Me resultaba doloroso que fuera imposible agradecerles su generosidad y que no hubieran tenido oportunidad de ser testigos de lo que su sacrificio había logrado.

La política del *apartheid* creó una herida profunda y duradera en mi país y mi gente. Todos nosotros necesitaremos muchos años, o generaciones, para recuperarnos de ese profundo dolor. Pero las décadas de opresión y brutalidad tuvieron también un efecto imprevisto: produjeron a los Oliver Tambo, los Walter Sisulu, los jefe Luthuli, los Yusuf Dadoo, los Bram Fischer, los Robert Sobukwe de nuestros días. Dieron lugar a hombres de tan extraordinario coraje, sabiduría y generosidad, que es posible que jamás vuelva a haber nadie como ellos. Quizá sea necesario llegar a niveles de ignominia como los que habíamos padecido para que surjan personalidades tan sublimes. En el subsuelo de mi país hay una gran riqueza en minerales y gemas, pero siempre he sabido que su principal riqueza es el pueblo, más valioso y resplandeciente que el más puro de los diamantes.

Fue de aquellos compañeros de lucha de quien aprendí el significado de la palabra valor. Una y otra vez he tenido ocasión de ver cómo hombres y mujeres arriesgaban y entregaban sus vidas por una idea. Les he visto soportar toda clase de agresiones y torturas sin ceder ni un ápice, haciendo gala de una fuerza y una tenacidad más allá de todo lo imaginable. Tuve ocasión de aprender que el valor no consiste en no tener miedo, sino en ser capaz de vencerlo. He sentido miedo más veces de las que puedo recordar, pero siempre lo he ocultado tras una máscara de audacia. El hombre valiente no es el que no siente miedo, sino el que es capaz de conquistarlo.

Jamás perdí la esperanza de que se produjera esta gran transformación. No sólo por los grandes héroes que ya he citado, sino por la valentía de los hombres y mujeres corrientes de mi país. Siempre he sabido que en el fondo del corazón de todos los seres humanos hay misericordia y generosidad. Nadie nace odiando a otra persona por el color de su piel, su procedencia o su religión. El odio se aprende, y si es posible aprender a odiar, es posible aprender a amar, ya que el amor surge con mayor naturalidad en el corazón del hombre que el odio. Incluso en los momentos más duros de mi encarcelamiento, cuando mis camaradas y yo nos encontrábamos en situaciones límite, alcanzaba a distinguir un ápice de humanidad en alguno de los guardianes, quizá tan sólo durante un segundo, pero lo suficiente para reconfortarme y animarme a seguir adelante. La bondad del hombre es una llama que puede quedar oculta, pero que nunca se extingue.

Nos lanzamos a la lucha con los ojos bien abiertos, sin dejarnos llevar por el espejismo de que el camino que habíamos emprendido fuera a resultar fácil. Cuando era joven y me uní al Congreso Nacional Africano vi el precio que tuvieron que pagar por sus convicciones mis camaradas. Fue muy alto. Por lo que a mí respecta, jamás he lamentado mi compromiso con la lucha y siempre he estado dispuesto a hacer frente a las calamidades que me afectaban personalmente. Pero mi familia pagó un precio terrible, quizás excesivo, por mi compromiso.

En la vida, todo hombre tiene dos tipos de obligaciones igualmente importantes: las que le reclama su familia, sus padres, su esposa y sus hijos; y las que contrae con su pueblo, su comunidad y su país. En una sociedad civilizada y tolerante, todo hombre puede cumplir con esas obligaciones con arreglo a sus propias inclinaciones y capacidades. Pero en un país como Sudáfrica era imposible para un hombre de mi procedencia y color hacer honor a ambas obligaciones. En Sudáfrica, un hombre de color que intentara vivir como un ser humano era castigado y aislado. En Sudáfrica, todo hombre que intentara cumplir con sus deberes para con su pueblo quedaba inevitablemente desarraigado de su familia y su hogar y se veía obligado a vivir una vida aparte, una existencia en la oscuridad de la clandestinidad y la rebelión. En un principio, no elegí poner a mi pueblo por encima de mi familia, pero al intentar servir al primero descubrí que eso me impedía hacer honor a mis obligaciones como hijo, hermano, padre y esposo.

Así pues, asumí el compromiso con mi pueblo, con los millones de sudafricanos a los que jamás llegaría a conocer, a expensas de la gente que mejor conocía y a la que más amaba. Fue un proceso tan sencillo y a la vez tan inabarcable como el momento en que un niño pequeño le pregunta a su padre: "¿Por qué no puedes estar con nosotros?". Y el padre se ve obligado a pronunciar las terribles palabras: "Hay otros niños como tú, muchos otros..." antes de quedarse sin voz.

No nací con hambre de libertad, nací libre en todos los aspectos que me era dado conocer. Libre para correr por los campos cerca de la choza de mi madre, libre para nadar en el arroyo transparente que atravesaba mi aldea, libre para asar mazorcas de maíz bajo las estrellas y cabalgar sobre los anchos lomos de los bueyes que marchaban por las veredas con andar cansino. Mientras obedeciera a mi padre y respetara las costumbres de mi tribu, ni las leyes de Dios ni las del hombre me afectaban.

Sólo cuando empecé a comprender que mi libertad infantil era una ilusión, cuando descubrí, siendo aún joven, que mi libertad ya me había sido arrebatada, fue cuando comencé a añorarla. Al principio, cuando era un estudiante, sólo buscaba mi propia libertad, la libertad pasajera de poder pasar la noche fuera, leer lo que quisiera e ir donde me apeteciera. Posteriormente, ya como un hombre joven en Johannesburgo, empecé a añorar otras libertades básicas y honorables: la de realizarme, ganarme la vida, casarme y crear una familia, la libertad de no tener obstáculos para vivir mi vida respetando la ley.

Pero poco a poco fui comprendiendo que no sólo no era libre, sino que tampoco lo eran mis hermanos y hermanas. Vi que no era sólo mi libertad la que estaba en juego, sino la de todo aquel que se pareciera a mí. Fue entonces cuando me uní al Congreso Nacional Africano, cuando el ansia por mi propia libertad se transformó en otra más grandiosa, que buscaba la libertad para mi pueblo. Fue el deseo de lograr la libertad para que mi pueblo pudiera vivir con dignidad y respeto hacia sí mismo lo que movió mi vida, lo que transformó a un hombre joven y asustado en un hombre audaz. Eso fue lo que convirtió a un abogado respetuoso con la ley en un delincuente, a un marido amante de la familia en un hombre sin hogar, lo que obligó a un hombre que amaba la vida a vivir como un monje. No soy más virtuoso o sacrificado que cualquier otro, pero descubrí que ni siquiera podría disfrutar de las escasas y restringidas libertades que se me concedían mientras mi pueblo no fuera libre. La libertad es indivisible. Las cadenas que tenía que soportar cualquier miembro de mi pueblo eran las mismas que nos ataban a todos. Las cadenas que ataban a mi pueblo eran las cadenas que me ataban a mí.

Durante aquellos largos y solitarios años, el ansia de obtener la libertad para mi pueblo se convirtió en un ansia de libertad para todos los pueblos, blancos y negros. Sabía mejor que nadie que es tan necesario liberar al opresor como al oprimido. Aquel que arrebata la libertad a otro es prisionero del odio, está encerrado tras los barrotes de los prejucios y la estrechez de miras. Nadie es realmente libre si arrebata a otro su libertad, del mismo modo en que nadie es libre si su libertad le es arrebatada. Tanto el opresor como el oprimido quedan privados de su humanidad.

Cuando salí de la cárcel ésa era mi misión: liberar tanto al oprimido como al opresor. Hay quien dice que ese objetivo ya ha sido alcanzado, pero sé que no es así. La verdad es que aún no somos libres; sólo hemos logrado la libertad de ser libres, el derecho a no ser oprimidos. No hemos dado el último paso, sino el primero de un camino aún más largo y difícil. Ser libre no es simplemente desprenderse de las cadenas, sino vivir de un modo que respete y aumente la libertad de los demás. La verdadera prueba de nuestra devoción por la libertad no ha hecho más que empezar.

He recorrido un largo camino hacia la libertad. He intentado no titubear. He dado pasos en falso en mi recorrido, pero he descubierto el gran secreto. Tras subir a una colina, uno descubre que hay muchas más colinas detrás. Me he concedido aquí un momento de reposo, para lanzar una mirada hacia el glorioso panorama que me rodea, para volver la vista atrás hacia el trecho que he recorrido. Pero sólo puedo descansar un instante, ya que la libertad trae consigo responsabilidades y no me atrevo a quedarme rezagado. Mi largo camino aún no ha terminado.

A los diecinueve años,
en Umtata, en el
Transkei. *(P. K. A.
Gaeshwe/Black Star)*

En 1952, Oliver y yo
abrimos nuestro
despacho en Fox Street.
Fue el primer
despacho de abogados
negros de
Johannesburgo.
(Jurgen Schadeberg)

Pág. de la derecha: Bajo la ley de Supresión del Comunismo las proscripciones se convirtieron en algo rutinario para un luchador por la libertad. *(Bailey's)*

Junto a estas líneas: Con James Moroka y Yusuf Dadoo en el exterior del tribunal durante la Campaña de Desafío. *(Jurgen Schadeberg/Associated Press)*

Con Patrick Moloa y Robert Resha en el Tribunal Supremo del Transvaal, tras una condena suspendida de nueve meses. *(Jurgen Schadeberg)*

Yusuf Dadoo, ex-president, SAIC.

Nelson Mandela, ex-president, Tvl. ANC.

James Phillips, ex-chairman, Tvl. CPAC.

Duma Nokwe, secretary, ANC Y.L.

Walter Sisulu, ex-secretary, ANC.

Albert Luthuli, president, ANC.

Yusuf Cachalia, secretary, SAIC.

John B. Marks, ex-president, Tvl. ANC.

Stephen Sello, ex-Tvl. acting secretary.

David Bopape, ex-secretary, Tvl. ANC.

Moses Kotane, ex-leader, ANC.

Dr. Z. Njongwe, ex-chairman, ANC.

Cassim Amra, ex-leader, Indian C.

The Effects of New Laws: 2

BANNED MEN

Dr. Silas M. Molema, ex-treasurer, ANC.

Dr. Diliza Mji, ex-secretary, ANC.

D URING the last few months, nearly all the non-White leaders in South Africa have been restricted in their movements and activities. Most of them have been called upon to resign their positions in the African National Congress or the South African Indian Congress. Many of them have been forbidden to attend any gatherings, or to enter certain magisterial districts in the Union.

Albert Luthuli, for instance,

president of the African National Congress, is forbidden to move away from his own district at Groutville, Natal. He cannot visit the shops in Durban, thirty miles away, or attend the cathedral there.

Most of the bans are in force for two years, after which time they may be renewed; some have already been renewed.

The bans take effect under the Suppression of Communism Act of 1950. This allows the Minister of Justice to pro-

hibit from gatherings or organisations anyone suspected of furthering the aims of Communism. 'Communism' is defined under the act as aiming to bring about social economic or political changes in the country.

Many of those convicted or 'named' under the Suppression of Communism Act are not 'Communists' in the usual sense of the term, but 'Statutory Communists' who come within the definition of the act.

Maulvi Cachalia, ex-secretary, Tvl. I.C.

J. Mavuso, ex-Transvaal ANC leader.

Nana Sitha, ex-president, Transvaal I.C.

Dan Tihoome, ex-leader, ANC.

Flag Boshielo, ex-leader, Transvaal ANC.

N. Thandray, ex-Tvl. secretary, I.C.

Hosia Seperepere, ex-leader, ANC.

Frank Marquard, ex-president, Cape F.W.U.

Joseph Matthews, ex-president, ANC Y.L.

Robert Matji, ex-secretary, Cape ANC.

MacDon. Maseko, ex-leader, ANC.

Ismail Bhoola, ex-sec., Tvl. Indian YC.

Harrison Motlana, ex-secretary, Tvl. Y.L.

El doctor Moroka
tras ceder
la presidencia
del CNA al jefe
Albert Luthuli. *(G. R.
Naidoo/Bailey's)*

El jefe Luthuli realiza
el saludo *"Afrika"* a
los delegados del
CNA en el 41
congreso en
Queenstown.
(Bob Gosani/Bailey's)

Con el joven dirigente Peter Nthite en 1955. (*Peter Magubane*)

El bullicioso *township* de Sophiatown fue declarado "punto negro" por la ley de Áreas para los Grupos. Se fijó la fecha de realojamiento en Meadowlands para 1955. (*Jurgen Schadeberg*)

Una de las lecciones que aprendimos en la campaña de oposición al desahucio en las Western Areas fue que es el opresor quien determina la naturaleza de la lucha. Al final no tuvimos más alternativa que el recurso a la resistencia armada. *(Jurgen Schadeberg)*

Aquí me dirijo a un grupo de mujeres durante su marcha hasta la sede de la administración en Pretoria para protestar contra la ley de los pases. *(Peter Magubane/Associated Press)*

1956: tiempos difíciles.
(Ian Berry/Magnum)

1956: el juicio por traición. Los acusados viajábamos todos los días de Johannesburgo a Pretoria en autobús. *(Peter Magubane)*

Aunque teníamos prohibido asistir a cualquier reunión de carácter político, eran tantos los líderes procesados conjuntamente en el juicio por traición que los descansos parecían a menudo reuniones del Comité Ejecutivo Nacional. *(Ian Berry/ Magnum)*

1958: cantando en compañía de nuestros amigos a la salida del tribunal en Pretoria. *(Peter Magubane)*

Entrenando con Jerry
Moloi en su gimnasio
de Orlando. *(Bob
Gosani/Bailey's)*

Con Ruth First en el exterior del tribunal. (*Peter Magubane*)

Pág. de la derecha, arriba:
Tras el segundo juicio, pasé a la clandestinidad y durante un tiempo fui conocido como la "Pimpinela Negra". (*Fotógrafo desconocido*)

En el exterior del tribunal con Moses Kotane en un momento de triunfo. Acabábamos de enterarnos de que la Corona había retirado la acusación. Con todo, la victoria sería breve: tres meses más tarde, en 1959, veintinueve de nosotros fuimos procesados de nuevo. (*Jurgen Schadeberg*)

Pág. de la derecha, abajo:
1962: Oliver Tambo y Robert Resha en el aeropuerto de Dar es Salaam tras la ilegalización del CNA. (*Associated Press*)

1962: en la
clandestinidad
tras mi regreso
del extranjero.
*(Eli Weinberg/Camera
Press Ltd.)*

Cosiendo ropa en la prisión de Pretoria antes de ser trasladado a la isla de Robben. *(Archive Photos)*

Estos son los libros que conservé en mi celda durante los años en la isla de Robben. *(Archive Photos)*

Pág. de la derecha, arriba:
1966: con Walter en el patio de la cárcel. *(Archive Photos)*

Pág. de la derecha, abajo:
El patio de la prisión en la isla de Robben. *(Archive Photos)*

Pág. de la derecha:
Walter y yo pasamos
casi veinte años juntos
en la prisión de la isla de
Robben. Aquí estamos
en los jardines de la
residencia del arzobispo
Desmond Tutu, en la
sede del Obispado de
Ciudad de El Cabo.
Hacemos el saludo del
CNA, dispuestos, una
vez más, a reanudar la
batalla. *(Gideon Mendel/
Magnum)*

Libertad: febrero de 1990.
(Gideon Mendel/Magnum)

En mi casa de Orlando.
(Peter Magubane)

Arriba, izquierda:
Un cambio de
impresiones en
privado entre viejos
camaradas. *(Peter
Magubane)*

Arriba, derecha:
Después de más
de treinta años en
el exilio, Oliver
Tambo regresó
a Sudáfrica en
diciembre de 1990.
(Associated Press)

Izquierda:
El acto de
bienvenida a Oliver
en Johannesburgo.
(Associated Press)

Con Walter y
Winnie en 1990.
(*Gideon Mendel/
Magnum*)

Cyril Ramaphosa
y Joe Slovo en
Johannesburgo,
durante las
conversaciones
previas a la
redacción de
una nueva
Constitución.
(*Associated Press*)

Junto a estas líneas:
Acto en recuerdo de
Chris Hani en el Orlando
Stadium de Soweto, con
Tokyo Sexwale (derecha)
y Charles Ngekule
(izquierda). *(Magnum)*

Abajo: En 1993 regresé
a la isla de Robben.
(Copyright Island Pictures)

Pág. de la derecha, arriba:
Esta es la celda en la
que pasé dieciocho de
mis veintisiete años en
prisión. *(Copyright Island
Pictures)*

Pág. de la derecha, abajo:
Las aguas de la bahía de
Table separan la isla de
Robben de Ciudad de El
Cabo. En la distancia se
aprecia el monte Table.
(Copyright Island Pictures)

Con el arzobispo
Desmond Tutu.
(Peter Magubane)

Con F. W. de Klerk.
(Peter Magubane)

Depositando mi voto
en las primeras
elecciones
generales en
Sudáfrica.
(Peter Magubane)

Con Thabo Mbeki
y mi hija Zinani,
mientras entonamos
el himno nacional
durante la ceremonia
de investidura.
(Ian Berry/Magnum)

Tras la ceremonia de investidura, me uno en un cálido abrazo con el arzobispo Tutu. *(Ian Berry/ Magnum)*

Con mis hijos Zindzi, Zinani, Makaziwe y Makgatho. *(Peter Magubane)*

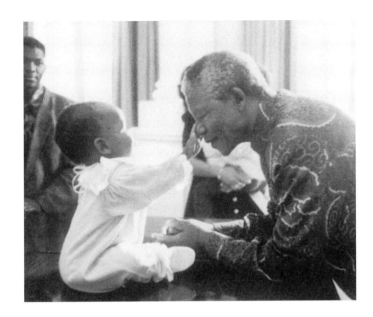

Izquierda:
Con mi bisnieta,
en septiembre de
1994.
(Peter Magubane)

Mi familia. *(Peter Magubane)*

Con mi nieto Bambata. *(Peter Magubane)*

(Hans Gedda/Sygma/Corbis)

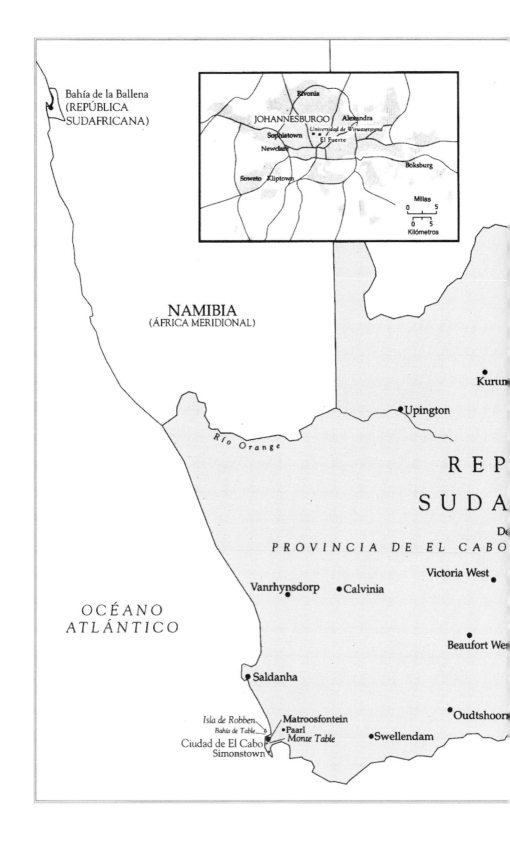

Bahía de la Ballena
(REPÚBLICA
SUDAFRICANA)

JOHANNESBURGO

Rivonia

Alexandra

Sophiatown
El Fuerte
Universidad de Witwatersrand

Newclare

Boksburg

Soweto   Kliptown

Millas
0   5

0   5
Kilómetros

NAMIBIA
(ÁFRICA MERIDIONAL)

Kurum

●Upington

Río Orange

REP

SUDA

De

PROVINCIA DE EL CABO

Victoria West ●

Vanrhynsdorp   ●Calvinia

OCÉANO
ATLÁNTICO

Beaufort Wes

● Saldanha

Isla de Robben
Bahía de Table   Matroosfontein
                        ●Paarl
Ciudad de El Cabo   *Monte Table*   ●Swellendam
Simonstown

●Oudtshoor

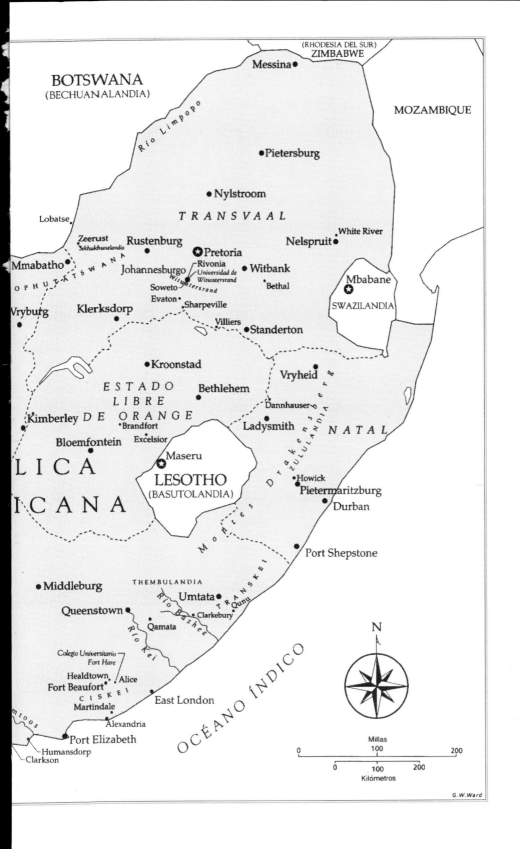

BOTSWANA
(BECHUANALANDIA)

MOZAMBIQUE

(RHODESIA DEL SUR)
ZIMBABWE

Messina

Río Limpopo

Pietersburg

Nylstroom

T R A N S V A A L

Lobatse

Zeerust
Sekhukhunelandia

Rustenburg

White River

Nelspruit

Mmabatho

O P H U T A T S W A N A

Johannesburgo

Pretoria

Rivonia
Universidad de
Witwatersrand

Witbank

Soweto

Witwatersrand

Bethal

Evaton

Sharpeville

Vryburg

Klerksdorp

Villiers

Standerton

Mbabane

SWAZILANDIA

Kroonstad

Vryheid

E S T A D O
L I B R E
D E   O R A N G E

Bethlehem

Dannhauser

Ladysmith

D r a k e n s b e r g

Z U L U L A N D I A

N A T A L

Kimberley

Brandfort

Bloemfontein

Excelsior

Maseru

L I C A

I C A N A

LESOTHO
(BASUTOLANDIA)

M o n t e s

Howick

Pietermaritzburg

Durban

Port Shepstone

Middleburg

THEMBULANDIA

Río Bashee

T R A N S K E I

Umtata

Qunu

Queenstown

Clarkebury

Qamata

Río Kei

Colegio Universitario
Fort Hare

Healdtown

Fort Beaufort

Alice

C I S K E I

Martindale

East London

Alexandria

Port Elizabeth

Humansdorp

Clarkson

OCÉANO ÍNDICO

N

Millas
0   100   200

0   100   200
Kilómetros

G.W.Ward

Glosario

AAC: *All African Convention*. Convención de Todos los Africanos. Originalmente AANC: *All African National Convention*. Fue fundada por Jabavu en 1935 y empezó a declinar como organización a partir de 1948.

África del Sudoeste: Actual Namibia. Territorio de una antigua colonia alemana en la costa atlántica, bajo mandato de Sudáfrica desde 1920 en régimen de administración fiduciaria. Lindaba con Angola y las antiguas Rhodesia del Norte, Bechuanalandia y la Unión Sudafricana.

AMWU: *African Mine Workers Union*/Sindicato Africano de Mineros.

APO/OPA: *African People's Organization*/Oganización del Pueblo Africano. Organización formada por mestizos.

ARM: *African Resistance Movement*/ Movimiento de Resistencia Africano. Pequeña organización compuesta por miembros procedentes del Liberal Party, dedicada al sabotaje a pequeña escala.

basotho: Pueblo sotho del sur, llamado también basuto. El nombre procede de Basotho QwaQwa, un estado no independiente del Estado Libre de Orange, asignado a los sotho del sur.

BCM: *Black Consciousness Movement*/Movimiento por la Cosciencia Negra. Creado por Stephen (Bantu) Biko, su objetivo era reivindicar la negritud y la autoestima de los negros y combatir la sensación de inferioridad. Influyó mucho en organizaciones como SASO y BPC.

BOSS: *Bureau of State Security*/Policía de seguridad sudafricana.

BPC: *Black People's Convention*/Convención de los Pueblos Negros. Organización de carácter abierto que consiguió atraer a su seno a un gran número de jóvenes profesionales e intelectuales. Stephen (Bantu) Biko fue su presidente honorario.

BPP: *Bechuanaland People's Party*/Partido del Pueblo de Bechuanalandia. El nombre corresponde a su etapa como protectorado británico; desde su independencia en 1966 se llama Botswana.

CIN/NIC: Congreso Indio de Natal/*Natal Indian Congress*.

CISA/SAIC: Congreso Indio de Sudáfrica/*South African Indian Congress*.

CIT/TIC: Congreso Indio de Transvaal/*Transvaal Indian Congress*.

CNA/ANC: Congreso Nacional Africano/*African National Congress*.

coloured/Cape coloured: Término con que se conocía a los mestizos del mayor grupo de mezcla racial sudafricano, y que empleaban las autoridades para su clasificación a efectos de censo, derecho a voto, división social, etc. Fruto, en un principio, de las relaciones entre hombres blancos y mujeres negras, ocuparon un lugar más próximo al de los primeros que al de las segundas. Tras la llegada de emigrantes procedentes de Malasia, Ceilán o Madagascar, que se mezclaron con mujeres negras, quedaron finalmente asociados con los negros.

COD: *Congress of Democrats*/Congreso de los Demócratas. Grupo radical de izquierdistas blancos fundado en 1952.

CODESA 1 y 2: *Convention for Democratic South Africa*/Convención para una Sudáfrica Democrática.

Common Voter's Roll: Tras ser eliminados del censo electoral por el *National Party,* a los votantes mestizos se les otorgó el derecho a delegar su representación en cuatro diputados blancos. Los últimos cuatro representantes de los mestizos fueron abolidos en 1968.

COSATU: *Congress of South African Trade Unions*/Congreso de los Sindicatos de Sudáfrica. Junto con el UDF formó en 1989 el MDM.

CPA/PAC: Congreso Panafricanista/*Pan Africanist Congress.* También conocido como *Pan-African Congress.* Su creación fue impulsada en 1959 por Robert Sobukwe tras la ruptura entre el ala moderada y la radical del CNA. Declarado ilegal en 1960 junto con el CNA.

El Cabo: La más meridional de las cuatro provincias sudafricanas. Limita con Namibia, Botswana, el Transvaal, el Estado Libre de Orange, Lesotho y Natal; su capital es Ciudad de El Cabo.

Estado Libre de Orange: Una de las cuatro provincias sudafricanas. Se encuentra situado en la zona central de Sudáfrica, rodeado por la provincia de El Cabo, el Transvaal, Natal y Lesotho; su capital es Bloemfontein.

homeland: Literalmente tierra natal, *homeland* es el nombre que el estado sudafricano dio a áreas fragmentadas llamadas también "estados negros" o "enclaves étnicos" asignados a los africanos a modo de reservas.

ICU: *Industrial and Commercial Worker's Union*/Sindicato de Trabajadores del Comercio y la Industria.

khoi khoi: Pueblo que habita en la zona sur del continente africano (Namibia y Sudáfrica). Conocidos también por el término peyorativo que les aplicaron los holandeses de hotentotes.

Lesotho: Anteriormente Basutolandia; una monarquía constitucional independiente enclavada en la zona centro-oriental de Sudáfrica.

Liberal Party/Partido Liberal: Partido minoritario opuesto al *apartheid* y a las leyes racistas. Creado en 1953 y disuelto en 1968 tras la promulgación de una ley que no permitía partidos multirraciales.

MDM: *Mass Democratic Movement*/Movimiento democrático de masas. Organización resultante de la unión de COSATU y el UDF en 1989.

MK: Siglas empleadas para referirse a Umkhonto we Sizwe, brazo armado del CNA.

Natal: La más pequeña de las cuatro provincias sudafricanas. Limita al norte con Mozambique y Swazilandia (estados independientes), al oeste con el Estado Libre de Orange y el reino independiente de Lesotho, y al sur con la provincia de El Cabo; su capital es Pietermaritzburg.

National Party o *Nasionale Party van Suid-Afrika:* Fundado en 1914 por J. B. M. Hertzog, accedió al poder en 1948 defendiendo el *apartheid* y la supremacía blanca. En 1962 sufrió una escisión que dio lugar al *Conservative Party.*

NEUM: *Non-European Unity Movement*/Movimiento para la Unidad de los No Europeos.

NMB: *National Minded Bloc*/Bloque Nacionalista. Escisión anticomunista y contraria a la colaboración con los indios del CNA

NUSAS: *National Union of South African Students*/Unión Nacional de Estudiantes Africanos.

PAFMECSA: *Panafrican Freedom Movement for East Central and Southern Africa*/Movimiento Panafricano de Liberación para África Oriental, Central y Meridional. Impulsada por Etiopía y posteriormente llamada OAU: *Organization of African Unity*/Organización de la Unidad Africana.

PCSA/SACP: Partido Comunista de Sudáfrica/*South African Communist Party.* Uno de los más grandes de África, funcionaba en la clandestinidad al estar oficialmente prohibido.

Poqo: en xhosa, "independiente". Grupo terrorista vinculado al CPA.

Progressive Party, o *Progressive Federal Party:* Partido liberal de escasa implantación parlamentaria. A partir de 1968, tras la promulgación de la ley de Prohibición de Interferencia Política, sus afiliados sólo podían ser blancos.

RRS: *Rapid Results College.* Centro de formación acelerada con cursos por correspondencia.

SABC: *South African Broadcasting Corporation*/Corporación pública de radio y televisión, hasta cierto punto homóloga de la BBC, *British Broadcasting Corporation,* británica, de la que toma su nombre.

SACPO: *South African Coloured People's Organization*/Organización del Pueblo Mestizo de Sudáfrica.

SACTU: *South African Congress of Trade Unions*/Congreso Sindical Sudafricano. Federación de trabajadores africanos, muchos de cuyos líderes se vieron obligados a trabajar desde el exilio.

SADF: *South African Defense Force*/Fuerzas de Defensa de Sudáfrica.

SASM: *South African Students Movement*/Movimiento Estudiantil Sudafricano. Organización estudiantil en cuya creación participó Stephen (Bantu) Biko.

SASO (South African Student's Organization/Organización de Estudiantes Sudafricanos). Organización política muy influenciada por Biko y el BCM, *Black Consciousness Movement.*

sotho, o **suto**: Grupo lingüístico y cultural del sur de África

South African Students' Associaton: Asociación de Estudiantes Sudafricanos liderada por Patrick "Terror" Lekota.

SWAPO: *South West African People's Organization*/Organización Popular del África del Sudoeste. Fundada en 1960, impulsora de la independencia de Sudáfrica y reconocida en 1978 por la ONU como la única representante del pueblo de Namibia.

thembu o **tembu**: Pueblo de habla bantú que habita la cuenca superior del río Mzimvubu. El área pertenece hoy al Transkei.

township: En Sudáfrica, asentamiento para no europeos en los suburbios, o a mayor distancia de las ciudades.

Transvaal: Una de las cuatro provincias sudafricanas. Limita al norte con Botswana y Zimbabwe, al este con Mozambique y Swazilandia, al sur con Natal y el Estado Libre de Orange, y al oeste con El Cabo; su capital es Pretoria.

UDF: *United Democratic Front*/Frente Democrático Unido. Organización anti*apartheid* multirracial creada en 1983, que jugó un importante papel en el boicot masivo a las elecciones de 1984.

UM: *Unity Movement*/Movimiento para la Unidad.

Umkhonto we Sizwe (MK): Brazo armado del Congreso Nacional Africano creado por Mandela.

Unión Sudafricana: Antiguo estado federal en África del Sur que formaba parte de la Commonwealth. Su poder ejecutivo estaba en manos del representante de la Corona inglesa, un gobernador general que se ocupaba también de los entonces protectorados ingleses de Swazilandia, Basutolandia y Bechuanalandia.

UNISA: Universidad de Sudáfrica, con sede en Pretoria, que se hacía cargo de los exámenes para todos los centros superiores no blancos.

United Party o *United South African Nationalist Party:* Partido de la población blanca de habla inglesa, fundado en 1934 de una fusión entre una fracción del *National Party* y el *South African Party.* Estuvo en el poder de 1934 a 1948.

veld (inglés, *veldt;* afrikaans, *weld):* Significa literalmente meseta o campo. Se designa con este término el tipo de estepa africana característica de la región meridional del continente.

WNLA: *Witwatersrand Native Labor Association*/Asociación de Trabajadores Nativos de Witwatersrand.

xhosa (o xosa; antiguamente *kaffir* o *kafir,* que en árabe significa "infiel"): Grupo de tribus relacionadas que viven fundamentalmente en el Transkei y forman parte del grupo Nguni de pueblos de habla bantú.

YL: *Youth League*/Liga de la Juventud. Organización juvenil del CNA.

Yu Chi Chan Club: Pequeña organización radical emparentada con la SACPO. Fue creada en Ciudad de El Cabo y se dedicaba al estudio de la guerra de guerrillas.

ZAPU: *Zimbabwe African People's Union*/Unión del Pueblo Africano de Zimbabwe. Liderada por Joshua Nkomo, presidente del CNA en 1957.

zulú: Nación de pueblos de habla nguni de Natal. Son una rama de los bantúes del sur y están estrechamente vinculados étnica, lingüística y culturalmente a los swazis y los xhosas.

Índice analítico